Sammlung Metzler
Band 36

Joachim Bumke

Wolfram von Eschenbach

8., völlig neu bearbeitete Auflage

Verlag J.B. Metzler Stuttgart · Weimar

Der Autor:

Joachim Bumke ist Professor em. am Institut für deutsche Sprache und Literatur der Universität Köln.

Bibliografische Information Der Deutschen Bibliothek
Die Deutsche Bibliothek verzeichnet diese Publikation in der Deutschen Natio-
nalbibliografie; detaillierte bibliografische Daten sind im Internet über ‹http://dnb.
ddb.de› abrufbar.

Gedruckt auf chlorfrei gebleichtem, säurefreiem und alterungsbeständigem Papier

ISBN 978-3-476-18036-0

© 2004 J.B. Metzlersche Verlagsbuchhandlung
und Carl Ernst Poeschel Verlag GmbH in Stuttgart
www.metzlerverlag.de
info@metzlerverlag.de
Einbandgestaltung: Willy Löffelhardt
Satz: Boy, Brennberg
Druck und Bindung: C.H.Beck, Nördlingen
Printed in Germany
April / 2004

Verlag J.B. Metzler Stuttgart · Weimar

Vorwort zur achten Auflage

Die erste Auflage dieses Bändchens ist 1964 erschienen, vor 40 Jahren. Es war ein Versuch, die bereits damals sehr reiche Wolfram-Forschung für den akademischen Gebrauch kritisch zu sichten und zu einer knappen Einführung zu ordnen. Die Wolfram-Forschung stand damals gerade im Begriff, sich neu zu orientieren, nachdem sich die mit dem Namen von Julius Schwietering verbundene religiös-theologische Wolfram-Interpretation als zu eng erwiesen hatte. In die Zukunft weisende Anstöße waren damals vor allem in den ›Parzival‹-Interpretationen von Wolfgang Mohr und Max Wehrli zu finden. Deren Hinweise auf die zentrale Bedeutung von Komik-Elementen bei Wolfram sind allerdings nur sehr spärlich rezipiert worden. Dagegen hat sich die Umorientierung von der alten, von der Schule her vertrauten Autor-Werk-Hermeneutik (›Was hat sich der Dichter dabei gedacht?‹) hin zu einer Analyse der poetischen Formen und insbesondere der Rolle, die die Erzähler-Instanz bei Wolfram spielt, als ungemein fruchtbar erwiesen und hat die Wolfram-Forschung in eine neue Richtung gelenkt, der sie bis heute folgt, ohne daß ein Konsens in den wichtigsten Interpretations-Fragen erreicht worden wäre (sofern ein solcher Konsens überhaupt für wünschenswert gelten kann).

In den letzten Jahrzehnten hat die Wolfram-Forschung einen Umfang erreicht, der es dem Einzelnen unmöglich macht, alles zu überschauen und zu würdigen. Nach wie vor steht der ›Parzival‹ im Mittelpunkt, und noch immer wird der Zugang zum Verständnis hauptsächlich über die Parzival-Bücher gesucht. Die Gawan-Teile haben trotz einiger vielversprechender Ansätze noch immer nicht die Aufmerksamkeit gefunden, die sie verdienen. Das breite Interesse an den ›Titurel‹-Fragmenten und an Wolframs Tageliedern in den 70er und 80er Jahren ist wieder abgeklungen, offenbar aus der Einsicht heraus, daß einige Interpretationen sich allzu weit von den Texten entfernt hatten. Die ›Willehalm‹-Forschung wächst noch ständig und damit auch das Verständnis für die Eigenständigkeit und die spezifische Fremdheit dieser Dichtung.

Vom ursprünglichen Wortlaut der 1. Auflage dieses Bändchens ist kaum etwas übriggeblieben. Es war eine reizvolle Aufgabe, den Band immer wieder auf den Stand der Forschung zu bringen. Ich hatte keine Probleme damit, meine Ansichten in wichtigen Punkten

zu revidieren, sowohl in dem Bemühen, den Kontakt mit den ver-
änderten Positionen der Forschung sichtbar zu machen, als auch auf
Grund von eigenen Erfahrungen beim wiederholten Umgang mit den
Texten. Dabei habe ich viel von den Gesprächen mit befreundeten
Kollegen und Kolleginnen profitiert, am meisten von Elke Brüggen
und Ursula Peters. In allen philologischen Fragen konnte ich mich
auf den kompetenten Rat von Eberhard Nellmann verlassen.

Für die 8. Auflage ist das ›Willehalm‹-Kapitel, abgesehen von
der Textanalyse, fast ganz neugeschrieben worden. Vor allem in dem
Abschnitt über »Krieg – Gewalt – Fremdheit und Verwandtschaft« im
›Willehalm‹ werden nicht nur Forschungsergebnisse zusammengefaßt,
sondern es werden auch eigene Akzente gesetzt. Im ›Parzival‹-Kapitel
sind die Interpretationsfragen in den neugeschriebenen Abschnitt
»Parzival und Gawan« eingegangen. Das ist ein Versuch, die (durch
Chrétien vorgegebene) Doppelung des Helden (oder die Vervierfa-
chung, wenn man Gahmuret und Feirefiz dazuzählt) zur Grundlage
der Interpretation zu machen. Neu ist auch der Abschnitt über die
Poetik des Parzival-Romans.

Bei der Vorbereitung der 8. Auflage habe ich wieder von ver-
schiedenen Seiten tatkräftige Hilfe erfahren, am meisten von Henrike
Manuwald und von Annette Dederichs, denen ich herzlich danke.
Mein Dank geht auch an Frau Ute Hechtfischer: Ohne das Verständnis
des Metzler Verlags wäre es nicht möglich gewesen, den vergrößerten
Umfang des Bandes zu ermöglichen.

Die 8. Auflage ist die letzte von mir bearbeitete. Danach wird ein
jüngerer Kollege oder eine jüngere Kollegin den Band übernehmen.
So soll der Altersunterschied zum Großteil der aktuellen Forschung
ausgeglichen werden (der für mich manchmal zum Problem gewor-
den ist, weil ich fürchten mußte, auf Grund meiner begrenzten Sicht
manchen Neuansätzen in der Forschung nicht in vollem Umfang
gerecht werden zu können).

Sept. 2003   Joachim Bumke

Inhalt

Abkürzungen

ABäG	Amsterdamer Beiträge zur älteren Germanistik
AfdA	Anzeiger für deutsches Altertum
AG	Acta Germanica
AKG	Archiv für Kulturgeschichte
Arch.	Archiv für das Studium der neueren Sprachen
ATB	Altdeutsche Textbibliothek
Beitr.	Beiträge zur Geschichte der deutschen Sprache und Literatur
CCM	Cahiers de civilisation médiévale
CG	Colloquia Germanica
dt.	deutsch, deutsche
DU	Der Deutschunterricht
DVjs	Deutsche Vierteljahrsschrift für Literaturwissenschaft und Geistesgeschichte
Et. germ.	Études germaniques
Euph.	Euphorion
FMLS	Forum for Modern Language Studies
FrSt.	Frühmittelalterliche Studien
FS	Festschrift
GLL	German Life and Letters
GQ	German Quarterly
GR	Germanic Review
GRM	Germanisch-Romanische Monatsschrift
IASL	Internationales Archiv für Sozialgeschichte der deutschen Literatur
Jb.	Jahrbuch
Jh.	Jahrhundert
Hs., Hss.	Handschrift, Handschriften
JEGP	Journal of English and Germanic Philology
Lex. d. MAs	Lexikon des Mittelalters
Lit. Jb.	Literaturwissenschaftliches Jahrbuch der Görresgesellschaft
MA	Medium Aevum
MF	Minnesangs Frühling
mhd.	mittelhochdeutsch, mittelhochdeutsche
MLN	Modern Language Notes
MLQ	Modern Language Quarterly
MLR	Modern Language Review
Neoph.	Neophilologus
Neuph. Mitt.	Neuphilologische Mitteilungen
PhQ	Philological Quarterly
PMLA	Publications of the Modern Language Association
RF	Romanische Forschungen
SB	Sitzungsberichte

St. med.	Studi medievali
Stud. neoph.	Studia neophilologica
VL	Die deutsche Literatur des Mittelalters. Verfasserlexikon (^{2}VL = 2. Aufl.)
W, Ws	Wolfram, Wolframs
WmhM	Würzburger medizinhistorische Mitteilungen
W-St.	Wolfram-Studien
WvE, Wd'E	Wolfram von Eschenbach, Wolfram d'Eschenbach
WW	Wirkendes Wort
ZfdA	Zeitschrift für deutsches Altertum
ZfdPh.	Zeitschrift für deutsche Philologie
ZfdSp.	Zeitschrift für deutsche Sprache
ZfrPh.	Zeitschrift für romanische Philologie
Zs. f. Germanistik	Zeitschrift für Germanistik

Der ›Parzival‹ wird nach der Ausgabe von E. Nellmann (vgl. S. 258) zitiert; der ›Willehalm‹ nach der Ausgabe von J. Heinzle (vgl. S. 401f.); der Titurel nach der Ausgabe von Bumke / Heinzle (vgl. S. 422); die Lieder nach der Ausgabe von P. Wapnewski (vgl. S. 37).

Literaturangaben sind, wie bereits in der 7. Auflage, nur in Auswahl angegeben (umfangreichere Literaturangaben zuletzt in der 6. Aufl., 1991). Der Akzent liegt auf den Veröffentlichungen der letzten Jahre, um den Stand der Forschung zu dokumentieren.

Die Literaturangaben sind in der Regel chronologisch geordnet. Selbständige Veröffentlichungen werden, sofern sie in Deutschland erschienen sind, ohne Erscheinungsort zitiert. Bei Beiträgen zu Sammelwerken werden die Vornamen der Herausgeber der Sammelwerke abgekürzt. Bei Festschriften wird kein Herausgeber-Name angeführt.

I. Der Dichter in seiner Zeit

1. Der Dichter

1.1 Herkunft

Über Wolfram von Eschenbach gibt es keine historischen Zeugnisse. Im Gegensatz zu den Minnesängern, von denen nicht wenige dem höheren Adel zugehörten, waren die meisten höfischen Epiker offenbar geringerer Herkunft; sie werden nicht in Chroniken erwähnt, und ihre Namen erscheinen nicht in historischen Dokumenten. Alles, was wir über Wolfram von Eschenbach und seine Lebensverhältnisse zu wissen glauben, stammt aus literarischen Quellen, hauptsächlich aus Selbstaussagen, zum geringeren Teil aus Bezeugungen zeitgenössischer und späterer Autoren. Wolfram hat in seinen Epen sehr häufig von sich selbst gesprochen, von seinen Familienverhältnissen, seinen Liebeserfahrungen, seinen Lebensbedingungen und seinen Beziehungen zu Gönnern und zu anderen Dichtern. Früher hat man diese Selbstaussagen als autobiographische Zeugnisse gelesen und daraus die Lebensgeschichte des Dichters rekonstruiert. Heute wird alles, was der Erzähler über sich selbst sagt, als Ausgestaltung der Erzählerrolle angesehen. Ob diese Aussagen außerdem eine autobiographische Bedeutung haben, läßt sich in den meisten Fällen nicht feststellen. Für die Namen von Personen und Orten, die historisch nachweisbar sind, möchte man auf eine historische Auswertung nicht verzichten. So könnte der vom ›Parzival‹-Erzähler mit *mîn hêrre* angesprochene Graf Poppo von Wertheim (Pz. 184,4) nicht nur für den Erzähler, sondern auch für den Autor Wolfram eine Beziehungsperson gewesen sein, da nachgewiesen ist, daß die Grafen von Wertheim in Wolframs-Eschenbach begütert waren. Zu beachten ist auch, daß Selbstaussagen in Prologen, Epilogen und Exkursen eine andere Sprecher-Ebene bezeugen können als Aussagen im Erzählzusammenhang.

Als gesichert kann der Name des Dichters gelten, Wolfram von Eschenbach, den er selbst mehrfach bezeugt hat (Pz. 114,12; 185,7; 827,13; Wh. 4,19) und der von anderen Autoren bestätigt wird. Die Frage, nach welchem Eschenbach der Dichter sich genannt hat, gilt als entschieden. Es ist das fränkische Ober-Eschenbach, südöstlich von Ansbach in Oberfranken, das sich 1917 in Wolframs-Eschenbach umbenannt hat. Für dieses Eschenbach spricht, daß Wolfram eine Reihe von Orten im Umkreis der fränkischen Stadt erwähnt:

- *Abenberc* (= Abenberg, Pz. 227,13) und *der Sant* (bei Nürnberg, Wh. 426,30) liegen östlich von Eschenbach;
- *Tolenstein* (= Dollenstein, Pz. 409,8) südöstlich;
- *Trühendingen* (= Hohentrüdingen oder Wassertrüdingen, Pz. 184,24), *Nördelingen* (= Nördlingen, Wh. 295,16) und der Wald *Virgunt* (Wh. 390,2) südwestlich;
- *Kitzingen* (Wh. 385,26) nordwestlich von Eschenbach.

Das ergibt ein beinahe rund geschlossenes Anspielungsgebiet, in dessen Mitte Wolframs-Eschenbach liegt. Man hat aus diesen Namen einen fränkischen Gönnerkreis erschlossen (vgl. S. 15ff.), dessen Umrisse jedoch undeutlich bleiben.

Bereits im 13. Jahrhundert wurde Wolfram mit dem fränkischen Eschenbach in Verbindung gebracht. Das früheste Zeugnis dafür ist der ›Jüngere Titurel‹ (vgl. S. 419ff.), in dem Wolfram mit dem Namen *von Eschenbach* und als *friunt von Blienvelde* apostrophiert wird (608,4, hrsg. von W. Wolf, K. Nyholm, 1955-1992). Mit *Blienvelde* ist Pleinfeld südlich von Eschenbach gemeint, das ebenso wie Eschenbach zum Lehnsbesitz des Bistums Eichstätt gehörte. Im Eichstätter Lehnsbuch ist auch ein *Wolfram de Pleinuelt* bezeugt, allerdings ohne Jahreszahl. Warum der Dichter des ›Jüngeren Titurel‹ Wolfram nicht nur »von Eschenbach«, sondern auch »von Pleinfeld« genannt hat, ist ungeklärt.

Seit 1268 ist in Wolframs-Eschenbach eine adlige Familie von Eschenbach bezeugt, »ein wenig begütertes, ärmliches Geschlecht« (Johann B. Kurz, dem wir die Aufhellung der Eschenbacher Lokaltradition verdanken).

Johann B. Kurz, Heimat und Geschlecht WsvE, 1916, ²1930 unter dem Titel: WvE. Ein Buch vom größten Dichter des dt. Mittelalters. (Dazu: *Friedrich von Klocke*, Zur Familiengeschichte WsvE und seines Geschlechts, Familiengeschichtliche Blätter 28, 1930, S. 5-20).

Die Herren von Eschenbach waren Lehnsleute der Grafen von Öttingen und der Grafen von Wertheim und besaßen auch Güter vom Bistum Eichstätt und vom Deutschen Orden, an den ihr Besitz fiel, als die Familie in der zweiten Hälfte des 14. Jahrhunderts ausstarb. Das Vorkommen des Namens Wolfram (eine undatierte Eintragung im Eichstätter Lehnsbuch nennt *pueri Wolframi de Eschenbach*) deutet darauf, daß die Herren von Eschenbach ihre Familie auf den berühmten Dichter zurückgeführt haben.

Wahrscheinlich waren es auch die Herren von Eschenbach, die im 14. Jahrhundert in der Frauenkirche in Eschenbach ein Grabmal für den Dichter errichten ließen. Die erste Nachricht darüber stammt aus der Mitte des 15. Jahrhunderts. Der bayerische Adlige Jakob Püterich von Reichertshausen (vgl. S. 274) berichtet in seinem ›Ehrenbrief‹ von 1462, daß er Wolframs Grab gesucht und in Eschenbach gefunden habe:

Begraben und besarckht
ist sein gebein das edel
in Eschenbach, dem marckht;
in unser frauen minster hat er sedel,
erhabens grab, sein schilt darauf erzeuget
epitafium besunder,
das uns die zeit seins sterbens gar abtreuget.

Verwappent mit eim hafen
im schilt, auf helm begarb,
ia, müest er schnelle drafen,
der uns erfuer derselben khleinot farb.
ein pusch auf helm den hafen hat umbreifet.
als mir das kham zue melde,
mein fart dahin mit reüten wart geschweifet.
(Str. 128-129)

»128. Begraben und eingesargt ist sein edles Gebein in der Marktstadt Eschen-bach; im Frauenmünster hat er seine Ruhestätte gefunden: ein Hochgrab, auf dem sein Schild angebracht ist, außerdem ein Epitaph, das uns sein Todesdatum verschweigt.
129. Das Wappen zeigt einen Krug auf dem Schild und ebenso auf dem Helm. Wer die Farbe dieser Helmzier erfahren wollte, der müßte flink sein. Auf dem Helm füllt ein Strauß den Krug. Als ich davon erfuhr, bin ich eilig dorthin geritten« (hrsg. von F. Behrend, R. Wolkan, 1920).

Bestätigt werden diese Angaben von dem Nürnberger Patrizier Hans Wilhelm Kreß, der 1608 das Grab gesehen hat. Er teilt auch die Grabinschrift mit: *Hie ligt der Streng Ritter herr Wolffram von Eschenbach ein Meister Singer.* Dieser Wortlaut macht sicher, daß das Grabmal nicht authentisch ist: zu Wolframs Zeit gab es weder »Meistersinger« noch »strenge« Ritter. Das Grabmal be-zeugt, daß man im 14. Jahrhundert glaubte (oder glauben machen wollte), daß Wolfram in Eschenbach begraben sei.

Nach Püterichs Aussagen war Wolframs Grab mit einem Wappen ge-schmückt. Kreß hat eine Zeichnung davon angefertigt. Es ist ein Krug mit Gießtülle und Henkel auf dem Schild, derselbe Krug mit Blumen gefüllt auf dem Helm. Dieses Wappenbild findet sich in Conrad Gruenenbergs Wappenbuch vom Ende des 15. Jahrhunderts unter dem Namen: *Wolfrûm freyher von Eschenbach. layen mund nie pas gesprach. ain franck.* Die Zuwei-sung nach Franken macht es ziemlich sicher, daß Gruenenbergs Wappen aus Wolframs-Eschenbach stammt. Die Herkunft des Krugwappens hat J. B. Kurz geklärt: er hat es im Siegel der Herren von Eschenbach nachgewiesen. Die Familie besaß noch im Jahr 1310 kein eigenes Siegel. Erst 1324 siegelt Heinrich von Eschenbach mit einem Krug. Durch das Krugwappen auf Wolframs Grab wollten die Eschenbacher den Dichter offensichtlich in ihre Familiengeschichte einbeziehen.

Älter als das Krugwappen ist Wolframs Wappen in der Großen Heidel-berger Liederhandschrift. Der Dichter ist dort in voller Rüstung abgebildet.

Das Wappen, das er auf Schild, Lanzentuch und Pferdedecke trägt, stellt zwei braune Beile auf rotem Grund dar. Dieselben Beile bilden auch die Helmzier. Dieses Wappen hat Stefan Keppler als Wappen der fränkischen Herren von Zimmern nachgewiesen; es ist im Kopialbuch des Klosters Bronnbach (südlich von Wertheim) abgebildet (*Stefan Keppler*, WvE und das Kloster Bronnbach. Möglichkeiten der Schriftstiftung in einem regionalen Netzwerk, Arch. 239, 2002, S. 241-267).

Ob der Illustrator der Heidelberger Liederhandschrift an das Zimmern-sche Wappen gedacht hat, muß offen bleiben. Es ist unwahrscheinlich, daß Wolfram überhaupt ein Wappen führte, weil das Wappenwesen um 1200 noch wenig verbreitet war.

Die einzige Aussage, die Wolfram selbst über seine Herkunft gemacht hat, läßt sich nur schwer mit dem fränkischen Eschenbach vereinbaren. Der ›Parzival‹-Erzähler bezeichnet sich selbst als Bayern (*wir Beier* 121,7): »Ein Lob, das man uns Bayern anhängt, kann ich auch von den Walisern sagen: sie sind noch dümmer als die Leute in Bayern, dabei aber sehr kampftüchtig« (*ein prîs den wir Beier tragn, muoz ich von Wâleisen sagn: die sint toerscher denne beiersch her, unt doch bî manlîcher wer* 121,7-10). Das fränkische Eschenbach hat vor dem 19. Jahrhundert nie zu Bayern gehört. Vielleicht läßt dieser Widerspruch sich durch die Annahme lösen, daß Wolfram zeitweilig in Bayern gedichtet hat und vor bayerischem Publikum den Spott entschärfen wollte, indem er sich als einen der ihren ausgab.

1.2 Standesverhältnisse

Bis in die neuesten Literaturgeschichten hinein wird Wolfram als »Ritter« tituliert. Man beruft sich darauf, daß er in der Großen Heidelberger Liederhandschrift als Ritter abgebildet ist und daß er bereits von Zeitgenossen mit *hêrre* tituliert wird. Außerdem glaubte man seine Ritterbürtigkeit durch Selbstzeugnisse belegen zu können, vor allem durch den Vers: *schildes ambet ist mîn art* (Pz. 115,11). Da *schildes ambet* häufig in bezug auf die ritterliche Schwertleite gebraucht wird und da *art* die Abstammung bezeichnen kann, hat man übersetzt: »Dem Rittertum gehöre ich an durch Geburt und Erziehung« (*W. Spiewok*, ›Parz.‹-Übersetzung [vgl. S. 259], Bd. 1, S. 199). Liest man den Vers jedoch im Kontext der sogenannten ›Selbstverteidigung‹ (vgl. S. 53f.), so gewinnt er ein anderes Profil. Der Erzähler grenzt sich an dieser Stelle gegen die bildungsstolzen Dichter ab, die mit ihren Gedichten die Damen beeindrucken wollen. Er selbst will von den Frauen nicht wegen seiner Lieder geliebt werden, sondern wegen seiner Männlichkeit: »Waffenhandwerk ist meinem Wesen gemäß. Die Frau, die mich wegen meiner Sangeskunst liebt, kommt mir töricht vor. Wenn ich mich um die Liebe einer Frau bewerbe, soll sie mich entsprechend behandeln, wenn ich mir ihre Liebe nicht mit Schild und Speer verdienen kann« (*schildes ambet ist mîn art: swâ mîn ellen sî gespart, swelhiu mich minnet umbe sanc, sô dunket mich ir witze kranc. ob ich guotes wîbes minne ger, mag ich mit schilde und ouch mit sper verdienen niht ir minne solt, al dar nâch sî si mir holt* 115,11-18). Auskünfte über die Standesverhältnisse des Dichters sind aus dieser Passage kaum zu gewinnen.

Ein Adels- oder Ministerialengeschlecht von Eschenbach ist zu Wolframs Zeit nicht bezeugt. Seine ständische Zuordnung zur Ministerialität entbehrt daher der historischen Grundlage. Ob der Dichter ein Vorfahr der seit 1268 in Eschenbach bezeugten Adelsfamilie war, muß offenbleiben. Die Titulierung als *hêrre* bei anderen Dichtern und die bildliche Darstellung in der Heidelberger Liederhandschrift lassen keine Schlüsse auf die Standesqualität zu, weil der Herrentitel bereits um 1200 als Höflichkeitsform benutzt wurde und weil die Heidelberger Miniaturen in der Regel nicht als biographische Zeugnisse angesehen werden können.

Einmal setzt der ›Parzival‹-Erzähler sein »ritterliches Ehrenwort« (*mîn ritterlîchiu sicherheit* 15,12) zur Bürgschaft für die Wahrheit des Erzählten ein: »Wenn ich Euch das beschwören müßte, so würde euch mein ritterliches Ehrenwort das unter Eid genauso sagen, wie es mir die Vorlage sagt; mehr Zeugen habe ich nicht« (*ob ich iu dâ nâch swüere, sô saget iu ûf mînen eit mîn ritterlîchiu sicherheit als mir diu âventiure giht: ine hân nu mêr geziuges niht* 15,10-14). Der Erzähler spielt hier offenbar mit der Ritter-Rolle. Unfreie konnten im Mittelalter gar nicht schwören.

Erst in der verklärenden Sicht der Nachwelt ist Wolfram zu adligen Rängen aufgestiegen. Im ›Jüngeren Titurel‹ ist er zum *edelen ritter* geworden (5151,1). Im ›Wartburgkrieg‹ wird berichtet, daß der Graf von Henneberg ihn zum Ritter gemacht habe (Anhang, Str. 21f., hrsg. von *T. A. Rompelman,* 1939). Im 15. Jahrhundert, in Gruenenbergs Wappenbuch, wird er als *freyher* tituliert.

1.3 Bildung

Die Frage nach Wolframs Bildung hat die Forschung lange beschäftigt. Eine allseits befriedigende Klärung konnte jedoch nicht erreicht werden. Die Auffassungen gehen noch heute auseinander.

Herbert Grundmann, Dichtete WvE am Schreibtisch?, AKG 49, 1967, S. 391-405. – *Fritz P. Knapp,* Der Lautstand der Eigennamen im Willehalm und das Problem von Wolframs Schriftlosigkeit, W-St. 2, 1974, S. 193-218. – *Bernhard D. Haage,* Wissenschafts- und bildungstheoretische

Reminiszenzen nordfranzösischer Schulen bei Gottfried von Straßburg und WvE, WmhM 8, 1990, S. 91-135. – *Ders.*, Prolegomena zum Einfluß der ›Schule von Chartres‹ auf WvE, in: Ûf der mâze pfat. FS für Werner Hoffmann, 1991, S. 149-169. – *Eberhard Nellmann*, Zu Ws Bildung und zum Literaturkonzept des Parzival, Poetica 28, 1996, S. 327-344. – *Hannes Kästner* und *Bernd Schirok*, Ine kan decheinen buochstap. Dâ nement genuoge ir urhap. WvE und ›die Bücher‹, in: Als das wissend die meister wol. FS für Walter Blank, 2000, S. 61-152. – *Stephanie C. Van D'Elden*, Me thinks thou doth protest too much: Illiteracy among Narrators in Medieval Germany, in: De consolatione philologiae. FS für Evelyn S. Firchow, 2000, S. 407-423.

Wenn man den Selbstaussagen des Erzählers glaubt, war Wolfram Analphabet. In der ›Selbstverteidigung‹ des ›Parzival‹ heißt es: »Ich kenne keinen Buchstaben. Für viele ist das der Ausgangspunkt. Meine Dichtung braucht nicht die Hilfe von Büchern« (*ine kan decheinen buochstap. dâ nement genuoge ir urhap: disiu âventiure vert âne der buoche stiure* 115,27-30). Ähnlich heißt es im Prolog zum ›Willehalm‹: »Von all dem, was in Büchern geschrieben steht, habe ich nichts gelernt. Die Fähigkeit zu dichten gibt mir mein Kunstsinn: auf keine andere Weise bin ich gebildet« (*swaz an den buochen stât geschriben, des bin ich künstelôs beliben. niht anders ich gelêret bin: wan hân ich kunst, die gît mir sin* 2,19-22, vgl. S. 359f.). Das Bekenntnis zum Analphabetentum ist Teil einer literarischen Auseinandersetzung mit dem Ziel, sich von den bildungsbewußten Dichtern abzugrenzen, die lateinisch geschult waren.

Die Frage nach Wolframs Bildung muß im Rahmen des mittelalterlichen Bildungswesens gesehen werden. Wer eine Schule besucht und die Fächer des Trivium studiert hatte, war ein *litteràtus*, ein Gebildeter. Die anderen waren *illitterati*, ungebildete Analphabeten. Diese strikte Scheidung bestand jedoch nur in der Theorie. In der Praxis kamen die ungebildeten Laien am Hof öfter mit geregelter Schriftlichkeit in Berührung. Besonders die adligen Frauen verstanden nicht selten so viel Latein, daß sie den Psalter beten konnten, ohne eine formelle Schulbildung erhalten zu haben. Der halbgebildete Adlige (*quasi litteratus*), den Lambert von Ardres in seiner ›Geschichte der Grafen von Guînes‹ beschrieben hat (Kap. 80), war offenbar eine typische Erscheinung der adligen Laiengesellschaft in der Zeit um 1200 (vgl. *Michael Curschmann*, Höfische Laienkultur zwischen Mündlichkeit und Schriftlichkeit. Das Zeugnis Lamberts von Ardres, in: ›Aufführung‹ und ›Schrift‹ in Mittelalter und Neuzeit, hrsg. von J.-D. Müller, 1996, S. 149-169).

Ein *litteratus* wie Heinrich von Veldeke, Hartmann von Aue und Gottfried von Straßburg war Wolfram sicherlich nicht. Er hat sich mehrfach auf Gewährsleute und auf mündliche Vermittlung berufen. Bei hundert Quellenberufungen ist ihm nicht ein einziges Mal die Formel: *ich las* unterlaufen, während er die Lesefähigkeit seines Gewährsmanns (*er las* Pz. 455,9) und auch die seines Damen-Publikums (*diu diz maere geschriben siht* Pz. 337,3) nicht in Frage stellt. Auch das, was aus lateinischer Tradition stammt, muß nicht notwendig durch eigene Lektüre erworben worden sein. Es gab viele Wege, um mit lateinischer Bildung bekannt zu werden. Wolframs Aussagen über

Kyot (vgl. S. 244ff.), dem er angeblich die meisten Kenntnisse verdankte, sind insoweit nicht ganz unglaubwürdig, als sie bezeugen, wie ein interessierter Laie Zugang zu gelehrtem Fachwissen gewinnen konnte, ohne selbst gelehrt zu sein.

Die religiösen Belehrungen Trevrizents im 9. Buch des ›Parzival‹, das Gebet an die Trinität im ›Willehalm‹-Prolog, das Religionsgespräch Gyburgs mit Terramer sowie Gyburgs Rede über die Rettung der Heiden im ›Willehalm‹ bezeugen ein genaues Verständnis schwieriger theologischer Fragen.

> Zu den theologischen Motiven im ›Parzival‹ vgl. S. 128ff. Zum ›Willehalm‹-Prolog vgl. *Ingrid Ochs*, Ws Willehalm-Eingang im Lichte der frühmhd. geistlichen Dichtung, 1968; dazu *Eberhard Nellmann*, Ws Willehalm-Prolog, ZfdPh. 88, 1969, S. 401-409. Zu den Religionsgesprächen im ›Willehalm‹ vgl. die Arbeiten von *David A. Wells* (vgl. S. 298). Zu den theologischen Hintergründen von Gyburgs Aussagen über Gotteskindschaft vgl. die auf S. 304 aufgeführte Literatur.

Wolfram besaß auch gute Kenntnisse auf den Gebieten der Medizin, der Kosmologie, Astronomie, Naturkunde und Geographie.

> *Wilhelm Deinert*, Ritter und Kosmos im Parzival. Eine Untersuchung der Sternkunde WsvE, 1960. – *Bernhard D. Haage*, Medizinhistorische Aspekte der Parzival-Interpretation, in: Zusammenhänge, Einflüsse, Wirkungen, hrsg. von J. O. Fichte (u.a.), 1986, S. 130-144. – *Ders.*, Studien zur Heilkunde im Parzival WsvE, 1992. – *Arthur Groos*, Treating the Grail King: Astrology and Medicine in Book XVI of Wolfram's Parzival, Sudhoffs Archiv 76, 1992, S. 74-86. – *Ders.*, trachontê and des trachen umbevart (Parz. 483), Trivium 28, 1993, S. 23-37. – *Bernhard D. Haage*, Kyklos im Parzival WsvE, in: Granatapfel. FS für Gerhard Bauer, 1994, S. 167-186. – *Ders.*, Der Ritter Gawan als Wundarzt (Pz. 506,5ff.), in: Die Funktion außer- und innerliterarischer Faktoren für die Entstehung dt. Literatur des Mittelalters und der frühen Neuzeit, hrsg. von C. Baufeld, 1994, S. 193-216. – *Eberhard Nellmann*, Der Lucidarius als Quelle Ws., ZfdPh. 122, 2003, S. 48-72.

> Zu Wolframs geographischen Kenntnissen vgl. S. 201f. und S. 354f.

Die arabischen Planetennamen im ›Parzival‹ (782,6ff.) stammen wahrscheinlich aus der lateinischen Übersetzung einer arabischen Quelle (*Paul Kunitzsch*, Die Planetennamen im Parzival, ZfdSp. 25, 1969, S. 169-174).

Besonderes Gewicht haben die Nachweise, daß Wolfram eine größere Anzahl von Namen lateinischen Quellen entnommen hat. Paul Kunitzsch hat nachgewiesen, daß 15 orientalische Ländernamen im 2. Buch des ›Willehalm‹ (74,3ff.) aus der Klimatafel des arabischen Astronomen al-Fargani (9. Jh.) stammen, vermittelt durch die lateinische Übersetzung dieser Schrift von Gerhard von Cremona (›Liber de aggregationibus scientie stellarum‹, 12. Jh.). Arthur Groos verdanken wir den Nachweis, daß Wolfram die meisten Schlangennamen, die Trevrizent im 9. Buch des ›Parzival‹ aufzählt (481,8ff.), den Glossen zu dem spätantiken lateinischen ›Herbarium‹ des Pseudo-Apuleius entnommen sind (vgl. *Paul Kunitzsch*, Die orientalischen Ländernamen bei Wolfram (Wh. 74,3ff.), W-St. 2, 1974, S. 152-173. – *Arthur Groos*, Wolframs Schlangenliste (Parzival 481) und Pseudo-Apuleius, in: Licht der Natur. FS für Gundolf Keil, 1995, S. 129-148).

Auch der Katalog der Edelsteine im ›Parzival‹ (791,1ff.) stammt vermutlich aus einem lateinischen Lapidarium, und zwar aus einer Tradition, die dem Steinbuch (›De lapidibus‹) von Marbod von Rennes (11./12. Jh.) nahestand, wie Gustav Roethe nachgewiesen hat (*Gustav Roethe*, Wolframs Steinverzeichnis, ZfdA 45, 1901, S. 223-227).

Aus lateinischen Quellen stammen verschiedene Namen und Einzelheiten (vgl. S. 243f.), wohl auch die Verbindung des römischen Dichters Vergils mit Neapel (656,17, vgl. den Kommentar von *Eberhard Nellmann* (vgl. S. 261), S. 740). Es ist nicht unwahrscheinlich, daß Wolfram den lateinischen Brief kannte, den der Priester Johannes angeblich an den byzantinischen Kaiser Manuel geschickt hat (*Christoph Gerhard*, Daz werc von Salamander bei WvE und im Brief des Priesters Johannes, in: Ars et Ecclesia. FS für Franz J. Ronig, 1989, S. 135-160. – *Joachim Bumke*, Parzival und Feirefiz – Priester Johannes – Loherangrin. Der offene Schluß des Parzival WsvE (vgl. S. 263), S. 255ff.).

Die Sage vom Schwanritter, die Wolfram für die Geschichte von Parzivals Sohn Loherangrin benutzt hat, wurde ihm wahrscheinlich durch französische Quellen vermittelt (vgl. S. 240f./243f.).

Die Epiker, die im 12./13. Jh. im Auftrag der großen Höfe dichteten, werden in der Regel französisch verstanden haben. Erst nach der Mitte des 13. Jahrhunderts ist bezeugt, daß die Dichter gelegentlich die Hilfe von Dolmetschern in Anspruch genommen haben. Wolfram hat als Vermittler französischer Dichtung eine große Rolle gespielt. Er hat eins der Hauptwerke der altfranzösischen Artusepik, den ›Conte du Graal‹ von Chrétien de Troyes, übertragen und hat mit seinem ›Willehalm‹ der französischen Chanson de geste-Epik einen neuen Wirkungsraum eröffnet. Über das Ausmaß seiner Französischkenntnisse gehen die Meinungen auseinander. Man hat Wolfram ›Mißverständnisse‹ französischer Wörter und Wendungen vorgeworfen, wenn er ähnlich klingende Wörter durcheinandergebracht hat. An manchen Stellen hat Wolfram sich offenbar von Formulierungen seiner französischen Vorlagen zu Aussagen anregen lassen, die in ganz andere

Richtung gehen (*Eberhard Nellmann*, Produktive Mißverständnisse. W als Übersetzer Chrétiens, W-St. 14, 1996, S. 134-148).

Heute ist man eher bereit, darin ein souveränes Spiel mit der fremden Sprache zu sehen. Wolfram hat auch französische Wörter neugebildet und hat sich dabei über die Regeln der französischen Wortbildung hinweggesetzt (*sarapandratest* »Drachenkopf«; *schahtelakunt* »Burggraf«). Wenn er aus einem Land eine Person macht (*Terdelaschoye*) oder aus einer Person ein Land (*Fâmurgân*), bezeugt das ebenfalls eher seinen Sprachwitz als mangelnde Vertrautheit mit der französischen Sprache. Wolfram hat mehreren Personen neue französische Namen gegeben (Condwiramurs, Repanse de schoye) oder Namen, die französisch klingen (Trevrizent); und er hat eine Fülle französischer Wörter benutzt, die bis dahin in Deutschland unbekannt waren (vgl. S. 24f.). Wie und wo ein Mann aus Franken, der wahrscheinlich in Bayern und Thüringen gedichtet hat, diese Sprachkenntnisse erwerben konnte, entzieht sich unserer Kenntnis.

Unsicher ist, wie umfangreich Wolframs Kenntnisse der französischen Literatur seiner Zeit waren. Einzelheiten im ›Parzival‹ und im ›Willehalm‹ lassen vermuten, daß Wolfram mit französischen Texten aus dem Umfeld seiner unmittelbaren Vorlagen bekannt war. Eberhard Nellmann hat die Vermutung ausgesprochen, daß Wolfram Chrétiens ›Conte du Graal‹ in einer Sammelhandschrift benutzt hat, die auch andere Werke Chrétiens – ›Érec‹, ›Lancelot‹ und ›Cligès‹ – und außerdem noch den ›Roman de Brut‹ von Wace (eine Übertragung der ›Historia regum Britanniae‹ von Geoffrey von Monmouth ins Französische) enthielt (*Eberhard Nellmann*, Zu Wolframs Bildung und zum Literaturkonzept des Parzival, Poetica 28, 1996, S. 327-344).

Ähnliches könnte für die ›Willehalm‹-Vorlage gelten. Das französische ›Aliscans‹-Epos ist von Anfang an fast immer zusammen mit anderen Epen aus dem Epen-Zyklus um Guillaume d'Orange überliefert worden (vgl. S. 383). Allerdings ist diese Frage nicht mit Sicherheit zu beantworten, weil immer mit der Möglichkeit gerechnet werden muß, daß die Kenntnisse literarischer Motive auch auf anderen Wegen vermittelt worden sein könnten.

1.4 Literarische Beziehungen

Wolfram war mit der deutschen Literatur seiner Zeit vertraut und
stand mit ihren bedeutendsten Vertretern in Verbindung. Seine Ur-
teile über seine Dichter-Kollegen sind in beiläufigen, meist witzigen
Zwischenbemerkungen in die Erzählung eingestreut. Heinrich von
Veldeke, Hartmann von Aue, Walther von der Vogelweide und Neid-
hart werden namentlich erwähnt.

– Heinrich von Veldeke wird im ›Willehalm‹ respektvoll *mîn meister* genannt
(76,24). Das war sicherlich auch auf den Beifall am Thüringer Hof berech-
net, wo Veldeke gedichtet hatte und sicherlich immer noch hohes Ansehen
genoß. Bereits im ›Parzival‹ wird Veldekes Tod beklagt (404,28f.). In zwei
umfangreichen Exkursen, im 6. Buch (291,1-293,16) und im 10. Buch des
›Parzival‹ (532,1-534,8) hat Wolfram auf Veldekes Liebesdarstellung in der
›Eneit‹ Bezug genommen. Er rühmt Veldekes Kunst (»Herr Heinrich von
Veldeke hat den Baum [seiner Dichtung] meisterhaft Eurem Wesen [ange-
sprochen ist Frau Minne] angemessen«, *hêr Heinrich von Veldeke sînen boum
mit kunst gein iwerm* [= Frau Minnes] *arde maz* 292,18-19) und schränkt
das Lob wieder ein durch die Bemerkung, daß Veldeke nur dargestellt habe,
wie man Liebe erwerben könne, nicht aber, wie man Liebe bewahren kann
(vgl. S. 164).

> *Gustav Hofmann*, Die Einwirkung Veldekes auf die epischen Minnere-
> flexionen Hartmanns von Aue, Wolframs von Eschenbach und Gott-
> frieds von Straßburg, Diss. München 1930, S. 1ff. – *Ludwig Wolff*, Die
> mythologischen Motive in der Liebesdarstellung des höfischen Romans,
> ZfdA 84, 1952, S. 47-70. – *James E. Poag*, Heinrich von Veldeke's *minne*;
> Wolfram von Eschenbach's *liebe* and *triuwe*, JEGP 61, 1962, S. 721-735.
> – *Rüdiger Schnell*, Causa amoris. Liebeskonzeption und Liebesdarstellung
> in der mittelalterlichen Literatur, Bern, München 1985, S. 187ff. – *Ul-
> rike Draesner*, Wege durch erzählte Welten (vgl. S. 216), S. 252ff. 342ff.
> – *Gisela Garnerus*, Parzivals zweite Begegnung mit dem Artushof (vgl.
> S. 262), S. 118ff.

– Hartmann von Aue, dem Gottfried von Straßburg den Lorbeerkranz
des größten zeitgenössischen Dichters zuerkannt hat, wird von Wolfram
als Begründer der Artus-Epik in Deutschland anerkannt. Als Parzival zum
ersten Mal an den Artushof kommt, bittet der Erzähler den älteren Dichter,
für eine freundliche Aufnahme seines Helden bei König Artus zu sorgen:
»Verehrter Hartmann von Aue, hier kommt mein Held als Gast an den Hof
eurer Herrin und eures Herrn, Frau Ginover und König Artus. Bittet die
Hofgesellschaft, ihn nicht zu verspotten« (*mîn hêr Hartman von Ouwe, frou
Ginover iwer frouwe und iwer hêrre der künc Artûs, den kumt ein mîn gast ze
hûs. bitet hüeten sîn vor spotte* 143,21-25). Hartmanns Frauengestalten Enite
und Laudine sind im ›Parzival‹ mehrmals Zielscheibe der Kritik (143,29ff.
253,10ff. 436,5ff.).

Rüdiger Schnell, Literarische Beziehungen zwischen Hartmanns Erec und Ws Parzival, Beitr. 95, 1973, S. 301-332. – *Christine Wand*, WvE und Hartmann von Aue. Literarische Reaktionen auf Hartmann im Parzival, 1989. – *Ulrike Draesner*, Wege durch erzählte Welten (vgl. S. 216), S. 218ff.

– Gottfried von Straßburg wird von Wolfram nirgends erwähnt. Die Vermutung, daß Wolfram an mehreren Stellen im ›Parzival‹ auf Gottfrieds ›Tristan‹ Bezug genommen habe, läßt sich nicht sichern (vgl. S. 207f,).

– Für die literarische Standortbestimmung von Wolframs Dichtung ist auch die Heldenepik wichtig. Anspielungen auf das ›Nibelungenlied‹ und auf Gestalten der Dietrichsage finden sich im ›Parzival‹ und im ›Willehalm‹. Am wichtigsten ist die Bezugnahme auf ›Rumolts Rat‹ im 8. Buch des ›Parzival‹ (vgl. S. 85), wo es um die Frage geht, ob Konflikte kriegerisch-heroisch oder diplomatisch gelöst werden sollen. Wolframs Formulierung von ›Rumolts Rat‹ deutet darauf hin, daß ihm das ›Nibelungenlied‹ in der *C-Bearbeitung vorlag. Es ist typisch für Wolframs Umgang mit der Heldenepik, daß er sich auf eine der wenigen komischen Szenen im ›Nibelungenlied‹ bezogen hat. Auch die Anspielung auf die Hildebrandsage im ›Willehalm‹ (439,16f.) scheint eine jüngere, unheroische Version dieser Sage vorauszusetzen.

Helmut de Boor, Rumoldes Rat, ZfdA 61, 1924, S. 1-11. – *Werner Schröder*, W E, das Nibelungenlied und die Klage, 1989 (Akad. d. Wissenschaften und der Literatur, Abhandlgg. der geistes- und sozialwiss. Klasse, Jg. 1989, Nr. 5). – *Ulrich Wyss*, Ich taete ê als Rûmolt. Ein Apercu zur nibelungischen Intertextualität, in: 3. Pöchlarner Heldenliedgespräch, hrsg. von K. Zatloukal, Wien 1995, S. 187-202. – *Joachim Bumke*, Die vier Fassungen der Nibelungenklage, 1996, S. 572ff.

– Für den ›Willehalm‹ ist das ›Rolandslied‹ des Pfaffen Konrad ein wichtiger Bezugspunkt. Der Krieg gegen die Heiden erscheint in Wolframs Dichtung als eine Fortsetzung des Kriegs Karls des Großen, vom dem das ›Rolandslied‹ erzählt. Von der geistlichen Sinngebung und der Kreuzzugsideologie der älteren Dichtung hat Wolfram sich jedoch weit entfernt (vgl. S. 362f.).

– Walther von der Vogelweide wird im ›Parzival‹ (297,24) und im ›Willehalm‹ (286,19) namentlich genannt. Im ›Parzival‹ wird Walther im Zusammenhang mit den kritischen Bemerkungen über die Hofhaltung Landgraf Hermanns von Thüringen erwähnt (vgl. S. 14). Im ›Willehalm‹ wird, im Zusammenhang mit Rennewarts Küchenspäßen, Walthers sogenannter ›Spießbratenspruch‹ zitiert (286,19). Konrad Burdach hat die Namensform *herre Vogelweide* als »Parodie« verstanden und glaubte, daß Walther hier von Wolfram »als wehleidiger ausgehungerter Minnesänger« verspottet werde (*Konrad Burdach*, Der mythische und der geschichtliche Walther, in: *K. Burdach,* Vorspiel, Gesammelte Schriften, Bd. 1,1, 1925, S. 334-400, Zitat S. 391). Das gibt jedoch der Text nicht her. Die Erwähnungen Walthers bezeugen vielmehr den hohen Bekanntheitsgrad und die weite Verbreitung von Walthers politischer Spruchdichtung. Über das persönliche Verhältnis der beiden Dichter ist daraus nichts zu gewinnen.

Manfred G. Scholz, Walther von der Vogelweide und Wolfram von Eschenbach. Literarische Beziehungen und persönliches Verhältnis, Diss. Tübingen 1966. – *Max Schiendorfer*, Ulrich von Singenberg, Walther und Wolfram. Zur Parodie in der höfischen Literatur, 1983. – *Ulrike Draesner*, Wege durch erzählte Welten (vgl. S. 216), S. 259ff. – *Klaus Zatloukal*, W, Walther und die Ministerialität, in: Der Milde Knabe oder Die Natur eines Berufenen. FS für Oskar Pausch, Wien 1997, S. 237-44. – *Gisela Garnerus*, Parzivals zweite Begegnung mit dem Artushof (vgl. S. 262), S. 162f. – *Joachim Bumke*, Die Blutstropfen im Schnee (vgl. S. 265), S. 118f.

– Ganz für sich steht die Erwähnung Neidharts im Schlußteil des ›Willehalm‹ (312,12ff.). Als Rennewart in voller Rüstung zum Festmahl in Oransche erscheint, gedenkt der Erzähler des Herrn Nithart, der es dulden mußte, daß die jungen Bauernburschen, als Ritter aufgeputzt, mit ihren breiten Schwertern über seine Wiesen stolzierten. Darüber hat Neidhart in mehreren seiner Lieder geklagt. Wenn es stimmt, daß Wolfram die Arbeit am ›Willehalm‹ um 1220 abgebrochen hat (vgl. S. 21), müßten Neidharts Lieder bereits um diese Zeit in Bayern und Thüringen bekannt gewesen sein. Die sicheren zeitgeschichtlichen Anhaltspunkte in den Liedern Neidharts beginnen erst nach 1230 (*Karl Bertau*, Neidharts ›bayrische Lieder‹ und Wolframs Willehalm, Beitr. 95, 1973, S. 296-324). – Wolframs Kenntnisse der deutschen Literatur war nicht auf die von ihm genannten oder direkt anzitierten Werke beschränkt. Es ist sehr wahrscheinlich, daß er auch Eilharts ›Tristrant‹, die ›Kaiserchronik‹ und den ›Straßburger Alexander‹ kannte, vielleicht auch mehrere Werke der frühmittelhochdeutschen Geistlichendichtung und, wie Eberhard Nellmann nachgewiesen hat, den deutschen ›Lucidarius‹, aus dem Wolfram offenbar einen guten Teil seiner astronomisch-kosmologischen Kenntnisse bezogen hat (*Eberhard Nellmann*, Der Lucidarius als Quelle Wolframs, ZfdPh. 122, 2003, S. 48-72). Zu Wolframs Kenntnissen der deutschen Literatur vgl. auch die Einleitung zu *Ernst Martins* ›Parzival‹-Kommentar (vgl. S. 261), S. XIff.).

2. Auftraggeber und Publikum

Die höfischen Epiker fanden ihr Publikum an den großen Höfen, wo damals ein lebhaftes Interesse für französische Gesellschaftskultur und französische Dichtung herrschte. Über die äußeren Bedingungen ihrer Arbeit ist sehr wenig bekannt. Wahrscheinlich arbeiteten sie meistens im Auftrag fürstlicher Mäzene, die ihnen die notwendigen Arbeitsmittel zur Verfügung stellten. Häufig haben die Auftraggeber wohl auch auf die Stoffwahl Einfluß genommen, manchmal offenbar auch auf die Durchführung der Arbeit. Die Informationen über die Auftragsverhältnisse sind auch im Fall Wolframs sehr spärlich. Er hat nirgends einen Auftraggeber explizit genannt. Man ist daher weitgehend auf Vermutungen und Kombinationen angewiesen.

Die wichtigsten Anhaltspunkte sind zeitgeschichtliche Namen, die Wolfram in seinen Werken erwähnt. Nur einen dieser Namen, den des Landgrafen Hermann von Thüringen, hat Wolfram selbst mit seinem literarischen Werk in Verbindung gebracht. Dort müssen die Überlegungen zu den Auftragsverhältnissen einsetzen.

2.1 Landgraf Hermann von Thüringen

Hermann I. war 1190-1217 Landgraf von Thüringen. Bereits seit 1181 gehörte er als Pfalzgraf von Sachsen zu den Reichsfürsten. Er berief um 1185 Heinrich von Veldeke an den Thüringer Hof und hat ihm die Vollendung der ›Eneit‹ ermöglicht. Unter Hermann I. wurde der Thüringer Hof zu einem Mittelpunkt höfischer Dichtung. Herbort von Fritzlar dichtete in seinem Auftrag das ›Liet von Troie‹ nach dem französischen ›Roman de Troie‹. Wahrscheinlich hat Hermann I. auch Albrecht von Halberstadt mit der Bearbeitung von Ovids ›Metamorphosen‹ beauftragt. Walther von der Vogelweide hat zeitweise am Thüringer Hof gedichtet, vielleicht auch Heinrich von Morungen. Die Freigebigkeit des Landgrafen wurde sprichwörtlich. Im ›Wartburgkrieg‹ wird er als der größte Mäzen gefeiert. Wie sehr der Literaturbetrieb am Thüringer Hof von ihm selbst geprägt wurde, ist daran zu erkennen, daß mit seinem Tod die Förderung höfischer Dichtung abrupt aufhörte.

> *Ursula Peters*, Fürstenhof und höfische Dichtung. Der Hof Hermanns von Thüringen als literarisches Zentrum, 1981. – *Heinz Mettke*, Wolfram in Thüringen, in: Studien zu WvE (vgl. S. 33), S. 3-12. – *Sylvia Weigeli*, Zur regionalen Ausprägung der volkssprachlichen mittelalterlichen Literatur in Thüringen. Die literarische Interessenbildung am Thüringer Landgrafenhof um 1200, in: Beiträge zur Geschichte der Literatur in Thüringen, hrsg. von D. Ignasiak, 1995, S. 14-24.

Im Prolog zum ›Willehalm‹ heißt es: »Landgraf Hermann von Thüringen hat mich mit der Geschichte von Willehalm bekannt gemacht« (*lantgrâve von Düringen Herman tet mir diz maere von im bekant* 3,8-9). Das heißt, der Landgraf habe ihm die französische Vorlage vermittelt. Daß Hermann auch der Auftraggeber des ›Willehalm‹ war, kann als wahrscheinlich gelten. Gegen Ende des ›Willehalm‹ wird der Freigebigkeit des Landgrafen gedacht: »Landgraf Hermann von Thüringen hätte ihnen [= den aus der heidnischen Gefangenschaft befreiten Christen] bestimmt ein Pferd gegeben. Das hat er sein Leben lang bewiesen, auch mitten in der Schlacht, wenn ein Bittsteller zur Stelle war« (*lantgrâve von Düringen Herman het in ouch lîhte ein ors gegeben: daz kund er wol al sîn leben halt an sô grôzem strîte, swâ der gerende kom bezîte* 417,22-26). Die Formulierung deutet darauf hin, daß Hermann zu diesem Zeitpunkt nicht mehr am Leben war. Er ist 1217 gestorben. Da der ›Willehalm‹ bald darauf unvollendet abbricht, drängt sich die Vermutung auf, daß der Tod des Auftraggebers die Vollendung des Werks verhindert hat.

Auch im ›Titurel‹ wird Landgraf Hermann gefeiert, hier ganz deutlich nach seinem Tod: »Hermann von Thüringen, der Außerordentliches geleistet hat, stand zu seiner Zeit in hohem Ansehen. Was auch von seinen Standesgenossen, die vor ihm gestorben sind, erzählt wird: wie sehr überragte doch sein Ruhm den ihren!« (*Herman von Düringen wîlent pflac êren, der immer kunde wunsches walten. swâ man hoert von sînen genôzen sprechen, die vor im hin gescheiden sint – wie kunde sîn lop vür die sô brechen!* 76a,2-4). – Diese Strophe fehlt in der Münchener Handschrift G; sie ist nur in den Münchener Fragmenten lückenhaft überliefert.

Ob Wolfram auch den ›Titurel‹ im Auftrag Hermanns gedichtet hat, muß offenbleiben. Andere zeitgeschichtliche Namen kommen im ›Titurel‹ nicht vor.

Hermann von Thüringen wird bereits im ›Parzival‹ genannt; dabei wird deutlich, daß Wolfram bereits während der Arbeit am ›Parzival‹ mit den Verhältnissen am Thüringer Hof bekannt war. Der ›Parzival‹-Erzähler beklagt, daß es an Hermanns Hof keinen Truchseß von der Qualität eines Keie gebe: »Fürst Hermann von Thüringen, unter deinem Ingesinde kenne ich einige, die besser ›Ausgesinde‹ hießen. Du brauchtest einen Keie, da deine große Freigebigkeit dir einen so vielfältigen Anhang verschafft hat, wo Ehrlose und Edle sich um dich drängen« (*von Düringen fürste Herman, etslîch dîn ingesinde ich maz, daz ûzgesinde hieze baz. dir waere och eines Keien nôt, sît wâriu milte dir gebôt sô manecvalten anehanc, etswâ smaehlîch gedranc unt etswâ werdez dringen* 297,16-23).

Ähnlich kritisch hat sich Walther von der Vogelweide über den Hofbetrieb in Thüringen in einem seiner Sprüche geäußert: »Wer an Ohrenschmerzen leidet, der meide den Thüringer Hof: das ist mein Rat!« (*Der an den ôren siech von ungesühte sî, daz ist mîn rât, der lâz den hof ze Düringen frî* 9,V,1-2, hg. von *K. Lachmann, C. Cormeau,* [14]1996). Es ist möglich, daß die beiden Dichter sich am Thüringer Hof begegnet sind.

Auf die Nennung des Landgrafen Hermann im 6. Buch des ›Parzival‹ folgt im 7. Buch die Anspielung auf den 1203 im Krieg zwischen König Philipp von Schwaben und Hermann von Thüringen zerstörten Weinberg bei Erfurt (379,18ff., vgl. S. 20): ein weiteres Indiz dafür, daß Wolfram zu dieser Zeit mit den Verhältnissen in Thüringen vertraut war. Welchen Anteil Landgraf Hermann an der Entstehung des ›Parzival‹ hatte, bleibt jedoch unklar. In Buch XIII des ›Parzival‹ ist von »vielen neuen Tänzen« die Rede, »die aus Thüringen zu uns gelangten« (639,12). Dieser Teil der Dichtung scheint nicht in Thüringen gedichtet zu sein.

2.2 Der fränkisch-bayerische Gönnerkreis

Heinrich von Veldeke und Rudolf von Ems haben offenbar ihre ersten Förderer und Auftraggeber im Umkreis ihrer engeren Heimat gefunden und sind erst später an die großen Höfe gelangt. Es ist möglich, daß es sich mit Wolfram ebenso verhielt. Grundlage für diese Vermutung ist eine Reihe von fränkisch-bayerischen Namen, die alle in der ersten Hälfte des ›Parzival‹ begegnen. Sie könnten einen Gönnerkreis bezeugen, der die Anfänge der Parzivaldichtung gefördert hat.

Der Graf von Wertheim. Im 4. Buch des ›Parzival‹, bei der Schilderung der Hungersnot im belagerten Belrapeire, wird der Graf von Wertheim genannt: »Mein Herr, der Graf von Wertheim, hätte ungerne dort um Sold gekämpft; er hätte von ihrem Sold nicht leben können« (*mîn hêrre der grâf von Wertheim waer ungern soldier dâ gewesn: er möht ir soldes niht genesn* 184,4-6). So lautet der Text in der St. Galler Handschrift D. Die meisten Handschriften der Klasse *G (zu den ›Parzival‹-Handschriften vgl. S. 249ff.) lesen: »Graf Poppo von Wertheim« (*grave Poppe von Wertheim*) statt »mein Herr, der Graf von Wertheim«. Unsicher ist, ob *mîn hêrre* hier nur eine Höflichkeitsfloskel ist oder ob das Possessivpronomen ein Abhängigkeitsverhältnis bezeugt. Da die Grafen von Wertheim in Wolframs-Eschenbach begütert waren, ist es nicht ausgeschlossen, daß der Graf von Wertheim wirklich Wolframs ›Herr‹ war. Gemeint ist entweder Poppo I., der bis 1212 bezeugt ist, oder sein Sohn Poppo II., urkundlich bis 1238. Der scherzende Ton der Stelle könnte auf ein persönliches Vertrauensverhältnis hindeuten. Welche Rolle die Grafen von Wertheim für die Entstehung des ›Parzival‹ gespielt haben, muß allerdings offen bleiben.

Burg Wildenberg. Im 5. Buch des ›Parzival‹, bei der Beschreibung der großen Kamine auf der Gralburg, sagt der Erzähler: »So große Feuerstellen hat niemand jemals hier in Wildenberg gesehen« (*sô grôziu*

fiwer sît noch ê sach niemen hie ze Wildenberc 230,12-13). Das »hier«
nimmt auf eine lokale Gegebenheit Bezug. Man schließt daraus, daß
Buch V auf Burg Wildenberg gedichtet oder vorgetragen wurde.

Welches Wildenberg gemeint ist, ist strittig. Die meiste Zustim-
mung hat die These von Albert Schreiber gefunden, daß die Verse
auf Burg Wildenberg bei Amorbach im Odenwald zu beziehen sind
(*Albert Schreiber*, Neue Bausteine zu einer Lebensgeschichte WsvE,
1922, Neudruck 1975, S. 36ff).

Von der Burg sind bedeutende Reste erhalten. Dazu gehören große Kamin-
wangen im Erdgeschoß. Vielleicht sind die ›Parzival‹-Verse so zu verstehen,
daß es »nicht einmal« in Wildenberg so große Feuerstellen gebe wie in Mun-
salvaesche. Der Name *Munsalvaesche* stammt nicht aus Wolframs französi-
scher Vorlage. Er gehört offenbar zu den französischen Neubildungen und
könnte eine Anspielung auf *Wildenberc* sein (*Wildenberc* = *Mont sauvage* =
Munsalvaesche).

Für die Identifizierung von Wolframs Wildenberg mit der Burg bei
Amorbach sprechen auch die nachbarschaftlichen Beziehungen zwischen
den Freiherren von Durne und den Grafen von Wertheim. Die Zweifel
an Albert Schreibers These sind jedoch nie verstummt. Daß sie sich nicht
durchsetzen konnten, liegt hauptsächlich daran, daß die Alternativen zu der
Burg bei Amorbach noch unsicherer sind.

Die Burg Wildenberg bei Amorbach gehörte den Freiherren von Durne
(heute Walldürn), in denen Albert Schreiber Wolframs Auftraggeber
sah. Rupert I. von Durne (urkundlich 1171-1197) gehörte zum Kreis
der Berater Kaiser Friedrichs I. und Kaiser Heinrichs VI. In den Zeu-
genlisten der Urkunden kommt sein Name nicht selten zusammen
mit den Namen anderer im ›Parzival‹ genannter Personen vor: Graf
Poppo II. von Wertheim, Landgraf Hermann von Thüringen, Graf
Friedrich von Abenberg.

Uwe Meves hat darauf aufmerksam gemacht, daß Rupert von Durne und
Poppo von Wertheim im Jahr 1190 mit dem Grafen Philipp von Flandern
zusammengetroffen sind, in dessen Auftrag Chrétien de Troyes den ›Conte
du Graal‹ verfaßt hat (*Uwe Meves*, Die Herren von Durne und die höfische
Literatur zur Zeit ihrer Amorbacher Vogtherrschaft, in: Die Abtei Amorbach
im Odenwald, hrsg. von F. Oswald, W. Störmer, 1984, S. 113-143).

Wir wissen aus anderen Zeugnissen, daß die fürstlichen Auftraggeber
manchmal ihre persönlichen Verbindungen genutzt haben, um den von ihnen
geförderten Dichtern die französischen Vorlagen zu beschaffen.

Der Anger von Abenberg. Nur 90 Verse vor der Wildenberg-Stelle
vergleicht der Erzähler den freudlosen Zustand der Gralgesellschaft
in Munsalvaesche mit den Verhältnissen in Abenberg: der Burghof in

Munsalvaesche sei so unberührt von Ritterspielen »wie der Anger von Abenberg. Seit langer Zeit hat es dort keine fröhlichen Veranstaltungen mehr gegeben« (*alsô der anger z'Abenberc. selten froelîchiu werc was dâ gefrümt ze langer stunt* 227,13-15). Wolframs Formulierung läßt erkennen, daß ihm die Verhältnisse auf der gräflichen Burg (20 km östlich von Wolframs-Eschenbach) bekannt waren. Die Aussage im ›Parzival‹ bezieht sich offenbar auf die Zeit nach dem Tod Friedrichs von Abenberg, der bis 1199 bezeugt ist und mit dem das Grafenhaus ausstarb. Daran knüpft sich die Vermutung von Hugo Steger, daß Graf Friedrich den Dichter gefördert habe und daß die ersten Bücher des ›Parzival‹ in Abenberg entstanden seien (*Hugo Steger*, Abenberc und Wildenberc. Ein Brief mit einem neuen Vexierbild zu einer alten Parzival-Frage, ZfdPh. 105, 1986, S. 1-41).

Trüdingen und Dollnstein. Ebenfalls im 4. Buch, bei der Beschreibung der Hungersnot in Belrapeire, heißt es: »Eine Trüdinger Pfanne mit Krapfen prasselte dort nicht« (*ein Trühendingaer phanne mit kraphen selten dâ erschrei* 184,24-25). Im 8. Buch, als Antikonie an der Seite Gawans gegen die Bürger von Schampfanzun kämpft, sagt der Erzähler: die Königin focht so ritterlich, »daß die Marktfrauen in Dollnstein zur Fastnacht nicht besser kämpften: sie machen es nämlich in närrischer Weise und mühen sich nur zum Spaß so ab« (*daz diu koufwîp ze Tolenstein an der vasnaht nie baz gestriten: wan si tuontz von gampelsiten unde müent ân nôt ir lîp* 409,8-11). Hohentrüdingen und Dollnstein liegen in der Nähe von Wolframs-Eschenbach. An beiden Orten gab es zu Wolframs Zeit bedeutende Adelsfamilien. Ein Bruder des Grafen Gebhard von Dollnstein war Bischof von Eichstätt, von dem die Grafen von Wertheim ihren Besitz in Eschenbach zu Lehen trugen. Ob die Herren von Hohentrüdingen und die Grafen von Dollnstein etwas mit der Entstehungsgeschichte des ›Parzival‹ zu tun hatten, ist den Anspielungen im ›Parzival‹ nicht zu entnehmen.

Die Markgräfin vom Haidstein. Im 8. Buch des ›Parzival‹ rühmt der Erzähler die Königin Antikonie, die von solcher Vollkommenheit gewesen sei, »daß sie nach Gebahren und Gesinnung der Markgräfin glich, die häufig vom Haidstein herunter die ganze Mark überstrahlte. Wohl dem, der ihre Vorzüge im vertrauten Verkehr kennenlernen darf! Glaubt mir, der findet dort mehr Vergnügen als anderswo« (*daz ir site und ir sin was gelîch der marcgrâvin, diu dicke vonme Heitstein über al die marke schein. wol im, derz heinlîche an ir sol prüeven! des geloubet mir, der vindet kurzewîle dâ bezzer denne anderswâ* 403,29-404,6).

Es ist nicht sicher, ob die letzten Verse sich auf Antikonie oder auf die Markgräfin beziehen. Der Haidstein liegt östlich von Cham im bayerischen Nordgau, wo die Markgrafen von Vohburg bis 1204 herrschten. Die Forschung ist lange Zeit davon ausgegangen, daß Wolframs Verse auf die Markgräfin Elisabeth, die Gemahlin Bertholds II. (gest. 1204), des letzten Vohburgers, zu beziehen seien. Elisabeth von Vohburg war eine Schwester Herzog Ludwigs I. von Bayern (gest. 1232). Auf diesem Weg schien es möglich, Wolfram mit dem bayerischen Herzogshof in Verbindung zu bringen. Fritz P. Knapp hat jedoch darauf aufmerksam gemacht, daß die Markgräfin Elisabeth wahrscheinlich vor ihrem Ehemann gestorben ist und daß die anzüglichen Verse Wolframs sich besser verstehen lassen, wenn man sie auf eine andere Vohburgerin bezieht: auf Adela, die Gemahlin Kaiser Friedrichs I., von der dieser sich 1153 in einem aufsehenerregenden Prozeß scheiden ließ.

> *Fritz P. Knapp*, Baiern und die Steiermark in Wolframs Parzival, Beitr. 110, 1988, S. 6-28. – *Christoph J. Steppich*, Zu Ws Vergleich der Antikonie mit der Markgräfin auf Burg Haidstein (Pz. 403,21-404,10), ABäG 53, 2000, S. 187-230.

In dem Prozeß soll auch der Verdacht eines Ehebruchs eine Rolle gespielt haben. So könnten sich Wolframs Anzüglichkeiten erklären. Sie würden sich allerdings auf Ereignisse beziehen, die damals bereits ein halbes Jahrhundert zurücklagen. Die Markgräfin vom Haidstein wäre dann aus der Liste der Gönnerzeugnisse zu streichen.

Heinrich von Rîspach. Im 6. Buch des ›Parzival‹, im Zusammenhang mit der Kritik am Thüringer Hof, wird gesagt, daß dort die Falschen hochgeachtet würden. »Keie hat sie das nicht gelehrt, und auch nicht Herr Heinrich von Rispach« (*Kei hets in niht gelêret noch hêr Heinrich von Rîspach* 297,28-29). Heinrich von Rispach konnte bisher nicht identifiziert werden.

Falls er sich nach dem heutigen Reisbach a. d. Vils, zwischen Landshut und Passau, nannte, könnte es sich um den Inhaber eines bayerischen Hofamts handeln, von dem Wolfram rühmen konnte, daß er eine große Hofhaltung in Ordnung zu halten wußte. Daß Teile des ›Parzival‹ in Bayern gedichtet oder vorgetragen worden sind, kann auch aus Wolframs »wir Bayern« im 3. Buch geschlossen werden (vgl. S. 4). Es gab damals Verbindungen zwischen Bayern und Thüringen: die Landgräfin Sophie, die Gemahlin Hermanns von Thüringen, war die Schwester Herzog Ludwigs I. von Bayern.

Ein wîp. Die einzige Person, von der explizit gesagt wird, daß sie Einfluß auf die Abfassung des ›Parzival‹ genommen habe, bleibt ohne Namen. Anspielungen auf einen Konflikt mit einer einfluß-reichen Dame finden sich bereits in einem Lied Wolframs (*Ein wîp mac wol erlouben mir*, vgl. S. 36) und begegnen dann an mehreren

Stellen im ›Parzival‹, am ausführlichsten in der ›Selbstverteidigung‹ zwischen Buch II und III (vgl. S. 53f.). Am Ende des 6. Buchs sagt der Erzähler, daß er nicht weiterdichten könne, wenn die Dame ihm nicht die Erlaubnis dazu gebe (337,23ff.). Im Epilog zum ›Parzival‹ ist davon die Rede, daß die Dichtung »einer Frau zuliebe« (*durh ein wîp* 827,29) vollendet worden sei. Daß die höfischen Epiker im Frauendienst dichteten, war ein verbreiteter Topos. Bezeugt ist auch, daß die Damen am Hof die literarische Urteilsbildung beeinflußt haben und auch als Gönnerinnen hervorgetreten sind. Ob Wolframs Anspielungen ein reales Gönnerverhältnis spiegeln, bleibt allerdings vollkommen dunkel.

Insgesamt ist der fränkisch-bayerische Gönnerkreis eine unsichere Größe, auf der sich keine poetische Biographie errichten läßt.

3. Das Werk

3.1 Überblick

Wir besitzen neun Lieder und drei epische Werke von Wolfram:
- Die neun Lieder, die unter Wolframs Namen überliefert sind, gehören zum größeren Teil zur Gattung des höfischen Tagelieds; die übrigen Lieder sind Minnelieder.
- ›Parzival‹ (24810 Verse): ein Artus-Gral-Roman aus dem Stoffkreis der keltischen Sagen von König Artus und den Rittern der Tafelrunde. Wolframs französische Vorlage war der ›Conte du Graal‹ von Chrétien de Troyes.
- ›Titurel‹ (164 Strophen): zwei Fragmente eines höfischen Epos in Strophen, das stofflich ein Seitenstück zum ›Parzival‹ ist. Es erzählt von Sigune und Schionatulander, deren Geschichte den Zuhörern aus dem ›Parzival‹ bekannt war. Eine Quelle ist nicht bekannt.
- ›Willehalm‹ (13988 Verse): ein unvollendetes Epos, nach dem altfranzösischen Heldenepos (Chanson de geste) ›Aliscans‹ aus dem Sagenkreis um Guillaume d'Orange. Thema ist der Krieg zwischen Christen und Heiden.

3.2 Chronologie

Über die Reihenfolge der Werke läßt sich eine sichere Aussage machen: der ›Willehalm‹ ist jünger als der ›Parzival‹. Im Prolog zum ›Willehalm‹ nimmt

Wolfram auf das ältere Werk Bezug: *swaz ich von Parzivâl gesprach* (4,20).
Die zeitliche Einordnung des ›Titurel‹ war lange umstritten. Karl Lachmann
hatte ihn zwischen die beiden großen Epen gestellt. Franz Pfeiffer hielt ihn für
eine Jugendarbeit (*Karl Lachmann*, Wolfram-Ausgabe (vgl. S. 258), Vorrede.
– *Franz Pfeiffer*, Zum Titurel, Germania 4, 1859, S. 301-308).

Heute überwiegt die Ansicht, daß der ›Titurel‹ am Ende von Wolframs
Schaffenszeit entstanden ist, entweder in einer Arbeitspause zwischen Buch
VIII und IX des ›Willehalm‹ (Karl Helm) oder nach dem ›Willehalm‹ (Albert
Leitzmann) (*Karl Helm*, Die Entstehungszeit von Ws Titurel, ZfdPh. 35,
1903, S. 196-203. – *Albert Leitzmann*, Untersuchungen über Ws Titurel,
Beitr. 26, 1901, S. 93-156).

Für die Spätdatierung des ›Titurel‹ sprechen die Namen *Ahkarîn* und
Berbester, die auch im ›Willehalm‹ vorkommen und die wahrscheinlich aus
Wolframs französischer ›Willehalm‹-Quelle stammen. Wenn man davon
ausgeht, daß die Vermittlung der ›Willehalm‹-Vorlage mit dem Auftrag zur
Bearbeitung Hand in Hand ging, hätte Wolfram bereits am ›Willehalm‹ ge-
arbeitet (oder die Arbeit daran bereits abgebrochen), als er die beiden Namen
im ›Titurel‹ verwendete. Auch die Gegenüberstellung des Römischen Kaisers
und des heidnischen *admirât* im ›Titurel‹ (93,2) scheint eine entsprechende
Darstellung im ›Willehalm‹ (434,1ff.) vorauszusetzen.

Für die Entstehungszeit der Lieder ist es wichtig, daß Wolfram in der
›Selbstverteidigung‹ des ›Parzival‹ sehr selbstbewußt von seiner Lyrik spricht
(114,12f.). Darauf stützt sich die Vermutung, daß er bereits als Minnesänger
einen Namen hatte, als die ersten Bücher des ›Parzival‹ gedichtet wurden.

Die absolute Chronologie der Werke muß aus einigen Anspielungen auf
Ereignisse und Personen der Zeitgeschichte gewonnen werden. Im 7. Buch des
›Parzival‹ wird erzählt, daß im Kampf vor Bearosche die Felder vor der Stadt
von den Pferden zerstampft wurden. Daran knüpft der Erzähler die Bemerkung:
»Der Erfurter Weinberg bezeugt noch dieselbe Verwüstung durch Zertrampeln:
die Hufe vieler Pferde haben dort ihre Spur hinterlassen« (*Erffurter wîngarte giht
von treten noch der selben nôt: maneg orses fuoz die slâge bôt* 379,18-20,). Das
bezieht sich offenbar auf die kriegerischen Ereignisse des Jahres 1203. König
Philipp von Schwaben war damals in Thüringen eingefallen, wurde jedoch
von den Verbündeten des Landgrafen in Erfurt eingeschlossen und belagert.
Danach ist Buch VII des ›Parzival‹ wahrscheinlich nach 1203 entstanden. Bei
der Interpretation der Stelle spielt die Aussage, daß der Weinberg »noch« die
Spuren der Verwüstung zeigt, eine Rolle. Wenn damit gemeint ist, daß die
Kriegsschäden in Erfurt »noch« zur Zeit der Abfassung dieser Verse nicht
beseitigt waren, würde sich ergeben, daß Buch VII nicht später als 1204/05
entstanden ist. Es ist jedoch fraglich, ob das Wörtchen *noch* an dieser Stelle
auf eine zeitliche Bedeutung festgelegt werden kann.

Was sonst zur Bestimmung der ›Parzival‹-Chronologie angeführt wird,
ist ganz unsicher. Weder die Erwähnung des Grafen von Wertheim noch die
Anspielungen auf das verödete Turnierfeld von Abenberg lassen sich in exakte
Jahreszahlen ummünzen. In Buch XI wird von den früheren Reichtümern
Griechenlands gesprochen (563,8ff.): das setzt vielleicht die Plünderung

Konstantinopels im Jahr 1204 voraus. Die herkömmliche Datierung des
›Parzival‹ auf die Jahre 1200-1210 dürfte das Richtige treffen.

Für den ›Willehalm‹ erlaubt die Anspielung auf die Kaiserkrönung Ottos
IV. eine Datierung nach 1209. Im 8. Buch wird geschildert, mit welcher
Pracht König Marlanz und sein Heer in die Schlacht zogen. Daran schließt
sich die Bemerkung des Erzählers: »Wenn Kaiser Otto, als er in Rom gekrönt
wurde, nach seiner Weihe ebenso prächtig dahergezogen kam, dann bin ich
bereit, ihm zuzubilligen, daß es gut genug war« (*dô der keiser Otte ze Rôme
truoc die krône, kom der alsô schône gevaren nâch sîner wîhe, mîne volge ich
dar zuo lîhe, dz ich im gihe, des waere genuoc* 393,30-394,5). Otto IV. ist im
Oktober 1209 in Rom zum Kaiser gekrönt worden. Wolframs spöttischer
Ton dürfte gerade am Thüringer Hof offene Ohren gefunden haben, denn
in den letzten Jahren von Ottos Herrschaft gehörte Landgraf Hermann I. zu
seinen prominentesten Gegnern in Deutschland.

Landgraf Hermann ist 1217 gestorben. Wenn es zutrifft, daß die letzte
Erwähnung des Landgrafen im 9. Buch des ›Willehalm‹ (417,22ff.) seinen
Tod voraussetzt (vgl. S. 14), fällt der Abbruch der Dichtung in die Zeit nach
1217. Wie lange danach, bleibt offen. Meistens wird der ›Willehalm‹ auf die
Jahre 1210-1220 datiert. Die Arbeit an dem Werk könnte sich auch bis in
die zwanziger Jahre hingezogen haben.

Für den ›Titurel‹ ist der Strophe 82a zu entnehmen, daß die Fragmente
nach 1217, nach dem Tod Hermanns von Thüringen, gedichtet sind [die
Argumente, mit denen die Strophe 82a in der älteren Forschung für ›unecht‹
erklärt worden ist, entbehren der Grundlage].

3.3 Sprache

Eine gute zusammenfassende Darstellung der Sprache Wolframs findet
man in der Einleitung zu *Ernst Martins* ›Parzival‹-Kommentar (vgl.
S. 261), S. LXIVff. (Nachweise der älteren Forschung über Wolframs
Sprache in *Ulrich Pretzels* und *Wolfgang Bachofers* Wolfram-Bibliographie
(vgl. S. 32), S. 27ff.). Neuere Zusammenfassungen fehlen.

Dialektmerkmale. Die ältere Forschung hat sich in erster Linie mit
der lautlichen Gestalt der Wörter beschäftigt, die aus dem Reimge-
brauch erschlossen wird.

> *Konrad Zwierzina*, Beobachtungen zum Reimgebrauch Hartmanns und
> Ws, in: FS für Richard Heinzel, 1898, S. 437-511. – *Ders.*, Mhd. Studien,
> ZfdA 44, 1900, S. 1-116; 249-316; 345-406; 45, 1901, S. 19-100; 253-
> 313; 317-419. – *Arno Schirokauer*, Studien zur mhd. Reimgrammatik,
> Beitr. 47, 1923, S. 1-126.

Das Interesse der Forschung war dabei hauptsächlich auf Dialekt-
merkmale gerichtet, aus denen Schlüsse auf die Heimat des Dichters

gezogen wurden. Wolfram hat sich im wesentlichen der im Laut-
stand oberdeutsch geprägten Reimsprache bedient, die seit Hartmann
von Aue als eine Art Standard galt und von den meisten Dichtern
der Zeit benutzt worden ist. Diese weist nur wenige ausgeprägte
Dialektmerkmale auf. Sie weisen auf den östlichen Grenzbereich
zwischen dem Mitteldeutschen und dem Oberdeutschen, also auf
das Ostfränkische.

Gelegentlich reimt Wolfram md. *quam, quâmen* auf *nam, nâmen*. Die bay-
erischen Formen *kom, kômen* begegnen häufig in den Handschriften, stehen
aber niemals im Reim (weil es kaum eine Reim-Möglichkeit auf *-om, -ômen*
gab). Offenbar hat Wolfram das Präteritum von *komen* im Reim gemieden.
Mehr zum oberdeutschen Reimgebrauch paßt dagegen, daß Wolfram streng
zwischen *ie* und *i* unterscheidet; er reimt niemals *dinc* auf *gienc* wie viele
mitteldeutsche Dichter.

Eduard Hartls – vor einem halben Jahrhundert formuliertes – Ur-
teil: »Seine Sprache ist fränkisch mit bairischen Eigenheiten« (VL 4,
1953, Sp. 1089) ist seitdem nicht mehr überprüft worden. Die neuere
Forschung hat sich kaum noch mit den Dialektfragen beschäftigt
(*Wolfgang Kleiber*, Dialektale Bestandteile in Ws Wortschatz. Beiträge
zur Erschließung des historischen fränkischen Winzerlexikons, in:
Studien zu WvE, 1989, S. 51-66).

Manches, was früher als Dialektmerkmal angesehen wurde, hält
man heute eher für literarische Gebrauchsformen, die weniger lokal-
gebunden waren.

Wortschatz. Gut erforscht ist Wolframs Gebrauch einzelner Wörter
und Begriffe sowie bestimmter Wortfelder. Eine Gesamtwürdigung
von Wolframs Wortschatz gibt es jedoch nicht.

Ludwig Bock, WsvE Bilder und Wörter für Freude und Leid, 1879. – *Karl
Kinzel*, Der Begriff der *kiusche* bei WvE, ZfdPh. 18, 1886, S. 447-458.
– *Guido C. L. Riemer*, Die Adjektiva bei WvE stilistisch betrachtet.
Der Wort- und Begriffsschatz, Diss. Leipzig 1905. – *Hugo Zell*, Das
Adjektiv bei WvE, Hartmann von Aue und Gottfried von Straßburg,
Diss. Straßburg 1909. – *Jakob G. Bohner*, Das Beiwort des Menschen
und der Individualismus in Ws Parzival, Diss. Heidelberg 1909. – *Erich
Wolff*, Die zusammengesetzten Adjektiva und Adverbia bei WvE, Diss.
Greifswald 1913. – *Irmgart Büchel*, Die Bezeichnungen für psychologische
Begriffe in Ws Parzival, 1925. – *Jost Trier*, Der deutsche Wortschatz im
Sinnbezirk des Verstandes, Bd. 1, 1931 [WvE: S. 245-279]. – *Wolfgang
Kühnemann*, Soldatenausdrücke und Soldatensarkasmen in den mhd.en
Epen bei besonderer Berücksichtigung von Ws Willehalm, Diss. Tübingen
1970. – *Edmund Wießner* und *Harald Burger*, Die höfische Blütezeit, in:

Dt. Wortgeschichte, 3. Aufl., hrsg. von F. Maurer und H. Rupp, Bd. 1, 1974, S. 189-243. – *Reiner Weick*, Ornitologie und Philologie am Beispiel von *mûzersprinzelîn* und *galander* in Ws Parzival, Mediävistik 2, 1989, S. 255-269. – *Hubert Heinen*, W and Walther on *fuore*: The Language of Courtly Behaviour, in: The Ring of Words in Medieval Literature, Ed. U. Goebel und D. Lee, Lewiston, NY 1993, S. 139-160. – *James W. Marchand*, Inter-, Intra-, and Intro-Textual Analysis in Medieval Literature: The Case of WvE, ebenda, S. 203-218. – *Nigel F. Palmer*, The Middle High German Vocabulary of Shame in Its Literary Context. A Study of *blûc, blûkeit, bliûcliche*, in: Das unsichtbare Band der Sprache. In Memory of Leslie Seiffert, 1993, S. 57-84. – *Hartmut Beck*, Raum und Bewegung, Untersuchungen zu Richtungskonstruktionen und vorgestellter Bewegung in der Sprache WsvE, 1994. – *Albrecht Classen*, Kulturhistorische Wortstudien zu vier zentralen Begriffen des Mhd.en, Leuv. Bijdr. 84, 1995, S. 1-37. – *Herta Zutt*, Gattungstypischer und individueller Wortgebrauch. Beobachtungen zum Wortfeld ›jemanden veranlassen, etwas zu tun‹ im Iwein, Tristan und Isold und Parzival, in: Ze hove und an der strâzen. FS für Volker Schupp, 1999, S. 284-304. Weitere Literatur bei *Pretzel / Bachofer* (vgl. S. 32), S. 28ff.

In der neueren Forschung sind besonders solche Begriffe genauer untersucht worden, die für die Interpretation eine Rolle spielen.

Friedrich Maurer, Leid. Studien zur Bedeutungs- und Problemgeschichte besonders in den großen Epen der staufischen Zeit, [2]1951, S. 115ff. 268ff. – *Wolfgang Mohr*, Hilfe und Rat in Ws Parzival, in: FS für Jost Trier, 1954, S. 173-193. – *Werner Schröder*, Zum Wortgebrauch von *riuwe* bei Hartmann und W, GRM 38, 1957, S. 97-106. – *Ders., Armuot*, DVjs 34, 1960, S. 501-526. – *Julius Schwietering*, Natur und *art*, ZfdA 91, 19661/62, S. 108-132. – *Adelaide V. Jaffé, gedranc* and *zuht* in W's Parzival, GQ 38, 1965, S. 157-163. – *Gerhard Meissburger, güete* bei WvE, in: FS für Friedrich Maurer, 1968, S. 158-177. – *Walter K. Francke*, The Function of *wis* in the Characterization of Gahmuret, Gawan and Parzival, MLN 87, 1972, S. 409-418. – *Werner Schröder, kunst* und *sin* bei WvE, Euph. 67, 1973, S. 219-243. – *Herbert Kolb*, Vielfalt der *kiusche*. Eine bedeutungsgeschichtliche Studie zu Ws Parzival, in: Verbum et Signum, hrsg. von H. Fromm (u.a.), Bd. 2, 1975, S. 233-246. – *Werner Schröder*, Diz maere ist war, doch wunderlich. Zu Willehalm 5,15 und zum Gebrauch von *maere, wâr* und *wunderlîch* bei W, ebenda, S. 277-298. – *Dennis H. Green*, The Concept *âventiure* in Parzival, in: *D. H. Green and L. P. Johnson*, Approaches to WvE (vgl. S. 33), S. 83-157. – *James W. Marchand*, Honor and Shame in W's Parzival, in: Spectrum medii aevi. In Honor of G. F. Jones, 1983, S. 283-298. – *Werner Schröder, mort* und *riterschaft* bei W. Zu Willehalm 10,18-20, in: Philologische Untersuchungen. FS für Elfriede Stutz, Wien 1984, S. 398-407. – *William H. Jones*, German Kinship Terms (750-1500). Documentation and Analysis, 1990 [WvE: S. 15-44]. – *Antje Kruse, Gerda Rössler*, Untersuchung zu Begriffsinhalt

und literarischer Funktion des Wortes *triuwe* in Ws Parzival, in: Geist
und Zeit. FS für Roswitha Wisnewski, Bern (u.a.) 1991, S. 123-150.
– *Michael Swisher*, *zorn* in W's Parzival, Neuph. Mitt. 93, 1992, S. 393-
410. – *David N. Yeandle*, The Concept of *schame* in W's Parzival, Euph.
88, 1994, S. 302-338.

Zum Begriff *zwîvel* vgl. S. 41; zu *stiure* und *lêre* vgl. S. 42f.; zu *schanze*
vgl. S. 43; zu *valsch geselleclîcher muot* vgl. S. 43; zu *tump* und *tumpheit*
vgl. S. 56.

Mehr als andere höfische Epiker hat Wolfram den Wortschatz der Helden-
dichtung benutzt. Er gebrauchte das Wort *recke* (»Held«), das bei Hartmann
und Gottfried fehlt, ohne Anstoß; ebenso *wîgant, ecke, ellen, urliuge, verch,
dürkel, snel, veige* usw. Es sieht so aus, als ob Wolfram den Gebrauch einiger
dieser Wörter im Verlauf der Arbeit eingeschränkt hätte. Das Kriegerwort
degen kommt im ›Parzival‹ 65 mal vor, im ›Willehalm‹ und im ›Titurel‹ nie.
Andere Wörter der Heldendichtung werden jedoch im ›Willehalm‹ häufiger
gebraucht (*ecke, gêr, hervart, wal, verschrôten*) (vgl. *Wiessner/Burger*, Die
höfische Blütezeit (siehe oben), S. 229ff.).

Kein anderer Epiker der Zeit hat so viele französische Wörter benutzt wie
Wolfram; am meisten im ›Willehalm‹. Viele Begriffe des ritterlichen Lebens
begegnen bei ihm zum ersten Mal: *glaevîn* (»Lanze«), *zimierde* (»Helmschmuck«),
kurteis (»höfisch«), *topeln* (»würfeln«) usw. Wichtiger als die sachliche Not-
wendigkeit zur Neubezeichnung war wohl in vielen Fällen die Freude am
fremdartigen Klang der Wörter. Jedenfalls findet sich viel Ausgefallenes unter
Wolframs Entlehnungen aus dem Französischen: *agraz* (»saure Brühe«), *passâ-
sche* (»Weg«), *ribbalt* (»Landstreicher«), *alûnen* (»gerben«) usw.

Hugo Suolahti, Der französische Einfluß auf die dt. Sprache im dreizehnten
Jh., 2 Bde., Helsinki 1929-1933 [WvE: Bd. 2, S. 293-355]. – *Gesa Bonath*,
scheneschlant und *scheneschalt*. Eine Beobachtung zur Lehnwortrezeption im
13. Jh., W-St. 1, 1970, S. 87-97. – *Emil Öhmann*, Der romanische Einfluß
auf das Deutsche bis zum Ausgang des Mittelalters, in: Dt. Wortgeschichte,
3. Aufl., hrsg. von F. Maurer und H. Rupp, Bd. 1, 1974, S. 323-396.
– *Jürgen Vorderstemann*, Die Fremdwörter im Willehalm WsvE, 1974 [Ein
alphabetisches Verzeichnis der französischen Wörter im ›Willehalm‹ in
Werner Schröders ›Willehalm‹-Ausgabe (vgl. S. 401), S. 596ff.].

Manchmal scheint Wolfram einzelne altfranzösische Wörter mißverstanden zu
haben (*Eberhard Nellmann*, Produktive Mißverständnisse. W als Übersetzer
Chrétiens, W-St. 14, 1996, S. 134-148).

Es ist jedoch nicht auszuschließen, daß Wolfram mit den fremden Wör-
tern ein souveränes Spiel getrieben hat und daß manche ›Mißbildungen‹
zugleich eine komische Wirkung haben sollten. Man wird sogar damit
rechnen müssen, daß viele der fremdklingenden Wörter den Zuhörern kaum
verständlich waren und daß der Dichter das nicht nur in Kauf genommen,
sondern beabsichtigt hat.

Manchmal sind ganze französische Ausdrücke oder Redewendungen in den mittelhochdeutschen Text eingebaut: *bien sei venûz, bêâs sir* (Parz. 76,11). An einigen Stellen sind deutsche Wörter zwischen die französischen geschoben: *mal unde bêâ schent* (Parz. 658,27). Nicht selten werden die französischen Wörter ins Deutsche übersetzt: *diu truoc den rehten bêâ curs. der name ist tiuschen schoener lîp* (Parz. 187,22-23); *kalopiernde ulter juven poys. sîn ors übr hôhe stûden spranc* (Parz. 286,26-27). Das ist eher eine Dokumentation sprachlicher Souveränität als ein ernstgemeinter Beitrag zu einem französisch-deutschen Wörterbuch.

Als höfisch-vornehm galt der Gebrauch einiger flandrisch-niederfränkischer Wörter und Wortformen, die in die hochdeutsche Dichtersprache Eingang fanden. Dazu gehörte eine Gruppe von Adjektiven (*gehiure, klâr, kluoc, wert*), die durch Wolfram Eingang in die hochdeutsche Dichtersprache fanden und zu wichtigen Mitteln der Personenbezeichnung wurden.

> *Elias Steinmeyer*, Über einige Epitheta der mhd. Poesie, Rektoratsrede Erlangen 1889. – *Wiessner/Burger*, Die höfische Blütezeit (vgl. S. 22f.), S. 213ff.

Wie weit Wolfram von dem Sprachideal der *kristallînen wortelîn* (Tristan 4627) entfernt ist, das Gottfried von Straßburg im Literatur-Exkurs des ›Tristan‹ an Hartmann von Aue gerühmt hat, zeigen ausgefallene Bildungen wie *gampelsite* (»Narrentreiben«), *mangenswenkel* (»Stricke der Wurfmaschine«), *strâlsnitec* (»von einem Pfeil verwundet«), *duzenlîche* (»mit ›du‹ anredend«), *selpschouwet* (»offensichtlich«) usw. An solche Wörter könnte Gottfried gedacht haben, wenn er darüber spottet, daß die *vindaere wilder maere* ihre Gedichte mit *bickelwort* (4639) schmückten.

> *Eberhard Nellmann*, Dichtung ein Würfelspiel. Zu Parz. 2,13 und Tristan 4639, ZfdA 123, 1994, S. 458-466. – *Hans-Jörg Spitz*, bickelwort. Würfel- und Speerworte. Zu einer poetologischen Waffenmetapher im Literaturexkurs Gottfrieds von Straßburg, in: Lingua theodisca. FS für Jan Goossens, 1995, Bd. 2, S. 1019-1032. – *Mireille Schnyder*, Glücksspiel und Vorsehung. Die Würfelspielmetaphorik im Parzival WsvE, ZfdA 131, 2002, S. 308-325.

Syntax. Anders als der Wortschatz ist Wolframs eigenwillige Syntax, die seine poetische Sprache deutlich von der Sprache anderer zeitgenössischer Dichter unterscheidet, noch nicht genügend erforscht.

> Die ältere Forschung zur Syntax ist bei *Pretzel/Bachofer* verzeichnet (vgl. S. 32), S. 27ff. Vgl. außerdem *Hermann Schnell*, Einige syntaktische Eigenheiten bei WvE und im Nibelungenlied, Diss. Wien 1939. – *Blanka Horacek*, Zur Wortstellung in Ws Parzival, in: Anzeiger der Österreichischen Akad. d. Wiss., Phil.-hist. Klasse 89, 1952, S. 270-299. – *Hans J. Beyer*, Untersuchungen zum Sprachstil weltlicher Epen des dt. Früh- und Hochmittelalters, 1962 [WvE: S. 199-226]. – *Blanka Horacek*, Kunstprinzipien der Satzgestaltung. Studien zu einer inhaltsbezogenen Syntax der

dt. Dichtersprache, Wien 1964. – *Hans-Werner Eroms*, Zum Passiv im Mhd.en, in: FS für Herbert Kolb, 1989, S. 81-96. – *Kurt Gärtner*, Die constructio apo koinou bei WvE, Beitr. (Tüb.) 91, 1969, S. 121-259. – *Ders.*, Numeruskongruenz bei WvE, W-St. 1, 1970, S. 28-61. – *Blanka Horacek*, Betrachtungen zur Konstruktion apo koinou bei W und Goethe, in: Marginalien zur poetischen Welt. FS für Robert Mühlher, 1971, S. 5-18. – *Werner Schröder*, Übergänge aus oratio obliqua in oratio recta bei WvE, Beitr. 95, 1973, Sonderheft, S. 70-92. – *Hans-Werner Eroms*, Zum Verbalpräfix *ge-* bei WvE, in: Studien zu WvE, 1989, S. 19-32. – *André Rousseau*, L'ambiguité de *wan* dans Parzival, in: Perceval – Parzival (vgl. S. 271), S. 207-228. – *Paul Valentin*, Le système des modes de W, ebd., S. 293-302. – *Birgit Barueke*, Attributstrukturen des Mhd.en im diachronen Bereich, 1995 (Parzival: S. 91-200). Besondere Hervorhebung verdient der Aufsatz von *Henrike Lähnemann* und *Michael Rupp*: Erzählen mit Unterbrechungen. Zur narrativen Funktion parenthetischer Konstruktionen in mhd.er Epik, Beitr. 123, 2001, S. 353-378.

In der (bis heute grundlegenden) Darstellung der mittelhochdeutschen Syntax von *Ingrid Schröbler* (die zuerst im Jahr 1969 in der 20. Auflage von *Hermann Pauls* Mittelhochdeutscher Grammatik [S. 283-502] erschienen ist und seitdem mehr oder weniger unverändert nachgedruckt wird [seit der 22. Aufl. bearbeitet von *Siegfried Grosse*]; zuletzt 24. Aufl., 1998), wird Wolframs Syntax nicht klar genug vom Satzbau Hartmanns und Gottfrieds abgehoben. Allgemein ist für die ältere Sprache kennzeichnend, daß die Sätze lockerer gebaut wurden, sowohl was die Stellung und die Funktion der einzelnen Wörter im Satz betrifft, als auch in Bezug auf die Periodenbildung und die Unterscheidung zwischen abhängigen und unabhängigen Sätzen. Erst vor dem Hintergrund solcher ›Freiheiten‹ ist zu ermessen, wie die höfischen Dichter seit Heinrich von Veldeke und Reinmar dem Alten daran gearbeitet haben, ihren Satzbau zu befestigen und ihm eine klare und elegante Gestalt zu geben.

Auch Wolfram beherrschte diese neue Technik des Satzbaus. Kennzeichnend für seine Syntax ist jedoch, daß er die alten ›Freiheiten‹ zu poetischen Ausdrucksmitteln weiterentwickelte und in den Dienst eines Stilwillens gestellt hat, der nicht auf Klarheit und Eleganz ausgerichtet war, sondern auf überraschende Effekte und eine irritierende Wirkung. Wolfram war sich seiner Sonderstellung im Sprachgebrauch bewußt. Er hat seinen Sprachstil, im Gegensatz zu dem an der lateinischen Rhetorik geschulten Elegantia-Ideal seiner gelehrten Dichter-Kollegen, als sein ›krummes‹ Deutsch bezeichnet: *mîn tiutsch ist etswâ doch sô krump* (Willeh. 237,11). »Krumm« bezeichnet den Gegensatz zu einem Sprachstil, den Gottfried von Straßburg als *ebene unde sleht* (»geglättet und gerade«, Tristan 4659) beschrieben hat.

Wolframs Syntax scheint in mancher Beziehung der gesprochenen Sprache näherzustehen als die Syntax der lateinisch gebildeten Dichter. Als Anhaltspunkte für eine solche Nähe wurden genannt: der Mangel an verbindenden Konjunktionen; der unvermittelte Übergang von indirekter Rede in direkte; Inkongruenzen von Numerus und Modus; Parenthesen, Ellipsen, Anakoluthe; Konstruktionen apo koinou und anderes mehr. Dabei ist natürlich nicht an wirkliche Spuren von Mündlichkeit zu denken, sondern an den gestaltenden Willen des Dichters, der auf diese Weise eine größere Unmittelbarkeit erreichte.

Manche syntaktischen Freiheiten bei Wolfram erinnern an den Stil der Heldenepik. Das gilt besonders für einige Altertümlichkeiten in der Wortstellung, die von den anderen höfischen Epikern gemieden wurden: *diu Gahmuretes lanze*; *der sun Arnîven*; *her daz grôze*; *vil schilde der ganzen*; *die dînen nôt* und Ähnliches.

Eine angemessene Beschreibung von Wolframs Erzählsyntax ist so schwierig, weil das meiste, was für seine Satzgestaltung kennzeichnend ist, als Abweichung von der Regel erscheint oder geradezu als Verstoß gegen die ›Regeln‹, die von anderen Dichtern zwar nicht ausnahmslos, aber doch weitgehend befolgt wurden.

Die Forschung steht vor der Aufgabe, zunächst die Maßstäbe neu zu definieren, an denen Wolframs Satzgestaltung gemessen werden kann. Der Aufsatz von *Henrike Länemann* und *Michael Rupp* (»Erzählen mit Unterbrechungen«, siehe oben), bietet gute Ansätze dazu.

Wolframs Satzbau ist gekennzeichnet durch Brüche, Sprünge, Disproportionen und Inkongruenzen, die es in vielen Fällen schwer machen, die Abfolge und Zuordnung der Sätze und Satzteile eindeutig zu bestimmen. Vergleicht man die Interpunktionen in den ›Parzival‹-Ausgaben von *Lachmann*, *Leitzmann* und *Nellmann* miteinander, dann zeigt sich, wie häufig Wolframs Syntax unterschiedlich interpretiert werden kann. Die neue zweisprachige Ausgabe, unter der Leitung von *Elke Brüggen* (vgl. S. 261), wird die Anzahl der syntaktischen Alternativ-Lesungen noch beträchtlich erhöhen. Nur in wenigen Fällen läßt sich die eine Lesung eindeutig als richtig, die andere als falsch erkennen. Meistens sind mehrere Deutungen möglich. Mehrdeutigkeit ist für Wolframs Syntax ebenso kennzeichnend wie für andere Aspekte seiner dichterischen Gestaltung (vgl. S. 125f.).

Auch innerhalb der einzelnen Sätze begegnen immer wieder syntaktische Uneindeutigkeiten (die folgenden Beispiele sind alle dem ›Parzival‹ entnommen). Das neutrale Pronomen (*daz, ez* beziehungsweise *des, es*) verweist auf vorher oder nachher Erzähltes; was genau gemeint ist, bleibt bei Wolfram nicht selten unklar. Die Personalpronomen (*er* und *si*) sind an mehreren Stellen so häufig und so verwirrend gesetzt, daß nicht mit Sicherheit zu erkennen ist, wer jeweils gemeint ist. An anderen Stellen muß offen bleiben, ob ein Adjektiv oder ein Adverb vorliegt. Der konstruktionslos vorangestellte Nominativ dient nicht immer dazu, dem Hauptwort im Satz Gewicht zu geben; er ist manchmal nur mit Mühe in den anschließenden Satz einzubeziehen. Präpositionale Ausdrücke könnnen verschieden bezogen werden. Relativsätze ohne einleitendes Pronomen sind nicht selten (*ein pfelle gap kostlîchen prîs*, »ein Seidentuch, das sehr kostbar war« 683,19). Ein verneinter Ausdruck dient zur Hervorhebung des Gegenteils (*niht ze kranc* »sehr stark«; *âne haz*, »mit Freuden«; *swachiu wünne* »nur Unfreundlichkeiten«; *wênec verdrôz* »sehr erfreute«; *niht für laster jehen* »für eine Auszeichnung halten« usw.).

Manche Aussage bedarf der Ergänzung, um verstanden zu werden: *Gâwâns schenke niht vergaz, dar trüegen junchêrrelîn mangen tiwern kopf*, »Gawans Schenke vergaß nicht, [dafür zu sorgen,] daß Edelpagen kostbare Gefäße dorthin brachten« (702,4-6). Verkürzungen der verschiedenen Art begegnen häufig: [*er*] *spranc underz houbet sîn*, »er eilte [hin und hielt seine Hand] unter seinen Kopf« (690,10). Manchmal ist die Aussage bis zur Unverständlichkeit verkürzt. Von dem Ritter Segramors wird berichtet, daß seine Rüstung mit goldenen Schellen verziert war; *man möht in wol geworfen hân zem fasân inz dornach*, »man hätte ihn leicht zum Fasan ins Dornengebüsch werfen können« (286,30-287,19). Gemeint ist: man hätte ihn wie einen Falken zur Fasanenjagd benutzen können; wenn der Falke, der ebenso wie manche Ritter mit Glöckchen geschmückt wurde, einen Fasan im Dickicht geschlagen hatte, konnte man am Klingen der Glöckchen hören, wo die Beute sich befand. So auch Segramors: »Wer es eilig hatte, ihn zu suchen, der würde ihn an den Schellen auffinden« (287,2-3).

In Wolframs Syntax sind die Grenzen zwischen den grammatischen Kategorien fließend. Verbales wird substantivisch ausgedrückt, durch substantivierte Infinitive (*enpfâhen tuon, grüezen tuon, lachen bieten, gêhens manen*) oder auf andere Weise: *swaz hie mit rede gein iu geschach*, »was hier zu Euch gesagt wurde« 303,1). Auffällig sind Passiv-Konstruktionen: *sô manec vremdiu terre ... ist vernomen*, »man hat von so vielen fremden Ländern gehört 685,22-23).

Die größten Schwierigkeiten macht Wolframs Periodenbau. Man spricht von ›freien Konstruktionen‹, wenn sich Haupt- und Nebensätze in keine klare Ordnung bringen lassen. 299,20ff. beginnt das Satzgebilde mit drei vorangestellten Relativsätzen, auf die ein Hauptsatz folgt, der nur den letzten Relativsatz aufnimmt. 558,18ff. folgt auf zwei Relativsätze ein dritter (der auch ein explizierender *daz*-Satz sein könnte); dann kommen zwei konstruktionslose Substantive (die sich nicht eindeutig zuordnen lassen), ein Konditionalsatz und schließlich ein Hauptsatz, der den Konditionalsatz aufnimmt. Es ergeben sich verschiedene Deutungsmöglichkeiten, die in der Aussage auseinandergehen.

Es bleibt eine wichtige Aufgabe, die verwirrenden Befunde beschreibend zu ordnen, um ein klareres Bild von Wolframs Syntaxgebrauch zu gewinnen.

3.4 Metrik

Wolfram nimmt auch in der Geschichte der Reim- und Verstechnik eine Sonderstellung unter den Epikern seiner Zeit ein. Er beherrschte die neuen Techniken der Versfüllung, des Kadenzenbaus und der Reimreinheit, die sich um 1190 durchgesetzt hatten; aber er hat auf die technischen Feinheiten weniger Wert gelegt als die gelehrten Dichter. Manchmal scheint er geradezu mutwillig gegen die Regeln verstoßen zu haben, auf deren Einhaltung die anderen Dichter viel Gewicht legten. Wolfram hat sich konsonantisch ungenaue Reime gestattet (*schilt : sint, ougen : rouben, crump : junc* usw.) und hat Vokale verschiedener Quantität häufig miteinander gebunden. Auf die Reinheit des

Reims kam es ihm offenbar weniger an als auf den Klangeffekt. Bei Wolfram findet sich eine Fülle ausgefallener Reimtypen, die seinen Versschlüssen oft einen exotischen Ton verleihen (Reime auf *-axe, -âschen, -aerger, -änsel, -erhe, -ickel, – iersen, -obst, -ôntes, -urch, -üppe* usw.).

Wolframs Verse sind nicht selten ›überfüllt‹, das heißt, sie sind zu silbenreich, und scheinen manchmal das Schema des höfischen Vierhebers zu sprengen. Auf jeder Seite gibt es Verse wie: *für ander flusse die drinne fliezent ouch* (482,4), *wir gewunnen eine wurzen heizet trachontê* (483,6), *swachiu wunne ist mîner jâre wer* (484,20), die sich besser mit fünf oder mehr Hebungen lesen lassen [die Schreibung folgt der Leithandschrift D, vgl. S. 272]. Karl Lachmann hat deswegen in seiner kritischen Ausgabe die Wörter an vielen Stellen gekürzt; sein Text liest sich stellenweise wie eine Geheimschrift mit ihren *dr, dz, dn, de, dês, dêr, êst, err, i'n, mi'n* und den vielen um ein -e gekürzten Wörtern (*tepch, sâbents, glihen* usw.). Gelegentlich ist der Rahmen des Kurzverses bewußt gesprengt, am deutlichsten in den barocken Listen der von Parzival und Feirefiz besiegten Gegner (Pz. 770,1-30 und 772,1-30). Häufig sind Eigennamen durch ›beschwerte Hebungen‹ gedehnt, beim ersten Nennen, um sie den Hörern einzuprägen, oder sonst an wichtigen Stellen (*Je-schû-te* kann dreihebig gelesen werden, *Cond-wîr-â-murs* vierhebig).

Die auffälligste metrische Eigenheit ist Wolframs Enjambement (das Überspielen der Versgrenze durch die Syntax). Der Satz reicht häufig bis in den nächsten Vers hinein und endet erst nach der ersten Hebung: *swâ man's âne schilte / traf, dâ spürte man diu swert* (Wh. 20,18-19). Diese Technik bewirkt »ein Aufreißen von Gegensätzen oder einen Zusammenschluß von ursprünglich Getrenntem« (B. Horacek).

Konrad Zwierzina, Beobachtungen zum Reimgebrauch Hartmanns und Ws, in: FS für Richard Heinzel, 1898, S. 437-511 (Rez. *Friedrich Panzer*, ZfdPh. 33, 1909, S. 123-138). – *Carl von Kraus*, Der rührende Reim im Mhd.en, ZfdA 56, 1918/19, S. 1-76. – *Otto Paul*, Der dreisilbige Auftakt in den Reimpaaren WsvE, Diss. München 1928. – *Blanka Horacek*, Die Kunst des Enjambements bei WvE, ZfdA 85, 1954/55, S. 210-229. – *Helmut Lomnitzer*, Beobachtungen zu W.s Epenvers, in: Probleme mhd.er Erzählformen, hrsg. von P. F. Ganz und W. Schröder, 1972, S. 107-132.

4. Wirkungsgeschichte

Wolfram von Eschenbach wurde bereits zu Lebzeiten als einer der größten Dichter gefeiert. Ein früher Zeuge ist Wirnt von Grafenberg: »... Herr Wolfram von Eschenbach, ein weiser Mann. In seinem Herzen ist aller Kunstsinn beschlossen; niemals hat ein Laie besser gedichtet« (*her Wolfram, ein wîse man von Eschenbach; sîn herze ist ganzen sinnes dach; leien munt nie baz gesprach* Wigalois 6343-46, hrsg. von *J. M. N.*

Kapteyn, 1926). Kein anderer Dichter hat so stark auf die Literatur der nächsten Jahrhunderte gewirkt; vergleichbar ist höchstens Neidharts Einfluß. Gerade die beiden Dichter, die sich am wenigsten auf die Darstellung eines höfischen Ideals im engeren Sinne festlegen lassen, haben im späten Mittelalter die größte Ausstrahlung entfaltet.

In fast allen Dichterkatalogen, die es in deutscher Sprache seit dem frühen 13. Jahrhundert gibt, wird Wolfram mit besonderer Verehrung genannt.

> Die meisten mhd. Dichterkataloge sind gesammelt in: Dichter über Dichter in mhd.er Literatur, hrsg. von *Günther Schweikle*, 1970. Vgl. *Walter Haug*, Klassikerkataloge und Kanonisierungseffekte. Am Beispiel des mittelalterlich-hochhöfischen Literaturkanons, in: Kanon und Zensur, hrsg. von A. und J. Assmann, 1987, S. 259-270. – *Sabine Obermeier*, Von Nachtigallen und Handwerkern. Dichtung über Dichtung in Minnesang und Spruchdichtung, 1995. – *Claudia Brinker-von der Heyde*, Autorität dank Autoritäten. Literaturexkurse und Dichterkataloge als Mittel der Selbststilisierung, in: Autorität der / in der Sprache, Literatur, neuen Medien, hrsg. von J. Fohrmann und E. Neuland, 1999, Bd. 2, S. 442-464.
>
> Die Wirkungsgeschichte des ›Parzival‹ ist dank der Darstellung von Bernd Schirok gut überschaubar (*Bernd Schirok*, Parzivalrezeption im Mittelalter, 1982).Eine vergleichbare Zusammenfassung für den ›Willehalm‹ fehlt.

Die höfische Epik des 13./14. Jahrhunderts kann grob in eine Wolfram-Schule und eine Hartmann-Gottfried-Schule eingeteilt werden. Die bedeutendsten Dichter unter den Späteren haben von beiden Traditionen profitiert. Einige der späteren Dichter haben unter Wolframs Namen gedichtet und haben ihre Werke als Werke Wolframs ausgegeben (›Jüngerer Titurel‹, ›Lohengrin‹, ›Göttweiger Trojanerkrieg‹, ›Wolfdietrich D‹). Für die Verfasser dieser Texte war das sicherlich nicht nur ein willkommenes Mittel, um durch die Usurpation des berühmten Dichternamens den eigenen Werken mehr Aufmerksamkeit zu sichern, sondern zugleich auch ein Ausdruck ihrer Wolfram-Verehrung. Besonders erfolgreich war die ›Titurel‹-Bearbeitung und -Fortsetzung durch Albrecht, den Dichter des ›Jüngeren Titurel‹ (vgl. S. 419ff.). Albrechts Autor-Fiktion (*Ich, Wolfram* 2867,1) war so überzeugend, daß der ›Jüngere Titurel‹ seit etwa 1300 als ein Werk Wolframs angesehen wurde; er galt im 15. Jahrhundert sogar als die bedeutendste deutsche Dichtung der älteren Zeit.

Wolframs Wirkung ging weit über den höfischen Roman hinaus in die Bereiche der späteren Heldenepik (›Kudrun‹, ›Dietrichs Flucht‹, ›Rabenschlacht‹, ›Virginal‹), der Legendenepik (Reinbot von Durne, ›Der heilige Georg‹), der Geschichtsdichtung (›Landgraf

Ludwigs Kreuzfahrt‹), der Reimchronistik (›Livländische Reimchro-
nik‹, ›Braunschweigische Reimchronik‹, Ottokar von Steiermark,
›Österreichische Reimchronik‹), der Kleinepik (›Das übele wîp‹, ›Helm-
brecht‹, ›Der Schüler von Paris‹, Hermann Fressant, ›Hellerwert Witz‹,
Hermann von Sachsenheim), des späteren Minnesangs (Tannhäuser,
Rudolf von Rotenburg), der Spruchdichtung (Der Marner, Düring,
Regenbogen, Frauenlob), der Reimreden des 14. Jahrhunderts (Hein-
rich der Teichner, Peter Suchenwirt), der Lyrik des 15. Jahrhunderts
(Hugo von Montfort), der didaktischen Dichtung (›Der Winsbeke‹,
›Tirol und Fridebrant‹, ›Seifried Helbling‹), der Minnereden (›Die
zehn Gebote der Minne‹, Johann von Konstanz, ›Minnelehre‹, ›Die
Minneburg‹, Meister Altswert), des Ritterpreises (Heinrich von Frei-
berg, ›Die Ritterfahrt des Johann von Michelsberg‹) und der religiösen
Dichtung (Brun von Schönebeck, ›Das Hohe Lied‹, ›Adam und Eva‹,
Bruder Hans, ›Marienlieder‹). Manche spätere Autoren haben ihn nur
gefeiert; viele haben sich an ihm geschult.

Die Breitenwirkung Wolframs dokumentiert sich auch in der
außerordentlich großen Zahl erhaltener ›Parzival‹- und ›Willehalm‹-
Handschriften. Kein anderer mittelalterlicher Epiker ist breiter über-
liefert. Dreihundert Jahre lang sind Wolframs Werke kopiert und
weitergegeben worden. Die beiden fragmentarischen Epen wurden
bereits im 13. Jahrhundert fortgesetzt: der ›Willehalm‹ von Ulrich
von Türheim (›Rennewart‹) und von Ulrich von dem Türlin, der eine
Vorgeschichte dazugedichtet hat (vgl. S. 397f.); der ›Titurel‹ durch
den ›Jüngeren Titurel‹. Auch der ›Parzival‹ ist fortgesetzt und erweitert
worden. Den ersten Schritt dazu hat Wolfram selbst getan, indem er
zwei Figuren des ›Parzival‹, Sigune und Schionatulander, zu Haupt-
gestalten einer eigenen Dichtung machte (›Titurel‹). Später entstand
ein Epos über Parzivals Sohn (›Lohengrin‹). Im 14. Jahrhundert ist
die Gawan-Handlung des ›Parzival‹ auf der Grundlage französischer
Epen um mehr als 36000 Verse erweitert worden (›Rappoltsteiner
Parzival‹, vgl. S. 273).

Bereits im 13. Jahrhundert ist Wolfram selber zu einer literarischen
Figur geworden: als Teilnehmer am Sängerwettstreit auf der Wartburg,
von dem der ›Wartburgkrieg‹ erzählt. Im ältesten Teil dieser Dichtung,
dem ›Fürstenlob‹, fungiert Wolfram als Schiedsrichter zwischen den
streitenden Sängern. Im ›Rätselspiel‹ des ›Wartburgkriegs‹ tritt er als
Gegner Klinschors auf, des Zauberers aus dem ›Parzival‹. Wegen sei-
ner Tagelieder wurde Wolfram später zu den vier »großen Buhlern«
gezählt. Die Meistersinger haben ihn als einen Mitbegründer ihrer
Kunst verehrt und haben ihn in die Reihe der ›zwölf alten Meister‹
aufgenommen.

Im Jahr 1477 erschien der ›Parzival‹ im Druck (bei J. Mentelin in Straßburg), zusammen mit dem ›Jüngeren Titurel‹. Auch das ist ein Zeichen des hohen Ansehens, in dem Wolframs Werke bis in die Zeit Kaiser Maximilians I. standen. Wenig später bricht die Texttradition ab. Durch zweieinhalb Jahrhunderte sind Wolframs Werke kaum bekannt gewesen. Erst Johann Jacob Bodmer hat den ›Parzival‹ in einer Hexameter-Übersetzung wieder zugänglich gemacht (1753, vgl. S. 256). Bodmers Schüler Christian Heinrich Myller besorgte den ersten Textabdruck des ›Parzival‹ (1784). Im selben Jahr wurde auch der ›Willehalm‹ von Christoph J. C. G. Casparson neu herausgegeben (vgl. S. 401). Die alten ›Titurel‹-Fragmente sind erst 1810 neu gedruckt worden (vgl. S. 422).

Grundlegend für die wissenschaftliche Erforschung von Wolframs Dichtungen wurde dann die kritische Ausgabe seiner Werke durch Karl Lachmann, die 1833 erschienen ist (vgl. S. 258). Zur Wirkungsgeschichte der einzelnen Werke vgl. S. 37, S. 255ff., S. 395ff. und S. 419ff.

Literatur

Bibliographie und Forschungsberichte
Die ältere Wolfram-Forschung ist verzeichnet bei *Ulrich Pretzel, Wolfgang Bachofer*, Bibliographie zu WvE, [2]1968. Zur Nachkriegsforschung vgl. *Joachim Bumke*, Die WvE-Forschung seit 1945. Bericht und Bibliographie, 1970. Die Forschung bis zum Ende der 80er Jahre verzeichnet die 6. Aufl. dieses Bändchens (1991); von der 7. Aufl. an sind die Literaturangaben gekürzt. Eine fortlaufende Wolfram-Bibliographie, einsetzend mit dem Berichtjahr 1984, gibt *Renate Decke-Cornill* in den Wolfram-Studien ab Bd. 10, 1988 (zuletzt: Bd. 17, 2002).

Zusammenfassende Darstellungen
Horst Brunner, WvE, in Fränkische Lebensbilder, hrsg. von A. Wendehorst und G. Pfeiffer, Bd. 11, 1984, S. 11-27. – *Werner Schröder*, WvE, in: Dt. Dichter, hrsg. von G. E. Grimm, F. R. Max, Bd. 1, 1989, S. 180-216. – *Joachim Heinzle*, WvE, mhd. Dichter, in: Lex. d. MAs, Bd. 9, 1998, Sp. 310-313. – *Joachim Bumke*, WvE, in: [2]VL, Bd. 10, 1999, Sp. 1376-1418.

Literaturgeschichten
Helmut de Boor, Die höfische Literatur, Vorbereitung, Blüte, Ausklang, 1170-1250, 1953, [11]1991 (WvE: S. 90-127, 434-438). – *Karl Bertau*, Dt. Literatur im europäischen Mittelalter, 2 Bde., 1972-1973 (WvE: Bd. 1, S. 755-761; Bd. 2, S. 774-804, 815-857, 966-1025, 1131-1171). – *Max Wehrli*, Geschichte der dt. Literatur vom frühen Mittelalter bis zum Ende des 16. Jhs., 1980

(WvE: S. 299-325). – *Kurt Ruh*, Höfische Epik des dt. Mittelalters, Bd. 2, 1980 (›Parzival‹: S. 55-139; ›Willehalm‹: S. 154-195). – Autorenkollektiv unter Leitung von *Rolf Bräuer*, Geschichte der dt. Literatur, Mitte des 12. bis Mitte des 13. Jhs., 1990 (WvE: S. 259-326). – *Joachim Bumke*, Geschichte der dt. Literatur im hohen Mittelalter, 1990 (WvE: S. 162-186). – *Horst Brunner*, Geschichte der dt. Literatur des Mittelalters im Überblick, 1997 (Reclams Universal-Bibl. 9485),(WvE: S. 177-179. 210-223). – *L. Peter Johnson*, Die höfische Literatur der Blütezeit, 1999 (WvE: S. 173-188. 324-365).

Aufsatzsammlungen
WvE, hrsg. von *Heinz Rupp*, 1966. – *Dennis H. Green*, *L. Peter Johnson*, Approaches to WvE, 1978. – *Wolfgang Mohr*, WvE, Aufsätze, 1979. – *Karl Bertau*, WvE. Neun Versuche über Subjektivität und Ursprünglichkeit in der Geschichte, 1983. – *Werner Schröder*, WvE. Spuren, Werke, Wirkungen, Kleinere Schriften 1956-1987, 2 Bde., 1989. – Studien zu WvE, FS für Werner Schröder, 1989.

Wörterbücher und Namenverzeichnisse
Roe-Merrill S. Heffner, Collected Indexes to the Works of WvE, 1961. – *Clifton D. Hall*, A Complete Concordance to WvE's Parzival, 1990.

Die Eigennamen des ›Parzival‹ und des ›Titurel‹ sind verzeichnet in: *Werner Schröder*, Die Namen im Parzival und Titurel WsvE, 1982. – Die Eigennamen des ›Willehalm‹ in der ›Willehalm‹-Ausgabe von *Werner Schröder* (vgl. S. 401), S. 617-663, und in der ›Willehalm‹-Ausgabe von *Joachim Heinzle* (vgl. S. 401), S. 1186-1238 in der Ausgabe von 1991; S. 423-474 in der Ausgabe von 1994.

Literatur zu den Lebens- und Standesverhältnissen vgl. S. 1ff.; zu Wolframs Bildung vgl. S. 5ff.; zu Auftraggebern und Publikum vgl. S. 12ff.; zu Wolframs Sprache vgl. S. 21ff.; zur Wirkungsgeschichte vgl. S. 29ff.

II. Lieder

1. Tagelieder

Wolfram nimmt auch als Liederdichter einen bedeutenden Platz in der Literaturgeschichte ein, obwohl nur neun Lieder von ihm überliefert sind. Die Mehrzahl davon gehört zur Gattung der Tagelieder, die bis dahin in der deutschen Lyrik eine bescheidene Rolle gespielt hatte. Tagelieder besingen den Trennungsschmerz der Liebenden beim Anbruch des Tages. Dieses Thema ist zu allen Zeiten lyrisch behandelt worden: im alten Ägypten, in China, im klassischen Griechenland, im europäischen Mittelalter und in vielen modernen Literaturen. Man vermutet, daß es in Deutschland eine volkstümliche Tradition des Tagelieds gab. Das älteste deutsche Tagelied (*Slâfest du, vriedel ziere?* MF 39,18), das unter dem Namen Dietmars von Eist überliefert ist, scheint noch Spuren dieser Tradition zu bezeugen. Das höfische Tagelied, die sogenannte ›Alba‹, entstand im 12. Jahrhundert in Südfrankreich. Das früheste Zeugnis für die Rezeption der provenzalischen ›Alba‹ ist das Tagelied von Heinrich von Morungen (*Owê, Sol aber mir iemer mê geliuhten dur die naht* MF 143,22). Aber erst Wolfram hat den neuen Typus in Deutschland durchgesetzt.

Kennzeichnend für das höfische Tagelied ist die feudale Kulisse. Die Liebenden sind Mitglieder der höfischen Gesellschaft, ein Ritter und eine Dame; und die Szene spielt in der Burg, meistens in der Kemenate der Dame. Die auffälligste Neuerung ist die Einführung einer dritten Figur: des Wächters, der das heimliche Beisammensein der Liebenden bewacht und sie durch seinen Morgenruf weckt. Durch Wolframs Lieder ist das sogenannte Wächtertagelied zur Hauptform des Tagelieds in Deutschland geworden.

Das Tagelied hat einen epischen Kern: es schildert die Situation der Liebenden am Morgen. In Wolframs Liedern sind die erzählenden Teile breit entfaltet. Der Tagesanbruch wird aus der Perspektive der Liebenden dargestellt: als das feindliche Morgenlicht, das sie zur Trennung nötigt, das durch die Fenster eindringt, wie ein Tagesdämon, der seine Klauen durch die Wolken schlägt: *Sîne klâwen durch die wolken sint geslagen: er stîget ûf mit grôzer kraft, der tac!* (1,1-2). Vor dem heller werdenden Tag schließen die Liebenden die Läden und drängen sich aneinander. Ihr »Abschied« (das mhd. Wort *ur-*

loup heißt sowohl »Abschied« als auch »Hingabe«) wird zur großen Szene.

Wir besitzen fünf Tagelieder von Wolfram, von denen vier dieselbe Handlungsfolge aufweisen: Morgenanbruch, Weckruf, Trennungsklage, letzte Vereinigung der Liebenden und Abschied. Wolframs Tagelieder sind kunstvolle Variationen desselben Themas mit wechselndem Anteil der epischen Partien und jeweils neuer Rollenverteilung: einmal spricht nur der Wächter, einmal nur die Frau, einmal sprechen der Wächter und die Dame zueinander, einmal sprechen beide zu sich selbst. Auch die Strophenformen variieren einen Grundtyp mit kurzen dreizeiligen Stollen und einem breit ausgestalteten Abgesang.

Eine Sonderstellung nimmt das fünfte Tagelied ein: *Der helnden minne ir klage.* Hier spricht weder der Wächter noch die Dame; es gibt auch keine Schilderung des Abschieds am Morgen. Der Lied-Sprecher redet in der ersten Strophe den Wächter an und heißt ihn abtreten: *wahtaere swîc* (1,9). Es folgt eine Begründung, warum der Wächter nicht mehr gebraucht wird. Wenn man die Nacht bei seiner eigenen Ehefrau verbringt, ist der Aufpasser überflüssig, und es gibt keine Heimlichkeit: »Eine rechtmäßige, geliebte Ehefrau vermag solche Liebe zu geben« (*ein offeniu süeziu wirtes wîp kan solhe minne geben* 2,9-10). Früher hat man das Lied als »Absage an das Tagelied« gelesen. Peter Wapnewski (Die Lyrik WsvE [vgl. S. 37], S. 156ff.) hat es als Parodie auf die Gattung Tagelied interpretiert. Verschiedene Aspekte des Tagelieds werden hier witzig und hintersinnig zur Diskussion gestellt. Im Mittelpunkt steht die Auseinandersetzung mit der Wächtergestalt. Der Wächter, der den Morgen ausruft und der zugleich ein Vertrauter der Liebenden ist, war eine widersprüchliche Gestalt. Das wurde bereits im 13. Jahrhundert gesehen: Ulrich von Liechtenstein hat den Wächter durch ein Hoffräulein ersetzt, das als Mitwisserin der heimlichen Liebe glaubwürdiger erschien. Dem großen Erfolg von Wolframs Wächtertageliedern hat das keinen Abbruch getan.

In der Forschung hat die Frage nach der Reihenfolge von Wolframs Tageliedern eine große Rolle gespielt. Es wurde versucht, eine chronologische oder eine zyklische Ordnung der Lieder nachzuweisen, und zwar nach dem Anteil des Wächters in den Liedern (K. Plenio), nach dem Verlauf der Liebeshandlung (H. Thomas), nach dem Zurückdrängen der epischen Motive (W. Mohr) oder nach der Auseinandersetzung mit dem Wächter (P. Wapnewski).

Kurt Plenio, Beobachtungen zu Wolframs Liedstrophik, Beitr. 41, 1916, S. 47-128. – *Wolfgang Mohr*, Wolframs Tagelieder, in: FS Paul Kluckhohn und Hermann Schneider, 1948, S. 148-165, wieder in: *W. Mohr*, Gesammelte Aufsätze, Bd. 2, 1983, S. 275-294, Nachwort, S. 296-297. – *Helmuth Thomas*, Wolframs Tageliedzyklus, ZfdA 87, 1956/57, S. 45-58. – *Peter Wapnewski*, Wolframs Walther-›Parodie‹ und die Frage der Reihenfolge seiner Lieder, GRM 39, 1958, S. 321-332.

»Wo scharfsinnige Erwägungen so verschiedene Ergebnisse zeitigen, scheint mir das ein Zeichen, daß das Problem unlösbar ist« (*Carl von Kraus*, Dt. Liederdichter des 13. Jhs. [vgl. S. 37], Bd. 2, S. 652).

2. Minnelieder

Unter Wolframs Namen sind auch vier Minnelieder überliefert, die zumeist in konventioneller Weise Motive des höfischen Minnesangs variieren. Man würde kaum auf den Gedanken kommen, daß sie von Wolfram stammen (abgesehen von dem Lied *Ursprinc bluomen*, das in seinen ausgefallenen Vogelbildern Stileigenheiten aufweist, die wir aus Wolframs Epen kennen), wenn die Liedersammler sie ihm nicht zugeschrieben hätten. Eins dieser Lieder, *Maneger klaget die schoenen zît*, gilt schon seit Karl Lachmann als ›unecht‹. Ein zweites, *Guot wîp, ich bite dich minne*, wird nur in seiner ersten Hälfte Wolfram zuerkannt. Die Echtheitskriterien halten allerdings einer Überprüfung kaum stand.

Größeres Interesse hat nur eins dieser Lieder gefunden: *Ein wîp mac wol erlouben mir*. Es bezieht sich, wie Jan H. Scholte und Peter Wapnewski nachgewiesen haben, parodierend auf ein Lied Walthers von der Vogelweide (*Ein man verbiutet âne pfliht*, L 111,22), das seinerseits in enger Beziehung zu einem Lied Reinmars des Alten (*Ich wirbe umbe allez, daz ein man*, MF 159,1) steht.

Jan H. Scholte, Wolframs Lyrik, Beitr. 69, 1947, S. 409-419. – *Peter Wapnewski*, Wolframs Walther-›Parodie‹ und die Frage der Reihenfolge seiner Lieder (vgl. oben).

Wolfram zielte mit seiner Parodie offenbar weder auf Walther noch auf Reinmar, sondern eher auf den ganzen höfischen Minnesang mit seinen fiktiven Rollen. Das Lied steht auch in enger Beziehung zur ›Selbstverteidigung‹ im ›Parzival‹ und zum Schluß des 6. ›Parzival‹-Buchs. An beiden Stellen spricht Wolfram von seiner Lyrik und spielt auf dieselben Lieder Walthers und Reinmars an.

3. Überlieferung und Wirkungsgeschichte

Sieben von Wolframs Liedern sind in den drei großen Sammelhandschriften A (Kleine Heidelberger Liederhandschrift: 1 Lied), B (Weingartner Liederhandschrift: 3 Lieder) und C (Große Heidelberger Liederhandschrift: 7 Lieder) überliefert. Zwei weitere Lieder sind nur in der Münchener ›Parzival‹-Handschrift G (Cgm 19, vgl. S. 272) überliefert. Wahrscheinlich gab es im 13. Jahrhundert keine zuverlässige Sammlung von Wolframs Liedern. Es ist durchaus möglich, daß Wolfram mehr Lieder gedichtet hat als uns erhalten sind. Daraus folgt die Unsicherheit aller Versuche, die überlieferten Lieder als einen einheitlichen und gewollten Kanon zu interpretieren.

Es gibt etwa 70 deutsche Tagelieder aus dem 12.-14. Jahrhundert. Nur wenige haben sich Wolframs Einfluß entzogen. Das Tagelied hat auch das Ende des Minnesangs überdauert. Im Liederbuch der Clara Hätzlerin (15. Jh.) gibt es eine größere Anzahl von Tageliedern, die zum Teil an die Tradition des höfischen Tagelieds und damit auch an Wolframs Lieder anknüpfen. Selbst in den späteren Volkslieder-Sammlungen finden sich noch Stücke, die den Wolframschen Typ des Tagelieds erkennen lassen.

Literatur

Text und Übersetzung
Grundlegend für die Beschäftigung mit Wolframs Liedern ist: *Peter Wapnewski*, Die Lyrik WsvE, 1972. Hier wird, musterhaft in der Methode und in der Sache, jedes Lied diplomatisch und kritisch ediert, kommentiert, interpretiert und übersetzt. Ich zitiere die Lieder nach dieser Ausgabe.
Außerdem gibt es folgende Editionen von Wolframs Liedern:
– von *Karl Lachmann* in seiner Wolfram-Ausgabe von 1833 (vgl. S. 258);
– von *Albert Leitzmann*, in seiner Wolfram-Ausgabe (vgl. S. 259), Heft 5, [5]1963, S. 185-194;
– von *Carl von Kraus* in: Dt. Liederdichter des 13. Jhs., [2]1978, Bd. 1, S. 596-604; dazu der textkritische Kommentar, Bd. 2, S. 646-707;
– von *Wolfgang Mohr* in: WvE, Titurel, Lieder, Mhd. Text und Übersetzung, 1978;
– von *Hugo Moser, Helmut Tervooren* in: Des Minnesangs Frühling, [38]1988, Bd. 1, S. 436-451; Bd. 2, S. 116-119.
– Sechs der neun Lieder sind ediert und kommentiert von *Ingrid Kasten* in: Dt. Lyrik des hohen und späten Mittelalters, 1995 (Bibliothek Deutscher Klassiker 129), S. 534-549, 1050-1071.

Untersuchungen und Interpretationen
Zu den Tageliedern: *Peter Wapnewski*, Wächterfigur und soziale Problematik in Wolframs Tageliedern, in: Der Berliner Germanistentag 1968, hrsg. von K. H. Borck, R. Henss, 1970, S. 77-89. – *Wolfgang Mohr*, Nachwort zu

›Wolframs Tagelieder‹, in: *Wolfgang Mohr*, Gesammelte Aufsätze, Bd. 2, 1983, S. 296-333. – *Volker Mertens*, Dienstminne, Tageliederotik und Eheliebe in den Liedern WsvE, Euph. 77, 1983, S. 233-246. – *Hartmut Kokott*, Zu den Wächter-Tageliedern WsvE: ein schimpf bî klage (VII,3,4), AG 16, 1983, S. 25-41. – *Marianne Wynn*, Wolfram's Dawnsongs, in: Studien zu WvE (vgl. S. 33), S. 549-558. – *Karl H. Borck*, Urloup er nam – nu merket wie!, Wolframs Tagelieder im komparatistischen Urteil Alois Wolfs. Eine kritische Nachbetrachtung, ebda, S. 559-568. – *Ursula Liebertz-Grün*, Ambivalenz, poetologische Selbstreflexion und inszenierte Sexualität: Die Tagelieder Reinmars des Alten, Walthers von der Vogelweide und WsvE, in: Sexualität im Gedicht, hrsg. von T. Stemmler und S. Horlacher, 2000, S. 65-81.

Zu einzelnen Liedern: *L. Peter Johnson*, Sîne klâwen. An Interpretation, in: *D. H. Green, L. P. Johnson*, Approaches to WvE (vgl. S. 33), S. 295-334. – *Karl H. Borck*, Wolframs Tagelied Den morgenblic bî wahtaers sange erkôs. Zur Lyrik eines Epikers, in: Studien zur dt. Lit., FS für Adolf Beck, 1979, S. 9-17. – *Walter Röll*, Ursprinc bluomen, W-St. 6, 1980, S. 63-82. – *Cyril Edwards*, Von der zinnen wil ich gen: Wolfram's Peevish Watchman, MLR 84, 1989, S. 358-366. – *Jürgen Kühnel*, Das Tagelied, WvE: Sîne klâwen, in: Gedichte und Interpretationen, Mittelalter, hrsg. von H. Tervooren, 1993, S. 144-168. – *Dorothee Lindemann*, zwei herze und ein lîp. Zu Ws erstem Tagelied, in: bickelwort und wildiu maere. FS für Eberhard Nellmann, 1995, S. 144-150. – *Klaus Speckenbach*, Tagelied-Interpretationen. Zu Ws *Von der zinnen* (MF V) und Oswalds *Los, frau, und hör* (Kl. 49), in: Germanistische Mediävistik, hrsg. von V. Honemann und T. Tomasek, 1999, S. 227-253. – *Tanja Weber, Philippe Rahmy*, Kann das wahre Liebe sein? Überlegungen zu einem Tagelied von WvE, in: L'amour des lettres. FS für Walter Lenschen, 1999, S. 173-176. – *Rod Fisher*, Medieval Alienation Techniques. Some Observations on W's Dawn-Song Ez ist nu tac, ABäG 55, 2001, S. 61-74.

Tagelieder

Über die Gattung Tagelied orientiert am gründlichsten das Sammelwerk: EOS. An Enquiry into the Theme of Lover's Meetings and Partings at Dawn in Poetry, Ed. by *Arthur T. Hatto*, 1965. Das Kapitel über die deutschen Tagelieder des Mittelalters in diesem Werk stammt von *Arthur T. Hatto* (S. 428-472), das über die provenzalischen Albas und die altfranzösischen Aubes von *Brian Woledge* (S. 344-389).

Zum höfischen Tagelied vgl. ferner: *Arthur T. Hatto*, Das Tagelied in der Weltliteratur, DVjs 36, 1962, S. 489-506. – *Ulrich Knoop*, Das mhd. Tagelied. Inhaltsanalysen und literarhistorische Untersuchungen, 1976. – *Alois Wolf*, Variation und Integration. Beobachtungen zu hochmittelalterlichen Tageliedern, 1979. – *Werner Hoffmann*, Tageliedkritik und Tageliedparodie in mhd. Zeit, GRM N.F. 35, 1985, S. 157-178. – *Gerdt Rohrbach*, Studien zur Erforschung des mhd. Tageliedes. Ein sozialgeschichtlicher Beitrag, 1986. – *Ioana Beloiu-Wehn*, Der tageliet maneger gerne sanc. Das deutsche Tagelied des 13. Jhs. Versuch einer gattungsorientierten intertextuellen Analyse, 1989. – *Christoph Cormeau*, Zur Stellung des Tagelieds im Minnesang, in: FS Walter Haug und

Burghart Wachinger, 1992, Bd. 2, S. 695-708. – *Gale Sigal*, Erotic Dawn-Songs of the Middle Ages. Voicing the Lyric Lady, Gainesville, FL 1996.

Es gibt zwei Textsammlungen der deutschen Tagelieder: Owe do tagte ez.Tagelieder und motivverwandte Texte des Mittelalters und der frühen Neuzeit, hrsg. von *Renate Hausner*, Bd. 1, 1983. – Tagelieder des dt. Mittelalters. Mhd./ Nhd., ausgew., übersetzt und kommentiert von *Martina Backes*, 1992.

Zur späteren Tradition des Tagelieds vgl. *Gisela Rösch*, Kiltlied und Tagelied, in: Handbuch des Volksliedes, hrsg. von R. W. Brednich (u.a.), Bd. 1, 1973, S. 483-550. – *Ralf Breslau*, Die Tagelieder im späten Mittelalter. Rezeption und Variation eines Liedtyps der höfischen Lyrik, Diss. Berlin F.U. 1987. – *Hans-Joachim Behr*, Die Inflation einer Gattung: Das Tagelied nach Wolfram, in: Lied im dt. Mittelalter, hrsg. von C. Edwards (u.a.), 1996, S. 195-202.

III. Parzival

1. Handlungsanalyse

Die Handlungsanalyse verfolgt ein dreifaches Ziel. Sie will (1.) einen Überblick über den Handlungsverlauf der Dichtung geben. Sie will (2.) auf Einzelheiten aufmerksam machen, die für das Verständnis von Wolframs Werk von Bedeutung sind. Schließlich will die Analyse (3.) verdeutlichen, wie weit Wolfram seiner Hauptquelle, dem ›Conte du Graal‹ von Chrétien de Troyes, gefolgt ist und wo seine Darstellung davon abweicht. Eine Interpretation des französischen Texts und eine Würdigung seiner künstlerischen Eigenart kann dabei nicht geleistet werden. Da Chrétiens Dichtung erst mit der Jugendgeschichte Percevals einsetzt und in der Erzählung von Gauvains Abenteuern auf dem Zauberschloß abbricht, können nur die ›Parzival‹-Bücher III – XIII mit dem ›Conte du Graal‹ verglichen werden. Der ›Parzival‹ wird nach der Ausgabe von Eberhard Nellmann (vgl. S. 258) zitiert.

1.1 Der Prolog

Der Prolog beginnt mit einer Sentenz: »Wenn der Zweifel nahe beim Herzen wohnt, so wird das für die Seele bitter« (*Ist zwîvel herzen nâchgebûr, daz muoz der sêle werden sûr* 1,1-2). Dann ist von drei Menschentypen die Rede: dem ganz Weißen, dem der Himmel offensteht; dem ganz Schwarzen, der in die Hölle kommt; und dem schwarz-weiß Gescheckten, dem Elsternfarbenen, der halb der Hölle gehört und der trotzdem noch gerettet werden kann (1,3-14). Diese Passage bezeichnet Wolfram als ein »fliegendes Gleichnis« (*diz vliegende bîspel* 1,15), in Anspielung auf das Elsternbild, und er spottet über die *tumben liute*, die den Sinn der bildhaften Rede verfehlen (1,15-2,4). Dann wendet er sich an den »verständigen Mann« (den *wîsen man* 2,5), dem er erläutert, wie man sich zu seiner Erzählung stellen soll (2,5-22). Es folgt ein Abschnitt, der sich speziell an Frauen richtet und tugendhaft-vorbildliches Frauenverhalten benennt (2,23-3,24). Der letzte Teil des Prologs bietet eine kurze Einführung in die Dichtung: als Hauptthema wird die *triuwe* genannt; der Held wird als ein Mensch vorgestellt, der Tapferkeit besitzt, aber Weisheit erst lernen muß (3,28-4,26).

Der Prolog gehört zu den schwierigsten und dunkelsten Textpartien der Dichtung. Fast jede Aussage ist umstritten, und über den Argumentationsgang und die Intention des Ganzen gehen die Ansichten auseinander. Auffällig ist, daß wichtige Informationen ausgespart sind, die man sonst in einem Prolog findet: der Name des Dichters, das Gönner- und Auftragsverhältnis, Angaben über Vorlagen und Quellen.

> *Klaus Bohnen,* Ws Parzival-Prolog. Perspektiven und Aspekte der Forschung, 1835-1975, 1976. – *Hellmut Brall,* Diz vliegende bîspel. Zu Programmatik und kommunikativer Funktion des Parzivalprologes, Euph. 77, 1983, S. 1-39

Zwîvel. Die Eingangs-Sentenz vom Zweifel, der dicht beim Herzen wohnt, scheint eine Lebenswahrheit zu formulieren oder sogar das Stichwort zum Verständnis der ganzen Dichtung zu geben, wenn man den *zwîvel,* der das Seelenheil gefährdet, auf Parzival und seinen Zweifel an Gott bezieht. Die genauere Analyse der Eingangsverse hat jedoch gezeigt, daß sich kein Konsens darüber erreichen läßt, was das Wort *zwîvel* an dieser Stelle bedeutet und wovon im ersten Satz der Dichtung überhaupt die Rede ist: vom Verlust des Seelenheils oder nur von einer korrigierbaren Gefährdung.

> *Helene Adolf,* The Theological and Feudal Background of W's *zwîvel* (Pz. 1,1), JEGP 49, 1950, S. 285-303. – *Heinrich Hempel,* Der *zwîvel* bei W und anderweit, in: Erbe der Vergangenheit. FS für Karl Helm, 1951, S. 157-187. – *Helmut Brackert, Zwîvel.* Zur Übersetzung und Interpretation der Eingangsverse von WsvE Parzival, in: Blütezeit. FS für L. Peter Johnson, 2000, S. 335-347.

Der Satz vom *zwîvel* als »Nachbarn« des Herzens, dessen Nähe bewirkt, daß es der Seele »sauer« wird, ist vielleicht eher ein Bilderrätsel als eine Lebensweisheit; jedenfalls beginnt die Dichtung mit einer Probe des ›dunklen‹ Stils, der für den ›Parzival‹ charakteristisch ist.

Das Elsterngleichnis. Mit der Unterscheidung der drei Menschen-Typen (des ganz Weißen, des ganz Schwarzen und des schwarz-weiß Gemischten) begibt sich der Prolog-Sprecher auf das Gebiet der religiösen Anthropologie, wo ähnliche Unterscheidungen getroffen wurden. Das Interesse gilt dabei immer hauptsächlich dem dritten Typ, den Wolfram als den Elsternfarbenen beschreibt und den er an den Anfang gestellt hat: »an dem haben beide Teil, der Himmel und die Hölle« (*an im sint beidiu teil, des himels und der helle* 1,8-9). Die berechtigte Frage, was damit gesagt sein soll, hat der Prolog-Sprecher antizipiert. Er erklärt, die Rede vom elsternfarbenen Menschen sei ein *bîspel,* eine »rede, bei der noch etwas zu verstehen ist« (BMZ, Bd. 2,2, S. 491), ein »Gleichnis«, und zwar ein »fliegendes Gleichnis« (*diz vliegende bîspel* 1,15), »fliegend«, weil es von einem Vogel handelt, aber auch, weil es »für die Dummen viel zu schnell ist« (*ist tumben liuten gar ze snel* 1,16). Offenbar verstehen die Dummen den Gleichnis-Charakter nicht oder nicht richtig.

Auch die Forschung tut sich schwer damit. Heute überwiegt die Auffassung, daß die Unterscheidung der drei Menschentypen eine poetologische Bedeutung hat, daß es um literarische Anthropologie geht, um die Menschendarstellung in der Dichtung; und daß der dritte Typ, der elsternfarbene Mensch, ein literarisches Programm darstellt, daß damit die besondere Art der Menschendarstellung im ›Parzival‹ gemeint ist: der »gemischte« (*parrieret* 1,3) Mensch, der zweideutige Mensch, der zugleich »beschimpft und gefeiert« (*gesmaehet unde gezieret* 1,3) wird. Tatsächlich tritt ein elsternfarbener Mensch in der Dichtung auf: Parzivals Halbbruder Feirefiz. Vielleicht ist das Elsterngleichnis aber auch auf Parzival zu beziehen, den innerlich Gescheckten, der fast alles falsch macht und trotzdem Gralkönig wird.

Das hakenschlagende Erzählen. Die »Dummen« können den Sinn des »fliegenden Gleichnisses« nicht erfassen, »weil es vor ihnen Haken schlägt wie ein aufgescheuchter Hase« (*wand ez kan vor in wenken rehte alsam ein schellec hase* 1,18-19). Was hier von dem *bîspel* gesagt wird, daß es im Zickzack-Kurs vor den dummen Hörern oder Lesern davonläuft, meint offenbar dasselbe, was der Prolog-Sprecher gleich im Anschluß daran über *disiu maere* (2,7), also über die eigene Dichtung, sagt: »Sie erlahmen niemals darin, zurückzuweichen und anzugreifen, zu fliehen und umzukehren, zu schmähen und zu preisen« (*dar an si nimmer des verzagent, beidiu si vliehent unde jagent, si entwîchent unde kêrent, si lasternt unde êrent* 2,9-12). Ebenso wie das Gleichnis wird also die erzählte Geschichte gegensätzliche Bewegungen vollführen, nach vorn und nach hinten. Die Begriffe, die Wolfram hier benutzt, stammen aus dem Bildbereich des ritterlichen Turniers und beschreiben das Vor und Zurück der Reiterverbände. Was damit konkret gemeint ist, bleibt zunächst unklar (vgl. S. 204), nur das »Schmähen und Preisen« läßt sich konkreter fassen: es bezieht sich offenbar auf das, was vom elsternfarbenen Menschen gesagt wurde, daß er »geschmäht und gepriesen« (*gesmaehet unde gezieret* 1,3) werde.

Mit diesen Erläuterungen wendet sich der Prolog-Sprecher an den *wîsen man* (2,5), den »Klugen«, der genau wissen möchte, »welche Beisteuer diese Dichtung verlangt und welche guten Lehren sie gewährt« (*welher stiure disiu maere gernt und waz si guoter lêre wernt* 2,7-8).

Mhd. *stiure* stf. heißt »Hilfe«, »Beitrag«, »Abgabe«, vgl. DWB Bd. X,2,2, Sp. 2585ff. Die Dichtung »verlangt« (*gernt*) eine »Beisteuer« (*stiure*), und zwar vom Hörer oder Leser, der dafür »gute Lehre« (*guoter lêre*) erhält (vgl. *Günther Schweikle, stiure* und *lêre*. Zum Parzival WsvE, ZfdA 106, 1977, S. 183-199. – *Eberhard Nellmann*, ›Parzival‹-Kommentar (vgl. S. 261), S. 448).

Der Prolog-Sprecher will den Hörer / Leser zum Mitspieler machen. Dieser soll einen »Beitrag« leisten, um die Dichtung richtig zu verstehen. Der Beitrag besteht in der Aufmerksamkeit beziehungsweise in der intellektuellen Fähigkeit der Hörer oder Leser, das Hin und Her der Erzählung mitzumachen oder sich darauf einzulassen: »Wer sich auf alle diese Wechselfälle versteht, der ist vom Verstand gesegnet« (*swer mit disen schanzen allen kan, an dem hât witze wol getân* 2,13-14).

Mhd. *schanze* stf. ist ein französisches Lehnwort (*cheance*, aus lat. *cadere*), das den »Fall« der Würfel bezeichnet; allgemeiner »Wechselfall«, »Glücksfall«, »Wagnis«, »Einsatz«, vgl. BMZ Bd. 2,2, S. 84f. (vgl. *E. Nellmann*, ›Parzival‹-Kommentar (vgl. S. 261), S. 449). Das Wort ist im Mhd. vor Wolfram nicht belegt.

Es geht offenbar um die Unberechenbarkeit der Erzählung, die bald diese, bald jene Richtung einschlägt: darauf sollen die Hörer oder Leser gefaßt sein. Worin die »gute Lehre« besteht, die der »Kluge« von der Dichtung erwarten darf, wird nicht gesagt.

valsch geselleclîcher muot. Ohne Übergang folgt die Versicherung, daß der, der sich mit Falschheit einläßt, in der Hölle brennen wird (2,17-18). Worauf sich das bezieht, ist unklar. *valsch geselleclîcher muot* ist – wie die kluge Analyse von Leslie P. Johnson gezeigt hat – eine Gesinnung (*muot*), die sich der Falschheit (*valsch*) zugesellt (*geselleclîch*) (*Leslie P. Johnson*, valsch geselleclîcher muot (Pz. 2,17), MLR 62, 1967, S. 70-85).

Der Kontext läßt vermuten, daß wieder von den *tumben liuten* die Rede ist oder von bösartigen Kritikern. Im Nachhinein, wenn man die Dichtung schon kennt, wird jedoch klar, daß die Aussage sich auch auf den Inhalt der Parzival-Geschichte bezieht. An zentraler Stelle, bei Parzivals Verfluchung durch Kundrie, wird es gerade um diesen Vorwurf gehen (318,1); und der Erzähler wird eingreifen und seinen Helden gegen den Vorwurf in Schutz nehmen (*den rehten valsch het er vermiten* 319,8). Zum Schluß wird Kundrie, in wörtlichem Anklang an den Prologvers, verkünden, daß der Gral keine Gemeinschaft mit *valsch* duldet (782,25f.). Man braucht nicht zu entscheiden, ob der Begriff *valsch geselleclîcher muot* auf der Erzählerebene oder auf der Handlungsebene angesiedelt ist. Wichtiger scheint zu sein, daß auf beiden Ebenen dieselben Probleme verhandelt werden.

Die Frauenpassage. Der Zusammenhang der anschließenden Frauen-passage mit den poetologischen Aussagen der vorangehenden Abschnitte ist von Mireille Schnyder herausgearbeitet worden (*Mireille Schnyder*, Frau, Rubin und *âventiure*. Zur ›Frauenpassage‹ im Parzival-Prolog WsvE, 2,23-3,24, DVjs 72, 1998, S. 3-17).

Die Frauen werden als Zuhörerinnen und Leserinnen angesprochen, die wissen sollen, »wohin sie ihr Lob und ihre Anerkennung richten« (*war si kêre ir prîs und ir êre* 2,27-28) und wen sie mit ihrer Liebe beglücken. Der Passus liest sich wie eine Tugendlehre; doch klingen Motive des literarischen Frauendienstes an, die später, in der ›Selbstverteidigung‹ (vgl. S. 53f.) und im Epilog (vgl. S. 123f.), deutlicher ausgesprochen werden. Ebenso wird später deutlich, daß das, was hier über das falsche und das richtige Verhalten der Frauen gesagt wird, auf der Handlungsebene breiter ausgeführt wird, so daß man den Abschnitt auch als Vorschau auf die Frauendarstellung im ›Parzival‹ lesen kann.

Die Dichtung und ihr Held. Im letzten Teil des Prologs ist von der eigenen Dichtung die Rede: »Eine Geschichte will ich euch neu erzählen, die handelt von großer *triuwe*« (*ein maere wil i'iu niuwen, daz seit von grôzen triuwen* 4,9-10). Tatsächlich erweist sich *triuwe* als positiver Zentralbegriff der Dichtung, der alles umfaßt, was gut und richtig ist, von der Verläßlichkeit einer rechtlichen Bindung bis zu Gott (*sît got selbe ein triuwe ist* 462,19). Der Held der Dichtung wird zunächst als stahlharter Kämpfer vorgestellt (*er stahel swa er ze strîte quam* 4,15) und dann als Liebling der Frauen (*er wîbes ougen süeze* 4,20). In (komischer) Abwandlung des *fortitudo-sapientia*-Topos (wonach die Verbindung von Tapferkeit und Klugheit einen Helden auszeichnet) wird Parzival als »kühn und nur langsam klug« (*er küene, traeclîche wîs* 4,18) charakterisiert. Mit der Formulierung *traeclîche wîs* soll vielleicht angedeutet werden, daß Parzival erst spät zur Einsicht über seine Bestimmung gelangt. Manche Hörer oder Leser wird es verwundert haben, daß hier im Prolog nur von einem Helden die Rede ist, wenn sie später feststellen, daß die Dichtung zwei Helden hat (vgl. S. 142).

1.2 Die Geschichten von Gahmuret (Buch I-II)

Buch I. Nach dem Tod König Gandins von Anschouwe tritt sein ältester Sohn Galoes die Nachfolge an. Der jüngere Sohn Gahmuret bleibt ohne Erbe. Von seiner Mutter und seinem Bruder reich ausgestattet, zieht er in den Orient, tritt dort in den Dienst des Baruc von Baldac und wird ein berühmter Ritter. Er kämpft in vielen Ländern und wird nach Zazamanc verschlagen, in die Stadt Patelamunt, wo die schwarze Königin Belakane sich kaum noch ihrer Feinde erwehren kann. Ihr Freund, König Isenhart von Azagouc, ist in ihrem Dienst gefallen; seine Verwandten und Freunde geben ihr die Schuld daran und wollen seinen Tod an ihr rächen. Gleich bei der ersten Begegnung mit der Königin wird Gahmurets Zuneigung zu ihr geweckt. Am nächsten Tag besiegt er die Anführer der Belagerer und verpflichtet sie, die Feindseligkeiten einzustellen. In die Stadt zurückgekehrt, wird er von Belakane zum Vermählungslager geführt. So wird er König von Zazamanc. Auch die Fürsten von Azagouc erkennen ihn als ihren König an. Doch es hält Gahmuret nur wenige Monate dort; dann bricht er heimlich auf und verläßt Frau und Land, ohne Abschied zu nehmen. Belakane gebiert einige Monate später einen Sohn und nennt ihn Feirefiz. Er ist schwarz-weiß gescheckt, wie eine Elster. Gahmuret landet nach langer Seefahrt in Spanien.

Enterbung. Das Motiv der Enterbung, mit dem der ›Parzival‹ beginnt, signalisiert Spannungen im Familiengefüge, in der Vater-Sohn-Beziehung und im Verhältnis der erbberechtigten Brüder untereinander (vgl. S. 174). Gahmuret bleibt als jüngerer Sohn ohne Erbe, weil in Anschouwe der französische Rechtsbrauch der Primogenitur gilt, wonach der älteste Sohn den ganzen Besitz erbt. Gahmuret zieht als vaterloser und erbeloser Held in die Welt, ebenso wie später Parzival. Die Entfremdung von der Familie wird durch einen Wappenwechsel noch unterstrichen: anstelle des väterlichen Pantherwappens wählt Gahmuret den Anker als sein Wappenzeichen. Der Anker steht für die Suche nach festem Grund. Ganz positiv ist dagegen das Mutter-Sohn-Verhältnis gezeichnet. Schoettes Abschiedsschmerz bei Gahmurets Aufbruch und ihr Tod an gebrochenem Herzen nach dem Tod ihres ältesten Sohns Galoes weisen auf Herzeloydes Schicksal voraus. In diesem Zusammenhang begegnet schon der Zweifel an Gottes Hilfsbereitschaft: »Ist Gott blind und taub, wenn er helfen soll?« (*ist got an sîner helfe blint, oder ist er dran betoubet?* 10,20-21).

Die Orientreise. Mit dem Aufbruch aus Anschouwe wird Gahmuret zum fahrenden Ritter, der im Orient sein Glück sucht. Mit großer Ausführlichkeit werden die Bedingungen und Umstände der Reise geschildert: Gahmuret nimmt zwanzig Knappen mit auf die Reise, hat seine eigenen Kämmerer, einen Kaplan, einen Koch und eine ganze Musikkapelle. Er führt einen Goldschatz und Ballen kostbarer Seidenstoffe mit sich und nimmt einen Kapitän in seinen Dienst, dessen Schiffe nur für ihn fahren. Diese Ausstattung erlaubt es ihm, selbständig zu operieren. Hier wird nicht, wie sonst im Artusroman, eine idealisierte Aventiurefahrt geschildert. Die Orient-Schilderung vermittelt den Eindruck größerer Wirklichkeitsnähe.

Gahmuret kämpft im Dienst des Baruc von Badac gegen andere orientalische Herrscher. Die politische Konstellation, die Gahmuret im Orient vorfindet, wird nicht durch den Gegensatz zwischen Christen und Heiden bestimmt, sondern durch die Feindschaft zwischen dem Reich von Bagdad (*Baldac*) und dem vom ägyptischen Babylon. Darin scheint sich eine reale zeitgeschichtliche Situation zu spiegeln. Die märchenhaft-wunderbaren Orientmotive, die die Hörer und Leser aus dem Alexander-Roman und aus dem ›Herzog Ernst‹ kannten, sind fast ganz ausgeblendet. Welche Bedeutung dieses ›realistische‹ Orientbild in Wolframs Dichtung hat, wird erst am Schluß deutlicher, wenn sich herausstellt, daß der Zielpunkt der Feirefiz-Handlung der Priester Johannes ist, der zu Wolframs Zeit als eine Persönlichkeit der Zeitgeschichte angesehen wurde (vgl. S. 121f.).

> *Martin Plessner*, Orientalistische Bemerkungen zu religionshistorischen Deutungen von Ws Parzival, MA 36, 1967, S. 253-266. – *Roy A. Wisbey*, Wunder des Ostens in der Wiener Genesis und in Ws Parzival, in: Studien zur frühmhd.en Literatur, hrsg. von L. P. Johnson, 1974, S. 180-214. – *Herbert Kolb*, Afrikanische Streiflichter. Detailstudien zu W, Arch. 225, 1988, S. 117-128. – *Hartmut Kugler*, Zur literarischen Geographie des fernen Ostens im Parzival und im Jüngeren Titurel, in: Ja muz ich sunder riuwe sin. FS für Karl Stackmann, 1990, S. 107-147. – *Alfred Raucheisen*, Orient und Abendland. Ethisch-moralische Aspekte in Ws Epen Parzival und Willehalm, 1997. Vgl. außerdem die S. 242f. aufgeführten Arbeiten von Paul Kunitzsch, der mehr als jeder andere das Verständnis der Orient-Motive im ›Parzival‹ gefördert hat.

Der Kampf vor Patelamunt. Epische Breite gewinnt die Gahmuret-Erzählung erst, als Gahmuret in Patelamunt ankommt. Der Kampf für die bedrängte Königin und die anschließende Heirat nehmen vorweg, was Parzival im 4. Buch in Belrapeire erlebt. Der Kampf vor Patelamunt hat weltumspannende Dimensionen: zusammen mit den schwarzen Fürsten aus dem tiefen Orient beteiligen sich Fürsten aus dem äußersten europäischen Nordwesten, aus Schottland, Irland und Grönland, an der Belagerung der Stadt. Unter Belakanes Gegnern ist auch Gahmurets Vetter Kaylet, der König von Spanien. Gahmuret erkennt ihn an seiner Helmzier und weicht ihm auf dem Schlachtfeld aus. So wird die Gefahr des Bruderkampfes und der Verwandtentötung abgewandt. Der Schönheitspreis der Gahmuret-Familie – Kaylets Schönheit wird nur noch von Gawans Bruder Beacurs und von Parzival übertroffen – bietet Gelegenheit, den Namen Parzival zum ersten Mal zu nennen (39,26). Man erfährt hier auch, wie weitläufig die Verwandtschaft ist, in die Parzival hineingeboren wird: Kaylet ist ein *veter* von Schiltung, dessen Schwiegersohn König Fridebrant von Schottland ist; dieser wiederum ist mit Isenhart von Azagouc verwandt und steht ihm deswegen vor Patelamunt bei.

Unerwähnt bleibt an dieser Stelle, daß Kaylet mit einer Tochter des Gralkönigs Titurel vermählt ist. Diese erste Heiratsverbindung zwischen dem Geschlecht der Gralkönige und der Gahmuret-Familie ist ohne Nachkommen geblieben. Erst in Parzival laufen die beiden Familien-Linien zusammen.

Belakane. Wolfram schildert die schwarze Königin mit großer Sympathie. Ihre Tugend mache sie innerlich zur Christin (28,14): ist das höchste Lob für eine Heidin. Ähnlich wie später Sigune überfordert Belakane den geliebten Mann bei seinem ritterlichen Minnedienst und fühlt sich mitverantwortlich für seinen Tod (27,13ff.); aber während Sigune ihr Leben ganz der Klage um den toten Geliebten weiht und ihm schließlich nachstirbt, verliebt sich Belakane in den weißen Ritter, der ihr seine Hilfe anbietet. Während ihre Truppen draußen noch unter der Fahne kämpfen, auf der eine erhobene Schwurhand zum Zeichen ihrer Trauer um Isenhart abgebildet ist, geht die Königin bei der Bewirtung ihres Gastes bis an die Grenzen des Schicklichen und entflammt Gahmuret durch Blicke und Berührungen. Am nächsten Tag, noch bevor die Verhandlungen mit den Gegnern begonnen haben, läßt sie das Hochzeitsbett aufstellen und übergibt sich und ihr Land dem fremden Ritter. An der Ernsthaftigkeit dieser schnellen Liebe ist kein Zweifel: am Ende der Dichtung erfahren wir von Feirefiz, daß Belakane aus Liebe gestorben ist, nachdem Gahmuret sie verlassen hat (750,24f.).

Achim Masser, Gahmuret und Belakane. Bemerkungen zur Problematik von Eheschließung und Minnebeziehungen im höfischen Literatur, in: Liebe und Aventiure im Artusroman des Mittelalters, hrsg. von P. Schulze-Belli und M. Dallapiazza, 1990, S. 109-132. – *Burkhardt Krause*, WvE: Eros, Körperpolitik und Fremdaneignung, in: Fremdkörper – Fremde Körper – Körperfremde, hrsg. von B. Krause,1992, S. 45-58. – *Susan T. Samples*, Belacane: Other as Another in WvE's Parzival, in: On Arthurian Women. Essays in Memory of Maureen Fries, Dallas, TE 2001, S. 187-198.

Gahmuret macht keinen Hehl aus seiner Geringschätzung für Menschen mit dunkler Hautfarbe: »Schwarz wie die Nacht waren alle in Zazamanc: bei denen mochte er nicht bleiben« (*liute vinster sô diu naht wârn alle die von Zazamanc: bî den dûht in diu wîle lanc* 17,24-26). Der Erzähler geht noch weiter, indem er den Schwarzen ein

Bewußtsein ihrer Minderwertigkeit zuschreibt (22,8f.). Es ist kein Widerspruch, wenn gleichzeitig die dunkle Hautfarbe als sexuell attraktiv geschildert wird.

Alfred Ebenbauer, Es gibt ain mörynne vil dick susse mynne. Belakanes Landsleute in der deutschen Literatur des Mittelalters, ZfdA 113, 1984, S. 16-42. – *Holger Noltze*, bî den dûht in diu wîle lanc – Warum langweilt sich Gahmuret bei den *Môren*? (Zu Pz. 17,26), in: bickelwort und wildiu maere. FS für Eberhard Nellmann, 1995, S. 109-119.

Gahmurets Abschiedsbrief. Was Gahmuret aus Patelamunt wegtreibt, ist das Verlangen nach Ritterschaft (54,19f.). Bereits nach drei Monaten Ehe läßt er seine Schätze heimlich an Bord bringen und stiehlt sich zur Nachtzeit wie ein Dieb aus dem Land. Er hinterläßt seiner Frau einen Brief, in dem er ihr vorlügt, daß er sie verlassen habe, weil sie eine Heidin sei. Wie fadenscheinig diese Begründung ist, zeigt Belakanes Versicherung, daß sie jederzeit bereit gewesen wäre, Christin zu werden (56,28ff.).

In seinem Abschiedsbrief gibt Gahmuret für seinen noch ungeborenen Sohn einen genealogischen Abriß seiner väterlichen Familie, bis zurück zu dem Stammvater Mazadan. So werden die Zuhörer über Parzivals väterliche Verwandtschaft aufgeklärt. Der wichtigste Name ist Utepandragun (56,12), der den literarisch Gebildeten als der Name von König Artus' Vater bekannt war. So wird klar, daß Parzival väterlicherseits ein Mitglied der Artus-Familie ist.

Im 1. Buch wird ein zwiespältiges Bild von Parzivals Vater gezeichnet. Der Erzähler hat sich nicht bemüht, die unerfreulichen Züge zu vertuschen. Andererseits hat er sich jedes moralischen Urteils enthalten. Später wird wiederholt an Gahmurets männliche Schönheit und seine ritterliche Tüchtigkeit erinnert. Auch seine wenig rühmliche Handlungsweise wird nicht vergessen; das zeigt sich am Schluß, wenn Feirefiz im Okzident in der Absicht erscheint, von seinem Vater Rechenschaft zu verlangen (750,22ff.).

Buch II. Gahmuret erfährt in Toledo, daß sein Vetter Kaylet in Waleis ist und an dem Turnier vor Kanvoleiz teilnehmen will, das die Königin Herzeloyde ausgeschrieben hat: der Sieger im Turnier soll ihre Hand und die Herrschaft über ihre Länder gewinnen. Gahmuret reist dorthin und wird bei seinem Einritt in die Stadt von Herzeloyde und ihren Damen bewundert. Das Vorturnier am Abend vor dem angesetzten Termin entwickelt sich zu einem harten und auf beiden Seiten verlustreichen Kampf, in dem Gahmuret der Sieger bleibt. Während der Kämpfe treffen Boten der Königin Ampflise von Frankreich ein, die gerade Witwe geworden ist und nun Gahmuret ihre Liebe und die Herrschaft über Frankreich anträgt. Andere Boten melden den Tod von Gahmurets Bruder Galoes und seiner Mutter Schoette. Das eigentliche Turnier wird schließlich abgesagt, weil bereits im Vorturnier die meisten Anführer in Gefangenschaft geraten sind. Gahmuret wird zum Sieger erklärt. Dem Heiratsanspruch Herzeloydes auf den Sieger im Turnier treten die Boten Ampflises entgegen; erst ein von Herzeloyde bestellter Richterspruch fällt das Urteil zugunsten von Herzeloyde. Gahmuret findet sich nur zögernd zu einer neuen Ehe bereit. Er läßt sich von Herzeloyde zusichern, daß er auch als Ehemann einmal im Monat an Turnieren teilnehmen darf. Nach einer kurzen Zeit ehelichen Glücks reist Gahmuret wieder in den Orient, um dem Baruc von Baldac gegen seine Feinde beizustehen. In den Kämpfen dort findet er den Tod. Der Baruc läßt ihm in Baldac ein prächtiges Grabmal errichten. Auf die Nachricht von seinem Tod reagiert Herzeloyde mit fassungslosem Schmerz. Vierzehn Tage später bringt sie Parzival zur Welt.

Parallelen. Die Gahmuret-Handlung ist so angelegt, daß die Parallelen zwischen seiner ersten und seiner zweiten Ehe in die Augen springen. Beide Male kommt er in ein fremdes Land, das von einer Frau regiert wird, die einen Mann braucht. Beide Male gewinnt er die Herrin des Landes, indem er bei den ritterlichen Kämpfen vor der Stadt die gegnerischen Anführer besiegt. Beide Male geht die Liebeshandlung von den Frauen aus, und beide Male wird Gahmuret durch die Eheschließung zum König großer Länder. Beide Male verläßt er seine Frau nach kurzer Zeit und kehrt nicht wieder zurück. Beide Male wird ihm nachträglich ein Sohn geboren. Der Sinn dieser Doppelungen ist nicht ganz klar. Erst am Schluß stellt sich heraus, daß die genealogischen Linien, die von den beiden Ehen Gahmurets ausgehen, zum Schwanritter Loherangrin und zum Priester Johannes führen, den beiden potentiellen Gral-Nachfolgern.

Das Turnier vor Kanvoleiz. Wer die Turnierbeschreibung aus Hartmanns ›Erec‹ kannte, wird sich über den geradezu chaotischen Ablauf des Turniers vor Kanvoleiz gewundert haben. Die Kämpfe beginnen bereits einen Tag vor dem angesetzten Termin mit einem Vorturnier (*vesperîe*); das ist nicht ungewöhnlich. Vor Kanvoleiz wird jedoch aus dem Geplänkel der Einzelkämpfe in kurzer Zeit ein allgemeiner Kampf, in den alle Anführer mit ihren Mannschaften eingreifen und der von allen Seiten mit solcher Erbitterung geführt wird, daß die Gesetze höfischer Ritterschaft außer Kraft gesetzt zu sein scheinen.

Die illustre Turniergesellschaft, die vor Kanvoleiz versammelt ist, weist auf verschiedene Stationen der späteren Handlung voraus. Wie planvoll Wolfram dabei verfahren ist, läßt sich daran erkennen, daß er die Turnierparteien teilweise danach eingeteilt hat, ob sie später als Freunde oder Feinde Parzivals und Gawans wiedererscheinen.

Eine große Rolle spielt dabei auch das Motiv der Verwandtschaft. Auf Gahmurets Seite stehen sein Vetter Kaylet von Spanien, König Utepandragun und dessen Schwiegersohn, König Lot von Norwegen, der Vater Gawans. Gawan ist auch anwesend; aber er ist noch zu klein, um mitzukämpfen. Utepandraguns Sohn, Artus, ist nicht dabei, weil er seit Jahren den Zauberer verfolgt, der seine Mutter entführt hat (66,1ff.): dies ist der erste Hinweis auf das Abenteuer von Schastel marveile. Auch Gurnemanz von Graharz, Parzivals späterer Lehrer, kämpft vor Kanvoleiz mit (daß er auf Gahmurets Seite steht, muß man allerdings erschließen). Zu den Gegnern Gahmurets gehört König Lähelin, der Bruder von Orilus, gegen den Parzival im 5. Buch kämpft, ferner König Brandelidelin, der Onkel von Gramoflanz, Parzivals Gegner im 14. Buch, und Herzog Cidegast von Logroys, Orgeluses erster Geliebter. Überraschenderweise ist unter den Gegnern auch der König von Ascalun: das muß Kingresin sein, der Vater von Vergulaht, Gawans Gegner im 8. Buch. Kingresin ist jedoch auch Gahmurets Schwager: er ist mit Gahmurets Schwester Flurdamurs verheiratet.

Bestimmt wird die Einteilung der Turnierparteien von dem Konflikt zwischen König Kaylet von Spanien und König Hardiz von Gascogne. Halb Westeuropa ist in den Streit der beiden Könige verwickelt: auf Kaylets Seite stehen die Portugiesen und die Provenzalen, zu Hardiz' Partei gehören der König von Aragon, der Herzog von Brabant, sein Schwager, und die »Deutschen« (*Alemâne* 67,22). Der Grund für die Feindschaft zwischen Kaylet und Hardiz ist eine Liebesangelegenheit: Kaylet hatte ein Liebesverhältnis mit Hardiz' Schwester Alize.

Herzeloyde. Als Turnierpreis für den Sieger des Turniers vor Kanvoleiz hat sich die Königin Herzeloyde selbst ausgesetzt. Über Parzivals Mutter erfahren die Zuhörer an dieser Stelle sehr wenig. Erst später wird enthüllt, daß sie aus der Familie der Gralkönige stammt und daß sie mit Castis verheiratet war; von ihrem Mann hat sie die beiden Königreiche Waleis und Norgals geerbt. Im 2. Buch erfährt man nur, daß Herzeloyde die Nichte von Rischoyde, Kaylets Frau, ist, deren Zugehörigkeit zur Gralfamilie aber noch nicht bekannt ist.

Sobald Herzeloyde Gahmuret bei seinem Einritt in die Stadt erblickt hat, ist ihr Interesse auf ihn gerichtet. Sie bedauert, daß er so spät in die Kämpfe eingreift; sie erklärt ihn von sich aus zum Sieger, bevor noch das Vorturnier zu Ende ist; und sie begibt sich in sein Zelt, um ihr Recht auf ihn geltend zu machen, und ist gleich bei dieser ersten Begegnung von der Liebe zu ihm überwältigt.

Erzähltechnik. Der Erzähler hat bei der Beschreibung des Turniers vor Kanvoleiz eine besondere Technik angewandt. Die Schilderung der Kampfhandlungen wird mehrfach unterbrochen von Einschüben, in denen von der Ankunft der Boten aus Frankreich und aus Anschouwe und von dem Inhalt ihrer Botschaften die Rede ist. Auf diese Weise werden mehrere Handlungsstränge ineinander verschachtelt. Der Sinn dieser Technik wird vielleicht klarer, wenn man sich vor Augen hält, daß die Turnierschilderung auf die Szene zuläuft, in der Parzivals Eltern sich zum ersten Mal gegenüberstehen. Diese Begegnung wird überschattet von zwei Todesbotschaften: der Tod ihres Ehemanns hat Ampflises Botschaft veranlaßt; und der Tod von Gahmurets Mutter wird aus Anschouwe gemeldet. Das sind die Zeichen, unter denen die Geschichte von Gahmuret und Herzeloyde steht: nur wenige hundert Verse weiter verliert Herzeloyde ihren Ehemann; und noch einmal ein paar hundert Verse weiter stirbt sie.

Gahmuret zwischen drei Frauen. Während ihn noch die Trauer um seine Mutter lähmt, steckt Gahmuret bereits in der komischen Lage, daß drei Frauen sich um seine Liebe streiten. Herzeloyde beansprucht ihn als Turniersieger für sich; die Boten Ampflises wollen ihn für ihre Königin gewinnen. Gahmuret ist jedoch weder an der einen noch an der anderen interessiert, sondern erinnert sich plötzlich daran, daß er schon verheiratet ist, und denkt in schmerzvoller Sehnsucht an Belakane. Herzeloyde betreibt ihre Sache jedoch mit großer Energie und zwingt den Heiratsunwilligen schließlich durch einen Richterspruch zur Ehe: ein grotesker Vorgang im Licht der höfischen Gesellschaftskonventionen.

Gahmurets und Herzeloydes Ehe. Aus der kurzen Zeit ihrer Ehe wird nur von den Turnieren erzählt, die Gahmuret bestreitet. Das Verhalten der Eheleute ist merkwürdig überzogen: als Zeichen seiner ehelichen Liebe trägt Gahmuret auf den Turnieren jedesmal ein seidenes Hemd seiner Frau über seiner Rüstung; und jedesmal, wenn er zurückkommt, zieht Herzeloyde das von Stichen und Schlägen zerfetzte Hemd wieder an und trägt es »auf der nackten Haut« (*an blôze hût* 101,17). Achtzehn Hemden werden auf diese Weise verbraucht. Aus anderen Turnierschilderungen ist bekannt, daß ein Ritter, der im Frauendienst kämpft, ein Stück von der Kleidung seiner Dame – meistens einen Ärmel – sichtbar im Kampf trägt. Sehr ungewöhnlich ist, daß es ein Unterhemd ist. Ebenso ungewöhnlich und komisch ist, daß der Ritter ein Liebespfand seiner Ehefrau vorzeigt. Die damaligen Zuhörer und Zuhörerinnen werden jedoch ebensowenig wie die modernen Kritiker gewußt haben, auf wessen Kosten hier gelacht werden sollte (*Susanne Hafner*, Herzeloydes Hemd: ein Dessou obenauf, in: Sexuelle Perversionen im Mittelalter, hrsg. von D. Buschinger und W. Spiewok, 1994, S. 97-105).

Herzeloydes Traum und Klage. Bevor die Nachricht von Gahmurets Tod eintrifft, hat Herzeloyde einen furchtbaren Traum (103,25ff.). Sie träumt, daß ein »Sternenblitz« (*ein sternen blic* 103,28) sie hoch in die Lüfte trägt, wo feurige Blitze mit Donnerkrachen sie umzukken. Dann träumt sie, daß sie einen Drachen gebiert, der ihr den Bauch zerreißt und der, als er wegfliegt, ihr das Herz bricht. Es ist ein prophetischer Traum, der auf die Erschütterung ihrer Existenz durch den Tod Gahmurets, auf Parzivals Geburt und ihren eigenen Tod bei Parzivals Aufbruch voraussieht. Der Drachentraum einer Schwangeren verkündet in der antiken Traumliteratur die Geburt eines großen Herrschers. Noch wichtiger scheinen die Anklänge an die ›Apokalypse‹ des ›Neuen Testaments‹ zu sein, speziell an die Vision von der sonnenumhüllten Frau und dem großen Drachen, die im Mittelalter auf Maria als Gottesgebärerin bezogen wurde.

Wilhelm Deinert, Ritter und Kosmos im Parzival. Eine Untersuchung der Sternkunde WsvE, 1960, S. 3ff. – *Arthur T. Hatto*, Herzeloyde's Dragon-Dream, GLL 22, 1968/69, S. 16-31. – *Klaus Speckenbach*, Von den *troimen*. Über den Traum in Theorie und Dichtung, in: Sagen mit sinne. FS für Marie-Luise Dittrich, 1976, S. 169-204, bes. S. 181ff.

Die Nachricht von Gahmurets Tod läßt Herzeloyde alle gesellschaftlichen Konventionen vergessen. Sie spricht davon, daß sie in ihrem Sohn ihren toten Mann wiedergebären werde; sie entblößt ihre Brüste in der Öffentlichkeit, küßt ihren Busen und redet zu der Milch darin, mit der sie sich, wie mit ihren Tränen, begießen möchte (110,11ff.).

Auch nach Parzivals Geburt zeigt Herzeloyde ein Verhalten, das den Gewohnheiten ihres Standes zuwiderläuft: sie stillt ihr Kind selbst und spricht dabei von Maria, die dem Jesuskind die Brust gab, so als ob sie sich selber in der Rolle der Gottesmutter sieht (113,17ff.). Der Erzähler interpretiert ihr Verhalten nach Gahmurets Tod als Ausdruck einer Gesinnung, in der sich Herzeloydes Frömmigkeit und Tugendhaftigkeit offenbaren. Ihr Rückzug in die Einöde von Soltane und ihr Verzicht auf ein höfisches Leben werden als Beweis ihrer *triuwe* (113,30) und als Bekenntnis zur »Demut« (113,16) gewertet: zwei Begriffe, die später Parzivals mütterliches Erbe umschreiben (451,5ff.).

Kaum eine andere Gestalt des ›Parzival‹ ist in der Forschung so umstritten wie Herzeloyde. Während die einen sich an das religiös verklärte Bild Herzeloydes in den Erzählerkommentaren halten, betonen die anderen das Zwielichtige und Widersprüchliche in Herzeloydes Handlungsweise. Das Auseinandertreten von Erzählerkommentar und dargestellter Handlung dient offenbar dazu, den Zuhörern die Relativität der Erzählerperspektive vor Augen zu führen (vgl. S. 221f.).

> *Gertrude J. Lewis*, Die unheilige Herzeloyde. Ein ikonoklastischer Versuch, JEGP 74, 1975, S. 465-485. – *David N. Yeandle*, Herzeloyde: Problems of Characterization in Book III of W's Parzival, Euph. 75, 1981, S, 1-28. – *Annemarie Eder*, Macht- und Ohnmachtstrukturen im Beziehungsgefüge von Ws Parzival. Die Herzeloydentragödie, in: Der frauwen buoch. Versuche zu einer feministischen Mediävistik, hrsg. von I. Bennewitz, 1989, S. 179-212. – *Patricia A. Quattrin*, The Milk of Christ: Herzeloyde as Spiritual Symbol in WvE's Parzival, in: Medieval Mothering, Ed. J. C. Parsons, B. Wheeler, New York, London 1996, S. 25-38. – *Susanne Heckel*, die wîbes missewende vlôch (113,12). Rezeption und Interpretation der Herzeloyde, in: Schwierige Frauen – schwierige Männer in der Literatur des Mittelalters, hrsg. von A. M. Haas, I. Kasten, 1998, S. 35-52. – *John Greenfield*, Ws zweifache Witwe. Zur Rolle der Herzeloyde-Figur im Parzival, in: Literarisches Leben. FS für Volker Mertens, 2002, S. 159-173.

Die Selbstverteidigung. Am Ende der Gahmuret-Geschichte, zwischen den Büchern II und III, steht ein Textstück von sechzig Versen, das den Erzählzusammenhang unterbricht: die sogenannte ›Selbstverteidigung‹. Der Exkurs-Sprecher tritt hier in der Autor-Rolle auf (*ich bin Wolfram von Eschenbach* 114,12) und spricht voller Selbstbewußtsein von seiner Lied-Dichtung (»Ich verstehe einiges von der Lied-Kunst«, *unt kan ein teil mit sange* 114,13). Die weiteren Äußerungen über sich selbst sind lange Zeit von der Forschung als Anhaltspunkte für Wolframs Biographie angesehen worden (vgl. S. 1ff.). Dabei ging es um die Standes- und Bildungsverhältnisse des Dichters. Inzwischen haben wir gelernt, die ›Selbstverteidigung‹ als Ausgestaltung einer fiktiven Autor-/Erzähler-Rolle zu lesen, die über die historische Person des Dichters wenig aussagt. Das eigentliche Thema der ›Selbstverteidigung‹ ist das Dichten im Frauendienst. Dabei bezieht sich der Sprecher auf den lyrischen Wettstreit zwischen Walther von der Vogelweide und Reinmar dem Alten über die Frage des angemessenen Frauenlobs und verbindet damit das Motiv der Frauenschelte, wobei offenbar ein konkreter Fall angesprochen wird, der auch in einem Lied Wolframs seine Spuren hinterlassen hat (vgl. S. 18f.).

Das Thema des Frauenlobs und der dafür erwarteten Gunstbezeugung der Dame wird in der ›Selbstverteidigung‹ noch von einer anderen Seite beleuchtet. Wenn der Sprecher sich als Ritter ausgibt (*schildes ambet ist mîn art* 115,11) und gegen die Dichter wettert, die ihre Kunst aus Büchern beziehen (*disiu âventiure vert âne der buoche stiure* 115,29f.) (vgl. S. 6), spielt er wohl auf den damals in der lateinischen Dichtung beliebten Streit zwischen dem *miles* (»Ritter«) und dem *clericus* (»Gebildeten«) an, bei dem es darum ging, wer bei den Frauen mehr Erfolg hat: der Kampferprobte oder der fein Gebildete. Während in den lateinischen Gedichten, die von Klerikern verfaßt sind, meistens der *clericus* siegt, tritt der Autor / Erzähler hier als Ritter auf, der nur wegen seiner Waffen-Taten geliebt werden will und nicht wegen seiner Sanges-Kunst (115,13ff.). Es ist nicht unwahrscheinlich, daß der Sprecher hier nicht nur die Autor-Rolle annimmt, sondern auch die Helden-Rolle: von Parzival hieß es schon im Prolog, daß seine Kühnheit und Stärke ihn zum Liebling der Frauen gemacht haben (4,18ff.). Wie der Sprecher der Selbstverteidigung war auch Parzival ein Analphabet.

Hugo Kuhn, Ws Frauenlob, ZfdA 106, 1977, S. 200-210. – *Max Schiendorfer*, Ulrich von Singenberg, Walther und W. Zur Parodie in der höfischen Literatur, 1983, S. 199ff. – *Thomas E. Hart*, Proportionale Textgestaltung als Verkörperung literarischer Theorie: Zu Ws ›Selbstverteidigungen‹ im Parzival (114,5-116,4 und 337,1-30), Euph. 85, 1991, S. 342-386. – *Hannes Kästner* und *Bernd Schirok*, Ine kan decheinen buochstap. Dâ nement genuoge ir urhap. WvE und ›die Bücher‹, in: Als das wissend die meister wol. FS für Walter Blank, 2000, S. 61-152, bes. S. 63ff.

1.3 Die erste Parzival-Partie (Buch III-VI)

Buch III. Herzeloyde hat sich in die Einsamkeit von Soltane zurückgezogen, aus Schmerz über den Tod ihres Mannes und um ihren Sohn davor zu bewahren, daß er ebenso im Ritter-Kampf den Tod findet wie sein Vater. Ihren Leuten hat sie befohlen, vor ihm niemals von Ritterschaft zu sprechen. So wächst Parzival in der Wildnis auf, ohne eine standesgemäße Erziehung und »um ein königliches Leben betrogen« (118,2). Seine liebste Beschäftigung ist die Jagd. Eines Tages trifft er im Wald drei Ritter und ist so geblendet vom Glanz ihrer Rüstungen, daß er sie für himmlische Wesen hält. Als er von ihnen erfährt, daß man bei König Artus Ritter werden kann, ist sein Entschluß gefaßt: er erbittet von seiner Mutter ein Pferd und bricht am nächsten Morgen auf. Herzeloyde hat ihm Torenkleider angezogen, weil sie hofft, daß Parzival zu ihr zurückkehren wird, wenn man über ihn lacht. Aber als er wegreitet, bricht sie tot zusammen.

Auf einer Waldlichtung findet Parzival ein Zelt, in dem die Herzogin Jeschute schläft. Weil die Mutter ihn gelehrt hat, sich um die Gunst schöner Damen zu bewerben, umarmt und küßt er die fremde Dame mit Gewalt und raubt ihr Ring und Spange. Als er weitergeritten ist, kommt ihr Ehemann, Herzog Orilus von Lalander, zurück. Weil er glaubt, daß Jeschute sich mit einem Liebhaber vergnügt habe, hebt er die eheliche Gemeinschaft mit ihr auf und unterwirft sie einer entwürdigenden und quälenden Behandlung.

Parzival hört im Wald die Klagerufe einer Frau, die ihren toten Geliebten im Arm hält, der im ritterlichen Kampf gefallen ist. Es ist Parzivals Cousine Sigune, eine Nichte seiner Mutter, von der er seinen Namen erfährt, und daß er königlicher Abkunft ist.

Die Nacht verbringt Parzival bei einem Fischer, den er mit der von Jeschute geraubten Spange entlohnt und der ihm den Weg nach Nantes, zum Artushof, zeigt.

Vor der Stadt trifft er auf Ither von Gaheviez, den Roten Ritter, der in Unfrieden von Artus geschieden ist und der jetzt Parzival beauftragt, dem Artushof seine Herausforderung zu überbringen. Am Hof wird Parzival wegen seines torenhaften Aufzugs ausgelacht und wegen seiner Schönheit bestaunt. Die Herzogin Cunneware, die gelobt hatte, niemals zu lachen, bis sie den Mann sehen würde, dem der höchste Ruhm gebührt, bricht bei seinem Anblick in Lachen aus und wird dafür vom Truchsessen Keie geschlagen. Parzival verlangt von Artus, daß er ihn sofort zum Ritter mache; er will die Rüstung des Roten Ritters haben. Mit dieser Forderung tritt er Ither erneut gegenüber. Als dieser die Zudringlichkeit des Toren mit dem Speer abwehrt, schießt Parzival ihm seinen Wurfspeer ins Auge und tötet ihn so. Der Knappe Ivanet hilft ihm, dem Toten die Rüstung abzunehmen und selbst anzulegen. Dann reitet er los, ohne zu wissen, wie man die ritterlichen Waffen gebraucht.

Abends kommt er in Graharz an, wo ihn der Fürst Gurnemanz bewirtet und beherbergt. Er bleibt dort vierzehn Tage und wird in dieser Zeit von Gurnemanz in höfischem Benehmen und ritterlicher Waffentechnik unterwiesen. Gurnemanz' Hoffnung, daß Parzival in Graharz bleiben und seine Tochter Liaze heiraten werde, erfüllt sich nicht. Das Verlangen nach Ritter-Taten treibt Parzival fort.

Armut. Der Erzähler interpretiert Herzeloydes Rückzug in die Einöde von Soltane als ein religiös motiviertes Bekenntnis zur Armut und ordnet Parzivals Mutter den Frauen zu, die durch den frommen Verzicht auf ein Leben in weltlichem Glanz die ewige Seligkeit gewinnen (116,15ff.). Vor dem zeitgeschichtlichen Hintergrund der religiösen Frauenbewegung und der Armutsfrömmigkeit religiöser Laien gewinnt Wolframs Darstellung aktuelle Bedeutung.

Mutter und Sohn. Vaterlos, erbelos, namenlos, ohne Bildung und ohne Kenntnis der Welt wächst Parzival in der Waldeinsamkeit von Soltane auf, umsorgt und behütet von seiner Mutter. Pädagogisch macht Herzeloyde alles falsch: sie läßt ihrem Sohn keine höfisch-ritterliche Erziehung zuteil werden und kann doch nicht verhindern, daß er Ritter wird. Sie läßt die Vögel im Wald töten, weil ihr Gesang ein schmerzliches Sehnen in Parzival weckt, muß aber erkennen, daß sie damit gegen Gottes Gebot handelt. Sie steckt ihren Sohn in Toren-

kleider, damit er verspottet wird und zu ihr zurückkehrt; aber auch
diese Maßnahme erweist sich als wirkungslos. Der Erzähler deutet
das alles als Ausdruck ihrer Mutterliebe. Als ihr bei Parzivals Abschied
das Herz bricht, wird sie mit Marienprädikaten gefeiert und wie eine
Heilige aus der Dichtung verabschiedet: »Eine Wurzel wahrer Güte
und ein Stamm der Demut« (128,27-28).

Parzival seinerseits entwickelt eine extreme Mutterbindung: obwohl
er ihre Erziehungspläne zunichte macht und durch seinen Aufbruch
ihren Tod verursacht, ist er in seinem Weltverständnis vollkommen
auf seine Mutter fixiert und beruft sich bei seinen ersten Schritten
in die Welt dauernd auf sie, bis Gurnemanz ihm das als töricht und
kindisch untersagt.

Parzivals tumpheit. Parzivals Jugend in Soltane steht im Zeichen
der *tumpheit*. Parzivals *tumpheit* ist kein Naturzustand, sondern ein
– durch Herzeloydes Verbote – künstlich hergestellter Zustand des
Nicht-Wissens und Nicht-Verstehens. Alles, was ein Mensch nach der
mittelalterlichen Erziehungslehre bis zur Adoleszenz gelernt haben sollte
– die elementaren Tatsachen der christlichen Religion, das Vermögen,
Gut und Böse zu unterscheiden, die Anfangsgründe einer Kenntnis
des Menschen und der Welt, die Fähigkeit, mit Hilfe des Verstandes
Unterscheidungen vorzunehmen –, alles das fehlt Parzival, als er sei-
ne Mutter verläßt. Die *tumpheit* wird ihn begleiten, ungeachtet der
Kenntnisse und Erfahrungen, die er auf seiner Fahrt gewinnt, und
wird für alle Fehlhandlungen, die er begeht, verantwortlich sein. Aus
tumpheit schweigt Parzival vor dem Gral (484,28f.); aus *tumpheit*
empört er sich gegen Gott (463,2f.); aus *tumpheit* kämpft er noch
am Schluß gegen seinen eigenen Verwandten (689,26). Offenbar ist
es der *tumbe* Held, der zuletzt zum Gral berufen wird; jedenfalls wird
nirgends gesagt, daß aus dem *tumben* Parzival ein *wîser man* geworden
ist.

Heinz Rupp, Die Funktion des Wortes *tump* im Parzival WsvE, GRM 38,
1957, S. 97-106. – *Alois M. Haas*, Parzivals *tumpheit* bei WvE, 1964.

Herzeloydes Gotteslehre. Auf Parzivals Frage: »O weh, Mutter, was
ist Gott?« (119,17), antwortet Herzeloyde mit einer Gotteslehre, die
zwei Momente heraushebt: Gottes strahlende Leuchtkraft (»er ist noch
heller als der Tag« 119,19) und seine Bereitschaft, den Menschen
helfend beizustehen. Offenbar sind diese beiden Lehren schon darauf
berechnet, daß sie von Parzival mißverstanden werden. Zunächst in
der harmlos-komischen Form, daß Parzival den ersten Ritter, dem er

begegnet, für die Lichtgestalt Gottes hält (122,21f.); später aber, als Kundrie ihn verflucht, erweist es sich, daß Parzival auch die Aussage über Gottes Hilfswillen falsch verstanden hat. Er fühlt sich von Gott im Stich gelassen und kündigt ihm seine Dienstbereitschaft auf: *nu wil im dienst widersagn: hât er haz, den wil ich tragn* (332,7-8).

Die Begegnung mit den Rittern im Wald. Die Begegnung mit den Rittern im Wald ist eine Schlüsselszene. Parzival ist jetzt erwachsen – in wenigen Wochen wird er heiraten –, und in den Rittern begegnet er zum ersten Mal der ›Welt‹ außerhalb von Soltane. Der Eindruck, den die Ritter auf Parzival machen, wird von dem Glanz ihrer Rüstungen bestimmt, in denen Parzival Gott in seinem Glanz zu sehen glaubt, vor dem er auf die Knie fällt: »Nun hilf mir, hilfreicher Gott!« (*nu hilf mir, hilferîcher got* 122,26). Parzival erscheint den Rittern als »ein Blütenkranz männlicher Schönheit« (*aller manne schoene ein bluomen kranz* 122,13), und sie staunen über das Wunder, das Gott an ihm vollbracht hat: »Gottes Schöpferkunst lag an ihm zutage« (*dô lac diu gotes kunst an im* 123,13).

Die Ritter, denen Parzival begegnet, verfolgen den Frauenräuber Meljakanz; das ist für die Hörer und Leser wichtiger als für Parzival. Die literarisch Gebildeten kannten Meleaganz aus Chrétiens ›Lancelot‹ und ›Yvain‹ als den Entführer der Königin Ginover. Seine Gewalt gegen Frauen macht ihn zum Gegner des Artushofs. Im 7. Buch wird er unter den Gegnern Gawans sein.

Für Parzival ist die Auskunft, daß man bei König Artus Ritter werden kann, der wichtigste Ertrag der Szene. Er versteht das so, daß man zu Artus gehen muß, der einem eine Rüstung gibt. Das Pferd, das er auch braucht, kann ihm seine Mutter geben (*Wolfgang Mohr*, Parzival und die Ritter, Fabula 1, 1958, S. 201-213).

Parzivals Aufbruch. Die Verhaltenslehren, die Herzeloyde ihrem Sohn mit auf den Weg gibt, sind so verkürzt und mißverständlich, daß ihre wörtliche Befolgung Unheil und Verwirrung stiftet. Parzival bemerkt nicht, daß die Mutter tot umfällt, als er wegreitet. Für ihn muß es ebenso überraschend gewesen sein wie für die Hörer und Leser, wenn sie später von Trevrizent erfahren, daß der Tod der Mutter als »große Sünde« (499,20) auf Parzival lastet.

Jeschute. Der erste Mensch, den Parzival auf seinem Weg zum Artushof trifft, ist Jeschute, die Ehefrau von Orilus. Parzivals gewalttätiges Verhalten gegenüber der Herzogin illustriert seine *tumpheit* und seine Unfähigkeit, die Minnelehre der Mutter richtig anzuwenden. Der Erzähler rückt die komischen Seiten der Szene in den Vordergrund und begleitet die von ihm erotisch aufgeheizte Situation mit zweideutigen Scherzen. Im Kontrast dazu steht das Leiden der Frau. Jeschute wird von ihrem Mann schweren körperlichen Entbehrungen unterworfen und öffentlicher Schande preisgegeben. Orilus' Verhalten ist nicht nur ein weiteres Beispiel für Gewalt gegen Frauen, sondern auch ein Beitrag zum Thema Ehe im ›Parzival‹. Wolfram hat Jeschute zu Erecs Schwester gemacht und so eine Verbindung zu Enite hergestellt, die ebenfalls Erniedrigungen und Mißhandlungen durch ihren Ehemann erdulden muß. Orilus ist nicht nur als Ehemann ein Gewalttäter, sondern auch als Ritter. Er gehört, wie sein Bruder Lähelin, zu denen, die ihre Gegner im Kampf töten. Er ist ein Feind der Artusritter und rühmt sich vor seiner Frau, Parzivals Onkel Galoes erschlagen zu haben. Auch der Tod Schionatulanders ist sein Werk. Trotzdem wird Orilus später ein geachtetes Mitglied des Artuskreises. Es ist nicht ohne Ironie, daß Parzival am Artushof ausgerechnet Cunneware, die Schwester von Orilus und Lähelin, zu seiner Dame erwählt, der er als Frauenritter dient.

Sigune. Sigune reagiert auf den Tod des Geliebten mit härtester Kasteiung. Das Ausreißen der Zöpfe (138,17ff.) leitet einen Prozeß der Selbstzerstörung ein, der schließlich zu ihrem Tod führt.

Für Parzival ist die Begegnung mit Sigune ein erster Schritt der Selbsterkenntnis. Von Sigune erfährt er seinen Namen und daß er Erbe von drei Königreichen ist: von Anschouwe als Sohn Gahmurets, von Waleis und Norgals als Sohn Herzeloydes. Er erfährt auch, daß Schionatulander sein Verwandter war. Sigune selbst gibt sich als seine Cousine und als Nichte Herzeloydes zu erkennen; sie ist, wie man später erfährt, die Tochter von Herzeloydes Schwester Schoysiane. So deutet sich ein weitläufiger Verwandtenkreis an, dessen Umrisse nur allmählich sichtbar werden.

Im Mitleid mit Sigune und der Bereitschaft, den Schmerz, der ihr angetan wurde, durch ritterliche Tat zu rächen, bezeugt Parzival eine Fähigkeit zur *triuwe*, die hier als sein Muttererbe angesprochen wird, wenn Sigune zu ihm sagt: »Du bist aus *triuwe* erboren« (*du bist geborn von triuwen* 140,1).

Siegfried Christoph, W's Sigune and the Question of Guilt, GR 56, 1981, S. 62-69. – *Robert Braunagel*, Ws Sigune. Eine vergleichende Betrachtung der Sigune-Figur und ihrer Ausarbeitung im Parzival und Titurel des WvE, 1999, S. 6ff.

Die Begegnung mit Ither. Beim ersten Zusammentreffen mit Ither spricht Parzival kaum ein Wort. Erst später erfährt man, daß Ithers flammend roter *harnasch* sein Begehren weckt, als er von König Artus Ithers Rüstung fordert. Ithers Erbansprüche gegenüber Artus müssen Parzival unverständlich bleiben. Für die Zuhörer und Leser ist das Wichtigste die Verwandtschaft zwischen Ither und Artus. Sie wissen jetzt (was Parzival nicht weiß), daß Ither auch Parzivals Verwandter ist.

Der Artushof. Parzival hat die Mutter verlassen, um bei Artus Ritter zu werden. Wer nun erwartet, in König Artus den großen Repräsentanten höfischen Rittertums zu finden, wird enttäuscht. Am Hof in Nantes herrschen geradezu chaotische Zustände. Die Königin verläßt eben, von vergossenem Wein besudelt, die Gesellschaft. Der König verfällt in dumpfes *trûren* (150,10) und weiß der Herausforderung Ithers nicht zu begegnen. Offenbar ist keiner der berühmten Ritter bereit, gegen Ither anzutreten. Das große Wort führt am Hof der bösartige Truchseß Keie, der die Herzogin Cunneware schlägt, ohne daß jemand dagegen Einspruch erhebt (der *tumbe* Parzival scheint der einzige zu sein, der das Unrecht empfindet). Keie ist es auch, der den König dazu anstiftet, daß er Parzival Ithers Rüstung verspricht. Beide wissen, daß sie Parzivals Leben aufs Spiel setzen, wenn sie dem Herausforderer, um ihn zu demütigen, einen Toren ohne ritterliche Rüstung als Kämpfer gegenüberstellen. Artus' Einwilligung zu diesem unwürdigen Spiel wirft einen düsteren Schatten auf das Bild des Königs. Dieser Schatten hellt sich erst am Ende der Dichtung auf, wenn Artus zum großen Friedenstifter wird.

Parzival wirkt wieder durch seine *tumpheit* komisch. Die Hofgesellschaft lacht darüber, daß der Tor jeden Ritter für Artus hält und daß er vom König auf der Stelle zum Ritter gemacht werden will. Komisch ist auch sein Mißverständnis, daß man Ritter wird, indem man eine Ritterrüstung anzieht und ein Pferd besteigt.

Ithers Tod. Der schmachvolle Tod König Ithers von der Hand eines Toren spricht der Idee des Rittertums Hohn. Der Erzähler hat sich jeder Verurteilung seines Helden enthalten; er verweist nur wieder auf Parzivals *grôze tumpheit* (156,24) und deutet an, daß er »später, als er mehr Verstand hatte, die Tat bedauerte« (161,7-8). Die Zuhörer haben vermutlich mit Befremden wahrgenommen, daß Parzival auf jeder Station seines kurzen Weges bewirkt, daß Menschen getötet, entehrt und geschlagen werden, wovon er jedoch fast nichts bemerkt. Er hat nicht gesehen, daß Herzeloyde bei seinem Ausritt tot umfiel; er weiß nichts von der ungerechten Strafe, die Jeschute um seinetwillen erleiden muß; er sieht mit an, daß Cunneware von Keie geschlagen wird, kann aber nicht wissen, daß es seinetwegen geschieht. Nur bei Ither ist es anders. Parzival fühlt sich ungerecht behandelt, als Ither ihn mit seiner Lanze blutig schlägt; aber dann zielt er genau auf das Auge des Gegners, und aus seinen Jagd-Erfahrungen mußte er wissen, daß dieser Schuß tödlich war. Es ist offensichtlich, daß die Tötungsabsicht mit dem Wunsch, sich Ithers Rüstung anzueignen, in Zusammenhang steht: kaum ist Ither tot, fängt Parzival an, ihm die Rüstung auszuziehen. Es fehlt ihm offenbar jegliches Unrechtsbewußtsein wie auch die Fähigkeit, zwischen Gut und Böse zu unterscheiden. Von Trevrizent erfährt er später, daß Ither sein Verwandter war; für Trevrizent ist Ithers Tod die zweite »große Sünde« (499,20), die Parzival begangen hat.

Gurnemanz. Wie Parzival, »der Held mit dem schwachen Verstand« (169,15), seinen neuen Status als Ritter versteht, zeigt sich in Graharz, als er sich weigert, vom Pferd zu steigen: »Ein König hat mich zum Ritter gemacht. Ich komme von diesem Roß nicht herunter, egal, was mir hier oben passiert« (163,22-24). Parzival muß jetzt lernen, daß man erst durch ritterliche Erziehung zum Ritter wird. Gurnemanz' Ritterlehre gliedert sich in einen theoretischen und einen praktischen Teil. Der theoretische hat zwei Schwerpunkte, die auf zwei Hauptaspekte des höfischen Ritterbildes zielen. Das eine ist die Identität von Ritterlehre und Herrscherlehre. Gurnemanz wendet sich an den zukünftigen Herrscher und rückt die christlichen Tugenden der Barmherzigkeit, Wohltätigkeit, Güte und Demut in den Mittelpunkt, verbunden mit der Mahnung zu überlegter Freigebigkeit. Der andere Hauptpunkt ist das Benehmen am Hof. Die Hoflehre zielt auf das richtige gesellschaftliche Verhalten im Gespräch, im Kampf und vor allem gegenüber den Damen.

Daran schließt sich die praktische Unterweisung an, die auf die Einübung der ritterlichen Waffentechnik ausgerichtet ist. Dabei erweist sich Parzival als ungemein gelehrig: kaum hat Gurnemanz ihm gezeigt, wie man eine Tjost reitet, beherrscht Parzival diese Technik schon so gut, daß er die erfahrenen Ritter, die zur Übung gegen ihn antreten, alle im Nu vom Pferd sticht. So wird in kürzester Zeit aus dem walisischen Toren ein perfekter Ritter.

Parzival erhält von Gurnemanz auch einen neuen Namen: »Der rote Ritter«. Das war vorher der stolze Name eines Königs, der die Farbe seiner Waffen und Kleider nach der roten Farbe seiner Haare und seines Bartes gewählt hatte. Jetzt wird der Name zur ständigen Erinnerung an die blutige Tat, durch die Parzival zum Ritter wurde.

Vergleich mit dem ›Conte du Graal‹. Vorbemerkung. Der ›Conte du Graal‹ wird nach der kritischen Ausgabe von Keith Busby (1993, vgl. S. 270) zitiert; die Übersetzungen orientieren sich an den zweisprachigen Ausgaben von Monica Schöler-Beinhauer (1991) und von Felicitas Olef-Krafft (1991, vgl. S. 271).

Chrétiens Dichtung setzt mit Percevals Jugend im Wald ein, genau an dem Tag, als er den Rittern begegnet. Wolfram hat die Geschichte seines Helden ganz anders angelegt, indem er vorher ausführlich von Parzivals Eltern, seiner Geburt und den ersten Erfahrungen des Kindes erzählt hat. Bei Chrétien bleiben Percevals Eltern namenlos. Seine Mutter heißt nur »die verwitwete Dame« (*la veve dame* 74); von seinem Vater erfährt man später, daß er ein verarmter Herr war, der sich mit seiner Familie in die Wildnis zurückzog und der aus Schmerz über den Tod seiner beiden ältesten Söhne starb, als Perceval noch ein kleines Kind war (416ff.). Einzelheiten aus Percevals Kindheit sind bei Chrétien nachträglich eingeflochten. So erwähnt Perceval im Gespräch mit den Rittern, daß seine Mutter ihn über Gott und den Teufel belehrt habe (142ff.). Unabhängig von Chrétien ist Parzivals schmerzliches Sehnen beim Gesang der Vögel und Herzeloydes törichter Befehl, alle Vögel zu töten. Das zwiespältige Herzeloyde-Bild gibt es nur bei Wolfram.

Die Begegnung mit den Rittern im Wald hat Wolfram um die Hälfte gekürzt. Bei Chrétien steht die komische Wirkung von Percevals Einfältigkeit im Vordergrund. Die Fragen des Knaben nach den einzelnen Teilen der Rüstung hat Wolfram übergangen, bis auf die nach dem Kettenhemd. Bei Wolfram steht die Verwechslung der Ritter mit Gott im Mittelpunkt. Das Motiv stammt von Chrétien; schon dort fragt Perceval: »Seid ihr Gott?« (*N'iestes vos Diex?* 174), und fällt anbetend vor ihnen auf die Knie. Neu ist bei Wolfram die Betonung von Parzivals Schönheit; neu ist auch, daß die Ritter einen Frauenentführer verfolgen und daß der Entführer Meljakanz heißt.

Das anschließende Gespräch mit der Mutter hat Wolfram gekürzt und hat alles weggelassen, was die Mutter bei Chrétien über Percevals Vater und seine Brüder berichtet. Nur der Verlust des väterlichen Erbes ist übernommen. Daß Herzeloyde den Sohn in Narrenkleider steckt und ihm ein schlechtes Pferd aussucht, damit er von den Leuten verspottet wird und zu ihr zurückkehrt, gehört wieder zu Wolframs Ausgestaltung. Bei Chrétien trägt Perceval ein bäuerliches Gewand. Die Lehren, die die Mutter dem Sohn mit auf den Weg gibt, sind die gleichen, nur fehlt bei Wolfram die Ermahnung zu regelmäßigem Kirchenbesuch.

Im ›Conte du Graal‹ ist Perceval nicht nur naiv und töricht, sondern auch selbstsüchtig und rücksichtslos: er hört nicht zu, wenn die Mutter zu ihm spricht; und er setzt seinen Willen durch; von Mutterbindung ist hier nichts zu spüren. Dazu paßt, daß Perceval sich bei Chrétien umschaut, als er aufbricht, und die Mutter umfallen sieht, aber trotzdem seinen Weg fortsetzt. Das wird ihm später vom Einsiedler-Oheim als Sünde angerechnet. Bei Wolfram blickt Parzival nicht zurück.

In der Jeschute-Episode ist Parzival genauso grobschlächtig und rücksichtslos wie Perceval. Jeschute – bei Chrétien bleibt sie namenlos – gibt ihrem Mann (bei Chrétien heißt er *li Orgueilleus*, »der Stolze« 3817) im deutschen Text mehr Grund zur Eifersucht, da sie bewundernd von Parzivals Schönheit spricht (133,18). Der Bestrafung Jeschutes hat Wolfram einen neuen Akzent verliehen: im deutschen Text sind die beiden ein Ehepaar (bei Chrétien sind sie Freund und Freundin); und Orilus' rechtfertigt seine Handlungsweise aus der Rechtsstellung als Ehemann (264,1ff.).

In der Ither-Szene hat Wolfram nicht den Hergang, wohl aber die Bewertung entscheidend verändert. Im französischen Text ist der Rote Ritter – er hat hier keinen Namen – »der schlimmste Feind« (*li pire anemis* 945) von König Artus, und Perceval ist dem König durch seine Tat »sehr nützlich« (*molt valu* 1244). Niemals wird deswegen ein Vorwurf gegen ihn erhoben. Bei Wolfram dagegen wird der Tod Ithers später von Trevrizent als »große Sünde« interpretiert (499,20).

Die Verhältnisse am Artushof sind bei Chrétien ebenso chaotisch wie bei Wolfram. »Aus Kummer« (*D'ire* 944) über die Beleidigungen durch den Roten Ritter ist der französische Artus so gedankenversunken, daß er den Ankömmling erst bemerkt, als dessen Pferd ihm den Hut vom Kopf stößt. Bei Chrétien reitet Perceval hoch zu Roß in die Königshalle ein und will nicht absteigen, bis der König ihm die Rüstung des Roten Ritters zugesagt hat. Parzivals Weigerung, vom Pferd abzusteigen, hat Wolfram in die Gurnemanz-Episode verlegt.

Der französische Perceval bleibt nur eine Nacht bei Gornemant; die Sorge um das Schicksal seiner Mutter läßt ihn nicht ruhen. Gleich am Tag seiner Ankunft lernt er in wunderbarer Schnelligkeit den Gebrauch der ritterlichen Waffen. Am nächsten Morgen macht Gornemant ihn feierlich zum Ritter, indem er ihm die Sporen anlegt und das Schwert umgürtet, und ermahnt ihn, dem »Orden der Ritterschaft« (*l'ordre de chevalerie* 1637) keine Schande zu machen. Wolfram hat den Besuch bei Gurnemanz zu einem vierzehntägigen Aufenthalt ausgestaltet. Bei Wolfram ist Gurnemanz ein Familienvater, der um seine Söhne trauert und sich einen Mann für seine Tochter Liaze wünscht (bei Chrétien ist von Kindern nicht die Rede). Auffälligerweise hat Wolfram die Schwertleite übergangen. Der deutsche Parzival ist durch den Leichenraub an Ither zum Ritter geworden. Aus dem Zuspruch an den neuen Ritter hat Wolfram den theoretischen Teil von Gurnemanz' Ritterlehre gemacht und er hat sowohl die Herrscherlehre als auch die Hoflehre bedeutend erweitert. Nur die Mahnung zu regelmäßigem Kirchenbesuch fehlt wieder.

Buch IV. Parzival gelangt ins Königreich Brobarz, nach Belrapeire, wo die Menschen von einer Hungersnot geplagt werden. Die Stadt wird von den Truppen des Königs Clamide belagert, der schon das ganze Land erobert hat und der die Königin Condwiramurs zur Ehe zwingen will. Parzival wird in der Stadt freundlich empfangen und bewirtet. Nachts besucht ihn die Königin, legt sich zu ihm und erzählt ihm von ihren Bedrängnissen. Am nächsten Tag besiegt Parzival den Seneschall Kingrun, der den Befehl über das Belagerungsheer führt, und befreit auf diese Weise die Stadt. Dann hält er Hochzeit mit Condwiramurs. Es ist ein keusches Beilager, denn die beiden wissen nichts von körperlicher Liebe. Erst in der dritten Nacht wird die Ehe vollzogen. Inzwischen ist König Clamide selber vor Belrapeire eingetroffen und unternimmt einen Sturmangriff auf die Stadt. Auch er wird von Parzival besiegt und – wie schon vorher Kingrun – verpflichtet, den Artushof aufzusuchen und sich dort in den Dienst Cunnewares zu stellen. Nach kurzem Eheglück nimmt Parzival von seiner Frau Abschied, um seine Mutter aufzusuchen und Abenteuer zu bestehen.

Der Kampf um Belrapeire. Parzival kommt als »der Sohn von König Gahmuret« (*fil li roy Gahmuret* 197,1) nach Belrapeire. Bis in die Einzelheiten hinein erlebt er, was Gahmuret in Zazamanc erlebt hat. Wie sein Vater gewinnt er durch ritterliche Großtaten die Hand einer Königin und die Herrschaft über ihr Land. Wie einst Belakane befindet sich Condwiramurs in einer militärisch aussichtslosen Lage. Wie damals geht es auch hier um einen Liebeskrieg. Wie Gahmuret befreit Parzival die bedrängte Königin, indem er die Anführer des feindlichen Heeres im Einzelkampf besiegt und gefangennimmt. Wie im 1. Buch ist die Schilderung auch im 4. mit komischen Motiven durchsetzt. Gegenstand der Komik ist im 4. Buch der erbärmliche körperliche Zustand der Belagerten als Folge der Hungersnot in der Stadt (»ihre Bäuche sind eingefallen«, *die wambe in nider sunken* 184,12). In der Begrüßungsszene deutet Condwiramurs das Schweigen ihres Gastes als Ausdruck seines Mißfallens an ihrer Person (»weil ich so mager geworden bin«, *durch daz mîn lîp vetwâlet ist* 188,27).

Verwandtschaft. Bei der ersten Begegnung Parzivals mit Condwiramurs wird sie von den beiden Brüdern ihres (verstorbenen) Vaters Tampenteire, Kyot und Manfiliot, begleitet. Im 9. Buch erfährt Parzival, daß Kyot Sigunes Vater ist und der Ehemann seiner Tante Schoysiane. Das Verwandtschaftsmotiv verbindet auch die Episoden in Belrapeire und in Graharz: Condwiramurs ist Gurnemanz' Schwesterkind. Parzival heiratet also doch in Gurnemanz' Familie hinein, wie dieser es gewünscht hat. Aber nicht seine Tochter Liaze wird Parzivals Frau, sondern seine Nichte.

Die keusche Ehe. Wie sein Vater heiratet Parzival eine Frau, die er erst seit einem Tag kennt. Und wie damals geht auch diesmal die Aktivität von der Frau aus: nach dem Sieg über Kingrun umarmt Condwiramurs ihren Befreier öffentlich und erklärt, keinen anderen Mann heiraten zu wollen. Wichtiger sind jedoch die Unterschiede zwischen dem Paar in Belrapeire und dem in Patelamunt. Während

dort die sinnliche Attraktion eine große Rolle spielte, steht die Lie-
besbeziehung zwischen Parzival und Condwiramurs im Zeichen der
Keuschheit. Das ist kein Akt bewußter Enthaltung und Askese, sondern
Ausdruck ihrer kindlichen Unschuld. Ein Zusammenhang mit den
Empfehlungen der Kirche an Neuvermählte, in den ersten Nächten
der Ehe auf körperliche Vereinigungen zu verzichten (»Tobiasnächte«),
wird nicht angedeutet. Im Nachhinein läßt sich jedoch die eheliche
Keuschheit Parzivals mit den religiös begründeten Keuschheitsforde-
rungen an den Gralkönig in Verbindung bringen.

Ebenso wie sein Vater verläßt Parzival seine schwangere Frau.
Aber er stiehlt sich nicht heimlich davon, sondern scheidet mit ihrer
Erlaubnis. Er hält an der Ehe fest, und die Liebe zu seiner Frau wird
ihn auf dem ganzen Weg bis zur Erlangung des Gralkönigtums als
eine positive Kraft begleiten.

Vergleich mit dem ›Conte du Graal‹. Den Kampf um Belrapeire hat Wolf-
ram ziemlich genau seiner französischen Vorlage nacherzählt. Er hat die
komischen Motive der Hungersnot stärker herausgearbeitet und die bös-
artig dämonischen Züge im Bild der Gegner gemildert oder getilgt. Die
bedeutendsten Änderungen im 4. Buch betreffen Condwiramurs und ihre
Beziehung zu Parzival. Bei Chrétien heißt sie Blanchefleur; von Keuschheit
zwischen ihnen ist nicht die Rede. Der nächtliche Besuch bei Perceval ist zwar
auch bei Chrétien politisch motiviert, da es Blanchefleur darum geht, den
fremden Ritter als Helfer zu gewinnen. Aber im ›Conte du Graal‹ legt sich
Blanchefleur erst nach Beendigung des diplomatischen Teils zu Perceval ins
Bett, und im weiteren Verlauf der Nacht geht es nicht mehr um Diplomatie,
sondern um Liebe. Wenn die beiden dann am nächsten Tag, nach Percevals
Sieg über Anguingueron, wieder zusammen das Lager teilen und »scherzen
und küssen und sich umarmen« (*Jüent et baisent et acolent* 2361), so ist das im
französischen Text eine Fortsetzung ihrer Vergnügungen der vorangegangenen
Nacht. Im ›Conte du Graal‹ ist Blanchefleur Percevals Freundin, nicht seine
Frau. Erst beim Abschied sagt Perceval, daß er zurückkehren und dann »das
Land regieren« werde (*tendra La terre* 2930-31), was offenbar so etwas wie ein
Eheversprechen ist. Dazu kommt es jedoch nicht, weil Chrétiens Dichtung
abbricht, bevor Perceval sein Versprechen wahrmachen kann.

Buch V. Abends kommt Parzival zum See Brumbane und fragt einen vornehmen
Fischer, der auf dem See fährt, nach Herberge. Der weist ihn zu seiner nahe-
gelegenen Burg. So gelangt Parzival nach Munsalvaesche, wo eine lähmende
Trauer herrscht. Im Festsaal trifft er den Fischer als seinen Wirt wieder; es ist
der gelähmte Gralkönig Anfortas. Als die Ritterschaft im Saal versammelt ist,
tritt ein Knappe mit einer Lanze herein, von deren Spitze Blut herunterläuft.
Bei diesem Anblick erhebt sich lautes Klagen im Saal. Danach kommen 24
Jungfrauen in feierlichem Aufzug herein und bringen kostbares Tischgerät
und Kerzen. Zuletzt erscheint die Königin Repanse de Schoye: sie trägt den

Gral auf einem Seidentuch und setzt ihn auf den Tisch vor dem leidenden König und seinem Gast nieder. Dann beginnt die Mahlzeit. Alle Speisen und Getränke werden auf wunderbare Weise vom Gral hervorgebracht. Parzival möchte seinen Wirt fragen, was das alles bedeutet, aber er unterdrückt die Frage, weil er sich an Gurnemanz' Mahnung erinnert, nicht zu viel zu fragen. Auch als der König ihm sein Schwert als Gastgeschenk überreichen läßt, stellt er die Frage, die man von ihm erwartet, nicht. Nach der Mahlzeit wird der Gral wieder feierlich hinausgetragen.

Parzival verbringt die Nacht in unruhigen Träumen. Am nächsten Morgen ist die ganze Burg leer. Parzival muß seine Rüstung selber anlegen und als er über die Zugbrücke reitet, wird ihm ein Fluch nachgerufen. Er folgt der Spur der Gralritter, verliert sie aber. Dann hört er den Klageruf einer Frau und trifft zum zweiten Mal auf Sigune, die mit ihrem toten Freund im Arm auf einer Linde sitzt. Als sie erfährt, daß Parzival in Munsalvaesche war und die Erlösungsfrage nicht gestellt hat, verflucht sie ihn und sagt sich von ihm los.

Auf seinem Weg begegnet Parzival einer jungen Dame, die alle Zeichen der Entbehrung und Erniedrigung trägt. Es ist Jeschute, die ihrem Mann vorausreiten muß. Als der erscheint, kommt es zum Kampf. Orilus wird besiegt und muß versprechen, sich am Artushof in den Dienst Cunnewares zu stellen. Parzivals Schwur, daß er kein Liebesverhältnis mit Jeschute hatte, versöhnt die Eheleute. Am Artushof werden sie feierlich empfangen.

Der traurige Fischer. Über der Szene am See Brumbane liegt eine geheimnisvolle Spannung. Parzival ahnt nicht, daß »der traurige Mann« (*der trûric man* 225,18) in dem Boot sein Onkel ist. Er weiß nicht, daß Anfortas nicht zum Fischfang zu dem See gekommen ist, sondern damit die milde Seeluft seine Schmerzen und den üblen Geruch seiner schwärenden Wunde lindert; das erfährt er erst von Trevrizent (491,6ff.). Parzival scheint nicht einmal wahrzunehmen, daß der vornehm gekleidete Mann schwer gezeichnet ist. Nicht ohne Ironie hat der Erzähler die ersten Worten, die Parzival an ihn richtet, als Frage formuliert (225,13ff.). Es ist die falsche Frage. Parzival ahnt nicht, daß er Anfortas von seinen Leiden erlösen kann, wenn er ihn nach dem Grund seiner Schmerzen fragt. Auch Anfortas weiß nicht, daß hier sein Neffe vor ihm steht. Aber er weiß, daß ein Ritter kommen würde, dem die Kraft gegeben wäre, ihn durch seine Frage zu erlösen; und er weiß bestimmt, daß der Fremde dieser Ritter ist: kein anderer wäre bis nach Munsalvaesche vorgedrungen.

Der Empfang in Munsalvaesche. Den Eifer, mit dem Parzival in Munsalvaesche empfangen wird, versteht man nachträglich als Ausdruck der hohen Erwartungen, die sich an den Besucher richten: die ganze Gesellschaft in Munsalvaesche wartet auf ihre Erlösung.

Für einen Mißklang sorgt *ein redespaeher man* (229,4), ein »redekun-diger Mann«, vielleicht ein Hofnarr, der Parzival in beleidigender Form vor den Hofherrn lädt. Parzival ist darüber so wütend, daß ihm das Blut aus den Fingernägeln der geballten Faust schießt (229,12ff.).

Hermann J. Weigand, A Jester at the Grail Castle in W's Parzival?, PMLA 67, 1952, S. 485-510. – *Christoph J. Steppich*, Erzählstrategie oder Figureninitiative? Zum Auftritt des *redespaehen* Mannes in Ws Parzival (229,1-22), ZfdA 122, 1993, S. 388-417.

Offenbar soll diese Szene zeigen, wie groß die Spannung auf beiden Seiten ist.

Die riesigen Dimensionen des Festsaals in Munsalvaesche vermitteln einen Eindruck von der Größe der Gralherrschaft. Hundert Sitzbetten haben dort Platz, auf denen vierhundert Ritter sitzen; hundert Tische werden davor aufgestellt, und vierhundert Knappen übernehmen die Bedienung; dazu kommen hundert Kämmerer mit Waschgefäßen, hundert Jungherren mit Handtüchern und hundert Knappen, die das Brot bringen, so daß sich weit über tausend Personen in dem Saal befinden.

Parzival erhält zwei bedeutungsvolle Gastgeschenke: die Königin Repanse schickt ihm einen Mantel, den sie selbst getragen hat; und der kranke König überreicht ihm sein eigenes Schwert, das er im Kampf geführt hat. Königsmantel und Königsschwert sind Herrschaftszeichen, besonders die Schwertübergabe hat fast den Charakter einer Inthroni-sation des Nachfolgers. Gott hat bestimmt – wie man später erfährt (484,3ff.) –, daß der unbekannte Ritter, falls er die Erlösungsfrage stellt, anstelle von Anfortas Gralkönig werden soll.

Die blutende Lanze. Der Auftritt des Knappen mit der blutenden Lanze wird vom Erzähler so beschrieben, daß weder Parzival noch die Zuhörer begreifen können, was der Zweck und Sinn dieses Auf-tritts ist. Rätselhaft ist vor allem das Blut an der Lanze. Die Aussage: »An der Speerspitze trat Blut hervor und lief den Schaft herunter bis auf die Hand« (*an der snîden huop sich pluot und lief den schaft unz ûf die hant* 231,20-21), erweckt den Eindruck, daß das Blut aus dem Speereisen quillt, daß also die Lanze blutet. Der Erzähler scheint absichtlich eine zweideutige Formulierung (*huop sich pluot*) gewählt zu haben. Die Erklärung des Vorgangs wird erst im 9. Buch gegeben. Trevrizent berichtet dort, daß die Lanze in Munsalvaesche als medizinisches Instrument benutzt werde: Man habe das Eisen in die schwärende Wunde des Anfortas gestoßen, um seine Schmerzen zu lindern; davon sei die Lanze blutig (489,30ff.). Es bleibt unklar,

ob der Auftritt des Knappen im Festsaal von Munsalvaesche und das
laute Wehklagen der Ritter dazu bestimmt waren, Parzival zu der
erhofften Erlösungsfrage zu bewegen.

Der Aufzug des Grals. Ebenso geheimnisvoll wie der Auftritt des
Knappen mit der blutenden Lanze ist die Prozession der jungen Da-
men, die in wohlgeordnetem Zug kostbares Tischgerät hereintragen:
zwei tragen goldene Leuchter mit brennenden Kerzen; zwei bringen
elfenbeinerne Tischgestelle; vier kommen mit großen Kerzen, vier mit
einer Tischplatte aus Edelstein und setzen sie vor dem Wirt auf die
Untergestelle. Dann erscheinen vier Mädchen mit Kerzen, gefolgt von
zwei Fürstinnen mit zwei silbernen Messern, die sie auf die Tischplatte
legen. Dann kommen noch einmal sechs junge Damen, und ihnen
folgt zuletzt die Königin, die den Gral auf einem grünen Seidentuch
hereinträgt und ihn ebenfalls vor den König auf den Tisch setzt.
Der Erzähler beschreibt diesen Aufzug aus der Perspektive Parzivals,
der ganz geblendet zu sein scheint von dem Glanz der vielen Kerzen
und der wunderbaren Erscheinung der 25 Damen, ihrer herrlichen
Kleidung, die in Einzelheiten beschrieben wird, und der kostbaren
Gerätschaften sowie ihrer schönen Ordnung: 2 und 2, 4 und 4, 4
und 2 und 6; Parzival zählt offenbar mit: 18 und 6 macht 24. Und
dann alleine die Königin mit dem Gral. Das Wort *grâl* (235,23, aus
afrz. *graal*, »Schüssel«, »Gefäß«) begegnet hier zum ersten Mal in der
deutschen Literatur. Wie der Gral aussieht, sagt der Erzähler nicht.
Erst im 9. Buch erfahren die Zuhörer zusammen mit Parzival, daß es
sich um einen Edelstein von unbestimmter Form und Größe handelt
(469,2ff.).

Der Gral. Der Gral ist im 5. Buch ein Wunderding, das alle irdi-
schen Herrlichkeiten übertrifft. Von seinen Geheimnissen erfahren
die Zuhörer hier nicht mehr als Parzival. Nur eine Eigenschaft wird
enthüllt: seine märchenhafte Kraft, alle erwünschten Speisen und
Getränke in beliebiger Fülle hervorzubringen. Die aus dem religiösen
Bereich stammenden Umschreibungen für die Wunderkraft des Grals
(»Paradies« [235,21], »Himmelreich« [238,24]) lassen jedoch schon
ahnen, daß der Gral auch eine religiöse Bedeutung hat. Unklar bleibt
im 5. Buch auch, ob die Speisung durch den Gral sozusagen die
Normal-Versorgung der Gralgesellschaft darstellt. Erst am Schluß der
Dichtung wird mitgeteilt, daß der Gral nur bei festlichen Anlässen
feierlich vorgeführt wird (807,16ff.). Der besondere Anlaß ist in die-
sem Fall offenbar Parzivals Besuch, von dem für die Gralgesellschaft
so viel abhängt; denn in Munsalvaesche wußte man (was Parzival

und die Zuhörer erst im 9. Buch erfahren), daß die Erlösungsfrage am ersten Abend gestellt werden mußte; sonst würde sie ihre Kraft verlieren (484,1f.).

Titurel. Am Ende der Mahlzeit erblickt Parzival in einem Nebenraum einen schlohweißen Greis, der dort im Bett liegt. Es ist – wie man im 9. Buch erfährt – der alte Gralkönig Titurel, Parzivals Urgroßvater, der nicht sterben kann, weil der Anblick des Grals ihn am Leben erhält. Der Erzähler unterbricht an dieser Stelle seine Erzählung und vertröstet die Zuhörer auf die spätere Aufklärung der Geheimnisse von Munsalvaesche. Er erläutert seine Erzähltechnik im sogenannten ›Bogengleichnis‹ (vgl. S. 212).

Die versäumte Frage. Parzival versagt in Munsalvaesche, weil er nicht nach dem Leiden des Königs fragt, obwohl man viel getan hat, um ihn zum Fragen zu bewegen. Warum Parzival nicht fragt, sagt der Erzähler ganz klar: Parzival denkt an Gurnemanz' Warnung vor zu vielem Fragen und unterläßt die Frage *durch zuht* (239,10). Er macht also denselben Fehler wie bei seinen ersten Schritten in die Welt: er ist nicht imstande, einen empfangenen Lehrsatz in einer konkreten Situation richtig anzuwenden. Wie er damals durch sein Verhalten Jeschute schweres Leid zufügte, so ist er jetzt schuld daran, daß Anfortas' Leiden sich unabsehbar verlängert. Parzivals Versagen wird später mehrfach kommentiert. Kundrie und Trevrizent sprechen von »Sünde«. Das ist der besondere Akzent, den Chrétien dem Fragemotiv gegeben hatte: Percevals Versäumnis wird nachträglich religiös interpretiert.

Parzivals Abschied von Munsalvaesche. Die Nacht in Munsalvaesche verbringt Parzival in bösen Träumen. Sein Traum ist, wie der Erzähler erklärt, ein Gegenstück zu Herzeloydes Traum im 2. Buch (vgl. S. 52f.). Er ist ebenso prophetisch: Parzival träumt von dem Kummer und Leid, das ihn nun erwartet (*künftigiu leit* 245,4), nachdem er vor dem Gral versagt hat. Es wird eine Kette harter Kämpfe sein, die er zu bestehen hat, begleitet von Entbehrungen und Erniedrigungen (durch Kundries Verfluchung). Es ist, als ob der Zustand der Unerlöstheit, der sich in Munsalvaesche durch seine Schuld auf unbestimmte Zeit verlängert, sich auf Parzival überträgt. »Ich bin unerlöst vom Leiden« (*ich bin trûrens unerlôst* 733,16) ist die wichtigste Selbstaussage, bis die Berufung zum Gralkönig ihn vom *trûren* befreit.

Der Aufbruch aus Munsalvaesche gestaltet sich genauso unfreundlich wie die Begrüßung durch den *redespaehen man*. Am nächsten Morgen kümmert sich niemand um Parzival. Die ganze Burg ist leer. Schreiend

und fluchend läuft Parzival umher (247,13ff.) und muß sich alleine
die Rüstung anlegen. Als er über die Zugbrücke reitet, um der Spur
der Gralritter zu folgen, ruft ihm ein Knappe einen Fluch hinterher:
»Hättet Ihr doch Euer Maul bewegt und den Wirt gefragt!« (*möht ir
gerüeret hân den flans, und het den wirt gevrâget!* 247,28-29). Von hier
an bestimmt der Wunsch, das Versäumnis wiedergutzumachen, Parzi-
vals Handeln. Der Erzähler nennt ihn zum Abschied »ein Gegenpart
zur Bosheit« (*der valscheite widersaz* 249,1): mit dieser Bezeichnung
nimmt er seinen Helden im Voraus gegen die Verurteilungen in Schutz,
denen er im weiteren Verlauf der Handlung, durch Sigune, Kundrie
und Trevrizent, ausgesetzt sein wird.

Sigune. Auf den nächsten drei Stationen, bevor er in den Büchern
VII-VIII im Hintergrund der Handlung verschwindet, trifft Parzival
dieselben Menschen wieder, denen er vorher schon einmal begegnet
ist: Sigune, Jeschute, Artus. Von Sigune erfährt er, daß die Gralburg
Munsalvaesche heißt und der Wirt Anfortas. Sigune spricht auch
von dem Stammvater Titurel, von dessen Sohn Frimutel und von
dessen Kindern, verschweigt jedoch, daß ihre eigene Mutter und
Parzivals Mutter Kinder Frimutels waren. Erst im 9. Buch wird klar,
daß Sigune die Genealogie von Parzivals mütterlicher Verwandtschaft
enthüllt hat (455,17ff.).
    Sigune wirft Parzival mangelnde *triuwe* und mangelndes Erbarmen
vor und verweigert ihm jedes weitere Wort. Jetzt wird Parzival klar,
was in Munsalvaesche auf dem Spiel stand und welche Macht- und
Gnadenfülle ihm zuteil geworden wäre, wenn er Anfortas von seinem
Leiden erlöst hätte. Jetzt »bereut« er sein Schweigen (*daz rou ... den
helt* 256,3-4).

Jeschute. Die Wiederbegegnung mit Jeschute bringt für Parzival
erneut die schmerzliche Erkenntnis, daß er, ohne es zu wollen, ei-
nem Menschen schweres Leid zugefügt hat. Ihre entwürdigende
Behandlung durch Orilus erklärt der Erzähler aus der Rechtsstellung
des Ehemanns: »Niemand sollte etwas daran ändern, daß der Mann
Gewalt hat über die Frau« (*nieman daz wenden solde, ob [der] man des
wîbes hât gewalt* 264,18-19). Getadelt wird Orilus nur dafür, daß er
seine Frau aus unbegründetem Mißtrauen einer solchen Behandlung
ausgesetzt hat. Den feierlichen Schwur, der Orilus' Verdacht zerstreut,
leistet Parzival auf einer Reliquie in der nahe gelegenen Klause des
Einsiedlers Trevrizent. Auf diese Weise wird die Handlung des 5.
Buchs mit der des 9. verknüpft. Außerdem wird so die zeitliche
Durchstrukturierung der Parzival-Handlung vorbereitet: Trevrizent

kann im 9. Buch genau angeben, wieviel Zeit seit Parzivals erstem Besuch in seiner Klause vergangen ist.

Vergleich mit dem ›Conte du Graal‹. Bei Chrétien ist der Gralkönig eine geheimnisvolle Gestalt aus dem keltischen Sagenkreis. Wolfram hat die mythologischen Anspielungen getilgt. Auch das Auffinden der Gralburg – sie hat bei Chrétien keinen Namen – ist bei Wolfram weniger geheimnisvoll als bei Chrétien. Dort wird Perceval von dem Fischer-König auf einen Berg geschickt, von wo aus er die Burg im Tal sehen könne. Aber von dem Berg aus ist nichts zu sehen, und Perceval glaubt schon, der Fischer habe ihn zum Narren gehalten, als plötzlich auf wunderbare Weise »die Spitze eines Turmes« (*Le chief d'une tor* 3051) und dann die ganze Burg vor ihm auftaucht. Bei Wolfram folgt Parzival einfach der Wegbeschreibung von Anfortas und gelangt so nach Munsalvaesche.

Die barsche Begrüßung durch den *redespaehen man* gibt es bei Chrétien nicht. Schon im ›Conte du Graal‹ bekommt Perceval einen kostbaren Mantel überreicht (3073f.); aber es ist keine Rede davon, daß es ein Geschenk der Gralträgerin ist. Die Beschreibung der Größe und Ausstattung des Festsaals hat Wolfram stark erweitert.

Im ›Conte du Graal‹ ist das Hereintragen der Lanze der Beginn der Gralprozession; Wolfram hat daraus zwei getrennte Vorgänge gemacht. Bei Chrétien blutet die Lanze wirklich: »Aus dem Eisen der Lanzenspitze kam ein Blutstropfen hervor« (*S'issoit une goute de sanc Del fer de la lance en somet* 3198-99). Zu fragen, warum die Lanze blutet, ist ein Teil der Erlösungsfrage, die von Perceval erwartet wird. Chrétien hat auf diese Frage keine Antwort gegeben; seine Fortsetzer haben die Blutende Lanze mit dem Longinusspeer, der Passionsreliquie, in Verbindung gebracht.

Nach dem Knappen mit der Lanze kommen bei Chrétien zwei Knappen mit goldenen Leuchtern und dann ein Fräulein, das einen Gral, ganz aus Gold, in ihren Händen hält (3220f.), gefolgt von einem Mädchen mit einer silbernen Platte. Wolfram hat daraus den Aufzug der 25 jungen Damen gemacht, die zwei silberne Messer statt des silbernen Tellers mitführen. Das Aufstellen des Tisches ist im ›Conte du Graal‹ nicht Teil der Prozession, sondern erfolgt danach. Der Gral wird bei Chrétien nicht vor den König gestellt, sondern er wird bei jedem Gang der Mahlzeit »ganz unbedeckt« (*trestot descovert* 3301) am Wirt und seinem Gast vorbeigetragen, in einen anderen Raum.

Über den Gral erfährt man bei Chrétien noch weniger als bei Wolfram. Das Hauptmotiv bei Wolfram – die Wunderkraft, Speisen und Getränke hervorzubringen – fehlt im ›Conte du Graal‹. Der Einsiedler-Oheim wird später enthüllen, daß der Gral ein Hostienbehälter ist (6427f.).

Bei Chrétien ist der Zusammenhang zwischen dem Aufzug des Grals und dem Wortlaut von Percevals Erlösungsfrage viel enger als bei Wolfram. Perceval sieht die blutende Lanze und soll fragen, warum die Lanze blutet; und er sieht, daß der Gral in ein anderes Zimmer getragen wird, und soll fragen, wen man mit dem Gral bedient. Bei Wolfram hat Parzival es viel schwerer: er soll fragen, was dem König fehlt.

Der Grund, warum Perceval die Erlösungsfrage nicht stellt, ist bei Chrétien derselbe wie bei Wolfram: weil der Edelmann (*le prudome* 3294, Wolframs Gurnemanz) »ihm geraten hatte, nicht zu viel zu reden« (*le chastia De trop parler* 3295-96). In der französischen Dichtung ist die Gralgesellschaft nicht auf Percevals Kommen vorbereitet; es gibt auch nicht die Bestimmung, daß die Frage ihre Erlösungskraft verliert, wenn sie nicht am ersten Abend gestellt wird.

Parzivals prophetischer Traum ist eine Neuerung Wolframs. Aus dem ›Conte du Graal‹ stammt, daß Parzival am nächsten Morgen die Burg leer findet und sich alleine wappnen muß. Neu ist wiederum, daß ihm ein Fluch nachgerufen wird.

Die anschließende Begegnung mit seiner »leiblichen Cousine« (*germaine cousine* 3600) – Wolframs Sigune – ist für Perceval von großer Bedeutung. Im ›Conte du Graal‹ begegnet er seiner Verwandten nur dies eine Mal. Wolfram hat Elemente dieser Szene schon für seine erste Sigune-Szene benutzt: die Klage um den toten Freund und vor allem das Namensmotiv. Erst jetzt, nach dem Versagen auf der Gralburg, erfährt Perceval in der französischen Dichtung seinen Namen, doch nicht von seiner Cousine, wie bei Wolfram, sondern aus sich heraus: als sie ihn nach seinem Namen fragt, weiß Perceval plötzlich, daß er *Perchevax li Galois* heißt (3575).

Anderes aus dieser Szene hat Wolfram für die Begegnung mit Trevrizent aufgespart: daß Perceval schuld sei am Tod seiner Mutter (3593ff.) und daß der Gralkönig »zwischen beiden Hüften« (*Parmi les hanches ambesdeus* 3513) von einem Speer verwundet worden sei, so daß er seine Beine nicht mehr bewegen könne. Weil er sich gelegentlich mit dem Fangen von Fischen ablenke, werde er »der Fischer-König« (*li Rois Peschierre* 3520) genannt. Weiter teilt ihm seine Cousine mit, daß Perceval den Gralkönig mit seiner Frage hätte erlösen können. Er habe nicht gefragt »wegen der Sünde an Deiner Mutter« (*Por le pechié ... de ta mere* 3593-94). Wie das gemeint ist, erläutert später der Einsiedler-Oheim (6399ff.).

Schließlich warnt die Cousine Perceval, daß das Schwert, das der Gralkönig ihm geschenkt habe, in einem schweren Kampf zerbrechen werde (3658ff.). Dieses Motiv hat Wolfram im Zweikampf Parzivals mit Feirefiz genutzt, während bei Chrétien (allerdings nur in einem Einschub der Handschriften HPT) das Schwert gleich im ersten Kampf gegen Li Orgueilleus zerbricht (nach Vers 3926).

Die zweite Begegnung mit Jeschute ist inhaltlich wenig verändert; aber sie erscheint in einem anderen Licht, weil Wolfram Jeschute und Orilus als Ehepaar dargestellt hat. Im ›Conte du Graal‹ ist Li Orgueilleus, als Perceval ihn besiegt hat, sogleich bereit, sich mit seiner Freundin zu versöhnen; es bedarf keines Eides, den Parzival bei Wolfram leistet, und es gibt keinen Hinweis auf die Klause des Einsiedlers.

Buch VI. König Artus ist aufgebrochen, um den Roten Ritter zu suchen und ihn in die Tafelrunde aufzunehmen. Parzival verbringt die Nacht im Wald; und es schneit. Ohne es zu bemerken, ist er dem Artushof bereits ganz nahe.

Am nächsten Morgen fällt ein Falke, der vom Artushof entflogen ist, in eine Schar Wildgänse ein und verwundet eine Gans so, daß drei Blutstropfen in den Schnee fallen. Als Parzival die Blutstropfen im Schnee erblickt, glaubt er, das schöne Antlitz seiner Frau Condwiramurs zu sehen, und versinkt gänzlich in Liebesgedanken, so daß er nicht wahrnimmt, was um ihn geschieht. Ein Knappe, der Parzival als erster erblickt, schlägt im Lager Alarm. Segremors und Keie treten gegen den vermeintlichen Herausforderer an und werden beide von Parzival vom Pferd geworfen. Keie bricht sich bei diesem Abenteuer Arm und Bein und ist so für die Beleidigung Cunnewares bestraft. Zuletzt kommt Gawan, ohne Waffen, und löst Parzival aus dem Minnebann, indem er die Blutstropfen mit einem Mantel verdeckt. Er führt Parzival zum Artushof, wo er feierlich empfangen und in die Gemeinschaft der Tafelrunde aufgenommen wird. Als die Hofgesellschaft festlich versammelt ist, erscheint die häßliche Gralbotin Kundrie und verflucht Parzival, weil er in Munsalvaesche die Erlösungsfrage nicht gestellt hat. Außerdem ruft sie die Ritter der Tafelrunde auf, das Abenteuer von Schastel marveile zu bestehen. Gleich danach trifft der Landgraf Kingrimursel am Hof ein, der Gawan beschuldigt, den König von Ascalun heimtückisch erschlagen zu haben: er soll sich in Schampfanzun zum Gerichtskampf stellen. Unter diesen Anschuldigungen löst sich die Festgesellschaft auf. Parzival gelobt, nicht zu ruhen, bis er den Gral wiedergefunden und den kranken Anfortas erlöst habe. Er fühlt sich von Gott verlassen und sagt sich von ihm los. Auch Gawan bricht auf, um sich in Schampfanzun zu rechtfertigen.

Der sommerliche Schnee. Es ist ein komisch-trauriger Anblick, wie der unbehauste Held nachts im Wald einschneit. Wolfram hat die Komik der Szene noch unterstrichen, indem er den aus dem Artuslager entflogenen Falken die Nacht neben Parzival verbringen läßt. Beide sind vom Weg abgekommen und beide frieren. Trevrizent spricht im 9. Buch über den »sommerlichen Schnee« (*sumerlîchen snê* 489,27), der in der Nacht nach Parzivals Besuch in Munsalvaesche fiel. Der sommerliche Schnee sei die Folge einer ungewöhnlichen Planetenkonstellation gewesen: gerade an dem Tag, an dem Parzival in Munsalvaesche war, sei der kalte Saturn wieder in sein Haus eingetreten, und die Kälte, die dieser Vorgang mitbrachte, habe Anfortas so furchtbare Wundschmerzen gebracht, daß man ihn mit der vergifteten Speerspitze behandeln mußte.

Die drei Blutstropfen im Schnee. Der Anblick des schönen Farbbilds der roten Blutstropfen auf dem weißen Schnee versetzt Parzival in einen traumhaften Zustand, den er selbst als hohes Glück erlebt. Die Blutstropfen-Episode ist eine der am häufigsten interpretierten Szenen der Dichtung. Von der älteren Forschung wurde Parzivals Liebestrance eher negativ, als ein Verrat an seiner religiösen Bestim-

mung gesehen. Heute überwiegt die Auffassung, daß sich hier seine
eheliche *triuwe* bewährt.

Max Wehrli, WvE. Erzählstil und Sinn seines Parzival (vgl. S. 216),
S. 24f. – *Herbert Kolb*, Die Blutstropfen-Episode bei Chrétien und W,
Beitr. 79, 1957, S. 363-379. – *Erich Köhler*, Die drei Blutstropfen im
Schnee. Bemerkungen zu einem neuen Deutungsversuch, GRM 40, 1959,
S. 421-425. – *Michael Curschmann*, Das Abenteuer des Erzählens. Über
den Erzähler in Ws Parzival (vgl. S. 216), S. 642ff. – *Walter Haug*, Die
Symbolstruktur des höfischen Epos und ihre Auflösung bei WvE (vgl.
S. 216), S. 684ff. – *Hans Dewald*, Minne und *sgrâles âventiur*. Äußerungen
der Subjektivität und ihre sprachliche Vergegenwärtigung in Ws Parzival,
1975, S. 22ff. – *Trude Ehlert, Gerhard Meissburger*, Perceval et Parzival.
Valeur et fonction de l'épisode dit ›des trois gouttes de sang sur la neige‹,
CCM 18, 1975, S. 197-227. – *Kurt Ruh*, Höfische Epik des deutschen
Mittelalters, Bd. 2 (vgl. S. 33), S. 83ff. – *Helmut Brackert*, Wolfram
von Eschenbach, Parzival (vgl. S. 262), S. 119ff. – *L. Peter Johnson*, Die
Blutstropfenepisode in Wolframs Parzival: Humor, Komik und Ironie, in:
Studien zu WvE (vgl. S. 33), S. 307-320. – *Ruth T. Morewedge*, WvE's
Comedy of Errors: The Blood Drops Scene, Mediaevalia 15, Binghamton,
NY 1989, S. 127-143. – *Walter Delaba*r, ûfgerihtiu sper. Zur Interaktion
in der Blutstropfenepisode in Ws Parzival, in: Personenbeziehungen in der
mittelalterlichen Literatur, hrsg. von H. Brall (u.a.), 1994, S. 321-346.
– *Benedikt Jeßing*, Die Blutstropfenepisode. Ein Versuch zu Ws Parzival,
in: bickelwort und wildiu maere. FS für Eberhard Nellmann, 1995,
S. 120-143. – *Jean-Marc Pastré*, Folklore, mythe et mythologie: WvE et
les gouttes de sang sur la neige, in: Le sang au moyen âge, Montpellier
1999, S. 183-194. – *Markus Möhren*, der snê dem bluote wîze bôt. Die
Blutstropfenszene als Beispiel symbolisch-verdichtenden Erzählens in
Ws Parzival, in: Als das wissend die meister wol. FS für Walter Blank,
2000, S. 153-161. – *Joachim Bumke*, Die Blutstropfen im Schnee. Über
Wahrnehmung und Erkenntnis im Parzival WsvE, 2001.

Wahrnehmung und Erkenntnis. Die Blutstropfenepisode ist eine
Schlüsselszene, in der es um zentrale Fragen der Wahrnehmung und
Erkenntnis geht. Am Vortag hatte Parzival in Munsalvaesche die
Blutstropfen an der Speerspitze gesehen; und er hatte das Zeichen,
das auf das Leiden des Königs (nach dem er fragen sollte) hinwies,
nicht verstanden, weil er sich von rationalen Überlegungen (ob und
wie er die Lehre von Gurnemanz anwenden sollte) täuschen ließ. Jetzt
erblickt er die Blutstropfen im Schnee, und jetzt ist es die Kraft der
Liebe, die seinen Verstand ausschaltet und ihn dazu befähigt, einen
Zusammenhang zwischen seiner Liebesbindung an Condwiramurs
und seiner Verpflichtung gegenüber dem Gral zu sehen: »Seine Ge-
dankenverlorenheit an den Gral und die Zeichen [im Schnee], die der

Königin glichen, beide waren eine harte Bedrängnis« (*sîn pensieren umben grâl unt der küngîn glîchiu mâl, iewederz was ein strengiu nôt* 296,5-7). Was Parzival hier im Zustand der Geistesabwesenheit erkennt, wird er später ins Bewußtsein heben und als Doppelziel seines Lebens formulieren können, daß er »sich nach dem Gral sehnt und gleichzeitig nach ihrer Liebe« (*sî nu nâch dem grâle wê, und doch wider nâch ir minne* 389,10-11, vgl. 441,10ff. 467,26f. 732,19ff.). Zuletzt wird Gott diesen Zusammenhang bestätigen, indem er Condwiramurs nach Munsalvaesche beruft.

Der Artushof. Als Orilus und Jeschute am Artushof erscheinen, zeigt dieser sich in einem anderen Licht als im 3. Buch: er repräsentiert jetzt gesellschaftliche Vorbildlichkeit. Der König selbst bestimmt das Geschehen: er faßt den Beschluß, den Roten Ritter, der ihm so viel Ehre erwiesen hat, aufzusuchen und in den Kreis der Tafelrunde aufzunehmen. Von seinen Rittern verlangt er strenge Disziplin. In dem Moment, als Parzival, noch unerkannt, mit dem Hof in Berührung kommt, fällt die Hofgesellschaft in das chaotische Treiben zurück, das für die Artus-Szene im 3. Buch charakteristisch war (vgl. S. 59). Cunnewares Knappe, der Parzival als erster erblickt, hätte nur genauer hinsehen müssen; dann hätte er Parzival in Ithers Rüstung erkannt. Statt dessen sieht er nur Parzivals aufgerichtete Lanze und schließt daraus fälschlich, daß Parzival die Artus-Ritter herausfordern wolle. Er erhebt im Lager ein wüstes Geschrei, das bei den beiden grobschlächtigsten unter den Artus-Rittern, dem komischen Riesen Segramors und dem bösartigen Truchsessen Keie, auf fruchtbaren Boden fällt. Sie stürmen auf den unbewegt vor den Blutstropfen haltenden Parzival los, prahlen und drohen und wollen ihn gefangen vor den König führen, rennen aber in ihrer Blindheit in die Lanze, die Parzival ihnen reflexartig entgegenhält, hinein und fallen beide vom Pferd, wobei Keie sich ernsthaft verletzt.

Erst mit Gawans Auftreten ändert sich der Ton. Es ist das erste Zusammentreffen zwischen Parzival und Gawan, deren Geschicke von nun an miteinander verknüpft sind. Gawan beweist bereits hier die Fähigkeit, Konfliktsituationen nicht mit dem Schwert, sondern mit kluger Besonnenheit zu lösen, eine Fähigkeit, die er später noch öfter bewährt. Gawan ist es auch, der herausfindet, daß der fremde Ritter Parzival ist, um dessentwillen König Artus die Reise unternommen hat.

Der Artushof, der sich auf den Wiesen am Plimizoel zum Ritual der Tafelrunde ordnet, wirkt wie ein Gegenstück zur Festversammlung in Munsalvaesche. Der wichtigste Unterschied zwischen Artusgesellschaft

und Gralgesellschaft ist: während die Gralritter eine reine Männerge-
sellschaft bilden, in der Frauen nur in dienender und schmückender
Funktion, im rituellen Graldienst, in Erscheinung treten, besteht die
Tafelrunde am Artushof aus Frauen und Männern, die in bunter Reihe
am Runden Tisch Platz nehmen.

Frau Minne. In die Schilderung der Kämpfe, die Parzival unbewußt
gegen die beiden Artusritter ausficht, hat der Erzähler einen umfang-
reichen Exkurs eingefügt (291,1-293,17) – er wird der erste Minne-
Exkurs genannt, im Hinblick auf die späteren Minne-Exkurse in der
zweiten Gawan-Partie (vgl. S. 163f.) –, in dem er gegen Frau Minne
die schlimmsten Vorwürfe erhebt: sie gefährde die gesellschaftliche
Ordnung, stifte die Menschen zu verwerflichen Handlungen an und sei
eine Gefahr für das Seelenheil (291,5ff.). Es ist schon lange aufgefallen,
daß diese Vorwürfe nicht zu der Handlung passen, in die sie eingefügt
sind; denn in der Blutstropfen-Episode wird Parzival von der Minne
nicht zu sündhaften Begierden verführt, sondern er erlebt die Liebe
als eine beseligende Kraft, die ihn zu tiefen Einsichten befähigt. Was
der Gegensatz zwischen erzählter Handlung und Erzähler-Reflexion
bedeutet, durch den der Erzähler seine eigene Autorität zu untergraben
scheint, läßt der Text nicht erkennen.

Frau Minne ist in der Blutstropfen-Episode nicht nur die Adres-
satin des Exkurses (neunmal redet der Erzähler Frau Minne in dieser
Form an); sie tritt, als allegorische Figur, auch handelnd auf, und
zwar im Wechsel mit *vrou witze* (»Frau Verstand«). Wenn Parzival
bei den Angriffen von Segramors und Keie den Blickkontakt mit den
Blutstropfen verliert, kommt Frau Witze und gibt ihm den Verstand
zurück (288,14. 295,8f.); und jedesmal, wenn die Störung beseitigt ist,
ergreift Frau Minne wieder Besitz von ihm. Dieser allegorische Reigen
wirkt wie eine komische Pantomime, die jedoch auch ihre bedenkliche
Seite hat; denn auch hier zeigt sich ein auffälliger Gegensatz zwischen
der erzählerischen Inszenierung und der erzählten Handlung: Parzival
wacht gar nicht aus seiner Minne-Trance auf, während er angegriffen
wird. Als Gawan ihn wieder zu Bewußtsein bringt, weiß er nicht, daß
er gegen zwei Ritter gekämpft hat (302,21f.). Auch hier stellt sich die
Frage nach der Funktion dieses Widerspruchs.

Die Aufnahme in den Kreis der Tafelrunde ist Höhepunkt von
Parzivals Ritterlaufbahn. Vor dem Hintergrund seines Versagens auf
der Gralburg erscheint seine gesellschaftliche Erhebung jedoch als
ein zwielichtiger Triumph.

Parzivals Verfluchung. Der Fluch der Gralsbotin trifft Parzival nicht
ganz unvorbereitet. Sigune hatte ihm bereits verkündet, daß das Frage-
versäumnis auch sein »gesellschaftliches Ansehen und seinen ritterlichen
Ruhm« (*êre und rîterlîcher prîs* 255,27) zunichte gemacht habe. Kundrie
erhebt denselben Vorwurf wie Sigune: mangelndes Mitleid mit dem
leidenden Anfortas, mangelnde *triuwe,* mangelndes Erbarmen. Noch
entschiedener wird Parzivals Versagen von ihr religiös gedeutet. Zum
ersten Mal wird hier das Wort *sünde* auf ihn angewandt: »Da hat das
Schweigen euch zum Sünder gemacht« (*da erwarb uz swîgen sünden
zil* 316,23). Woher Kundrie die Legitimation zu ihrer Verfluchung
nimmt, ist nicht ganz deutlich. Offenbar kommt sie nicht im Auftrag
des Gralkönigs zu Artus, sondern aus eigenem Antrieb. Ihre Trauer
über die Verlängerung von Anfortas' Leiden und ihre Enttäuschung
darüber, daß die Erlösungschance nicht genutzt worden ist, werden
als Motive für ihr Handeln genannt. Ihre Behauptung, daß Parzival
bereits »vor Gott zur Hölle bestimmt« sei (*gein der helle ir sît benant
ze himele vor der hôhsten hant* 316,7-8), erweist sich im Nachhinein
als maßlos übertrieben. Ebenso wird der Vorwurf der Falschheit, den
sie gegen Parzival erhebt (316,18f.), vom Erzähler zurückgewiesen:
»Wirkliche Falschheit hat er gemieden« (*den rehten valsch het er
vermiten* 319,8). Kundrie muß später Parzival für ihre überzogenen
Beschuldigungen um Verzeihung bitten (779,22ff.). Aber die religiöse
Perspektive, unter der sie Parzivals Frageversäumnis sieht, wird von
Trevrizent aufgenommen.

Kundrie. Die häßliche Gralbotin ist eine merkwürdige Figur. Das
Komisch-Groteske ihrer tierischen Körpergestalt mit Eberzähnen,
Schweineborsten, Hundenase, Bärenohren, Affenhaut und Löwenkrallen
steht in einem auffälligen Kontrast zu dem modischen Charakter ihrer
vornehmen Kleidung: sie trägt einen Mantel in französischem Schnitt
aus feinstem blauen flandrischen Tuch und dazu einen herrlichen
englischen Pfauenhut. Auffällig ist auch, daß ihr eine hohe Bildung
zugesprochen wird. Kundries abenteuerliche Häßlichkeit gewinnt
eine tiefere Bedeutung durch den Gegensatz zu Parzivals Schönheit,
die bisher als ein Zeichen göttlicher Erwähltheit betrachtet wurde,
nun aber als trügerischer Schein gedeutet wird: »Verflucht sei euer
lichter Glanz!« (*gunêrt sî iwer liehter schîn* 315,20). Damit wird die
Aufmerksamkeit auf die Problematik von Innen und Außen gelenkt:
während in Kundries tierischem Körper eine Seele wohnt, die von
christlichem Mitleid und wahrer *triuwe* geprägt ist, verbirgt sich
hinter Parzivals strahlender Schönheit nach Kundries Deutung das
Schwarz der Sünde. Die traditionelle Vorstellung, daß Häßlichkeit

innere Deformation anzeigt und Schönheit innere Vollkommenheit,
scheint aufgehoben zu sein oder mindestens in Frage gestellt.

> Zur Kundrie-Gestalt vgl. *Andrée K. Blumstein*, The Structure and Func-
> tion of the Cundrie Episodes in W's Parzival, GQ 51, 1978, S. 160-169.
> – *Evelyn M. Jacobson*, Cundrie and Sigune, Seminar 25, 1989, S. 1-11.
> – *Helmut Brall*, Imagination des Fremden. Zu Form und Dynamik kul-
> tureller Identitätsfindung in der höfischen Dichtung, in: An den Gren-
> zen höfischer Kultur, hrsg. von G. Kaiser, 1991, S. 115-165 (Kundrie:
> S. 152-165). – *Françoise Salvan-Renucci*, Cundrie, Kundry, Gundryggia,
> Herodias, und was noch? Metamorphosen einer weiblichen Figur,in:
> Perceval – Parzival (vgl. S. 271), S. 229-258. – *Annette Gerok-Reiter*, Auf
> der Suche nach der Individualität in der Literatur des Mittelalters, in:
> Individuum und Individualität im Mittelalter, hrsg. von J. A. Aertsen
> und A. Speer, 1996, S. 748-765, bes. S. 754ff. – *Ralph Breyer*, Cundrî, die
> Gralsbotin?, Zs. f. Germanistik 6, 1996, S. 61-75. – *Dorothea Böhland*,
> Integrative Funktion durch exotische Distanz. Zur Cundrie-Figur in Ws
> Parzival, in: Böse Frauen – Gute Frauen. Darstellungskonventionen in
> Texten und Bildern des Mittelalters und der Frühen Neuzeit, hrsg. von
> U. Gaebel, E. Kartschoke, 2001, S. 45-58.

Verwandtschaft. Kundrie gibt auch wichtige Hinweise auf Verwandt-
schaftszusammenhänge. Parzival erfährt von ihr, daß er einen Bruder
hat, der Feirefiz heißt und der (wie die Heidin Janfuse ergänzt) einer
der reichsten Männer des Orients und ein großer Minneritter ge-
worden ist. Außerdem nennt Kundrie die Burg Schastel marveile, in
der vier Königinnen gefangen gehalten werden. Der Grieche Clias
ergänzt ihre Namen. Damit ist das Ziel von Gawans Abenteuerfahrt
benannt. Weder Gawan noch Artus verraten an dieser Stelle, daß es
ihre nächsten weiblichen Verwandten sind, die in Schastel marveile
auf Befreiung warten.

Kingrimursel. Wie Parzival wird auch Gawan öffentlich beschuldigt,
die Gesetze des Rittertums durch eine Untat verletzt zu haben. In
Schampfanzun soll er sich im Gerichtskampf dafür verantworten.
Damit ist beiden Helden der Weg gewiesen. Ihre Aufgabe geht jedoch
weit über das persönliche Ziel, sich von dem Makel der gegen sie
erhobenen Vorwürfe zu befreien, hinaus: Parzival ist es aufgegeben,
den Gralkönig und die Gralgesellschaft zu erlösen; für Gawan stellt
sich eine Erlösungsaufgabe in Schastel marveile.

Parzivals Auflehnung gegen Gott. Parzival gelobt, höfischer Freude zu
entsagen, bis er den Gral zum zweiten Mal gesehen habe. Das Mitleid
mit dem leidenden Anfortas treibt ihn an: »Ach, hilfloser Anfortas,

was half es dir, daß ich bei dir war?« (*ay helfelôser Anfortas, waz half dich daz ich pî dir was?* 330,29-30). Doch in der Frage seiner Schuld macht er eine merkwürdige Rechnung auf: Er habe sich nur an Gurnemanz' Rat gehalten; wenn das falsch war, so sei Gurnemanz' Lehre unvollständig gewesen. Gott habe es versäumt, ihm beizustehen, als er Hilfe brauchte; deswegen wolle er ihm »den Dienst aufkündigen« (*dienst widersagn* 332,7). »Wenn Gott mich haßt, so will ich seinen Haß ertragen« (*hât er haz, den wil ich tragn* 332,8). Seine hilflose Frage: »Ach, was ist Gott?« (*wê waz ist got?* 332,1) wiederholt wörtlich die Frage des *tumben* Knaben: »Ach, Mutter, was ist Gott?« (*ôwê muoter, waz ist got?* 119,17) und zeigt an, daß er in seinem Gottesverständnis keinen Schritt weitergekommen ist. Der Erzähler hat Parzivals Haltung nicht kommentiert; er hat jedoch betont, daß Parzival nicht abläßt von seiner Liebe zu Condwiramurs und dem ritterlichen Streben nach dem Gral. Der scheinbar beiläufige Satz: »Er war auch Miterbe dort« (*er was ouch ganerbe dar* 333,30) bringt zum ersten Mal Licht in das geheimnisvolle Dunkel, das immer noch über Parzivals mütterlicher Verwandtschaft liegt. Wenn Parzival Miterbe in Munsalvaesche ist, muß er mit den Gralkönigen verwandt sein.

Vergleich mit dem ›Conte du Graal‹. In der Blutstropfenszene hat Chrétien an der positiven Bedeutung von Percevals Liebesträumerei keinen Zweifel gelassen; das liebende Gedenken an seine Freundin ist nach Gauvains Urteil »sehr höfisch und zärtlich« (*molt courtois et dols* 4459). Es gibt bei Chrétien keinen Minne-Exkurs an dieser Stelle und keine Vorwürfe gegen die Liebe. Auch den Streit der allegorischen Damen »Frau Minne« und »Frau Witze« hat erst Wolfram eingeführt. Im ›Conte du Graal‹ hat Perceval die Nacht nicht im Freien verbracht; und der Falke, der die Gans schlägt, wird nicht mit Perceval in Verbindung gebracht. Im übrigen ist Wolfram der Handlungsfolge seiner Vorlage gefolgt.

Der Angriff der Artusritter ist im französischen Text anders begründet. Dem König wird gemeldet, daß vor dem Lager »ein Ritter auf dem Feld schläft« (*la fors someille .I. chevaliers en cele lande* 4232-33), wodurch das Interesse des Königs geweckt wird, und er befiehlt, den Ritter an den Hof zu bringen. Es ist dann Segramors' Ungestüm zuzuschreiben, daß er diesen Auftrag als eine Einladung zur Gewalttätigkeit mißversteht. Bei Chrétien erwacht Perceval jedes Mal aus seiner Liebesversunkenheit, wenn er angegriffen wird. Gauvain reitet bewaffnet hinaus, erkennt dann aber den Grund für Percevals Unbeweglichkeit und wartet ab, bis die Sonne den Schnee geschmolzen hat und Perceval sein Bewußtsein wiedererlangt. Wolframs Änderung – Gawan deckt seinen Mantel über die Blutstropfen – erklärt sich vielleicht aus dem Interesse, Gawan bei der Konfliktbewältigung aktiver erscheinen zu lassen.

Die Verknüpfung des Farbbilds im Schnee mit der blutenden Lanze auf der Gralburg hat Chrétien durch wörtliche Anklänge hergestellt. In der Gralszene trägt der Knappe eine »weiße Lanze« mit einer »weißen Eisenspitze« (*Le lance blanche et le fer blanc* 3197), aus der das rote Blut (*cele goute vermeille* 3201) hervortritt. Den Reim von *blanc* auf *goute de sanc* hat Chrétien aus der Gralszene (3197f.) in die Blutstropfenszene übernommen (4187f.). Wolfram hat diese Anklänge getilgt; er hat die beiden Szenen jedoch auf andere Weise in Verbindung gebracht.

Im ›Conte du Graal‹ kehrt König Artus, nachdem er Perceval begrüßt hat, nach Carlion zurück (4606) und feiert dort drei Tage lang. Die Tafelrunde wird bei Chrétien in der ganzen Partie nicht erwähnt; bei Wolfram bleibt die Artusgesellschaft am Plimizoel.

Das Gralfräulein ist bei Chrétien genauso häßlich wie bei Wolfram; es gibt im ›Conte du Graal‹ jedoch keinen Gegensatz zwischen ihrer körperlichen Erscheinung und ihrer höfischen Ausstattung; und es wird auch nichts über ihre Bildung gesagt. In der Verfluchungsrede liegt der Akzent bei Chrétien darauf, welche schlimmen Folgen Percevals Schweigen vor dem Gral haben wird: »Länder werden verheert werden ..., und viele Ritter werden sterben« (*Terres en seront escillies ..., Et maint chevalier en morront* 4679/82). Von »Hölle« und »Sünde« ist bei Chrétien nicht die Rede. Bei Chrétien gelobt Perceval vor allen Rittern, daß er nicht ruhen und rasten werde, bis er das Geheimnis des Grals und der Lanze erkundet habe. Eine Empörung gegen Gott gibt es in der französischen Dichtung nicht. Später, bei der Einkehr beim Einsiedler-Oheim, stellt sich jedoch heraus, daß auch Perceval sich einer religiösen Verstocktheit schuldig gemacht hat: fünf Jahre lang hat er nicht an Gott gedacht, hat keine Kirche betreten und keinen Gottesdienst besucht (6219ff.).

Im Anschluß an die Verfluchung Percevals nennt das häßliche Gralfräulein eine Reihe von Abenteuern, die noch zu bestehen sind. Das Abenteuer von Schastel marveile ist aber nicht dabei. Wolfram hat diese Szene anders aufgefaßt: bei ihm weist Kundrie nicht nur Parzival, sondern auch Gawan das Ziel seiner Bestimmung.

1.4 Die erste Gawan-Partie (Buch VII-VIII)

Buch VII. Auf dem Weg nach Schampfanzun wird Gawan Zeuge eines großen militärischen Aufmarschs und erfährt von einem Knappen, daß der junge König Meljanz von Liz mit einem Heer nach Bearosche zieht, gegen seinen eigenen Vasallen, den Fürsten Lippaut, weil Lippauts Tochter Obie seine Liebeswerbung zurückgewiesen hat. Zu Meljanz' Unterstützung führt sein Onkel, König Poydiconjunz, ein zweites Heer heran. Auf der anderen Seite erhält Lippaut Zuzug von seinem Bruder Marangliez und von König Schirniel von Lirivoyn. Gawan reitet unbeachtet zwischen den gegnerischen Truppen hindurch und sucht sich einen Lagerplatz direkt unterhalb der Burgmauer von Bearosche. Von dort aus hört er mit an, wie oben auf der Mauer die beiden Töchter Lippauts, Obie und Obilot, über ihn sprechen und sich streiten. Während Obie ihn erst für einen Kaufmann oder Wechsler, dann für einen Betrüger und Falschmünzer hält und den Burggrafen Scherules auffordert,

Gawan die Pferde und Waffen abzunehmen, erkennt die kleine Obilot in
ihm einen Ritter, dessen Dienste sie mit ihrer Liebe belohnen will. Scherules
sieht sofort, daß er einen vornehmen Herrn vor sich hat, und führt Gawan
als seinen Gast in die Stadt. An den Kämpfen will sich Gawan wegen seiner
Terminverpflichtung in Schampfanzun nicht beteiligen. Der kleinen Obilot
gelingt es jedoch, ihn zu einer Änderung seiner Haltung zu bewegen: als ihr
Ritter zieht Gawan am nächsten Tag in die Schlacht und erweist sich als der
beste Kämpfer. Mit der Gefangennahme des Königs Meljanz gelingt ihm die
kriegsentscheidende Tat. Auf der Gegenseite zeichnet sich der Rote Ritter vor
allen anderen aus: er nimmt König Schirniel und Herzog Marangliez gefangen
und verpflichtet sie, sich um die Auslösung von Meljanz zu bemühen, während
er selber weiterzieht. Gawan übergibt den gefangenen Meljanz an Obilot;
diese gibt ihn in die Gewalt ihrer Schwester und verpflichtet den König,
seinen Streit mit Obie zu vergessen und sie zu heiraten. Das Hochzeitsfest
besiegelt die Versöhnung.

Konflikte. Es ist eine konfliktgeladene Situation, in die Gawan in Bearo-
sche gerät. Handlungsbestimmend ist die Liebesauseinandersetzung
zwischen Obie und Meljanz, in der beide gleich schlecht dastehen.
Während Obie den Mann, den sie liebt, abgewiesen und verhöhnt
hat, glaubt Meljanz, ein Recht auf ihre Zuneigung zu haben, weil
ihr Vater sein Lehnsmann ist. Mit dem Krieg, den er gegen Lippaut
führt – wieder ein Liebeskrieg! –, glaubt er offenbar, ihre Einwilli-
gung erzwingen zu können. Dabei betrachtet Obie den Geliebten
weiterhin als »ihren« Ritter, auch wenn er gegen ihren Vater kämpft.
Zum Thema Liebe und Gewalt gehört auch, daß auf Meljanz' Seite
sein Vetter Meljakanz mitkämpft, den die Zuhörer aus dem 3. Buch
als Frauenschänder kennen. Obie ist eine besonders konfliktfreudige
Person. Der Parzival-Erzähler hat sie als einen komplizierten Charakter
geschildert, der in einigen Punkten dem Orgeluses verwandt ist. Der
Streit mit ihrer kleinen Schwester zeigt sie in keinem günstigen Licht;
und die Art, wie sie Gawan verdächtigt und mit falschen Anschul-
digungen verfolgt, läßt sie so bösartig erscheinen, daß der Erzähler
eigens eine entschuldigende Erklärung einschiebt: daß Meljanz im
Zorn von ihr geschieden war, habe ihr solchen Schmerz bereitet, daß
»sie sich mehrfach nicht wie eine höfische Dame benahm« (*si kom
dicke ûz frouwenlîchen siten* 365,20).

Gawan sieht sich in Bearosche in eine Entscheidungssituation
gebracht, die ihm schier ausweglos erscheint: unter dem Terminzwang
des Gerichtskampfs in Schampfanzun muß er alles vermeiden, was
ihn unterwegs aufhalten könnte. Andererseits muß er fürchten, daß
seine Untätigkeit sein ritterliches Ansehen schädigt. Auch Lippaut
befindet sich in einer schwierigen Situation: er weiß nicht, wie er dem

ungerechtfertigten Angriff seines Königs begegnen soll. Auf beiden
Seiten gibt es Auseinandersetzungen unter den Anführern: König
Poydicunjunz tadelt den Herzog von Lanverunz und seinen Neffen
Meljanz, weil sie gegen seinen Befehl den Vorkampf begonnen haben;
und in der Stadt ergibt sich ein neues Problem, als Lippaut, auf An-
stiften von Obie, gegen Gawan vorgehen will, während dieser bereits
Gast im Haus von Scherules ist, so daß Scherules ihn gegen jeden,
notfalls auch gegen seinen Herrn, zu schützen verpflichtet ist.

Gawan und Obilot. Die Szene, in der Gawan der kleinen Obilot
verspricht, als ihr Ritter mitzukämpfen, bildet den Mittelpunkt des 7.
Buchs. Es ist eine komische Situation, wenn der berühmte Artusritter
mit einem Kind über Liebe redet. Sein etwas ungalanter Hinweis,
daß Obilot fünf Jahre älter werden müsse, ehe sie einem Mann ihre
Liebe schenken könne (370,15f.), zeigt an, daß es von seiner Seite aus
nicht wirklich um eine Liebesbindung geht. Er erfüllt nur spielerisch
die Formen des Minnerittertums, indem er Obilots Ärmel als Minne-
pfand auf seinen Schild nagelt und als ihr Ritter in den Kampf zieht.
Den Akzent hat der Erzähler auf die kindliche Ernsthaftigkeit und
Entschlossenheit der kleinen Obilot gelegt, die ihren Ritter durch die
Aussicht auf Liebeslohn an sich zu binden sucht. Sie bemerkt nicht,
daß Gawan nicht wirklich diese Rolle übernehmen kann; das ist der
Grund, warum diese Begegnung für sie sehr schmerzlich endet.
　　Manches in dieser Szene erschließt sich nicht leicht dem Verständnis.
Der Erzähler hat es so dargestellt, daß Obilots Bitte nicht gleich eine
Änderung von Gawans Haltung bewirkt, sondern daß erst der Gedanke
an Parzivals Rat, man solle im Kampf »mehr Vertrauen auf Frauen
als auf Gott setzen« (*wîben baz getrûwt dan gote* 370,19), Gawan zu
einer neuen Einstellung bringt. Das bezieht sich auf die Verse 332,9ff.
Offenbar geht es in dem Verhältnis zwischen Gawan und Obilot um
einen Aspekt der höfischen Liebe, den ritterlichen Frauendienst, wobei
die Positionen deutlich überzogen sind. Das gespielte Minnerittertum
ist ein Extremfall, der sich im 7. Buch jedoch als ein wirksamer Weg
erweist, um die Konflikte in Bearosche zu lösen.

Xenja von Ertzdorff, Fräulein Obilot. Zum siebten Buch von Ws Parzival,
WW 12, 1962, S. 129-140. – *Elisabeth Schmid*, Obilot als Frauengeber,
GRM 41, 1991, S. 46-60. – *Michael Dallapiazza*, Noch einmal: Fräulein
Obilot, in: Chevaliers errants, demoiselles et l'autre. FS für Xenja von
Ertzdorff, 1998, S. 121-130. – *Christopher Young*, Obie und Obilot. Zur
Kultur und Natur der Kindheit in Ws Parzival, in: Natur und Kultur in
der deutschen Literatur des Mittelalters, hrsg. von A. Robertshaw und
G. Wolf, 1999, S. 243-252.

Die Versöhnung. Durch ritterliche Tat und kluge Regie vollbringt Gawan das Werk der Versöhnung. Obilot hilft ihm dabei, vor allem durch ihren weisen Schiedsspruch, der Obie und Meljanz wieder zusammenführt: »Gott sprach aus ihrem jungen Munde« (*got ûz ir jungen munde sprach* 396,19). Hier erweist sich, daß die Liebe die heilende und versöhnende Kraft besitzt, Konflikte zu entschärfen und Auseinandergebrochenes zusammenzufügen. Allerdings hat die Versöhnung einen hohen Preis: das Glück der kleinen Obilot. Gawan hält das weinende Kind zuletzt »wie eine Puppe« (*als ein tockn* 395,23) im Arm und scheint kaum zu bemerken, daß ihre kindliche Liebe aufs schmerzlichste enttäuscht und verletzt wird.

Gawan und Parzival. Der Erzähler hat Parzival als Hintergrundfigur in die Gawan-Handlung eingebunden und hat dabei in Kauf genommen, daß der Glanz von Gawans Rittertum durch Parzivals Taten beeinträchtigt wird. Dafür gewinnt er die Möglichkeit einer zeitlichen und räumlichen Koordinierung der beiden Handlungsstränge. Parzival kämpft vor Bearosche auf der Seite des Unrechts; das zeigt seine Blindheit für die spezifischen Probleme, um die es in den Gawan-Büchern geht.

Vergleich mit dem ›Conte du Graal‹. Die Situation in Tintaguel (Wolfram hat die Stadt in Bearosche umbenannt) ist im ›Conte du Graal‹ weniger konfliktgeladen: es gibt keinen Krieg zwischen dem König und seinem Fürsten Tiebaut, es gibt auch keinen Streit zwischen Meliant und seiner Freundin. Diese verlangt vielmehr von ihrem Freund, daß er seine ritterliche Tüchtigkeit in einem Turnier gegen ihren Vater unter Beweis stelle; und Meliant kommt dieser Aufforderung nach. Von diesem Motivzusammenhang hat Wolfram nur den Stolz Obies auf Meljanz' Rittertum übernommen. Die Auseinandersetzung vor Bearosche erscheint bei Wolfram manchmal als Krieg, manchmal eher wie ein Turnier; das wirkt wie ein Rest aus der französischen Vorlage. Schon dort wird zwischen Turnier und Krieg keine scharfe Grenze gezogen. Tiebaut befürchtet, Meliant könnte das Turnier als Vorwand für einen Angriff auf die Stadt benutzen, und läßt deshalb alle Tore zumauern (4891ff.). Weil die Tore geschlossen sind, muß Gauvain vor der Burgmauer kampieren.

Die ältere Tochter Tiebauts ist auch im ›Conte du Graal‹ eine problematische Gestalt; aber die Problematik wird mehr angedeutet als ausgeführt. Wolfram hat Obies innere Widersprüchlichkeit verschärft und hat an ihr und an Meljanz gezeigt, wie zerstörerisch die Gewalt der Liebe sein kann.

Das »Fräulein mit den kleinen Ärmeln« – so heißt Obilot bei Chrétien – wird von ihrer älteren Schwester mit Schlägen bedroht, weil sie behauptet, daß Gauvain ein besserer Ritter sei als Meliant. Um Recht gegen ihre Schwester zu bekommen, sucht die Jüngere Gauvain auf und bittet ihn fußfällig um seine Hilfe. Um der Ritterpflicht gegenüber einer hilfesuchenden Frau zu genügen, entschließt sich Gauvain, am zweiten Tag im Turnier mitzukämpfen. Auch bei Chrétien klingt das Liebesmotiv an, wenn er das kleine Fräulein sagen läßt, »um meiner Liebe willen« (*por amor de moi* 5367) soll Gauvain am Turnier teilnehmen. Der Ärmel, den er im Kampf trägt, wird ein »Liebespfand« (*drüerie* 5418) genannt. Doch erst Wolfram hat das Liebesmotiv in den Mittelpunkt der Obilot-Handlung gerückt, während das kleine Fräulein bei Chrétien ein Kind bleibt, das ihrem Ritter zuletzt den Fuß küßt (5640). Da bei Chrétien sowohl der politische Konflikt fehlt als auch der Liebeszwist zwischen Obie und Meliant, gibt es am Schluß auch keine Versöhnung. Für Wolfram dagegen scheint gerade die Überwindung gesellschaftlicher Spannungen das Wichtigste gewesen zu sein. Das Auftreten Parzivals vor Bearosche ist ebenfalls eine Neuerung der deutschen Dichtung.

Buch VIII. Gleich bei seiner Ankunft im Land Ascalun begegnet Gawan dem König Vergulaht, dessen Vater er erschlagen haben soll. Der König ist auf der Vogeljagd und verweist den Fremden an seine Schwester Antikonie in Schampfanzun. Diese empfängt den Gast mit ausgesuchter Höflichkeit; aber gleich der Begrüßungskuß gerät *ungastlîch* (405,21). Gawan zeigt sein sexuelles Interesse an der Prinzessin unverhüllt. Bevor noch weiteres passieren kann, erscheint ein Ritter, der Gawan mit lautem Geschrei der Notzucht beschuldigt. Sofort rückt die Stadtmannschaft gegen Gawan an, der ohne Waffen ist und sich mit einem Schachbrett als Schild und einem herausgerissenen Türriegel gegen den wütenden Angriff verteidigt, während Antikonie Schachfiguren auf die Angreifer schleudert. Als König Vergulaht in die Stadt zurückkehrt, greift er ebenfalls gegen Gawan zu den Waffen. Das ruft den Landgrafen Kingrimursel auf den Plan, der Gawan freies Geleit zum Gerichtskampf gelobt hat und der sich nun gezwungen sieht, seinen Gast gegen seinen König zu verteidigen. Erst als die Leute des Königs sich weigern, gegen Kingrimursel zu kämpfen, bricht Vergulaht den Kampf ab. Es kommt zu langwierigen Beratungen darüber, was mit Gawan geschehen soll. Kingrimursel rät, den Gerichtskampf um ein Jahr zu verschieben, während der Herzog Liddamus zunächst dafür plädiert, mit Gawan kurzen Prozeß zu machen, dann aber, als der König davon berichtet, daß er kürzlich von einem Ritter besiegt und zur Gralsuche verpflichtet worden sei, den Vorschlag macht, diese Verpflichtung auf Gawan zu übertragen. Beide Vorschläge werden vom König akzeptiert; auf dieser Basis kommt es zu einer Verständigung, die es Gawan erlaubt, ungehindert die Stadt zu verlassen.

Vogeljagd und Liebe. Das Motiv der Vogeljagd am Anfang des 8. Buchs ist ins Komische gezogen: König Vergulaht fällt dabei ins Wasser, verliert sein Pferd und verdirbt seine Kleider. Der Jagdunfall scheint eine sinnbildliche Bedeutung zu haben, die sich auf Gawans Liebesverlangen bezieht: der Versuch, bei Antikonie auf schnellstem Weg zur Befriedigung seiner Wünsche zu gelangen, wird von dem Gedanken beflügelt, daß manchmal selbst ein schwacher Adler »den

großen Strauß fängt« (*den grôzen strûz vaehet* 406,30-407,1). Gawan
hat bei seiner Vogeljagd genauso wenig Glück wie Vergulaht. Er gerät
in eine komische Situation, die in der Schwankliteratur ihre nächsten
Parallelen hat: das Paar wird ›in flagranti‹ ertappt und wird von dem
wütenden *bovel* (408,3) aus der Stadt in einen komischen Kampf mit
Türriegel und Schachfiguren verwickelt.

Antikonie. Der Erzähler betont die Sittsamkeit und Tugendhaftig-
keit von Vergulahts Schwester so auffällig, daß den Zuhörern die
Diskrepanz zwischen dieser Wertung und der Handlungsweise Anti-
konies in die Augen springen mußte. Das Lob ihrer Taille – dünner
als die eines Hasen am Bratspieß (409,26ff.) und der Vergleich mit
den Marktfrauen in Dollnstein, die zu Fastnacht komische Kämpfe
aufführen (409,8f.), unterstreichen die Zwielichtigkeit der Königin.
Die Initiative zum Spiel der sinnlichen Liebe geht zwar von Gawan
aus; aber der Widerstand, den Antikonie den Vertraulichkeiten ihres
Gastes entgegensetzt, ist derart, daß Gawan sich zu immer kühneren
Aktionen eingeladen fühlt. Der Erzähler schildert das Verhalten der
beiden mit Sympathie und Anteilnahme; aber zugleich ist eine erzäh-
lerische Ironie am Werk, die den Zuhörern nahelegt, die geschilderten
Vorgänge aus einer gewissen Distanz zu betrachten.

Der politische Konflikt. Durch Vergulahts Eingreifen bekommt der
Kampf, der als Liebeskrieg begonnen hat, eine politische Dimension.
Während die Stadtbewohner auf Grund eines Mißverständnisses zu
den Waffen greifen, macht Vergulaht sich eines Rechtsbruchs schul-
dig, da er den Gerichtsfrieden verletzt, den Kingrimursel Gawan
zugesichert hatte. Wie im 7. Buch geht es hier um den Gegensatz
zwischen Königsmacht und Fürstenmacht, und wie dort ist auch hier
das Recht auf der Seite des Fürsten, während der König sich durch
seine Handlungsweise ins Unrecht setzt. Der Konflikt wird im 8.
Buch prinzipieller und schärfer gefaßt, da Kingrimursel in der Vorge-
hensweise des Königs eine Nichtachtung fürstlichen Rechts sieht und
ihm offen droht: »Wenn ihr keine Rücksicht auf die Fürsten nehmt,
werden wir die Macht der Krone schwächen« (*kunnet ir niht fürsten
schônen, wir krenken ouch die krônen* 415,21-22).

Mit dem Auftritt des Herzogs Liddamus verschieben sich die
Positionen. Es kommt zu einer scharfem Auseinandersetzung zwi-
schen den beiden Fürsten Kingrimursel und Liddamus, in der ein
grundsätzlicher Dissens über die Prinzipien fürstlicher Politik sichtbar
wird. Kingrimursel erklärt persönliche Tapferkeit und ein starkes
Rechtsbewußtsein zur Grundlage seines Handelns. Liddamus ver-

tritt eine Position, die ihm den Vorwurf der Feigheit einträgt und ihn dem Odium der Lächerlichkeit aussetzt: er bekennt sich zu der Haltung des Küchenmeisters Rumolt aus dem ›Nibelungenlied‹, der die Burgunderkönige durch die Aussicht auf gebackene Krapfen von der Heldenfahrt ins Hunnenland abhalten wollte (420.26ff.). Auch seine Berufung auf Sibeche, den bösen Ratgeber aus der Dietrichepik, hat den Herzog in den Augen der Zuhörer gewiß nicht sympathischer gemacht. Dennoch vertritt Liddamus in dieser Auseinandersetzung einen realitätsnäheren und moderneren Standpunkt, wenn er für eine Fürstenpolitik plädiert, die mit politischen statt mit militärischen Mitteln arbeitet, die mehr nach der Zweckmäßigkeit als nach der Moral fragt und das eigene Interesse zur Richtschnur des Handelns macht. Es ist nicht sicher, daß Wolfram diese moderne Fürstenpolitik verurteilen wollte, indem er sie Liddamus in den Mund gelegt hat.

Die Gralsuche und das Verwandtschaftsmotiv. Einigermaßen überraschend ist es nicht nur für die Zuhörer, sondern auch für die Fürsten von Ascalun, zu erfahren, daß ihr König kürzlich von einem unbekannten Ritter besiegt wurde und sich, um sein Leben zu retten, zur Gralsuche verpflichten mußte. Der Erzähler hat sich darüber hinweggesetzt, daß Vergulaht bisher keine Anstalten gemacht hat, diese Verpflichtung einzulösen. Offenbar kam es ihm in erster Linie darauf an, Parzival auch in die Handlung des 8. Buchs einzubinden. Die Zuhörer werden mit Schrecken registriert haben, daß Parzival schon wieder, ohne es zu wissen, gegen einen Verwandten gekämpft hat: Vergulaht ist Gahmurets Schwestersohn, also Parzivals Vetter ersten Grades. Auch Gawan und Vergulaht sind miteinander verwandt. Am Anfang des 10. Buchs wird berichtet, daß der um ein Jahr verschobene Gerichtskampf wegen ihrer Verwandtschaft abgesagt wurde (503,14f.) und auch, weil sich herausstellte, daß Gawan schuldlos war (503,16ff.).

Der Abschied. Auf der Grundlage von Liddamus' Vorschlag, die Verpflichtung zur Gralsuche auf Gawan zu übertragen, wird eine Lösung gefunden, die alle Beteiligten unbeschädigt läßt. Der König übt keinen Zwang auf Gawan aus, sondern behandelt ihn wie einen hochgeehrten Gast und »bittet« ihn (*hêr Gâwân, ich wil iuch des biten* 428,13), die Gralsuche zu übernehmen; Gawan geht darauf ein, ohne sich etwas zu vergeben. Sein Verhältnis zu Antikonie endet, wie es begann: mit einem Kuß auf den Mund (432,2f.) und einer gegenseitigen Versicherung ihrer Zuneigung. Der Erzähler verabschiedet die Königin mit einem großen Tugendpreis aus der Dichtung (426,29ff.).

Wie ernst Gawan die Verpflichtung zur Gralsuche nimmt, ist daran
abzulesen, daß er sein ganzes Gefolge an den Artushof zurückschickt
und alleine weiterreitet (*er reit al ein* 432,30). Damit wird noch einmal
die Parallelität zu Parzival unterstrichen: wie Parzival am Ende von
Buch VI bricht Gawan am Ende von Buch VIII zur Gralsuche auf,
und dieser Aufbruch bedeutet für Gawan, wie vorher für Parzival, ein
vorläufiges Ausscheiden aus der Dichtung. Wenn Gawan am Anfang
des 10. Buchs wieder auftaucht, sind viereinhalb Jahre vergangen.
Gawan ist dann immer noch alleine unterwegs, immer noch auf der
Suche nach dem Gral (503,24).

Vergleich mit dem ›Conte du Graal‹. Die Empfehlung des Königs an seine
Schwester (beide bleiben im ›Conte du Graal‹ anonym), Gauvain mit aller
Liebenswürdigkeit zu empfangen, hat Wolfram ebenso aus seiner Vorlage
übernommen wie den schnellen Liebeskontakt zwischen den beiden. In
der französischen Dichtung richtet sich die Empörung des Ritters, der die
beiden überrascht, mehr gegen die Prinzessin, die dem angeblichen Mörder
ihres Vaters allzu schnell ihre Gunst erweise, als gegen Gauvain. In dem
anschließenden Kampf gegen die schlecht bewaffneten Bürger der Stadt
hat Gauvain seine Rüstung an und sein Schwert zur Hand und braucht die
Überzahl der Gegner nicht zu fürchten. Nur sein Schild ist nicht zur Hand;
dafür bietet das Schachbrett guten Ersatz. Wolfram hat in dieser Szene mehr
die komischen Züge betont.
    Neu sind bei ihm auch die negativen Akzente im Bild König Vergulahts.
Im ›Conte du Graal‹ handelt der König vollkommen korrekt: als er bei seiner
Rückkehr von der Jagd erfährt, daß die Bürgerwehr das Gastrecht an dem
Fremden gebrochen hat, befiehlt er sofort den Abbruch des Kampfes. Den
Konflikt zwischen Vergulaht und Kingrimursel, zwischen König und Fürsten,
hat erst Wolfram eingeführt.
    Noch einschneidender ist seine Umgestaltung der Beratungsszene. Bei
Chrétien schlägt ein Ratgeber vor, den Gerichtskampf um ein Jahr zu ver-
schieben und Gauvain zu verpflichten, inzwischen nach der Blutenden Lanze
zu suchen. Der König folgt diesem Rat, und auch Gauvain stimmt zu. Dabei
bleibt offen, welches Interesse der König an der Lanze aus dem Gralschloß
hat (den Zweikampf zwischen Vergulaht und Parzival gibt es in der franzö-
sischen Dichtung nicht). Wolfram hat der Beratungsszene in Schampfanzun
durch die Einführung des politischen Konflikts zwischen Kingrimursel und
Liddamus eine ganz andere Bedeutung gegeben. Den Herzog Liddamus gibt
es im ›Conte du Graal‹ nicht. Wolfram hat sich bei der Einführung dieser
Gestalt zum ersten Mal auf Kyot berufen (*der was geheizen Liddamus. Kyôt
in selbe nennet sus* 416,19-20).

1.5 Parzival bei Trevrizent (Buch IX)

Buch IX. Mehr als vier Jahre lang ist Parzival schon auf der Suche nach dem Gral, und immer noch verharrt er in seinem Hader mit Gott. Eines Tages kommt er zu der Klause, in die sich Sigune hat einmauern lassen. Über dem Sarg ihres toten Freundes Schionatulander lebt sie dort in Gebet und Askese. Sie versöhnt sich mit Parzival und versucht, ihm den Weg nach Munsalvaesche zu zeigen.

Unterwegs wird er von einem Gralritter angegriffen, den er besiegt. Wieder vergehen Wochen, bis Parzival dem Grauen Ritter begegnet, der sich mit seiner Familie auf einer Karfreitags-Bußfahrt befindet. Er verweist Parzival an einen Einsiedler, der in der Nähe wohnt.

So kommt Parzival nach Fontane la salvatsche, wo Trevrizent, sein Oheim, als Einsiedler in einer Höhle lebt. In langen Gesprächen ergründet Trevrizent die Ursachen von Parzivals Abkehr von Gott, belehrt ihn über Gottes Barmherzigkeit und löst so den *haz* gegen Gott, zu dem Parzival sich verstiegen hatte (*ouch trage ich hazzes vil gein gote* 461,9).

Als Parzival von seiner Gralsuche spricht, tadelt Trevrizent das als töricht; denn niemand könne unberufen nach Munsalvaesche gelangen. Auch Parzivals Bekenntnis, daß er der Ritter war, der in Munsalvaesche die Chance hatte, Anfortas zu erlösen, ändert seine Haltung nicht. Trevrizent enthüllt dem Neffen die Geheimnisse des Grals und die Geschichte seiner Hüter. Jetzt erfährt Parzival, daß Anfortas sein leiblicher Mutterbruder ist. Ausführlich berichtet Trevrizent von den vergeblichen Versuchen, den König mit den Mitteln menschlicher Medizin und Magie zu heilen. Parzival erfährt auch, daß Anfortas gegen die Ehegesetze des Grals (vgl. S. 136f.) verstoßen habe und zur Strafe dafür die schlimmen Wundschmerzen erdulden müsse. Als sie erkannt hätten, daß die Leiden des Königs ihm von Gott auferlegt sind, habe er, Trevrizent, sich entschlossen, ein Leben in Askese zu führen, um Bußhilfe für den Bruder zu leisten.

Trevrizent eröffnet dem Neffen auch, daß »zwei große Sünden« (*zwuo grôz sünde* 499,20) auf ihm lasten: die Schuld am Tod der Mutter und die Tötung Ithers, der sein Verwandter gewesen sei.

Vierzehn Tage lang teilt Parzival das asketische Leben Trevrizents; dann bricht er auf und setzt seine Gralsuche fort. So scheidet er erneut aus der Dichtung.

Die dritte Begegnung mit Sigune. »Gott wollte sich jetzt seiner annehmen« (*sîn wolte got dô ruochen* 435,12): mit diesen Worten kündigt der Erzähler an, daß Parzivals Weg eine Wendung zum Guten nimmt. Die erste Station auf diesem neuen Weg ist die Wiederbegegnung mit Sigune, die ihn im 5. Buch verflucht hatte, ihn nun aber wieder als ihren Verwandten behandelt. Die mütterliche Verwandtschaft ist ein Hauptmotiv des 9. Buchs.

Im Mittelpunkt der Sigune-Szene steht Sigunes Erklärung über ihre Beziehung zu dem toten Schionatulander: obwohl sie niemals seine

Frau geworden sei, betrachte sie sich vor Gott als seine rechtmäßige
Ehefrau und trage seinen Ring als den Ehering, der sie zu Gott geleiten
solle. Diese eigentümliche Idee einer religiös verdienstlichen Ehe mit
dem Toten und das Ineinanderfließen von Trauer um den Geliebten
und gottgefälliger Frömmigkeit zeigt einen Heilsweg auf, der offenbar
kontrapunktisch zu Parzivals Weg zum Gral konzipiert ist.

Der Kampf gegen den Gralritter. Ohne es zu wissen, ist Parzival
Munsalvaesche so nahe gekommen, daß er auf einen der Gralritter
trifft, die den Zugang zur Gralburg verwehren. Der Ritter droht
Parzival an, daß er sein Eindringen mit dem Leben bezahlen müsse,
und gebraucht dabei so merkwürdige Formulierungen, daß man sich
an Keies Drohreden erinnert fühlt. Der anschließende Kampf gerät
zu einer komischen Pantomime. Der Zusammenprall findet so dicht
am Rand einer Schlucht statt, daß sich die Hälfte der Beteiligten
auf dem Grund der Schlucht wiederfindet. Der Gralritter wird von
Parzivals Lanze aus dem Sattel gehoben und fällt in die Schlucht,
während sein Pferd oben stehenbleibt. Parzival hat den Stoß mit
solcher Wucht geführt, daß er dem Gegner hinterhergestürzt wäre,
hätte er sich nicht am Ast eines Baums festgehalten, während sein
Pferd zu Tode stürzte. Der Erzähler kommentiert die Szene mit der
Aufforderung an die Hörer und Leser, sie sollten Parzival nicht für
einen Verbrecher halten, weil er sich selbst an einem Baum aufgehängt
habe (445,2f.). Es ist eine gequälte Komik, die offenbar in erster Li-
nie die Vergeblichkeit von Parzivals Bemühen, kämpfend dem Gral
nahezukommen, beleuchten soll.

Der Graue Ritter. Die Farbsymbolik ist offenkundig: dem Roten Ritter
in der Rüstung des getöteten Ither begegnet eines Tages der Graue
Ritter, der barfuß und bußfertig die Heiligkeit des Karfreitags ehrt.
In jeder Begegnung – mit Sigune, dem Templeisen und dem Grauen
Ritter – ist jetzt der Finger Gottes zu erkennen. Der Erzähler läßt
jedoch keinen Zweifel daran, daß Parzival noch weit entfernt ist von
einer Haltung, die dem Karfreitag angemessen wäre. Mehr als von der
Bußgesinnung des Grauen Ritters ist Parzival von der Schönheit von
dessen Töchtern beeindruckt; er kann sich aber nicht entschließen,
der Einladung des Grauen Ritters Folge zu leisten, weil er dann vom
Pferd steigen und mit den Büßern zusammen zu Fuß gehen müßte,
wozu er keine Lust hat (450,12ff.). So gibt er lieber seinem Pferd die
Zügel frei und überläßt es Gott, wohin dieser ihn führt. Daß er dabei
zum ersten Mal an die Allgewalt des Schöpfergottes denkt, führt der
Erzähler auf sein mütterliches Erbe, die *triuwe,* zurück (451,6ff.).

Der Kyot-Exkurs. Bevor Parzival Trevrizents Behausung erreicht, hat der Erzähler einen Exkurs eingeschoben, in dem er über seinen Gewährsmann, den Provenzalen Kyot, spricht, dem er die Vorlage für seine Parzivalerzählung verdanke. Kyot habe eine Schrift in heidnischer Sprache benutzt, in der der Naturforscher Flegetanis von seiner Entdeckung des Grals in den Sternen berichtet habe. Außerdem habe Kyot in einer lateinischen Chronik aus Anjou von den Stammvätern Mazadan und Titurel und ihren Nachkommen gelesen. Aus diesem Material habe er seine Erzählung von Parzival gefertigt. Diese Angaben sind nicht nur für die Quellenforschung von Bedeutung (vgl. S. 244ff.), sondern sie lassen auch wichtige Momente der Handlung in einem schärferen Licht erscheinen. Die Familienchronik von Mazadan und Titurel faßt zum ersten Mal die beiden großen Sippenverbände zusammen, aus denen Parzival väterlicher- und mütterlicherseits abstammt (vgl. S. 172f.). Und die astronomische Schrift des Heiden Flegetanis über den Gral weist auf den Zusammenhang des Gral mit orientalischen und astronomischen Motiven hin (vgl. S. 242f.). Die wichtigste Einzelheit ist jedoch die Mitteilung, daß Herzeloyde die Schwester von Anfortas war. Dadurch wird endlich Parzivals mütterliche Verwandtschaft, die so lange im Dunkeln gehalten worden war, für die Zuhörer verständlich (Parzival wird erst von Trevrizent darüber informiert).

Die Ankunft bei Trevrizent. Mit einem Sündenbekenntnis tritt Parzival bei Trevrizent ein: »Ich bin ein Mensch, der Sünde auf sich geladen hat« (*ich bin ein man der sünde hât* 456,30). Es ist das erste Mal, daß Parzival selber von seiner Sünde spricht. An welche Sünde Parzival dabei denkt, sagt der Text nicht; wahrscheinlich bezieht das Bekenntnis sich auf seinen *haz* gegen Gott und sein jahrelanges Fernbleiben von jeglichem Gottesdienst. Angesichts von Parzivals Waffen am heiligen Karfreitag spricht Trevrizent sofort von *hôchvart* (456,12), ohne noch zu wissen, daß Parzival sich der Empörung gegen Gott schuldig gemacht hat.

Wie am Anfang des 6. Buchs steht Parzival bei seiner Ankunft bei Trevrizent hoch gerüstet im Schnee und friert (459,1ff.). Der Schnee scheint ein Zeichen seiner Ort- und Zeitlosigkeit zu sein. Während aber in der Blutstropfen-Episode der Schnee zur Folie für das Wunder des Farbbilds wurde, das Parzival in vollständige Liebeserstarrung versetzte, bleibt die Sinnbildlichkeit des Schnees im 9. Buch unbestimmt. Trevrizent bringt den Schnee mit einer besonderen Planetenkonstellation und mit Anfortas' Sünde in Verbindung (492,23ff.), meint damit aber den Schnee im 6. Buch.

Der Kalender. Als Parzival dem Grauen Ritter begegnet, weiß er nicht, daß gerade Karfreitag ist. Ihm ist jegliches Zeitbewußtsein abhanden gekommen. Mit Hilfe des Kalendariums in seinem Psalter holt Trevrizent ihn in die Zeit zurück und rechnet ihm vor, daß genau vier Jahre, sechs Monate und drei Tage vergangen sind, seit Parzival (im 5. Buch) in Trevrizents Einsiedelei den Reinigungseid für Jeschute geschworen hat. Damit erhält die Parzival-Handlung ein festes Zeitgerüst, und zugleich wird klar, daß Zeit im ›Parzival‹ Heilszeit ist; durch das wiedergewonnene Zeitgefühl wird Parzival wieder in das Kirchenjahr und damit in die Gemeinschaft der Gläubigen eingliedert (vgl. S. 200f.).

Gottesbild und Sündenfall. Als Parzival seinen »großen Haß gegen Gott« (*hazzes vil gein gote* 461,9) gesteht, antwortet Trevrizent mit einer Lehrrede über das Wesen Gottes und den Sündenfall der Menschheit. Gott wird von ihm als *triuwe* (462,19) und *wârheit* (462,25) definiert, als der »wahrhaft Liebende« (*der wâre minnaere* 466,1), der aus Liebe zu den Menschen selber Mensch geworden ist und die Passion auf sich genommen hat, um die Menschen zu erlösen. Wie Parzivals Empörung gegen Gott zu bewerten ist, zeigt Trevrizent an der Geschichte Luzifers, der sich gegen Gott erhob und dafür in die Hölle verbannt wurde. Auch der Sündenfall wird von Trevrizent als Abkehr von Gott gedeutet. Mit besonderem Nachdruck sprich Trevrizent von der Kainstat: als Kain das Blut seines Bruders Abel vergoß, habe die Erde ihre Unschuld verloren. »Da entstand zuerst der Haß unter den Menschen, der seitdem immer fortbesteht« (*dô huop sich êrst der menschen nît: alsô wert er immer sît* 464,21-22).

Die Geheimnisse des Grals. Bereits vor Parzivals Ankunft bei Trevrizent hatte der Erzähler angekündigt, daß Parzival dort »die Geheimnisse des Grals« (*diu verholnen maere umben grâl* 452,30) erfahren werde. Damit wird zugleich die Neugierde der Zuhörer befriedigt, die der Erzähler im 5. Buch auf einen späteren Zeitpunkt verwiesen hatte (241,1ff.). Parzival und die Zuhörer wissen bereits, daß es beim Gral eine mächtige Ritterschaft gibt (der Name *templeise* [468,28] wird hier zum ersten Mal genannt) und daß die ganze Gesellschaft vom Gral gespeist wird. Alles andere erfahren sie erst von Trevrizent: daß der Gral ein Stein ist, der *lapsit exillîs* heißt (469,7) und daß er lebenserhaltende und jugendverleihende Kraft besitzt; daß in jedem Jahr am Karfreitag eine Taube aus dem Himmel kommt, die eine Oblate auf den Gral legt, aus der sich dessen Wunderkraft speist; daß gelegentlich eine geheimnisvolle Schrift auf dem Gral erscheint, durch die Gott der Gralgesellschaft Anweisungen gibt. Diese Eröffnungen bewirken, daß Parzival und die Zuhörer die Ereignisse des 5. Buches in einem neuen Licht sehen. Jetzt wird klar, daß Parzival, wenn er gefragt hätte, zum Herrscher über eine Gemeinschaft geworden wäre, die in besonderer Weise der Gnade Gottes teilhaftig ist.

Sünde – Verwandtschaft – Selbsterkenntnis. In dem Gespräch mit Trevrizent wird der Blick zurückgelenkt, und Parzivals ganzer Lebensweg wird noch einmal ins Bewußtsein gerufen, von seiner Jugend in Soltane an. Die Rückbesinnung wird von Trevrizent so gesteuert, daß einerseits die Erkenntnis von Parzivals Sündhaftigkeit in den Blick rückt und andererseits die Aufdeckung der Verwandtschaft zwischen Parzival und Trevrizent. Als Parzival den Namen seines Vaters nennt, begreift Trevrizent, daß es der Sohn seiner Schwester ist, der vor ihm steht. Durch Trevrizents Erläuterungen wird für Parzival der Umkreis seiner mütterlichen Verwandtschaft überschaubar. Anfortas und Trevrizent sind beide unverheiratet und werden niemals Kinder haben. Repanse ist ebenfalls noch unvermählt. Eine Fortsetzung der Gralfamilie gibt es nur durch Schoysianes Tochter Sigune (die kinderlos stirbt) und durch Herzeloydes Sohn Parzival. Parzival ist also der einzige männliche Nachkomme von Titurel. Trevrizent betrachtet den Neffen jedoch noch nicht als künftigen Gralkönig, sondern als einen Sünder, der »zwei große Sünden« (*zwuo grôze sünde* 499,20) auf sich geladen hat: den Tod der Mutter und den Tod Ithers. Für Parzival sind das schlimme Neuigkeiten: bis zu diesem Moment wußte er nicht, daß die Mutter tot umgefallen war, als er wegritt, und daß er in Ither einen Verwandten erschlug. Auch das Frageversäumnis enthüllt sich jetzt als Schuld gegenüber einem leidenden Verwandten. Einsicht in die Verwandtschaft und Erkenntnis der eigenen Sündhaftigkeit sind hier aufs engste verknüpft.

Hochmut und Demut. »Hochmut ist immer zu Fall gekommen« (*hôchvart ie seic unde viel* 472,17): mit dieser Erkenntnis deutet Trevrizent Parzivals Sündenweg und stellt dagegen den Begriff der Demut: »Demut hat immer den Hochmut überwunden« (*diemüete ie hôchvart überstreit* 473,4). Das ist die religiöse Botschaft des 9. Buches.

Anfortas Leiden. Trevrizent erläutert die Problematik von Hochmut und Demut am Schicksal seines Bruders. Dabei wird angedeutet, daß Parzivals Verfehlungen mit denen seines Onkels im Zusammenhang stehen: beide haben sich der *hôchvart* schuldig gemacht und müssen in die Schule der *diemüete* gehen. Trevrizent teilt dem Neffen mit, daß

Anfortas sich gegen die Gesetze des Grals vergangen habe und daß sein Leiden eine von Gott verhängte Sündenstrafe sei. Anfortas' Vergehen habe darin bestanden, daß er »Liebe außerhalb des Keuschheitsgebots« (*minne ûzerhalp der kiusche sinne* 472,29-30) gesucht hat. Weltliche Liebe sei den Gralrittern verboten, solange sie in Munsalvaesche leben; nur der Gralkönig dürfe eine Ehefrau haben, die ihm von Gott bestimmt werde. Anfortas dagegen habe sich selbst eine Freundin erwählt und sei als ihr Minneritter auf Abenteuer ausgeritten. Dabei habe ihn der vergiftete Speer eines heidnischen Gegners »durch seine Schamdrüsen« (*durch die heidruose sîn* 479,12) getroffen; diese Wunde bereite ihm seitdem große Schmerzen. Später erfahren die Hörer oder Leser, daß die Freundin, um derentwillen Anfortas so hart von Gott gestraft wird, Gawans zukünftige Ehefrau Orgeluse ist.

Mit großer Ausführlichkeit berichtet Trevrizent von den Versuchen, dem leidenden König Heilung zu verschaffen. Auch die aufwendigsten Verfahren – man habe Wasser aus einem der Paradies-Flüsse beschafft, in der Hoffnung, daß darin ein Heilkraut aus dem Paradies geschwommen käme; man habe den Karfunkelstein gewonnen, der unter dem Stirnknochen des Einhorn wächst, und vieles mehr – hätten versagt; und man habe erkennen müssen, daß menschliche Heilkunst nichts vermag, wenn Gottes Wille dagegensteht.

> *Richard Schrodt*, Anfortas' Leiden, in: FS für Otto Höfler, Wien 1976, S. 589-626. – *Bernhard D. Haage*, Prolegomena zu Anfortas' Leiden im Parzival WsvE, WmhM 3, 1985, S. 101-126. – *Ders.*, Studien zur Heilkunde im Parzival WsvE (vgl. S. 7), S. 145ff. – *Otto Neudeck*, Das Stigma des Anfortas. Zum Paradox der Gewalt in Ws Parzival, IASL 19, 1994, S. 52-75.

Parzivals ›innere Umkehr‹. Am Ende des 9. Buchs erscheint Parzivals Lebensweg in einem anderen Licht als vorher. Aus Trevrizents Sicht war sein Weg in die Welt, der mit dem Aufbruch in Soltane begann, ein Sündenweg. Gleich auf den ersten Stationen hat er mit dem Tod der Mutter und der Tötung Ithers schwere Schuld auf sich geladen, die ungebüßt geblieben ist und eine ›innere Umkehr‹ des Helden verlangt, um seine Seele zu retten. Die religiöse ›Parzival‹-Interpretation aus der Zeit nach dem Zweiten Weltkrieg, die am eindrucksvollsten von Julius Schwietering vertreten wurde, hat Trevrizents Deutung zur Grundlage des ›Parzival‹-Verständnisses gemacht und hat der ›inneren Umkehr‹ Parzivals im 9. Buch eine entscheidende Bedeutung zuerkannt (*Julius Schwietering*, Parzivals Schuld, ZfdA 81, 1944/46, S. 44-68. Vgl. auch die S. 128 genannte Literatur).

In den letzten Jahrzehnten ist die Forschung von der einseitig theo-
logischen Interpretation der Dichtung abgerückt, und dabei wurde auch
die Verbindlichkeit von Trevrizents Deutung in Frage gestellt. Am Ende
des 9. Buchs heißt es, daß Trevrizent den Neffen »von Sünden gelöst«
habe (*wand in der wirt von sünden schiet* 501,18). Wenn das bedeutet,
daß Parzival, der als ein von Sünden schwer belasteter zu Trevrizent
kam, bei seinem Abschied frei ist von Sünden, dann wird man auch
von einer ›inneren Umkehr‹ Parzivals sprechen können. Die Buße, die
Trevrizent mehrfach von ihm gefordert hat (465,13. 499,27), würde
dann wohl darin zu sehen sein, daß er 14 Tage lang das asketische
Leben des Oheims geteilt hat und dabei zu einer neuen Gesinnung
gelangt ist. Man muß jedoch feststellen, daß diese neue Gesinnung sich
nirgends äußert, abgesehen davon, daß Parzival durch Trevrizent von
seinem Gottes-*haz* befreit worden ist (741,26ff.). Verfolgt man Parzi-
vals Anteil an dem Gespräch mit Trevrizent, so wird man bezweifeln,
daß hier eine Veränderung seines religiösen Bewußtseins dargestellt
werden soll. Zweimal bezweifelt Parzival die Glaubwürdigkeit dessen,
was Trevrizent ihm mitteilt (464,1ff. 476,22ff.). Wirklich interessiert
zeigt er sich nur, wenn Trevrizent davon spricht, daß in Munsalvaesche
kampferprobte Männer gebraucht werden, woraus er folgert, daß Gott
ihn dorthin berufen müßte (472,1ff.). Wieviel er von den religiösen
Unterweisungen verstanden hat, ist nicht zu erkennen. In dem für ihn
wichtigsten Punkt folgt er Trevrizents Lehre nicht: er setzt nach dem
9. Buch seine Gralsuche fort, obwohl Trevrizent das als ein törichtes
Unterfangen bezeichnet hatte (468,10ff.). Daher läßt sich auch die Auf-
fassung vertreten, daß Parzival im 9. Buch keine ›innere Umkehr‹ erlebt.
Die Verbindlichkeit von Trevrizents Deutung wird vor allem dadurch in
Frage gestellt, daß Trevrizent am Schluß der Dichtung bekennen muß,
daß er Parzival angelogen habe (*ich louc* 798,6) (vgl. S. 119f.).

Vergleich mit dem ›Conte du Graal‹. Bereits im ›Conte du Graal‹ ist Per-
cevals Einkehr beim Einsiedler-Oheim (der ebenso namenlos bleibt wie die
übrigen Mitglieder von Percevals mütterlicher Verwandtschaft) der geistige
Mittelpunkt der Dichtung. Im Zeichen des Karfreitags erlebt Perceval hier
seine Wandlung vom Sünder zum Büßer. Wolfram hat diese Episode stärker
aus- und umgestaltet als irgendeine andere Szene. Das zeigt schon der Umfang:
den 302 Versen im ›Conte du Graal‹ entsprechen bei Wolfram 2100 Verse.
Vor allem die Gespräche zwischen Onkel und Neffen mit den Belehrungen
Trevrizents sind um ein Vielfaches erweitert.
    Bei Chrétien setzt die Perceval-Erzählung am Karfreitag wieder ein, als
Perceval den Büßern (dem Grauen Ritter und seiner Familie bei Wolfram)
begegnet. Die dritte Sigune-Szene und der Kampf gegen den Gralritter sind
Neuerungen Wolframs.

Die Einsiedler-Episode steht bei Chrétien in einem festen kirchlichen Rahmen: als bußfertiger Sünder betritt Perceval den heiligen Ort; er findet den Einsiedler in einer Kapelle, wo gerade ein Priester Gottesdienst hält; und er bittet darum, daß der heilige Mann ihm die Beichte abnimmt. Nachdem er gebeichtet hat, erlegt der Einsiedler ihm die Buße auf, wozu die Verpflichtung zu regelmäßigem Kirchenbesuch gehört. Außerdem muß Perceval für zwei Tage das armselige Leben des Einsiedlers teilen. Am Ostersonntag empfängt er dann das heilige Abendmahl und scheidet frei von Sünden.

Wolfram hat alle kirchlichen Motive getilgt; bei ihm gibt es keine Kapelle, keinen Priester, keine formelle Beichte und kein Abendmahl. Trevrizent ist ein Laie (462,11), und seine religiösen Belehrungen lassen sich als Ausdruck einer spezifischen Laienfrömmigkeit verstehen.

Als Perceval die Kapelle betritt, hat er bereits die richtige Bußgesinnung: er hat die Rüstung ausgezogen und wirft sich »weinend« (*plorant* 6351) auf die Knie. Ganz anders Parzival: er tritt waffenklirrend bei Trevrizent ein und wehrt sich lange gegen die Einsicht, daß es nur den Weg der Demut gibt, um Gottes Gnade zu erlangen. Die Verfehlung, die am schwersten auf Parzival lastet – daß er die Frage in Munsalvaesche nicht gestellt hat – gesteht er zuletzt. Der französische Perceval dagegen beginnt seine Beichte gleich damit. Beide wissen, daß sie gegen Gott gesündigt haben. Perceval hat fünf Jahre lang »Gott nicht geliebt und nicht an ihn geglaubt« (*Ne Dieu n'amai ne Dieu ne crui* 6366). Bei Wolfram ist Parzivals Gottesferne zum Gotteshaß gesteigert.

Bei Chrétien führt der Einsiedler-Oheim Percevals Sünden, auch das Frageversäumnis auf der Gralsburg, auf seine Schuld am Tod der Mutter zurück (6394ff.). In Trevrizents Belehrung über Parzivals Sünden gibt es diese Kausalverbindung nicht. Nach Trevrizent hat Parzival zwei »große Sünden« (*grôze sünde* 499,20) begangen; eine davon ist die Tötung Ithers, die im ›Conte du Graal‹ nicht als Sünde gewertet wird (vgl. S. 62).

Die langen Lehrreden Trevrizents über Gott und den Sündenfall gibt es nur in der deutschen Dichtung (dabei hat Wolfram Motive verwendet, die im ›Conte du Graal‹ den Karfreitags-Büßern in den Mund gelegt sind). Vor allem aber hat Wolfram die Informationen über den Gral verändert und vermehrt. Bei Chrétien erfährt Perceval vom Einsiedler-Oheim die Antwort auf die Frage, wen man mit dem Gral bedient. Diese Frage hätte er auf dem Gralschloß stellen sollen. Trevrizents Bericht über den wunderbaren Stein, seine Kräfte und seine Verbindung zum Himmel, über die Gralgesellschaft und über die vergeblichen Versuche, den Gralkönig zu heilen, sind ohne Vorbild in der französischen Dichtung.

Das Verwandtschaftsmotiv spielt bereits bei Chrétien eine große Rolle. Der Einsiedler enthüllt, daß er selber und der alte Gralkönig Brüder von Percevals Mutter sind. Der gelähmte Fischer-König ist der Sohn des alten Gralkönigs und damit Percevals Vetter; man darf vermuten, daß Percevals »leibliche Cousine« (*gemaine cousine* 3600) eine Schwester des Fischer-Königs ist. Auch im ›Conte du Graal‹ wird Percevals Weg von seiner mütterlichen Familie bestimmt: an der Mutter versündigt er sich; vor dem kranken Vetter schweigt er; die Cousine läßt ihn den eigenen Namen finden; der Oheim befreit ihn von der Sünde.

1.6 Die zweite Gawan-Partie (Buch X-XIV)

Buch X. Als Gawan am Anfang des 10. Buchs wieder in den Vordergrund tritt, sind (wie sich in Buch XIII herausstellt) mehr als viereinhalb Jahre vergangen, seit er aus dem Blickfeld des Erzählers verschwand. Er ist immer noch auf der Suche nach dem Gral. In der Nähe der Stadt Logroys trifft er auf eine jammernde Frau, die einen schwer verwundeten Ritter im Schoß hält, den Gawan medizinisch versorgt. Am Burgberg von Logroys begegnet ihm die Herrin des Landes, die Herzogin Orgeluse, und sofort ist seine Liebe entflammt. Orgeluse beantwortet sein Liebeswerben mit Hohn, nimmt jedoch seinen Ritterdienst an und reitet mit ihm fort, um seine Tüchtigkeit und Ergebenheit zu erproben.

Gawan sucht zunächst noch einmal den verwundeten Ritter auf, um ihn mit Heilkräutern zu versorgen. Der dankt ihm jedoch die Hilfe schlecht: er bemächtigt sich Gawans Pferd und reitet mit seiner Dame davon. Es ist der Fürst Urjans, der sich auf diese Weise für eine alte Schmach an Gawan rächt. Ohne Pferd muß Gawan die Spottreden Orgeluses ertragen. Der schlechte Klepper, den er Orgeluses Knappen Malcreatiure abnimmt, ist kein Ersatz für sein Streitroß.

Auf einer Wiese, gegenüber der Burg Schastel marveile, tritt ihm Lischoys Gweljus, der sich ebenfalls um Orgeluses Liebe bewirbt, zum Kampf entgegen. Vorher verläßt Orgeluse ihn mit der Verheißung, daß er sie wiedersehen werde, falls er Sieger bleibe. Nach schwerem Kampf muß Lischoys sich ergeben. Als Kampfpreis erhält Gawan sein Pferd Gringuljete zurück, das Lischoys vorher Urjans abgenommen hatte.

Nach seinem Sieg wird Gawan von dem ritterlichen Fährmann Plippalinot bewirtet und beherbergt. In Liebesgedanken an Orgeluse verbringt er dort die Nacht.

Gawan als Arzt. Die Eingangsszene mit dem verwundeten Urjans scheint hauptsächlich dazu zu dienen, Gawans Fähigkeiten als Arzt ins Licht zu rücken. In der zweiten Gawan-Partie spielen medizinische Motive eine große Rolle. Während in Munsalvaesche die Versuche, den kranken König zu heilen, erfolglos blieben, kann die ärztliche Kunst in den Gawan-Büchern ihre heilende Kraft entfalten. Vielleicht darf man das Arztmotiv mit dem gesellschaftlichen Heilungsprozeß in Zusammenhang bringen, von dem in den Büchern X – XIV erzählt wird.

Maria B. Bindschedler, Der Ritter Gawan als Arzt oder Medizin und Höflichkeit, Schweizer Monatshefte für Politik, Wirtschaft, Kultur 64, 1984, S. 729-743. – *Bernhard D. Haage*, Urjans' Heilung (Pz. 506,5-19) nach der Chirurgia des Abû l-Qâsim Halaf Ibn al-'Abbâs az-Zahrâwi, ZfdPh. 105, 1985, S. 357-367. – *Torsten Haferlach*, Die Darstellung von Verletzungen und Krankheiten und ihrer Therapie in mittelalterlicher deutscher Literatur unter gattungsspezifischen Aspekten, 1991, S. 58ff.

– Bernhard D. Haage, Der Ritter Gawan als Wundarzt (Pz. 506,5ff.), in:
Die Funktion außer- und innerliterarischer Faktoren für die Entstehung
deutscher Literatur des Mittelalters und der frühen Neuzeit, hrsg. von
C. Baufeld, 1994, S. 193-216.

Orgeluse. Von der Herzogin von Logroys bekommt man bei ihrem
ersten Auftritt einen sehr schlechten Eindruck. Verführerische Schön-
heit paart sich mit einer ungewöhnlichen Häßlichkeit des verbalen
Ausdrucks und mit einer Gesinnung, die auf die Erniedrigung und
Verhöhnung derer aus ist, die von ihrer Schönheit zur Liebe erregt
werden und sich ritterlich um ihre Liebe bewerben. Mit der Gestalt
der spottlustigen Orgeluse hat Wolfram die Palette der Entstellungen
und Verzerrungen im Bereich der höfischen Liebe um eine charakte-
ristische Variante bereichert. Orgeluse wird von ihren eigenen Leuten
verflucht (514,6) und der »Falschheit« (*trügeheit* 513,12) bezichtigt,
so daß der Erzähler seine Zuhörer warnen muß, die Herzogin nicht
zu verurteilen, bevor sie erfahren haben, »wie es in ihrem Innern
aussieht« (*wiez umb ir herze stüende* 516,8).

> *Gisela Zimmermann*, Untersuchungen zur Orgeluse-Episode in WvEs
> Parzival, Euph. 66, 1972, S. 128-150. – *Marianne Wynn*, Orgeluse,
> Persönlichkeitsgestaltung auf chrestienschem Modell, GLL 30, 1976/77,
> S. 127-137. – *Martin Baisch*, Orgeluse – Aspekte ihrer Konzeption in
> WsvE Parzival, in: Schwierige Frauen – schwierige Männer in der Literatur
> des Mittelalters, hrsg. von A. M. Haas und I. Kasten, 1998, S. 15-33.
> – *Barbara S. Dieterich*, Das venushafte Erscheinungsbild der Orgeluse
> in WsvE Parzival, Lit. Jb. 41, 2000, S. 9-65. – *Friedrich M. Dimpel*,
> Dilemmata: Die Orgeluse-Gawan-Handlung im Parzival, ZfdPh. 120,
> 2001, S. 39-59.

Gawan als Minneritter. Im Dienst Orgeluses ergeht es Gawan
schlecht. Ihre Prophezeiung, daß er als ihr Ritter nur Scham und
Schande ernten werde, erfüllt sich, jedoch anders, als sie es erwartete.
Sie glaubte, er werde in den Ritterproben versagen, die sie ihm aufer-
legen wollte. Es ist jedoch eine Kette unvorhersehbarer Mißgeschicke,
die sein Minnerittertum in ein komisches Licht rückt: erst sticht er
sich in den Igelhaaren Malcreatiures blutig; dann wird er von Urjans
betrogen, und schließlich muß er auf einem schlechten Gaul in einen
ritterlichen Zweikampf reiten. Orgeluses Spötteleien unterstreichen
die komischen Blamagen noch.

Der zweite Minne-Exkurs. Die Minneproblematik der Gawan-
Bücher wird in einem umfangreichen Minne-Exkurs (532,1-534,8)
verdeutlicht, der an den Minne-Exkurs des 6. Buchs anknüpft (vgl.

S. 75). Im Mittelpunkt steht jetzt die Frage, ob die Liebe von außen über die Menschen herfällt oder ob sie aus dem Inneren kommt. Wie im 6. Buch grenzt der Erzähler sich dabei von der literarischen Liebesdarstellung seiner »Meister« (*manec mîn meister* 532,1) ab. Wahrscheinlich ist dabei wieder hauptsächlich an Heinrich von Veldeke zu denken. Der Erzähler wendet sich gegen die Vorstellung, daß Frau Venus mit ihrer Fackel die Menschen zur Liebe entflammt, und stellt dagegen eine Liebe, die in der *triuwe,* in der Aufrichtigkeit der inneren Bindung, gründet. Der Satz: »Richtige Liebe ist wahre *triuwe*« (*reht minne ist wâriu triuwe* 532,10) ist die zentrale Aussage zum Thema Liebe. Wie sie auf die Gawan-Orgeluse-Handlung zu beziehen ist, bleibt jedoch undeutlich.

Malcreatiure. Orgeluses häßlicher Knappe Malcreatiure gleicht seiner Schwester Kundrie bis aufs Haar. Es scheint Wolfram nicht gestört zu haben, daß Kundrie etwas von ihrer Einzigartigkeit verliert, wenn sie einen gleich häßlichen Bruder hat. In einem längeren Exkurs (518,1-519,30) erläutert der ›Parzival‹-Erzähler, daß die Geschwister zu einem Stamm von Mißgeburten gehören, der auf die ungehorsamen Töchter Adams zurückgeht; das eröffnet eine heilsgeschichtliche Dimension, deren Bedeutung unklar bleibt. Aufschlußreicher sind die Informationen, die an dieser Stelle über das Geschwisterpaar gegeben werden: die indische Königin Secundille habe die Geschwister Anfortas zum Geschenk gemacht, als ein Zeichen ihres Interesses am Gral. Anfortas habe Malcreatiure an Orgeluse weitergeschenkt. Hier wird zum ersten Mal andeutungsweise von der Liebesbeziehung zwischen Anfortas und Orgeluse gesprochen.

Urjans. Der Fürst Urjans ist ein übler Frauenschänder, der wegen einer Vergewaltigung von König Artus zum Tode verurteilt, aber auf Gawans Bitte hin zu einer geringeren Strafe begnadigt wurde: er wurde vier Wochen lang in den Hundestall gesperrt. Der Bericht über seine Schandtat und die entehrende Strafe ist ein weiterer Beitrag zum Thema Gewalt in der Liebe. Daraus, daß Lischoys Gweljus in der nächsten Szene auf Gawans gestohlenem Pferd reitet, ist zu erschließen, daß Lischoys vorher Urjans besiegt, vielleicht auch getötet hat.

Lischoys Gweljus. Lischoys Gweljus scheint die erste positive Figur im 10. Buch zu sein. Er ist ein gefürchteter Ritter und ein treuer Diener seiner Herrin. Aber auch Lischoys hat Eigenheiten, die kein gutes Licht auf ihn werfen. Er weigert sich, Sicherheit zu leisten, als er besiegt ist, und greift plötzlich wieder zum Schwert, was gegen den ritterlichen Kodex verstößt. Der Erzähler gibt einen kritischen Kommentar, der auch Gawan nicht verschont. »Ohne Grund« (*âne schulde* 538,3) hätten die beiden miteinander gekämpft: »Sie hätten es ohne Kampf bewenden lassen können« (*si möhtenz âne strîten lân* 542,17). Damit ist die Problematik von Zweikämpfen, die »nur wegen des eigenen Ruhms« (*niwan durch prîses hulde* 538,14) unternommen werden, angesprochen.

Plippalinot und Bene. Auch der ritterliche Fährmann Plippalinot gehört zu den verschrobenen Figuren des 10. Buchs, obwohl er vom Erzähler mit Sympathie behandelt wird. Seine Forderung, daß ihm für die Benutzung seiner Wiese als Kampfplatz immer das Pferd des unterlegenen Gegners als »Hubengeld« (*huoben gelt* 544,12) zustehe, gehört wohl zu den Abenteuermotiven um Schastel marveile (*gar âventiure ist al diz lant* 548,10). Entschieden zu weit geht Plippalinots Auftrag an seine Tochter Bene, dem Gast »alle Wünsche« (*al sîn ger* 550,21) zu erfüllen. Bene wird »vor Scham rot« (*von scheme rôt* 550,23), fügt sich aber dem Auftrag ihres Vaters und bleibt in Gawans Zimmer, bis er eingeschlafen ist.

Vergleich mit dem ›Conte du Graal‹. Bei Chrétien bleibt der zeitliche Anschluß der zweiten Gauvain-Partie an die erste unbestimmt. Gauvain »zog so lange herum« (*tant erra* 6519), nachdem er aus Escalavon (Wolframs Ascalun) aufgebrochen war, »bis er zwischen der dritten Stunde und Mittag« (*Que entre tierce et miedi* 6522) auf eine Anhöhe geritten kam. Ob dazwischen Tage vergangen sind oder, wie bei Wolfram, Jahre, bleibt offen. Eine spätere zeitliche Relationierung der Handlungsstränge, wie bei Wolfram, gibt es nicht; vielleicht weil Chrétiens Dichtung vorher abbricht.

Die Stelle, an der Gauvain den verwundeten Gregorias (Wolframs Urjans) trifft, hat im ›Conte du Graal‹ eine besondere Bedeutung. Dort verläuft die Grenze des Landes Galvoie: wer sie passiert, kehrt nie wieder zurück (6603f.). Es ist ein böses, verzaubertes Land, voller tödlicher Gefahren. Das bösartige Fräulein, Wolframs Orgeluse, gehört ebenso zu diesem Land wie der Fährmann und das Zauberschloß mit dem rasenden Bett. Wolfram hat das Land Galvoie durch eine reich gegliederte politische Landschaft ersetzt, die aus dem Herrschaftsbereich von Clinschor um Schastel marveile, dem Königreich von Gramoflanz um Rosche Sabins und dem Herzogtum Orgeluses um Logroys besteht.

Im ›Conte du Graal‹ ist bei Gauvains erster Begegnung mit dem verwundeten Gregorias von Medizin nicht die Rede. Die komplizierte medizinische Behandlung, die Gawan dem Verwundeten angedeihen läßt (506,12ff.), ist eine Zutat Wolframs. Erst in der zweiten Begegnung mit Gregorias wird bei Chrétien Gauvains Fähigkeit als Arzt hervorgehoben (6910f.).

Im ›Conte du Graal‹ ist »die Stolze von Logres« (*l'Orgueilleuse de Logres* 8638f.), Wolframs Orgeluse, ein Ausbund von Bösartigkeit. Sie wird »das böse

Fräulein« (*la male pucele* 7145 u.ö.) genannt, und es heißt, daß sie »böser als der Teufel« (*pire que Sathanas* 7456) sei. Als Gauvain sie trifft, ist sie damit beschäftigt, sich im Spiegel zu betrachten (6678). Dann legt sie ihren Mantel und ihr Gebende ab, »damit man ihr Gesicht und ihren Körper ungehindert sehen konnte« (*Por che que l'e[n] poist veoir Sa face et son cors a delivre* 6834-35). Das hat Wolfram übergangen. Den Hohn und die Verachtung, mit denen sie Gauvain behandelt, hat er übernommen. Auch bei Chrétien ändert die Orgueilleuse später ihre Haltung; aber sie bleibt eine widersprüchliche Gestalt und eine typische Bewohnerin des bösen Landes Galvoie.

Der Minne-Exkurs hat im ›Conte du Graal‹ keine Entsprechung.

Malcreatiure hat einen französischen Namen (*male creature*, »bösartiges Geschöpf«), der aber im ›Conte du Graal‹ nicht vorkommt. Auch bei Chrétien ähnelt der häßliche Knappe der häßlichen Gralbotin; erst Wolfram hat ein Geschwisterpaar daraus gemacht. Auch die Verbindung zu Anfortas und Orgeluse und die Abstammung von den Adam-Töchtern sind Neuerungen Wolframs.

Auch die Lischoys Gweljus-Episode ist bei Wolfram verändert. Im ›Conte du Graal‹ ist l'Orgueilleus de la Roche a l'Estroite Voie – so heißt er bei Chrétien (8646f.) – der Neffe von Greoreas, den dieser geschickt hat, um Gauvain zu töten. Außerdem ist er, wie man später erfährt, der *amis* des häßlichen Fräuleins. Daß der Besiegte plötzlich wieder zum Schwert greift, ist eine Zutat Wolframs.

Ohne Parallele im ›Conte du Graal‹ ist Plippalinots Tochter Bene, die im Verlauf der zweiten Gawan-Partie eine immer größere Bedeutung bekommt und als Vertraute von Gawans Schwester Itonje bei der Versöhnung zwischen den verfeindeten Parteien eine wichtige Rolle spielt.

Buch XI. Aus seinem Fenster erblickt Gawan am nächsten Morgen die Burg Schastel marveile und ist sofort entschlossen, das Abenteuer zu bestehen. Von seinem Wirt erfährt er: wer Schastel marveile erlöst, soll Herr über das Land werden. Am Eingang der Burg trifft Gawan einen Kaufmann, der dort seine kostbaren Waren ausgelegt hat. Im Palas befindet sich das Wunderbett Lit marveile, das auf Rädern mit großer Schnelligkeit im Saal herumfährt. Gawan springt auf das Bett und deckt sich mit seinem Schild gegen einen Hagel von Steinen und Pfeilen, die von allen Seiten auf ihn geschossen und geworfen werden. Danach muß er gegen einen gewaltigen Löwen kämpfen. Als er den besiegt hat, ist der Zauber gebrochen. Gawan ist von dem Kampf so erschöpft, daß er ohnmächtig niedersinkt. Die alte Königin Arnive schickt zwei junge Mädchen zu ihm, die sich davon überzeugen, daß er noch am Leben ist, und übernimmt seine Pflege. Er wird verbunden und in einen Heilschlaf versenkt. Bereits am selben Abend ißt er schon wieder mit gutem Appetit und denkt voll Liebe an Orgeluse.

Schastel marveile. Kundrie hatte im 6. Buch von den vier Königinnen und ihren vierhundert Damen auf Schastel marveile gesprochen (318,16ff.). Als Gawan die Burg erblickt und in den Fenstern vierhundert Damen sieht (»darunter vier von hoher Geburt«, *viere undr in von arde hêr* 534,30), konnten die Zuhörern erkennen, daß er das verheißene Abenteuerziel erreicht hatte. Ähnlich wie bei der Erzählung von Munsalvaesche läßt der Erzähler zunächst im Dunkeln, was es mit der Wunderburg und ihren Bewohnern auf sich hat. Von Plippalinot erfährt Gawan, daß es in Schastel marveile um eine Erlösungsaufgabe geht (558,22). Auch der Name Clinschor ist bereits gefallen (548,5). Die Identifizierung Clinschors mit dem zauberkundigen *pfaffen* (von dem im 2. Buch berichtet worden war, daß er Artus' Mutter entführt hätte, 66,1ff), ist den Zuhörern hier jedoch noch nicht möglich.

Plippalinot berichtet auch, daß Parzival einen Tag früher als Gawan an Schastel marveile vorbeigekommen ist. Für das Abenteuer der Burg hat sich Parzival nicht interessiert.

Lit marveile. An keiner anderen Stelle im ›Parzival‹ treten märchenhaft-magische Motive aus der keltischen Zauberwelt so bestimmend hervor wie hier. Das Bett als Kampfstätte hat einen doppelten Hintersinn. Es spiegelt die Perversion eines durch bösen Zauber bewirkten Gesellschaftszustand, in dem es keine geschlechtliche Liebe gibt (vgl. S. 107f.). Zugleich verweist Gawans Fahrt auf dem unruhigen Bett auf seine Beziehung zu Orgeluse. Gawan selber bringt das Abenteuerbett mit dem Bett seiner Liebe in Verbindung, wenn er von »den ruhelosen Betten« (*disiu bette ruowelôs* 587,16) spricht und damit das eine Bett meint, auf dem er gekämpft hat, und das andere, auf dem er in sehnsüchtiger Liebe an Orgeluse denkt.

Die alte Arnive. Der verwundete Gawan wird von seiner mütterlichen Verwandtschaft in Obhut genommen und gesund gepflegt. Die Zuhörer erfahren erst in Buch XIII, daß die Königin Arnive Gawans Großmutter ist. Es bedurfte jedoch keines besonderen Scharfsinns, um zu erkennen, daß Arnive *Artûses muoter* (66,3) sein mußte, von deren Entführung in Buch II erzählt worden war. Die alte Königin zeigt sich als erfahrene Ärztin. Sie bezieht ihre Salben aus Munsalvaesche und läßt sich von Kundrie medizinisch beraten (579,24 ff.), eine weitere Verbindung zwischen den beiden Wunderburgen. Warum Arnive befiehlt, Gawans Rettungstat vor den männlichen Bewohnern der Burg zu verheimlichen (581,13ff.), bleibt unklar. Schastel marveile ist nicht nur ein geheimnisvoller Ort; er lädt offenbar auch zu Heimlichtuereien ein, wie Gawans weiteres Verhalten zeigt (vgl. S. 109f.).

Vergleich mit dem ›Conte du Graal‹. Den Namen Schastel marveile hat Wolfram analog zu Lit marveile, dem Wunderbett, gebildet. Bei Chrétien heißt die Burg La Roche de Chanpguin. 500 Edelfrauen und 500 Männer warten dort darauf, daß ein Ritter kommt, der den Zauber bricht und Herr des Landes wird. Die jungen Damen sollen dann verheiratet und die Knappen zu Rittern gemacht werden.

Bei Chrétien hat Schastel marveile nicht nur einen anderen Namen, sondern auch eine andere Geschichte. Der Fährmann berichtet Gauvain, daß die Burg von einer reichen Königin (Wolframs Arnive) erbaut worden ist. In ihrem Gefolge sei »ein Gelehrter, kundig der Astronomie« (*l. clers sages d'astrenomie* 7548) gewesen, der den Palas der Burg mit einem gefährlichen Zauber belegt habe. Wolfram hat die Verhältnisse umgedreht und hat die Königin Arnive zu einer Gefangenen des bösen Zauberers Clinschor, des Erbauers von Schastel marveile, gemacht. Im ›Conte du Graal‹ ist Artus' Mutter nicht entführt worden. Warum sie sich in die Wildnis des Landes Galvoie zurückgezogen hat, wird nicht erklärt.

Bei Chrétien begleitet der Fährmann Gauvain auf die Burg. Am Eingang treffen sie auf einen Mann mit einem Kunstbein aus Silber. Wolfram hat daraus einen Kaufmann mit kostbaren Schätzen gemacht und hat damit erneut einen Verbindungsfaden zwischen Schastel marveile und Munsalvaesche geknüpft; denn das Kaufmannsgut stammt, wie man später erfährt, von Anfortas und ist über Orgeluse in den Besitz Clinschors gelangt.

Das Wunderbett wird im ›Conte du Graal‹ genauer beschrieben: es ist mit leuchtenden Edelsteinen besetzt und wird von vier fratzenhaften Tieren getragen, die auf schnellen Rädern laufen. Bei Chrétien ist die Fahrt auf dem Zauberbett nicht nur eine ritterliche Herausforderung, sondern auch eine Tugendprobe: nur der Ritter, der »klug und freigebig ist, ohne Begierde, schön und edelmütig, tapfer und treu, ohne Dörperheit und ohne jeden Makel« (7594-96), kann das Abenteuer bestehen. Diesen Aspekt hat Wolfram übergangen. Im ›Conte du Graal‹ hat Gauvain keine Probleme, sich auf das Bett zu setzen. Aber dann geht der Zauber los: es erhebt sich ein ohrenbetäubendes Getöse, die Fenster springen auf, und von allen Seiten fliegen Geschosse auf Gauvain.

Die wichtigsten Veränderungen hat Wolfram nach dem Kampf mit dem Löwen vorgenommen. Bei Chrétien bleibt Gauvain ohne größere Blessuren auf dem Bett liegen und wird von dem Fährmann als Sieger begrüßt. Dann kommen Knappen, die ihren neuen Herrn bedienen; und es kommt ein ganzer Zug junger Damen (vielleicht hat sich Wolfram von dieser Szene zu dem Aufzug der Edelfrauen in Munsalvaesche inspirieren lassen), die ihm die Grüße der Königin überbringen und ihn einladen, vom Turm aus das Land zu überblicken. Oben angekommen, eröffnet ihm der Fährmann, daß Gauvain nun zwar Herr des Landes sei, daß er die Burg aber nicht mehr verlassen könne. Gauvain ist darüber so wütend, daß er die Einladung der Königin zum Abendessen zurückweist. Mit einem Gefolge von 250 Damen sucht die alte Königin Gauvain auf und befragt ihn nach König Artus und dessen Familie. Ihre liebevolle Art versöhnt Gauvain, und er begibt sich auf dem Wunderbett zur Ruhe.

Bei Wolfram ist von einer Gefangenschaft Gawans auf Schastel marveile nicht die Rede. Die Begegnung mit Arnive hat Wolfram auf den nächsten Tag verlegt und dafür die medizinischen Motive breit ausgebaut. Durch Gawans sehnsüchtige Nachtgedanken hat er die Verbindungen zwischen Schastel marveile und der Orgeluse-Handlung verstärkt.

Buch XII. Am nächsten Morgen besichtigt Gawan die Burg und steigt zu einem Wartturm empor. Dort befindet sich eine Wundersäule, in der sich das Land im Umkreis von sechs Meilen spiegelt. Dort trifft er die Königin Arnive mit ihrer Tochter und ihren Enkeltöchtern und erfährt, wie die Säule funktioniert. Als er Orgeluse in Begleitung eines Ritters in der Säule erblickt, ruft er, ungeachtet seiner Verwundung, sofort nach den Waffen. Dann läßt er sich von Plippalinot übersetzen, tritt am anderen Ufer gegen den Turkoyten, Orgeluses neuen Begleiter, an und besiegt ihn. Orgeluse behandelt ihn ebenso geringschätzig wie am Tag zuvor, stellt ihm aber ihre Liebe in Aussicht, wenn er es wagen würde, die Wilde Schlucht zu überspringen und im Garten des Königs Gramoflanz Zweige zu einem Kranz zu brechen. Der Sprung gerät zu kurz, so daß Gringuljete in die Schlucht stürzt, aus der Roß und Reiter sich nur mit Mühe retten können. Es gelingt Gawan jedoch, den Kranz zu pflücken. Im Garten trifft er den unbewaffneten König Gramoflanz, der ihm von seiner Liebe zu Gawans Schwester Itonje und von Orgeluses Feindschaft gegen ihn erzählt. Weil angeblich Gawans Vater Gramoflanz' Vater heimtückisch erschlagen habe, will Gramoflanz sich an Gawan rächen. Sie verabreden einen Zweikampf bei der Stadt Joflanze, zu dem auch König Artus eingeladen werden soll.

Als Gawan zu Orgeluse zurückkehrt, ist diese wie verwandelt: sie fällt ihm zu Füßen und bittet ihn um Vergebung für den Schimpf, den sie ihm angetan hat. Sie habe erproben wollen, ob er den Tod ihres Ehemannes Cidegast an Gramoflanz rächen könne. Sie reiten zusammen nach Schastel marveile zurück. Gawan schickt heimlich einen Boten an Artus ab und bittet ihn, mit dem ganzen Hof nach Joflanze zu kommen.

Der dritte Minne-Exkurs. Gawans nächtliche Liebesgedanken an Orgeluse nimmt der Erzähler zum Anlaß für einen dritten Minne-Exkurs (585,5-587,14), in welchem er wiederum Vorwürfe gegen Frau Minne erhebt, weil sie so viel Leid über die Menschen gebracht habe und selbst den kranken Gawan nicht verschone. Das ganze Mazadangeschlecht habe besonders unter ihrer Macht zu leiden. Wichtig für die weitere Handlung ist der Hinweis auf die Liebe zwischen Gawans Schwester Itonje und König Gramoflanz (586,22ff.). Wie bei den früheren Minne-Exkursen ist nicht recht deutlich, worauf die Vorwürfe gegen die Minne letztlich zielen. Offensichtlich dienen die Exkurse dazu, den ambivalenten Charakter der höfischen Liebe herauszuarbeiten.

Die Wundersäule. Wie Munsalvaesche beherbergt Schastel marveile ein Wunderding, das ebenso wie der Gral aus einem Edelstein besteht; und beide vermitteln übernatürliche Einsichten. Während in den Gralaufschriften Gott seinen Willen offenbart, verdankt die Säule ihre Kräfte der Physik: nach dem Prinzip des konvexen Spiegels fängt sie Bilder ein, die dem menschlichen Auge nicht mehr sichtbar sind. Diese Fernrohrfunktion reicht allerdings nur sechs Meilen weit. Die Säule stammt aus Feirefiz' Reich (589,10f.): Clinschor hat sie von dort mitgebracht. Die Nähe zur orientalischen Magie hat die Spiegelsäule mit dem Gral gemeinsam.

Gawans mütterliche Verwandtschaft. Auf dem Wartturm trifft Gawan seine Schwestern Itonje und Kundrie, seine Mutter Sangive und seine Großmutter Arnive, die so viele Jahre in der Gewalt von Clinschor waren. Wer eine rührende Familienszene erwartet, wird enttäuscht. Gawan gibt sich den Frauen, über deren Identität er nicht mehr im Zweifel sein kann, nicht zu erkennen, sondern tritt ihnen wie ein Fremder gegenüber; er sagt »Herrin und Gebieterin« (*frouwe und meisterin* 590,27) zu seiner Großmutter und redet alle mit »Ihr« an. Auch Arnive ihrzt ihren Enkel und tituliert ihn mit *hêrre* (591,2). Man soll wohl glauben, daß die Frauen keine Ahnung haben, wer ihr Befreier ist. Warum Gawan seine Identität verschweigt, bleibt unklar. Es ist ihm schon unangenehm, daß Orgeluse weiß, wer er ist (sie war dabei, als Urjans seinen Namen nannte). Deswegen bittet er sie, in Schastel marveile seinen Namen nicht zu nennen (620,1ff.).

Der Turkoyte. Der Kampf gegen den Turkoyten ist genauso überflüssig wie vorher der Kampf gegen Lischoys. Das Problematische dieser Kämpfe wird an den Marotten von Gawans Gegnern offenbar. Der Turkoyte hat sich in ritterlicher Überheblichkeit dazu verstiegen, nur noch Lanzenkämpfe zu bestreiten: werde er vom Pferd gestochen, so werde er sich sofort ergeben. Genau das passiert ihm, so daß der Kampf schon nach dem ersten Anritt zu Ende ist.

Li gweiz prelljus (»Die gefährliche Furt«). Gawans nächstes Abenteuer, das Überspringen der Gefährlichen Furt, ist nicht sehr klar motiviert. Orgeluses Liebesverheißung macht deutlich, daß es jetzt um die Hauptprobe geht. Aber was ist die Hauptsache? Das Überspringen der Furt? Wenn das der Fall wäre, hätte Gawan die Probe nicht bestanden, denn er schafft den Sprung nicht, sondern stürzt in die Schlucht. (Erst auf dem Rückweg gelingt der Sprung.) Ist der Sprung aber nicht so wichtig, warum muß er dann springen? Es zeigt sich, daß man auch auf anderem Weg in Gramoflanz' Garten gelangen kann. Da es Orgeluse um die Rache an Gramoflanz geht, möchte man denken, daß die Begegnung mit diesem die entscheidende Bewährungsprobe für Gawan ist. Gawan hat den Auftrag, von Gramoflanz' Baum zu brechen und zu einem Kranz zu flechten; offenbar ein Herausforderungs-Ritual. Aber das funktioniert nicht. Als Gawan die Zweige gebrochen hat, erscheint statt eines furchtbaren Gegners ein freundlicher, unbewaffneter Herr, der sich leutselig mit Gawan unterhält. Hat Orgeluse nicht gewußt, daß Gramoflanz die Marotte hat, immer nur gegen zwei Gegner gleichzeitig zu kämpfen? Der eine, der in seinen Garten gekommen ist, interessiert ihn als Gegner erst, als er erfährt, daß es Gawan ist. Gramoflanz erklärt sich zum Kampf mit Gawan bereit; jedoch aus Gründen, die Orgeluse nicht voraussehen konnte. Warum reagiert Orgeluse, als Gawan von seinem harmlosen Ausflug zu ihr zurückkehrt, so als hätte er die größte Heldentat vollbracht? Der Text gibt keine Antwort auf diese Fragen.

Gramoflanz und Itonje. Die Zuhörer wissen bereits, daß Gawans Schwester Itonje den König liebt. Als sich herausstellt, daß Gramoflanz ihre Liebe erwidert, andererseits aber auf einem Kampf mit Gawan besteht, wird deutlich, wie verworren die Situation ist. Mit Recht hält Gawan dem König vor, ob er denn glaube, seiner Geliebten etwas Gutes zu tun, wenn er ihren Vater verleumdet und ihren Bruder töten will. Gawan scheint sich aber auch selbst in eine schwierige Situation zu bringen: wie kann er sich zum Werkzeug von Orgeluses Rache gegen Gramoflanz machen lassen, ohne die Gefühle seiner Schwester zu verletzen? Ist es nicht schon ein Betrug an Orgeluse, wenn er sich Gramoflanz als Liebesboten zur Verfügung stellt?

Orgeluse und Cidegast. Gramoflanz hat Orgeluses ersten Mann, Cidegast, im Kampf getötet und die Witwe entführt, um sie zur Ehe zu zwingen. Sie hat sich jedoch seinem Werben widersetzt und verfolgt ihn seitdem mit tödlichem Haß. So erklärt der Erzähler Orgeluses Wandlung. Zunächst war Gawan für sie nur ein Werkzeug ihrer Rache. Doch dann hat sich ihre Trauer um den ersten Mann offenbar in Liebe zu ihrem Retter gewandelt. Der ›Parzival‹-Erzähler hatte es schwer, eine Gestalt, die er selbst als so abstoßend geschildert hatte, den Zuhörern nachträglich nahezubringen.

Orgeluse, Anfortas und Parzival. Wie sehr Orgeluse von dem Gedanken an Rache beherrscht wurde, zeigt die Mitteilung, daß sie seinerzeit auch den Gralkönig Anfortas in ihren Minnedienst genommen hat, um ihn gegen Gramoflanz zu gebrauchen. Jetzt enthüllt sich, worin Anfortas' Verstoß gegen das Ehegesetz des Grals bestand. Er hat sich übrigens nur einer Gedankensünde schuldig gemacht, denn zu einer Erfüllung ihrer Liebe ist es nach Orgeluses Worten nicht gekommen (616,21f.). Auch wenn man ihr glaubt, daß sie Anfortas' Sündenstrafe genauso betrauert wie vorher Cidegasts Tod, so bleibt doch der Makel an ihr haften, daß sie es war, die Anfortas zur Sünde verführt hat.

Von Orgeluse erfährt Gawan, daß Parzival kurz vor Gawan in Logroys eingetroffen sei, daß sie ihm ihre Liebe angeboten habe, von ihm mit Hinweis auf seine Ehefrau und die Gralsuche zurückgewiesen worden sei (618,21ff.).

Jetzt stellt sich auch heraus, wie eng Orgeluse mit dem Geschehen um Schastel marveile verbunden ist. Das kostbare Kaufmannsgut, ein Geschenk von Anfortas, hat sie an Clinschor weitergegeben, um einen Pakt mit ihm zu festigen. Dabei wurde vertraglich vereinbart, daß Orgeluse demjenigen, der das Abenteuer von Schastel marveile bestehen würde, ihre Liebe anbieten sollte. Lehnte er das Angebot ab, sollte das Kaufgut wieder an sie zurückfallen (617,19ff.). Würde man das wörtlich nehmen, so wäre Orgeluses plötzliche Liebe zu Gawan nichts weiter als eine Vertragserfüllung.

Gawans Heimlichkeiten. Aus der Einladung an Artus und den Vorbereitungen des Treffens von Joflanze macht Gawan ein Geheimnis, ohne daß die Zuhörer begreifen, warum es wichtig ist, daß seine Pläne den Bewohnern von Schastel marveile verborgen bleiben.

Vergleich mit dem ›Conte du Graal‹. Die Begegnung mit seiner mütterlichen Verwandtschaft hat bei Chrétien bereits am Vortag, gleich nach dem Kampf auf dem Wunderbett, stattgefunden (vgl. S. 101). Wolframs Arnive heißt bei Chrétien Yguerne; Sangive ist im ›Conte du Graal‹ namenlos; Itonje heißt Clarissant; und ihre Schwester Kundrie ist eine Zutat Wolframs. Gauvain weiß nicht, daß die alte Königin seine Großmutter ist und ihre Tochter seine Mutter. Daß Yguerne sich bei Gauvain nach der Familie von König Artus und den Söhnen von König Lot, Gauvains Vater, erkundigt, war für die französischen Zuhörer ein erster Hinweis auf ihre Identität. Dieses Familiengespräch hat Wolfram getilgt.

Am nächsten Morgen trifft Gauvain die alte Königin wieder auf dem Wartturm. Eine Wundersäule gibt es im ›Conte du Graal‹ nicht. Dort erblickt Gauvain vom Turm aus das bösartige Fräulein mit ihrem Begleiter. Daß Gauvain sofort nach seinen Waffen ruft, ist im ›Conte du Graal‹ weniger verwunderlich als bei Wolfram, da Gauvain bei Chrétien vom Kampf auf dem Wunderbett keine Wunden davongetragen hat. Die alte Königin erlaubt ihm, die Burg zu verlassen, wenn er verspricht, am Abend zurückzukehren. Das Motiv der Gefangenschaft auf der Wunderburg hat Wolfram nicht übernommen. Bei

Chrétien läßt sich Gauvain von der Königin zusichern, daß man eine Woche lang nicht nach seinem Namen fragt (8351ff.). Davon hat Gawans Geheimnistuerei bei Wolfram offensichtlich ihren Ausgang genommen.

Den Kampf mit dem Turkoyten hat Wolfram übernommen. Dessen Marotte ist eine Zutat Wolframs. Bei Chrétien setzt er den Kampf mit seinem Schwert fort, nachdem er beim ersten Anritt von Pferd geworfen wurde.

Im ›Conte du Graal‹ ist die Durchquerung der Gefährlichen Furt (*li Guez Perillous* 8495) eine Mutprobe, die dem, der sie besteht, »den höchsten Ruhm der Welt« (*tot le pris del monde* 8510) einbringt. Von Chrétien hat Wolfram übernommen, dß Gauvain zuerst in den Fluß fällt und erst auf dem Rückweg den Sprung vollbringt. Die Verknüpfung des Sprungs mit der Herausforderung an Gramoflanz und dem Brechen der Zweige in dessen Garten ist eine Neuerung Wolframs. Bei Chrétien reitet Gauvain unten in der Schlucht entlang und trifft auf Guiromelant (Wolframs Gramoflanz), der gerade auf der Vogeljagd ist. Das freundliche Gespräch zwischen den beiden besitzt im ›Conte du Graal‹ eine Schlüsselfunktion, weil es den Zusammenhang zwischen den verschiedenen Handlungssträngen erklärt. Übernommen hat Wolfram die Informationen über Guiromelants Verhältnis zu dem bösen Fräulein (bei Chrétien war es ihr Freund, nicht ihr Ehemann, den Guiromelant getötet hat). Übergangen hat Wolfram die Enthüllung, daß die alte Königin Yguerne Artus' Mutter ist, die sich nach dem Tod ihres Ehemanns Uterpandragon die Wunderburg hat bauen lassen (8732ff.). Gauvains Antwort, er habe geglaubt, Artus' Mutter sei schon seit 60 Jahren tot und ihre Tochter seit 20 Jahren, ist ein Hinweis darauf, daß das Land Galvoie Züge eines Totenreichs trägt. Übernommen hat Wolfram, daß Guiromelant Gauvains Schwester liebt und Gauvain haßt, weil Gauvains Vater seinen, Guiromelants, Vater getötet habe (8779). Von Chrétien stammt auch Gawans Bereitschaft, seiner Schwester eine Liebesbotschaft zu überbringen, und daß der Zweikampf mit Gramoflanz im Beisein von König Artus und vielen Rittern und Damen stattfinden soll. Gauvains Sühnevorschlag lehnt Guiromelant ab.

Wie bei Wolfram ist die Orgueilleuse im ›Conte du Graal‹ bei Gauvains Rückkehr wie verwandelt und bittet ihn um Verzeihung. Der Zweck ihres verletzenden Verhaltens sei es gewesen, einen Ritter dazu zu reizen, sie zu töten, weil der Schmerz um ihren Freund ihr jede Freude am Leben genommen hätte (8955ff.). Jetzt will sie Gauvain »ganz zu Willen sein« (*Vostre volenté d'oltre en oltre Ferai* 8972-73). Gauvain reitet mit ihr zur Wunderburg zurück, und dann ist nicht weiter von ihr die Rede. Was Chrétien mit ihr vorhatte, ob es überhaupt zu einer Liebesszene kommen sollte, bleibt im Dunkeln. Unklar ist auch, warum Gauvain sich seinen Verwandten nicht zu erkennen gibt, nachdem er erfahren hat, wer sie sind.

Buch XIII. Am nächsten Tag veranstaltet Gawan eine festliche Versammlung der Bewohner von Schastel marveile. Bei dieser Gelegenheit spricht Gawan heimlich mit seiner Schwester Itonje, ohne sich ihr zu erkennen zu geben. Bei der festlichen Mahlzeit und den anschließenden Unterhaltungen mit Musik und Tanz wird die Trennung der Geschlechter, die zu Clinschors bösem

Zauber gehörte, Schritt für Schritt überwunden. Am Abend halten Gawan und Orgeluse ihr Beilager.

Inzwischen hat Gawans Bote den Artushof erreicht. Er überbringt, wie Gawan es ihm aufgetragen hatte, den Brief zuerst der Königin und dann dem König, der sogleich beschließt, mit dem ganzen Hofstaat aufzubrechen, um dem Zweikampf vor Joflanze beizuwohnen. Bei der Rückkehr des Boten nach Schastel marveile versucht Arnive vergeblich, etwas Genaueres über Gawans Pläne zu erfahren. Sie erzählt Gawan die Geschichte von Clinschor und dem Wunderschloß.

König Artus zieht mit seinem Gefolge an Schastel marveile vorbei nach Joflanze. Gawan hat es so eingerichtet, daß sein Aufenthaltsort dem König verborgen bleibt. Bevor Gawan mit der ganzen Gesellschaft von Schastel marveile aufbricht, gibt er sich als Artus' Neffe zu erkennen. Zusammen mit den vier Königinnen, Orgeluse und einem großen Gefolge von Rittern und Damen begibt er sich zu Artus und stellt ihm seine lange vermißten Verwandten vor. Am nächsten Morgen trifft das ritterliche Gefolge Orgeluses aus Logroys ein und vergrößert die Festversammlung. Artus schickt Boten an Gramoflanz und lädt ihn zu dem verabredeten Zweikampf ein.

Gawan verläßt unbemerkt das Lager und trifft auf einen fremden Ritter, den er für Gramoflanz hält. Es ist aber Parzival.

Gawan und Itonje. In einem heimlichen Gespräch mit seiner Schwester überbringt Gawan ihr die Liebesbotschaft von Gramoflanz. Itonje antwortet mit einem Bekenntnis ihrer Liebe. Der ›Parzival‹-Erzähler kommentiert die Szene mit einem Tadel seines Helden: Gawan habe sich »versündigt« (*gesündet* 636,6), weil er sich Itonje gegenüber nicht als ihr Bruder zu erkennen gegeben habe. Der Erzähler distanziert sich von Gawans Heimlichtuerei, die er – wie der Vergleich mit dem ›Conte du Graal‹ zeigt – selbst inszeniert hat, ohne erkennen zu lassen, welchen höheren Zweck diese Heimlichkeiten haben.

Gawan und die Gesellschaft von Schastel marveile. Gawans Erlösungs-aufgabe in Schastel marveile ist mit dem Kampf auf dem Wunderbett noch nicht beendet. Die Gesellschaft dort verharrt auch danach noch in einer merkwürdigen Erstarrung, die sich darin manifestiert, daß Ritter und Damen keinen Kontakt miteinander haben. Clinschors Zauber hat die vollständige Trennung der Geschlechter bewirkt. Auf der festlichen Versammlung, die Gawan zusammenruft, wird dieser unnatürliche Zustand überwunden. Gawan arrangiert es so, daß die Damen und Herren im Festsaal zunächst getrennt von einander sitzen; die Ritter werden von Knappen bedient, die Damen von Mädchen. Bei der Mahlzeit kommt es zu einem ersten Blickkontakt: Männer und Frauen schauen sich an und empfinden Freude dabei (637,24ff.). Bei den höfischen Unterhaltungen, nach dem Essen, werden die

Beziehungen enger: beim Tanzen mischen sich die Ritter unter die Frauen, so daß man »immer zwischen zwei Damen einen schönen Ritter« (*ie zwischen zwein frouwen einen clâren rîter* 639,22-23) sehen konnte. Auf einer dritten Stufe der Annäherung werden Gespräche geführt und Minnedienst wird angeboten. Zuletzt wird die getrennte Sitzweise aufgegeben: Ritter und Damen setzen sich zusammen und sprechen über die Liebe (641,2ff.). Die positive Gestaltung des Geschlechterverhältnisses erweist sich hier als die Kraft, die der höfischen Gesellschaft ihren besonderen Rang verleiht.

Das Beilager. Das feierliche Beilager Gawans und Orgeluses steht offenbar im Zusammenhang mit dem Erlösungswerk in Schastel marveile. Es soll wohl deutlich werden, daß die versöhnende Kraft der Liebe, die die Gesellschaft von Schastel marveile aus ihrer Erstarrung befreit hat, die Liebeserfüllung einschließt. Die medizinische Metaphorik bei der Schilderung der Liebesvereinigung (»er fand das richtige Hirschkraut« *er vant die rehten hirzwurz* 643,28) kann als scherzhafte Umschreibung für die heilende Wirkung der Liebe verstanden werden.

Geheimdiplomatie am Artushof. Mit seinem Auftrag an den Boten, zuerst heimlich die Königin aufzusuchen, hat Gawan dafür gesorgt, daß die Geheimniskrämerei sich am Artushof fortsetzt. Die Königin Ginover geht sofort auf sein Spiel ein und übernimmt die Regie. Es wird eine richtige Komödie veranstaltet, deren tieferer Sinn verborgen bleibt. Der Bote muß sich verstecken und soll, wenn der Hof versammelt ist, so tun, als sei er gerade erst angekommen. Er soll, wenn er dem König die Botschaft überbracht hat, auch die Königin ansprechen und so tun, als ob er sie zum ersten Mal sähe. So geschieht es, und vor den Zuhörern erscheint König Artus dabei in der Rolle dessen, der hinters Licht geführt wird. Das Spiel scheint sich durch seinen guten Zweck zu rechtfertigen: es geht darum, daß der ganze Hof, Gawan zu Ehren, nach Joflanze kommt.

Bei dieser Gelegenheit teilt die Königin mit, daß viereinhalb Jahre und sechs Wochen vergangen seien, seit Gawan und Parzival am Plimizoel den Artushof verließen. Woher sie das weiß, läßt der Erzähler im Dunkeln. Ginover hat einen Psalter bei sich, als der Bote sie trifft (644,24): vielleicht hatte sie das Datum von Gawans und Parzivals Aufbruch dort eingetragen. Durch die Zeitangabe wird die Gawan-Handlung mit der Parzival-Handlung synchronisiert. Außerdem können die Zuhörer daraus entnehmen, daß nur erst gut drei Wochen vergangen sind, seit Parzival von Trevrizent Abschied nahm. Da Parzival wieder auftaucht, als Artus in Joflanze eingetroffen ist, kann man mit Hilfe von Ginovers Zeitangabe auch die Dauer seiner zweiten Abwesenheit aus der Dichtung ziemlich genau berechnen.

Clinschor. Aus Arnives Erzählung über die Geheimnisse von Schastel marveile werden die Hintergründe und Zusammenhänge der Handlung um die Wunderburg klarer. Ausgangspunkt war – wie fast überall im ›Parzival‹, wo es um Böses und Schlechtes geht – eine fehlgeleitete Liebesbeziehung: der Ehebruch der Königin Iblis von Sizilien mit dem Herzog Clinschor. Clinschor wurde zur Strafe von dem empörten Ehemann »zwischen den Beinen glattgemacht« (*zwischenn beinn gemachet sleht* 657,21). So komisch diese Situation ist – Gawan reagiert mit lautem Gelächter (657,10f.) –, so schlimm sind die Folgen. Clinschor richtete seinen Haß gegen die ganze Menschheit. Er erlernte im Orient die Zauberkunst (Wolfram hat ihn zu einem Neffen des römischen Dichters Vergil gemacht, der im Mittelalter als Prophet und Zauberer galt) und wendete sie in Schastel marveile an. Er hat viele Menschen, Christen und Heiden, als Gefangene dorthin gebracht und hat bestimmt, daß dem, der Lit marveile bezwingen würde, alles gehören sollte. Nirgends ist die Perversion der in Haß umgeschlagenen Liebe so verheerend deutlich wie hier. Durch seine Zauberkunst reißt Clinschor Familien auseinander, unterbindet Liebe und schafft einen Zustand vollständiger gesellschaftlicher Unfruchtbarkeit.

Walter Blank, Der Zauberer Clinschor in Ws Parzival, in: Studien zu WvE (vgl. S. 33), S. 321-332. – *Rüdiger Krohn*, ein pfaffe der wol zouber las. Gesichter und Wandlungen des Zauberers Klingsor, in: Gegenspieler, hrsg. von T. Cramer und W. Dahlheim, 1993, S. 88-113. – *Timothy McFarland*, Clinschor. W's Adaption of the Conte du Graal: The Schastel Marveile Episode, in: Chrétien de Troyes and the German Middle Ages, Ed. M. H. Jones, R. Wisbey, Cambridge 1993, S. 277-294. – *Susan Tuchel*, Macht ohne Minne. Zur Konstruktion und Genealogie des Zauberers Clinschor im Parzival WsvE, Arch. 231, 1994, S. 241-257.

Gawans Heimlichkeiten. Gawan verheimlicht Artus gegenüber seinen Aufenthaltsort, offenbar um das festliche Zusammentreffen von Joflanze mit einer Überraschung zu krönen. Diese Heimlichtuerei wirkt sich jedoch schlimm aus: da Orgeluse nicht über das Eintreffen von Artus' Heer informiert ist und Artus die politisch-militärische Konstellation um Logroys nicht kennt, kommt es zu Kämpfen zwischen Artus' und Orgeluses Rittern; und es gibt Tote. Zum zweiten Mal (nach dem Gespräch mit Itonje) tadelt der Erzähler seinen Helden: die Kämpfe hätten verhindert werden können, wenn Gawan Orgeluse in Kenntnis gesetzt hätte (665,25ff.). Tatsächlich führen Gawans Heimlichkeiten zu

einer Kette von Mißverständnissen und Irrtümern: in Schastel marveile
hält man Artus' Heer für Orgeluses Truppen; Orgeluse glaubt, daß ihre
Leute von Gramoflanz angegriffen worden seien. Den folgenschwersten
Irrtum begeht Gawan selber, wenn er den fremden Ritter, dem er am
Ende von Buch XIII begegnet, für Gramoflanz hält.

Die Festversammlung von Joflanze. Die festliche Versammlung bei
Joflanze ist der Höhepunkt der Gawan-Handlung. Der Erzähler lenkt
die Aufmerksamkeit der Zuhörer immer wieder auf das höfische Pro-
tokoll: wie prächtig die Zelte aufgeschlagen sind; wie großartig die
Versammlung ist, zu der sich Artus' Heer mit den Rittern und Damen
aus Schastel marveile und Orgeluses Gefolge zusammenfinden. Es wird
ausführlich geschildert, wie man sich höflich begrüßt und gegenseitig
besucht, wer wen küßt, wer neben wem Platz nimmt und wer von
wem bewirtet wird. Das festliche Protokoll bildet den Rahmen für das
gesellschaftliche Geschehen, das im Zeichen der Konfliktüberwindung
und der Versöhnung steht. Welche Bedeutung die Vorgänge haben,
die sich hier abspielen, muß der Hörer selber erkennen.

Als Gawan dem König die so lange tot geglaubten Verwandten
zuführt, ist das ein Moment großer Freude, über den der Erzähler
jedoch rasch hinweggeht. Es geht vor Joflanze nicht um eine Famili-
enfeier, sondern um die allgemeine Versöhnung. Das wird deutlich,
als Orgeluses Truppen anrücken, die noch vor kurzem gegen Artus'
Ritter gekämpft haben, sich nun aber festlich mit ihnen vereini-
gen.

Elke Brüggen, Inszenierte Körperlichkeit. Formen höfischer Interaktion
am Beispiel der Joflanze-Handlung in Ws Parzival (vgl. S. 264). – *Monika
Unzeitig-Herzog*, Artus mediator. Zur Konfliktlösung in Ws Parzival Buch
XIV (vgl. S. 264).

Parzival. Buch XIII endet mit dem Wiedereintritt Parzivals in die
Dichtung. »Diese Geschichte ist an ihren richtigen Stamm gelangt«
(*an den rehten stam diz maere ist komn* 678,30), kommentiert der
Erzähler. Von nun an ist wieder Parzival der Held. Man könnte die
zweite Gawan-Partie mit Buch XIII enden lassen. Damit würden
aber wichtige Aspekte der Gawan-Handlung abgeschnitten werden.
Deswegen wird Buch XIV, das ebenso ein Parzival-Buch wie ein
Gawan-Buch ist, noch zur Gawan-Partie gezogen.

Vergleich mit dem ›Conte du Graal‹. Das Gespräch Gauvains mit seiner
Schwester Clarissant findet im ›Conte du Graal‹ schon am Vortag, gleich
nach Gauvains Rückkehr in die Wunderburg, statt. Auch bei Chrétien gibt

sich Gauvain ihr nicht zu erkennen, wird dafür vom Erzähler aber nicht getadelt.

Die Vorbereitung zu der festlichen Versammlung der Gesellschaft von der Wunderburg besteht im ›Conte du Graal‹ darin, daß 500 Knappen gebadet und gekleidet werden für die feierliche Ritterweihe, die am nächsten Tag stattfindet. Die Nacht über wachen sie in der Kirche. Am Morgen gürtet Gauvain jedem einzelnen das Schwert um und »gab ihm den Ritterschlag« (*lor dona la colee* 9186). Diese Szene hat Wolfram vollständig übergangen (wie vorher schon Percevals Ritterweihe durch Gornemant).

Von einem Beilager mit dem bösen Fräulein ist bei Chrétien keine Rede.

Was in der deutschen Dichtung von der Ankunft des Boten am Artushof erzählt wird, stimmt nur im Ansatz mit der Erzählung Chrétiens überein. Im ›Conte du Graal‹ steht die Trauer des Hofs über Gauvains Verschwinden im Mittelpunkt. König Artus sitzt im Festsaal mit hundert Königen. Als der Bote eintrifft, fällt Artus gerade vor Schmerz in Ohnmacht (9223). Noch bevor Gauvains Bote vor die Versammlung tritt, bricht Chrétiens Dichtung ab. Von Gawans Auftrag, zuerst die Königin aufzusuchen und dann erst den König, ist im französischen Text keine Rede.

In der ›Ersten Fortsetzung‹ des ›Conte du Graal‹ wird erzählt, daß Gauvains Botschaft am Hof große Freude auslöst und daß König Artus mit einem großen Gefolge an Rittern und Damen nach Roche de Chanpguin reitet, wo Gauvain sich seinen Verwandten zu erkennen gibt. Am nächsten Tag findet der verabredete Zweikampf zwischen Gauvain und Guiromelant statt, der damit endet, daß Clarissant zwischen die beiden Kämpfer tritt und um Gnade bittet, woraufhin die Gegner sich versöhnen und Clarissant mit Guiromelant vermählt wird.

Einzelne Motive, wie die aktive Rolle Itonjes bei der Versöhnung der Gegner und der Abbruch des Zweikampfs vor der Entscheidung, begegnen auch bei Wolfram (in Buch XIV). Ob daraus geschlossen werden darf, daß Wolfram über den Abbruch von Chrétiens Text hinaus französisches Quellenmaterial der Fortsetzungen benutzt hat, ist unsicher. In den wichtigsten Punkten weicht Wolframs Darstellung von der ›Ersten Fortsetzung‹ ab; und durch das Auftreten Parzivals wird der Handlungsablauf bei Wolfram in eine ganz andere Richtung gelenkt. Von da an gibt es keine Berührungspunkte mehr mit der Überlieferung des ›Conte du Graal‹.

Buch XIV. Es kommt zum Kampf zwischen Gawan und dem fremden Ritter. Inzwischen sind Artus' Boten in Rosche Sabbins angekommen, wo Gramoflanz gerade dabei ist, mit großem Gefolge aufzubrechen. Sein Onkel, König Brandelidelin, und eine große Zahl von Damen begleiten ihn.

Auf dem Rückweg nach Joflanze kommen Artus' Boten an dem Ort vorbei, wo Gawan und Parzival miteinander kämpfen. Sie sehen, daß Gawan kurz vor einer Niederlage steht, und rufen seinen Namen. Parzival bricht sofort den Kampf ab und bedauert den Irrtum. Weil Gawan von dem Kampf gegen Parzival zu erschöpft ist, wird der Kampf gegen Gramoflanz um einen Tag verschoben.

Parzival wird von König Artus mit hohen Ehren empfangen und wieder in die Tafelrunde aufgenommen. Am nächsten Morgen verlassen Parzival und Gramoflanz, ohne von einander zu wissen, ihr Lager und treffen am Kampfplatz aufeinander. Als Gawan, nachdem er die Messe gehört hat, dort eintrifft, ist Gramoflanz fast besiegt. Die Gegner werden getrennt, und der Kampf zwischen Gawan und Gramoflanz wird noch einmal um einen Tag verschoben.

Als Itonje erfährt, daß ihr Bruder und ihr Geliebter gegen einander kämpfen wollen, bittet sie ihren Onkel Artus, zwischen den Gegnern zu vermitteln und den Kampf zu verhindern. Artus überzeugt sich von der Ernsthaftigkeit von Gramoflanz' Liebe zu Itonje und vergewissert sich der Versöhnungsbereitschaft von Orgeluse.

Als Gramoflanz in Artus' Lager eintrifft, kommt es zu der ersten Begegnung zwischen ihm und Itonje, die sich vorher nie gesehen haben. Die entscheidenden Friedensverhandlungen führt Artus mit dem alten König Brandelidelin. Sie verabreden, daß Itonje ihren Geliebten Gramoflanz dazu bewegen soll, um ihretwillen auf den Kampf mit Gawan zu verzichten, und daß Gawan seine Geliebte Orgeluse zu einer Versöhnung mit Gramoflanz bestimmen soll. So geschieht es. In feierlicher Form geben sich Orgeluse und Gramoflanz den Versöhnungskuß. Dann wird Gramoflanz mit Itonje vermählt, Lischoys mit Gawans Schwester Kundrie, der Turkoyte mit Gawans Mutter Sangive. Orgeluse nimmt Gawan zum Ehemann und übergibt ihm die Herrschaft über sich und ihr Land. Nur Parzival hat an der allgemeinen Versöhnungsfreude keinen Anteil, weil die Sorge um den Gral und die Sehnsucht nach Condwiramurs ihn quälen. Vor Tagesanbruch bricht er heimlich auf.

Der Kampf zwischen Parzival und Gawan. Der Kampf mit Gawan ist bereits der dritte Verwandtenkampf (nach den Kämpfen gegen Ither und Vergulaht), den Parzival *unwizzende,* ohne um die Verwandtschaft mit seinem Gegner zu wissen, ausficht; aber noch nicht der letzte: im 15. Buch kämpft er gegen seinen eigenen Bruder. Wie überflüssig, gefährlich und sinnlos diese Kämpfe sind, hat der Erzähler an dieser Stelle deutlich gemacht.»Ohne Grund« (*âne schulde* 691,23) hätten die beiden miteinander gekämpft. Parzival spricht von seiner »verfluchten Hand« (*gunêrten hant* 688,25), die das Schwert gegen sich selbst erhoben habe: »Ich habe mich selbst besiegt« (*ich hân mich selben überstriten* 689,5); und Gawan bestätigt diese Sicht: »Zwei Herzen, die eins sind, haben hier ihre wütende Gewalt gezeigt« (*hie hânt zwei herzen einvalt mit hazze erzeiget ir gewalt* 689,27-28). Noch deutlicher als bei Gawans Kämpfen gegen Lischoys und den Turkoyten wird der Sinn ritterlicher Kämpfe im 14. Buch in Frage gestellt. Beide Kämpfe beruhen auf Irrtum und Mißverständnis. Es zeigt sich, daß eine Lösung der Konflikte nicht durch Kampf zu erreichen ist, sondern nur durch Friedensbereitschaft und Verhandlungsgeschick.

Man wird an die Diskussion zwischen Liddamus und Kingrimursel im 8. Buch erinnert (vgl. S. 84f.). Jetzt erweist sich die Überlegenheit von Liddamus' Position.

Parzival im Zeltlager vor Joflanze. Als Parzival mit hohen Ehren in das Lager vor Joflanze geleitet wird, entsteht dort eine Situation, die voller Irritationen und Spannungen ist. Parzival scheut sich, vor die Damen des Artushofs zu treten, weil diese am Plimizoel Zeugen seiner Entehrung durch den Fluch Kundries waren. Orgeluse scheut sich, den Mann zu begrüßen, der ihre Liebe zurückgewiesen hat; und es fällt ihr schwer, als seine Nachbarin bei Tisch Parzival zu bedienen, wie es Gawan ihr bestimmt. Bene sitzt weinend in der Festgesellschaft, nachdem sie erfahren hat, daß Gawan und Gramoflanz gegeneinander kämpfen sollen. Itonje schließlich ist voller Zweifel über ihre Situation, als sie Bene weinen sieht. Diese Spannungen sollen wohl anzeigen, wieviel noch zu tun ist, bevor das große Werk der Versöhnung und Friedenstiftung zum Erfolg gelangt. Was Parzival betrifft, gelingt die (vorläufige) Reintegration in die Artusgesellschaft durch zwei Zeremonialakte: durch die zahlreichen Begrüßungsküsse, die er von den höchsten Damen der Gesellschaft empfängt (696,6f. 698,22ff.), und durch die Wiederaufnahme in die Tafelrunde (700,19ff.). Es zeigt sich jedoch bald, daß Parzivals Probleme damit nicht gelöst sind. Er bricht am nächsten Morgen heimlich und ohne Abschied auf.

Der Kampf zwischen Parzival und Gramoflanz. Warum die beiden miteinander kämpfen, ist nicht ganz klar. Parzival will offenbar Gawan zuvorkommen, nachdem Gawan Parzivals Angebot, an seiner Stelle zu kämpfen, abgelehnt hat (701,21ff.). Gramoflanz muß blind sein, wenn er den Ritter in der roten Rüstung für Gawan hält, mit dem er wenige Tage zuvor zusammengetroffen war. Das Ergebnis ist, daß Gramoflanz' Überheblichkeit einen kräftigen Dämpfer erhält und daß Parzival seine ritterliche Überlegenheit nach allen Seiten bestätigt.

Liebe und Haß. Die Botschaft von Joflanze lautet, daß nur Liebe den Haß überwinden kann. Das müssen vor allem Gramoflanz und Orgeluse lernen, deren Haltung von Haß bestimmt war und die damit so viel Unheil angerichtet haben. Jetzt werden beide zur Selbstüberwindung genötigt. Gramoflanz muß sich von Bene als »treuloser Hund« (*ir ungetriwer hunt* 693,22) beschimpfen lassen, weil er dem Bruder seiner Geliebten nach dem Leben trachtet; und Orgeluse muß ihren Stolz ablegen und Gramoflanz, den sie so lange mit ihrer Rache verfolgt hat, den Versöhnungskuß geben.

Itonje und Gramoflanz. Die Liebe zwischen Itonje und Gramoflanz ist ein interessanter Beitrag zur Liebesphänomenologie der Gawan-Bücher. Hier geht es um eine Spielart der höfischen Liebe, die im ›Parzival‹ noch nicht vorgekommen war: die Fernliebe, die auf Liebesboten angewiesen ist und die von beiden mit großer Aufrichtigkeit und Intensität verwirklicht wird. So deutlich der Erzähler seine Sympathie für die junge Itonje zeigt, so gehört doch sicherlich auch die Fernliebe zu den merkwürdigen Erscheinungsformen der Liebe.

Das zeigt sich besonders deutlich an dem Liebesbrief, den Gramoflanz durch Bene seiner Geliebten überbringen läßt. Der Brief wird offenbar vor König Artus öffentlich verlesen (417,21ff.) und von ihm als Beweis der Aufrichtigkeit von Gramoflanz' Liebe gewertet. Der Erzähler zitiert den Brief, der mit dem Vers *Ich grüeze die ich grüezen sol* (715,1) beginnt und mit der Versicherung *lâz mich sîn dîn dienstman, ich wil dir dienen swaz ich kan* (715,29-30) endet, in vollem Wortlaut. Der Brief nennt merkwürdigerweise weder einen Absender noch einen Adressaten und besteht aus einer Kette von rhetorisch fein gedrechselten Phrasen im hohen Stil. Er ist bar jedes persönlichen Wortes und könnte wörtlich aus einem Liebesbriefsteller abgeschrieben sein (*Helmut Brackert, Da stuont daz minne wol gezam.* Minnebriefe im späthöfischen Roman, ZfdPh. 93, 1974, Sonderheft, S. 1-18).

Ein geschriebener Brief war im Mittelalter eine Urkunde, die einen Tatbestand bezeugt, dessen Wahrheit nicht dadurch in Frage gestellt wird, daß er in die Form eines rhetorischen Konstrukts gefaßt ist. Gramoflanz' Liebe wird durch seinen Brief ›verbrieft‹; insofern kann Artus den Brief als ›Beweismittel‹ werten. Der Brief ist jedoch auch ein Mittel des Wolframschen Erzählstils, und als solches wird er schillernd und mehrdeutig und kann auch als Zeugnis für eine verschrobene Liebes-Variante gelesen werden.

Die Rolle der Frauen. Bei dem Versöhnungswerk spielen die Frauen eine wichtige Rolle, vor allem Itonje und Bene sowie die alte Königin Arnive. Ausdrücklich wird erwähnt, daß Artus seine Mutter, seine Schwester und seine Nichte zu den Friedensverhandlungen hinzuzieht. Der Erzähler kommentiert: »Wer das für unwichtig hält, weiß nicht, was wichtig ist« (*swer prüevet daz für kleiniu dinc, der groeze, swaz er welle* 729,6-7). Die Versöhnung der Konflikt-Parteien findet in zahlreichen Eheschlüssen ihren Ausdruck. Offenbar ist die Ehe die Form, in der die bewahrende Liebe sich am meisten bewährt (vgl. S. 164). Der Ernst dieser Botschaft wird durch die komische Häufung der Eheschlüsse – der Erzähler kommentiert: »Artus war freigebig mit Damen« (*Artûs was frouwen milte* 730,11) – nicht wesentlich beeinträchtigt.

König Artus. Am Schluß der Dichtung steht König Artus als der große Friedensfürst und als der Repräsentant eines gesellschaftlichen Integrationswillens da, dem es gelingt, alle Konflikte zu überwinden. Artus ist jetzt »der kluge, höfische Mann« (*Artûs der wîse höfsche man* 717,1), dessen Verhandlungsgeschick und dessen Versöhnungsappell sich gegen die Kampfbereitschaft der jungen Ritter durchsetzt. Wenn die Zuhörer daran zurückdachten, welche jämmerliche Rolle der König im 3. Buch gespielt hatte, wird ihnen klar geworden sein, wie sehr sich die Perspektiven der Erzählung verschoben haben.

1.7 Der Abschluß der Parzival-Handlung (Buch XV-XVI)

Buch XV. Im Wald trifft Parzival auf einen herrlich geschmückten Ritter. Der Erzähler erläutert, daß der Fremde ein mächtiger Heidenkönig ist, der über 25 Länder gebietet und dessen Flotte in der Nähe ankert. Der König sei zum Vergnügen alleine ausgeritten. Von all dem weiß Parzival nichts. Ohne ein Wort miteinander zu wechseln, beginnen sie den Kampf, der damit endet, daß Parzivals Schwert zerbricht. Großmütig wirft auch der andere sein Schwert weg und gibt sich als Parzivals Halbbruder Feirefiz zu erkennen. Feirefiz ist mit großem Gefolge aufgebrochen, um Abenteuer zu suchen. Außerdem will er seinen Vater Gahmuret wegen dessen Handlungsweise gegenüber Belakane zur Rechenschaft ziehen. Parzival führt den Bruder in das Lager von Joflanze zurück, wo Feirefiz von Gawan und Artus feierlich begrüßt wird.

Am nächsten Tag veranstaltet Artus ein Fest zu Ehren von Feirefiz und nimmt ihn in die Tafelrunde auf. Als alle festlich um die runde Tafel versammelt sind, erscheint die Gralbotin Kundrie und verkündet die Berufung Parzivals zum Gralkönig. Er kann einen Gefährten mit nach Munsalvaesche nehmen und wählt seinen Bruder Feirefiz. Kundrie führt sie zur Gralburg.

Der Zweikampf der Brüder. Der letzte Kampf, den Parzival in der Dichtung ausficht, weist zurück auf seinen ersten Kampf gegen Ither, der von Trevrizent als Brudermord gedeutet worden ist. Jetzt steht Parzival wirklich seinem Bruder gegenüber, den er so wenig erkennt, wie er damals in Ither seinen Verwandten erkannte, und er schlägt auf ihn mit demselben Schwert ein, das er damals dem toten Ither geraubt hat. Doch diesmal greift Gott ein: er läßt Ithers Schwert zerbrechen und macht den Helden wehrlos. Damit verhindert Gott nicht nur einen wirklichen Brudermord, sondern erteilt seinem Helden auch eine Demütigung. Zum ersten Mal geht Parzival nicht als Sieger aus einem Kampf hervor.

Der Zeitplan der Dichtung läßt es als möglich erscheinen, daß die Schrift auf dem Gral, die Parzivals Berufung nach Munsalvaesche verkündet, gerade zu dem Zeitpunkt sichtbar geworden ist, als die Brüder gegeneinander kämpften. Einen Tag später trifft Kundrie mit der Berufungs-Botschaft vor Joflanze ein.

Feirefiz. Mit Parzivals elsternfarbenem Bruder tritt der Orient wieder in Wolframs Dichtung ein. Märchenhafter Reichtum, höfische Gesinnung und ein leidenschaftlicher Frauendienst zeichnen Feirefiz aus. Alles an Feirefiz wirkt ein bißchen übertrieben: die Größe seines Reiches, die Kostbarkeit seiner Waffen und seine Fixierung auf das weibliche Geschlecht. Er spricht öffentlich davon, wie viele Königinnen ihm ihre Gunst erwiesen haben (771,15ff.). Auch seine ritterlichen Leistungen werden ins Komische gesteigert. Als Artus ihn danach fragt, zählt Feirefiz dreißig Könige und Fürsten auf, die er besiegt hat. Diese Liste überrascht nicht nur durch ihren Umfang und durch die Absonderlichkeit der meisten Namen, sondern sie sprengt auch die Gesetze der Metrik (vgl. S. 29). Parzival antwortet mit einer ebenso langen, ebenso bombastischen Aufzählung der von ihm besiegten Gegner, um hinter seinem Bruder nicht zurückzustehen. Diese komische Großsprecherei soll vielleicht unterstreichen, daß alle Siege Parzival nicht geholfen haben, den Gral zu finden.

Das Verwandtschaftsmotiv. Nach dem Kampf der Brüder wird – wie schon nach dem Kampf zwischen Parzival und Gawan – die Verwandtschaft im Sinne einer Familien-Identität gedeutet: »Du hast hier mit dir selbst gekämpft, und ich bin gegen mich selbst angeritten« (*mit dir selben hâst du hie gestritn. gein mir selbn ich kom ûf strît geritn* 752,15-16). Die Zuhörer sollten verstehen, daß Parzival in Feirefiz ein Stück seiner eigenen Identität gefunden hat. Feirefiz gibt dem Identitätsgedanken noch eine besondere Note, indem er Gahmuret miteinbezieht: »Mein Vater, du und ich, wir waren gänzlich eins, wiewohl sich die Einheit in drei Teilen zeigte« (752,8-10). Die Anspielung auf die Trinität veranschaulicht die Erhabenheit der verwandtschaftlichen Identität. Das hindert Feirefiz nicht, seinem Vater kritisch gegenüberzustehen. Die Problematik der väterlichen Verwandtschaft ist hier am Schluß der Dichtung bis zum offenen Vater-Sohn-Konflikt gesteigert, der allerdings nicht ausgetragen wird, weil Gahmuret längst tot ist. Damit verbunden ist der Bruderzwist um das väterliche Erbe, der sich hier andeutet: Als Feirefiz sich mit dem Namen *Feirefiz Anschevîn* vorstellt (745,28), bittet Parzival ihn, den Namen Anschevin abzulegen, denn Anschouwe sei sein Erbe.

Feirefiz entschärft den möglichen Bruderzwist durch das Angebot, Parzival zwei von seinen 25 Königreichen zu schenken, ausgerechnet Azagouc und Zazamanc, sein mütterliches Erbe.

Kundrie. Es ist alles wie im 6. Buch. Die runde Tafel wird vor Joflanze symbolisch aus einem kostbaren Seidenstoff geschnitten, wie damals »auf der Wiese am Plimizoel« (*ûf dem Plimizoeles plân* 775,7). Kundrie trägt, wie damals, modische Kleider in französischem Schnitt; in ihrer abstrusen Häßlichkeit »sah sie noch genauso aus, wie so viele Menschen sie gesehen hatten, als sie zum Plimizoel kam« (780,15-17). Die Zuhörer sollen sogar noch wissen, daß sie damals einen Pfauenhut aus London trug: der Erzähler macht extra darauf aufmerksam, daß sie diesen Hut diesmal nicht auf hat (780,24f.). Auch die Rede, die Kundrie vor der Artusgesellschaft hält, ist voller Anspielungen auf ihre Rede im 6. Buch.

Anders als am Plimizoel ist ihre Haltung gegenüber Parzival. Damals ist Kundrie nicht einmal von ihrem Maultier gestiegen, sondern hat von oben herab ihren Fluch über Parzival gesprochen. Jetzt »springt« sie von ihrem Pferd und wirft sich Parzival zu Füßen (779,22f.) und bittet ihn um Verzeihung für die maßlosen Beschuldigungen, die sie damals gegen ihn erhoben hatte. Noch nach fast fünf Jahren ist Parzivals *haz* gegen sie nicht verschwunden (*Parzivâl truoc ûf si haz* 770,29), und erst die Bitten von »Freunden« besänftigen seinen Zorn (779,30).

Die Berufung zum Gral. Kundrie verkündet Parzival seine Berufung: »Das Epitaphium ist gelesen: du sollst Gralkönig sein« (*daz epitafjum ist gelesen: du solt des grâles hêrre wesen* 781,15-16). Außerdem wird durch die Schrift auf dem Gral Condwiramurs nach Munsalvaesche berufen. Weiter wird bestimmt, daß Parzivals Sohn Loherangrin die Mutter begleiten soll, während sein Zwillingsbruder Kardeiz als Herrscher in Kanvoleiz vorgesehen ist. Daß Parzival zwei Söhne hat und wie sie heißen, wissen die Zuhörer seit dem Kampf mit Feirefiz, durch eine Zwischenbemerkung des Erzählers (743,16ff.). Für Parzival selber sind das große Neuigkeiten.

Kundrie verkündet auch, daß Parzivals Frage den leidenden Anfortas erlösen wird (781,27f.). Das ist eine Überraschung, denn im 9. Buch hieß es, daß die Erlösungsfrage ihre Zauberkraft verlieren sollte, wenn sie nicht am ersten Abend gestellt würde (484,1f.). Da nun der Fragesteller Bescheid weiß, wird die Frage zu einer zeremoniellen Handlung.

Fast beiläufig erwähnt Kundrie, daß Parzival einen Begleiter nach Munsalvaesche mitnehmen »soll« (783,28). Wenn man weiß, wie

streng der Zugang nach Munsalvaesche verwehrt wird, dann ist zu
vermuten, daß diese Bestimmung einer Willenskundgebung Gottes
entspricht. Parzival wählt seinen heidnischen Halbbruder als Begleiter;
das ist nur im ersten Moment überraschend. Offenbar hat Gott diese
Wahl vorausgesehen, denn er hat, wie sich bald zeigt, noch Großes
mit Feirefiz vor. Feirefiz ist der dritte Angehörige der Gahmuret-Ar-
tus-Mazadanfamilie (nach Kaylet und Gahmuret), der in die Familie
der Gralkönige hineinheiratet. Es wird einen zweiten Sprößling aus
dieser Verbindung geben: den Priester-König Johannes.

Die arabischen Planetennamen. Ein Teil von Kundries Rede wird
nur von Feirefiz verstanden (wie der Erzähler 782,2f. hervorhebt): sie
spricht nämlich heidnisch, wenn sie die Namen der sieben Planeten
aufzählt. Wie im Kyot-Exkurs im 9. Buch wird hier der Gral mit
heidnischer Sternkunde in Verbindung gebracht. Kundrie will offen-
bar sagen, daß die Planeten für Parzivals Berufung zum Gral günstig
stehen. In ihrer Ankündigung, Parzival könne alles erreichen, was
von den Planeten umlaufen wird, klingt vielleicht auch der Gedanke
an, daß Orient und Okzident im Zeichen des Grals versöhnt werden
sollen (*Paul Kunitzsch*, Die Planetennamen im Parzival, ZfdSp. 25,
1969, S. 169-174).

Buch XVI. In Munsalvaesche herrscht lähmende Trauer. Anfortas wünscht
sich den Tod, wird aber durch den Anblick des Grals am Leben gehalten.
Als Kundrie mit den beiden Brüdern eintrifft, schlägt die Trauer in Freude
um. Parzival tritt vor Anfortas und stellt die Erlösungsfrage; sofort wird der
König gesund und erblüht in wunderbarer Schönheit. Nach Gottes Willen
übernimmt Parzival die Herrschaft über den Gral.

Parzival reitet seiner Frau Condwiramurs entgegen und kehrt unterwegs bei
Trevrizent ein. Der bittet den Neffen um Verzeihung dafür, daß er bei ihrem
ersten Zusammensein versucht habe, ihn mit einer Lüge davon abzubringen,
sich kämpfend um den Gral zu bemühen.

An der Stelle, an der Parzival einst die drei Blutstropfen im Schnee
erblickt hat, findet er das Zeltlager seiner Frau. Nach fünf Jahren können
sich die Eheleute wieder umarmen, und Parzival sieht zum ersten Mal seine
beiden Söhne. Der kleine Kardeiz wird zum König über Waleis, Norgals
und Anschouwe gekrönt und in seine Länder geführt, während Parzival mit
Condwiramurs und Loherangrin nach Munsalvaesche reitet. Auf dem Weg
dorthin suchen sie Sigunes Klause auf und finden die Klausnerin darin tot.
Sie wird zusammen mit Schionatulander bestattet.

In Munsalvaesche erleben Parzival und Feirefiz den feierlichen Aufzug
des Grals. Feirefiz verliebt sich in die Gralträgerin Repanse de Schoye, und
der Liebesschmerz quält ihn derartig, daß er alles daran setzt, schnell ans
Ziel seiner Wünsche zu gelangen. Parzival bestimmt, daß Feirefiz erst seinen

Göttern abschwören und auf Secundille verzichten müsse. Am nächsten Tag wird Feirefiz getauft und mit Repanse vermählt. Dann nehmen die beiden Abschied. Später gebiert Repanse in Indien einen Sohn, dem man den Namen Johannes gibt. Feirefiz sorgt dafür, daß sich in Indien der christliche Glaube verbreitet.

Als Loherangrin herangewachsen ist, wird er als Gralritter nach Brabant geschickt. Er heiratet dort die Herrin des Landes unter der Bedingung, daß sie nicht nach seiner Herkunft fragt. Sie haben Kinder und sind glücklich, bis die Herzogin die verbotene Frage stellt. Loherangrin muß seine Familie verlassen und kehrt nach Munsalvaesche zurück.

Die Dichtung endet mit einem kurzen Epilog.

Anfortas' Heilung. Wenn man davon ausgeht, daß den Bewohnern von Munsalvaesche bekannt sein mußte, daß Parzival durch die Schrift auf dem Gral von Gott zum neuen Gralkönig bestimmt worden ist, müssen die traurige Stimmung in Munsalvaesche und der verzweifelte Todeswunsch des Königs verwundern. Parzivals Frage bewirkt ein Wunder, das mit der Erweckung des Lazarus und der Wiederbelebung des Stiers durch den heiligen Silvester verglichen wird (795,30ff.). Indem Gott durch Parzival Wunder wirkt, macht er ihn zum Heilbringer und Erlöser.

Trevrizents Widerruf. Bei seinem letzten Auftritt gerät Trevrizent in ein merkwürdiges Licht. Für ihn ist es das größte Wunder, daß Parzival seine Berufung zum Gral »Gott abgetrotzt« (*ab got erzürnet* 798,3) habe. Trevrizent hatte jedoch selber Parzivals gelehrt, daß man »Gott nichts abtrotzen kann« (*Irn megt im ab erzürnen niht* 463,1). Trevrizent irrt sich, wenn er glaubt, daß Parzival durch seinen Zorn ans Ziel gelangt sei und daß er Gott die Gnade abgezwungen habe. Doch Trevrizents Autorität wird noch stärker beschädigt: er muß sich jetzt als Lügner bekennen und den Neffen um Vergebung bitten: »Über den Gral und wie es sich damit verhält, habe ich listig gelogen, um euch davon abzubringen« (*ich louc durch ableitens list vome grâle, wiez umb in stüende* 798,6-7). Das Bestürzende an dieser Szene ist, daß Trevrizents Eingeständnis seiner »Lüge« Zweifel an allem wecken kann, was er früher gesagt hat. Müssen auch die »zwei großen Sünden« (*zwuo grôze sünde* 499,20), die nach Trevrizents Aussage im 9. Buch auf Parzival lasteten, aus der Perspektive des 16. Buchs anders gesehen werden? Der Erzähler läßt seine Zuhörer darüber im Ungewissen.

Arthur Groos, Trevrizent's Retraction: Interpolation or Narrative Strategy?, DVjs 55, 1981, S. 44-63. – *Bernd Schirok*, Ich louc durch ableitens list. Zu Trevrizents Widerruf und den neutralen Engeln, ZfdPh. 106, 1987,

S. 46-72. – *Cornelia Schu*, Vom erzählten Abenteuer zum Abenteuer des
Erzählens (vgl. S. 265), S. 307ff.

Das Wiedersehen mit Condwiramurs. Daß Parzival seine Frau an der
Stelle wiedertrifft, an der er einst ihr Bild im Schnee erblickt hat, gibt
der Blutstropfenszene im nachhinein eine besondere Bedeutung. Die
Vision, die Parzival damals hatte, hatte prophetischen Charakter. Die
Situation des Wiedersehens im 16. Buch entbehrt nicht der Komik:
Condwiramurs hat nur ein Unterhemd an, als sie bei Parzivals Ankunft
geweckt wird, und muß sich in ein Bettuch wickeln, um ihren Mann
zu begrüßen. Der eheliche Beischlaf am hellen Vormittag ist zwar
durch die lange Zeit der Trennung gut begründet, hat aber ebenfalls
etwas Schwankhaftes. Mit den Worten: »Jetzt sollte ich böse sein« (*nu
solt ich zürnen* 801,9) macht Condwiramurs deutlich, daß Parzivals
Verhalten als Ehemann auch kritisch gesehen werden kann: fünf Jahre
lang war er nicht in Belrapeire. Aber die Zuhörer wissen, daß nicht
Mangel an ehelicher Liebe Parzivals Handlungsweise bestimmt hat,
sondern daß die Trennung von der Ehefrau ein Teil der selbstauferlegten
Askese in der Gralsuche war. Wie verdienstvoll diese Ehe ist, wird
im Licht der Gralbestimmungen deutlich. Nach Trevrizents Auskunft
darf der Gralkönig nur diejenige Frau heiraten, die Gott ihm durch
die Gralinschrift vorschreibt (478,13ff.). Nur im Fall Parzivals wird
die Gattenwahl nachträglich von Gott gebilligt.

Sigunes Tod. Zwischen der Wiedersehensfreude der Ehegatten und
dem fröhlichen Geschehen um Feirefiz' Taufe und Hochzeit steht die
traurige Auffindung der toten Sigune. Sie ist »im Gebet gestorben« (*an
ir venje tôt* 804,23). Der Zeitpunkt ihres Todes soll wahrscheinlich auf
den Tag genau mit Parzivals Erhebung zum Gralkönig zusammenfal-
len; darin zeigt sich wieder, wie eng Sigune- und Parzival-Handlung
verbunden sind. Beide sind gleichzeitig an ihr Ziel gelangt: Parzival
ist Gralkönig geworden; Sigune ist ihrem Geliebten nachgestorben.
Beide haben vor Gott Gnade gefunden. Für beide spielt auf ihrem Weg
zu Gott die vorbildliche Ehe eine entscheidende Rolle. Beide werden
zur selben Zeit nach langer Trennung mit dem Ehegatten vereint:
Parzival im Leben, Sigune im Tod. Was diese Spiegelbildlichkeit für
die Bewertung der Parzivallösung bedeutet, wird vom Erzähler im
Dunkeln gelassen. Deutlich ist, daß es verschiedene Wege zu Gott gibt.
Deutlich ist auch, daß der Weg über Askese, Buße, Selbstverleugnung,
Weltabkehr und Tod, also Sigunes Weg, der eigentlich christliche
Weg ist. Parzivals Berufung zur Gralherrschaft ist eine märchenhafte
Lösung, die nur Parzival offensteht.

Feirefiz' Taufe und Hochzeit. Der Anblick der Gralträgerin Repanse de Schoye versetzt Feirefiz in einen Zustand komischer Liebesraserei. Sein unbändiges Liebesverlangen bestimmt den weiteren Verlauf der Handlung. Dabei wird das religiöse Motiv – Feirefiz soll sich taufen lassen – dem Liebeswunsch des Heiden so auffällig untergeordnet, daß die Taufe selbst wie eine Burleske wirkt. Feirefiz hat es sehr eilig, in das Taufbecken zu steigen, weil anschließend die Hochzeit stattfinden soll. Mit lautem Gelächter beantworten Parzival und Anfortas die Frage des Heiden, ob man die Taufe nicht auch mit Lanze und Schwert erkämpfen könne (815,1f.). Wie ungesichert die Glaubensvorstellungen des neuen Christen sind, zeigt Feirefiz' Versicherung, er werde künftig an Gott und an Repanse glauben (818,7).

Mit seiner komischen Liebesbesessenheit bringt Feirefiz die ganze Ordnung der Gralgesellschaft durcheinander. Nach den Auskünften über die Gralgesellschaft, die Trevrizent im 9. Buch gegeben hat, herrscht in Munsalvaesche für Ritter und Damen Liebesverbot. Die weiblichen Mitglieder der Gralgesellschaft können nur heiraten, wenn sie Munsalvaesche verlassen; die Männer nur, wenn sie als Herrscher in fremde Lände geschickt werden. Vielleicht soll zuletzt ein Fragezeichen hinter die rigide Strenge der Liebes- und Ehegebote des Grals gesetzt werden. So könnte sich die auffällige Mischung ernster und komischer Motive am Schluß erklären.

Zu den ernsten Motiven gehört, daß der Gral in einem Tempel aufbewahrt wird (816, 15) und daß in Munsalvaesche schon häufig Heiden getauft worden sind (817,9f.). Das sind Motive, die an Jerusalem und an das heilige Land denken lassen und die zuletzt eine apokalyptische Bedeutungskomponente des Grals sichtbar werden lassen.

Der Priester Johannes. Was über die weiteren Geschicke von Feirefiz und Repanse berichtet wird, hat nichts mehr mit dem komischen Trubel um Feirefiz' Taufe zu tun. »Feirefiz ließ aufschreiben, wie der christliche Glaube in ganz Indien aufgenommen wurde« (*Feirefîz hiez schrîben ze Indyâ übr al daz lant, wie kristen leben wart erkant* 822,28-30). Die Christianisierung, des größten und reichsten Landes im Orient, war im Mittelalter ein Wunschgedanke, dessen Realisierung an die Gestalt des Priester-Königs Johannes geknüpft war. Zu Wolframs Zeit hat man an der geschichtlichen Existenz dieses Königs nicht gezweifelt. Schon vor 1200 wurde ein Brief des Presbyters Johannes an den griechischen Kaiser Manuel I. (gest. 1180) bekannt, in dem Johannes sich als Großkönig eines christlichen Reichs in Indien vorstellte und sich anbot, von Osten her die heidnischen Sarazenen anzugreifen,

um das heilige Land zu befreien. Dieser Brief fand in Europa weite
Verbreitung und wurde in die meisten Volkssprachen übersetzt.

> *Dietrich Huschenbett*, Priesterkönig Johannes (Presbyterbrief), in ²VL, Bd.
> 7, 1989, Sp. 828-842. – *Bettina Wagner*, Die Epistola presbiteri Johannis.
> Lateinisch und deutsch. Überlieferung, Textgeschichte, Rezeption und
> Übertragungen im Mittelalter, 2000, S. 235ff.

Wolfram hat Feirefiz' Sohn den Namen *priester Jôhan* (822,25) ge-
geben und hat durch die Feststellung, daß die Könige von Indien
seitdem alle den Namen Priester Johannes tragen (822,26f.), den
zeitgenössischen Priester Johannes, der den Brief an Kaiser Manuel
schrieb, zum Nachkommen von Feirefiz und Repanse de Schoye,
also zum Nachkommen der Artus-Familie und der Gral-Könige,
gemacht. Welche Bedeutung diese genealogische Verknüpfung für
die Parzivaldichtung haben sollte, läßt der Text offen.

Loherangrin. Wolframs Dichtung endet mit einem Ausblick auf die
Geschichte von Parzivals Sohn Loherangrin, der als Schwanritter nach
Brabant kommt und dort scheitert. Eine Verbindung zur Parzival-
Handlung ist durch das Fragemotiv gegeben. Nach Feirefiz' Taufe
erscheint eine Botschaft auf dem Gral, die bestimmt, daß künftig
kein Gralritter, wenn er als Herrscher in ein fremdes Land geschickt
wird, Auskunft über seine Herkunft geben dürfe. Wird er nach sei-
nem Namen und Geschlecht gefragt, so muß er das Land verlassen
(818,25ff.). Der Erzähler erläutert, daß Gott mit diesem Frageverbot
der Stimmung in Munsalvaesche Rechnung getragen habe: weil Anfortas
so lange auf die erlösende Frage warten mußte, sei den Gralrittern alles
Fragen leid geworden. Man möchte das für einen Witz halten; die
Geschichte von Loherangrin zeigt jedoch den tödlichen Ernst einer
Bestimmung, in der die göttliche Weisheit nur schwer zu erkennen
ist. Der Adelsgesellschaft des hohen Mittelalters, in der die eigene
Identität wesentlich über die Abstammung definiert wurde, muß es
als schwer zumutbar erschienen sein, daß ein ganzes Land den Namen
seines Herrschers nicht erfahren darf; daß eine Frau nicht wissen darf,
wer ihr Ehemann ist; daß die Kinder über ihre eigene Abstammung
im Unklaren bleiben müssen Wolframs Dichtung ist das älteste deut-
sche Zeugnis für die Schwanrittersage, die zu Wolframs Zeit mit der
Person und der Familie des Grafen Gottfried von Bouillon (gest.
1100), des Anführers des Ersten Kreuzzugs und ersten Königs von
Jerusalem, verbunden war. Wolfram hat die Sage mit den Herzögen
von Brabant verknüpft, die damals erst vor kurzem zu Nachfahren
der Grafen von Bouillon geworden waren: die erste Brabanterin, die

ihren Stammbaum auf den Schwanritter zurückführen konnte, war Maria (gest. 1260), die Gemahlin Kaiser Ottos IV.

Thomas Cramer, Lohengrin. Edition und Untersuchungen, 1971, S. 46ff. – *Claude Lecouteux,* Zur Entstehung der Schwanrittersage, ZfdA 107, 1978, S. 18-33. – *Ulrich Wyss,* Parzivals Sohn. Zur strukturalen Lektüre des Lohengrin-Mythos, W-St. 5, 1979, S. 96-115. – *Herbert Kolb,* Die Schwanrittersage als Ursprungsmythos mittelalterlicher Fürstengeschlechter, in: History and Heroic Tale, hrsg. von T. Nyberg (u.a.), Odense 1985, S. 23-50.

Zum altfranzösischen ›Chevalier au Cygne‹ vgl. *Karl-Heinz Bender, Hermann Kleber,* Le premier cycle de la croisade. De Godefroy à Saladin: entre la cronique et le conte des fées (1100-1300), in: Grundriß der romanischen Literaturen des Mittelalters, hrsg. von H.-R. Jauss, E. Köhler, Bd. 3, Tome 1/2 A, fasc. 5, 1986, S. 61ff.

Der Schluß. Wolframs Dichtung endet mit einem Epilog (827,1-30), in dem der Erzähler sich für den Abschluß der Handlung auf seinen Gewährsmann Kyot beruft und die Moral der Geschichte in einer Sentenz zusammenfaßt: »Wenn das Leben eines Menschen so endet, daß Gott nicht um die Seele betrogen wird, weil der Leib gesündigt hat, und wenn derselbe Mensch würdig ist, die Anerkennung der Welt zu finden, so war das eine Mühe, die sich gelohnt hat« (*swes lebn sich sô verendet, daz got niht wirt gepfendet der sêle durch des lîbes schulde, und der doch der werlde hulde behalten kan mit werdekeit, daz ist ein nütziu arbeit* 827,19-24). Der Gedanke, daß es das höchste Ziel des Menschen sein soll, zugleich Gott und der Welt zu gefallen, zieht sich wie ein roter Faden durch die höfische Literatur. Für den ›Parzival‹ hat dieser Gedanke eine besondere Bedeutung, denn der Gral steht geradezu als Sinnbild für die Verbindung von höfischem Glanz und christlicher Frömmigkeit, und an Parzival wird gezeigt, daß »die Mühe sich gelohnt hat«, da er zuletzt ein hochgeachtetes Mitglied der Tafelrunde und zugleich ein Erwählter Gottes ist.

Überschaut man noch einmal die ganze Schlußpartie, vom Abschluß der Parzival-Handlung durch die Übertragung des Gralkönigtums an, dann fällt auf, daß der Erzähler danach kaum noch etwas über Parzival zu berichten hat, daß sich die Aufmerksamkeit vielmehr auf Parzivals Bruder und auf Parzivals Sohn verlagert und daß im Zusammenhang mit diesen Gestalten Themen zur Darstellung gelangen, die über die Parzivalgeschichte hinausweisen.

Horst Brunner, Von Munsalvaesche wart gesant / der den der swane brahte. Überlegungen zur Gestaltung des Schlusses von Ws Parzival (vgl. S. 263).

– *Joachim Bumke*, Parzival und Feirefiz – Priester Johannes – Loherangrin. Der offene Schluß des Parzival von WvE (vgl. S. 263).

Am auffälligsten ist die Verknüpfung der Feirefiz -Geschichte mit der Priester Johannes-Überlieferung sowie der Loherangrin-Geschichte mit der Schwanritter-Überlieferung, die beide einen zeitgeschichtlichen Bezugspunkt haben, da sie sich zu Wolframs Zeit mit dem Presbyter Johannes, dem Verfasser des Briefs an Kaiser Manuel, und mit Gottfried von Bouillon, dem Begründer des Königsreichs Jerusalem, verbanden. Das waren die beiden Personen, in denen sich die christlichen Hoffnungen auf die Befreiung des hl. Landes und der Christianisierung des Orients konkretisierten.

Wie man diese Themen der Parzivalgeschichte zuordnen soll, bleibt zuletzt offen. Der Schluß des ›Parzival‹ scheint die Hörer und Leser einzuladen, die Dichtung über das Ende der erzählten Handlung hinaus weiterzudenken. Ein solcher offener Schluß hält Deutungs-Angebote auf verschiedenen Ebenen bereit. Folgt man dem Epilog, so bietet Parzivals Berufung zum Gral einen glücklichen Abschluß. Folgt man der letzten Gralinschrift, die das Fragen verbietet, so geht es in Wolframs Dichtung um das Paradox, daß das Fragen unerläßlich ist für das Gelingen, daß es aber auch zum Scheitern führt. Folgt man den genealogischen Hinweisen der Priester Johannes- und der Loherangrin-Erzählung, so sieht man sich mit zeitgeschichtlichen Heilserwartungen, die sich auf den Orient richten, konfrontiert.

Wolframs Dichtung endet mit Loherangrins Rückkehr nach Munsalvaesche. Es ist sehr unwahrscheinlich, daß Loherangrin, nachdem er als Herrscher, Ehemann und Vater gescheitert ist, noch Gralkönig in Munsalvaesche werden kann. Die Frage der Gralnachfolge wird in Wolframs Dichtung nicht mehr berührt; aber die Loherangrin-Geschichte nötigt zum Nachdenken über diesen Punkt. Als Parzivals Nachfolger kommt eigentlich nur Johannes in Frage, der mütterlicherseits der einzige Erbe der Gralfamilie ist. So hat man im 13. Jahrhundert den ›Parzival‹-Schluß verstanden, wie die Fortsetzung der Erzählung im ›Jüngeren Titurel‹ bezeugt.

2. Parzivals Sünden und der Gral

2.1 Mehrdeutigkeit

Die ›Parzival‹-Forschung der 50er und 60er Jahre war geprägt von dem Bemühen um eine Gesamtinterpretation der Dichtung, die auf der Grundlage vom »Primat des Religiösen« (Julius Schwietering) gesucht wurde. Der Schlüssel zum Verständnis der Dichtung schien in der theologischen Interpretation der Darstellung von Sünde und Gnade zu liegen. Es ging hauptsächlich um die Aufhellung der geistesgeschichtlichen Hintergründe. Die Tatsache, daß man sich über die ›richtige‹ Interpretation nicht verständigen konnte, hat die Einsicht gefördert, daß die Fragestellung zu eng war, nicht zuletzt weil sie dazu führte, daß die Hälfte der Dichtung, nämlich die Gahmuret- und Gawan-Partien, fast vollkommen unberücksichtigt blieben.

Seitdem ist die ›Parzival‹-Forschung gekennzeichnet durch die Aufarbeitung vorher vernachlässigter Gesichtspunkte und durch die Erprobung neuer Vorgehensweisen und Fragestellungen. Dabei hat sich herausgestellt, daß die Erwartungen, die man früher an eine ›Gesamtinterpretation‹ gestellt hat, im Fall des ›Parzival‹ (wie in vielen anderen Fällen) weitgehend unerfüllt bleiben müssen. Wolframs Dichtung entzieht sich solchen Erwartungen vor allem dadurch, daß sie nicht auf Eindeutigkeit angelegt zu sein scheint, sondern auf Mehrdeutigkeit. Das hat bereits Gottfried von Straßburg gesehen, der im Literaturexkurs seines ›Tristan‹ Dichtern wie Wolfram den Vorwurf gemacht hat, »sie müssen ihren Erzählungen Ausdeuter mitgeben« (*si müezen tiutaere mit ir maere lâzen gân* 4682-83), weil man sonst nicht verstehe, was sie sagen wollen.

Mit Mehrdeutigkeit ist bei Wolframs auf mehreren Ebene zu rechnen:
– Es werden verschiedene Sinn-Angebote gemacht, die sich nach der Verständnisfähigkeit der Rezipienten zu unterscheiden scheinen. Im Prolog wird davon gesprochen, wie »die Dummen« und wie »der Kluge« den Text verstehen. Während es hier um ein richtiges und ein falsches Verständnis zu gehen scheint, scheinen sich die Sinn-Angebote an anderen Stellen danach zu richten, ob die Hörer und Leser eher nach Bestätigung suchen oder ob sie bereit sind, sich auf intellektuelle Abenteuer einzulassen.
– Kennzeichnend für Wolfram ist eine Mehrdeutigkeit, die dadurch entsteht, daß das, was erzählt wird, im Nachhinein eine andere oder eine größere Bedeutung erhält. Der Text ist auf die nachträgliche Erhellung von Bedeutung angelegt (vgl. S. 210f.); das wird besonders deutlich, wenn der Held an einen Ort kommt, an dem er schon vorher war, oder mit Personen zusammentrifft, denen er schon vorher begegnet war.
– Mehrdeutigkeit wird auch durch das kunstvolle Zusammenspiel von Erzählerperspektive und Figurenperspektiven erreicht. An der unterschiedlichen Sicht auf Parzivals Verfehlungen wird in Wolframs Dichtung evident gemacht, daß die Bewertung der Handlung weitgehend davon abhängt, aus welcher Perspektive sie betrachtet wird (vgl. S. 230ff.).

–   Nicht in strengem Sinne mehrdeutig, aber doch offen für verschiedene
    Deutungen sind auch Dinge oder Worte oder Situationen, die eine Aura
    des Geheimnisvoll-Bedeutsamen um sich haben, ohne daß der Text es
    erlaubt, einzelne Bedeutungs-Aspekte konkret zu benennen. Ähnlich
    verhält es sich mit Paradoxien, wenn Widersinn sich in Lachen auflöst.
–   Schließlich läßt sich Mehrdeutigkeit im ›Parzival‹ auch auf der Ebene der
    sprachlichen Formulierungen festmachen, sowohl in der Syntax als auch
    in der Semantik, wodurch das wörtliche Verständnis des Textes ungemein
    erschwert wird (vgl. S. 27f.). Dazu gehört auch, daß die rhetorischen Formen
    des uneigentlichen Sprechens in Wolframs Dichtersprache besonders reich
    vertreten sind. Gleich im Prolog werden die Hörer oder Leser durch eine
    Kette dunkler Bilder mit dieser Eigenart bekannt gemacht (*Cornelia Schu*,
    Vom erzählten Abenteuer zum Abenteuer des Erzählens. Überlegungen
    zur Romanhaftigkeit von Ws Parzival (vgl. S. 265), S. 191ff.).

Die wichtigsten Anstöße zu einer Neuorientierung des ›Parzival‹-Verständ-
nisses sind von Wolfgang Mohr und von Max Wehrli ausgegangen, die die
Aufmerksamkeit auf die Probleme der Erzählstruktur gelenkt haben.

> *Wolfgang Mohr*, Parzival und Gawan, Euph. 52, 1958, S. 1-22. – *Max
> Wehrli*, WvE. Erzählstil und Sinn seines Parzival, DU 6, 1954, Heft 5,
> S. 17-40.

Auf dieser Grundlage hat sich die Erkenntnis durchgesetzt, daß die Themen
und Probleme, die im ›Parzival‹ zur Sprache kommen, nirgends geradlinig auf
eine Autor-Intention zurückgeführt werden können, die sich als verläßliche
Grundlage der Werk-Interpretation nutzen ließe. Wir haben es mit einem
vielstimmigen Werk zu tun, in dem der Erzähler in verschiedenen Rollen
auftritt und mit verschiedenen Zungen spricht. Außerdem werden den Per-
sonen, die die Handlung tragen, Sichtweisen und Sprechweisen zugeordnet,
die sich nicht harmonisch ergänzen, sondern sich vielfach voneinander un-
terscheiden oder sogar im Widerspruch zueinander stehen (*Arthur B. Groos*,
Romancing the Grail. Genre, Science and Quest in W's Parzival (vgl. S. 264),
S. 17ff.).

2.2 Sünde und Gnade

Das Sündenmotiv im ›Conte du Graal‹. Chrétien de Troyes hat dem
Artusroman durch die Einführung der Sündenthematik im ›Conte du
Graal‹ eine neue Dimension erschlossen. Er hat die Einsiedler-Episode
ins Zentrum der Dichtung gerückt und hat die religiöse Umkehr des
Helden zum Angelpunkt der Perceval-Handlung gemacht. Dabei hat
er eine besondere Darstellungstechnik angewandt, die darin besteht,
daß die Sündhaftigkeit von Percevals Handlungsweise erst im Nach-
hinein aufgehellt wird, durch eine nachträgliche Interpretation und

Wertung seines Tuns. Als der junge Perceval von seiner Mutter fortreitet, wird nur gesagt, daß er sich noch einmal umwendet und die Mutter niederstürzen sieht. Die Zuhörer konnten nicht ahnen, daß an dieser Stelle der Sündenfall des Helden stattgefunden hat, durch den sein weiterer Weg bestimmt wird. Auch als Perceval auf dem Gralschloß die Frage versäumt, enthält sich der Erzähler jeder religiösen Deutung. Das Schweigen wird als höfische Rücksichtnahme interpretiert: Perceval denkt daran, daß Gornemant ihn vor vorlautem Fragen gewarnt hat; deswegen schweigt er. Erst beim Zusammentreffen mit seiner «leiblichen Cousine" fällt das Wort «Sünde" (*pechié* 3593). Jetzt wird Percevals Schweigen mit dem Tod der Mutter in Zusammenhang gebracht. Genauso urteilt der Einsiedler-Oheim: »Eine Sünde, um die du nicht weißt, Bruder, hat dich unglücklich gemacht: das Herzeleid deiner Mutter bei deinem Abschied; ohnmächtig sank sie am Brückenkopf vor dem Tor zu Boden, und vor Gram ist sie gestorben. Wegen dieser Sünde war es dir unmöglich, nach Lanze und Gral zu fragen« (6392-6401, Übs. F. Olef-Krafft). In der Einsiedler-Episode wird noch ein weiteres Sündenmotiv angesprochen: Perceval hat Gott vergessen und hat fünf Jahre lang keine Kirche besucht. Perceval bereut seine Sünden, empfängt die heilige Kommunion und scheidet versöhnt mit Gott von seinem Oheim. Kennzeichnend für Chrétiens Sündendarstellung ist die kausale Verknüpfung der verschiedenen Sündenmotive: die versäumte Frage ist die Folge davon, daß Perceval den Tod der Mutter verschuldet hat. Die erste Sünde hat Perceval »das Wort abgeschnitten« (*Pechie[z] la langue te trencha* 6409), als er vor dem Gralkönig stand. Aus diesem Grund konnte er nicht fragen.

Zu welchem Ziel die Umdeutung von Percevals Aventiure-Weg zum Sünden-Weg führen sollte, ist aus Chrétiens fragmentarischem Text nicht zu erkennen. Da Perceval nach der Einkehr beim Einsiedler-Oheim offenbar sein ritterliches Leben fortsetzt, ist wohl nicht damit zu rechnen, daß ihm bestimmt war, durch Weltabkehr sein Ziel zu erreichen. Eher ist zu vermuten, daß Perceval zum Repräsentanten eines neuen Rittertums werden sollte, von dem nicht nur höfisch-weltliche Bewährung, sondern auch religiöse Läuterung verlangt wurde. In diesem Sinn könnte die Einführung der religiösen Thematik in den Artusroman als ein Schritt zu dem spirituellen Ritterbild, wie es, eine Generation später, im altfranzösischen ›Lancelot en prose‹, in der Gestalt Galaads, entfaltet wurde, gemeint gewesen sein.

Wolframs Neuinterpretation von Parzivals Sünden. Wolfram hat die Sündenmotive aus dem ›Conte du Graal‹ übernommen, hat sie jedoch in wichtigen Punkten verändert und hat die Akzente anders gesetzt. Er hat die Bewertung dadurch erschwert, daß der Erzähler sich in seinen Kommentaren zur Versündigung Parzivals auffällig zurückhält und daß die nachträglichen Interpretationen von Parzivals Schuld durch Sigune, Kundrie und Trevrizent voneinander abweichen.

- Der Tod der Mutter ist bei Wolfram im Hauptpunkt anders dargestellt: Parzival dreht sich beim Wegreiten nicht um und erfährt erst von Trevrizent, daß seine Mutter tot ist. Trotzdem wird ihm ihr Tod von Trevrizent als *grôze sünde* (499,20) angerechnet.
- Die Tötung Ithers ist ein neues Sündenmotiv bei Wolfram. Im ›Conte du Graal‹ wird dem Helden kein Vorwurf daraus gemacht, daß er den Roten Ritter getötet hat; im Gegenteil, er hat sich dadurch dem König »sehr nützlich« (1244) gemacht (vgl. S. 62). Bei Wolfram ist Ither zu Parzivals Verwandten geworden. Sein Tod wird von Trevrizent in die Nähe der Ermordung Kains durch Abel gerückt und als Parzivals zweite »große Sünde« gewertet.
- Das Schweigen auf der Gralburg wird zuerst von Kundrie als »Sünde« bezeichnet: *da erwarb iu swîgen sünden zil* (316,23). Für Trevrizent scheint diese Sünde weniger schwer zu wiegen als die anderen Sünden: »diese Sünde zähle den anderen hinzu« (*die sünde lâ bî dn andern stên* 501,5).
- Die Abkehr von Gott ist in der deutschen Dichtung zum Haß gegen Gott gesteigert. Nach der Verfluchung durch Kundrie sagt Parzival sich von Gott los (332,7f.). Später gesteht er: *ouch trage ich hazzes vil gein gote* (461,9).

Die theologischen Fragen. In der Forschung wurde darüber diskutiert, wie Parzivals Sünden zu verstehen sind und was als seine schwerste Sünde zu gelten habe: der Haß gegen Gott (Friedrich Maurer), das Versagen auf Munsalvaesche (Julius Schwietering), die Tötung Ithers (Wolfgang Mohr) oder der Tod der Mutter (Peter Wapnewski).

Julius Schwietering, Parzivals Schuld, ZfdA 81, 1944/46, S. 44-68. – *Gottfried Weber,* Parzival. Ringen und Vollendung, 1948. – *Friedrich Maurer,* Parzivals Sünden, DVjs 24, 1950, S. 304-346. – *Walter J. Schröder,* Der Ritter zwischen Welt und Gott. Idee und Problem des Parzivalromans WsvE. – *Wolfgang Mohr,* Parzivals ritterliche Schuld, WW 2, 1951/52, S. 148-160. – *Peter Wapnewski,* Ws Parzival. Studien zur Religiosität und Form, [2]1982. Vgl. den kritischen Rückblick von *Walter Blank,* Mittelalterliche Dichtung oder Theologie? Zur Schuld Parzivals, ZfdA 100, 1971, S. 133-148.

Von den an der Handlung beteiligten Personen wird Parzivals Schuld verschieden bewertet. Während Sigune und Kundrie das Frageversäumnis besonders betonen und Parzivals Versagen in Munsalvaesche auf mangelnde *triuwe* und *erbärmde* zurückführen (255,17; 316,2f.), legt Trevrizent das meiste Gewicht darauf, daß Parzival den Tod von zwei Verwandten verschuldet hat: mit der Schuld am Tod der Mutter und am Tod Ithers habe er »zwei große Sünden« (*zwuo grôze sünde* 499,20) auf sich geladen.

Die zwei »großen« Sünden Parzivals, von denen Trevrizent spricht, haben eines gemeinsam: es sind unbewußte und ungewollte Sünden. Parzival wollte die Mutter nicht töten; und er wußte nicht, daß sie bei seinem Ausritt tot umgefallen ist. Im Fall von Ither ist eine Tötungsabsicht nicht zu leugnen; aber der entscheidende Punkt ist für Trevrizent, daß Parzival sein »eigen Fleisch und Blut« getötet hat (*du hâst dîn eigen verch erslagn* 475,21); und davon hat Parzival nichts gewußt; er erfährt erst von Trevrizent, daß Ither sein Verwandter war. Aus Trevrizents Sicht geht es nicht in erster Linie um die persönliche Verantwortlichkeit des Menschen für sein Tun, sondern um die fast unvermeidliche Verstrickung in die Sünde. Das hat Peter Wapnewski mit Recht betont (Ws Parzival [siehe oben], S. 95ff.). So erscheint Parzival nicht so sehr als individueller Sünder, sondern viel mehr als ein Typus für die Sündhaftigkeit der Menschen. Daß Parzivals Begegnung mit Trevrizent am Karfreitag stattfindet, am Tag der Erlösung der Menschheit von der Erbschuld, kann als eine Bekräftigung von Trevrizents heilsgeschichtlicher Interpretation verstanden werden.

Wenn Trevrizent dem Neffen den Charakter und das Ausmaß seiner Schuld begreiflich machen will, spricht er vom Sündenfall: die Verwandtschaft mit Adam sei ein »Sündenwagen«, der die ganze Menschheit in die Sünde fahre (*daz diu sippe ist sünden wagen, sô daz wir sünde müezen tragen* 465,5-6). Den Sündenfall deutet Trevrizent als einen Akt des Ungehorsams gegen Gott und bringt ihn mit der Empörung Luzifers und seinem Sturz in Zusammenhang. Besonderes Gewicht legt er auf die Befleckung der jungfräulichen Erde mit dem Blut Abels: durch Kains Brudermord sei der Haß in die Welt gekommen, der seitdem die Menschheit entzweit (464,21f.). Es wird nicht direkt ausgesprochen, aber Trevrizents Deutung der Tötung Ithers (475,19ff.) läßt den Gedanken anklingen, daß Parzival, indem er das Blut seines Verwandten Ither vergoß, die Kains-Tat wiederholt hat.

Wie im ›Conte du Graal‹ wird auch das Frageversäumnis in Munsalvaesche von Trevrizent als Sünde gedeutet (501,5). Wie kann es Sünde sein, daß ein Mensch eine Frage nicht stellt, die man von ihm erwartet, wovon er aber nichts weiß? Chrétiens Einsiedler hat eine klare Antwort gegeben: das Nicht-fragen selbst ist keine Sünde, sondern Sündenfolge; Perceval hatte den Tod der Mutter verschuldet, und diese Sünde hatte zur Folge, daß er in der Gralburg nicht fragen konnte.

Die mittelalterliche Theologie kannte den augustinischen Begriff des *reatus*, wonach der Mensch im Zustand der Sünde nur noch sündigen kann. (*Peter Wapnewski*, Ws Parzival (vgl. S. 128), S. 85ff.).

Diesen ›Kausalnexus‹ zwischen dem Tod der Mutter und dem Versagen auf der Gralburg, wie er im ›Conte du Graal‹ begegnet (vgl. S. 127), hat Wolfram nicht übernommen; er hat in Kauf genommen, daß der Sündencharakter des Frageversäumnisses sich dadurch verunklärt.

Nur bei Wolfram wird der Gesellschaft von Munsalvaesche durch eine Botschaft auf dem Gral angekündigt, daß ein Ritter kommen werde, der durch seine Frage den Gralkönig erlösen könne. Zugleich wird bestimmt, daß die Erlösungsfrage ihre Kraft verlieren werde, wenn sie nicht am ersten Abend gestellt werde (484,1f.). Außerdem sei der Gralgesellschaft verboten, den fremden Ritter darauf aufmerksam zu machen, daß man von ihm die Frage erwarte (483,25f.).

Tatsächlich steht Parzival vor einer viel schwereren Aufgabe als Chrétiens Perceval. Dieser sieht die Lanze bluten und soll fragen: »Warum blutet die Lanze?«. Und er sieht, daß der Gral in ein anderes Zimmer getragen wird, und soll fragen: »Wen bedient man mit dem Gral?«. Parzival sieht den blutigen Speer und hört das Klage-Geschrei der Templeisen; aber er kann nicht wissen, daß es das Blut des kranken Königs ist und daß die Ritter laut klagen, weil der Anblick des blutigen Speers sie an die Leiden ihres Königs gemahnt. Die anschließende Gralprozession, die seine Aufmerksamkeit ganz in Anspruch nimmt, ist kaum geeignet, Parzival zu der Frage zu bewegen: »Herr, wie verhält es sich mit Eurem Leiden?« (*hêrre, wie stêt iwer nôt?* 484,27). Eher vermag dies das Schwertgeschenk des Königs. Wenn der König, der das Schwert nicht mehr zu führen vermag, es seinem Gast übergibt, liegt es nahe, zu fragen: »Woran leidet Ihr?«. Parzival will auch fragen, unterdrückt aber die Frage, weil er an Gurnemanz' Lehre denkt (239,10ff.). Ist das Sünde?

Trotz vielfacher Bemühungen ist es nicht gelungen, den theologischen Hintergrund von Trevrizents Sündenlehre zu ermitteln. Julius Schwietering hat das Werk in die Tradition der Mystik Bernhards von Clairvaux gestellt; Walter J. Schröder hielt einen Zusammenhang mit der Mystik der Viktoriner für wahrscheinlicher. Für Friedrich Maurer hat die augustinische Sünden-Theologie Pate gestanden; Gottfried Weber glaubte in Trevrizents Lehre einen Vorgriff auf die Theologie Thomas' von Aquin aufspüren zu können. Peter Wapnewski hat die Begrenztheit dieser Deutungen aufgezeigt.

Ignorantia – tumpheit. Die Frage, wie Sünden zu beurteilen sind, die im Zustand der Unwissenheit begangen wurden, hat im 12. Jahrhundert eine große Rolle gespielt. Die Theologen haben verschiedene Formen der *ignorantia* unterschieden, je nach dem Grad der schuldhaften Zurechnung.

> *Michael Müller*, Ethik und Recht in der Lehre von der Verantwortlichkeit. Ein Längsschnitt durch die Geschichte der katholischen Moraltheologie, 1932, S. 146ff. – *Stephan Kuttner*, Kanonistische Schuldlehre von Gratian bis auf die Dekretalen Gregors IX., Vatikanstadt 1935, S. 137ff. – *Odon Lottin*, Psychologie et morale au XIIe et XIIIe siècles, Bd. 3,2,1, Louvain, Gembloux 1949, S. 11ff. – *Robert Blomme*, La doctrine du péché dans les écoles théologiques de la première moitié du XIIe siècle, Louvain, Gembloux 1958, S. 103ff. – *Maurice Huftier*, Péché mortel et péché veniel, in: Théologie du péché, hrsg. von P. Delhaye (u.a.), Tournai 1960, S. 363-451. – *Johannes Gründel*, Die Lehre von den Umständen der menschlichen Handlung im Mittelalter, 1963, S. 102ff.

Eine konkrete Verbindung dieser theologischen Erörterungen mit dem *tumpheit*-Begriff im ›Parzival‹ läßt sich jedoch schwerlich festmachen. In Trevrizents Unterweisungen spielt der Begriff *tumpheit* eine untergeordnete Rolle. Was Trevrizent als Sünde definiert – die ungewollte Schuld am Tod eines Verwandten – ist theologisch nicht genau zu verorten. Trevrizent selbst betont, daß er als Laie spricht (462,11) und eben nicht als Theologe oder als Priester. Die ›Parzival‹-Forschung hat schon lange erkannt, daß Trevrizents religiöse Unterweisung und seine Deutung von Parzivals Sündenweg am besten vor dem Hintergrund der zeitgenössischen Laienbewegung und Laienfrömmigkeit zu verstehen sind.

> *Peter Wapnewski*, Ws Parzival (vgl. S. 128), S. 174ff. – *Alois M. Haas*, Laienfrömmigkeit im Parzival WsvE, Geist und Leben 38, 1965, S. 117-135.

In der Betonung des Laiencharakters von Trevrizents Lehre liegt zugleich ein bedeutsamer Unterschied zu Chrétiens Darstellung im ›Conte du Graal‹. Der »heilige Einsiedler« (*saint hermite* 6500) empfängt Perceval »in einer kleinen Kapelle« (*En une chapele petite* 6342), in Anwesenheit eines Priesters (6343). Die kirchlichen Formen des Bußsakraments werden streng gewahrt: Perceval bezeugt durch Fußfall und Tränen die Aufrichtigkeit seiner Bußgesinnung; er spricht die Beichte in der vorgeschriebenen Form; und der Einsiedler erlegt ihm die Bußleistungen auf: er soll jeden Tag eine Kirche besuchen und am Gottesdienst teilnehmen und er soll den Priestern und den ehrwürdigen Menschen seine Ehrfurcht erweisen. Außerdem soll er zwei Tage lang

das asketische Leben des Einsiedlers teilen. Perceval verspricht die
Erfüllung der Bußauflagen und empfängt am Ostersonntag »auf sehr
würdige Weise« (*molt dignement* 6513) die heilige Kommunion. All das
fehlt bei Wolfram. Hier gibt es weder ausgesprochene Bußgesinnung
noch eine formelle Beichte noch konkrete Bußauflagen und auch
keine Kommunion. Die Tilgung aller Bezugnahmen auf kirchliche
Praktiken hat zur Folge, daß die Motivkette Reue – Beichte – Buße
– Absolution in Wolframs Darstellung verunklärt ist. Unklar bleibt
vor allem, ob die Mitteilung des Erzählers, daß Trevrizent den Neffen
»von Sünden freisprach« (*wand in der wirt von sünden schiet* 501,17)
als eine Form der Laien-Absolution, deren Gültigkeit zu Wolframs
Zeit umstritten war, zu verstehen ist.

> *Amédée Teetaert*, La confession aux laiques dans l'église latine depuis le
> VIIIe jusqu'au XIVe siècle, Brügge 1926, S. 44ff. – *Catherine Dooley*,
> Development of the Practice of Devotional Confession, Questions litur-
> giques 64, 1983, S. 89-117. bes. S. 93f.

Diese bedeutsamen Veränderungen gegenüber der französischen Vorlage
führen auf die Frage, ob die Einsiedler-Episode in Wolframs Dichtung
dieselbe Funktion hat wie im ›Conte du Graal‹, wo Perceval bei dem
Einsiedler-Oheim eine religiöse Wandlung, eine innere Umkehr erlebt,
die sein Leben zutiefst verändert: aus dem Sünder wird der Büßer,
der durch die heilige Kommunion von seinen Sünden befreit und
wieder in die Gemeinschaft der Gläubigen aufgenommen wird. Was
das für den weiteren Weg Percevals bedeuten sollte, läßt Chrétiens
fragmentarischer Text nicht erkennen.

Parzivals ›innere Umkehr‹. Die ›Parzival‹-Forschung ist lange Zeit
davon ausgegangen, daß die Einkehr bei Trevrizent für Parzival die-
selbe Bedeutung hat: daß Parzival bei Trevrizent eine innere Wand-
lung erlebt und daß er als ein Geläuterter, als ein wieder der Gnade
Gottes Teilhaftiger von Trevrizent scheidet. Wolframs Erweiterung
der Einsiedler-Episode gegenüber dem ›Conte du Graal‹ (vgl. S. 93f.)
bezeugt, daß Wolfram die besondere Bedeutung dieser Episode her-
vorheben wollte.
   Es kann kein Zweifel daran bestehen, daß Trevrizent den Neffen auf
den rechten Weg des Glaubens führt, indem er ihm die Unsinnigkeit
seines »Hasses« gegen Gott vor Augen führt und ihn lehrt, daß Gott
die Liebe und die Wahrheit ist (*got selbe ein triuwe ist* 462,19; *got heizt
und ist diu wârheit* 462,25), daß Gott aus Liebe zu den Menschen
selber Mensch geworden ist und für sie den Tod am Kreuz erlitten
hat. Trevrizents Wort, daß die »Demut« (*humilitas*) immer über den

»Hochmut« (*superbia*) triumphiert habe (*diemüet ie hôchvart überstreit* 473,4), ist die zentrale religiöse Aussage des 9. Buchs. Ebenso gültig sind Trevrizents heilsgeschichtliche Ausführungen über die Empörung Luzifers, die Erschaffung des Menschen, den Sündenfall und die Nachwirkungen der Erbsünde. Auf der Handlungsebene geben Trevrizents Erläuterungen über die Geheimnisse des Grals, über die Lebensformen der Gralgesellschaft, über Anfortas' Verstoß gegen die Gralgesetze und seine Bestrafung durch Gott sowie über Parzivals Verwandtschaft mit der Familie der Gralkönige die entscheidende Aufklärung von Handlungszusammenhängen, die lange rätselhaft geblieben waren.

Zweifel an Trevrizents Autorität und Glaubwürdigkeit bestehen jedoch in Bezug auf das, was er über Parzivals Sünden sagt. Diese Zweifel werden genährt

– durch die Unklarheit von Trevrizents Sündenbegriff, der theologisch nicht abzusichern ist;

– durch die Haltung des Erzählers, der nirgends eine Zustimmung zu Trevrizents Deutung von Parzivals Weg als Sündenweg zu erkennen gibt;

– durch Parzivals Reaktion, der in dem Gespräch mit Trevrizent auffällig einsilbig bleibt. Mit keinem Wort antwortet er auf die Beschuldigungen (nur gegen den Vorwurf, er habe dem Gralritter unberechtigterweise sein Pferd weggenommen, setzt Parzival sich vehement zur Wehr [500,19ff.]). Er zeigt keine Bußgesinnung, geht keine Bußverpflichtungen ein und handelt in dem wichtigsten Punkt gegen Trevrizents Rat: er setzt seine Gralsuche fort, obwohl Trevrizent das für unsinnig erklärt hat, da niemand unberufen zum Gral gelangen könne (468,10ff.). Parzival gibt seinen ›Haß‹ gegen Gott unter dem Eindruck von Trevrizents Lehre auf (741,26ff.); aber von einer ›inneren Wandlung‹, einer ›Umkehr‹ ist nichts zu spüren. Als er am Ende des 14. Buchs wieder als Mithandelnder auftaucht, ist von einer Läuterung nichts zu bemerken. Wenn er sich vor der Artusgesellschaft seiner vielen Siege brüstet, bezeugt er dieselbe Denkweise wie vor der Einkehr bei Trevrizent.

Am stärksten wird Trevrizents Autorität durch seinen ›Widerruf‹ am Ende der Dichtung beschädigt. Drei Personen haben Parzivals Handlungsweise nach einem religiösen Maßstab beurteilt: Sigune hat ihn verflucht, weil er vor Anfortas kein Mitleid bezeugt habe (255,13ff.); Kundrie (316,23) und Trevrizent (499,20) haben von »Sünde« gesprochen. Alle drei revidieren ihren Standpunkt: Sigune macht beim nächsten Zusammentreffen ihren Frieden mit Parzival (441,18ff.); Kundrie bittet ihn um Verzeihung für ihre falschen Anschuldigungen (779,17ff.); Trevrizent erklärt sich zuletzt zum Lügner: »Ich habe gelogen in Bezug auf den Gral, wie es sich mit ihm verhält, um Euch listig davon abzulenken« (*ich louc durch ableitens list vome grâl, wiez umb in stüende* 798,6-7). Wenn Trevrizent im 9. Buch bewußt die Unwahrheit in Bezug auf den Gral und Parzivals Gralsuche gesagt hat, dann fällt auch ein Schatten auf seine Bewertung von Parzivals Schweigen vor Anfortas. Man wird Trevrizents ›Widerruf‹ kaum anders verstehen können als ein Signal an die Zuhörer, sich nicht unkritisch und vorbehaltlos Trevrizents Deutung von Parzivals Lebensweg anzuschließen (zu Trevrizents Widerruf vgl. die auf S. 119f. genannte Literatur).

Der religiöse Leitgedanke. Stellt man die Frage, ob sich aus Trevrizents Lehrreden ein religiöser Leitgedanke erkennen läßt, der nicht nur Trevrizents Perspektive auf die Parzival-Handlung erläutert, sondern in der Handlung selbst eine Bestätigung erfährt, so wird man am ehesten an den Begriff der *diemüete* (und die Ablehnung der *hôchvart*) denken. Darin verbirgt sich die Einsicht, daß der Mensch Gott nicht seinen Willen aufzwingen kann, sondern daß er sich Gottes Willen unterwerfen und der Gnade Gottes anheim geben soll. Unter diesem Gesichtspunkt kann man Parzivals Weg, auch unabhängig von Trevrizents Sündenbegriff, religiös deuten: Parzival muß die Empörung gegen Gott aufgeben, was ihm mit Trevrizents Hilfe gelingt. Dann kann er sich weiter kämpfend um den Gral bemühen. Aber das Ziel setzt ihm Gott. Es ist Gottes Gnadenakt, der Parzival, zu einem von Gott gewählten Termin, nach Munsalvaesche beruft und der es ihm erlaubt, das Erlösungswerk an Anfortas zu vollbringen, obwohl die Erlösungsfrage eigentlich ihre Kraft hätte verlieren sollen.

Unklar bleibt dabei, wie die letzten Worte Trevrizents zu beurteilen sind, der behauptet, daß Parzival »es Gott abgetrotzt« habe, daß Gott ihm »seinen Willen erfüllt« habe (*ir ab got erzürnet hât daz sîn endelôsiu Trinitât iwers willen werhaft worden ist* 798,3-5). Die Zuhörer sollten sicherlich bemerken, daß diese Deutung dem vorher erzählten Vorgang der Berufung Parzivals zum Gralkönig im entscheidenden Punkt widerspricht. Vielleicht sollte dieser Widerspruch die Zuhörer zuletzt zum Nachdenken über das Problem des menschlichen Willens einladen und sie dazu bewegen, Trevrizent zuzustimmen, wenn er sagt: »Gott hat viele Geheimnisse« (*got vil tougen hât* 797,23).

Es gibt noch einen anderen religiösen Aspekt der Parzivaldichtung, der von Trevrizents Sichtweise unabhängig zu sein scheint: der Zusammenhang von mütterlicher Verwandtschaft, Gral und Sünde. Der Motivkomplex soll im Abschnitt über die Verwandtschaft besprochen werden.

2.3 Der Gral

Die Einführung des Grals durch Chrétien de Troyes hat dem Artus-
roman eine neue Dimension eröffnet.

Roger S. Loomis, The Grail. From Celtic Myth to Christian Symbol,
1963. – *L. Peter Johnson,* The Grail Question in W and Elsewhere, in:
From Wolfram and Petrarch to Goethe and Grass. In Honour of Leonard
Forster, 1982, S. 83-102. – *Joachim Bumke,* Die Utopie des Grals. Eine
Gesellschaft ohne Liebe?, in: Literarische Utopie-Entwürfe, hrsg. von H.
Gnüg, 1982, S. 70-79. – *Dieter Welz,* Gralromane, in: Epische Stoffe des
Mittelalters, hrsg. von V. Mertens, U. Müller, 1984, S. 341-364. – *Walter
Blank,* Die positive Utopie des Grals. Zu Ws Graldarstellung und ihrer
Nachwirkung im Mittelalter, in: Sprache – Literatur – Kultur. FS für
Wolfgang Kleiber, 1989, S. 337-353. – *Volker Mertens,* Ws Gralerzählun-
gen: ›Dekonstruktion‹ von Sinn, in: Cyclification – The Development of
Narrative Cycles in the Chansons de geste and the Arthurian Romances,
Ed. B. Besamusca (u.a.), 1994, S. 215-218. – *Harald Haferland,* Die Ge-
heimnisse des Grals. Ws Parzival als Lesemysterium? ZfdPh. 113, 1994,
S. 23-51. – *Jean-Marc Pastré,* Munsalvaesche ou l'utopie wolframienne
du gral, in: Gesellschaftsutopien im Mittelalter, hrsg. von D. Buschinger,
W. Spiewok, 1994, S. 73-85. – *André de Mandach,* Auf den Spuren des
heiligen Gral. Die gemeinsame Vorlage im pyrenäischen Geheimcode
von Chrétien de Troyes und WvE, 1995. – *Fritz P. Knapp,* Der Gral
zwischen Märchen und Legende, Beitr. 118, 1996, S. 49-68. – *William
C. McDonald,* W's Grail, Arthuriana 8, 1998, S. 22-34. – *Sidney Johnson,*
Doing His Own Thing: W's Grail, in: A Companion to W's Parzival (vgl.
S. 262), S. 77-95. – The Grail. A Casebook, Ed. *Dhira B. Mahony,* New
York, London 2000. – *Volker Mertens,* Der Gral. Mythos und Literatur,
2003 (Reclams Univ.-Bibl. 18261) (›Parzival‹: S. 51-82).

Aus Wolframs Dichtung erfahren wir folgendes über den geheimnis-
vollen Gegenstand (die meisten Informationen stammen von Trevrizent,
der Parzival »die Geheimnisse des Grals« (*diu verholnen maere umben
grâl* 452,30) offenbart):

Das dinc:
– Der Gral ist ein Stein, und zwar ein Edelstein (*des geslähte ist vil reine*
   469,4), von unbestimmter Größe und Form. Erwähnt wird das *drum*
   (»Endstück«, »Rand«) des Steins (470,23).
– Der Stein hat zwei Namen: 1. *grâl* (*daz was ein dinc, daz hiez der Grâl*
   235,23); 2. *lapsit exillis* (*er heizet lapsit exillis* 469,7). Den Namen des
   Grals (welchen?) hat zuerst der Heide Flegetanis in den Sternen gelesen
   (454,21ff.).
– Der Gral wird in Munsalvaesche in einem *tempel* aufbewahrt, der auch als
   Taufkapelle dient (816,15ff.). Nur bei besonderen Anlässen (*ze hôchgezîte*

kür 807,18) wird der Gral in feierlicher Prozession herumgetragen. Die Königin Repanse de Schoye, die Schwester des Gralkönigs, trägt den Gral auf einem grünen Seidentuch (*ûf einem grüenen achmardî* 235,20).

Seine Wunderkraft:

– Der Gral spendet Speisen und Getränke in beliebiger Fülle (*spîse warm, spîse kalt, spîse niwe unt dar zuo alt, daz zam unt daz wilde* 238,15-17).
– Sein Anblick verleiht immer währende Jugendfrische (469,18ff.) und besitzt lebenserhaltende Kraft. Wer den Gral gesehen hat, kann in der darauffolgenden Woche nicht sterben (469,14ff.).
– Durch die Kraft des Grals verbrennt der Phönix und entsteht aus der Asche zu seiner früheren Schönheit (469,8ff.).
– Der Gral ist so schwer, daß ein sündiger Mensch (*diu falschlîch menscheit* 477,17) ihn nicht aufzuheben vermag. Er läßt sich nur von einer reinen Jungfrau tragen; in ihren Händen wiegt er leicht (477,15ff.).
– Den Ungetauften ist der Gral unsichtbar (810,3ff.; 813,9ff.).
– Der Weg zum Gral kann nur *unwizzende* gefunden werden; bewußtem Suchen bleibt er verborgen (250,26ff.).

Seine Verbindung zum Himmel:

– Seine *hôhste kraft* (469,30) verleiht dem Gral eine Oblate, die von einer weißen Taube jeden Karfreitag vom Himmel gebracht und auf dem Stein niedergelegt wird (469,29ff.).
– Von Zeit zu Zeit erscheint auf dem Gral eine Schrift, die von selbst zergeht, wenn sie gelesen worden ist. Sie offenbart die Namen der zum Gral Berufenen oder macht besondere Mitteilungen. Nur wer auf diese Weise von Gott dazu *benant* ist, kann zum Gral gelangen (468,12ff.; 470,21ff.).

Seine Hüter:

– Der oberste Gralhüter ist der Gralkönig. Seit dem Übergang der Gralpflege auf die Menschen ist das Gralkönigtum in der Titurel-Familie erblich (455,17ff.; 478,1ff.; 501,22ff.).
– In Munsalvaesche leben unverheiratete Ritter und unverheiratete Damen. Die Frauen haben den Gral in ihrer Pflege, die Ritter verteidigen ihn. Sie werden bereits als Kinder aus verschiedenen Ländern zum Gral berufen. Alle müssen *kiusche* sein und sich von allem Bösen fernhalten (*valsches sich bewegen* 235,30). Nach dem Tod ist ihnen die Seligkeit sicher (235,27ff.; 471,1ff.; 493,19ff.).
– Die Gralritter heißen *templeise* (468,28). Sie verteidigen den Gral gegen alle Unberufenen (473,5ff.) und nehmen im Kampf keine *sicherheit* (492,1ff.), das heißt: sie töten ihre Feinde. Ihr Wappen ist die Taube (474,5ff.).
– Die Gralritter können als Herrscher in herrenlose Länder geschickt werden und dürfen dort heiraten. Auch die Jungfrauen dürfen sich außerhalb des Gralbereichs vermählen. Die Jungfrauen werden öffentlich entlassen, die Ritter heimlich entsandt (494,7ff.). Die Kinder dieser Ritter und

Damen werden wieder zum Graldienst nach Munsalvaesche berufen (495, 3ff.).

– Solange sie dem Gral dienen, ist den *templeisen* Frauenliebe versagt. Nur der Gralkönig darf in Munsalvaesche heiraten, und zwar die ihm von Gott durch die Gralinschrift verheißene Frau (478,13ff.; 495,7ff.).

Vergleich mit Chrétiens ›Conte du Graal‹. Vergleicht man Wolframs Gral-Konzeption mit der Gral-Darstellung im ›Conte du Graal‹, so wird deutlich, daß Wolfram das Bild vom Gral in allen wesentlichen Punkten verändert und mit vielen Details angereichert hat. Bei Chrétien ist der Gral eine mit Edelsteinen verzierte Goldschale, von der ein übernatürliches Licht ausgeht. In dieser Schale wird dem Vater des Fischer-Königs eine geweihte Hostie gebracht, die ihn am Leben erhält. Der Gral dient im französischen Text also als Hostienbehälter (Ciborium). Im Schloß des Reichen Fischers wird der Gral von einem Mädchen während der Mahlzeit, bei jedem Gang, «ganz unbedeckt» (*trestot descovert* 3301) vorbeigetragen. Dem Mädchen, das den Gral in ihren Händen trägt, geht ein Knappe mit der Blutenden Lanze voraus. Um den kranken Fischer-König zu erlösen, hätte Perceval fragen müssen: »Warum blutet die Lanze? Wen bedient man mit dem Gral?«. Das ist bei Chrétien der Wortlaut der Erlösungsfrage.

Wolfram hat den feierlichen Aufzug des Grals von Chrétien übernommen; aber der Gral wird im deutschen Text nicht am Tisch des Fischer-Königs vorbeigetragen und in ein angrenzendes Zimmer gebracht, sondern er wird vor Anfortas auf den Tisch gesetzt (236,10f.); und dann ereignet sich bei Wolfram das Speisewunder, wovon im ›Conte du Graal‹ nicht die Rede ist. Den alten Mann im Nebenzimmer, dem bei Chrétien die geweihte Hostie gebracht wird, gibt es auch bei Wolfram: als die 24 jungen Damen den Gral wieder hinaustragen, blickt Parzival ihnen nach und erblickt einen weißhaarigen Mann in dem Raum, aus dem die Damen kamen (240,23ff.). Später erfährt man von Trevrizent, daß es der alte Titurel ist, der durch den Anblick des Grals am Leben erhalten wird (501,22ff.).

Eine Verbindung von Gral und Eucharistie gibt es in beiden Texten. Im ›Conte du Graal‹ nennt der Einsiedler den Gral einen »heiligen Gegenstand« (*sainte chose* 6425), weil die Hostie im Gral den alten König am Leben erhält (6422ff.). Bei Wolfram berichtet Trevrizent, daß jedes Jahr am Karfreitag eine Taube aus dem Himmel kommt, die eine Oblate auf dem Gral niederlegt (469,29ff.); und diese Oblate verleihe dem Gral seine *hôhste kraft* (469,30).

Benedikt Mockenhaupt, Die Frömmigkeit im Parzival WsvE. Ein Beitrag zur Geschichte des religiösen Geistes in der Laienwelt des dt. Mittelalters,

1942, S. 129ff. – *Paulus B. Wessels*, W zwischen Dogma und Legende, Beitr. 77, 1955, S. 112-135.

Wolfram hat den Zusammenhang zwischen der Gralprozession und der Erlösungsfrage gelockert. Im ›Parzival‹ zielt die Frage nicht auf das, was sich vor Parzivals Augen abspielt (»Wen bedient man mit dem Gral?«), sondern auf das Leiden des Königs. Die von Parzival erwartete Frage lautet (wie Trevrizent im 9. Buch angibt): *hêrre, wie stêt iwer nôt?* (484,27); im 16. Buch formuliert Parzival die Frage so: *oeheim, waz wirret dier?* (795,29). Früher hat man betont, daß Wolfram aus der ›Neugierfrage‹ bei Chrétien eine ›Mitleidsfrage‹ gemacht habe; man wollte daran eine tiefere Sinngebung der deutschen Dichtung ablesen. Es handelt sich jedoch im beiden Fällen um eine Erlösungsfrage, deren Wortlaut sich bei Chrétien deutlicher auf den Handlungsgang bezieht als bei Wolfram.

Wolframs Gralstein. Der Gral ist bei Wolfram kein Gefäß, sondern ein Stein. Woher diese Vorstellung stammt, ist unklar. Früher hat man vermutet, daß Wolfram einem Mißverständnis erlegen sei, indem er die »kostbaren Steine« (*Pierres prescieuses* 3234), mit denen der Gral bei Chrétien geschmückt ist, für den Gral selbst gehalten habe. Wolfram hat dem Stein jedoch Kräfte und Eigenschaften zugeschrieben, die sich nicht von Chrétien her erklären lassen.

Die Suche nach Vorbildern des Gralsteins hat sich auf die verschiedensten Bereiche erstreckt. Man hat an kleine Tragaltäre gedacht (Th. Sterzenbach, J. Schwietering), wie sie auf Reisen verwendet wurden: die Altarplatte bestand manchmal aus einem in Holz oder Metall gefaßten Edelstein. Auch orientalische Altarvorstellungen wurden herangezogen: der Tabot der abessinischen Kirche (H. Adolf) und der Himmels-Tisch einer islamischen Legende, die auf die fünfte Sure des Koran zurückgeht (K. Burdach). Mehrfach ist auf eucharistische Legenden hingewiesen worden (B. Mockenhaupt, P. B. Wessels), die zwar die Steinform nicht erklären können, in denen aber einige der Wunderkräfte vorkommen, die der Gral besitzt. Das Hauptaugenmerk der Forschung war immer auf die zahlreichen Wundersteine gerichtet, die in orientalischer Überlieferung bezeugt sind. Man hat dabei an die schwarze Kaaba in Mekka gedacht (E. Martin), an den Stein Alatyr (A. Wesselofsky), an Salomos Wunderstein Schamir (W. Wolf) und an arabische Meteorsteine, die baetyli (P. Hagen). Aus der Bibel wurde der Danielstein verglichen (B. Mergell), die *sedes domini* der Johannes-Apokalypse (K. Burdach) und der weiße Stein (*calculus candidus*) mit dem Namen des Siegers (L. E. Iselin). Außerdem wurde auf den *lapis philosophorum* verwiesen, den Stein der Alchimisten (R. Palgen, G. Weber). Im Grunde haben alle diese Steine sehr wenig mit Wolframs Gral gemein. Nur einer der orientalischen Wundersteine bietet mehr: der Paradiesstein oder Augenstein des Alexanderromans (G. Ehrismann,

F. Ranke), der Wolfram und dem deutschen Publikum durch die deutschen Alexanderdichtungen des 12. Jahrhunderts bekannt war. Ebenso wie der Gral wechselt der Alexander-Stein sein Gewicht: einmal ist er ganz schwer und einmal ganz leicht, und er besitzt auch die Kraft, immerwährende Jugend zu verleihen. Diese Motive könnte Wolfram aus dem ›Straßburger Alexander‹ übernommen haben; sie decken jedoch nur einen schmalen Sektor der Gralvorstellung ab. Ob das Übrige aus einer besonderen Gralquelle stammt, muß offenbleiben. Vielleicht ist der Hinweis von J.F.D. Blöte von Bedeutung, daß die Steinform des Grals nicht durch die ganze Dichtung bezeugt ist, sondern sich nur in einer kurzen Partie des 9. Buchs findet (468,23-471,29), und daß ebendiese Partie eine Reihe von Aussagen über den Gral enthält, die sonst nicht mehr erwähnt werden.

> *Ernst Martin*, Zur Gralsage, 1880. – *Alexander Wesselofsky*, Der ›Stein Alatyr‹ in den Localsagen Palästinas und der Legende vom Gral, Archiv für slavische Philologie 6, 1882, S. 33-72. – *Paul Hagen*, Der Gral, 1900. – *J.F.D. Blöte*, Zum lapsit exillis, ZfdA 47, 1904, S. 101-124. – *Theodor Sterzenbach*, Ursprung und Entwicklung der Sage vom heiligen Gral, Diss. Münster 1908. – *Ludwig E. Iselin*, Der morgenländische Ursprung der Grallegende, 1909. – *Rudolf Palgen*, Der Stein der Weisen. Quellenstudien zum Parzival, 1922. – *Gottfried Weber*, WvE. Seine dichterische und geistesgeschichtliche Bedeutung, Bd. 1, 1928. – *Gustav Ehrismann*, Er heizet lapsit exillis, Parz. 469,7, ZfdA 65, 1928, S. 62-63. – *Konrad Burdach*, Der Gral. Forschungen über seinen Ursprung und seinen Zusammenhang mit der Longinuslegende, 1938, Neudruck 1974. – *Julius Schwietering*, Parzivals Schuld (vgl. S. 128). – *Friedrich Ranke*, Zur Symbolik des Grals bei WvE (vgl. S. 142). – *Helen Adolf*, New Light on Oriental Sources for W's Parzival and Other Grail Romances, PMLA 62, 1947, S. 306-324. – *Werner Wolf*, Der Vogel Phönix und der Gral, in: Studien zur deutschen Philologie des Mittelalters. FS für Friedrich Panzer, 1950, S. 73-95. – *Bodo Mergell*, Der Gral in Ws Parzival, Beitr. 73, 1951, S. 1-94; 74, 1952, S. 77-159.

lapsit exillis. Ein Problem für sich ist die Erklärung des Namens *lapsit exillis*. Auf die Enträtselung dieser unverständlichen Wörter ist viel Scharfsinn verwandt worden. Meistens ließ man sich von der Überzeugung leiten, daß *lapsit exillis* geradezu das Schlüsselwort zum Verständnis von Wolframs Gralkonzeption sei und daß sich das Geheimnis des Gralsteins erhellen ließe, wenn man den Namen richtig deuten könnte. Dabei ist man fast immer davon ausgegangen, daß es sich um einen ursprünglich sinnvollen Text handele, der von Wolfram entstellt oder verschlüsselt worden sei. Fast durchweg hat man an einen lateinischen Wortlaut gedacht. Der naheliegende Anknüpfungspunkt war die Deutung von *lapsit* als *lapis* (»Stein«). Auf dieser Grundlage wurden unter anderem folgende Lesungen vorgeschlagen:

– *lapis erilis:* »der Stein des Herrn« (San-Marte)
– *lapis electrix:* »der Bernstein« (J. Zacher)
– *lapis textilis:* »der Asbeststein« (J.F.D. Blöte)

- *lapis elixir:* »der Stein der Weisen« (R. Palgen)
- *lapis exilis:* »der kleine, unscheinbare Stein« (G. Ehrismann)
- *lapis ex celis*: »der Stein aus dem Himmel« (S. Singer)
- *lapis exiliens:* »der auffahrende Stein« (H. Adolf)
- *lapis exsulis:* »der Stein der Verbannten« (A.E. Waite)
- *lapis exilii:* »der Stein des Exils« (H. Kolb)
- *lapis ex silice:* »der Stein aus Kiesel« (P. W. Tax).

Die phantasievollste Deutung stammt von Bodo Mergell: *lap(is) (lap)s(us) i(n) t(erram) ex illis (stellis)*: »der aus jenen Sternen auf die Erde gefallene Stein«.

> *San-Marte* (*Albert Schulz*), Über das Religiöse in den Werken WsvE und die Bedeutung des heiligen Grals in dessen Parzival, 1861. – *Julius Zacher*, zitiert in: *Gotthold Bötticher*, Rez. E. Martin, Zur Gralsage, ZfdPh. 12, 1881, S. 380. – *J.F.D. Blöte*, Zum lapsit exillis (vgl. S. 139). – *Rudolf Palgen*, Der Stein der Weisen (vgl. S. 139). – *Gustav Ehrismann*, Er heizet lapsit exillis (vgl. S. 139). – *Samuel Singer*, Wolfram und der Gral. Neue Parzival-Studien, 1939. – *Bodo Mergell*, Der Gral in Wolframs Parzival (vgl. S. 139). – *Helen Adolf*, Christendom and Islam in the Middle Ages: New Light on ›Grail Stone‹ and ›Hidden Host‹, Speculum 32, 1957, S. 103-115. – *Arthur E. Waite*, The Holy Grail. The Galahad Quest in the Arthurian Literature, 1961. – *Herbert Kolb*, Munsalvaesche. Studien zum Kyotproblem (vgl. S. 142). – *Petrus W. Tax*, Felix Culpa und Lapsit exillis: Ws Parzival und die Liturgie, MLN 80, 1965, S. 454-469.

Da keine der vorgeschlagenen Lesungen aus einer Zeit vor Wolfram als Steinname belegt ist, wird man skeptisch gegenüber der hier angewandten Methode. *Lapsit exillis* kann auch ein bewußt verrätselter Name sein, den man vergeblich nach einem präzisen Sinn befragt, sofern man überhaupt davon ausgehen kann, daß die Form *lapsit exillis* von Wolfram stammt.

Bereits die mittelalterlichen Schreiber haben nicht gewußt, wie sie mit dem geheimnisvollen Namen des Grals umgehen sollten. Eberhard Nellmann hat die handschriftliche Überlieferung untersucht und hat zehn verschiedene Schreibungen des Gralnamens nachgewiesen, von den ältesten Handschrift D und G (vgl. S. 250), die übereinstimmend *lapsit exillis* schreiben, bis zum ›Parzival‹-Druck von 1477, wo der Namen *jaspis exilix* lautet (*Eberhard Nellmann*, lapsit exillis? jaspis exillix? Die Lesarten der Handschriften, ZfdA 119, 2000, S. 416-420).

Die meisten Handschriften schreiben *lapis* oder *jaspis* für *lapsit*; Nellmann betont jedoch, daß *lapsit exillis* als die älteste, die Autor-nahe Schreibung anzusehen sei. Die Bedeutung des Namens bleibt dabei offen.

Geschichte und Bedeutung des Grals. Neu gegenüber dem ›Conte du Graal‹ ist, daß der Gral bei Wolfram eine Geschichte hat, aus der sich Aspekte seiner Bedeutung erkennen lassen. Die Geschichte des Grals reicht bis an den Anfang der Heilsgeschichte zurück, bis zu

den sogenannten Neutralen Engeln, die im Kampf zwischen Gott
und Luzifer unentschieden geblieben waren und – wie Trevrizent
berichtet – von Gott gezwungen wurden, zum Gral niederzufahren
(471,15ff.). Ob sie dort die Botschaft der Demut lernen sollten,
sagt der Text nicht. Später habe der heidnische Gelehrte Flegetanis,
der von Salomon abstammte, den Namen des Grals in den Sternen
gelesen: er habe seine Kenntnis vom Gral in einer arabischen Schrift
niedergelegt, die dann von Kyot in Toledo entdeckt und ins Latei-
nische übersetzt worden sei (vgl. S. 89). So sei die Kunde vom Gral
zu Wolfram gelangt. Eine Verknüpfung des Grals mit orientalischer
Sternkunde klingt auch an anderen Stellen der Dichtung an.

Die Bedeutung des Grals im ›Conte du Graal‹ läßt sich am besten
von der Bezeichnung »heiliger Gegenstand« (*sainte chose* 6425) her
erläutern. Diese Bezeichnung verdankt der Gral seiner Funktion:
er ist heilig, weil sich die geweihte Hostie, der Leib Christi, in ihm
befindet. Darin berührt sich Chrétiens Darstellung mit einer zweiten
französischen Gral-Auffassung in der zweiten Hälfte des 12. Jahrhun-
derts: in der ›Estoire dou Graal‹ von Robert de Boron (vgl. S. 235f.)
ist der Gral der Kelch, in dem das Blut Christi, das bei der Passion
aus seiner Seite floß, aufgefangen worden ist. Beide Gral-Vorstellun-
gen verweisen auf das Sakrament der Eucharistie. Daß die geweihte
Hostie im Gral lebenserhaltende und lebensverlängernde Wirkung
hat, stammt vielleicht aus eucharistischen Legenden.

Unerklärt bleibt in Chrétiens fragmentarischem Werk das Ge-
heimnis der Blutenden Lanze; die Erklärung war offenbar für einen
späteren Zeitpunkt geplant. Die Fortsetzer des ›Conte du Graal‹
haben die Lanze mit der heiligen Longinus-Lanze identifiziert, dem
Passionswerkzeug, mit dem Christi Seite geöffnet worden war, als
er am Kreuz hing. Diese Erklärung würde Gral und Lanze eng zu-
sammenrücken. Sie bleibt jedoch, was Chrétiens Teil der Dichtung
betrifft, ohne Gewähr.

Die übernatürlichen Kräfte, die dem Gral in Wolframs Dichtung
zugeschrieben werden, haben zum Teil mehr geistlichen, zum Teil mehr
weltlich-irdischen Charakter. Daß er die ganze Gralgesellschaft ernährt
und alle gewünschten Speisen und Getränke hervorbringt, ist ein Mär-
chenmotiv. Daß der Anblick des Grals auch alten Leuten jugendliches
Aussehen verleiht (469,18ff.), erinnert an einen Jungbrunnen. Gott
bedient sich des Grals, um der Gesellschaft von Munsalvaesche seinen
Willen bekannt zu machen, und zwar durch Botschaften, die auf dem
Gral erscheinen. Solche ›Himmelsbriefe‹ begegnen im Mittelalter in
geistlicher und weltlicher Literatur (*Sabine Schmolinsky*, Himmels-
brief, in: Lex. d. MAs., Bd. 5, 1991, Sp. 26-27 (mit Literatur)).

In seiner Funktion als Lenkungsinstrument des göttlichen Willens liegt sicherlich die weitestreichende Bedeutung des Grals in Wolframs Dichtung. Der Gral ist der Mittelpunkt einer direkt unter Gottes Lenkung stehenden Gemeinschaft, die mit der Trennung der Geschlechter und dem Verbot weltlicher Liebe an religiöse Gemeinschaften erinnert, ohne in konkreter Form bestimmten kirchlichen Einrichtungen zu gleichen. (*Herbert Kolb*, Munsalvaesche. Studien zum Kyotproblem, 1963, S. 142ff.).

Man kann den Gral auch als Sinnbild für die Demutshaltung betrachten, die Trevrizent im 9. Buch formuliert: »Demut hat immer über den Hochmut gesiegt« (*diemüet ie hôchvart überstreit* 473,4).

> *Gustav Ehrismann*, Er heizet lapsit exillis, Parz. 469,7, ZfdA 65, 1928, S. 62-63. – *Friedrich Ranke*, Zur Symbolik des Grals bei WvE, Trivium 4, 1946, S. 20-30; wieder in: WvE, hrsg. von H.Rupp (vgl. S. 33), S. 20-30. – *Josef Quint*, Ein Beitrag zur Textinterpretation von Gottfrieds Tristan und Ws Parzival, in: FS für Helmut de Boor, 1966, S. 71-91. – *Peter Wapnewski*, Ws Parzival (vgl. S. 128), S. 139ff.

3. Parzival und Gawan

3.1 Die Gauvain-Handlung im ›Conte du Graal‹

Chrétiens ›Conte du Graal‹ ist der erste höfische Roman, der zwei Helden hat mit zwei voneinander unabhängigen Geschichten, die ineinander verschachtelt sind. Auf einen umfangreichen Perceval-Teil (69-4813) folgt ein Gauvain-Teil (4814-6216). Dann hat Perceval wieder einen kurzen Auftritt, als er, fünf Jahre später, auf die Karfreitag-Büßer trifft und zu dem Einsiedler gelangt (6217-6518). Anschließend wird von Gauvain weitererzählt, bis die Dichtung in der Szene, als Gauvains Boten am Artushof eintreffen, abbricht (6519-9234). Die ältere Chrétien-Forschung konnte in diesem Text-Corpus keinen einheitlichen Gestaltungswillen erkennen und hat sich zu absonderlichen Entstehungs-Thesen verstiegen, bis hin zu dem Gedanken, daß der Wind die Pergament-Blätter durcheinandergeweht habe. Erst Jean Frappier hat den Schachtelroman als gewollte Kompositions-Form erkannt und hat die Funktion des Neben- und Ineinanders von Perceval-Handlung und Gauvain-Handlung darin gesehen, daß die beiden Handlungsstränge in einem Spiegel-Verhältnis zueinander stehen und daß von der einen Handlung Licht auf die andere fällt und umgekehrt. Auf dieser Linie bewegt sich die neuere Chrétien-Forschung, wobei gelegentlich die ironische Haltung des Erzählers stärker betont wird. Im ganzen sind die Gauvain-Partien jedoch von der ›Conte du Graal‹-Forschung sehr vernachlässigt worden.

> *Jean Frappier*, Chrétien de Troyes et le mythe du Graal. Étude sur Perceval ou le Conte du Graal, Paris 1972, S. 72ff. und 213ff. – *Norris J. Lacy*, Gauvain and the Crisis of Chivalry in the Conte du Graal, in: The Sower and His Seed. Essays on Chrétien de Troyes, hrsg. von R. T. Pickens, Lexington, KY 1983, S. 155-164. – *Keith Busby*, Chrétien de Troyes: Perceval (Le Conte du Graal), London 1993, S. 87ff. – *Brigitte Cazelles*, The Unholy Grail. A Social Reading of Chrétien de Troyes's Conte du Graal, Stanford, CA 1996, S. 101ff. – *Erdmuthe Döffinger-Lange*, Der Gauvain-Teil in Chrétiens Conte du Graal. Forschungsbericht und Episodenkommentar, 1998.

3.2 Gawan-Handlung und Parzival-Handlung in Wolframs Dichtung

Wolfram hat den Baugedanken des Doppelromans von Chrétien übernommen und ausgebaut. Der Schlußteil von Wolframs Dichtung, der über den Fragment-Schluß des ›Conte du Graal‹ hinausreicht (Buch XIII-XVI), läßt erkennen, von welchen Interessen Wolfram sich dabei lenken ließ. Von der Stelle an, an der die Chrétien-Vorlage abbricht, brauchte Wolfram nicht mehr als 900 Verse, um Parzival wieder zum Helden der Dichtung zu machen. Der von langer Hand angelegte Zweikampf zwischen Gawan und Gramoflanz findet bei Wolfram überhaupt nicht statt. Statt dessen muß Gawan gegen Parzival kämpfen und dessen Überlegenheit anerkennen. Danach ist nur noch beiläufig von Gawan die Rede. Neben Parzival steht in der Schluß-Partie Feirefiz im Mittelpunkt des Interesses und nicht – wie die Anlage des Doppelromans vielleicht erwarten ließ – Gawan.

Wolfram hat von Anfang an klargestellt, daß er nicht, wie Chrétien, eine Geschichte von Parzival und Gawan erzählen wollte, sondern einen Parzival-Roman. Gleich im Prolog begrüßt der Erzähler seinen Helden (*den helt ich alsus grüeze* 4,19), »von dem man diese Geschichte erzählt« (*dem man dirre âventiure giht* 4,25). Später wird Parzival »der Herr« der Dichtung genannt (*des maeres hêrren Parzivâl* 338,7), »der Bevollmächtigte« (*diss maeres sachewalte* 112,17), »der richtige Stamm« (*an den rehten stam diz maere ist kumn* 678,30). Das sind Formulierungen, wie sie für Gawan nie gebraucht werden.

Trotz dieser Ungleichwertung hat Wolfram das epische Gewicht der Gawan-Handlung nicht kleiner gemacht. Im ›Conte du Graal‹ erzählen etwas über 4000 Verse von Gauvain und über 5000 von Perceval. Im ›Parzival‹ haben beide Teile mehr als den doppelten Umfang: die Gawan-Bücher zählen knapp 10.000 Verse, die Parzival-Bücher gut 13.000 Verse, wenn man Buch XIV, das von dem Kampf zwischen Gawan und Parzival erzählt, beiden Helden zurechnet.

Wie sehr die Komposition des Doppelromans den deutschen Dichter beschäftigt hat, ist daran abzulesen, daß er die beiden Handlungsstränge zeitlich und räumlich synchronisiert hat. Im ›Conte du Graal‹ verlassen Gauvain und Perceval am selben Tag den Artushof und treffen sich nie wieder. Chrétiens Text bricht ab, als gerade die Rückkehr Gauvains an den Artushof vorbereitet wird. Ob dort auch Perceval eintreffen sollte (so hat Wolfram die Planung verstanden), läßt der französische Text nicht erkennen. Zwischen dem gemeinsamen Aufbruch und dem Ende des Textes wird von Gauvains Abenteuern erzählt, unterbrochen lediglich von den 300 Versen (6217-6518), die von Percevals Einkehr beim Einsiedler-Oheim berichten. Wie diese Szene sich zeitlich und räumlich zu der sie umgebenden Gauvain-Handlung verhält, hat Chrétien in märchenhafter Unbestimmtheit gelassen. Bei Wolfram dagegen kann (und soll) man nachrechnen, wie lange die beiden Helden unterwegs sind. Parzival erfährt im 9. Buch von Trevrizent, wie lange es her ist, seit er (im 5. Buch) zum ersten Mal in Trevrizents Einsiedelei war; und im 13. Buch rechnet die Königin Ginover Gawans Boten vor, wieviel Zeit seit dem Aufbruch am Plimizoel vergangen ist (vgl. S. 108). Der Zeitraum differiert nur um einige Wochen; so wird begreiflich gemacht, daß Parzival nach fast fünf Jahren nur einen Tag später zum Artushof zurückkehrt als Gawan.

Noch auffälliger ist die räumliche Koordinierung der beiden Handlungsstränge. Im ›Conte du Graal‹ kreuzen sich Gauvains und Percevals Reiseweg nie. Bei Wolfram trifft Gawan Parzival gleich auf der ersten Station seiner Fahrt zum Gerichtskampf in Schampfanzun, nämlich in Bearosche, auf dem Schlachtfeld wieder. Der Erzähler läßt es allerdings offen, ob Gawan bemerkt, wer der Ritter auf der Seite der Gegner ist, der so große Taten vollbringt, daß Gawan fast um den Sieg gebracht worden wäre. Als nach dem Kampf die Verhandlungen beginnen, ist Parzival schon wieder aufgebrochen. Auf der nächsten Station seines Wegs, in Schampfanzun, erfährt Gawan, daß Parzival kurz vor ihm dort war und daß er König Vergulaht im Zweikampf besiegt und zur Gralsuche verpflichtet hat. Auch als Gawan nach fast fünf Jahren in Logroys eintrifft, muß er feststellen, daß Parzival am Vortag dort gewesen ist.

Eine weitere Verbindung zwischen Parzival-Handlung und Gawan-Handlung besteht in der unerlaubten Liebesbeziehung des Gralkönigs Anfortas zu Gawans späterer Ehefrau Orgeluse. Das erfahren die Zuhörer in Buch XII (616,11ff.). Außerdem gibt es bei Wolfram lebhafte Kontakte zwischen Munsalvaesche und Schastel marveile, die von Kundrie aufrechterhalten werden (579,24ff.).

Wolfram hat also die Unabhängigkeit der Handlungsstränge aufgegeben und hat Parzival zum Mitspieler der Gawan-Handlung gemacht, offenbar in dem Bestreben, seinen Haupthelden in den langen Gawan-Partien präsent zu halten. Er hat dabei in Kauf genommen (oder hat es geradezu darauf angelegt), daß die Einzigartigkeit von Gawans ritterlichen Leistungen durch Parzivals Auftritte relativiert wird. Nur an Schastel marveile läßt der Erzähler seinen Helden achtlos vorbereiten: dieses Abenteuer war Gawan zubestimmt.

3.3 Die erste Begegnung Parzivals mit Gawan

Wolfram hat die erste Begegnung der beiden Helden in der Blutstropfenszene dazu benutzt, den Zuhörern die beiden in ihrer Gegensätzlichkeit vorzuführen. Die Änderungen, die er dabei an seiner Vorlage vorgenommen hat, dienen hauptsächlich dazu, die Unterschiede zwischen den beiden Helden noch deutlicher sichtbar zu machen.

Nachdem Segramors und Keie von dem unbekannten Ritter, der in voller Rüstung vor dem Lager hält, besiegt worden sind, reitet Gawan ohne Waffen hinaus, weil er richtig vermutet, daß der Fremde nicht als Agressor gekommen ist. Es ist eine komische Szene, wenn der berühmteste Ritter den Unbekannten freundlich anspricht und dieser nicht reagiert, weil er ganz im Bann der Blutstropfen steht und nichts von der Gegenwart des anderen bemerkt. Es ist eine Szene voller Kommunikationsbrüche. Zwei einander fremde Welten treffen hier aufeinander: Gawan als Repräsentant einer höfischen Klugheit, der die Situation durchschaut und der in der Lage ist, die Konfliktsituation, die sich auf Grund von Mißverständnissen aufgebaut hat, mit diplomatischen Mitteln zu lösen. Und Parzival, der nicht hören und nicht sehen und nicht sprechen kann, weil er, beim Anblick von Condwiramurs, deren Bild die Blutstropfen ihm erschaffen haben, die Welt der Sinne verlassen hatte und ganz in sich versunken ist. Parzival ist nicht glücklich darüber, daß Gawan seine Liebesbenommenheit beendet. Er wird erst etwas freundlicher gestimmt, als er erfährt, daß er im Zustand der Geistesabwesenheit zwei Ritter besiegt

und so an Keie die Schmach gerächt habe, die die Herzogin Cunne-
ware um seinetwillen zu erleiden hatte.

Wenn Parzival und Gawan zum zweiten Mal zusammentreffen
(diese Szene ist ohne Vorbild bei Chrétien: der ›Conte du Graal‹
bricht vorher ab), ergibt sich wiederum eine konfliktgeladene Szene,
diesmal mit tödlichem Ernst. Diesmal sind beide gerüstet. Ohne sich
zu erkennen und ohne ein Wort miteinander zu sprechen, beginnt
der Kampf, der schließlich durch Artus' Boten unterbrochen wird,
als Gawan bereits am Ende seiner Kräfte ist. So deutlich Parzivals
Überlegenheit im Kampf ist, auch bei der zweiten Begegnung trium-
phiert zuletzt die Klugheit und Höflichkeit über die Waffengewalt.
Wieder ist Parzival der Fremde, der von Gawan in die Gesellschaft
des Artushofs geleitet wird; und es wiederholt sich, was im 6. Buch
am Plimizoel geschah: Parzival wird vom König und von den Damen
feierlich begrüßt und wird wieder in die Gemeinschaft der Tafelrunde
aufgenommen. Und wieder erscheint gleich darauf die Gralbotin
Kundrie, nun aber nicht, um Parzival zu verfluchen, sondern um
seine Berufung zu verkünden.

3.4 Parzival und Gawan: tumpheit und wîsheit

Im ›Conte du Graal‹ sind die beiden Helden so konstruiert, daß sie
sich ergänzen und jeder von beiden sich im andern spiegelt. Wolfram
hat diesen Leitgedanken der Figurenzeichnung übernommen und
nach allen Seiten ausgebaut. Bei Wolfram sind Parzival und Gawan
Verwandte, ein Fleisch und Blut, aber nicht geschützt dagegen, daß
sie mit den Schwertern aufeinander losgehen, ohne sich zu erkennen.
»Da haben zwei Herzen, die eins sind, im Kampf ihre Stärke bewiesen«
(*hie hânt zwei herzen einvalt mit hazze erzeiget ir gewalt* 689,27-28).
Und der, der gesiegt hat, hat mit sich selbst gekämpft und hat sich
selbst besiegt (*ich hân mich selben überstriten* 689,5). Die Identität
von Parzival und Gawan ist der eine Pol im Bedeutungsspektrum der
Zuordnung der beiden Helden.

> *Wolfgang Mohr*, Parzival und Gawan, Euph. 52, 1958, S. 1-22. – *Marianne
> Wynn*, Parzival and Gâwân – Hero and Counterpart, Beitr. 84, 1962,
> S. 142-182. – *Sidney M. Johnson*, Parzival and Gawan: Their Conflict of
> Duties, W-St. 1, 1970, S. 98-116.

Der andere Pol läßt sich als Gegensatz von *tump* und *wîse* beschrei-
ben. Parzivals *ich bin niht wîse* (178,29) und Gawans *ich bin sô wîs*
(323,24) werden vom Erzähler vielfach variiert und durch ein reiches

tumpheit-Vokabular ergänzt, das der Charakterisierung von Parzival dient.

Parzivals tumpheit. Die Zuhörer lernen Parzival, am Ende des 2. Buchs, als Neugeborenen kennen, Gawan dagegen, im 6. Buch, auf dem Höhepunkt seiner Ritterlaufbahn, als »höchster Ruhm der Tafelrunde« (*der tavelrunder hôhster prîs* 301,7). Die Schilderung von Parzivals Kindheit (die gegenüber dem ›Conte du Graal‹ stark erweitert ist) läßt erkennen, wie seine *tumpheit* zu verstehen ist.

Nach der mittelalterlichen Anthropologie wird der Mensch »ohne Wissen, ohne Sprache, ohne Tugend« geboren (Innozenz III.), »unfähig zur Erkenntnis und zum richtigen Handeln« (Vinzenz von Beauvais).

> *Innozenz III.*, De contemptu mundi I,6, in: J.-P. Migne (Hg.), Patrologia Latina, Bd. 217, Paris 1889, Sp. 705. – *Vinzenz von Beauvais*, De eruditione filiorum nobilium, Kap. 1, hrsg. von *Arpad Steiner*, Cambridge, MA 1938, S. 6.

Das Kind bedarf daher der Anleitung und Erziehung, um ein richtiger Mensch zu werden; vor allem das moralische Urteilsvermögen (die Unterscheidung zwischen Gut und Böse) und der richtige Gebrauch des Verstandes (die Fähigkeit zu diskursivem Denken) müssen ausgebildet werden.

Als Parzival die Mutter verläßt, besitzt er nichts von all dem, was ein Mensch braucht: keine ausreichende Kenntnis der christlichen Religion, kein Wissen, keinen Verstand, keine moralische Unterscheidungsfähigkeit. Herzeloyde hat ihn nicht nur »um eine königliche Lebensweise betrogen « (*an küneclîcher fuore betrogn* 118,2), sondern um alles, was die Würde des Menschen ausmacht. Was Parzival besitzt, sind nur die angeborenen »Güter des Körpers« (*bona corporis*) – Schönheit, Kraft, Geschicklichkeit – und der von Vater und Mutter ererbte *art*. Dieser *art* manifestiert sich einerseits in einem Drang nach außen, zu Kampf und Gewalttat, andererseits in einer starken Regung von innen (vgl. S. 175). Das zwiespältige Familienerbe und das Fehlen von Verstand und Verständnis machen Parzivals *tumpheit* aus. Zwar wird Parzival belehrt – von der Mutter, von Gurnemanz, von Trevrizent –, aber es fehlt ihm die Fähigkeit, mit den Lehren richtig umzugehen. Seine schlimmsten Vergehen begeht Parzival aus dem mißglückten Bestreben heraus, das, was er gelernt hat, selber anzuwenden. So schweigt er vor Anfortas, weil Gurnemanz ihm geraten hat, nicht zu viel zu reden. Er wendet sich von Gott ab, weil er die Gotteslehre Herzeloydes falsch verstanden hat und nun der Meinung ist, Gott habe es versäumt, ihm zu Hilfe zu kommen, als er Hilfe brauchte.

Der Erzähler hat seinen Helden im Prolog mit den Worten eingeführt: *er küene, traeclîche wîs* (4,18). Das ist fast immer so verstanden worden, daß der Erzähler sagen wollte, Parzival sei von Anfang an *küene* gewesen und erst »allmählich« (*traeclîche*) *wîse*. Daraus wurde geschlossen, daß der Weg von der *tumpheit* zur *wîsheit* das eigentliche Programm der Parzival-Darstellung ausmache, daß es in Wolframs Dichtung um die ›Entwicklung‹ des Helden von der Torheit seiner Jugend-Verfehlungen zur Weisheit des Gralkönigs gehe. Der Text bietet allerdings wenig Anhaltspunkte für eine solche Deutung. Parzivals ›innere Umkehr‹ bei Trevrizent – ein Hauptpunkt der Entwicklungs-These – ist eine unsichere Größe (vgl. S. 132f.). Gegen Ende der Dichtung verhält der Erzähler sich sehr wortkarg in Bezug auf den inneren Zustand seines Helden. Was er von ihm erzählt, taugt schwerlich als Beleg für einen innerlich Gewandelten, der das Ziel der *wîsheit* erreicht habe. Parzival kämpft noch drei Kämpfe aus, bevor er nach Munsalvaesche berufen wird. In zwei Fällen weiß Parzival nicht, gegen wen er kämpft; und alle drei Kämpfe werden abgebrochen, weil sich herausstellt, daß sie auf Irrtum und Mißverständnis beruhen. Gawan spricht von *tumpheit* (689,29). Die größte *tumpheit* ist der Kampf gegen seinen eigenen Bruder Feirefiz. Daraus ist zu ersehen, daß Parzival noch immer, wie am Anfang, als er Ither totschlug, mit sich selbst im Kampf liegt. »Mit Dir selber hast Du hier gekämpft« (*mit dir selben hâstu hie gestritn* 752,15). Offenbar ist es nicht der *wîse*, sondern der *tumbe* Held, der von Gott zum Gral berufen wird. Das Prolog-Wort *traeclîche wîs* wäre dann zu übersetzen: »gar nicht weise«.

Über Gawans Erziehung erfahren wir nichts. Aus der Handlungs-führung wird klar, daß er alles besitzt, was Parzival fehlt: Bildung, Verstand, Urteilsfähigkeit. Ohne Anregung durch seine französische Vorlage hat Wolfram eine bezeichnende Einzelheit eingefügt: als die Königin Ginover im 13. Buch Gawans Brief empfängt, erkennt sie seine Handschrift (644,27ff.). Gawans Schreibfähigkeit macht ihn, in der Terminologie der Zeit, zu einem *litteratus*, einem Gebildeten, eine Qualität, die unter den adligen Laien selten anzutreffen war.

Wahrnehmung und Erkenntnis. Der Unterschied zwischen *tumpheit* und *wîsheit* dokumentiert sich am deutlichsten an der Wahrnehmungs-fähigkeit der beiden Helden und in der Art ihrer zwischenmenschli-chen Kommunikation. Parzival ist so konstruiert, daß zwar die Sin-neswahrnehmungen gut funktionieren – das zeigt sich gleich in der Jugend, wenn er im Wald jagt –, daß aber die Beurteilung des sinnlich Wahrgenommenen durch den Verstand nicht richtig funktioniert, weil er »an Verstandeskräften beschränkt« (*an den witzen toup* 475,6) ist. Streckenweise hat man den Eindruck, daß Parzival von der Welt um ihn herum kaum etwas wahrnimmt oder daß das Wahrgenommene nicht in sein Bewußtsein dringt. Gegenüber den Menschen, die er trifft, wirkt er merkwürdig blind. Wenn jemand zu ihm spricht, scheint er nur momentweise zuzuhören und kaum etwas zu verstehen; und wenn man ein Wort von ihm erwartet, bleibt er stumm, wie beim Empfang durch die Königin Condwiramurs in Belrapeire: »neben der herrlichen Königin saß sein Mund ohne ein Wort« (*bî der küneginne rîche saz sîn munt gar âne wort* 188,20-21).

An einer Stelle hat der Erzähler dieses Verhalten genauer erläutert. Als Gurnemanz ihn ermahnt, nicht wie ein Kind zu reden und dauernd seine Mutter im Mund zu führen (*ir redet als ein kindelîn. wan geswîgt ir iwerr muoter gar?* 170,10-11), verneigt sich Parzival stumm vor ihm. »Von seiner Mutter schwieg er in seiner Rede, aber nicht in seinem Herzen« (*sîner muoter er gesweic mit rede, und in dem herzen niht* 173,8-9). Innen, im Herzen, unhörbar für die anderen, redet er weiter von seiner Mutter. Innen ist er ein anderer als außen; das zeigt sich auch in der Blutstropfen-Episode (vgl. S. 72ff.). Für seine Mitmenschen, die nur die Außenseite sehen, wird er dadurch zum Fremden.

Parzivals Kämpfe. Parzivals Weg seit dem Aufbruch aus Soltane bis zur Berufung nach Munsalvaesche besteht aus einer Kette von Kämpfen, unterbrochen nur durch die Begegnungen mit Sigune sowie dem ersten Besuch in Munsalvaesche und der Einkehr bei Trevrizent.

Auch in Munsalvaesche glaubt Parzival, den Menschen dort helfen zu können, indem er ihnen kämpfend zur Seite steht (246,11ff.); und bei Trevrizent wird sein Interesse vor allem durch die Mitteilung geweckt, daß Gott auch ein großer Kämpfer sei (*ist got an strîte wîse* 472,8).

»Ich habe nichts als Kampf gesucht« (*ichn suochte niht wan strîten* 461,8): das ist eine der einsichtsvollsten Sebstaussagen Parzivals, die vom Erzähler wörtlich bestätigt wird: *ern suochte niht wan strîten* (390,9). Parzival fragt nicht lange danach, wer die Ritter sind, die er trifft, sondern schlägt einfach los. Vom ersten Kampf, gegen Ither, bis zum letzten, gegen Feirefiz, bleibt er blind für die Identität seiner Gegner. Es ist pure Ironie, wenn der Erzähler ihn im 15. Buch, in törichtem Wettstreit mit seinem Bruder (und gegen alle Regeln der Metrik, vgl. S. 29), die Namen der von ihm besiegten Gegner aufzählen läßt. Auch das ist ein Zeichen dafür, daß Parzival bis zum Schluß im Bann der *tumpheit* steht.

Parzivals Kämpfe sind in der Forschung unterschiedlich interpretiert worden: als Ausdruck seiner sündhaften Orientierungslosigkeit (H. Zutt) oder als positive Leistungen auf seinem Weg zum Gral (M. H. Jones).

Herta Zutt, Parzivals Kämpfe, in: Festgabe für Friedrich Maurer, 1968,
S. 178-198. – *Martin H. Jones,* Parzival's Fighting and his Election to
the Grail, W-St. 3, 1975, S. 52-71. Vgl. auch *Will Hasty,* Daz prîset in,
und sleht er mich. Knighthood and Gewalt in the Arthurian Works of
Hartmann von Aue and WvE, Monatshefte für dt. Unterricht 86, 1994,
S. 7-21. – *Ders.,* Art of Arms. Studies of Aggression and Dominance in
Medieval German Court Poetry, S. 31ff.

Gawans Einstellung zum Kampf. Wie der *wîse man* sich gegenüber den
ritterlichen Herausforderungen verhält, wird an Gawan demonstriert.
Seinen Ruhm als »höchste Zierde der Tafelrunde« (301,7) verdankt
er zweifellos auch ritterlichen Großtaten, von denen wenig erzählt
wird. Bei seinem ersten Auftritt, in der Blutstropfen-Episode, tritt
er, anders als im ›Conte du Graal‹, Parzival unbewaffnet gegenüber
und läßt sich dessen spöttische Bemerkung, er, Parzival, habe wohl
nichts von ihm zu befürchten (302,21ff.), gefallen. Als er anschlie-
ßend von Kingrimursel zum Gerichtskampf nach Schampfanzun
gefordert wird, nimmt Gawan die Herausforderung an, weil seine
Integrität öffentlich in Frage gestellt worden ist; zugleich bekundet
er (in dem Bewußtsein, daß die Anschuldigung gegen ihn falsch ist)
sein Desinteresse an einem solchen Kampf: »Ich weiß nicht, warum
ich kämpfen soll; ich finde auch wenig Befriedigung im Kampf« (*ine
weiz war umbe ich strîten sol, ouch entuot mir strîten niht sô wol* 323,27-
28). Noch ein zweites Mal wird Gawan, in Buch XII, wegen einer
falschen Anschuldigung zum Kampf gefordert (von Gramoflanz). Es
ist bezeichnend, daß beide Kämpfe nicht zustande kommen. Auch
sonst wird von Gawans Kämpfen nicht viel erzählt. Im 7. Buch
findet er sich widerwillig bereit, vor Bearosche mitzukämpfen. Von
seinem Kampf wird nur das berichtet, was für Gawan wichtig ist:
daß er König Meljanz, den Anführer der Gegner, gefangennimmt
und so eine diplomatische Lösung der Konflikte möglich macht. Im
8. Buch wird Gawan angegriffen und muß einen komischen Kampf
mit Schachbrett und Türriegel bestehen. Erst im 10. und 12. Buch
werden zwei Kämpfe Gawans genauer beschrieben, gegen Lischoys
Gweljus und gegen den Turkoyten. Gawan erfüllt die Forderungen
seiner Minnedame ohne Zögern; doch der Erzähler spricht mit aller
Deutlichkeit aus, daß diese Formen des Minnedienstes überflüssig
und dumm sind. »Wer sollte sie dafür loben, daß die Dummen ohne
Grund kämpften, nur zu ihrem Ruhm?« (*Wer solte se drumbe prîsen,
daz di unwîsen striten âne schulde, niwan durch prîses hulde?* 538,1-
4). Orgeluse fällt ihrem Freier zu Füßen (611,23) und bittet ihn um
Verzeihung für die unsinnigen Proben, die sie ihm auferlegt hat.

Anders als Parzival weiß Gawan ganz genau, warum und gegen wen er kämpft (auch wenn er vielleicht mit den Namen von Orgeluses Rittern nicht vertraut ist). Nur einmal täuscht Gawan sich über die Identität seines Gegners: im Kampf gegen Parzival.

Parzival erreicht mit seinen Kämpfen nichts, außer daß er so beweist, daß er unermüdlich kämpfend nach dem Gral sucht. Gawan, der Kämpfe vermeidet und nur kämpft, wenn er damit etwas erreicht, beeindruckt bereits im ›Conte du Graal‹ durch sein diplomatisches Geschick. Wolfram hat das noch verstärkt und hat Gawans Fähigkeit, Gegensätze zu überwinden, Konflikte zu lösen und Menschen miteinander zu versöhnen, zum Zentrum seiner Gawan-Konzeption gemacht.

Bewegungen in Raum und Zeit. Der Gegensatz zwischen Parzivals Blindheit und Gawans Klugheit zeigt sich besonders deutlich in ihrer Orientierung in Raum und Zeit (*Marianne Wynn*, Scenery and Chivalrous Journeys in Wolfram's Parzival, Speculum 36, 1961, S. 393-423).

Als beide Helden am Ende des 6. Buchs den Artushof verlassen, reitet Parzival alleine los; ein Ziel wird nicht genannt. 4 1/2 Jahre lang reitet er – wie er im 9. Buch Trevrizent bekennt – »ziellos« (*wîselôs* 460,29) herum, immer auf der Suche nach dem Gral, meistens auf ungebahnten Wegen, durch *ungeverte* (282,6), durch Wald und Wildnis, ohne zu wissen, wo er sich befindet und wieviel Zeit vergangen ist. Es scheint Zufall (beziehungsweise Erzähler-Ironie) zu sein, daß er, wie Gawan, zuerst nach Bearosche gelangt und dann nach Schampfanzun. Die Zuhörer erfahren nur, daß er überall in Kämpfe verwickelt ist, ohne seine Gegner zu erkennen. In Schampfanzun besiegt er einen nahen Verwandten: König Vergulaht ist sein Cousin ersten Grades; Vergulahts Mutter Flurdamurs ist Parzivals Tante, eine Schwester seines Vaters Gahmuret. Nur am Anfang, beim Aufbruch aus Soltane, hat Parzival ein Ziel, das er auch erreicht: den Artushof. Die Ziele, die er sich später setzt, erreicht er nicht. Er will von Belrapeire aus seine Mutter besuchen (223,18f.), kommt aber nie nach Soltane zurück. Später will er nach Munsalvaesche zurück, findet aber nicht den Weg. Erst als Gralkönig gelingt ihm wieder ein Reiseplan: er trifft, wie verabredet, Condwiramurs am Plimizoel.

Ganz anders Gawan. Gawan trifft sorgfältige Vorbereitungen für die Reise zum Gerichtskampf in Schampfanzun, reitet nicht, wie Parzival, in voller Rüstung, sondern führt seine Ausrüstung auf Lastpferden mit und läßt sich von einer Schar von Edelknappen begleiten. Er informiert sich unterwegs über die Verhältnisse in dem Land, das er

durchqueren muß; und als er in Bearosche ankommt und die Tore
geschlossen findet, schlägt er vor den Mauern der Stadtburg sein Lager
auf und wartet ab, was sich ergibt. Anders als Parzival ist Gawan mit
einem ausgeprägten Zeitbewußtsein ausgestattet; der Termin-Zwang
des auf den Tag festgesetzten Gerichtskampfs bestimmt sein Verhalten
unterwegs. Nur die Zeitlücke zwischen seinem Aufbruch aus Schampf-
anzun und seinem Auftauchen in Terre marveile nach 4 1/2 Jahren
bleibt unausgefüllt: ein Tribut, das der Erzähler für die Synchroni-
sierung der Handlungsstränge seiner beiden Helden zahlen mußte.

Im 10. Buch hat Gawan kein Gefolge und keine Lastpferde mehr,
sondern reitet, wie Parzival, in voller Rüstung alleine. Das hat bei
Wolfram offenbar denselben Grund wie im ›Conte du Graal‹: Gawan
schickt sein Gefolge zurück an den Artushof, nachdem er von Vergulaht
die Verpflichtung zur Gralsuche übernommen hat.

Mit der Orientierung – beziehungsweise der fehlenden Orientierung
– in Zeit und Raum hängt es zusammen, daß alles, was geschieht,
von Parzival eher erlitten wird, von Gawan dagegen geplant und ge-
staltet. Parzival zeigt auf keiner Station seines Weges ein besonderes
Interesse an den Verhältnissen, in die er hineingerät. Mit einer einen
Ausnahme: in Bearosche heiratet er die Königin des Landes. Selbst
in Bearosche scheint Parzival mehr daran interessiert zu sein, für die
Königin zu kämpfen als sie für sich zu gewinnen. Die Anbahnung
der Ehe wird vom ›Parzival‹-Erzähler so geschildert, daß die Aktivität
ganz von Condwiramurs ausgeht und daß Parzival – nachdem die
Königin öffentlich erklärt hat, daß sie keinen anderen Mann heiraten
werde – kaum vor eine Wahl gestellt wird.

Die Wirkungen, die sein Auftreten hat – es sind in der Mehrzahl
der Fälle schädliche Wirkungen –, bleiben Parzival verborgen. Wenn
er nachträglich erfährt, was er angerichtet hat – bei Jeschute, bei
Cunneware, in Munsalvaesche –, zeigt er Bedauern und Mitgefühl
und ist bestrebt, den Schaden wiedergutzumachen.

Gawans planendes Handeln. Auch Gawan gerät immer wieder in
Situationen und Verhältnisse, die ihm unbekannt sind und die sich
als kompliziert und bedrohlich erweisen. Anders als Parzival gelingt
es ihm jedoch in den meisten Fällen, die Konflikte zu durchschauen
und durch sein Eingreifen einer versöhnlichen Lösung zuzuführen.

Das wird besonders deutlich auf der ersten Station seiner Reise, in Bearosche,
wo er sich auf das gewagte Spiel eines Minnedienstes für ein Kind einläßt.
Das geschieht sicherlich nicht, weil er sich davon einen Vorteil für sich selbst
verspricht, sondern eher um den Konfliktparteien eine Lehre zu erteilen und
sie zur Vernunft zu bringen.

Manchmal erweist es sich am vorteilhaftesten für Gawan, gar nichts zu tun, sondern abzuwarten, wie sich die Situation entwickelt.

Im 8. Buch scheint Gawan in eine hilflose Lage geraten zu sein, als Herzog Liddamus dem König den Rat gibt, seinen ungeliebten Gast einfach zu beseitigen (417,5ff.). Der Erzähler glaubt, daß Gawan da »zum ersten Mal Angst hatte« (*alrêst was im grôz angest kuont* 417,10). Mhd. *angest* kann jedoch auch »Gefahr«, »Not« oder »Sorge« heißen. Zeichen von Angst zeigt Gawan in dieser Szene nicht. Offenbar befindet er sich, während der König mit seinen Fürsten über ihn berät, in der Obhut von Antikonie. Er kann darauf vertrauen, daß Antikonie niemals zulassen würde, daß ihrem Kampf- und Liebes-Gefährten etwas angetan wird. So kommt es, daß am Ende des 8. Buchs nicht Gawans Ansehen beschädigt ist, sondern das des Königs, der das Recht gebrochen und sich unwürdig verhalten hat. Der Herzog Liddamus, der Gawan Gewalt antun wollte, ist eine zwiespältige Figur. Alles Lob versammelt der Erzähler zuletzt auf Antikonie, die sich von Anfang an mit Gawan verbündet hatte und die am Schluß, zusammen mit Gawan, als die Siegerin dasteht.

In der zweiten Gawan-Partie, als Gawan nach Terre marveile kommt, gerät er wieder in eine spannungsgeladene, bedrohliche Situation, die vom Haß derer bestimmt wird, die dort herrschen: Orgeluses Haß auf Gramoflanz, der ihren Ehemann getötet hat und sie mit Gewalt zur Liebe zwingen wollte; Gramoflanz' Haß auf Gawan, dessen Vater angeblich seinen Vater getötet hat; und Clinschors Haß auf die ganze Menschheit, der er die Schuld an seiner Entmannung gibt. Alle drei Herrscher scheinen es darauf abgesehen zu haben, Gawan zu schädigen oder sein Leben zu bedrohen. Orgeluse zwingt ihn durch ihren Liebreiz dazu, selbst unter unwürdigen Bedingungen gefährliche Kämpfe und unerfüllbar scheinende Mutproben zu bestehen; Gramoflanz fordert ihn zum tödlichen Zweikampf heraus; und Clinschor hält Gawans mütterliche Verwandte gefangen und verlockt ihn dadurch, das Abenteuer von Schastel marveile zu erproben, das noch kein Ritter bestanden hat. Es dauert jedoch nicht lange, bis Gawan sich in dieser bedrohlichen Lage zurechtgefunden hat. Dann gelingt es ihm, selber den Handlungsverlauf so zu steuern, daß er nicht nur aller Gefahren, die ihn bedrohen, Herr wird, sondern daß er es schafft, die Konflikte, die das Land um Schastel marveile zerreißen, zu überwinden und die verfeindeten Parteien im groß angelegten Hoffest vor Joflanze zu versöhnen und in die Artusgesellschaft zu integrieren.

Die Beurteilung von Gawans planendem Handeln wird den Zuhörern allerdings nicht leicht gemacht. Gawan selber tut alles, um seine Pläne und Ziele vor allen Beteiligten geheim zu halten, und nimmt dabei in Kauf, daß es zu schwerwiegenden Mißverständnissen kommt (vgl. S. 109f.). Der Erzähler tadelt zwar seinen Helden deswegen (vgl. S. 109), macht aber das Spiel mit: das, was Gawan auf der Handlungsebene tut, macht der Erzähler mit den Zuhörern, indem er ihnen die Informationen vorenthält, die nötig wären, um Gawans Planungen zu verstehen.

So läßt der Erzähler seine Zuhörer darüber im Unklaren, von wann an Ga-
wan sich über die Identität der vier in Schastel marveile gefangen gehaltenen
Königinnen im Klaren ist und seine Planung danach richtet. Vieles deutet
darauf hin, daß Gawan bereits am Ende von Buch VI darüber informiert
ist, daß in Schastel marveile seine mütterlichen Verwandten auf Erlösung
warten. Der Grieche Clias nennt ihre Namen »vor ihnen allen« (*vor in allen*
334,13), das heißt: vor der ganzen Hofgesellschaft, zu der auch Gawan gehört.
Gawan konnte als einziger (Artus war nicht anwesend) sofort wissen, daß
mit Sangive und Arnive seine Mutter und seine Großmutter gemeint waren,
die schon so lange vermißt wurden. Der Erzähler legt den Gedanken nahe,
daß Gawan bereits zu diesem Zeitpunkt den Plan faßte, im Anschluß an den
Gerichtskampf in Schampfanzun nach Schastel marveile zu reiten, um das
Abenteuer dort zu bestehen. So geschieht es dann auch.

Gawan wird im 12. Buch, im Gespräch mit Gramoflanz, davon über-
rascht, daß dieser ihn haßt und sich an ihm rächen will, obwohl er Gawans
Schwester Itonje liebt. Das bringt Gawan in eine schier ausweglose Situation.
Ist es nicht ein Betrug an seiner Schwester, wenn er, im Auftrag Orgeluses,
gegen Itonjes Geliebten kämpft? Und verletzt er nicht das Vertrauen Or-
geluses, wenn er sich Gramoflanz als Liebesboten an Itonje zur Verfügung
stellt? Der Erzähler gestattet den Zuhörern an dieser Stelle keinen Einblick
in Gawans Inneres. Sein weiteres Handeln zeigt jedoch, daß er – mit einer
gewissen Rücksichtslosigkeit gegenüber den beiden Frauen, die er beide in
Unkenntnis über seine Pläne läßt – die weitere Planung an den Punkt an-
knüpft, der nur ihn und Gramoflanz betrifft und der am gefährlichsten für
ihn zu sein scheint: die Herausforderung zum Zweikampf. Bereits während
des Gesprächs mit Gramoflanz muß Gawan die Chance erkannt haben, die
Verabredung zum Zweikampf in seine Versöhnungs-Strategie einzubauen;
vor allem als Gramoflanz, in seiner Prunk- und Ruhmsucht den Vorschlag
macht, den Kampf vor einer großen Kulisse stattfinden zu lassen und dazu
auch König Artus einzuladen (610,6ff.). Alles, was Gawan von da an tut, ist
auf die Ausführung dieses Plans gerichtet, bis dieser durch Parzivals unver-
mutetes Auftauchen durchkreuzt wird. Wie Gawan die Durchführung im
einzelnen geplant hatte, bleibt unausgesprochen. Vermutlich war er davon
ausgegangen, daß er Gramoflanz besiegen könnte. Er glaubte vielleicht, daß
es ihm, wie im 7. Buch, gelingen würde, durch seine Verfügungsgewalt über
den besiegten Gegner diesen zu zwingen, sich mit Orgeluse zu versöhnen
und so eine allgemeine Versöhnung möglich zu machen.

3.5 Fremdheit und Identität

Fremdheit ist ein zentrales Thema der Parzivaldichtung.

Bernd Thum, Frühformen des Umgangs mit kultureller Fremde in hoch-
mittelalterlicher Epik. Der Parzival WsvEs als Beispiel, in: Das Mittelalter
– Unsere fremde Vergangenheit, hrsg. von J. Kuolt (u.a.), 1990, S. 315-

352. – *Ina Karg*, Bilder von Fremde in WsvE Parzival. Das Erzählen von Welt und Gegenwelt, in: Fremderfahrung in Texten des Spätmittelalters und der frühen Neuzeit, hrsg. von G. Berger und S. Kohl, 1993, S. 23-43. – *Albrecht Classen*, The Isolated Hero and the Communicative Community in W'svE Parzival, Stud. neoph. 69, 1997, S. 59-68.

In Torenkleidung reitet Parzival in die Welt und wird bestaunt und verlacht. Es ist wohl *diu Gahmuretes art* (174,24), die ihn nirgends länger als ein paar Tage verweilen läßt. Auch in Belrapeire hält es ihn nur ein paar Monate; dann verläßt er, wie sein Vater, seine schwangere Frau. Wohin es ihn treibt, bleibt unbestimmt. Seit dem zweiten Zusammentreffen mit Sigune im 5. Buch, am Tag nach seinem Frageversäumnis auf der Gralburg, sucht er den Weg zurück nach Munsalvaesche und gibt die Suche auch nicht auf, als er, nach Jahren, von Trevrizent erfährt, daß man nur *unwizzende* dorthin gelangen kann (250,29).

Überall ist Parzival ein Fremder, der wegen seiner Schönheit, seiner Kraft und seiner Hochherzigkeit bestaunt wird, dem die höchsten Ehren des Rittertums zuteil werden und dem die Damen ihre Zuneigung bezeugen, der aber auch eine Ära der Distanz um sich verbreitet, die im Verlauf der Handlung immer größer wird.

Alle Integrationsbemühungen scheitern. Die von väterlicher und mütterlicher Seite ererbten Königreiche bekommt Parzival nie zu Gesicht. Zweimal wird er in den erlesenen Kreis der Tafelrunde aufgenommen, und beide Male verläßt er schon am nächsten Tag den Artushof wieder. Der Gnadenakt, der ihn zum Schluß nach Munsalvaesche beruft, macht ihn nicht zum Mitglied der *ritterlîchen bruoderschaft* (470,19) der Templeise, sondern versetzt ihn in die isolierte Position des Herrschers.

Gawan ist das genaue Gegenteil: von frühester Jugend an in die Hofgesellschaft integriert, ist er längst zum Repräsentanten und zur »höchsten Zierde« der Tafelrunde geworden (301,7) und sein ritterlicher Ruhm ist in der ganzen Welt bekannt. Überall, wo er hinkommt, wirkt er gemeinschaftsstiftend und integrierend.

Bereits im ›Conte du Graal‹ ist Gauvain so konzipiert, daß auch er als Fremder erscheint. Wolfram hat diesen Gedanken aufgegriffen und weiter ausgestaltet. Fremdheit wird von Gawan nicht erlitten, wie von Parzival, sondern wird von ihm inszeniert, wird vorgespielt. Der Erzähler stellt es so hin, daß Gawan sich einen Spaß daraus macht, niemanden wissen zu lassen, daß er der berühmte Neffe von König Artus ist. Seine Anonymität gestattet es ihm, freier zu agieren und sich sogar, im Minnedienst für Orgeluse, zum Narren machen zu lassen. Dabei läßt der Erzähler seine Zuhörer begreifen, daß es in

Wirklichkeit Gawan ist, der die anderen zum Narren hält. Auch seine
Geheimnistuerei kann als ein Aspekt seiner überlegenen Planung und
Souveränität verstanden werden. Gawans gespielte Fremdheit scheint
als Gegenpol zu Parzivals Fremdheit der Suche konstruiert zu sein. Das
wird noch deutlicher, wenn man die mit dem Thema der Fremdheit
eng verknüpfte Darstellung von Identität ins Auge faßt.

Als Sigune Parzival bei ihrem ersten Zusammentreffen nach sei-
nem Namen fragt, weiß er nur zu antworten, daß seine Mutter ihn
bon fiz, scher fiz, bêa fiz (»guter Sohn, lieber Sohn, schöner Sohn«
140,6) genannt habe. Namenlos, vaterlos, erbelos ist Parzival in die
Welt gezogen. Sigune nennt ihm seinen Namen: *du heizest Parzivâl*
(140,16). Von da an nennt ihn auch der Erzähler so: *der junge Par-
zivâl* (153,14), *Parzivâl der knappe guot* (155,4), *Parzivâl der tumbe*
(155,19). Von Gurnemanz bekommt er einen neuen Namen: »den
Roten Ritter nannte er ihn« (*den rôten ritter er in hiez* 170,6). Diesen
Namen, der Parzival als den identifiziert, der Ither getötet und dem er
die Rüstung geraubt hat, haftet an ihm. Parzival selber gebraucht den
Namen nicht. Auch der Erzähler spricht von dem Roten Ritter nur aus
der Perspektive anderer (*Den man den rôten ritter hiez* 202,21). Wenn
der Erzähler sagt: *der nennet sich der rîter rôt* (276,21), kann *nennet
sich* auch heißen: »wird genannt«. Nach dem 7. Buch verschwindet
der Name wieder, der ein geborgter Name war.

Als Parzival aus Soltane aufbricht, will er Ritter am Artushof
werden. Statt dessen wird er zur blutigen Karikatur eines Ritters, der
Totschlag und Raub begeht und der sich in den fremden Waffen kaum
auf dem Pferd zu halten vermag. Nach Gurnemanz' Anleitung lernt
er die ritterliche Kampftechnik im Nu (vgl. S. 60). Von da an bleibt
er in jedem Kampf Sieger, bis zuletzt im Kampf mit Feirefiz Ithers
Schwert zerbricht. Anders als im ›Conte du Graal‹, wo Perceval in
feierlicher Zeremonie von Gornemant die Ritterweihe empfängt (vgl.
S. 62), hat der ›Parzival‹-Erzähler seinem Helden diese Bestätigung
verweigert. Parzival verharrt in dem Irrtum, daß König Artus ihn zum
Ritter gemacht habe. Als er im 6. Buch in die Tafelrunde aufgenommen
wird, ist schon klar, daß er seine Identität nicht als Artusritter finden
wird. In der Blutstropfen-Episode hat er erkannt, daß die Erlösung
des Gralkönigs sein Lebensziel sein wird. Er scheidet aus dem Artus-
kreis aus und wird zum Gralsucher. Auch nachdem er von Trevrizent
erfahren hat, daß der Gral bewußtem Suchen verborgen bleibt, hält
er an der Gralsuche fest. Die Rückkehr an den Artushof im 14. Buch
bestätigt nur, daß das nicht mehr seine Welt ist. Offenbar ist Parzival
entschlossen, wieder in die Einsamkeit seiner Gralsuche zu verschwin-
den, als die Nachricht seiner Berufung nach Munsalvaesche eintrifft.

Gottes Wille macht Parzival zum Gralkönig. Nun scheint alles erfüllt: er hat seine Bestimmung gefunden; er kann Anfortas erlösen; er kann auch wieder mit seiner Ehefrau zusammenleben. Der Epilog bestätigt das: wenn einer Gottes Gnade und die Achtung der Welt gewinnt, »dann hat sich die Anstrengung gelohnt« (*daz ist ein nütziu arbeit* 827,24). Die Frage der Identität scheint sich am Schluß nicht mehr zu stellen. Parzival ist der Gralkönig, der Erlöser, der glückliche Ehemann. Er ist aber auch am Schluß noch *der tumbe man*, der er immer schon war.

An Gawans Identität gibt es nicht den geringsten Zweifel. Er ist bereits beim Eintritt in die Dichtung der Neffe von König Artus und »der höchste Ruhm der Tafelrunde« (301,7); und er ist es noch am Schluß. Trotzdem spielt die Frage der Identität in den Gawan-Partien eine fast ebenso große Rolle wie in den Parzival-Teilen. Die Frage, wer er ist, wird von Gawan zum Hauptpunkt des Spiels um die von ihm inszenierte Fremdheit gemacht.

Es ist nicht nur ein Spiel, wenn Gawan seine Identität verschweigt und die Leute rätseln läßt, wer er ist. Als er vor den Mauern der Stadtburg von Bearosche lagert, hört er von unten mit an, wie oben auf der Zinne die Schwestern Obilot und Obie über ihn in Streit geraten. Während Obilot in ihm den Ritter erkennt, dem sie ihre Liebe schenken möchte, hält Obie ihn zunächst für einen Kaufmann (352,16) und dann für einen Wechsler (353,26) und Betrüger (361,10). Anonymität ist für Gawan auch ein Schutzschild, hinter dem er seine Pläne verbirgt. Dabei stört es ihn nicht, daß Orgeluse im 10. Buch die falschen Identitäts-Zuschreibungen dazu benutzt, ihn zu verspotten und zu entwürdigen. Als Gawan Urjans hilft, ist er für sie ein Arzt (*kan der geselle mîn arzet unde rîter sîn* 516,29-30); als er sein Pferd verliert, ist er für sie nur noch ein *garzûn*, ein Soldat zu Fuß (*nu müezet ir ein garzûn wesn* 523,9). Gawans Identitäts-Verweigerungen haben fast immer ein komisches Element. Als Antikonie ihn fragt, wer er ist, antwortet er: »der Neffe meiner Tante« (*ich pin mîner basen bruoder suon* 406,14-15).

An manchen Stellen ist es schwer zu begreifen, warum Gawan so viel Wert darauf legt, unerkannt zu bleiben. Als er das Abenteuer von Schastel marveile bestanden hat und den »vier Königinnen« begegnet, die dort gefangen waren, spielt er auch vor ihnen den Fremden, obwohl es seine nächsten Verwandten sind: seine Mutter, seine Großmutter und seine beiden Schwestern, über deren Identität er sich längst im Klaren sein mußte (vgl. S. 154). Erst als er mit der ganzen Gesellschaft von Schastel marveile nach Joflanze aufbricht, gibt Gawan sich zu erkennen, aber nicht seiner Verwandtschaft, sondern

den *ambetliuten* (667,10), die vorausreiten und das Lager für ihn
bereiten sollen. Auch hier nennt er nicht seinen Namen, sondern
spricht nur von König Artus als seinem Oheim (*ez ist mîn oeheim
Artûs* 667,19). Ob die vier Königinnen das erfahren, läßt der Text
offen. Offenbar ist die ganze Geheimnistuerei auf die Überraschung
angelegt, die Gawan König Artus bereitet, wenn er ihm seine so lange
vermißten Verwandten vorstellt: Artus' Mutter, Artus' Schwester und
seine beiden Nichten (672,7ff.).

Der Sinn von Gawans komischem Versteckspiel um seine Identität
ist wohl am ehesten aus der Gegenbildlichkeit zu Parzivals erlittener
Identität zu begreifen. Gawan und Parzival gewinnen ihre Identität als
Neffen. Parzival durch den Gnadenakt Gottes, der ihn, anstelle seines
Oheims Anfortas, zum Gralkönig macht. Gawan aus eigener Kraft,
indem er seinem Oheim Artus seine Verwandtschaft wiederschenkt
und sich dadurch als der zu erkennen gibt, der er schon immer war:
der Neffe von König Artus.

3.6 Das Geschlechterverhältnis. Liebe und Ehe

Das Geschlechterverhältnis ist sowohl in den Parzival-Partien als auch
in den Gawan-Partien ein dominierendes Thema.

> *Marlis Schumacher*, Die Auffassung der Ehe in den Dichtungen WsvE,
> 1967. – *Herbert E. Wiegand*, Studien zur Minne und Ehe in Ws Parzival
> und Hartmanns Artusepik, 1972. – *Marion E. Gibbs*, Wîplîchez wîbes
> reht. A Study of the Women Characters in the Works of WvE, 1972.
> – *Andrée K. Blumstein*, Misogyny and Idealization in the Courtly Romance,
> 1977 (›Parzival‹: S. 76-104). – *Siegfried R. Christoph*, WvE's Couples,
> 1981. – *Alfred Ebenbauer*, Es gibt ain mörynne vil dick susse mynne.
> Belakanes Landsleute in der deutschen Literatur des Mittelalters, ZfdA
> 113, 1984, S. 16-42. – *Lilo Szlavek*, Der Widerspenstigen Zähmung in
> Parzival, in: Der Widerspenstigen Zähmung, Studien zur bezwungenen
> Weiblichkeit in der Literatur vom Mittelalter bis zur Gegenwart, hrsg.
> von S. Wallinger, M. Jonas, 1986, S. 43-65. – *Helmut Brackert*, der lac an
> ritterschefte tôt. Parzival und das Leid der Frauen, in: Ist zwîvel herzen
> nâchgebûr. FS für Günther Schweikle, 1989, S. 143-163. – *Annemarie
> Eder*, Macht- und Ohnmachtstrukturen im Beziehungsgefüge von Ws
> Parzival, Die Herzeloydentragödie, in: Der frauwen buoch. Versuche zu
> einer feministischen Mediävistik, hrsg. von I. Bennewitz, 1989, S. 179-212.
> – *Achim Masser*, Gahmuret und Belakane. Bemerkungen zur Problematik
> von Eheschließung und Minnebeziehungen in der höfischen Literatur,
> in: Liebe und Aventiure im Artusroman des Mittelalters, hrsg. von P.
> Schulze-Belli, M. Dallapiazza, 1990, S. 109-132. – *Michael Dallapiazza*,

Emotionalität und Geschlechterbeziehung bei Chrétien, Hartmann und W, ebenda, S. 167-184. – *Susan S. Morrison*, A Feminist Reader-Response to W'svE Parzival: The Position of the Female Reader, in: Lesarten. New Methodologies and Old Texts, Ed. A. Schwarz, 1990, S. 125-140. – *Peter Meister*, The Healing Female in the German Courtly Romance, 1990 (›Parzival‹: S. 85-122). – *Ders.*, A Little Acknowledged Theme in the Courtly Romance: Rape, Quondam et futurus 1, 1991, S. 23-35. – *Jutta A. Kleber*, Die Frucht der Eva und die Liebe in der Zivilisation: das Geschlechterverhältnis im Gralsroman WsvE, 1992. – *Andreas Mielke*, Nigra sum et formosa. Afrikanerinnen in der deutschen Literatur des Mittelalters, 1992 (›Parzival‹: S. 99-108). – *Susan Tuchel*, Dienerinnen und Mägde. Adliger *dienst* und opus servile im Parzival, im Iwein und in der Kudrun, Mediävistik 5, 1992, S. 139-158. – *Renée Meyer zur Capellen*, Die Hohe Frau im Minnesang und im Parzival, in: Die Erhöhung der Frau. Psychoanalytische Untersuchungen zum Einfluß der Frau in einer sich transformierenden Gesellschaft, hrsg. von R. Meyer zur Capellen (u.a.), 1993, S. 23-144. – *Ina Karg*, ... sîn süeze sûrez ungemach ... Erzählen von der Minne in Ws Parzival, 1993. – *Rosemarie McGerr*, Reversing Gender Roles and Defining True Manhood in Parzival, The Arthurian Yearbook 3, 1993, S. 215-225. – *Alexandra Sterling-Hellenbrand*, Women on the Edge in Parzival: A Study of the Grail Woman, Quondam et futurus 3, 1993, S. 56-68. – *Joachim Bumke*, Geschlechterbeziehungen in den Gawanbüchern von Ws Parzival, ABäG 38/39, 1994, S. 105-121. – *Maria E. Müller*, Jungfräulichkeit in Versepen des 12. und 13.Jhs., 1995 (›Parzival‹: S. 291-333). – *Natascha Wieshofer*, Fee und Zauberin. Analysen zur Figurensymbolik der mhd. Artusepik bis 1210, Wien 1905 (›Parzival‹: S. 116-141). – *Burkhardt Krause*, er enpfienc diu lant und ouch diu magt: Die Frau, der Leib, das Land. Herrschaft und body politic im Mittelalter, in: Verleiblichungen, hrsg. von B. Krause, U. Scheck, 1996, S. 31-82. – *Edward R. Haymes*, The Sexual Stranger. The Sexual Quest in W's Parzival, in: The Stranger in Medieval Society, Ed. F. R. P. Akehurst and S. C. Van d'Elden, Minneapolis 1997, S. 80-91. – *Susan Tuchel*, Kastration im Mittelalteer, 1998 (›Parzival‹: S. 203-221). – *Trude Ehlert*, Ein vrouwe sol niht sprechen vil: Körpersprache und Geschlecht in der deutschen Literatur des Hochmittelalters, in: Chevaliers errants, demoiselles et l'autre. FS für Xenja von Ertzdorff, 1998, S. 145-171. – *Ulrich Ernst*, Liebe und Gewalt im Parzival WsvE. Literaturpsychologische Befunde und mentalitätsgeschichtliche Begründungen, ebenda, S. 215-243. – *Waltraud Fritsch-Rößler*, Finis amoris. Ende, Gefährdung und Wandel von Liebe im hochmittelalterlichen deutschen Roman, 1999 (›Parzival‹: S. 178-291). – *Marion E. Gibbs*, Ideals of Flesh and Blood: Women Characters in Parzival, in: A Companion to W's Parzival (vgl. S. 262), S. 12-36. – *Winder McConnell*, Voices of Androgyny. The Feminine Element in W and Gottfried, in: De consolatione philologiae. FS für Evelyn S.Firchow, 2000, S. 25-268. – *Bernhard Öhlinger*, Destruktive *Unminne*. Der Liebe-Leid-Tod-Komplex in der Epik um 1200 im Kontext zeitgenössischer Diskurse, 2001. – *Waltraud Fritzsch-Rößler*, Kastriert, blind, sprachlos. Das (männliche) Geschlecht und der Blick in Ws Parzival, in: Frauenblicke. Männerblicke. Frauenzimmer. Studien zu Blick, Geschlecht und Raum, hrsg. von W. Fritzsch-Rößler, 2002, S. 111-163. – *James A. Schultz*, Love Service, Masculine Anxiety and the Consolation of Fiction in W's Parzival, ZfdPh. 121, 2002, S. 342-364. – *Sonja Emmerling*, Geschlechterbeziehungen in den Gawan-Büchern des Parzival. Ws Arbeit an einem literarischen Modell, 2003.

Den beiden Hauptsträngen der Handlung sind reich gegliederte Neben- und Hintergrundshandlungen zugeordnet, die in den Einzelheiten weit über das hinausgehen, was der ›Conte du Graal‹ an Anregungen bot.

Wolfgang Mohr, Zu den epischen Hintergründen in Ws Parzival, in: Mediaeval German Studies. Presented to Frederick Norman, London 1965, S. 174-187; wieder in: *Wolfgang Mohr*, WvE (vgl. S. 33), S. 138-151. – *Elke Brüggen*, Schattenspiele. Beobachtungen zur Erzählkunst in Ws Parzival, W-St. 18, 2004 (im Druck).

Liebe – Haß – Gewalt – Tod. So unterschiedlich die Hintergrundshandlungen im einzelnen sind, in der Darstellung von Liebe und Ehe und der Geschlechterverhältnisse weisen sie auffällige Übereinstimmungen auf. Bestimmte Konstellationen begegnen immer wieder. Häufig reißt der Tod ein junges Liebes- oder Eheglück auseinander. Besonders schmerzlich trifft es die Frauen, wenn der Geliebte oder Ehemann in ihrem Dienst umkommt. Die Reaktion auf den Tod ist oft extreme Trauer und Verzweiflung. Herzeloyde gibt nach dem Tod Gahmurets ihre höfische Lebensweise auf und zieht in die Einöde von Soltane. Belakane stirbt aus Liebe, nachdem Gahmuret sie verlassen hat. An Sigune wird dieser Prozeß des Nachsterbens aus Liebe in aller Breite vorgeführt; an ihr wird auch deutlich, daß das Festhalten an der Liebe über den Tod hinaus zugleich ein Weg zu Gott ist. Bei Orgeluse schlägt der Schmerz um den Tod des geliebten Ehemanns in Haß und Racheverlangen um und führt zu einer vollständigen Entstellung der Persönlichkeit. Die Verwandten von Isenhart machen Belakane für seinen Tod verantwortlich und überziehen ihr Land mit Krieg. Haß und Krieg als Reaktion auf enttäuschte Liebe begegnen öfter. Als Clamides Werbung um Condwiramurs zurückgewiesen wird, überfällt er ihr Land und will sie durch militärische Maßnahmen zwingen, seine Frau zu werden. König Meljanz führt gegen den Fürsten Lyppaut Krieg, weil dessen Tochter sich seinem Liebeswerben verweigert. König Gramoflanz entführt Orgeluse, nachdem er ihren Ehemann getötet hat, um sie zur Ehe zu zwingen. Am schlimmsten reagiert Clinschor: als er zur Strafe für sein Liebesverhältnis mit Iblis entmannt wird, richtet sich sein Haß gegen die ganze Menschheit. Aus Haß erlernt er einen Zauber, der bewirkt, daß es in Schastel marveile keine Liebe mehr gibt.

Liebe und Tod, Liebe und Haß, Liebe und Krieg, Liebe und Gewalt: diese düstere Motivkette bestimmt die Liebesdarstellung im ›Parzival‹. Überall begegnen verzerrte, verkehrte und überzogene Formen der Liebe, die eine zerstörerische Wirkung nicht nur auf einzelne Menschen, sondern auf die ganze Gesellschaft haben. Sowohl in Munsalvaesche als auch in Schastel marveile herrschen Trauer und Lähmung statt höfischer *vreude*. Die Verödung des gesellschaftlichen Lebens ist an beiden Orten in einem falschen Liebesverhalten des Königs beziehungsweise des Burgherrn begründet. In Munsalvaesche hat Anfortas' Verstoß gegen das Liebesverbot des Grals dazu geführt, daß ihn die Strafe Gottes getroffen hat und die Gralgesellschaft in einen Zustand schmerzvoller Erstarrung geraten ist. In Schastel marveile war die Strafe für den Ehebruch des Herzogs Clinschor der Anlaß dafür, daß Clinschor einen Verödungszauber über die Burg gelegt hat, durch den jeder Kontakt zwischen Rittern und Damen unterbunden wurde.

Im Hintergrund der beiden Haupthandlungen werden zahlreiche Eheverhältnisse vorgeführt. Häufig sind es kurze Ehen, die durch den Tod des einen Partners auseinandergerissen werden. Die Frau stirbt im Kindbett oder der Mann fällt im Kampf. Viele Ehen im ›Parzival‹ weisen merkwürdig überzogene Formen auf. Das gilt für die beiden Ehen Gahmurets ebenso wie für die Ehe von Orilus und Jeschute, die als Gewaltverhältnis geschildert wird, in der der Ehemann seine Willkür ausübt und der Ehefrau nur die Rolle der leidenden Dulderin bleibt. Selbst die Ehen, die auf Dauer angelegt sind, sind nicht frei von komischen oder übertriebenen Begleiterscheinungen.

Sigunes Ehe. Einen ganz anderen Charakter hat der als Ehe interpretierte Liebesbund Sigunes mit dem toten Schionatulander. Sigune erläutert bei der dritten Begegnung mit Parzival ihr Eheverständnis (vgl. S. 87f.). Ihre Ehe mit Schionatulander sei zwar nicht erklärt und vollzogen worden, aber sie bestehe »vor Gott« (*er ist iedoch vor gote mîn man* 440,8). Der Ring, den Schionatulander ihr hinterlassen habe, sei das Zeichen »der gültigen Ehe« und solle sie zu Gott geleiten (*der rehten ê diz vingerlîn für got sol mîn geleite sîn* 440,13-14).

Frauenbild. Wenn vom weiblichen Geschlecht gesprochen wird, dominiert die übliche Geringschätzung: »Frauen sind eben immer

Frauen« (*wîp sint et immer wîp* 450,5). Nach dem Urteil des Erzählers gibt es mehr schlechte als gute Frauen: »Viele lassen sich leicht auf Böses ein; einige sind frei von Falsch« (*genuoge sint gein valsche snel, etslîche valsches laere* 116,8-9). Trevrizent belehrt den Neffen, daß die Sünde durch eine Frau, durch Eva, in die Welt gekommen sei (463,19ff.). Wo Frauen handelnd hervortreten, wird oft ihre Unfähigkeit betont. Die meisten Herrscherinnen sind nicht in der Lage, ihr Land in Frieden und Ansehen zu regieren. Sie vermögen sich gegen militärische Bedrohung nicht zu verteidigen und wären verloren, wenn nicht Ritter kämen, die sie erretten, und die sie heiraten können. Sobald die Hochzeit stattgefunden hat, übernehmen die Männer die Herrschaft über die Länder ihrer Frauen. Für die Frauen bleibt nur die Rolle der liebenden Ehefrau.

Das Motiv der Gewalt gegen Frauen tritt in vielen Spielarten auf. Sexuelle Vergewaltigung wird verurteilt. König Meljakanz hat es in diesem Punkt zu traurigem Ruhm gebracht: »Ob Verheiratete oder Jungfrau, das Vergnügen, das er bei ihnen fand, hat er sich stets mit Gewalt genommen. Man sollte ihn dafür totschlagen« (*ez waere wîb oder magt, swaz er dâ minne hât bejagt, die nam er gar in noeten. man solt in drumbe toeten* 343,27-30). Andere Formen der Gewalt gegen Frauen werden viel nachsichtiger beurteilt. »Da faßte der Seneschall Keie Frau Cunneware de Lalant an ihrem lockigen Haar. Er wickelte ihre langen Zöpfe um seine Hand und hielt sie wie mit einem Eisenband fest. Mit dem Stock stabte er keinen Eid auf ihren Rücken, sondern ließ ihn herabsausen, bis von dem Stock nichts mehr übrig war: es ging ihr durch das Kleid und durch die Haut« (151,21-30). Keies Untat erregt am Artushof keinen Protest. Die öffentliche Entehrung und menschenunwürdige Behandlung, die Orilus seiner Ehefrau zuteil werden läßt, wird vom Erzähler ebenso wenig kritisiert wie von der Ehefrau selbst. Trotzdem ist dem ›Parzival‹ die Botschaft zu entnehmen, daß Gewalt gegen Frauen Ausdruck einer falschen Einstellung ist. Geradezu abstrus erscheinen die wiederholten Versuche von Männern fürstlichen Ranges, Liebe und Ehe durch Gewalt erzwingen zu wollen. König Clamide, König Meljanz und König Gramoflanz sind in diesem Punkt alle gleich.

Ulrich Ernst, Liebe und Gewalt im Parzival WsvE. Literaturpsychologische Befunde und mentalitätsgeschichtliche Begründungen, in: Chevaliers errants, demoiselles et l'autre. FS für Xenja von Ertzdorff, 1998, S. 215-243. – *Elisabeth Lienert*, Zur Diskursivität der Gewalt in Ws Parzival, W-St. 17, 2002, S. 223-245.

Der Handlungsspielraum der Frauen ist überall gering. Nur Orgeluse wird als starke Herrscherin gezeichnet, die dem Druck des Nachbarkönigs erfolgreich widersteht und durch geschickte Bündnispolitik ihre Stellung festigt. Allerdings ist auch Orgeluse nicht als vorbildliche Herrscherin dargestellt. Es spricht nicht für sie, daß sie sich mit dem bösartigen Clinschor verbündet hat. Von ihren eigenen Leuten wird sie gehaßt und verachtet (513,11ff.). Orgeluse ist die einzige Frau im ›Parzival‹, die Männer wie Schachfiguren für ihre Pläne einsetzt und sich ihren Werbebemühungen gegenüber überlegen-ablehnend verhält. Zuletzt, auf dem Versöhnungsfest vor Joflanze, wird sie jedoch selbst zur Schachfigur in der von Artus, Brandelidelin und der Königin Arnive geführten Strategie der Friedenstiftung: Orgeluse muß widerwillig ihren Erzfeind Gramoflanz küssen, um die Überwindung der alten Feindschaft zu besiegeln (729,15ff.).

Nur in einem Punkt ist der Handlungsspielraum der Frauen im ›Parzival‹ größer, als man das in einem höfischen Roman erwartet: bei der Wahl ihrer Ehemänner. Die Königin von Frankreich, Ampflise, beschließt, als sie Witwe geworden ist, den Mann zu heiraten, der früher ihr Ritter war: Gahmuret. Dieser Akt freier Gattenwahl scheitert zwar, weil Herzeloyde den Plan durchkreuzt; bemerkenswert ist jedoch, daß Ampflise ihren eigenen Neigungen folgen kann (Zur Ampflise-Gestalt vgl. *Elke Brüggen*, Schattenspiele (vgl. S. 160)).

Auch Herzeloyde handelt als Witwe unkonventionell. Nachdem sie sich einmal für Gahmuret entschieden hat, verfolgt sie ihre Heiratspläne mit großer Energie und zwingt den heiratsunwilligen Gahmuret mit einem Richterspruch zur Ehe. Der Erzähler macht deutlich, daß nicht politische Motive, sondern persönliche Zuneigung für Herzeloydes Handeln maßgebend war. Ähnlich ist es bei Belakane, die aus ihrem Interesse an Gahmuret keinen Hehl macht. Diese Aktivität der Frauen in Liebes- und Ehedingen steht im Zusammenhang mit der ungeheueren Liebesfähigkeit der Frauen im ›Parzival‹. In Herzeloydes Angewohnheit, die zerfetzten Hemden, die ihr Ehemann zu ihrem Ruhm im Turnier getragen hat, wieder anzuziehen (vgl. S. 51f.), findet diese Liebesfähigkeit einen eher grotesken Ausdruck. Am überzeugendsten manifestiert sie sich im Nachsterben der Frau. Belakane geht diesen Weg, der dann an Sigune als ein schmerzvoller Prozeß der Selbsttötung dargestellt wird. Was der Erzähler an diesen Frauen herausstellt, ist die Intensität ihrer Liebesbindungen und die Konsequenz ihrer Handlungsweise.

Die drei Minne-Exkurse. Die Darstellungen von Liebe und Ehe im Hintergrund der beiden Haupthandlungen ähneln sich, sowohl in der Breite der Palette als auch in den Schwerpunkten. Das bezeugen auch die drei umfangreichen Minne-Exkurse, von denen einer in die Parzival-Handlung (vgl. S. 75), zwei in die Gawan-Handlung (vgl. S. 96f. und S. 102) eingefügt sind. Durch inhaltliche Anklänge sowie durch die wiederholte Anrede an »Frau Minne« im ersten und dritten Exkurs verweisen sie aufeinander. An allen drei Stellen erhebt der Erzähler schwere Vorwürfe gegen die Minne, und in allen drei Exkursen verweist er auf die schlechten Erfahrungen, die er selbst mit der Minne gemacht habe. Im ersten Exkurs spricht der Erzähler fast im Stil der hofkritischen Kleriker-Literatur, wenn er behauptet, daß die Liebe das menschliche Zusammenleben gefährde, die Menschen zu verwerflichen Handlungen anstifte und ihr Seelenheil bedrohe. Im dritten Exkurs werden die literarischen Gestalten der eigenen Dichtung und anderer höfischer Dichtungen aufgezählt, die Schaden durch die Minne erlitten haben; dazu gehören auch Parzival und Gawan (585,29f. und 586,16f.). Am bedeutungsvollsten für die Darstellung der Liebe in Wolframs Dichtung ist der zweite Exkurs im 10. Buch, in dem der Erzähler zwei verschiedene Liebes-Darstellungen unterscheidet: eine, die sich der antiken Liebesgötter (Venus, Amor, Cupido) bedient, um darzustellen, wie der Mensch (von außen) in den Bann der Liebe geschlagen wird; und eine zweite, die die Liebe von innen, aus dem Herzen, kommen läßt (532,1ff.). Nach dem Urteil des Erzählers ist die erste Liebe *ungehiure*, »grausam«, »gefährlich« (*diu minne ist ungehiure* 532,6); die zweite dagegen wird *reht minne* (532,10) und *lûter minne* (553,21) genannt; sie ist »den anderen überlegen« (*diu minne ist ob den andern hôch* 533,30). Der Satz: »Richtige Liebe ist wahre *triuwe*« (*reht minne ist wâriu triuwe* 532,10) ist die wichtigste Aussage über die Liebe im ›Parzival‹. Wie sie konkret auf die Gawan-Handlung und auf die Parzival-Handlung zu beziehen ist, müssen die Zuhörer erraten.

Im ersten Minne-Exkurs sagt der Erzähler, es gehe in Wolframs Dichtung vor allem darum, wie die Liebe bewahrt werden könne (292,20f.); das heißt wohl, wie ihre destruktive Gewalt überwunden und wie sie zu einem die Gesellschaft stabilisierenden Faktor werden kann. Bewahrende Liebe begegnet bei Wolfram fast immer in Gestalt der Ehe. Die zahlreichen Ehestiftungen durch König Artus am Schluß (»Artus ging freigebig mit den Edelfrauen um« (*Artûs was frouwen milte* 730,11) erhalten von daher ihren Sinn.

Parzivals Liebes-Verhalten. Man darf erwarten, daß die Darstellung des Geschlechterverhältnisses in den beiden Haupt-Handlungen vor der Folie der Liebes- und Ehedarstellung in den Hintergrundshandlungen gelesen werden soll. Tatsächlich weisen Parzivals und Gawans Kontakte mit dem weiblichen Geschlecht ebenso viele Übertreibungen und Verdrehtheiten auf und ebenso viele komische Motive, wie sie in den Nebenhandlungen begegnen. Verdreht und komisch ist Parzivals erste Begegnung mit einer jungen Frau, der Herzogin Jeschute, über die der *tumbe* Held herfällt, um ihr Kuß und Ring mit Gewalt abzugewinnen: ein Zeichen dafür, daß er die Lehre der Mutter über das Verhalten gegenüber adligen Damen gründlich mißverstanden hat.

Bei dieser ersten Begegnung erscheint Parzival als Gewalttäter gegen Frauen. Welchen Qualen und Entbehrungen Jeschute durch seine Schuld ausgesetzt wird, erfährt er erst viel später, im 5. Buch; und dann tut es ihm leid. In der zweiten Begegnung mit Frauen muß Parzival mitansehen, wie einer Frau, der Herzogin Cunneware, um seinetwillen Gewalt angetan wird: sie wird von dem Truchseß Keie blutig geschlagen, weil sie beim Anblick Parzivals gelacht hat (*Helmut Brackert*, der lac an riterschefte tôt. Parzival und das Leid der Frauen, in: Ist zwîvel herzen nâchgebûr. FS für Günther Schweikle, 1989, S. 143-163).

Die dritte Begegnung mit Liaze, Gurnemanz' Tochter, besteht nur aus einer stummen Szene: Parzival folgt der Aufforderung ihres Vaters und küßt das Mädchen auf den Mund (176,9). Welchen Eindruck diese Begegnung auf Parzival macht, bezeugt sein halber Heiratsantrag beim Abschied von Gurnemanz: »Ihr sollt mir Liaze geben« (*ir sult mich Lîâzen wern* 179,2), ein Antrag, den Parzival vergessen hat, als er Condwiramurs trifft.

Auch die Begegnung mit Condwiramurs steht im Zeichen der Komik. Als Parzivals »Mund« bei der Mahlzeit stumm neben der Königin »sitzt« (*bî der küneginne rîche saz sîn munt gar âne wort* 188,20-21), befürchtet Condwiramurs, daß der fremde Ritter sie »verachtet« (*smaehet* 188,26), weil ihr Körper – sie ist die schönste Frau der Welt! – durch die Hungersnot in Belrapeire »verhärmt« (*vertwâhet* 188,27) sei. Voller Komik ist auch die Bettszene der ersten Nacht, wenn Condwiramurs im Hemd, weinend und ohne jede Liebesabsicht, in das Zimmer kommt, in dem Parzival schläft, und vor seinem Bett niederkniet, wobei sie den Schlafenden mit ihren Tränen benetzt. Sie folgt Parzivals Einladung, sich zu ihm zu legen, gegen das Versprechen, daß er mit ihr *ringet niht* (194,1); und dann ist nur noch von Politik und militärischer Bedrohung die Rede. Die Änderungen, die Wolfram in dieser Szene gegenüber dem ›Conte du Graal‹ vorgenommen hat (vgl. S. 64), lassen erkennen, daß es ihm, bei allem Ernst, um eine Steigerung der Komik ging.

Gawans Liebes-Verhalten. In den Gawan-Teilen sind die komischen Verdrehungen in der Darstellung seiner Beziehungen zu Frauen noch drastischer, wobei die Komik, wie in den Parzival-Partien, fast immer einen bitter-ernsten Beigeschmack hat. Im 7. Buch spielt er das Minnespiel mit, das die kleine Obilot ihm aufdrängt, die darauf besteht, daß er als ihr Ritter mitkämpft, wofür sie ihm ihre Liebe verspricht. Sie beachtet Gawans Einwand nicht, daß sie dafür noch fünf Jahre zu jung sei (317,15f.), und sie bemerkt nicht, daß Gawans Zusage für ihn nur ein Spiel sein kann, durch das er sein Ziel – die Versöhnung der Gegner – erreicht, während Obilot bitter enttäuscht zurückbleibt.

Ein Spiel ist auch die metaphorische Vogeljagd, die Gawan und Antikonie im 8. Buch betreiben. Der komische Kampf mit Schachbrett und Schachfiguren zeigt an, daß die beiden selbst angesichts der Gefahr, die ihnen durch den Angriff der Bürgerwehr droht, ihren Spaß haben.

Im Dienst von Orgeluse wird Gawan zur lächerlichen Figur. Wodurch er in ein komisches Licht gerät, sind jedoch nicht die Entwürdigungen, die Orgeluse ihm zugedacht hat, – diese Proben besteht Gawan auch unter ungünstigsten Bedingungen mit Bravour –, sondern es sind unvorhersehbare Umstände: daß Urgans ihm sein Pferd raubt und daß Gawan sich an Malcreatiures Stachelhaar blutig sticht. In dieser Phase scheint Gawan das hilflose Opfer von Orgeluses Willkür zu sein. Man kann sein Verhalten aber auch so interpretieren, daß Gawan in keinem Moment wirklich zum Spielball wird, sondern daß er einfach Orgeluses Spiel mitspielt, weil er auf diesem Weg die Oberhand zu gewinnen hofft. Und so geschieht es auch. Als Orgeluse schließlich vor ihm niederkniet, spricht Gawan nicht von Liebe, Verehrung und sexuellem Verlangen, sondern macht ihr handfeste Vorwürfe: »Wenn der Schild [der Schild steht metaphorisch für das Rittertum] es verdient, daß man ihn ehrt, so habt Ihr ihm Unrecht getan« (*ob der schilt sîn reht sol hân, an dem hât ir missetân* 612,5-6). »Ihr sollt niemals wieder Eure strahlende Schönheit dazu benutzen, einem Ritter so viel Schande anzutun« (*ir sult durch iwer varwe glanz neheime rîter mêre enbieten solh unêre* 612,16-18). Wie wenig Gawan sich im Liebesbann gefangen fühlt, zeigt die abschließende Drohung: »Wenn Euer Hohn sich weiter gegen mich richtet, würde ich lieber auf die Liebe verzichten« (*solt iwer spot wesen mîn, ich wolt ê âne minne sîn* 612,19-20).

Trotz dieser und mancher anderer Ähnlichkeiten im Minneverhalten der beiden Helden, wird das Gesamtbild, das Wolframs Dichtung bietet, jedoch von dem Eindruck bestimmt, daß Parzival und Gawan, was die Themen Liebe, Ehe und Geschlechterverhältnis betrifft, als Gegensätze konzipiert sind. In der ›Parzival‹-Forschung herrscht ein fast einhelliger Konsens darüber, daß Gawan den Typ des Frauenritters repräsentiere, der sich von einem amourösen Abenteuer zum anderen bewege, während Parzival nur eine Frau liebe und ihr sein Leben lang treu bleibe. Gegen diese Gawan-Deutung hat sich seinerzeit Wolfgang Mohr gewandt (vgl. S. 146) und hat ihr die Auffassung entgegengestellt, daß Gawans Liebesabenteuer nur die epische Einkleidung darstellten für die politisch-gesellschaftlichen Probleme, um die es in der Gawan-Handlung gehe. In der neueren ›Parzival‹-Forschung scheint sich jedoch die alte Ansicht, daß Gawan durch »seine Schwäche für das weibliche Geschlecht« gekennzeichnet sei, wieder mehr Geltung zu verschaffen. Dafür beruft man sich auch auf die epische Tradition der französischen und dann auch der deutschen Artusdichtung in der Gauvain / Gawan mehrfach in der Rolle des Damenritters erscheint.

> *Dietrich Homberger*, Gawein. Untersuchungen zur mhd. Artusepik, Diss. Bochum 1969. – *Keith Busby*, Gauvain in Old French Literature, Amsterdam 1980. – *Erdmuthe Döffinger-Lange*, Der Gauvain-Teil in Chrétiens Conte du Graal. Forschungsbericht und Episodenkommentar, 1998.

In Wolframs Dichtung wird dieses traditionelle Gawan-Bild gleich in der ersten Szene, in der Gawan auftritt, anzitiert, wenn Keie Gawan vorwirft, daß er sich stets lieber an Frauen gebunden habe als sich in ritterlichen Kämpfen zu bewähren: »Es gibt hier kein Frauenhaar so fein und so schön, das nicht fest genug wäre, Euch vom Kampf abzuhalten« (*och enist hie ninder frouwen hâr weder sô mürwe noch sô clâr, ez enwaere doch ein veste bant ze wern strîtes iwer hat* 299,3-6). Durch Gawans schroffe Antwort (299,19ff.) ist sie offenbar ein für allemal erledigt und wird nirgends mehr in Wolframs Dichtung aufgegriffen, weder vom Erzähler noch von einer der handelnden Personen. Kein Mensch macht Gawan zum Vorwurf, wie er mit den Frauen umgeht. Er ist in Wolframs Dichtung als ein Liebling der Frauen dargestellt, genau wie Parzival; und das gehört zu seinem höchsten Lob. Die moralischen Aspekte, die besonders bei der Beurteilung des 8. Buchs gerne in den Vordergrund gerückt werden, finden in Wolframs Text keine Stütze.

Auf den drei Stationen der Gawan-Handlung, die sich mit den Namen Obilot, Antikonie und Orgeluse verbinden, geht es offenbar um zentrale Fragen des höfischen Liebesdiskurses, speziell um die höfische Konstruktion des Geschlechterverhältnisses, die auf dem Gedanken beruhte, daß der höfische Ritter sich dienend um die Huld der Frauen zu bewerben und sich ihrem Willen unterzuordnen habe.

In der Obilot-Episode und in der Orgeluse-Handlung werden zwei extreme Formen des ritterlichen Minnedienstes vorgeführt, die geeignet sind, die Absurdität dieser Konstruktion vor Augen zu führen. In der Obilot-Episode wird die Position der Dame durch ein Kind ersetzt, das zwar von Liebe redet, das dazu aber noch gar nicht fähig ist. Die Rolle des Minne-Ritters, die Gawan übernimmt, kann deswegen nur ein Puppenspiel sein, das im Hinblick auf das Geschlechterverhältnis zu gar nichts führt. In der Orgeluse-Handlung ist die Position der Dame richtig besetzt, aber das Motiv ihres Handelns ist nicht Liebe, sondern Haß. Für Orgeluse ist der ritterliche Minnedienst nur ein Prüf-Verfahren, um herauszufinden, ob der Ritter, der sich ohne Aussicht auf ›Lohn‹ zu ihrem Diener gemacht hat, sich als Werkzeug ihres Hasses eignet, um Gramoflanz zu vernichten. Damit daraus eine Liebesbindung werden kann, muß nicht Gawan sich ändern, sondern Orgeluse. Erst als sie ihm zu Füßen liegt und um Verzeihung bittet (und so die Konstruktion des Minnedienstes aufhebt), kann es zur Einleitung eines dauerhaften Verhältnisses in Gestalt eines Ehebundes kommen.

In der Antikonie-Episode geht es nicht um ritterlichen Minnedienst und nicht um Liebe, sondern um sexuelles Verlangen und sexuelle Kontakte in einer dafür günstigen Situation. Wie in den beiden anderen Episoden ist auch hier das Geschlechterverhältnis so gestaltet, daß die Frau die Bedingungen angibt und Gawan das Spiel mitmacht. Die Begrüßungs-Worte der Königs-Schwester sind so zweideutig formuliert (»Kommt näher!«, *gêt nâher mir* 405,5), daß Gawan sich eingeladen fühlt, sich ihr körperlich zu nähern; und die Fortsetzung zeigt, daß er ihre Worte nicht falsch verstanden hat. Auch der Kuß, der *ungastlîch* (405,21) gerät, geht offenbar von Antikonie aus (das Adjektiv *ungastlîch*, das vor Wolfram nicht belegt ist, ist hier wohl in der Bedeutung »nicht wie es sich gegenüber einem Fremden geziemt« zu verstehen).

Im Mittelalter waren es – zumindest bei öffentlichen Begrüßungen – die Frauen, die die Männer küßten, nicht umgekehrt. In dem anonymen Ehetraktat ›Sacramentum coniugii non ab homine‹ aus dem 12. Jahrhundert heißt es: »Der Mann pflegt den Kuß zu empfangen, nicht zu geben; die Frau pflegt ihn zu geben, nicht zu empfangen« (*Vir osculum dicitur accipere, non dare, mulier dare, noch accipere*, zit. nach *Rudolf Weigand*, Liebe und Ehe bei den Dekretisten des 12. Jhs., in: Love and Marriage in the Twelfth Century, Ed. W. van Hoecke and A. Welkenhuysen, Leuven 1981, S. 41-58, bes. S. 45, Anm. 15. Vgl. *Klaus Schreiner*, ›Er küsse mich mit dem Kuß seines Mundes‹ (Osculetur me osculo oris sui, Cant. 1,1). Metaphorik, kommunikative und herrschaftliche Funktionen einer symbolischen Handlung, in: Höfische Re-

präsentation. Das Zeremoniell und die Zeichen, hrsg. von H. Ragotzky und
H. Wenzel, 1990, S. 89-132, bes. S. 197f. Dementsprechend bittet Gawan
die Prinzessin um »ihren« Kuß (*ich sol iweren kus mit gruoze hân* 405,18).

Dem Erzähler ist bewußt, daß er sich mit dieser Schilderung auf
das zweideutige Terrain schwankhaft-komischer Geschichten begibt.
Er versichert, daß er diese Episode nur für die Gutwilligen erzählen
will, die begreifen, daß seine Erzählung nicht darauf abzielt, Antiko-
nie herabzusetzen (404,7ff.); und er will nicht, daß die »Heuchler«
(*d'ungetriwen* 404,13) ihm zuhören. Die verfängliche Szene bleibt
ohne Folgen für das persönliche Verhältnis der beiden. Von Liebe ist
weder auf Gawans noch auf Antikonies Seite die Rede: beide gehen
ausgesprochen höflich und verehrungsvoll miteinander um; und sie
verbünden sich miteinander gegen den König und seine Ratgeber.

Welche ›Lehre‹ die Geschichte von Gawan und Antikonie uns
»gewährt« (*waz si guoter lêre wernt* 2,8, heißt es im Prolog), ist nicht
leicht zu sagen. Manfred Eikelmann, dem wir die interessanteste In-
terpretation des 8. Buchs verdanken, ist zu dem Urteil gelangt: »Die
Erzählwelt ist nicht auf eindeutige Lösungen, moralische Urteile oder
Hierarchisierung divergierender Sichtweisen hin angelegt, sondern auf
Anspielungen und Querverweise, auf Ausfaltung eines mehrschichtigen
Gesellschaftsbildes und auf kontroverse Wertediskussionen« (S. 252)
(*Manfred Eikelmann*, Schanpfanzun. Zur Entstehung einer offenen
Erzählwelt im Parzival WsvE, ZfdA 125, 1996, S. 245-263).

Es geht nicht darum, Gawan als makellosen Musterritter hinzu-
stellen. Gawan ist in Wolframs Dichtung genauso als eine zwiespältige
Figur konzipiert wie Parzival und wie fast alle anderen Gestalten, die
nicht eindeutig ›schwarz‹ sind. Mit moralischen Maßstäben wird man
Wolframs beiden Helden nicht gerecht; und auch nicht mit psycho-
logischen. Parzival und Gawan spielen ihre Rollen und leisten durch
ihr Handeln und Reden Beiträge zu den verschiedenen Diskursen,
die in der Dichtung verhandelt werden.

3.7 Verwandtschaft

In den Gralromanen Chrétiens und Wolframs spielt das Thema Ver-
wandtschaft eine größere Rolle als sonst im Artusroman.

Werner Busse, Verwandtschaftsstrukturen im Parzival, W-St. 5, 1979, S. 116-
134. – *Karl Bertau*, Versuch über Verhaltenssemantik von Verwandten im
Parzival, in: *K. Bertau*, WvE (vgl. S. 33), S. 190-240. – *Elisabeth Schmid*,

Familiengeschichten und Heilsmythologie. Die Verwandtschaftsstrukturen in den französischen und deutschen Gralromanen des 12. und 13. Jhs., 1986 (›Parzival‹: S. 171-204). – *William J. Jones*, German Kinship Terms (750-1500). Documentation and Analysis, 1990 (»Kinship Terms in WvE«: S. 15-44). – *Walter Delabar*, Erkantiu sippe unt hoch gesellescraft. Studien zur Funktion des Verwandtschaftsverbandes in WsvE Parzival, 1990. – *Ursula Storp*, Väter und Söhne. Tradition und Traditionsbruch in der volkssprachlichen Literatur des Mittelalters, 1994 (›Parzival‹: S. 61-81). – *Ursula Peters*, Dynastengeschichte und Verwandtschaftsbilder. Die Adelsfamilie in der volkssprachigen Literatur des Mittelalters, 1999, S. 292ff.

Mütterliche Verwandtschaft. Die Geschichten Percevals/Parzivals und Gauvains/Gawans sind in Familiengeschichten eingebettet, in denen es – das ist das Überraschende – hauptsächlich um die mütterliche Verwandtschaft geht. Percevals Jugend wird ganz von der Mutter bestimmt, die er ständig im Mund führt, als er in die Welt hinausreitet. Er gelangt zur Gralburg, wo er den kranken Fischer-König, der im ›Conte du Graal‹ sein Cousin ist, und den alten Gralkönig, den Bruder seiner Mutter, antrifft und wo er durch sein Schweigen schuld daran wird, daß sich das Leiden des kranken Königs verlängert. Anschließend verhilft ihm seine »leibliche Cousine« (*germaine cousine* 3600) – vielleicht eine Schwester des Fischer-Königs oder dessen Cousine – dazu, seinen Namen zu finden; und sie enthüllt ihm, daß er sich an seiner Mutter versündigt habe, als er von ihr fortritt (3593ff.). Nach jahrelangem Umherirren gelangt Perceval zu seinem Oheim, dem Einsiedler, dem Bruder seiner Mutter (und des alten Gral-Königs) und wird von ihm auf dem Weg des rechten Glaubens zurückgeführt. Von dem Einsiedler erfährt er auch, daß die Schuld am Tod seiner Mutter ihn unfähig gemacht habe, den kranken Gralkönig zu erlösen (6399ff.). Die mütterlichen Verwandten bleiben bei Chrétien alle ohne Namen. Ob die Erlösung zuletzt gelingen sollte, läßt der fragmentarische Text nicht erkennen.

In der Geschichte Gauvains geht es im ›Conte du Graal‹ um dasselbe Thema: die Erlösung der mütterlichen Verwandtschaft, die auf der Wunder-Burg La Roche de Chanpguin (Wolframs Schastel marveile) in völliger Isolierung lebt. Er findet dort seine Großmutter, seine Mutter und seine Schwester. Anders als in der Perceval-Geschichte, wo eine Zauberfrage die Erlösung bringen soll, wird von Gauvain ritterliche Bewährung gefordert: indem er das Abenteuer des Wunderbetts und den Kampf mit dem Löwen besteht, gelingt ihm die befreiende Tat. Gauvains Bindung an die mütterliche Familie kommt auch darin zum Ausdruck, daß er am Hof seines Mutter-Bruders, des Königs Artus, lebt, während von seinem Vater, König Loth, nur beiläufig die Rede ist.

Warum die Geschichten von Perceval und Gauvain im Kreis der mütterlichen Verwandtschaft spielen, ist dem Text nicht unmittelbar zu entnehmen. Vielleicht waren stoffgeschichtliche Gründe dafür maßgebend. Die unauffindbare Wunderburg des Grals und der kranke Fischer-König in der Obhut der Gralträgerin erinnern an keltische Jenseitsvorstellungen. Geoffrey von Monmouth berichtet am Ende seiner ›Geschichte der englischen Könige‹ (›Historia regum Britanniae‹), der todwunde König Artus sei zur Heilung seiner Wunden auf die Insel Avallon gebracht worden. In einem anderen Werk von Geoffrey von Monmouth, der ›Vita Merlini‹, wird ergänzt: die Insel, zu der Artus gebracht worden sei, werde von neun Schwestern regiert, von denen die Fee Morgen die schönste und heilkundigste sei.

> *Roger S. Loomis*, The Grail (vgl. S. 135), S. 249ff. – *Norris J. Lacy, Geoffrey Ashe*, The Arthurian Handbook, New York, London 1988, S. 307f. – *Geoffrey Ashe*, Avalon, in: The New Arthurian Encyclopedia, Ed. N. J. Lacy, G. Ashe, New York 1991, S. 25f.

Noch deutlicher sind die Reste keltischer Vorstellungen vom Totenreich, das von Frauen regiert wird, in der Zeichnung des Landes Galvoie, wo Gauvains schon lange tot geglaubten mütterlichen Verwandten leben.

> *Roger S. Loomis*, Arthurian Tradition and Chrétien de Troyes, New York, London 1948, S. 442ff. – *Erdmuthe Döffinger-Lange*, Der Gaivain-Teil in Chrétiens Conte du Graal. Forschungsbericht und Episodenkommentar, 1998, S. 77ff.

Wolfram hat die Situierung der Parzivalgeschichte in die mütterliche Familie übernommen und hat die Umrisse der Familiengeschichte weiter ausgebaut. Die einzelnen Mitglieder haben bei Wolfram eigene Namen und eine eigene Geschichte, und ihre Beziehungen zueinander sind anders geordnet: der kranke Gralkönig ist bei Wolfram Parzivals Oheim, nicht sein Cousin; und der alte König im Nebenzimmer ist nicht sein Oheim, sondern sein Urgroßvater. Aus der Abfolge zweier Generationen mit je drei Vertretern im ›Conte du Graal‹ – bei Chrétien sind der alte Gralkönig, der Einsiedler und Percevals Mutter Geschwister; in der nächsten Generation sind Perceval, der kranke Gralkönig und die *germaine cousine* Cousins und Cousinen – hat Wolfram eine Geschlechterfolge gemacht, die über vier Generationen läuft: von Titurel, Parzivals Urgroßvater, über dessen Sohn Frimutel und über Frimutels fünf Kinder – dazu gehören Parzivals

Mutter Herzeloyde und Sigunes Mutter Tschoysiane – zu Parzival
und Sigune und dann noch weiter über zwei Generationen bis zu
Parzivals Sohn Loherangrin und dessen »schönen Kindern« (*schoeniu
kint* 826,9) in Brabant.

Die mütterliche Verwandtschaft hat bei Wolfram eine andere Be-
deutung als bei Chrétien. Die Reste keltischer Traditionen sind im
deutschen Text getilgt. Verwandtschaft ist bei Wolfram – jedenfalls in
den Parzival-Büchern – ein Vehikel, auf dem Erbgüter transportiert
werden. Trevrizent nennt die Verwandtschaft einen »Wagen«, der von
Generation zu Generation fährt (464,5). Mütterliche Verwandtschaft
steht für mütterliches Erbe; und es wird deutlich gemacht, daß es
dabei nicht um materielles Erbgut geht – in den Königreichen, die
Parzival von seiner Mutter erbt, tritt er niemals die Herrschaft an –,
sondern um immaterielle Güter, um Werte und Fähigkeiten.

Väterliche Verwandtschaft. Der mütterlichen Verwandtschaft hat
Wolfram eine väterliche Verwandtschaft Parzivals gegenübergestellt.
Das ist die bedeutendste Veränderung und Erweiterung gegenüber dem
›Conte du Graal‹ im Bereich dieser Thematik. Die meisten Personen,
mit denen Perceval in Chrétiens Dichtung zusammentrifft und die
nicht seiner mütterlichen Verwandtschaft angehören, hat Wolfram zu
Parzivals Verwandten väterlicherseits gemacht. Er hat sie zu einem gro-
ßen Familienverband zusammengeordnet, der mehr als 30 namentlich
genannte Personen umfaßt und über sechs Generationen von dem
Stammeltern-Paar Mazadan und Terdelaschoye in Sohnesfolge über
Lazaliez, Addans, Gandin und Gahmuret zu Parzival läuft. In der
Gahmuret- und in der Parzival-Generation ist dieser Verband über
zahlreiche Geschwister, Cousins und Cousinen breit aufgefächert.

Die genealogische Verknüpfung Parzivals mit König Artus bedeutet
im Vergleich zum ›Conte du Graal‹, daß in Wolframs Dichtung aus
Gawans mütterlicher Familie Parzivals väterliche Familie geworden
ist. Auch bei Wolfram erlöst Gawan in Schastel marveile seine müt-
terlichen Verwandten, aber dadurch, daß Gawans Verwandte müt-
terlicherseits zugleich Parzivals Verwandte väterlicherseits sind, hat
sich das Gewicht der Familienhandlung sehr stark auf Parzivals Seite
verlagert. Die Parallelität der beiden Helden, im Hinblick auf ihre
mütterlichen Verwandten, die im ›Conte du Graal‹ im Zentrum steht,
ist bei Wolfram nur noch ein Aspekt der sehr viel breiter angelegten
Familienhandlung. Dazu paßt, daß Wolfram die Etappen des Wie-
derfindens und Wiedererkennens der so lange vermißten Verwandten
in Schastel marveile, die im ›Conte du Graal‹ geschildert werden, fast
völlig getilgt hat (vgl. S. 105).

Parzivals väterliche Verwandtschaft erhält in der deutschen Dichtung noch mehr Gewicht durch die Tatsache, daß der Geschichte Parzivals die Geschichte seines Vaters Gahmuret vorangestellt ist, ohne Anregung durch den ›Conte du Graal‹. Buch II ist zwar zugleich eine Geschichte von Parzivals Mutter; aber die Eingangsbücher sind deutlich auf Gahmuret hin strukturiert: sie erzählen von seiner ersten Ehe und von seiner zweiten Ehe, von der Geburt seines Sohns Feirefiz und von der Geburt seines Sohns Parzival, die am Ende der Dichtung zusammentreffen und dann gemeinsam den Weg nach Munsalvaesche gehen.

Diese Familienstruktur von zwei agnatisch und kognatisch reich gegliederten Großfamilien, die auf die Stammväter Titurel und Mazadan zurückgeführt werden und die in Parzival, der sowohl ein Nachkomme Titurels als auch ein Nachkomme Mazadans ist, zum ersten Mal genealogisch zusammenlaufen, wird im Kyot-Exkurs des 9. Buchs (vgl. S. 89) explizit angesprochen: in einer Landeschronik aus Anjou (*Anschouwe* 455,12) habe Kyot die wahre Geschichte von Mazadan und seiner ganzen Familie gelesen, »und andererseits, wie Titurel und dessen Sohn Frimutel den Gral auf Anfortas vererbten, dessen Schwester Herzeloyde war, von der Gahmuret ein Kind hatte, von dem diese Geschichte erzählt« (*unt anderhalp wie Tyturel und des sun Frimutel den grâl braeht ûf Amfortas, des swester Herzeloyde was, bî der Gahmuret ein kint gewan, des disiu maere sint* 455,17-22).

Die verschiedenen Bemühungen, die Bedeutung des im ›Parzival‹ entfalteten Familien-Modells durch den Rückgriff auf Vorstellungen und Praktiken der zeitgenössischen Adelsgesellschaft zu erhellen, haben nicht zu gesicherten Ergebnissen geführt. Man ist dabei meistens davon ausgegangen, daß sich seit dem 11. Jahrhundert der Gedanke durchgesetzt habe, daß die Familie ein patrilinear organisierter Verband sei, dessen Bestand durch den geregelten Erbgang vom Vater auf den Sohn garantiert werde. Tatsächlich führen die Fürstengenealogien, die es seit dem 12. Jahrhundert auch in Deutschland gibt, in den meisten Fällen die Abstammungsverhältnisse innerhalb einer Familie nur insoweit an, als sie die Herrschaftsfolge vom Vater auf den Sohn dokumentieren. Daraus glaubte man schließen zu können, daß Wolframs Verwandtschafts-Darstellung kritisch gegen zeitgenössische Auffassungen gerichtet sei. Gestützt auf die neuere historische Familien-Forschung hat Ursula Peters jedoch gezeigt, daß Wolframs Bild der agnatisch und kognatisch breit aufgefächerten Großfamilien durchaus im Rahmen zeitgenössischer Vorstellungen verbleibt und daß gesellschaftskritische Intentionen nicht für seine Darstellung maßgebend gewesen sein dürften (*Ursula Peters*, Dynastengeschichte

und Verwandtschaftsbilder. Die Adelsfamilie in der volkssprachigen
Literatur des Mittelalters, 1999, S. 292ff.).

Strukturelle Ethnologie. Karl Bertau und Elisabeth Schmid haben
die Verwandtschaftsdarstellung im ›Parzival‹ aus der Sichtweise der
strukturellen Ethnologie interpretiert.

> *Karl Bertau,* Versuch über Verhaltenssemantik von Verwandten im Parzival
> (vgl. S. 169). – *Elisabeth Schmid,* Familiengeschichten und Heilsmythologie
> (vgl. S. 169f.), S. 171ff.

Am interessantesten ist die Beobachtung, daß die Verwandtschafts-
beziehungen ungleichwertig sind, daß es positive und eher negative
Beziehungen gibt. Das Vater-Sohn-Verhältnis tritt im ›Parzival‹ sehr
zurück. Es wird häufig durch den frühen Tod des Vaters (Gahmuret
– Parzival) oder durch den frühen Tod des Sohns (Artus – Ilinot)
gestört. Wo es thematisiert ist, treten Vater-Sohn-Konflikte hervor
(Gahmuret – Feirefiz). Das Mutter-Sohn-Verhältnis ist dagegen
ganz positiv besetzt (Schoette – Galoes und Gahmuret, Belakane
– Feirefiz, Herzeloyde – Parzival) und spielt eine große Rolle in
Wolframs Dichtung. Auch das Vater-Tochter-Verhältnis ist positiv
gestaltet (Gurnemanz – Liaze, Lippaut – Obilot). Dagegen ist das
Geschwisterverhältnis fast immer spannungsreich, am meisten das
Bruder-Bruder-Verhältnis (Gahmuret – Galoes, Parzival – Feirefiz),
auch das Schwester-Schwester-Verhältnis (Obie – Obilot). Im Bru-
der-Schwester-Verhältnis (Vergulaht – Antikonie, Gawan – Itonje)
überwiegen die positiven Aspekte, aber Spannungen fehlen nicht.
Besonders wichtig ist das Verwandtschaftsverhältnis zwischen Mutter-
bruder und Schwestersohn (Trevrizent – Parzival, Anfortas – Parzival,
Artus – Gawan). Nach dem Tod des Vaters ist der Mutterbruder die
wichtigste Bezugsperson im Leben des Schwestersohns.

Der Erkenntnisprozeß. Die Verwandtschaftsverhältnisse erhellen sich
erst im Verlauf der Erzählung. Als Parzival in die Welt aufbricht,
weiß er nichts von sich und von seiner Familie. Von Sigune erfährt
er seinen Namen; von Kundrie erfährt er, daß sein Vater Gahmuret
hieß. Sein Oheim Trevrizent belehrt ihn über seine mütterliche Ver-
wandtschaft. Seine nächsten Verwandten lernt Parzival zuletzt kennen:
seinen Halbbruder Feirefiz und seine eigenen Söhne.

Der Erzähler hat den Erkenntnisprozeß Parzivals so gestaltet, daß
parallel dazu auch die Zuhörer allmählich begreifen, wie weitläufig
die Verwandtschaftsbeziehungen in der Dichtung sind. Dabei sind
die Zuhörer Parzival immer ein Stück voraus. Sie haben den Namen

Parzival bereits im 1. Buch gehört; sie kennen den Namen seines Vaters ebenfalls aus dem 1. Buch und wissen von dessen Verwandtschaft mit der Artusfamilie aus Gahmurets Abschiedsbrief an Belakane (vgl. S. 48). Parzivals mütterliche Verwandtschaft wird den Zuhörern kurz von der Ankunft Parzivals bei Trevrizent, im Kyot-Exkurs (vgl. S. 89), enthüllt. Aus dem Kyot-Exkurs wissen die Zuhörer auch, daß es zwei große Familienverbände gibt, die auf Titurel und Mazadan zurückgehen.

Die Erkenntnis der Verwandtschaftsbeziehungen fördert das Verständnis von Identität. Der Gedanke, daß Verwandte ein Fleisch und ein Blut sind, ist grundlegend für Wolframs Familiendarstellung. Den Bruderkampf Parzivals mit Feirefiz kommentiert der Erzähler mit den Worten: »Man kann zwar sagen: so kämpften sie, wenn man von ihnen als von zweien sprechen will. Sie waren aber beide eins. Mein Bruder und ich, das ist dasselbe, so wie der Ehemann und die Ehefrau eins sind« (*man mac wol jehn, sus striten sie, der se bêde nennen wil ze zwein. si wârn doch bêde niht wan ein. mîn bruodr und ich daz ist ein lîp, als ist guot man und des guot wîp* 740,26-30). Die Grundlage dieser Auffassung liegt in dem Gedanken, daß das Wesen eines Menschen, seine Natur, sein *art*, durch seine Abstammung von Vater und Mutter und deren Vorfahren bestimmt wird (*Julius Schwietering*, Natur und *art*, ZfdA 91, 1961/62, S. 108-137).

Parzivals *art* ist einerseits durch das väterliche Erbe, *diu Gahmuretes art* (174,24) bestimmt, die in der »angeborenen Mannhaftigkeit« (*an geborniu manheit* 174,25), in seiner Stärke und seinem Heldenmut besteht; andererseits in der von der Mutter ererbten *triuwe* (*Herzeloyd diu junge in het ûf gerbet triuwe* 451,6-7); auch *kiusche* und *erbarmunge* werden als Muttererbe genannt (451,5). Dazu gehört ferner, als Erbe der Gralfamilie, ein Leben unter Gottes strenger Fürsorge, die Einwirkungen von Sünde und Gnade, die Leidensfähigkeit und die Erlösungsbedürftigkeit.

Diese Verwandtschafts-Konstruktion ist ganz auf Parzival zugeschnitten; für Gawan gibt es nichts Vergleichbares. Gawans väterliche Verwandtschaft wird kaum thematisiert; und von einem spezifischen mütterlichen Erbe ist nicht die Rede. Man hat den Eindruck, daß das ganze Gebäude der beiden Großfamilien nur dazu da ist, in Parzival zusammenzulaufen (und dann noch einmal im Priester Johannes, der ebenfalls Nachkomme von Mazadan und Titurel ist).

Menschheitsverwandtschaft. Der weiteste Bedeutungshorizont, den Verwandtschaft im ›Parzival‹ besitzt, ist die Menschheitsverwandtschaft, die sich aus der Abstammung von Adam und Eva herleitet.

Alle Menschen erben die Ursünde des ersten Menschenpaars (vgl.
S. 90). Im 9. Buch spricht Trevrizent von dem »Sündenwagen«, der
die Erbsünde von Generation zu Generation bis zur Gegenwart führt
(*diu sippe ist sünden wagen, sô daz wir sünde müezen tragen* 465,5-6).
Innerhalb dieser Menschheitsgeschichte der Sünde bestehen typologische
Beziehungen, auf die Trevrizent aufmerksam macht: Parzivals Tötung
seines ›Bruders‹ Ither weist zurück auf die Ermordung Abels durch
Kain; und Anfortas' Verstoß gegen die von Gott gegebenen Gesetze
des Grals wiederholt die Empörung Luzifers gegen Gott.

3.8 Religion und Politik

Es gibt Themenbereiche, die für die Parzival-Handlung eine ungleich
größere Rolle spielen als für die Gawan-Handlung (und umgekehrt).
Einige Themenbereiche werden praktisch nur im Rahmen der einen
Haupthandlung diskutiert und sind in der anderen fast ganz aus-
geblendet. Das gilt für die Themen Religion und Politik. Religiöse
Motive bestimmen die Parzival-Handlung von der Frage des *tumben*
Kindes an: *ôwê muoter, waz ist got?* (119,17) bis zur Christianisierung
Indiens am Schluß der Dichtung (vgl. S. 121), während in der Ga-
wan-Handlung religiöse Motive nur in der konventionellsten Form
begegnen (Besuch der Messe, Anrufung Gottes usw.). Umgekehrt
gibt es in den Gawan-Büchern eine politische Themenstellung, die
so dominierend hervortritt, daß Wolfgang Mohr darin das eigentliche
Zentrum der Gawan-Handlung sehen konnte (*Wolfgang Mohr*, Kö-
nig Artus und die Tafelrunde. Politische Hintergründe in Chrétiens
Perceval und Wolframs Parzival, in: *W. Mohr*, WvE. Aufsätze (vgl.
S. 33), S. 170-222).

Bedauerlicherweise ist dieser Gedanke in der ›Parzival‹-Forschung
fast gänzlich außer Acht geblieben.

Auch in den Parzival-Büchern gibt es politische Motive (Hofkritik
in den Szenen am Artushof; das Motiv des schwachen Königs), die
jedoch gegenüber anderen Themen so im Hintergrund bleiben, daß
sie von manchen Interpreten gar nicht wahrgenommen werden.

Vereinfacht kann man sagen, daß in Wolframs Dichtung die Parzival-
Handlung *sub specie aeternitatis* betrachtet wird, die Gawan-Handlung
dagegen *sub specie societatis*. Wenn im Epilog davon gesprochen wird,
daß es im Leben darauf ankomme, vor Gott und vor der Welt zu
bestehen, dann könnte – unbeschadet davon, daß dieses Wort sich
offenbar auf Parzival bezieht (vgl. S. 123) – mitgemeint sein, daß es
im ›Parzival‹ um diese doppelte Sicht auf den Menschen geht, wobei

das Verhältnis zu Gott an Parzival exemplifiziert wird, das Verhältnis zur Gesellschaft an Gawan. Jedenfalls werden in Wolframs Dichtung diese beiden unterschiedlichen Bedeutungshorizonte sichtbar gemacht, ohne daß erkennbar wäre, daß der einen Sichtweise ein höherer Rang oder eine größere Bedeutung zukäme als der anderen.

Wie fremd Gawan der religiösen Parzival-Thematik gegenübersteht, zeigt sich am deutlichsten in der Entscheidungs-Szene im 7. Buch, als Gawan zögert, dem Drängen der kleinen Obilot, als ihr Ritter in den Kampf zu ziehen, nachzugeben (370,8ff., vgl. S. 81). Zu einer Änderung seiner Haltung gelangt er erst, als er sich daran erinnert, was Parzival am Plimizoel zu ihm gesagt hatte: »Da dachte er daran, daß Parzival mehr Vertrauen in Frauen setzte als in Gott« (*nu dâhter des, wie Parzivâl wîben baz getrûwt dan gote* (370,18-19). Unter dem Eindruck dieses Gedankens erklärt sich Gawan bereit, als Obilots Ritter zu kämpfen. (370,22f.). Gawan hatte beim Abschied von Parzival im 6. Buch die Hoffnung ausgesprochen, daß Gott ihnen beiden in den bevorstehenden Kämpfen glückliches Gelingen schenken möge (331,25ff.). Darauf hatte Parzival seinen Zweifel an Gott ausgesprochen (*der Wâleis sprach ›wê waz ist got?‹* 332,1), hatte Gott seinen Dienst aufgekündigt (332,7) und hatte daran seinen Rat an Gawan geknüpft: »Freund, in der Stunde des Kampfes soll eine Frau an Deiner Stelle kämpfen. Die soll Deine Hand führen. Diejenige, von der Du weißt, daß sie rein ist und weibliche Güte besitzt, deren Liebe soll Dich da behüten« (*friunt, an dînes kampfes zît dâ nem ein wîp für dich den strît: diu müeze ziehen dîne hant; an der du kiusche hâst bekant unt wîplîche güete, ir minn ich dâ behüete* (332,9-14). Wenn Gawan im 7. Buch behauptet, Parzival habe »Frauen mehr vertraut als Gott«, so sollten die Aufmerksamen unter den Zuhörern wohl bemerken, daß das eine ganz verdrehte Wiedergabe von Parzivals Worten ist. Eine Abwägung, welcher Wert höher stehe, Gott oder die Gunst tugendhafter Frauen, klingt bei Parzival nicht einmal von Ferne an. Im 7. Buch wird es so dargestellt, als ob die Erinnerung an Parzivals Worte Gawan dazu bewegt hätten, sich so zu verhalten, wie Parzival es ihm angeraten hatte. Es geht aber gar nicht darum, ob Gawan bereit ist, den Frauen mehr Vertrauen entgegenzubringen als Gott. Nirgends führt Gawans Frauendienst zu einer Beeinträchtigung seines Gottvertrauens. Auf der anderen Seite hat Parzival niemals die Frauen höher gestellt als Gott, auch nicht, als er Gott mit seinem *haz* verfolgte. Das offensichtliche Mißverhältnis zwischen den beiden Aussagen soll wohl nicht in erster Linie Gawans mangelndes Verständnis für Parzivals religiöse Probleme beleuchten; die Aufmerksamkeit wird eher darauf gelenkt, daß das Verhältnis des Menschen zu Gott und die gesellschaftliche Hochwertung der Frauen nicht gegeneinander aufgerechnet werden können.

Ebenso programmatisch wie Gawans ›Mißverständnis‹ von Parzivals Zweifel an Gott ist Parzivals Zurückweisung von Orgeluses Liebes-Angebot und sein interesseloses Vorbeireiten an Schastel marveile (vgl. S. 100). Erst wenn Gawan dort auftritt, zeigt sich, daß die Werbung um Orgeluse der Schlüssel zur Offenlegung der ganzen Problematik um Terre marveile ist und daß es dort darum gehen wird, eine Gesellschaftsordnung zu begründen oder zu restituieren, die auf einem neuen Verständnis des Geschlechterverhältnisses aufgebaut ist (vgl. S. 188f.).

So wie Parzivals unsinnigem Gottes-*haz* von Trevrizent die Botschaft entgegengesetzt wird, daß Gott die Liebe ist (*got selbe ein triuwe ist* 462,19), so wird der unsinnige *haz*, der die politische Landschaft um Terre marveile verunstaltet durch »wahre Liebe« (*reht minne ist wâriu triuwe* 532,10) überwunden. In der Parzival-Handlung konkretisiert sich Liebe und Haß im Themenkomplex von Sünde und Gnade (vgl. S. 90). Auf gesellschaftlich-politischer Ebene stehen Liebe und Haß zwischen Herrschaftsträgern für Konflikte und Harmonie, für Ordnung und Unordnung im öffentlichen Bereich, für Krieg und Frieden.

›Politisch‹ werden hier Themen und Motive genannt, von denen sich historisch nachweisen läßt, daß sie in der politischen Wirklichkeit der Zeit des Dichters eine so große Rolle gespielt haben, daß man damit rechnen kann, daß die Zuhörer an den Höfen bemerken konnten (und sollten), daß die poetische Darstellung auf außer-literarische Wirklichkeit anspielte und dazu Stellung nahm.

Das gilt für den Konflikt zwischen Königen und Fürsten, der in den Gawan-Büchern VII und VIII eine große Rolle spielt und der für den Dichter offenbar so wichtig war, daß er ihn später, im ›Willehalm‹, in das Zentrum der Handlung gerückt hat. Nach dem Tod Kaiser Heinrichs VI. im Jahr 1197 war die Königsmacht in Deutschland so geschwächt, daß alle wichtigen Entscheidungen der Reichspolitik von den großen Landesfürsten mitbestimmt wurden.

Im 8. Buch kommt es in Schampfanzun zum Konflikt zwischen König Vergulaht und dem Landgrafen Kingrimursel, seinem Lehnsmann und Verwandten, ein Konflik, der darin gipfelt, daß der Lehnsmann seinem Lehnsherrn mit dem Schwert in der Hand entgegentritt (411,17ff.). Ganz ähnlich ist die Situation im 7. Buch, wo sich der Fürst Lyppaut gezwungen sieht, sich militärisch gegen den Angriff seines Lehnsherr, des Königs Meljanz, zu verteidigen (347,19ff. 354,27ff.). Die Gründe für den Konflikt zwischen Fürst und König sind beide Male ganz verschieden. Gemeinsam ist ihnen jedoch, daß in beiden

Fällen das Recht auf Seiten des Fürsten ist, während der König die
Loyalität, die der Lehnsherr dem Lehnsmann schuldet, verletzt. In
Buch VIII steht der König sogar als Rechtsbrecher da. Beide Male
geht es nicht nur um das persönliche Verhältnis der Kontrahenten,
sondern um das Wohl und Wehe des Landes.

Die politische Bedeutung dieser Konflikte ergibt sich aus der zeit-
geschichtlichen Relevanz der Thematik. Es wird kein Zufall sein, daß
der Erzähler, als er im 7. Buch die Kämpfe zwischen den Truppen von
Meljanz und von Lippaut vor Bearosche beschreibt, eine Anspielung
auf den von Pferden zertrampelten Weinberg bei Erfurt einschiebt:
Erffurter wîngarte giht von treten noch der selben nôt (379,18-19, vgl.
S. 20). Die schmähliche Niederlage, die König Philipp von Schwa-
ben im Jahr 1203 erlitt, als er mit seinem Heer in das Land seines
Lehnsmanns, des Landgrafen Hermann von Thüringen, eingefallen
war und von dessen Verbündeten in Erfurt eingeschlossen wurde,
war sicherlich Gesprächsthema an den großen Höfen. Daß es im 8.
Buch ein Landgraf ist, der dem König gegenübersteht, könnte eine
Anspielung darauf sein, daß der Landgraf von Thüringen in diesen
Jahren mehrmals mit den Königen (Philipp von Schwaben und Otto
IV.) in Konflikt geriet. Wenn Wolfram in seiner Erzählung den König
ins Unrecht setzt, konnte das als eine politische Aussage zu Gunsten
der Fürsten verstanden werden.

> *Gerd Althoff,* Staatsdiener oder Häupter des Staates. Fürstenverantwortung
> zwischen Reichsinteresse und Eigennutz, in: *G. Althoff,* Spielregeln der
> Politik im Mittelalter, 1997, S. 126-153. – *Hanna Vollrath,* Politische
> Ordnungsvorstellungen und politisches Handeln im Vergleich. Philipp
> II. August von Frankreich und Friedrich Barbarossa im Konflikt mit ihren
> mächtigen Fürsten, in: Political Thought and Realities of Power in the
> Middle Ages, hrsg. von J. Canning und O. G. Oexle, 1998, S. 33-51.
> – *Dietmar Willoweit,* Fürst und Fürstentum in Quellen der Stauferzeit,
> Rheinische Vierteljahrsbll. 63, 1999, S. 7-25. Literatur zu den Fürsten-
> spiegeln in: *Hans A. Anton* (u.a.), Fürstenspiegel, Lex. d. MA, Bd. 4,
> 1989, Sp. 1040-1058.

Noch mehr Profil gewinnt der politische Konflikt, wenn man ihn
vor dem Hintergrund der politischen Theorie des Mittelalters be-
trachtet.

In allen mittelalterlichen Entwürfen einer guten Herrschaft steht
an zentraler Stelle der Gedanke, daß der Zustand und das Funktionie-
ren des Gemeinwesens wesentlich davon abhängt, wer an der Spitze
steht. Wenn der König seine Herrschaftspflichten nicht erfüllt, wird
das ganze Gemeinwesen beschädigt. Wenn der König Unrecht tut,
wie die Könige Meljanz und Vergulaht in den Gawan-Büchern, gerät

alles in Unordnung. Welche katastrophalen Folgen das Versagen des Herrschers haben kann, sieht man auch in Munsalvaesche. Anfortas' Verstoß gegen das Gralgesetz, den Gott mit furchtbaren Leiden bestraft, lähmt die ganze Gesellschaft. In auffallender Häufung wird im ›Parzival‹ das Motiv des versagenden Königs oder Landesherrn vorgeführt. In der zweiten Gawan-Partie werden die gestörten Verhältnisse in dem politischen Macht-Dreieck zwischen Orgeluse, Clischor und Vergulaht auf das persönliche Versagen der Herrscher zurückgeführt, die ihr Handeln von Haß bestimmen lassen, statt auf die Wahrung von Friede und Recht bedacht zu sein. Wie sehr das Bild der guten oder der schlechten Herrschaft von dem persönlichen Verhalten des Herrschers abhängt, wird im ›Parzival‹ an König Artus vorgeführt. Die erste Artus-Szene zeigt den König nicht nur als handlungsunfähig, sondern offenbart auch seine moralische Schwäche, wenn er seine Zustimmung dazu gibt, daß Parzivals Leben mutwillig aufs Spiel gesetzt wird (vgl. S. 59). Entsprechend befindet sich der ganze Hof in einem chaotischen Zustand. In der dritten Artus-Szene dagegen ist Artus *der wîse höfsche man* (717,1), der durch sein tatkräftiges Handeln die Wiederherstellung von Ordnung und Frieden ermöglicht (vgl. S. 114f.).

In den Büchern VII und VIII erscheinen die Fürsten als Vertreter von Recht und Ordnung, die dem falschen Verhalten des Königs Einhalt gebieten. In der Wirklichkeit standen dem König meistens eine Mehrzahl von Fürsten gegenüber. Daß es dabei leicht zu Spannungen und Konflikten kommen konnte, dafür bietet die Zeitgeschichte zahlreiche Beispiele. Konkurrierende und um den Einfluß im Reich rivalisierende Fürsten und Fürsten-Gruppen haben sich nicht selten feindlich gegenübergestanden. Dieses Thema begegnet bereits im ›Parzival‹, wird in seiner ganzen politischen Sprengkraft jedoch erst im ›Willehalm‹ ausgefaltet. Im 7. Buch des ›Parzival‹ wird erzählt, daß es im Fürstenrat, den König Vergulaht einberuft, zum Eklat kommt, als Herzog Liddamus und Landgraf Kingrimursel ihre unterschiedliche Beurteilung der Lage bis zu persönlichen Verunglimpfungen steigern (vgl. S. 84f.). Auch hier ist die Sympathie-Lenkung durch den Erzähler stark ausgeprägt. Kingrimursel erscheint als Vertreter des alten guten Rechts, der mit dem Schwert in der Hand für sein gegebenes Wort einsteht, während Liddamus lieber andere für sich kämpfen läßt. Er wird zur lächerlichen Figur, wenn er sein politisches Handeln am Vorbild des Küchenmeisters Rumolt aus dem ›Nibelungenlied‹ orientiert. Der schwache König Vergulaht kombiniert die Ratschläge der beiden Kontrahenten, weil er so die Chance erhält, die lästige Verpflichtung zur Gral-Suche loszuwerden. Bei genauerer Betrachtung zeigt sich, daß zwischen Kingrimursel und Liddamus eine Grundsatz-Diskussion über politische Strategie geführt wird. Unter diesem Gesichtspunkt gewinnt die Position von Liddamus sehr an Gewicht. Es geht darum, ob politische Konflikte besser militärisch gelöst werden (das ist der Standpunkt von Kingrimursel) oder diplomatisch, wobei auch List und Betrug eingesetzt werden können (dafür plädiert Liddamus). Auf den ersten Blick scheint alles für Kingrimursel zu sprechen; aber schließlich siegt im 7. Buch die Diplomatie, als deren Repräsentant Gawan in der gesamten Gawan-Handlung erscheint. Am Schluß der Dichtung triumphiert das diplomatische Geschick von Gawan und König Artus über das kämpferische Ungestüm der jungen Ritter (zu denen auch Parzival und Feirefiz gehören).

Betrachtet man die Diskussion zwischen Kingrimursel und Liddamus vor dem Hintergrund der weiteren politischen Entwicklung, dann ist kaum zu übersehen, daß Liddamus die ›modernere‹, die effektivere Strategie vertritt, der die Zukunft gehörte.

3.9 Artusgesellschaft und Gralgesellschaft

Im ›Conte du Graal‹ hat Chrétien de Troyes ein Gesellschaftsbild entworfen, das an die Tradition seiner älteren Artusromane anknüpft. Der Artushof ist der gesellschaftliche Bezugspunkt der Doppelhandlung. Die Dichtung beginnt an dem Tag, als Perceval zum Artushof aufbricht. Dort gewinnt er durch die Tötung des Roten Ritters seine ritterlichen Waffen, mit denen er, nachdem Gornemant ihn zum Ritter geweiht hat, ritterliche Großtaten vollbringt, die seinen Namen in der Artuswelt bekannt machen. Das veranlaßt den König, nach ihm zu suchen. Als er ihn gefunden hat, nimmt Artus ihn mit zu seinem Hof nach Carlion, und veranstaltet ihm zu Ehren ein großes Fest (4603ff.). Perceval ist nun, ebenso wie Gauvain, ein hochgeachtetes Mitglied der Artusgesellschaft.

Wolfram hat dieses Gesellschaftsbild übernommen. Dazu gehört auch die charakteristische Diskrepanz zwischen dem Repräsentationsanspruch des Artushofs mit seiner zentralen Institution, der Tafelrunde, und dem, was über das Leben und Treiben an König Artus' Hof erzählt wird. In der ersten Artus-Szene (im 3. Buch) ist bei Wolfram von gesellschaftlicher Vorbildlichkeit genauso wenig zu spüren wie bei Chrétien; der Hof scheint sich geradezu in einem chaotischen Zustand zu befinden (vgl. S. 62). In der zweiten Hofszene (im 6. Buch) scheinen noch dieselben Verhältnisse zu herrschen, solange Segramors und Keie den Ton angeben. Erst mit Gawans Auftreten

ändert sich das Bild: jetzt setzt sich die ordnende Kraft des Hof-
protokolls durch. Durch die Einführung der Tafelrunde (die im
›Conte du Graal‹ an dieser Stelle nicht erwähnt wird) hat Wolfram
den repräsentativen Charakter des Gesellschaftslebens am Artushof
verstärkt. Die dritte Artus-Szene (im 14./15. Buch) ist ohne Vorbild
im ›Conte du Graal‹, weil Chrétiens Dichtung vorher abbricht. Bei
Wolfram erscheint Artus jetzt als *der wîse höfsche man* (717,1), dem
es, mit Gawans Hilfe, gelingt, die verfeindeten Parteien zu versöhnen
und in die Artusgesellschaft zu integrieren.

Die Gralgesellschaft bei Wolfram. Die wichtigste Veränderung, die
Wolfram in der Gesellschaftsdarstellung gegenüber seiner französischen
Vorlage vorgenommen hat, besteht im Ausbau des Gralbereichs zu
einem zweiten Gesellschaftskreis, der parallel zur Artusgesellschaft
geordnet ist. Während bei Chrétien das geheimnisvolle Schloß des
kranken Fischer-Königs in märchenhafter Unbestimmtheit verbleibt,
hat Wolfram Munsalvaesche zum Mittelpunkt eines großen Herr-
schaftsbereichs gemacht, der auf eine nicht weiter konkretisierte
Weise die ganze Welt umspannt. Das Reich des Grals ist in Wolframs
Dichtung mit einer Gesellschaft bevölkert, die nach eigenen Gesetzen
lebt. Davon erfahren wir allerdings fast ausschließlich durch Trevri-
zents Gralerzählung im 9. Buch. Die kurzen Partien der Handlung,
die in Munsalvaesche spielen (im 5. und im 16. Buch) zeigen einen
gesellschaftlichen Ausnahmezustand, der durch die Krankheit des
Königs bedingt ist. Im ›Parzival‹ gibt es also, anders als bei Chrétien,
zwei Gesellschaftskreise, die deutlich aufeinander hin konzipiert
sind.

> *Konstantin Pratelidis*, Tafelrunde und Gral. Die Artuswelt und ihr Verhältnis
> zur Gralswelt im Parzival WsvE, 1994. – *Cornelia Schu*, Vom erzählten
> Abenteuer zum Abenteuer des Erzählens (vgl. S. 265), S. 360ff.

Die Gralgesellschaft ist ebenso eine höfische Gesellschaft wie die Artus-
gesellschaft; beide stimmen in der materiellen Prachtentfaltung und im
Kodex der Umgangsformen überein. Hier wie dort ist die nichtadlige
Gesellschaft fast völlig ausgeblendet. Der wichtigste Unterschied liegt
darin, daß die Gralgesellschaft unmittelbar von Gott gelenkt wird. Ob
Wolfram dabei ein bestimmtes Modell vor Augen hatte, ist unsicher.
Der Gedanke von Herbert Kolb, daß Wolfram Vorstellungen aus der
jüdischen Religion und Philosophie verarbeitet hat – der Gral war nach
Kolb ein »Nachbild der jüdischen Schechinah« – hat keine allgemeine
Zustimmung gefunden (*Herbert Kolb*, Munsalvaesche. Studien zum
Kyotproblem, 1963, S. 178).

Eher dürften die Zuhörer bei Wolframs Schilderung der Gralgesellschaft an die religiösen Ritterorden ihrer Zeit gedacht haben. Darauf weist die Bezeichnung *rîterlîchiu bruoderschaft* für die Gralritter (470,19) und auch der Name *templeise* (444,23 u.ö.), der wohl nicht zufällig an die Ritter des Templerordens, die *templarii* anklingt (die sich nach dem *templum domini*, dem Tempel Salomons in Jerusalem, genannt haben). An die religiösen Ritterorden erinnert auch die Vorschrift, daß den Gralrittern weltliche Liebe verboten ist. Da das Liebesverbot eine Fortpflanzung der Gesellschaft unmöglich macht, ist ein kompliziertes Berufungssystem erfunden worden, um die Gralgesellschaft am Leben zu erhalten. Nur für die Fortpflanzung der Königsdynastie hat Gott eine Ausnahmeregelung getroffen. Ausgeklügelte Vorschriften regeln das Zusammenleben der Geschlechter in Munsalvaesche. Adlige Damen nehmen dort eine hochgeachtete Stellung ein: der Gral läßt sich nur von einer Frau tragen. Frauen sind es auch, die den Graldienst verrichten. Heiraten dürfen die Gralritter und die Graljungfrauen nur außerhalb des Gralreichs (abgesehen vom Gralkönig). Über allem wacht Gott, der das gesamte Leben auf Munsalvaesche durch die Offenbarung seines Willens lenkt und Verstöße dagegen hart bestraft. Das Ganze liest sich wie eine Gesellschaftsutopie: der Entwurf einer neuen, besseren Gesellschaft, in der der Gegensatz zwischen Diesseits und Jenseits aufgehoben ist.

> *Joachim Bumke*, Die Utopie des Grals. Eine Gesellschaft ohne Liebe?, in: Literarische Utopie-Entwürfe, hrsg. von H. Gnüg, 1982, S. 70-79. – *Walter Blank*, Die positive Utopie des Grals. Zu Ws Graldarstellung und ihrer Nachwirkung im Mittelalter, in: Sprache – Literatur – Kultur. FS für Wolfgang Kleiber, 1989, S. 337-353.

Auch im Gralbereich gibt es eine Diskrepanz zwischen Gesellschaftsidee und gesellschaftlicher Realität. Das Leiden des Gralkönigs – eine von Gott verhängte Sündenstrafe – hat Auswirkungen auf die ganze Gesellschaft. Die höfische *vreude* ist verstummt; Trauer und die Sorge um den kranken König, verbunden mit Erlösungshoffnungen, bestimmen das Leben auf der Gralburg. Geschildert wird eine durch die Sünde des Königs deformierte Gesellschaft, die auf Erlösung wartet.

Die Erlösungsbedürftigkeit der beiden Gesellschaften. Blickt man von hier aus zur Artusgesellschaft hinüber, so wird deutlich, daß auch diese Gesellschaft deformiert ist und der Reintegration bedarf. Wie das geschehen kann, wird an Gawans Erlösungswerk in Schastel marveile vorgeführt. Der ›Parzival‹-Erzähler hat die Parallelen zwischen den beiden Wunderburgen Munsalvaesche und Schastel marveile auffällig herausgearbeitet. Man begreift, daß zwischen den Vorgängen hier und dort ein Zusammenhang besteht.

In gewissem Sinn können Parzival und Gawan als Repräsentanten der beiden Gesellschaftskreise betrachtet werden. Sie sind beide, Parzival und Gawan, hochgeachtete Mitglieder der Tafelrunde, gehören also beide der Artusgesellschaft an. Es wird jedoch deutlich gemacht, daß Parzival in besonderer Weise der Gralgesellschaft verbunden ist, während Gawan dem Artushof zugeordnet bleibt (das Motiv der Gralsuche Gawans [vgl. S. 86] wird nicht entfaltet). Zweimal wird Parzival in die Tafelrunde aufgenommen (im 6.und im 14. Buch), und beide Male wird der Eindruck erweckt, daß er in dieser Gesellschaft ein Fremder ist. Beide Male verläßt er die Hofgesellschaft nach kurzer Zeit wieder; beim zweiten Mal für immer. Spätestens seit dem Ende des 6. Buchs wissen die Zuhörer, daß Parzival »Miterbe« (*ganerbe* 333,30) in Munsalvaesche ist. Seine Berufung zum Gralkönig am Schluß bestätigt diese Zuordnung. Gawan seinerseits ist von Anfang an der Neffe der König Artus und »die höchste Zierde der Tafelrunde« (301,7). Insofern ist er ein Repräsentant der Artusgesellschaft. Für Gawan gilt, wie für Parzival, daß er den Gesellschaftskreis, dem er angehört, nicht einfach repräsentiert, sondern ihm zugleich gegenübersteht. Beide Gesellschaften sind reformbedürftig und erlösungsbedürftig. Das ist die größte Aufgabe, die die beiden Helden zu bewältigen haben: daß sie die Gesellschaft, der sie durch Abstammung und Erbe zugehören, zum Guten verändern und aus dem Bann lösen, in dem sie gefangen sind.

Die Frage nach der Hierarchie der beiden Gesellschaftskreise drängt sich auf, erweist sich jedoch als nicht sehr ergiebig und scheint für die Forschungsgeschichte eine größere Bedeutung zu haben als für das Textverständnis. Solange man die Dichtung einseitig von den Parzival-Partien aus zu verstehen suchte, hielt man die Artusgesellschaft für eine Durchgangsstufe, die Parzival auf seinem Weg zum Gral zu durchlaufen habe. Nach dieser Auffassung wird die Artusgesellschaft durch die Gralgesellschaft abgelöst und überwunden. Der Text bietet für eine solche Deutung keine Stütze. Zuzugestehen ist, daß eine Gesellschaft, der Gott selbst die Regeln gesetzt hat und deren Mitgliedern er die ewige Seligkeit in Aussicht stellt, einen höheren Rang beanspruchen kann, eine höhere Würde besitzt als alle anderen Gesellschaften, die nach irdischen Maßstäben organisiert sind. Das bedeutet allerdings nicht, daß die Ordnung von Munsalvaesche der Ordnung der Artusgesellschaft auch in den Formen des menschlichen Miteinanders überlegen ist. Das Regelwerk, das Gott für die Gralgesellschaft vorgeschrieben hat, ist (wenn wir dem Bericht von Trevrizent vertrauen) in einigen Punkten so merkwürdig, daß darin die Weisheit Gottes nicht leicht zu erkennen ist. Das gilt besonders für die Vorschriften für den ritterlichen Kampf und für die geschlechtliche Liebe.

Der ritterliche Kampf. Der ritterliche Kampf wird sowohl in den Parzival-Partien als auch in den Gawan-Partien zum Problem gemacht.

> *Norbert Sieverding,* Der ritterliche Kampf bei Hartmann und W. Seine Bewertung im Erec und Iwein und in den Gahmuret- und Gawan-Büchern des Parzival, 1985. – *Will Hasty, Daz prîset in und sleht er mich.* Knighthood und Gewalt in the Arthurian Works of Hartmann von Aue and WvE, Monatshefte für dt. Unterricht, dt. Sprache u. Lit. 86, 1994, S. 7-21.

Wo der Kampf eine soziale Funktion hat, wo er dem Schutz oder der Befreiung unschuldig in Bedrängnis geratener Frauen dient, wird er nicht in Frage gestellt. Dagegen wird die blinde Wut, mit der sich die Ritter der Tafelrunde in der Blutstropfen-Episode in den Kampf mit einem fremden Ritter stürzen, in ein kritisches Licht gerückt. Später, in der zweiten Gawan-Partie und im Schlußteil, wird die Kritik an unüberlegten und unnötigen Kämpfen immer schärfer. Die Kampfbedingungen, die sich einige Ritter ausgedacht haben, erscheinen als lächerliche Marotten. Lächerlich sind auch die bombastischen Listen der besiegten Gegner, mit denen Feirefiz und Parzival sich gegenseitig zu überbieten suchen (669,29ff.). Die Kämpfe, die Parzival zuletzt ausficht, beruhen auf Mißverständnis und Blindheit und tragen nichts zur Lösung der verworrenen Lage bei.

Was den ritterlichen Kampf so problematisch macht, ist vor allem die Tötungsgefahr. Immer wieder wird im ›Parzival‹ von Rittern erzählt, die im Kampf gefallen sind, was in vielen Fällen schlimme Folgen hat. Die ritterliche Gesellschaft versucht, der Tötungsgefahr durch ritualisierte Unterwerfungsformen (*sicherheit nemen*) entgegenzusteuern; die vielen Toten bezeugen jedoch, daß dieses Instrument nicht immer greift. Ritter wie Orilus und sein Bruder Lähelin sind dafür bekannt, daß sie ihre Gegner töten. Wie sensibel der Erzähler mit dem Motiv des tödlichen Kampfes umgeht, ist daran zu erkennen, daß er Parzival nach der Tötung Ithers nie wieder einen Gegner töten läßt. Auch Gawan tötet seine Gegner nicht. Die Beschuldigung, er habe Vergulahts Vater das Leben genommen, erweist sich als falsch (vgl. S. 85).

Vor diesem Hintergrund müssen die Kampfbestimmungen im Gralbereich gesehen werden. Trevrizent sagt von den Templeisen: »Sie nehmen von niemandem ›Sicherheit‹. Sie wagen ihr Leben gegen das

Leben des Gegners« (*si nement niemens sicherheit, si wâgnt ir lebn gein jenes lebn* 492,8-9). Das heißt, daß die Gralritter ihre Gegner in der Regel töten. Ob hier Motive der Kreuzzugsideologie hereinspielen, ist unsicher. Bestehen bleibt, daß Gott eine Gesellschaft gestiftet hat, die die Tötung von Menschen im Kampf vorsieht, während in der Artusgesellschaft die Tötung eines ritterlichen Gegners als eine Störung der gesellschaftlichen Ordnung angesehen wird.

Die geschlechtliche Liebe. Ebenso ist das Verbot der geschlechtlichen Liebe in Munsalvaesche Teil der von Gott gewollten Ordnung. In Schastel marveile dagegen ist die Unterbindung von Liebesbeziehungen zwischen Rittern und Damen ein böser Zauber, den Clinschor aus Haß gegen die Menschheit über die Burg gelegt hat. Wie dieser Widerspruch aufzulösen ist, sagt der Text nicht. In beiden Punkten wirkt die Artusgesellschaft moderner und zivilisierter als die Gralgesellschaft.

Das Erlösungswerk. Im ›Conte du Graal‹ ist die Doppelhandlung so angelegt, daß im Lauf der Erzählung immer deutlicher wird, daß die Bestimmung und das Ziel der beiden Helden sich jeweils in einer Wunderburg konkretisiert: für Perceval in der geheimnisvollen Gralburg; für Gauvain in der gefährlichen Burg Roche de Chanpguin. Die Parallelität dieser beiden Burgen zeigt sich am deutlichsten in dem Erlösungsmotiv, das für beide Helden damit verbunden ist. Beiden ist die Aufgabe gestellt, ihre mütterliche Verwandtschaft zu erlösen. Für Perceval heißt das, seinen gelähmten Oheim, den Gralkönig, durch die Zauberfrage von seinem Leiden zu befreien. Gauvain ist es aufgegeben, das Abenteuer von Lit marveile zu bestehen und dadurch seine Mutter, seine Großmutter und seine Schwester aus der toten-ähnlichen Isolation in Roche de Chanpguin zu erlösen. Perceval scheitert an seiner Aufgabe; Gauvain besteht sie. Ob Perceval eine zweite Chance erhalten sollte, ist dem fragmentarischen Text nicht mit Sicherheit zu entnehmen. Vermutlich liegt in der Parallelität der beiden Erlösungsaufgaben der Schlüssel zum Verständnis des Doppelromans. Dieser Gedanke hat allerdings in der Chrétien-Forschung eine eher untergeordnete Rolle gespielt; und auch auf die Frage, warum es für beide Helden gerade um die mütterliche Familie geht, scheint es keine konsensfähige Antwort zu geben (*Erdmuthe Döffinger-Lange*, Der Gauvain-Teil in Chrétiens Conte du Graal. Forschungsbericht und Episodenkommentar, 1998, S. 238ff.).

Wolfram scheint der doppelten Erlösungsaufgabe eine große Bedeutung zugestanden zu haben. Das sieht man daran, daß im ›Parzival‹

die Parallelität der beiden Zentralorte, Munsalvaesche und Schastel marveile, weit über das hinaus, was der ›Conte du Graal‹ ihm bot, ausgebaut ist. Besonders auffällig ist die Ausstattung von Schastel marveile mit einem Wunderding, das als Parallele zum Wunderding in Munsalvaesche, dem Gral, gesehen werden kann: die Wundersäule, die ähnlich wie der Gral Erkenntnisse vermittelt, die über das normale Maß der menschlichen Fähigkeiten hinausgehen. Die Wundersäule stammt aus dem Orient. Das kann als Parallele zur orientalischen Vorgeschichte des Grals, die sich an den Namen Flegetanis knüpft, verstanden werden. Auch die Herren der beiden Burgen haben etwas gemeinsam: beide sind an ihren Geschlechtsteilen verletzt worden. Das ist in beiden Fällen Folge eines Liebesverhaltens, das keine Billigung findet, vor Gott (bei Anfortas) oder vor den Menschen (bei Clinschor). Noch mehr als die Parallelen bestimmen allerdings die Gegensätze das Bild. Munsalvaesche steht unter Gottes Schutz und Leitung; Schastel marveile ist die Konstruktion eines bösen Zauberers. Das Leiden des Gralkönigs ist eine von Gott verhängte Sündenstrafe; das Leiden von Gawans mütterlicher Verwandtschaft wird durch Clinschors Haß bewirkt.

Von Chrétien stammt das Motiv, daß beide Helden ihre mütterliche Verwandtschaft erlösen. Bei Wolfram sind die Akzente jedoch anders gesetzt. Ein wichtiger Unterschied gegenüber dem ›Conte du Graal‹ besteht darin, daß Gawans mütterliche Verwandtschaft in Wolframs Dichtung zugleich Parzivals väterliche Verwandtschaft ist.

Im ›Conte du Graal‹ geht es um die Erlösung von Einzelpersonen. Wolfram hat diese Personen in groß angelegte Gesellschaftsverbände eingegliedert und hat den Akzent darauf gelegt, daß die ganze Gesellschaft in den beiden Wunderburgen unter demselben Leidensdruck steht wie die Burgherren. In beiden Fällen bezieht sich die Erlösungsaufgabe auf die ganze Gesellschaft. Dabei hat Wolfram wiederum auffällige Ähnlichkeiten eingebaut. Sowohl in Munsalvaesche als auch in Schastel marveile manifestiert sich das Leiden und die Erlösungsbedürftigkeit der Gesellschaft in einem Zustand der Verödung, in dem alles, was das höfische Gesellschaftsleben sonst auszeichnet, zum Erliegen gekommen ist. In beiden Fällen gelingt es den Helden, diesen Verödungszauber zu durchbrechen und die erlöste Gesellschaft in einen Zustand festlicher Freude zurückzuführen. Wie dieser Zustand in Munsalvaesche zuletzt konkret aussieht, hat der Erzähler nur im Lachen des alten und des neuen Gralkönigs (815,1f.) und in der Komödie um Feirefiz' Taufe angedeutet, während die Reintegration der Gesellschaft von Schastel marveile in den Artuskreis sehr detailliert dargestellt wird.

In Munsalvaesche ist die Erlösung ein Werk Gottes; und Parzival ist sein Werkzeug. Parzival wird durch die Inschrift auf dem Gral nach Munsalvaesche berufen; und Gott verleiht der Frage, die Parzival beim ersten Besuch versäumt hatte, die alte Kraft, die nach Trevrizents Auskunft nur in der ersten Nacht gelten sollte (484,1f.). Der Erzähler zitiert an dieser Stelle zwei der berühmtesten christlichen Erweckungswunder: die Auferweckung des Lazarus durch Jesus und die Erweckung des Stiers durch den heiligen Papst Silvester (795,30ff.). Parzivals ›Leistung‹ liegt offenbar darin, daß er sich jahrelang das asketische Leben eines Gralsuchers auferlegt und gegen alle Widerstände daran festgehalten hat, bewegt vom Mitleid mit seinem Oheim, dessen Leiden durch seine Schuld auf unbestimmte Zeit verlängert worden ist, sowie von dem Wunsch, den angerichteten Schaden wiedergutzumachen. Es wird deutlich, daß Gott die Sündenstrafe des Gralkönigs zeitlich begrenzen wollte. Gott läßt das Erlösungswerk den letzten männlichen Verwandten und damit den natürlichen Erben des kranken Gralkönigs vollbringen.

Während die Vorgänge in Munsalvaesche zuletzt in wenigen Versen abgehandelt werden, hat Wolfram das gesellschaftliche Erlösungswerk, das Gawan zusammen mit Artus und den Frauen auf dem Hoffest vor Joflanze vollbringt, mit großer Ausführlichkeit geschildert. Nachdem Gawan das Abenteuer von Lit marveile bestanden hat, stellt sich heraus, daß das noch nicht die entscheidende Aufgabe war. Der Verödungszauber, den Clinschor über die Burg gelegt hatte und der sich dort am deutlichsten in der unnatürlichen Abtrennung der Geschlechter manifestiert, besteht noch fort. Die Lösung aus dem Bann gelingt Gawan durch eine festliche Veranstaltung, die die Ritter und Damen von Schastel marveile zum ersten Mal nach langer Zeit wieder zusammenführt. Dabei wird exemplarisch vorgeführt, wie das Geschlechterverhältnis durch die Einübung und Erprobung von Blickkontakten, rhythmisch-körperlichen Angleichungen beim Tanz, körperliche Annäherungen beim Sitzen in bunter Reihe und verbalen Interaktionen (in Form von Gesprächen über die höfische Liebe) stufenweise in eine höfisch-repräsentative Form zurückgeführt wird (vgl. S. 107f.). Das wiederhergestellte Geschlechterverhältnis erweist sich als Grundlage für eine vollständige Reintegration. Gawans Versöhnungsplan beruht auf der Idee, die verfeindeten Gesellschaftsgruppen in Terre marveile in die Artusgesellschaft zu integrieren und so einem harmonischen Ausgleich zuzuführen. Als größter Störfaktor erweist sich dabei der Haß, der die Machthaber in Terre marveile beherrscht: Orgeluses Haß gegen Gramoflanz, Gramoflanz' Haß gegen Gawan und Clinschors Haß gegen die ganze Menschheit. Mit diplomatischem

Geschick gelingt es Gawan und Artus, diesen zerstörerischen Haß zu überwinden. Die große versöhnende Gegenkraft ist die Liebe, die von Gawan (in seiner Bindung an Orgeluse) und von seiner Schwester Itonje (in ihrer Bindung an Gramoflanz) eingebracht und vorgelebt wird und der es gelingt, die Feindschaften in ein harmonisches Miteinander zu verwandeln. Die zahlreichen Ehen, die zuletzt von König Artus gestiftet werden (729,27ff.), bezeugen und befestigen das Werk der Restitution der Gesellschaft.

Am Ende scheinen alle Gegensätze überwunden, alle Konflikte gelöst und in beiden Gesellschaftskreisen ein Zustand schöner Harmonie erreicht zu sein. Es gibt in der Schlußpartie jedoch eine Reihe von Zeichen und Signalen, die neue Störungen anzukündigen scheinen. Das ist besonders deutlich im Gralbereich, wo der Erzähler durch die Einführung von zwei neuen Themen, der Schwanrittersage und der Legende vom Priester-König Johannes, die beide auf zeitgeschichtliche Probleme von großer Brisanz hinweisen (vgl. S. 124), für neue Unruhe sorgt. Auf diese Weise ist die Dichtung mit einem offenen Schluß versehen, der es unentschieden läßt, ob die erreichte Lösung Dauer besitzen wird.

3.10 Die Gahmuret-Feirefiz-Geschichte als Rahmen der Doppelhandlung von Parzival und Gawan

Die Vorgeschichte von Gahmuret, die Wolfram den beiden Haupthandlungen vorangestellt hat, besteht aus zwei Teilen, die den beiden Ehen und den beiden Söhnen Gahmurets gewidmet sind. Die Geschichte von Gahmuret und Belakane endet mit der Geburt von Feirefiz; die Geschichte von Gahmuret und Herzeloyde mit der Geburt Parzivals. Auf diese Weise wird gleich am Anfang der Schluß der Dichtung vorbereitet: am Ende stehen nicht, wie man nach der Anlage des Doppelromans erwarten würde, Parzival und Gawan vor dem Gral, sondern Parzival und Feirefiz. Auch am Schluß reicht die Parzivalgeschichte über die Gawan-Geschichte hinaus. Gawans Schicksal wird über die Eheschließung mit Orgeluse hinaus nicht weiter verfolgt, nicht einmal andeutungsweise, während die Parzivalerzählung noch die Geschicke seines Sohnes Loherangrin (mit einem Ausblick auf Parzivals Enkelkinder) sowie die seines Neffen Johannes umfaßt.

Die Vorgeschichte präludiert die Haupthandlung in mannigfacher Weise; um das zu verstehen, braucht man nicht das theologische Instrument der typologischen Bibel-Exegese zu bemühen. Die Vorgeschichte läßt erkennen, worin das väterliche und das mütterliche

Erbe Parzivals besteht. In der Zeichnung Gahmurets wird eine erste
Probe des elsternfarbenen Menschen gegeben. Gahmuret wird vom
Erzähler mit großer Sympathie behandelt und mit viel Lobesworten
bedacht, obwohl seine Handlungsweise, besonders gegenüber Bela-
kane, solchem Lob Hohn zu sprechen scheint. In der Vorgeschichte
werden Themen eingeführt, die sich im weiteren Verlauf als hand-
lungsbestimmend erweisen. Dazu gehört der Themenkomplex Liebe
und Tod, Krieg und Gewalt gegen Frauen, Weltabkehr aus Trauer
und Nachsterben der liebenden Frau, ebenso das überzogene und
verdrehte Verhalten in Liebe und Ehe und das Auseinanderreißen
von Liebes- und Ehepaaren durch den Tod. Auch die Problematik des
ritterlichen Kampfs und das Motiv des Verwandtenkampfs klingen
bereits in den Eingangsbüchern an. So entsteht gleich am Anfang das
Bild einer Gesellschaft, die der Erneuerung bedarf.

> *Holger Noltze*, Gahmurets Orientfahrt. Kommentar zum ersten Buch von
> Wolframs Parzival (vgl. S. 262), S. 229ff. – *Heiko Hartmann*, Gahmuret
> und Herzeloyde. Kommentar zum zweiten Buch des Parzival WsvE (vgl.
> S. 262), Bd. 2, S. 394ff. – *Cornelia Schu*, Vom erzählten Abenteuer zum
> Abenteuer des Erzählens (vgl. S. 265), 2001, S. 115ff.

Während die Geschichte von Gahmuret und Herzeloyde direkt auf
die Parzival-Geschichte zuläuft und in der Schilderung von Parzivals
Kindheit in Soltane eine unmittelbare Fortsetzung findet, schafft die
Geschichte von Gahmuret und Belakane eine groß dimensionierte
Erweiterung des Handlungsraums und der Handlungszeit, deren
Bedeutung zunächst unklar bleibt und sich erst erschließt, wenn am
Ende der Dichtung Feirefiz auftritt und das Geschehen in einer Weise
bestimmt, daß selbst Parzival zu einer Nebenfigur zu werden scheint.

Die Gahmuret-Feirefiz-Handlung ist wie ein Rahmen um die Dop-
pelhandlung von Parzial und Gawan gelegt. Auch Gawan tritt bereits
in der Gahmuret-Vorgeschichte zum ersten Mal auf: er ist zusammen
mit seinem Vater, König Lot, und seinem Großvater, Uterpandragun,
beim Turnier vor Kanvoleis, kämpft aber selber noch nicht mit, weil
er noch zu klein ist (66,15ff.). Sein Name wird im Zusammenhang
mit der Entführung von Gawans Großmutter, der Königin Arnive,
genannt (66,1ff.).

> Der Entführer war »ein Geistlicher, der sich auf Zauber verstand« (*ein phaffe
> der wol zouber las* 66,4). Gemeint ist Clinschor, dessen Name erst im 10.
> Buch genannt wird (548,5). Die Bezeichnung *phaffe* (Clinschor war ein
> Herzog, 656,22) erklärt sich vielleicht als direkte Übersetzung des Verses:
> »ein Gelehrter, erfahren in Astronomie« (*l. clers sages d'astrenomie* 7548), der
> im ›Conte du Graal‹ den Erbauer der Wunderburg umschreibt.

Mit diesem Hinweis auf die Vorgeschichte beginnt eine Motivreihe, die in Kundries Hinweis auf das Abenteuer von Schastel marveile im 6. Buch (318,16ff.) und von der namentlichen Nennung der vier dort gefangenen Königinnen (334,16ff.) fortgesetzt wird und schließlich in das epische Geschehen der Bücher Xff. mündet. Auf diese Weise erhält Gawans Erlösungswerk in Schastel marveile eine zeitliche Dimension, die um eine ganze Generation erweitert ist.

Die Bedeutung der Rahmengeschichte für die doppelte Haupthandlung erschließt sich vielleicht am ehesten über die Orientmotive. Wolframs Dichtung beginnt im Orient (nur die kurze Schilderung von Gahmurets Aufbruch aus Anschouwe ist den Orient-Szenen vorgeschaltet) und endet im Orient, wo Feirefiz und Repanse die Dynastie der Priester-Könige begründen (822,25ff.). Orient-Motive begegnen außerdem an verschiedenen Stellen im ›Parzival‹; sie sind alle ohne Vorbild im ›Conte du Graal‹ und bezeugen Wolframs Interesse, den Orient nicht nur in der Rahmenerzählung, sondern auch in der Haupthandlung präsent zu halten, und zwar in der Gawan-Handlung nicht weniger als in den Parzival-Partien.

Clinschor und Schastel marveile sind auf verschiedene Weise mit dem Orient verbunden. Den bösen Zauber, mit dem Clinschor Schastel marveile belegt, hat er im Orient gelernt, in der Stadt Persida. Das reiche Kaufmannsgut, das Gawan am Eingang von Schastel marveile antrifft (vgl. S. 99), stammt ebenfalls aus dem Orient: die indische Königin Secundille hat es Anfortas geschenkt; dieser hat es an Orgeluse weitergeschenkt. Von ihr hat Clinschor es erhalten. Secundille hat Anfortas auch die beiden häßlichen Wundermenschen geschenkt; Kundrie hat er behalten; ihren Bruder Malcreatiure hat er Orgeluse überlassen. Auch die Wundersäule auf Schastel marveile ist von Clinschor aus Feirefiz' Land dorthin gebracht worden (589, 10f.).

Noch zahlreicher sind die Orientmotive in der Parzival-Handlung; sie verdichten sich im Umkreis des Grals (vgl. S. 138f.). Wolfram hat den Gral zu einem Stein gemacht, sicherlich nicht ohne Anregung durch die orientalischen Wundersteine, obwohl es nicht gelungen ist, einen bestimmten Stein als Vorbild nachzuweisen. Besonders auffällig ist die Verbindung des Grals mit der orientalischen Astronomie. Den Namen des Grals hat der heidnische (gemeint ist wohl: der arabische) Naturforscher Flegetanis in den Sternen gelesen (vgl. S. 141). In ihrer Berufungsrede im 15. Buch zählt Kundrie die Namen der sieben Planeten auf arabisch auf (782,1ff.). Auf den Orient weist auch der Tempel als Aufbewahrungsort des Grals (816,15). Die Kunde vom Gral ist bis nach Indien gelangt und hat die Königin Secundille veranlaßt, mit Anfortas in Kontakt zu treten, um Genaueres über den Gral zu erfahren.

Der Dichter des ›Jüngeren Titurel‹ hat die Orient-Motive in Wolframs Dichtung so verstanden, daß die Geschichte des Grals ihr Ziel im Orient finden sollte. Im ›Jüngeren Titurel‹ wird der Gral nach Indien gebracht, und dort tritt der Priester Johannes die Nachfolge Parzivals als Gralkönig an. Es ist eher unwahrscheinlich, daß Wolfram an eine solche Fortsetzung der Parzival-Gral-Handlung gedacht hat. Bemerkenswert ist jedoch, daß der ›Parzival‹ im 13. Jahrhundert so gelesen werden konnte.

Die Bedeutung des Orients im ›Parzival‹ läßt sich nicht auf einen Punkt reduzieren. Zur Orient-Darstellung im ›Parzival‹ vgl. die S. 46 genannte Literatur.

Der Orient steht für eine kosmische Dimension von Raum und Zeit (vgl. S. 201f.), für Heilsgeschichte und Eschatologie, für märchenhaften Reichtum und Wunderapparate und er bildet einen bedeutungsvollen Hintergrund für die gesamte Handlung.

* * *

Wolframs Dichtung hat nur einen Helden, aber zwei Haupthandlungen, die kunstvoll aufeinander bezogen sind. Die Geschichten von Parzival und von Gawan sind auch in den Partien, die inhaltlich unabhängig voneinander sind, so konstruiert, daß sie sich gegenseitig beleuchten und ergänzen oder im Gegensatz zueinander stehen.

Das Verhältnis von Parzival und Gawan zueinander füllt das ganze Spektrum von der Identität der beiden (*zwei herzen einvalt* 689,27) bis zur Gegensätzlichkeit von *tump* und *wîse*. Es geht offenbar um das Programm der Menschendarstellung, wie es im Elsterngleichnis des Prologs (vgl. S. 41f.) formuliert ist. Parzival und Gawan sind beide *parrierte* Figuren, die auf ganz verschiedenen Wegen ihr Ziel erreichen: der eine als *tumber*, der andere als *wîser*. Sie unterscheiden sich in ihrem Wahrnehmungsvermögen, in ihrer Erkenntnisfähigkeit, ihrem Selbstbewußtsein und in den Kommunikationsformen. Der *tumbe* Held geht seinen Weg *unwizzende*, ohne Wissen und Verstand, ganz von innen gesteuert, wo das Mutter-Erbe der *triuwe* ihn zum Handeln bewegt, nach außen mit seinen Waffen Gewalt ausübend und Schaden stiftend, ohne es zu wollen, aber frei vom Bösen (*den rehten valsch het er vermiten* 319,8); und für alle ist sichtbar, daß Gott seine Hand über ihn hält und ihn ein Ziel erreichen läßt, das ein Mensch aus eigener Kraft nicht erreichen kann. Der *wîse* Gawan ist ihm in allen Belangen, die dem Menschen Ansehen und Würde verleihen, überlegen. Er besitzt Bildung, Klugheit, Umsicht und Erfahrung und weiß sie so einzusetzen, daß er Gegensätze ausgleicht, Konflikte löst und die Menschen zueinander führt. Zuletzt durchkreuzt ausgerechnet Parzival seine Pläne. Das ist vielleicht ein Fingerzeig des Erzählers, daß Gawan in Gefahr stand, das Spiel mit den Menschen zu weit zu treiben und seine eigene Menschen-Macht zu überschätzen.

Mit genauso viel Nachdruck wie das Verhältnis der beiden Prot-agonisten hat Wolfram das Verhältnis der beiden Gesellschaftskreise ausgestaltet, an denen Parzival und Gawan sich bewähren müssen. Auch in der Zeichnung von Artusgesellschaft und Gralgesellschaft gibt es die breite Palette von vollständiger Übereinstimmung (in der höfischen Sachkultur und in den höfischen Umgangsformen) bis zu entschiedener Gegensätzlichkeit (in der Bewertung geschlechtlicher Liebe). Gemeinsam ist beiden auch, daß sie durch das Versagen des Herrschers in einen Zustand der Unordnung geraten sind und von dem Bann, der über ihnen liegt, erlöst werden müssen. Das gelingt für die Gralgesellschaft nur durch das Eingreifen Gottes, während die Gesellschaft von Schastel marveile durch die überlegene Tapferkeit und Klugheit Gawans erlöst wird und zuletzt durch das Zusammenwirken von Gawan, Artus und den Frauen die ganze Artusgesellschaft in einen Zustand des Friedens und der Harmonie geführt wird. Die erlösende Kraft ist in beiden Fällen die Liebe, in mittelhochdeutscher Termino-logie die *triuwe* (*reht minne ist wâriu triuwe* 532,10), die auf der Seite der Gralgesellschaft vielleicht als ein Zusammenklingen von Parzivals *triuwe* (*sît Herzeloyd diu junge in het ûf gerbet triuwe* 451,6-7) und Gottes *triuwe* (*sît got selbe ein triuwe ist* 462,19) beschrieben werden kann, während in der Artusgesellschaft die zwischengeschlechtliche Liebe die Kraft entfaltet, den Haß, der die Gesellschaft entstellt, zu überwinden.

Die Frage der Hierarchisierung stellt sich für die beiden Gesell-schaftskreise genauso wenig wie für die beiden Protagonisten. Was Gott mit den Menschen vorhat, zeigt sich in der Ordnung von Munsalvaesche und in Parzivals Weg zum Gral. Was die Menschen selbst vermögen, dank der Fähigkeiten, die Gott ihnen verliehen hat, ist in der Geschichte von Gawan und der Reintegration der Artus-gesellschaft dargestellt.

4. Bauformen

4.1 Der Wechsel der Handlungsträger

Die Komposition des ›Parzival‹ wird durch den Wechsel der Hand-
lungsträger bestimmt. Die Geschichten von Parzival und Gawan werden
eingerahmt von der Geschichte von Gahmuret und Feirefiz. Aus dem
Wechsel der Handlungsträger ergibt sich folgende Bauform:

–	Gahmuret	= Buch I-II
–	Parzival I	= Buch III-VI
–	Gawan I	= Buch VII-VIII
–	Parzival II	= Buch IX
–	Gawan II	= Buch X-XIV
–	Parzival III	= Buch XIV-XVI
–	Feirefiz	= Buch XVI

Die Handlungsfolge Parzival I – Gawan I – Parzival II – Gawan II
hat Wolfram aus dem ›Conte du Graal‹ übernommen. Durch die
eingeschobenen Gawan-Partien wird die Geschichte von Parzival
in drei Teile geteilt. Der erste Teil reicht von der Jugend in Soltane
bis zur Aufnahme in König Artus' Tafelrunde und zur Verfluchung
durch Kundrie. Der zweite Teil erzählt von Parzivals Begegnungen
mit Sigune, dem Gralritter und dem Grauen Ritter sowie von seiner
Einkehr bei Trevrizent. Der dritte Teil berichtet von der Rückkehr
an den Artushof und der Berufung zum Gralkönig.
    Die Einschnitte in der Parzival-Handlung, die durch die Verschach-
telung mit der Geschichte Gawans entstehen, gliedern Parzivals Weg
zum Gral. Nach dem Scheitern in Munsalvaesche und der Verfluchung
durch Kundrie bricht die Parzival-Handlung ab und wird erst unmit-
telbar vor seiner Berufung nach Munsalvaesche wieder aufgenommen
und zum Abschluß gebracht. Dazwischen wird nur einmal der Blick
auf Parzival gelenkt, im 9. Buch, um zu berichten, wie Parzival von
Trevrizent alles über den Gral erfährt, und um Trevrizent Gelegenheit
zu geben, Parzivals Weg bis zu diesem Punkt als Sündenweg zu deuten.
Im ›Conte du Graal‹ ist die Einkehr beim Einsiedler-Oheim deutlich
als ein Einschub in die Gauvain-Handlung konzipiert. Wolfram hat
diesem Einschub mehr Gewicht gegeben, indem er den Umfang um
das Siebenfache erweitert, neue Szenen eingefügt und die zeitliche
Erstreckung von wenigen Tagen auf mehrere Wochen vergrößert hat
(vgl. S. 93f.).
    Die Gawan-Handlung wird durch das 9. Buch in zwei Teile geteilt.
Im ersten Teil wird erzählt, wie Gawan der Einladung zum Gerichts-

kampf in Schampfanzun folgt und wie er auf dem Weg dorthin in Bearosche Station macht. Der zweite Teil erzählt vom Abenteuer um Schastel marveile, das Kundrie angekündigt hatte. Der Gahmuret-Feirefiz-Rahmen gliedert Parzivals Geschichte in eine Geschichte seiner väterlichen Familie ein und gibt der ganzen Dichtung durch die Orientthematik einen welt- und heilsgeschichtlichen Hintergrund.

> *Eberhard Nellmann*, Die Komposition des Parzival. Versuch einer neuen Gliederung, WW 21, 1971, S. 389-402. – *Bernd Schirok*, Der Aufbau von Ws Parzival. Untersuchungen zur Handschriftengliederung, zur Handlungsführung und Erzähltechnik sowie zur Zahlenkomposition, Diss. Freiburg i. Br. 1972. – *Walter Röll*, Zum formalen Aufbau der erzählenden Werke WsvE, in: Mensura. Maß, Zahl, Zahlensymbolik im Mittelalter, hrsg. von A. Zimmermann, 1984, Bd. 2, S. 356-376.

4.2 Bücher

Die übliche Einteilung des ›Parzival‹ in 16 Bücher stammt von Karl Lachmann, der sie in seiner kritischen ›Parzival‹-Ausgabe von 1833 durchgeführt hat. Diese Einteilung berücksichtigt den Wechsel der Handlungsträger insoweit, als überall, wo die Hauptperson wechselt, auch eine Buchgrenze liegt. Darüber hinaus gibt es bei Lachmann jedoch 9 Buchgrenzen an Stellen, an denen kein Wechsel des Handlungsträgers vorliegt. Grundlage von Lachmanns Bucheinteilung sind die Groß-Initialen in der St. Galler Handschrift D, die Lachmann als Leithandschrift seinem kritischen Text zugrunde gelegt hat (vgl. S. 253). Allerdings ist Lachmann der Handschrift nicht überall gefolgt, sondern hat aus den 24 Groß-Initialen der St. Galler Handschrift 16 als Buchgrenzen ausgewählt.

Lachmann hat sich bei der Aufteilung der Dichtung in 16 Bücher von dem Bestreben leiten lassen, den Großabschnitten ungefähr dieselbe Länge zu geben. Trotzdem schwankt der Umfang beträchtlich: das kürzeste Buch umfaßt 900 Verse (Buch XI), das längste 2100 Verse (Buch IX). An den Stellen, an denen in der Handschrift D zwei Groß-Initialen dicht aufeinander folgen (das ist der Fall bei 1,1 und 3,25; bei 116,5, 129,5 und 138,9; bei 224,1, 249,1 und 256,1; bei 433,1 und 446,1; sowie bei 503,1, 504,1 und 523,1), hat Lachmann nur jeweils eine Initiale als Buchanfang ausgewählt.

Ob Lachmanns Bücher als Leseabschnitte oder Vortragseinheiten gedacht waren, ist unklar.

Die inhaltlich gliedernde Funktion der Bücher ist besonders deutlich, wo wichtige Stationen der Handlung durch Buchgrenzen markiert sind. Das ist in der Gahmuret-Vorgeschichte der Fall (Buch I: Gahmurets Ehe mit Belakane; Buch II: seine Ehe mit Herzeloyde), ebenso bei Parzivals Abenteuer in Belrapeire (Buch IV) und in der ersten Gawan-Partie (Buch VII: Bearosche; Buch VIII: Schampfanzun). In anderen Teilen der Dichtung, vor allem in der zweiten Gawan-Partie, läuft der Erzählfluß über die Büchergrenzen hinweg. Es ist sicherlich kein Zufall, daß die Groß-Initialen am Anfang von Buch XII, Buch XIII und Buch XVI in den Handschriften nur schlecht bezeugt sind. Lachmanns Bucheinteilung gibt die Gliederungsvorstellung des Herausgebers wieder. Ob Wolfram seine Dichtung, über den Wechsel der Handlungsträger hinaus, in Groß-Abschnitte eingeteilt hat, wissen wir nicht.

Daß die Erzählabschnitte im ›Parzival‹ als ›Bücher‹ bezeichnet werden, ist angesichts der Versicherung Wolframs, daß seine Dichtung kein Buch sei (115,29ff.), eher ein Witz.

In den meisten ›Parzival‹-Handschriften ist der Text durch Groß-Initialen oder Zwischen-Überschriften gegliedert. Das handschriftliche Material ist in der Dissertation von Bernd Schirok übersichtlich dargestellt (*Bernd Schirok*, Der Aufbau von Ws Parzival. Untersuchungen zur Handschriftengliederung, zur Handlungsführung und Erzähltechnik sowie zur Zahlenkomposition (vgl. S. 195)).

Anzahl und Position dieser Gliederungszeichen wechseln sehr stark. Offenbar ist der Text mehrfach redaktionell bearbeitet worden. Betrachtet man nur die fünf alten ›Parzival‹-Handschriften, die im 13. Jahrhundert geschrieben worden sind ($DGG^kG^mG^n$), so ist das Bild einheitlicher. Die Anzahl der Groß-Initialen schwankt in diesen Handschriften nur zwischen 13 (G) und 24 (D); und auch die Positionierung der Initialen stimmt an mehreren Stellen überein.

Daß es keine Groß-Initiale gibt, die in allen 5 Handschriften bezeugt ist, ist nicht verwunderlich, wenn man bedenkt, daß die Handschrift G erst ab 434,1 eine den anderen Handschriften vergleichbare Einrichtung aufweist, daß die Handschrift G^m erst bei 59,3 beginnt, daß die Handschrift G^k nur bis 555,20 reicht und die Handschrift G^n nur bis 572,30.

5 Groß-Initialen stehen in vier der fünf alten Handschriften an derselben Stelle:

224,1 in $DG^kG^mG^n$ = Anfang von Buch V
389,1 in $DG^kG^mG^n$ = Anfang von Buch VIII
433,1 in $DG^kG^mG^n$ = Anfang von Buch IX
446,1 in DGG^kG^n = Begegnung mit dem gr. Ritter
503,1 in DGG^kG^n = Anfang von Buch X

Weitere 5 Groß-Initialen finden sich in drei der fünf alten Handschriften an derselben Stelle:

$58,27$ in DG^kG^n = Anfang von Buch II
$256,1$ in DG^kG^n = Begegnung mit Jeschute
$280,1$ in DG^kG^m = Anfang von Buch VI
$338,1$ in DG^kG^n = Anfang von Buch VII
$553,1$ in DG^kG^n = Anfang von Buch XI

Diese Übereinstimmungen von Handschrift D mit den alten G-Handschriften bezeugen eine Redaktion des Textes, die früher stattgefunden hat als die Aufspaltung der Überlieferung in einen D-Zweig und einen G-Zweig (vgl. S. 250). Auf diese Beobachtung ließe sich die Vermutung gründen, daß ein Grundstock an Groß-Initialen bis in Autor-Nähe zurückreicht.

Dieser Grundstock scheint am besten in den Handschriften D, G^k und G^n bewahrt zu sein: von den 21 Groß-Initialen in D sind nur 3 in keiner anderen Handschrift bezeugt; von den 20 Groß-Initialen in G^k sind nur 4 ohne Parallele in anderen Handschriften; die 17 Groß-Initialen in G^n kommen alle auch in anderen Handschriften vor. Eigene Wege in der Initialen-Setzung gehen dagegen die Handschriften G (nur 5 der 11 Groß-Initialen sind auch in anderen Handschriften bezeugt) und G^m (nur 2 der 13 Groß-Initialen begegnen auch in anderen Handschriften).

Abgesehen von der Initiale am Werk-Anfang ist der Anfang von Buch X (also das Ende von Buch IX) am breitesten bezeugt: nicht weniger als 15 Handschriften haben an dieser Stelle (503,1) eine Groß-Initiale. 12 Handschriften haben den Anfang von Buch V (Parzivals Besuch in Munsalvaesche) durch eine Groß-Initiale markiert (224,1); ebenso viele Handschriften haben mitten in Buch IX, bei 446,1 (Parzivals Begegnung mit dem Grauen Ritter) eine Groß-Initiale gesetzt. In 11 Handschriften steht eine Groß-Initiale mitten in Buch V, bei 256,1, wo Parivals Besuch in Munsalvaesche endet und die zweite Jeschute-Szene beginnt. Die Anfänge der Bücher IV, VII, IX und XV sind jeweils in 10 Handschriften durch eine Groß-Initiale ausgezeichnet.

Am schlechtesten bezeugt ist die Großgliederung durch Initialen in der Schluß-Partie, von Buch XI an. Nur der Anfang von Buch XV (Eintritt von Feirefiz in die Dichtung) ist häufiger hervorgehoben. Die Anfänge der Bücher XII, XIII und XVI weisen nur in einer der fünf alten Handschriften eine Groß-Initiale auf (in D).

Diese Zahlen lassen erkennen, daß Lachmanns Bucheinteilung ohne handschriftliche Gewähr ist. Aus praktischen Gründen wird

man trotzdem daran festhalten. Ein künftiger ›Parzival‹-Herausgeber
wird kaum etwas anderes tun können, als die Groß-Initialen seiner
Leithandschrift in seinen kritischen Text zu übernehmen und die
Verteilung der Groß-Initialen in den übrigen Handschriften im
kritischen Apparat zu dokumentieren.

4.3 Dreißiger

Karl Lachmann hat in seiner kritischen Ausgabe von 1833 den ganzen
›Parzival‹ in Klein-Abschnitte von je 30 Versen eingeteilt und hat
auch die Verszählung danach organisiert: der ›Parzival‹ beginnt mit
Vers 1,1, dem ersten Vers des ersten Dreißigers, und endet mit Vers
827,30, dem letzten Vers des 827. Dreißigers; die Dichtung umfaßt
also 30 mal 827 Verse = 24810 Verse. Nach den Dreißigern wird der
Text bis heute gezählt. Daß bereits der Autor sein Werk so gezählt
hat, glaubt heute wohl niemand mehr.

Auch für die Dreißiger-Gliederung hat Lachmann sich in der
Hauptsache auf die St. Galler Handschrift D gestützt, in der vom
Beginn des 5. Buchs an (224,1) mit ziemlicher Regelmäßigkeit alle
30 Verse eine Klein-Initiale steht. In der Anfangspartie (Buch I-IV)
stehen die Klein-Initialen unregelmäßiger: nach 28, 30 oder 32 Ver-
sen, manchmal nach kürzeren oder längeren Partien. Da jedoch die
Gesamtzahl der Verse von Buch I-IV durch 30 teilbar ist, nimmt man
an, daß bei der Schluß-Redaktion des Textes eine Dreißiger-Gliederung
für den ganzen Text zugrunde gelegt wurde.

Eine Schwierigkeit bereitet das 5. Buch, dessen Verszahl die Teil-
barkeit durch 30 um 2 Verse übersteigt. Lachmann hat sich damit
beholfen, daß er die Verse 257,23-24, die »das alberne wortspiel mit
vilân und *vil an*« enthalten (Vorrede, S. IX), in eckige Klammern
gesetzt und nicht mitgezählt hat. Heute betrachtet man das Wortspiel
als einen typischen Wolframschen Wortwitz, hat jedoch keine bessere
Erklärung für die Unstimmigkeit der Verszahlen gefunden.

Da die älteste vollständige ›Parzival‹-Handschrift (die Handschrift
D) von Buch V an eine ziemlich konsequente Dreißiger-Gliederung
aufweist und da Spuren dieser Gliederung in fast allen ›Parzival‹-
Handschriften vorhanden sind, kann man annehmen, daß die
Einteilung in Dreißiger-Gruppen sehr früh in der Textgeschichte
entstanden ist; möglicherweise in unmittelbarer Autornähe. Es ist
jedoch zu beachten, daß gerade die ältesten Handschriften in diesem
Punkt weit auseinandergehen. Von den vier alten G-Handschriften
($GG^kG^mG^n$) weist nur G^n gewisse Übereinstimmungen mit D auf;

die übrigen sind in der Setzung der Klein-Initialen ganz verschiedene Wege gegangen. Eine genauere vergleichende Untersuchung der einzelnen Handschriften und Fragmente fehlt.

Wenn man nach der Funktion der Dreißiger-Gruppen fragt, ist zu unterscheiden zwischen der Evidenz der Handschriften und dem Gliederungswillen des Autors.

Soweit wir die Praxis der Handschriftenherstellung in dieser Zeit kennen, wurde die Einrichtung und der Schmuck der Handschriften hauptsächlich zwischen dem Handschriftenbesteller und dem Redaktor, dem die Planung und die Durchführung der Arbeit an der Handschrift oblag, ausgemacht. Initialen haben immer eine auszeichnende Bedeutung; sie können mehr dem Schmuck der Handschrift oder mehr dem Verständnis des Textes dienen oder beides zugleich. In regelmäßigen Abständen angebrachte Initialen haben auf jeden Fall eine schmückende Funktion, weil sie stets ein regelmäßiges Seitenbild ergeben. Bei einem Umfang von 30 Versen pro Abschnitt drängt sich der Gedanke auf, in einer frühen Redaktion könnte jeweils das erste Wort in jeder Spalte durch eine Initiale ausgezeichnet worden sein. Die Handschrift G (in der die Klein-Initialen bis Vers 434,20 eindeutig schmückende und nicht gliedernde Funktion haben) bezeugt jedoch, daß bei etwa gleichem Abschnitts-Umfang dieser Größenordnung auch andere ›schöne‹ Seitenbilder zustande kommen können.

Wenn man bedenkt, daß sich inhaltlich gliedernde Abschnitte im Umfang von plus/minus 30 Versen bereits in den Büchern I-IV finden und daß es auch in den Büchern Vff. inhaltlich gliedernde Abschnitte gibt, die nicht genau in das Dreißiger-Schema passen, dann dürfte es ziemlich wahrscheinlich sein, daß die strenge Durchführung der Dreißiger-Gliederung das Werk eines Redaktors war, der den Text nachträglich redigiert hat. Auf jeden Fall hängt die Dreißiger-Gliederung mit der schriftlichen Einrichtung des Textes zusammen.

Es ist nicht unwahrscheinlich, daß dieser Redaktor sich dabei von der Beobachtung leiten ließ, daß die inhaltliche Gliederung des Textes an zahlreichen Stellen Dreißiger-Abschnitte bildet. Es kann kein Zufall sein, daß die ›Selbstverteidigung‹ (zwischen Buch II und III) genau 60 Verse lang ist (114,5-116,4) und daß der Epilog zu Buch VI 30 Verse zählt (337,1-30), ebenso wie der Epilog am Schluß (827,1-30). Dabei muß unentschieden bleiben, ob Wolfram tatsächlich eine ›Dreißiger-Marotte‹ hatte oder ob sehr früh ein Redaktor so stark in den Text eingegriffen hat, daß auch die inhaltliche Klein-Gliederung dem Dreißiger-Schema angeglichen wurde.

4.4 Zeit und Raum

Die zeitliche und räumliche Gliederung der Handlung bildet im
›Parzival‹ ein wichtiges Kompositions-Element und trägt zugleich
dazu bei, den ›Sinn‹ des Erzählten zu erschließen.

Zeit. Zeit stellt sich im ›Parzival‹ als Lebenszeit dar, die in der Abfolge
von fünf Generationen vorgeführt wird, von Gandin, Gahmurets
Vater, bis zu seinen Ururenkeln in Brabant, Loherangrins Kindern.
Die Informationen über die Familiengeschichte, die im Verlauf
der Erzählung gegeben werden, erlauben es, die Generationenfolge
noch weiter zurückzuverfolgen, bis zu den Stammvätern Titurel und
Mazadan.

Mit besonderer Sorgfalt ist der zeitliche Ablauf der Parzival-Hand-
lung zwischen dem ersten und dem zweiten Besuch auf Munsalvaesche
gestaltet. Die Aufdeckung dieser Zeitgestaltung und die Erkenntnis,
daß Zeit in Wolframs Dichtung ein bewußt eingesetztes Strukturie-
rungsmittel ist, verdanken wir Hermann J. Weigand.

> *Hermann J. Weigand,* Die epischen Zeitverhältnisse in den Graldichtungen
> Chrestiens und Ws, PMLA 54, 1938, S. 917-950. – *Arthur B. Groos,*
> Time Reference and the Liturgical Calendar in WvE's Parzival, DVjs 49,
> 1975, S. 43-65. – *Harald Haferland,* Parzivals Pfingsten. Heilsgeschichte
> im Parzival WsvE, Euph. 88, 1994, S. 263-301. – *Alfred Büchler,* Psalter
> und Zeitrechnung in Ws Parzival, ABäG 50, 1998, S. 95-109. – *Danièle
> James-Raoul,* D'une météorologie à l'autre: le temps qu'il fait du Conte
> du Graal de Chrétien de Troyes au Parzival de WvE, in: Le temps qu'il
> fait au moyen âge. Phénomènes atmosphériques dans la littérature, la
> pensée scientifique et religieuse, éd. J. Ducos et C. Thomasset, Paris 1998,
> S. 209-230. – *Dieter Lohr,* Die Erlebnisgeschichte der ›Zeit‹ in literarischen
> Texten. Analyse von Temporalstrukturen, Diss. Konstanz 1999 (›Parzival‹:
> S. 4-64). – *Dieter Kartschoke,* Erzählte Zeit in Versepen und Prosaromanen
> des Mittelalters und der frühen Neuzeit, Zs. f. Germanistik 10, 2000,
> S. 477-492 (›Parzival: S. 486-489).

Neu ist bei Wolfram gegenüber dem ›Conte du Graal‹ die Synchroni-
sierung der Parzival- und der Gawan-Handlung. Bei Chrétien schließt
die zweite Gauvain-Partie zeitlich unmittelbar an die erste an, während
die dazwischengeschobene Einkehr Percevals bei dem Einsiedler vier
Jahre später spielt. Bei Wolfram klafft zwischen der ersten und der
zweiten Gawan-Partie eine Zeitlücke von mehr als vier Jahren, wie
in der Parzival-Handlung zwischen dem 6. und dem 9. Buch. Die
Gawan-Handlung der Bücher X-XIII läuft zeitlich parallel zur Parzival-
Handlung des 9. Buchs und der Wochen danach. Auf diese Weise wird

es möglich, daß Parzival und Gawan bei Joflanze zusammentreffen, wozu die französische Vorlage keine Anregung bot.

Zeit ist im ›Parzival‹ nicht nur im Ablauf der Handlung erfahrbar; Zeit wird auch zum Gegenstand der Erzählung gemacht. Trevrizent im 9. Buch und die Königin Ginover im 13. Buch rechnen nach, wieviel Zeit seit den Ereignissen vergangen ist, von denen im 5. beziehungsweise im 6. Buch erzählt wird. Trevrizent benutzt dafür einen Psalter, der wahrscheinlich ein Kalendarium enthielt. Er führt dem Neffen vor Augen, daß Zeit für den Christen Heilszeit ist, die sich nach den großen Kirchenfesten gliedert. Parzival hat jahrelang keine Kirche besucht und hat infolgedessen kein Zeitbewußtsein mehr. Durch seine religiöse Belehrung holt Trevrizent ihn sozusagen in die Zeit zurück. Daß Parzivals Erweckung am Karfreitag stattfindet, weist auf die heilsgeschichtliche Dimension der Parzivalgeschichte hin.

Trevrizent macht noch auf einen weiteren Aspekt der Zeit aufmerksam: Zeit ist im ›Parzival‹ auch kosmische Zeit, Sternenzeit, die vom Umlauf der Planeten bestimmt wird. Dieser Aspekt ist besonders für die Gralhandlung wichtig. Die erste Kunde vom Gral stammt von dem heidnischen Astronomen Flegetanis, der den Namen des Grals in den Sternen las (vgl. S. 89). Von Trevrizent erfährt Parzival, daß der Tag, als er zum ersten Mal nach Munsalvaesche kam, der Tag einer seltenen Planetenkonstellation war. So wird deutlich, daß Zeitbewußtsein zur Erkenntnis von Zusammenhängen befähigt, zur Enträtselung verborgener Bedeutungen. Aus Trevrizents Ausführungen ergibt sich weiter, daß Zeit unter verschiedenen Perspektiven gesehen werden kann: als Lebenszeit, als Heilszeit, als kosmische Zeit.

Raum. Auch der Raum ist im ›Parzival‹ ein Mittel, um Zusammenhänge und Sinn erkennbar zu machen. Bei Chrétien bleibt die räumliche Zuordnung der verschiedenen Handlungsorte meistens in märchenhafter Unbestimmtheit. Wolfram hat diese Unbestimmtheit in bezug auf die Lokalisierung der Gralburg und des Gralreichs übernommen. Der übrige Handlungsraum ist durch eine Fülle realer Orts- und Ländernamen so strukturiert, daß er die ganze Welt umfaßt, die aus drei Kontinenten, *Eurôpâ*, *Asiâ* und *Affricâ*, besteht. Am bedeutungsvollsten ist die Ausweitung der Handlung nach Asien, durch die Geschichte von Gahmuret und Feirefiz und durch die Verknüpfung des Grals mit dem Orient. Die Geographie von Asien ist durch reale Ländernamen (*Arâbîe*, *Persiâ*, *Sûrîn* [= Syrien], *Indîâ*), Städtenamen (*Babilôn*, *Baldac* [= Bagdad], *Dâmasc*, *Hâlap* [= Aleppo], *Ninivê*) und Flußnamen (*Eufrâtes*, *Tigris*, *Ganjas* [= Ganges]) überschaubar gemacht. Noch genauer ist die geographische Gliederung Europas. Fast alle

europäischen Länder werden im ›Parzival‹ genannt, von *Tenemarke,*
Norwaege, Engellant, Schotten, Yrlant und *Gruonlant* im Norden und
Nordwesten bis nach *Portegâl, Spâne* und *Kriechen* im Süden. Besonders
zahlreich sind die Städte- und Landschaftsnamen aus Frankreich und
Nordspanien. Deutschland spielt eine geringere Rolle (wenn man von
den Lokalnamen in den zeitgeschichtlichen Anspielungen absieht).
Im ganzen gibt es über hundert verifizierbare geographische Namen
im ›Parzival‹ (gegenüber zwölf im ›Conte du Graal‹).

Die Stationen der Parzival- und der Gawan-Handlung bleiben
geographisch unbestimmt: wo Soltane liegt, ist genauso unklar wie die
Geographie von Brobarz, Belrapeire, Plimizoel, Bearosche, Schampfan-
zun, Logroys und Joflanze. Nur durch die räumliche Bewegung der
beiden Helden sind die Handlungsorte miteinander verbunden.

> *Marianne Wynn*: Geography of Fact and Fiction in WvE's Parzival, MLR
> 56, 1961, S. 28-43. – *Dies.*, Scenery and Chivalrous Journeys in W's
> Parzival, Speculum 36, 1961, S. 393-423; beide Aufsätze sind wieder-
> gedruckt in: *M. Wynn*, W's Parzival, On the Genesis of Its Poetry [vgl.
> S. 203], S. 84-159.

Wie die Zeit hat auch der Raum in der Parzival-Handlung eine andere
Bedeutung als in der Gawan-Handlung. Gawan bewegt sich auf geraden
Wegen und erreicht immer seine Ziele. Für Parzival dagegen wird der
Raum zum Problem. Er verliert die räumliche Orientierung genauso
wie die zeitliche. Er reitet durch Wildnisse und weiß nie, wo er ist.
Erst als Gralkönig kann er sich wieder gezielt im Raum bewegen.

Parzivals räumlicher Weg hat eine signifikante Struktur: nach dem
Versagen in Munsalvaesche gelangt Parzival immer wieder an Orte
zurück, an denen er schon vorher war. Zweimal führt ihn sein Weg
zu Sigunes Klause, zweimal kommt er zum Plimizoel, dreimal betritt
er Trevrizents Einsiedelei, zweimal gelangt er nach Munsalvaesche. In
dieser räumlichen Bewegung spiegelt sich die innere Bewegung des
Helden, der auf dem Weg zurück zu seiner Mutter, zu seinem müt-
terlichen Erbe, zu sich selbst ist. So wird der Raum zum Bedeutungs-
träger. Die Rückkehr zu denselben Orten enthält auch ein zeitliches
Element, insofern an eine frühere Situation erinnert wird. Raum und
Zeit verbinden sich zum Erinnerungsraum. Das ist am deutlichsten in
den beiden Szenen am Plimizoel. Bereits die erste Szene dort, im 6.
Buch, ist eine Erinnerungsszene: beim Anblick der drei Blutstropfen
gedenkt Parzival seiner geliebten Frau mit solcher Intensität, daß sie
im Schneebild präsent wird. Die zweite Szene, im 16. Buch, ist voller
Anspielungen auf die erste, die fast fünf Jahre zurückliegt.

5. Poetik

Vereinfachend kann man vielleicht sagen, daß die Forschung sich auf
drei verschiedenen Wegen bemüht hat, die Poetik der Parzivaldichtung
genauer zu erfassen.

- Durch die Anknüpfung an das sogenannte Strukturmodell des
  Artusromans und die Beschreibung seiner Veränderung in Wolframs
  Werk. Es war das Verdienst von Walter Haug, diesen Gesichtspunkt
  in den Mittelpunkt gerückt zu haben.
- Durch eine genauere Analyse der poetologischen Selbstaussagen
  im Prolog und in verschiedenen Erzählerreden, die sich über die
  ganze Dichtung verteilen.
- Durch eine Untersuchung von Eigenheiten des Erzählstils, besonders
  der Beobachtung, daß die Bedeutung des Erzählten im ›Parzival‹
  erst nachträglich erhellt wird, indem der Erzähler den Blick noch
  einmal auf früher Erzähltes zurücklenkt und das Geschehen aus
  einer anderen Perspektive betrachtet.

Heute scheint es in der Forschungs-Diskussion in erster Linie um ein
besseres Verständnis des zweiten und des dritten Punkts zu gehen.

Walter Haug, Die Symbolstruktur des höfischen Epos und ihre Auflösung
bei WvE, DVjs 45, 1971, S. 483-512. – *Marianne Wynn*, W's Parzival. On
the Genesis of Its Poetry, 1984. – *Bernd Schirok*, Swer mit disen schanzen
allen kan, an dem hât witze wol getân. Zu den poetologischen Passagen
in Ws Parzival, in: Architectura poetica. FS für Johannes Rathofer, 1990,
S. 119-145. – *Walter Haug*, Literaturtheorie im deutschen Mittelalter.
Von den Anfängen bis zum Ende des 13. Jahrhunderts, [2]1992 (»Das
literaturtheoretische Konzept WsvE im Parzival-Prolog, im Bogengleichnis
und in der sog. Selbstverteidigung«: S. 155-178)). – *Ders.*, Ein Dichter
wehrt sich. Ws Prolog zu den Gawan-Büchern, W-St. 12, 1992, S. 214-
229. – *Thomas Rausch*, Die Destruktion der Fiktion: Beobachtungen zu
den poetologischen Passagen in WvEs Parzival, ZfdPh. 119, 2000, S. 46-
74. – *Hannes Kästner* und *Bernd Schirok*, Ine kan decheinen buochstap.
Dâ nement genuoge ir urhap. WvE und ›die Bücher‹, in: Als das wissend
die meister wol. FS für Walter Blank, 2000, S. 61-152. – *Fritz P. Knapp*,
Subjektivität des Erzählers und Fiktionalität der Erzählung bei WvE und
anderen Autoren des 12. und 13.Jhs., W-St. 17, 2002, S. 10-29. – *Dennis
H. Green*, Fiktionalität und weiße Flecken in Ws Parzival, W-St. 17,
2002, S. 30-45. – *Bernd Schirok*, Von ›zusammengereihten Sprüchen‹ zum
›literaturtheoretische[n] Konzept‹. Ws Programm im Parzival: die späte
Entdeckung, die Umsetzung und die Konsequenzen für die Interpretation,
W-St. 17, 2002, S. 63-94.

5.1 Der Prolog

Der Prolog entwickelt kein zusammenhängendes poetologisches Programm. Er enthält eine Reihe von Aussagen, von denen nicht sicher ist, ob sie sich auf die eigene Dichtung beziehen (vgl. die auf S. 41 genannte Literatur).

Große Probleme macht gleich das erste Wort *zwîvel* (vgl. S. 41). Strittig ist auch, ob das anschließende ›Elsterngleichnis‹ (1,3ff.) auf die Personendarstellung im ›Parzival‹ zu beziehen ist oder nicht. Bejaht man diese Frage, so könnte mit dem *parrierten* Menschen, der gleichzeitig Lob und Tadel verdient, nicht nur Feirefiz gemeint sein, der tatsächlich wie eine Elster aussieht, sondern das Wort *parrieret* könnte für alle Figuren der Dichtung gelten, für Parzival und Gawan ebenso wie für Herzeloyde und Trevrizent: sie alle haben irgendwo einen ›Sprung‹, einen Widerspruch, der sich für die Hörer und Leser nicht ohne weiteres auflöst.

Auf die ganze Dichtung kann auch das übertragen werden, was der Prolog-Sprecher über das Verständnis des ›Elsterngleichnisses‹ sagt: »Es ist den langsam Denkenden viel zu schnell« (*diz vliegende bîspel ist tumben liuten gar ze snel* 1,16); es entzieht sich ihnen hakenschlagend (*ez kan vor in wenken* 1,18), »wie ein aufgescheuchter Hase« (*alsam ein schellec hase* 1,19). Das scheint für die ganze Erzählung zu gelten: sie kann Haken schlagen (*wenken*) und entweicht so dem nacheilenden Verständnis der »Dummen«. Dem *wîsen man* (2,5) dagegen erschließt sich die Bedeutung der Erzählung, wenn er seine »Beisteuer« (*stiure* 2,7) dazu leistet (zur Bedeutung von *stiure* vgl. S. 42f.). Die Schwierigkeit liegt darin, daß die Erzählung sich in verschiedene Richtungen bewegt: »Mal flieht sie, mal stürmt sie nach vorn, sie zieht sich zurück, sie kehrt sich um« (*beidiu si* [= *diu maere*] *vliehent unde jagent, si entwîchent unde kêrent* 2,10-11, Übs. P. Knecht). Die Erzählung bewegt sich nicht gradlinig, sondern in Winkeln und Bögen, bald in die eine, bald in die andere Richtung. Das hakenschlagende Erzählen arbeitet mit unerwarteten Wendungen, Widersprüchen, Disproportionen. Die unruhige Bewegung erschwert das Verständnis. Die vom Zuhörer erwartete Beisteuer besteht offenbar in der Bereitschaft (und Fähigkeit), die Sprünge der Erzählung als Gedankensprünge mitzuvollziehen: »Wer sich auf dieses ganze Wechselspiel versteht, der ist mit Verstand gesegnet« (*swer mit disen schanzen allen kan, an dem hât witze wol getân* 2,13-14).

5.2 Die poetologischen Aussagen des Erzählers

Die Aussagen über die eigene Dichtung und das eigene Erzählverfahren verteilen sich über die ganze Dichtung und sind dadurch gekennzeichnet, daß sie sich der Begrifflichkeit der zeitgenössischen Poetik verweigern und das, was sie sagen wollen, in bildhafte Reden kleiden, deren Sinn sich nicht einfach erschließt.

Die ›Selbstverteidigung‹. In der ›Selbstverteidigung‹ (vgl. S. 53f.) geht der Erzähler auf die Frage ein, ob man die Gunst der Damen eher durch Rittertaten oder eher durch literarische Leistungen erlangen könne. Er bekennt sich als Ritter (*schildes ambet ist mîn art* 115,11) und wehrt sich dagegen, daß man seine Dichtung »für ein Buch halten« könnte (115,26): »Diese Erzählung bewegt sich ohne die Hilfe von Büchern« (*disiu âventiure vert âne der buoche stiure* 115,29-30). Das Programm eines Dichtens ohne Bücher wendet sich offenbar gegen die bildungsbewußten Dichter, die sich ihres Bücherwissens gerühmt haben (»das ist für viele die Grundlage«, *dâ nement genuoge ir urhap* 115,28) (vgl. S. 359f.). Was der Dichter aus Büchern lernen konnte, waren die Regeln der Poetik und Rhetorik, die Ausgewogenheit und Ebenmäßigkeit des Ausdrucks verlangten. Das sprunghafte Erzählen im ›Parzival‹, von dem im Prolog die Rede war, kann als ein Gegenprogramm zur Stillehre der Schul-Poetik verstanden werden (vgl. die auf S. 203 genannte Literatur).

Das Bogengleichnis. Das Bogengleichnis im 5. Buch (241,8ff.) scheint den Prolog-Aussagen zu widersprechen. Jetzt bekennt sich der Erzähler zum »geraden« Erzählen: seine Geschichte gleiche der gespannten Sehne und nicht dem krummen Bogen: *ich sage die senewen âne bogen* (241,8). Die Sehne stehe gleichnishaft für »ebenmäßiges Erzählen«: *diu senewe gelîchet maeren sleht* (241,13). Wenn man jedoch mit dem Bogen schießen wolle, müsse man die gerade Sehne »zum Winkel anziehen« (*zer biuge erdenen* 241,19). Dann ist die Sehne nicht mehr gerade, sondern hat dieselbe Form wie der Fluchtweg des verschreckten Hasen im Prolog. Plötzlich ist die erzählte Geschichte nicht mehr die Sehne, sondern der Pfeil, den der Erzähler den Zuhörern zuschießt. Das Bogengleichnis hat offenbar einen logischen Knick, gleicht darin dem springenden Erzählen. Das bezeugen auch die vielfachen interpretatorischen Bemühungen, dem Textstück mit den Mitteln der herkömmlichen Logik gerecht zu werden. Unbestritten ist, daß der Erzähler hier die Eigenart seines Erzählstils mit Hilfe der Begriffe »krumm« und »gerade« ausdrückt.

Offenbar lassen diese Begriffe sich nicht eindeutig fassen: was gerade
aussieht, kann auch krumm sein, und umgekehrt. Das Neue ist die
poetologische Bedeutung des Wortes »krumm«. Was der Rhetorik als
Verstoß gegen die Regeln gilt, wird bei Wolfram zum Kennwort für
ein anders strukturiertes Erzählen. Im ›Willehalm‹ spricht Wolfram
später von seinem »krummen Deutsch« (vgl. S. 360).

> *Arthur B. Groos*, WvE's ›Bow Metaphor‹ and the Narrative Technique
> of Parzival, MLN 86, 1972, S. 391-408. – *Hans-Jörg Spitz*, Wolframs
> Bogengleichnis: ein typologisches Signal, in: Verbum et signum. Beiträge
> zur mediävistischen Bedeutungsforschung, hrsg. von H. Fromm (u.a.),
> München 1975, Bd. 2, S. 247-276. – *Bernd Schirok*, Diu senewe ist ein
> bîspel. Zu Ws Bogengleichnis, ZfdA 115, 1986, S. 21-36. – *Peter Kern*,
> Ich sage die senewen âne bogen. Zur Reflexion über die Erzählweise im
> Parzival, W-St. 17, 2002, S. 46-62.

Der Prolog zum 7. Buch. Den Anfang der Gawan-Erzählung im 7.
Buch hat der Erzähler durch einen Prolog markiert (338,1-30). Darin
rechtfertigt er das Verfahren, anstelle seines Helden Parzival (*des maeres
hêrren Parzivâl* 338,7) für »eine Weile« (*ein wîl* 338,2) eine andere
Figur, eben Gawan, in den Vordergrund treten zu lassen. Auf diese
Weise werde es vermieden, alles Lob auf eine Gestalt zu sammeln; und
es werde möglich, neben dem Helden eine Vielzahl anderer (*manegen*
338,5) episch hervortreten zu lassen. Das zielt offenbar nicht nur auf
die Partien, in denen Gahmuret und später Gawan im Vordergrund
stehen, sondern darauf, daß im ›Parzival‹ in ungewöhnlicher Weise die
Hintergrundhandlung an vielen Stellen so stark ausgearbeitet ist, daß
sie ein eigenes episches Gewicht besitzt. Daß Wolfram für diese Art,
das Lob auf mehrere Personen zu verteilen, eine eigene »Wahrheit«
des Erzählens in Anspruch nimmt (*lop mit wârheit* 338,12), braucht
nicht zu überraschen. Weniger einleuchtend ist es, daß er Erzäh-
lungen, die anders verfahren, als Lügengeschichten hinstellt (*valsch
lügelîch ein maere* 338,17). Vielleicht geht es hier weniger um eine
stringente Argumentation als um das Bild von der Lügengeschichte,
die als Person im Schnee steht und der der Mund zufriert, so daß
sie ihre Lügen nicht verbreiten kann (338,18ff.). Manche Formu-
lierungen in dieser Passage sind so merkwürdig, daß man vermuten
möchte, daß noch etwas anderes gemeint sei, als was der Wortlaut
besagt. Walter Haug hat zuletzt die These vertreten, daß Wolfram
hier auf die Vorwürfe Gottfrieds von Straßburg im Literatur-Exkurs
des ›Tristan‹ antworte.

> *Gisela Zimmermann*, Kommentar zum VII. Buch von WvEs Parzival, 1974,
> S. 22ff. – *Walter Haug*, Ein Dichter wehrt sich. Ws Prolog zu den Gawan-

Büchern, W.-St. 12, 1992, S. 214-229. – *Cornelia Schu*, Vom erzählten
Abenteuer zum Abenteuer des Erzählens (vgl. S. 265), S. 159ff.

Das Aventiure-Gespräch. Im Gespräch mit Frau Aventiure am Anfang
des 9. Buchs wird die Erzählung selbst zum Gegenstand der Erzäh-
lung. Sie tritt in Gestalt der »Frau Aventiure« (*frou âventiure* 433,7)
auf, die beim Erzähler anklopft und ihm neue Kunde von Parzival
mitbringt. Dabei wird der Erzähler zum Zuhörer. Die Allegorie der
Frau Aventiure lädt dazu ein, über das Verhältnis von Erzählung,
Erzähler und Zuhörer nachzudenken. Zugleich wird das Bewußtsein
dafür geschärft, daß die erzählte Geschichte nicht nur aus einem
Handlungsablauf besteht, sondern daß es in der Dichtung noch eine
zweite Kommunikationsebene gibt, auf der der Erzähler zu seinen
Zuhörern von sich und seinen Erfahrungen spricht.

5.3 Literarische Anspielungen

Anspielungen auf zeitgenössische Autoren und deren literarische
Werke (vgl. S. 10ff.) dienen der Positionierung der eigenen Dichtung.
Besonders interessant für das Selbstverständnis des ›Parzival‹-Erzählers
sind die Aussagen zur Gattungstradition des höfischen Romans, für
die die Namen Veldeke und Hartmann stehen.

– Heinrich Veldeke wird im ›Parzival‹ für die Kunstfertigkeit seiner
  Liebesdarstellung gerühmt: er habe vorbildlich geschildert, wie
  Liebe entsteht und sich entfaltet; im ›Parzival‹ gehe es jedoch
  darum, wie Liebe bewahrt werden kann (vgl. S. 164).
– Hartmann von Aue wird als Autorität in Fragen der Artus-Thematik
  angesprochen (143,21ff.): seiner Fürsprache beim König möchte
  der ›Parzival‹-Erzähler seinen *tumben* Helden Parzival anvertrau-
  en, als der zum ersten Mal an den Artushof kommt. Hartmanns
  Frauengestalten, Enite (143,29ff) und Lunete (253,10ff.; 436,5ff.),
  werden jedoch mit deutlicher Kritik zitiert.
– Die Beziehungen des ›Parzival‹ zum ›Tristan‹ Gottfrieds von
  Straßburg hat die Forschung lange beschäftigt. Früher hat man
  angenommen, daß es zwischen Wolfram und Gottfried eine
  literarische ›Fehde‹ gegeben habe, deren Spuren überall in den
  Werken Wolframs und Gottfrieds zu finden seien. Die ›Fehde-
  forschung‹ ist weit über das Ziel hinausgeschossen. Heute findet
  die kritische Haltung von Frederick Norman die meiste Zustim-
  mung (*Frederick Norman*, Meinung und Gegenmeinung: die lite-
  rarische Fehde zwischen Gottfried von Straßburg und WvE, in:

Miscellanea di studi in onore di Bonaventura Tecchi, 1969, S. 67-86).

Nur wenige Forscher gehen allerdings so weit wie Peter F. Ganz, der bezweifelt hat, daß es überhaupt eine literarische Beziehung zwischen den beiden Dichtern gab (*Peter F. Ganz*, Polemisiert Gottfried gegen W? (Zu Tristan Z. 4638f.), Beitr. 88, 1967, S. 68-85).

Im Mittelpunkt der Diskussion steht noch heute die Frage, wer die *vindaere wilder maere* (Tristan 4663) sind, gegen die Gottfried im Literaturexkurs seines ›Tristan‹ polemisiert. Die Kunst dieser *vindaere*, die Hartmann von Aue die Dichterkrone streitig machen wollen, besteht nach Gottfrieds Urteil nur aus Blendwerk und Betrug. Dafür, daß dies gegen Wolfram gerichtet war, spricht zweierlei: 1. Wer außer Wolfram sollte sonst in dieser Zeit im Urteil des höfischen Publikums mit Hartmann um den Rang des größten Epikers konkurriert haben? 2. Was Gottfried über die *vindaere wilder maere* sagt, kann als eine (polemisch überzogene) Charakterisierung von Wolframs Stil gelesen werden, wenn man seinen Stil aus der Perspektive der lateinisch gebildeten Dichter betrachtet, die dem rhetorischen Ideal der *perspicuitas* verpflichtet waren und denen der sprunghafte Stil Wolframs als das Gegenteil von dem erscheinen konnte, was sie zu verwirklichen versuchten.

> *Eberhard Nellmann*, W und Kyot als vindaere wilder maere. Überlegungen zu Tristan 4619-88 und Parzival 453,1-7, ZfdA 117, 1988, S. 31-67. – *Sigrid Müller-Kleimann*, Gottfrieds Urteil über den zeitgenössischen deutschen Roman. Ein Kommentar zu den Tristanversen 4619-4748, 1990. – *Werner Hoffmann*, Die vindaere wilder maere, Euph. 89, 1995, S. 129-150.

Es ist nicht gelungen, glaubhaft zu machen, daß Anspielungen auf Gottfried von Straßburg bereits im ›Parzival‹ zu finden sind. Alles, was dort gegen die Buchgelehrtheit vorgebracht wird, läßt sich auf Heinrich von Veldeke und Hartmann von Aue beziehen, die beide im ›Parzival‹ namentlich genannt sind. Dagegen ist es nicht unwahrscheinlich, daß eine Bemerkung im (später verfaßten) ›Willehalm‹-Prolog – seine Parzivaldichtung sei zum Teil mit Lob, zum Teil mit Tadel aufgenommen worden (4,19ff.) – eine Antwort auch auf Gottfrieds Literaturexkurs darstellt.

– In ganz anderen Zusammenhängen werden im ›Parzival‹ das ›Nibelungenlied‹ und die politische Spruchdichtung Walthers von der Vogelweide genannt, beide in Verbindung mit einer komisch akzentuierten Hofkritik. Einmal ist es der Herzog Liddamus im 8. Buch, der sich selbst zur lächerlichen Figur macht, indem er sich mit dem Küchenmeister Rumolt im ›Nibelungenlied‹ vergleicht, der die Burgunderkönige durch die Aussicht auf leckere Speisen bewegen wollte, auf die gefährliche Fahrt ins Hunnenland zu verzichten (420,26ff.).

– Eine lächerliche Gestalt ist auch der Truchseß Keie, dessen Miß-
geschick in der Blutstropfen-Episode dem Erzähler Anlaß gibt zu
einem kritischen Seitenblick auf das laute Treiben am Thüringer
Hof und auf die Kritik, die Walther von der Vogelweide daran
geübt hat (vgl. S. 14).

5.4 Zur Genealogie der Parzivaldichtung

In der höfischen Epik war es üblich, die literarischen Vorlagen zu
benennen. Wolfram nimmt auch in diesem Punkt eine Sonderstellung
ein. Er hat seine Vorlage, Chrétiens ›Conte du Graal‹, zwar nicht
verschwiegen, aber er hat behauptet, Chrétien habe die Geschichte
falsch erzählt (*von Troys meister Cristjân disem maere hât unreht getân*
827,1-2). Gleichzeitig hat er so phantastische Angaben über seine
angeblichen Quellen gemacht, daß diese Angaben fast einhellig für
Fiktion gehalten werden (vgl. S. 245). Unabhängig von ihrem Wahr-
heitsgehalt sind die Aussagen jedoch für die Poetik der Parzivaldich-
tung von Bedeutung, weil sie erkennen lassen, in welchen Zusam-
menhängen der Dichter beziehungsweise der Erzähler sein Werk
gesehen wissen wollte.

Der Erzähler versichert an mehreren Stellen, daß seine Geschichte
einem provenzalischen *meister* namens Kyot wörtlich nacherzählt sei
(*ich sage iu als Kyôt las* 431,2). Kyot habe die Geschichte von Parzival
»bis zum Ende« (*endehaft* 827,5), bis zu Parzivals Berufung zum Gral,
erzählt. Das Interessante an dieser ›Kyot-Fiktion‹ sind die Angaben
über die angeblichen Vorlagen, die Kyot für seine Parzivaldichtung
benutzt haben soll (453,11ff.): eine astronomische Schrift über den
Gral in arabischer (›heidnischer‹) Sprache, die der heidnisch-jüdische
Naturforscher Flegetanis vor langer Zeit abgefaßt habe; und eine
lateinische Landeschronik aus Anjou, in der die Geschichte der bei-
den Familien, die von Mazadan und von Titurel abstammen, aufge-
zeichnet gewesen sei (vgl. S. 89). Wie aus arabischer Sternkunde und
lateinischer Chronistik eine Geschichte von Parzival werden konnte,
sagt der ›Parzival‹-Erzähler nicht. Offensichtlich hatte er jedoch ein
Interesse daran, den Artusroman nicht nur durch die Berufung auf
die Tradition, die sich in Deutschland mit den Namen Heinrich von
Veldeke und Hartmann von Aue verband, zu legitimieren, sondern
für seine eigene Dichtung auch ein historisch-wissenschaftliches
Fundament (*dirre âventiure gestifte* 453,14) glaubhaft zu machen,
indem er sie mit Werken der Naturwissenschaft und er Geschichts-
schreibung verband.

5.5 Das *parrierte maere*

In der Blutstropfenszene spricht der Erzähler davon, wie überraschend es ist, daß in einem Artusroman Schnee fällt: »Diese Geschichte ist hier aus ganz Verschiedenartigem zusammengesetzt: sie vermischt sich mit Schnee« (*diz maere ist hie vast undersniten, ez parriert sich mit snêwes siten* 281,21-22). Das Wort *parrieren* (»zusammensetzen«, »vermischen«) ist ein Terminus der höfischen Kleidersprache (ein *parriertez* Gewand ist aus verschiedenen Stoffen oder aus verschiedenfarbenem Material zusammengesetzt). Wolfram hat *parrieren* zu einem poetologischen Begriff gemacht. Es steht für eine Technik, die sich in der Szenengestaltung ebenso nachweisen läßt wie in der Figurenzeichnung. Immer wieder begegnen bei Wolfram Konstellationen, in denen Gegensätzliches und scheinbar Unvereinbares sich miteinander verbinden, was auf die Zuhörer überraschend, schockierend komisch oder irritierend gewirkt haben dürfte. Auch Wolframs Bildersprache lebt davon, daß die Bilder entweder nicht zu dem passen, was sie ins Bild setzen sollen oder daß auf der Bildebene nicht Zusammenpassendes zusammengestellt ist (vgl. S. 223). Eine andere Form des *parrierens* ist es, wenn der Erzähler die Erzählung immer wieder unterbricht und Zwischenstücke einschiebt, die mit der erzählten Handlung nur in lockerem, manchmal in gar keinem Zusammenhang stehen (vgl. S. 218).

Das Zusammenbinden von Nicht-Zusammenpassendem zu einer Einheit ist eine Denkfigur, die auch in der frühscholastischen Anthropologie begegnet und dort als »Zusammenhang nicht zusammenhängender Dinge« (*cohaerentia rerum discohaerentium*) bezeichnet wird.

> *Bernhard von Clairvaux*, In dedicatione ecclesiae 5,7, in: *J.-P. Migne* (Hg.), Patrologia Latina, Bd. 183, Paris 1854, Sp. 533. Vgl. *Wilhelm Hiss*, Die Anthropologie Bernhards von Clairvaux, Diss. Köln 1964, S. 42.

Das setzt eine Kraft voraus, die die Fähigkeit besitzt, Nicht-Zusammengehörendes zusammenzufügen: eine *vis unionis*. Für die Theologen besitzt Gott diese Kraft, wenn er zum Beispiel Körper und Seele im Menschen zusammenbindet. Auf der Ebene des künstlerischen Gestaltens ist es der Dichter, der das Gegensätzliche zusammenfügt.

5.6 Verknüpfungsstrategien.
Die nachträgliche Enthüllung von Bedeutung

Das auffälligste Strukturierungsmittel im ›Parzival‹ ist eine Verknüpfungstechnik, die man schon bei Chrétien angelegt findet. Indem eine Einzelheit der Handlung (ein Name, eine Person, ein Ort, ein Motiv, eine Szene oder ein Wort) mit einer anderen Einzelheit in Verbindung gebracht wird, entsteht ein Zusammenhang, der eine Bedeutung hat. Wolframs Dichtung ist von einem dichten Geflecht solcher Verbindungsfäden überzogen.

Die Teilnehmer am Turnier vor Kanvoleiz (vgl. S. 49f.). Vor Kanvoleiz trifft Gahmuret im 2. Buch seinen Vetter Kaylet, dem er bereits im Orient begegnet war. So wird der Kampf vor Kanvoleis mit dem Kampf vor Patelamunt verbunden. Auch Utepandragun nimmt an dem Turnier teil. Sein Name war ebenfalls bereits im 1. Buch vorgekommen: in Gahmurets Abschiedsbrief an Belakane. Utepandragun ist zusammen mit seinem Schwiegersohn, König Lot von Norwegen, in Kanvoleiz. Hier treffen sich also, wie man später begreift, die Väter von Parzival und Gawan. Auch Gawan ist dort: sein Name wird hier zum ersten Mal genannt (66,15). Der Name Parzival ist bereits im 1. Buch gefallen (39,26), im Zusammenhang mit den Namen von Gawans Vater Lot und Gawans Bruder Beacurs. Im 6. Buch treten Gawan und Beacurs zusammen auf.

Vor Kanvoleiz treten auch Personen zum ersten Mal auf, die später an der Handlung beteiligt sind: Gurnemanz, Parzivals Lehrer, und König Brandelidelin, der Onkel von Gramoflanz. Lähelin, der Bruder von Orilus und Cunneware, hat vor Kanvoleiz seinen einzigen Auftritt in der Dichtung. Von anderen Turnierteilnehmern wird später berichtet, daß sie inzwischen gestorben sind: König Cidegast von Logroys, Orgeluses erster Mann, und der König von Ascalun, der Vater von Vergulaht und Antikonie.

Es gibt auch Teilnehmer, deren Namen literarische Anspielungen auf andere höfische Epen enthalten. Auf Gahmurets Seite kämpfen König Lac, Erecs Vater, und Riwalin, Tristans Vater, während Morolt von Irland, Tristans Gegner, zur Gegenpartei gehört.

Die Gralbotin Kundrie. Kundrie enthüllt bei ihrem ersten Auftritt am Artushof, daß Parzival Gahmurets Sohn ist (317,11ff.) und macht dadurch Parzivals Verwandtschaft mit König Artus bekannt. Durch die Nennung des Namens Feirefiz (317,4) verbindet sie Parzival mit der Vorgeschichte: er erfährt zum ersten Mal, daß er einen heidnischen Halbbruder hat (was ihm die Heidin Janfuse genauer erläutert: 328,3ff.). Kundrie ist auch die erste, die den Namen Schastel marveile ausspricht (318,19): damit weist sie auf Gawans Hauptabenteuer voraus und verbindet die Artus-Szene des 6. Buchs zugleich zurück mit der ersten Anspielung auf die Entführung von Artus' Mutter im 2. Buch (66,4ff.). Kundrie versorgt auch die eingemauerte Sigune mit Nahrung: dadurch wird Sigunes Klause mit Munsalvaesche verbunden. Kundrie ist es auch, die der alten Königin Arnive in Schastel marveile Salben und Medizin zukommen läßt: auf diese Weise werden Munsalvaesche und Schastel marveile in einen Handlungszusammenhang gebracht. Die Nachricht, daß Kundrie von der indischen Königin Secundille zu Anfortas geschickt worden ist (519,2ff.), verbindet Anfortas und den Gral mit dem Orient, mit Indien. Daß Kundrie einen Bruder hat, Malcreatiure, der in Orgeluses Dienst steht, verbindet die Parzival-Handlung mit der Gawan-Handlung. Bei ihrem letzten Auftritt nennt Kundrie die sieben Planetennamen auf arabisch (782,1ff.) und schlägt damit eine Brücke zurück zum Kyot-Exkurs des 9. Buchs, wo im Zusammenhang mit dem Gral von arabischer Sternkunde die Rede war.

Auffällig oft trifft Parzival auf seinem Weg dieselben Personen wieder. Die Wiederbegegnungen sind so komponiert, daß die Auftritte sich gegenseitig beleuchten. Zweimal trifft Parzival Jeschute, zweimal kommt er zu Trevrizent, zweimal bringt ihm Kundrie eine Botschaft vom Gral, zweimal steht er vor Anfortas, dreimal kommt Parzival zu König Artus, viermal trifft er Sigune.

Die vier Sigune-Szenen sind so über die Parzival-Bücher verteilt, daß wichtige Stationen der inneren und äußeren Handlung durch sie markiert werden. Das erste Mal trifft Parzival seine *niftel* nach dem Tod der Mutter (Buch III); das zweite Mal nach dem Scheitern in Munsalvaesche (Buch V); das dritte Mal vor der Einkehr bei Trevrizent (Buch IX); das vierte Mal nach der Berufung zum Gralkönig (Buch XVI). Die Sigune-Szenen sind kompositorische Signale, die die Zuhörer auf wichtige Wendungen der Parzival-Handlung aufmerksam machen. Außerdem sind die Gespräche mit Sigune so geordnet, daß in ihnen Parzivals Weg zu seiner mütterlichen Familie sichtbar wird. Schließlich sind die vier Sigune-Szenen auch Stationen eines Leidenswegs, der von dem frischen Schmerz über den Tod des Geliebten über Sigunes bizarren Trauergestus mit dem Toten im Arm auf der Linde (vgl. S. 69) bis zu der strengen Form der asketischen Einmauerung einen jahrelangen Prozeß der Selbstkasteiung abbildet, der zum Tod führt. Dieser Passionsweg ist vom Erzähler kontrapunktisch zu Parzivals Weg zum Gral gesetzt.

Die Technik, die Bedeutung des Erzählten erst nachträglich zu erhellen, hat Wolfram im Bogengleichnis zum Erzählprinzip erhoben und poetologisch kommentiert. Daß im 6. Buch Schnee gefallen ist, wird nachträglich von Trevrizent so erklärt, daß eine seltene Planeten-Konstellation den »sommerlichen Schnee« (489,27) veranlaßt hat.

Nicht selten hat die nachgereichte Erklärung die Form einer Vorgeschichte.

Das rätselhafte Verhalten von Personen wird verständlich gemacht durch die nachträgliche Erklärung, wie sie so geworden sind. Der Erzähler warnt seine Zuhörer davor, Obie im 7. Buch und später Orgeluse vorschnell zu verurteilen: sie sollen ihr Urteil aufschieben, bis sie erfahren haben, wie die Personen in diesen Zustand geraten sind. Kundrie bekommt nachträglich gleich eine doppelte Vorgeschichte: durch ihre Herkunft aus Indien und durch ihre Zugehörigkeit zu den von Gott verfluchten Nachkommen Adams.

Die Vorgänge bei Parzivals Besuch in Munsalvaesche erscheinen in einem anderen Licht, wenn später berichtet wird, daß die Gralgesellschaft durch eine Inschrift auf dem Gral auf die Ankunft eines Ritters vorbereitet war, der mit seiner Frage den Gralkönig hätte erlösen können.

Durch die nachträgliche Enthüllung kann man begreifen, in welchen Zusammenhängen das früher Erzählte steht und welche Bedeutung ihm zukommt.

5.7 Der Erkenntnisprozeß

Der ›Parzival‹ wird so erzählt, daß parallel zum Ablauf der Handlung ein Erkenntnisprozeß sichtbar gemacht wird, am deutlichsten an der Parzival-Gestalt. Es geht dabei hauptsächlich um seine Identität. Ohne Vater, ohne Erbe, ohne Erziehung, ohne Namen wächst er in Soltane auf. Der einzige Zusammenhang, den er kennt, ist der mit seiner Mutter. Zuletzt, als Gralkönig, kennt Parzival alle Zusammenhänge, in die er hineingeboren worden ist. Der Weg der Erkenntnis wird hauptsächlich an der Verwandtschaftsthematik festgemacht. Am Anfang definiert Parzival sich als Sohn seiner Mutter, als *bon fiz, scher fiz, bêâ fiz* (140,6). Am Schluß weiß er, daß er mit Artus und Anfortas verwandt ist und daß die genealogischen Linien der beiden großen Familienverbände der Titurel- und der Mazadansippe in ihm zusammenlaufen. Vielleicht darf man den Prolog-Vers: *er küene, traeclîche wîs* (4,18) auf diesen Erkenntnisprozeß beziehen. Dabei ist jedoch nicht zu übersehen, daß Parzival noch am Schluß der Dichtung weit davon entfernt ist, *wîse* zu sein (vgl. S. 148). Für alles um ihn herum bleibt Parzival bis zuletzt merkwürdig blind. Welche Bedeutung das Versöhnungsfest von Joflanze hat, scheint er nicht wahrzunehmen. Noch zuletzt stürzt er sich auf jeden Ritter, der sich zum Kampf anbietet, und begeht dabei einen Irrtum nach dem anderen. Man wird kaum behaupten können, daß er zuletzt das Ziel der Selbsterkenntnis erreicht habe.

Der Weg der Erkenntnis ist so gestaltet, daß auch die Zuhörer einbezogen und vom Erzähler genötigt werden, den Erkenntnisgewinn des Helden Schritt für Schritt mitzuvollziehen. Nicht nur Parzival, sondern auch die Hörer und Leser sehen den Artushof im 3. Buch als einen Ort der Unordnung und Gewalt. Sie erleben mit Parzival die Vorgänge auf der Gralburg im 5. Buch als ein Wunder. Mit Parzival zusammen lachen sie zuletzt darüber, daß Feirefiz die Taufe mit dem Schwert erstreiten will (815,1f.). Die Zuhörer brauchen diesen Erkenntnisweg jedoch nicht in derselben Weise wie Parzival zu durchleiden. Der Erzähler hat es so eingerichtet, daß sie der Erkenntnis des Helden immer einen Schritt voraus sind. Dadurch werden sie gegenüber dem Helden in eine Position der Überlegenheit gebracht, die sie dazu befähigt, den Helden wegen seiner Unwissenheit zu bemitleiden und ihre eigene Unwissenheit nicht als störend zu empfinden.

Das Ziel der Erkenntnis ist für die Zuhörer ebenso wie für Parzival
das Begreifen von Zusammenhängen. Das Erkennen von Zusammen-
hängen ist im ›Parzival‹ der Schlüssel zum Verständnis der Handlung
und der ganzen Dichtung. Von den Zuhörern wird allerdings mehr
erwartet als vom Helden. Sie sollen nicht nur Parzivals Erkenntnisweg
nachvollziehen, sondern sollen auch den Zusammenhang zwischen
diesem Weg und der Ordnung und Unordnung der Welt verstehen.
Sie sollen begreifen, wie leicht Liebe in Haß und Gewalt umschlagen
kann, wie sich im Schönen Häßliches verbirgt und umgekehrt, wie
sich Sünde und Gnade, Familiengeschichte und Heilsgeschichte, Ori-
ent und Okzident, religiöse Ordnung und gesellschaftliche Ordnung
zueinander verhalten. Sie sollen erkennen, daß alles in der Welt sich
parrieret wie eine Elster.

Auffällig ist, daß der Weg der Erkenntnis nur im ersten Teil der
Parzival-Geschichte parallel zur Handlung verläuft. Vom fünften Buch
an, seit Parzivals Besuch auf Munsalvaesche, ist der Erkenntnisweg
dagegen rückwärts gerichtet: die Menschen, denen Parzival nach dem
Abschied aus Munsalvaesche begegnet – Sigune, Jeschute, Artus –, hat
er alle schon vorher einmal getroffen; und die neuerlichen Begegnungen
lassen das frühere Zusammentreffen in einem neuen Licht erscheinen.
Der Erkenntnisgewinn wird durch Blicke in die Vergangenheit erzielt,
während die Handlung vorwärts in die Zukunft läuft. Im neunten
Buch, bei Trevrizent, wird die Durchleuchtung und Bewältigung der
Vergangenheit zum zentralen Thema. Zum Schluß bindet der Auftritt
von Feirefiz die Dichtung zurück an den Anfang. Die Berufung nach
Munsalvaesche schließt den Kreis. Auf diese gegenläufige Struktur
von Erzählfolge und Erkenntnisfolge verweisen vielleicht schon die
Prolog-Verse: *si* [= *diu maere*] *vliehent unde jagent, si entwîchent unde
kêrent* (2,10-11).

Dieser rückläufige Erkenntnisgang ist aufs engste mit dem Er-
zählprinzip der nachträglichen Aufhellung von früher Erzähltem
verbunden. Dem entspricht auf der Handlungsebene, daß Parzival
zuletzt in die mütterliche Familie zurückkehrt, von der er seinen
Ausgang nahm.

Für die Gawan-Handlung ist Erkenntnisgewinn ein genauso wich-
tiges Thema wie für die Parzival-Handlung. Nur ist hier das Problem
anders angelegt. Immer wieder wird Gawan in ihm unbekannte Hand-
lungskonstellationen hineingeführt, von denen ihm Gefahren drohen,
auf die er nicht vorbereitet ist; und immer wieder gelingt es ihm, in
kurzer Zeit die Zusammenhänge zu erkennen, in die er hineingeraten
ist, und selber eine steuernde Position zu erlangen, von der aus es ihm
möglich wird, die Konflikte, in die er hineingezogen worden ist oder

in die er sich eingemischt hat, einer versöhnlichen Lösung zuzuführen (vgl. S. 152f.). Dabei liegt der Akzent jedoch nicht darauf, wie Gawan die jeweilige Situation durchschaut und die Zusammenhänge erkennt, die die Handlungen um ihn herum bestimmen. Gerade das wird vom Erzähler ausgespart, und Gawan selber tut alles, um den Stand seiner Kenntnisse und seine Pläne, wie er jeweils vorzugehen gedenkt, vor den Mithandelnden und zugleich vor den Zuhörern zu verbergen. So verschiebt sich der Schwerpunkt der Gawan-Handlung darauf, daß den Zuhörern die Aufgabe gestellt wird, die Einsicht in die Zusammenhänge zu gewinnen, die Gawan vor ihnen gewonnen und vor ihnen verheimlicht hat, sofern sie es nicht vorziehen, den bequemeren Weg zu gehen und sich von den Lösungen der Konflikte, die Gawan findet, einfach überraschen zu lassen.

Welche Folgerungen aus dieser Konstellation, daß Erkenntnisse in den Parzival-Partien mühsam erarbeitet werden müssen, während sie in den Gawan-Partien scheinbar mühelos gewonnen und dann verborgen werden, zu ziehen sind, sagt der Text nicht.

Die Einsicht in die Zusammenhänge der Handlung läßt sich in vielen Fällen nicht direkt als Gewinn an Wissen und Weisheit verbuchen. Besonders die Erklärungen, die etwas vorher Rätselhaftes einsichtig und verständlich zu machen scheinen, führen oft auf andere, nicht weniger rätselhafte Phänomene; und manchmal erweist sich, was eine Einsicht zu vermitteln verspricht, als eine Irreführung. Es ist keine harmonisch geordnete Welt, die sich erschließt, wenn man alle Zusammenhänge aufdeckt, sondern eine *parierte* Welt aus Widersprüchen und Gegensätzen, die auf komische, irritierende oder bedrückende Weise miteinander verbunden sind. Zu begreifen, wie das Nicht-Zusammenhängende zusammenhängt und das Nicht-Zusammenpassende zusammenpaßt, scheint das Ziel des Erkenntniswegs zu sein, auf den der ›Parzival‹-Erzähler seine Zuhörer (und seine späteren Interpreten) geschickt hat.

6. Der Erzähler am Werk

6.1 Die Erzählerfigur

Der Erzähler tritt im ›Parzival‹ so dominierend hervor, daß man ihn für die Hauptperson der Dichtung halten könnte. Früher hat man darin den Ausdruck einer großen Künstlerindividualität gesehen, die dem Werk eine unverwechselbar persönliche Prägung verliehen hat. Was

der ›Parzival‹-Erzähler über sich selbst sagt, wurde als Lebenszeugnis
Wolframs gedeutet und autobiographisch interpretiert. Dabei konnte
man sich darauf berufen, daß der Erzähler im Namen des Autors
spricht: *ich bin Wolfram von Eschenbach* (114,12).

Heute betrachtet man die Erzählerfigur als ein poetisches Konstrukt
und sieht in der Analyse des Erzählstils den wichtigsten Zugang zum
Verständnis des ›Parzival‹.

Max Wehrli, WvE. Erzählstil und Sinn seines Parzivals, DU 6, 1954, Heft
5, S. 17-40. – *Wolfgang Mohr*, Zu den epischen Hintergründen in Ws
Parzival, in: Mediaeval German Studies. Presented to Frederick Norman,
1965, S. 174-187. – *Michael Curschmann*, Das Abenteuer des Erzählens.
Über den Erzähler in Ws Parzival, DVjs 45, 1971, S. 627-667. – *Walter
Haug*, Die Symbolstruktur des höfischen Epos und ihre Auflösung bei
WvE, DVjs 45, 1971, S. 668-705. – *L. Peter Johnson*, Dramatische Ironie
in Ws Parzival, in: Probleme mhd.er Erzählformen, hrsg. von P. F. Ganz,
W. Schröder, 1972, S. 133-152. – *Eberhard Nellmann*, Ws Erzähltechnik.
Untersuchungen zur Funktion des Erzählers, 1973. – *Dagmar Hirschberg*,
Untersuchungen zur Erzählstruktur von Ws Parzival. Die Funktion der
erzählten Szene für den doppelten Kursus, 1975. – *Elisabeth Schmid*,
Studien zum Problem der epischen Totalität in Ws Parzival, 1976. – *Den-
nis H. Green*, The Art of Namedropping in W's Parzival, W-St. 6, 1980,
S. 84-150. – *Robert L. Bradley*, Narrator and Audience Roles in W's
Parzival, 1981. – *L. B. Parshall*, The Art of Narration in W's Parzival
and Albrecht's Jüngerer Titurel, 1981. – *Dennis H. Green*, The Art of
Recognition in W's Parzival, 1982. – *Johannes Maczewski*, Ws Erzählstil
im ersten Munsalvaesche-Abschnitt des Parzival, Seminar 20, 1984,
S. 1-26. – *Fritz P. Knapp*, Antike und moderne Beispielfiguren in Ws
Parzival als Stilphänomene und Intertextualitätssignale, in: Exemplum
et similitudo, hrsg. von W. J. Aerts, M. Gosman, 1988, S. 99-121.
– *Dietmar Peschel-Rentsch*, Ws Autor. Beobachtungen zur Entstehung
der Autor-Figur an drei beispielhaften Szenen aus Ws Parzival, DVjs
64, 1990, S. 26-44. – *Ders.*, Gott, Autor, Ich. Skizzen zur Genese von
Autorbewußtsein und Erzählerfigur im Mittelalter, 1991 (»Ws Autor«:
S. 158-170). – *Ina Karg*, ... sîn süeze sûrez ungemach ... Erzählen von
der Minne in Ws Parzival, 1993. – *Dieselbe*, Bilder von Fremde in Ws
Parzival. Das Erzählen von Welt und Gegenwelt, in: Fremderfahrung in
Texten des Spätmittelalters und der frühen Neuzeit, hrsg. von G. Berger,
Şt. Kohl, 1993, S. 23-43. – *Alexandra Stein*, wort und werc. Studien
zum narrativen Diskurs in Ws Parzival, 1993. – *Ulrike Draesner*, Wege
durch erzählte Welten. Intertextuelle Verweise als Mittel der Bedeutungs-
konstitution in Ws Parzival, 1993. – *Otto Neudeck*, Möglichkeiten der
Dichter-Stilisierung in mhd.er Literatur. Neidhart, W, Vergil, Euph. 88,
1994, S. 339-355. – *Alois Wolf*, Interpretatio christiana der Schöpfung
als Exemplum für Ws Erzählweise, in: Exempla. Studien zur Bedeutung
und Funktion exemplarischen Erzählens, hrsg. von B. Engler, K. Müller,

1995, S. 21-54. – *Günter Butzer*, Das Gedächtnis des epischen Textes. Mündliches und schriftliches Erzählen im höfischen Roman des Mittelalters, Euph. 89, 1995, S. 151-188 (›Parzival‹: S. 175-180). – *Thomas Bein*, Autor, Erzähler, Rhapsode, Figur: Zum ›Ich‹ in Ws Parzival 108,17, ZfdPh. 115, 1996, S. 433-436. – *Klaus Ridder*, Autorbilder und Werkbewußtsein im Parzival WsvE, W-St. 15, 1998, S. 168-194. – *Ulrich Ernst*, Formen analytischen Erzählens im Parzival WsvE. Marginalien zu einem narrativen System des Hohen Mittelalters, in: Erzählstrukturen der Artusliteratur, hrsg. von F. Wolfzettel, 1999, S. 165-198. – *Adrian Stevens*, Fiction, Plot and Discourse: W's Parzival and Its Narrative Source, in: A Companion to W's Parzival (vgl. S. 262), S. 99-123. – *Neil Thomas*, Modes of Narrative Presentation, ebenda, S. 124-139. – *Cornelia Schu*, Vom erzählten Abenteuer zum Abenteuer des Erzählens. Überlegungen zur Romanhaftigkeit von Ws Parzival, 2000. – *Timo Reuvekamp-Felber*, Autorschaft als Textfunktion. Zur Interdependenz von Erzählerstilisierung, Stoff und Gattung in der Epik des 12. und 13. Jhs., ZfdPh. 120, 2001, S. 1-23 (›Parzival‹: S. 11-15). – *Fritz P. Knapp*, Subjektivität des Erzählers und Fiktionalität der Erzählung bei WvE und anderen Autoren des 12. und 13. Jhs., W-St. 17, 2002, S. 10-29.

Die neuere Forschung zur Poetik des höfischen Romans hat festgestellt, daß die von Chrétien de Troyes entwickelte Kunst der *conjointure* wesentlich mit der Ausarbeitung der Erzählerrolle zusammenhängt. Der Erzähler ist die Instanz, die den Zuhörern die Bedeutung des Erzählten erschließt.

Rainer Warning, Heterogenität des Erzählten – Homogenität des Erzählens. Zur Konstitution des höfischen Romans bei Chrétien de Troyes, W-St. 4, 1979, S. 79-95. – *Karl Uitti*, Narrative and Commentary. Chrétien's Devious Narrator in Yvain, Romance Philology 33, 1979, S. 160-167. – *Norris J. Lacy*, The Craft of Chrétien de Troyes. An Essay in Narrative Technique, 1980. – *Roberta L. Krueger*, The Author's Voice: Narrators, Audiences, and the Problem of Interpretation, in: The Legacy of Chrétien de Troyes (vgl. S. 270), Bd. 1, S. 115-140. – *David F. Hult*, Author / Narrator / Speaker. The Voice of Authority in Chrétien's Charrette, in: Discourses of Authority in Medieval and Renaissance Literature, Ed. K. Brownlee, W. Stephens, 1989, S. 76-96. – *Douglas Kelly*, The Art of Medieval French Romance, Madison 1992, S. 217ff.

Der ›Parzival‹-Erzähler erscheint vor seinen Zuhörern in wechselndem Licht. Einmal tritt er in der Rolle des überlegenen Kenners und des Wissenden auf; an anderer Stelle in der Rolle des Ungebildeten und des Ahnungslosen. Häufig spricht er von seinen eigenen Lebensverhältnissen und seinen persönlichen Erfahrungen. Dabei stellt er sich meistens als einen eher bedauernswerten Menschen dar, der in ärmlichen Verhältnissen lebt und kein Glück in der Liebe hat. Solche

Bemerkungen gestatten es den Zuhörern, Mitleid mit dem Erzähler zu haben und auf ihn hinunterzusehen. Manchmal gibt er sich auch bewußt der Lächerlichkeit preis, zum Beispiel wenn er versichert, daß er ungern neben dem von Parzival aus dem Sattel geworfenen Segremors im Schnee liegen würde (289,10). Timo Reuvenkamp-Felber hat die Beobachtung gemacht, daß der ›Parzival‹-Erzähler sein Rollenverhalten häufig dem Gang der Erzählung und besonders dem Erfahrungsstand seines Helden anpaßt.

> *Timo Reuvenkamp-Felber*, Autorschaft als Textfunktion. Zur Interdependenz von Erzählerstilisierung, Stoff und Gattung in der Epik des 12. und 13. Jhs., ZfdPh. 120, 2001, S. 1-23, bes. S. 11ff.

6.2 Erzähler-Reden

Im ›Parzival‹ wird der Erzählfluß immer wieder durch Zwischenbemerkungen, Sentenzen, Fragen an das Publikum, Erläuterungen, Wertungen, Kommentare oder umfangreiche Exkurse unterbrochen. Das alles wird hier ›Erzählerrede‹ genannt. Formales Kennzeichen der Erzählerrede ist fast überall der Sprung aus dem Erzählpräteritum in das Präsens des Erzählers. Durch die häufigen Unterbrechungen wirkt die Erzählung unausgeglichen, stockend, sprunghaft. Die in der Vergangenheit spielende Geschichte wird zur Gegenwart hin geöffnet und zu aktuellen Erfahrungen und Interessen des Erzählers und des Publikums in Beziehung gesetzt. So entsteht ein mehrstufiges Erzählgefüge.

Erläuterungen. Die Zwischenbemerkungen des Erzählers dienen nicht selten der Erläuterung von Einzelheiten, die nicht aus sich selbst heraus verständlich sind. Dabei erweist sich der Erzähler als Kenner auf zahlreichen Wissensgebieten. Man kann jedoch die Beobachtung machen, daß die Erläuterungen des Erzählers häufig selber erläuterungsbedürftig sind und »mehr zur Verunklärung als zur Klärung« beitragen (*Wolfgang Mohr*, Landgraf Kingrimursel (vgl. S. 268), S. 26).

Die Dichtung beginnt, nach dem Prolog, mit einem Exkurs über die Primogenitur in den romanischen Ländern (vgl. S. 45). Der Erzähler schiebt die Bemerkung ein: »Dies Recht gilt auch an einer Stelle in Deutschland: das wißt ihr ohne mich« (*des pfliget ouch tiuscher erde ein ort; daz habt ir âne mich gehôrt* 4,29-30). Man weiß aber bis heute nicht, welcher Teil von Deutschland gemeint ist. Wahrscheinlich haben auch die Zuhörer das nicht gewußt. Der Satz: »Das wißt ihr ohne mich« war geeignet, sie zu verunsichern.

Sentenzen und Sprichwörter. Während bei anderen Dichtern Sentenzen und Sprichwörter dazu dienen, an einem Einzelfall eine allgemeine Wahrheit sichtbar zu machen, stehen im ›Parzival‹ das Allgemeine und das Besondere nicht selten in einem latenten Spannungsverhältnis zueinander. Als Parzival bei Gurnemanz aus der Badekufe steigen will, nötigt er vorher die jungen Damen, die ihn bedient haben, zu gehen, weil er sich nackt vor ihnen schämt (167,23ff.). Der Erzähler fügt eine Sentenz an: »Frauen besitzen ihrem Wesen nach *triuwe*« (*wîpheit vert mit triuwen* 167,29). Im Zusammenhang der pikanten Badeszene wirkt diese Weisheit unpassend oder komisch.

> *Tomas Tomasek*, Sentenzen im Dialog. Einige Beobachtungen zum Profil der Gawan-Figur im X. Buch des Parzival WsvE, in: Sprachspiel und Bedeutung. FS für Franz Hundsnurscher, 2000, S. 481-488.

Zeitgeschichtliche Anspielungen. Eine krasse Form der Störung des Erzählzusammenhangs liegt vor, wenn der Erzähler plötzlich von Persönlichkeiten, Ereignissen oder Örtlichkeiten der Gegenwart spricht, die mit seiner Dichtung und überhaupt mit Literatur nichts zu tun haben. Diese zeitgeschichtlichen Anspielungen sind ein charakteristisches Merkmal von Wolframs Erzählstil. Sie waren der älteren Epik fremd (die sogenannte ›Stauferpartie‹ in Veldekes ›Eneit‹ ist ein Sonderfall) und kommen auch in Wolframs französischer Vorlage nicht vor.

Zeitgeschichtliches wird meistens vergleichend oder kontrastierend zu der erzählten Handlung in Beziehung gebracht. Bei der Beschreibung der großen Kamine im Festsaal von Munsalvaesche heißt es: »So große Kamine hat noch niemand hier in Wildenberg gesehen« (*sô grôziu fiwer sît noch ê sach niemen hie ze Wildenberc* 230,9-13). Der Burghof von Munsalvaesche wird mit dem »Burganger in Abenberg« verglichen (*der anger z'Abenberc* 227,13); die von Pferden zertretenen Felder vor der belagerten Stadt Bearosche mit dem »Erfurter Weingarten« (*Erffurter wîngarte* 379,18). Wenn die schöne Antikonie an der Seite Gawans mit Schachfiguren gegen die Bürgergarde kämpft, denkt der Erzähler an die Marktfrauen in Dollnstein, die »zur Fastnacht nicht besser kämpften« (*an der vasnaht nie baz gestriten* 409,8-9). Die Hungersnot in Belrapeire wird doppelt zur Zeitgeschichte in Beziehung gesetzt: Graf Poppo von Wertheim »hätte ungern dort um Sold gedient« (*waer ungern soldier dâ gewesn* 184,4-5), weil es dort nicht genug zu essen gab. Daher gab es dort auch keine »Trüdinger Pfanne, in der die Krapfen prasseln« (*ein Trühendingaer phanne mit kraphen selten dâ erschrei* 184,24-25).

Wenn man diese Anspielungen nicht auf ihren historischen Aussagewert hin betrachtet (vgl. S. 15ff.), sondern auf ihre erzählerische Funktion hin, dann fällt auf, daß das, was miteinander verglichen wird, meistens schlecht zusammenpaßt. Für die Königsschwester Antikonie ist es keine Auszeichnung, mit den Dollnsteiner Marktfrauen verglichen zu werden. Ähnlich unpassend ist die Bemerkung über den Grafen von Wertheim. Schon die Vorstellung, der mächtige Graf Poppo könnte sich als »Soldritter« (*soldier* 184,5) in einer fremden Stadt verdingen, ist fast eine Beleidigung. Daß der Graf hauptsächlich aufs Essen achtet, wirkt eher komisch. Daß er zu Parzival in Kontrast gesetzt wird (Parzival läßt sich durch die Hungersnot nicht davon abhalten, der Königin als Ritter beizustehen), rückt ihn noch weiter ins Zwielicht.

Zeitgeschichtliche Anspielungen erzielen die größte Wirkung, wenn sie als solche verstanden werden, wenn also den Zuhörern die Namen, die genannt werden, bekannt sind. Die zeitgeschichtlichen Namen im ›Parzival‹ stammen fast alle aus Thüringen, Franken und Bayern, wo Wolfram wahrscheinlich gedichtet hat. Abgesehen von dem Landgrafen von Thüringen, dem Grafen von Wertheim und der Stadt Erfurt sind es alles Namen, die dem Publikum an den großen Höfen in Thüringen und Bayern wahrscheinlich unbekannt gewesen sind. Mit diesen Namen scheint es sich ähnlich zu verhalten wie mit Kyot, von dem der Erzähler sagt, er sei *der meister wol bekant* (453,11), von dem aber niemand je etwas gehört hat. Die zeitgeschichtlichen Anspielungen haben im ›Parzival‹ nicht die Funktion, Vertrautheit und Nähe zu stiften, sondern es geht im Gegenteil um Verfremdungen, überraschende Verbindungen und komische Disproportionen.

Hörer-Anreden. Der fiktionale Zuhörer ist die Komplementärfigur zur Erzählergestalt. Der Erzähler erzählt die Geschichte, und gleichzeitig redet er zu seinen Zuhörern, gibt Erklärungen oder warnt sie, stellt ihnen Fragen oder antwortet auf ihre imaginierten Einwände, spricht zu ihnen über sich selbst, verständigt sich mit ihnen über den Handlungsverlauf und lenkt ihre Aufmerksamkeit auf das, was ihm wichtig erscheint. In keinem anderen höfischen Epos gibt es eine solche Fülle von Hörer-Anreden wie im ›Parzival‹. Eberhard Nellmann hat sie geordnet und interpretiert (*Eberhard Nellmann*, Wolframs Erzählstil [vgl. S. 216], S. 35ff.).

Die Hörer-Anreden setzen eine mündliche Kommunikationssituation voraus: *ich sage iu ..., nû hoeret ..., welt ir vernemen ...?* Der Erzähler sucht die Nähe zu seinen Hörern und wirbt um ihr Vertrauen. Am nächsten ist er ihnen, wenn er sich mit ihnen im *wir* verbindet:

hie sule wir vergezzen nicht (232,22). Die gemeinsame Anteilnahme an dem Helden macht diesen zu »unserm« Ritter: *nu hoert wie unser rîter var* (16,19). Manchmal tritt der Erzähler als Anwalt der Zuhörer auf: *ich hân geredet unser aller wort* (293,17). Er lenkt ihr Interesse und ihre Wahrnehmung. Sie sollen ihre Vorwürfe gegen Obie zurückhalten (*nune wîzetz Obîen niht* 366,2) und über Orgeluse sollen sie erst urteilen, wenn sie wissen »wie es in ihrem Innern aussah« (*wiez umb ir herze stüende* 516,8). Der Kontakt mit den Zuhörern ist besonders intensiv im fingierten Frage- und Antwortspiel: »Wer hat sie so kühn gemacht in Gegenwart der Leute? Das war die junge, alte Liebe« (*wer macht si vor der diet sô balt? daz tet diu minne junc unt alt* 397,1-2). Das weckt die Vorstellung, daß die Zuhörer an der Handlung Anteil nehmen und sich mit den Einzelheiten auseinandersetzen sollten.

Noch einen Schritt weiter geht der Erzähler, wenn er vorgibt, auf die Wünsche der Zuhörer einzugehen: »wenn ihr wollt, haben sie da genug gegessen« (*welt ir, sie habent genuoc dâ gâz* 639,2). Der Erzähler verweist seine Zuhörer auf Gewährsleute, die die Geschichte bezeugen können: »Wie das Fest verlief? Das fragt einen, der dort Geschenke bekam« (*wie diu hôchzît ergienc, des vrâgt den der dâ gâbe enpfienc* 397,7-8). Der Erzähler erwartet sogar, daß die Zuhörer über den Fortgang der Handlung besser Bescheid wissen als er selbst: »Nun sagt, wie oder wo die Helden die Nacht über bleiben können« (*nu sprechet wie oder wâ die helde des nahtes megen sîn* 271,14f). So wird der Erzähler zum Zuhörer und drängt die Zuhörer in die Rolle des Erzählers.

Auch die Beteuerung des Erzählers, nicht für die Wahrheit seiner Erzählung einstehen zu können, trägt zur Relativierung seiner Autorität bei. Den Zuhörern wird es freigestellt, ob sie der Erzählung glauben schenken wollen oder nicht: »Glaubt es, wenn ihr wollt. Ich habe keine Zeugen, außer was die Vorlage sagt« (*geloubetz, ob ir wellet: geziuge sint mir gar verzagt, wan als diu âventiure sagt* 381,28-30). Die Wahrheit des Erzählten rückt damit in das Ermessen der Zuhörer: »Wenn Ihr es befehlt, ist es wahr« (*gebietet ir, sô ist ez wâr* 59,27). Anders gesagt: wenn der Erzähler lügt, müssen die Zuhörer mit ihm lügen: »Wenn ich damit jemandem die Unwahrheit sage, so müßt Ihr mit mir zusammen lügen« (*sol ich des iemen triegen, sô müezt ir mit mir liegen* 238,11-12). Daraus erwächst die paradoxe Vorstellung, daß der Wahrheitsschwur der Zuhörer die Grundlage für das ist, was der Erzähler erzählt: »Das erzähle ich auf den Eid, den ein jeglicher von Euch leistet« (*diz sage ouch ich ûf iwer ieslîches eit* 238,8-9).

Die Erzählerreden im ›Parzival‹ haben die Funktion, durch die Ausarbeitung einer Erzählerinstanz, die zwischen der erzählten Ge-

schichte und dem Publikum angesiedelt ist, eine Reflexionsebene
sichtbar zu machen, auf der die Fragen nach der Rollenverteilung,
nach der Kompetenz des Erzählers und nach der Bedeutung des
Erzählten diskutiert werden.

6.3 Erzählmittel

Unter Erzählmitteln kann man die Darstellungs- und Ausdrucksformen
verstehen, die den Erzählstil prägen. Hier sollen nur zwei Einzelheiten
kurz angesprochen werden.

Beschreibungen. Beschreibungen höfisch vorbildlicher Personen,
Gegenstände, Vorgänge und Veranstaltungen haben den epischen Stil
des höfischen Epos' seit Veldekes ›Eneit‹ geprägt. Bei Wolfram werden
die Beschreibungen zu Erlebnisberichten: »Wie ich euch schon erzählt
habe, bemerkte Gawan die Größe der Burg und sah, daß sie auf allen
Seiten wehrhaft befestigt war. In dreißig Jahren würde die Burg nicht
einen Pfefferling [wörtlich: »nicht eine Beere«] dafür gegeben haben,
wenn man sie belagern würde. Mitten drin war ein Anger. Das Lech-
feld ist größer. Über den Zinnen standen viele Türme. Die Aventiure
berichtet uns: als Gawan das Palasgebäude sah, meinte er, das Dach
sei ganz und gar wie ein Pfauengefieder glänzend und so geartet, daß
weder Regen noch Schnee dem Glanz des Daches wehtun konnten«
(564,26-565,12). Was damals eine moderne Burganlage auszeichnete
– Größe, Wehrhaftigkeit und farbenprächtige Ausstattung – ist hier
in ein Erzählgeflecht eingelagert, in dem die Wahrnehmungsformen
durcheinandergehen: während der Erzähler an das Lechfeld in Bayern
denkt, wird die Burg in den Augen Gawans zu einem Fabelwesen mit
einem farbig glänzenden Panzer, das sich nicht darum schert, ob man
es bedroht, und dem es nichts ausmacht, ob es regnet oder schneit.
Das Ziel einer solchen Beschreibung ist nicht Anschaulichkeit oder
Demonstration höfischer Sachkultur, sondern eher eine emotionale
Reaktion der Zuhörer, in der Verwunderung, Irritation und Lachen
(über den Vergleich des Burghofs mit dem riesigen Lechfeld) sich
gemischt haben dürften.

Beschrieben wird im ›Parzival‹ nicht, wie sonst im höfischen Ro-
man, das Typische und Musterhafte, sondern das Ausgefallene (die
Hungersnot in Belrapeire), das Groteske (die häßliche Gralbotin)
oder das Geheimnisvolle (der Aufzug des Grals).

Bildlichkeit. Ein anderes Merkmal des Wolframschen Erzählstils ist die Fülle bildhafter Wendungen (Umschreibungen, Vergleiche, Metaphern) und die Ausgefallenheit seiner sprachlichen Bilder.

Nach der Lehre der Poetik haben sprachliche Bilder die Funktion, Lebendigkeit und Anschaulichkeit zu erzeugen. Bei Wolfram sind die Bilder eher befremdlich und dunkel, manchmal auch bedrohlich, voller Überraschungen und Spannungen, mitunter ins Fratzenhafte verzerrt. Gawans Schmerz beim Anblick Orgeluses und ihres ritterlichen Begleiters wird so beschrieben: »Wie der Nieswurz in der Nase heftig und scharf ist, ebenso kam die Herzogin durch seine Augen von oben in sein Herz hinein« (*ist diu nieswurz in der nasn draete unde strenge, durch sîn herze enge kom alsus diu herzogîn, durch sîniu ougen oben in* 593,14-18). Es war eine traditionelle Vorstellung, daß die Liebe beim Anblick der Frau durch die Augen in das Herz dringt. Damit vergleicht der Erzähler den Schnupfreiz, den der Nieswurz in der Nase erzeugt und der dann – das ist wohl mitgedacht – den umgekehrten Weg nimmt und in die Augen aufsteigt. Wenn Antikonie wegen ihrer schlanken Taille mit einem Hasen am Bratspieß verglichen wird (409,26ff.), dient das weniger der Anschaulichkeit als einem komischen Verfremdungseffekt. Ausgefallene Bilder gibt es im ›Parzival‹ in großer Zahl: der Hunger in Belrapeire schießt die Hühner vom Balken (194,8); Gurnemanz ist vor Leid löchrig wie ein Zaun (178,4f.); Gawans Augen eignen sich nicht als Zisterne, weil sie kein Wasser halten können (661,24ff.); Parzivals Mund sitzt ohne Worte neben der Königin (188,20f.). Häufig wird Abstraktes durch einen bildhaften Ausdruck ins Konkrete übertragen: der Zorn brummt wie ein Löwe (42,13f.); die bittere Not liegt die ganze Nacht als Schlafgeselle neben Parzival (245,1ff.); der Zweifel ist der Hobel des Herzens (350,30); die Trauer hinkt (622,26). Auch die Gegenstände fangen an, sich wie Menschen zu benehmen: der Erfurter Weingarten berichtet, wie er zertreten wurde (379,18f.); Parzivals Helm und Schild erzählen von dem Kampf, den er bestanden hat (759,2f.). Nahes wird in die Ferne gerückt, Fernes in die Nähe. Die Wirkungsgeschichte von Wolframs Stil bezeugt, daß dieser Bilderstil die Hörer und Leser beeindruckt hat. Welcher Erkenntnisgewinn aus der verwirrenden Bildersprache gezogen werden konnte, ist undeutlich.

6.4 Komik

In der ›Parzival‹-Forschung gibt es einen Konsens darüber, daß Komik ein wichtiges Kennzeichen von Wolframs Erzählstil ist. So unproblematisch es zu sein scheint, die einzelnen Elemente von Wolframs komischem Stil zu beschreiben, so schwierig erscheint es, auf die Frage nach dem ›Sinn‹ der Komik eine befriedigende Antwort zu geben, sofern man überhaupt die Berechtigung einer solchen Frage anerkennt. Das ist nicht nur ein spezifisches ›Parzival‹-Problem, sondern hängt auch damit zusammen, daß das Verständnis von Komik in literarischen Texten des Mittelalters sich generell als ein Problem darstellt.

> *Max Wehrli*, Ws Humor, in: Überlieferung und Gestaltung. FS für Theophil Spoerri, 1950, S. 9-31. – *Hans Fromm*, Komik und Humor in der Dichtung des dt. Mittelalters, DVjs 36, 1962, S. 321-339 (WvE: S. 331-337). – *Rainer Madsen*, Die Gestaltung des Humors in den Werken WsvE, Diss. Bochum 1970. – *Joachim Suchomski*, Delectatio und utilitas. Ein Beitrag zum Verständnis mittelalterlicher komischer Literatur, Bern (u.a.) 1975. – *Karl Bertau*, Versuch über tote Witze bei W, AG 10, 1977, S. 87-137, wieder in: *K. Bertau*, WvE (vgl. S. 33), S. 60-109. – *L. Peter Johnson*, Die Blutstropfenepisode in Ws Parzival: Humor, Komik und Ironie, in: Studien zu WvE (vgl. S. 33), S. 307-320. – *Christoph Huber*, Lachen im höfischen Roman. Zu einigen komplexen Episoden im literarischen Transfer, in: Kultureller Austausch und Literaturgeschichte im Mittelalter, hrsg. von I. Kasten (u.a.), 1998, S. 345-358 (›Parzival‹: S. 354-356). – *Ralph-Henning Steinmetz*, Komik in der mittelalterlichen Literatur. Überlegungen zu einem methodischen Problem am Beispiel des Helmbrecht, GRM 49, 1999, S. 255-273. – *Karina Kellermann*, Verkehrte Rituale. Subversion, Irritation und Lachen im höfischen Kontext, in: Komische Gegenwelten. Lachen und Literatur in Mittelalter und Früher Neuzeit, hrsg. von W. Röcke und H. Neumann, 1999, S. 29-46. – *Sebastian Coxon*, Der Ritter und die Fährmannstochter. Zum schwankhaften Erzählen in Ws Parzival, W-St. 17, 2002, S. 114-135. – *Klaus Ridder*, Narrheit und Heiligkeit. Komik im Parzival WsvE, ebenda, S. 136-156.

Sehr anregend war der Gedanke von Joachim Suchomski (siehe oben), das Problem der mittelalterlichen Komik von der moralischen Beurteilung des Lachens durch die mittelalterlichen Theologen her anzugehen. An eine andere gelehrte Tradition, an die lateinische Rhetorik und Poetik, knüpft Ralf-Henning Steinmetz (siehe oben) an. Während dabei der Akzent auf der Wirkungsabsicht der Verfasser liegt, die im einzelnen schwer nachzuweisen ist, suchen Andere einen Zugang eher von der anderen Seite her: vom Lachen über die Texte. Dabei steht man allerdings vor der Schwierigkeit, daß es über die Reaktionen der Zuhörer, zum Beispiel beim Vortrag des ›Parzival‹, so gut wie keine historischen Zeugnisse gibt.

Sicher ist nicht nur, daß man zu verschiedenen Zeiten über Verschiedenes gelacht hat, sondern daß sich das Lachen auch zu ein und derselben Zeit standesspezifisch, geschlechterspezifisch und noch in anderer Weise voneinander unterschieden hat.

Häufig sind bei Wolfram Wortwitze, die fast immer dieselbe Struktur haben: ein Wort oder Wortteil wird wörtlich genommen und erhält dadurch eine überraschende, vom gewöhnlichen Sprachgebrauch abweichende Bedeutung. So wird »verstehen« mit »versitzen« und »vergehen« zusammengestellt (2,15f.) und das *ingesinde* am Thüringer Hof wird zum *ûzgesinde* (297,17f.). Hierher gehören wohl auch die Verse über die spärlich bekleidete Jeschute: *nantes iemen vilân, der het ir unreht getân: wan si hete wênc an ir* (257,23-25). Es ist Wolfram zuzutrauen, daß er das französische Lehnwort *vilân* (»bäurisch«, »unhöfisch«) zu einem deutschen »viel an« verdreht und dem »wenig an« entgegengesetzt hat: »Würde jemand behaupten, sie hätte viel an, so hätte er Unrecht; sie hatte nämlich wenig an«. Wortwitz und komische Bildgestaltung verbinden sich, wenn erzählt wird, daß Gahmuret im Turnier Lähelin und andere Ritter niederstach: *sîne sicherheit er an sich las. doch laese ich samfter süeze birn, swie die ritter vor in nider rirn* (79,30-80,2). Im ersten Vers hat *an sich lesen* die Bedeutung »annehmen«, »sich geben lassen«: »Er ließ sich von Lähelin Sicherheit geben«. Im zweiten Vers mischt sich der Erzähler ein. Jetzt heiß *lesen*, in bezug auf die Birnen, »auflesen«: »Ich würde lieber süße Birnen auflesen«. Im dritten Vers wird das Bild der vom Baum fallenden Birnen auf die Ritter übertragen: sie fallen vor ihm herunter (von mhd. *rîsen*) wie reifes Obst. Ausgefallene Neubildungen, die kaum jemand verstehen konnte, hatten ebenso einen komischen Effekt wie ausgefallene Reimbindungen und die komisch klingende Namen: Mahmumelin, Kingrimursel, Plippalinot, Schipelpjonte usw.

Komisch ist alles, was von der höfischen Norm abweicht: das ganze Alltagsleben und besonders der Bereich des Kreatürlichen und Körperlichen. Die vielen Tiere, die im ›Parzival‹ vorkommen, sind fast immer zu komischen Zwecken eingesetzt.

Gertrud J. Lewis, Das Tier und seine dichterische Funktion in Erec, Iwein, Parzival und Tristan, Bern (u.a.) 1974, S. 87ff. – *Friedrich Ohly*, Die Pferde im Parzival WsvE, in: *F. Ohly*, Ausgewählte und neue Schriften zur Literaturgeschichte und zur Bedeutungsforschung, 1995, S. 323-364 [zuerst 1985 erschienen].

Der Hauptgegenstand der Komik ist der menschliche Körper, sein Aussehen (Entblößung, Nacktheit, Entstellungen) und seine Funktionen (Nahrungsaufnahme [»Küchenhumor«] und Sexualität). In

keinem anderen Epos ist so viel vom Essen und Trinken die Rede
wie im ›Parzival‹.

> *Barbara Nitsche*, Die literarische Signifikanz des Essens und Trinkens im
> Parzival WsvE. Historisch-anthropologische Zugänge zur mittelalterlichen
> Literatur, Euph. 94, 2000, S. 245-270.

An einer Stelle wahrt der Erzähler die höfischen Rücksichten gegenüber
diesem Thema und sagt, daß nur ein Fresser noch weiter über das
Essen reden würde (639,1f.). Sonst setzt er sich über solche Bedenken
hinweg. Was ihn interessiert, ist nicht die festliche Ordnung der höfi-
schen Mahlzeit, sondern es sind die Extremformen: das Übermaß aller
wünschbaren Speisen und Getränke bei der wunderbaren Speisung
durch den Gral (238,8ff.), die Verbindung von Völlerei und Gewalt
gegen Frauen in der ersten Jeschute-Szene (131,22ff.), die eingefallenen
Bäuche der hungernden Ritter in Belrapeire, das asketische Leben des
Einsiedlers Trevrizent, das der Erzähler nicht teilen möchte. An dieser
Stelle ruft er sich selber zur Ordnung: »Warum treibe ich meinen Spott
mit diesen frommen Leuten? Meine alte Unart (*mîn alt unfuoge*) hat
mir das eingegeben« (487,11-12). Das ist auch eine Einladung an die
Zuhörer, sich vom Erzähler zu distanzieren. Überall, wo vom Essen die
Rede ist, steht dieses Motiv in Verbindung mit Motiven der Trauer,
des Leidens oder der Frömmigkeit. Die Komik hebt das Leiden nicht
auf, sondern schafft einen grellen Kontrast dazu.

Noch zahlreicher sind die Witze zum Thema Sexualität. Gelegen-
heit dazu boten die Szenen, die von körperlichen Kontakten zwischen
Männern und Frauen erzählen: Parzivals Ringen mit Jeschute, Cond-
wiramurs' nächtlicher Besuch bei Parzival, die Liebesszene zwischen
Gawan und Antikonie, die gemeinsame Nacht von Gawan und Orgelu-
se. Manchmal läuft die ganze Szene auf eine sexuelle Pointe zu. Daß
Parzival bei Gurnemanz gebadet wird, ist für die Handlung unwichtig
und hat in der französischen Vorlage keine Parallele. Bei Wolfram
liegt der Akzent auf dem Schluß, wenn der Held in Gegenwart der
Mädchen, die ihn gebadet haben, nackend aus der Kufe steigt: »Man
hielt ein Badehandtuch hin: davon bemerkte er nichts. So schamhaft
war er in Gegenwart von vornehmen Frauen; vor ihnen wollte er
es nicht umhängen. Die jungen Damen mußten sich entfernen: sie
wagten es nicht, länger dort zu bleiben. Ich glaube, sie hätten gerne
hingeschaut, ob ihm da unten etwas passiert wäre« (167,21-28).

Besonders unpassend wirken diese Witze, wenn sie in Zu-
sammenhängen begegnen, die keinen Anlaß dazu bieten. Die Rit-
terproben, die Orgeluse Gawan auferlegt, gipfeln in dem Auftrag, ihr
einen Kranz aus Zweigen von einem Baum in Gramoflanz' Garten zu

bringen: wenn ihm das gelinge, wolle sie ihm ihre Liebe gewähren (600,20ff.). Gawans Frage: »Herrin, wo soll ich den Kranz brechen, durch den meine schwache Liebeshoffnung sich erfüllen kann?« (*frouwe, wâ brich ich den kranz, des mîn dürkel freude werde ganz* 601,15-16), ist bereits auf den anschließenden Witz hin formuliert: »Kranz brechen« war eine poetische Umschreibung für den Beischlaf oder eine Vergewaltigung. Der Erzähler »mißversteht die Frage absichtlich und nutzt die Gelegenheit zu einem derben Scherz« (*Eberhard Nellmann*, Wolframs Erzähltechnik [vgl. S. 216], S. 135). Er fährt nämlich fort: »Er hätte sie gleich niederwerfen können, wie es noch häufig schönen Damen passiert ist« (*er solts et hân gediuhet nider, als dicke ist geschehen sider maneger clâren frouwen* 601,17-19). Zielscheibe und Opfer solcher Witze sind die Frauen. Bei der Bewirtung Gawans in Schampfanzun geht es ganz höfisch zu. Nur der Erzähler verletzt die Anstandsregeln: »Keinem [der knienden Schenken] riß das Hosenband: es waren nämlich alles Mädchen in den besten Jahren« (*ir deheim diu hosennestel brach: ez wâren meide, als von der zît, den man diu besten jâr noch gît* 423,29-424,2). Der Erzähler verschärft den Witz und macht ihn noch anstößiger, indem er fortfährt: »Ich scheue mich nicht zu sagen: hätten sie sich schon ›gemausert‹, so wie der Falke sich ein neues Gefieder zulegt, so hätte ich nichts dagegen gehabt« (*ich pin des unervaeret, heten si geschaeret, als ein valke sîn gefidere: dâ rede ich niht widere* 424,3-6). »Die Federn wechseln«, »sich mausern« (*schaeren* 424,4, sonst nicht belegt) steht hier »metaphorisch für die beginnende Schambehaarung« (*Eberhard Nellmann*, ›Parzival‹-Kommentar [vgl. S. 261], S. 655).

Komik ist im ›Parzival‹ auch ein Mittel der Figurengestaltung. An vielen Stellen geht es darum, Personen der Lächerlichkeit auszusetzen. Segremors und Keie in der Blutstropfenszene sind Beispiele dafür. Auch der Herzog Liddamus im 8. Buch macht sich lächerlich, wenn er Rumolt, den Koch aus dem ›Nibelungenlied‹, als Leitfigur seines Handelns hinstellt (vgl. S. 85). Die Komik im ›Parzival‹ läßt sich jedoch nicht auf einzelne Personen, Szenen und Motive eingrenzen. Man kann man auch die ganze Handlung unter dem Gesichtspunkt komischer Verbindungen und Kontraste betrachten, was dem Ernst des Erzählten keinen Abbruch tut. Der Gedanke, daß der ›Parzival‹ als »humoristischer Roman« (*M. Wehrli*, Wolframs Humor [vgl. S. 224], S. 25) gelesen werden kann, als »Dichtung des Humors« (*W. Mohr*, Parzival und Gawan, [vgl. S. 146], S. 15), hat zwar wenig Zustimmung gefunden, kann sich jedoch noch als fruchtbar erweisen. Max Wehrli und Wolfgang Mohr verdanken wir die Einsicht, daß die Komik-Elemente im ›Parzival‹ nicht nur ein zu frechen Scherzen aufgelegtes

Naturell bezeugen und nicht nur dazu dienen, den unterhaltsamen Charakter der Erzählung zu verstärken, sondern daß in ihnen der ›Sinn‹ der Dichtung faßbar wird. Die ›Parzival‹-Forschung hat diese Anregungen jedoch nur vereinzelt aufgenommen.

Die Triebkraft von Wolframs Humor hat Max Wehrli in der »ichhaften Subjektivität des Erzählers« gefunden (Wolframs Humor [vgl. S. 224], S. 26). Karl Bertau hat diesen Gedanken weiterverfolgt und hat die »Bedingungen historischer Subjektivität«, die für einen Autor wie Wolfram galten, genauer beschrieben (WvE [vgl. S. 33], S. 16).

Komik dient im ›Parzival‹ auch der Erzählerprofilierung. Durch seine komischen Zwischenbemerkungen, durch die komischen Akzente, die er setzt, und durch die komischen Effekte seines Stils bringt der Erzähler den Zuhörern zweierlei zum Bewußtsein: daß die Handlung, die er vor ihren Augen ablaufen läßt, eine erzählte Handlung ist und daß er, der Erzähler, die Geschichte aus einer bestimmten Perspektive präsentiert. Die Komik schafft Distanz, nicht nur zwischen dem Erzähler und der Erzählung, sondern auch zwischen den Zuhörern und dem Erzähler, da die Zuhörer der Einladung zum Lachen nicht immer zu folgen brauchen. Die Simplizität mancher Kalauer und die Abgeschmacktheit mancher Witze könnten ein Indiz dafür sein, daß der Erzähler es geradezu darauf angelegt hat, einen Widerspruch besonders seiner Zuhörerinnen zu provozieren. In diesem Sinn zielt die Komik auch auf die Relativierung der Erzählerperspektive.

Komik scheint im ›Parzival‹ noch einen weiteren Schwerpunkt zu haben (unbeschadet der Tatsache, daß im ›Parzival‹ alle Gegenstandsbereiche komisch beleuchtet werden können), und zwar in der Identitätsproblematik. Verwechslungen sind auch sonst ein bevorzugtes Thema der Komik. Im ›Parzival‹ sind nicht nur Personen, sondern auch Gegenstände und Begriffe in das komische Spiel mit der Identität einbezogen. Dieses Spiel steht bei Wolfram in enger Verbindung mit der zentralen Thematik von Erkennen und Verstehen. Komik deckt Doppeldeutigkeiten auf und kann als Reaktion auf Rätselhaftes, rational nicht zu Bewältigendes verstanden werden: wenn der Verstand kapituliert, reagiert der Körper mit Lachen. So gesehen erzeugt die Komik im ›Parzival‹ einen Gegensinn und macht auf eine grundsätzliche Widersprüchlichkeit der erzählten Geschichte aufmerksam, die offenbar mit dem Prinzip des hakenschlagenden Erzählens korrespondiert.

6.5 Perspektivisches Erzählen

Die Anlage und Verknüpfung der Handlung, die Abfolge der Szenen und deren Aufbau, die Rollenverteilung der auftretenden Personen und ihre Handlungsmotive hat Wolfram im wesentlichen aus seiner französischen Vorlage übernommen. Wenn man jedoch die epische Präsentation ins Auge faßt, treten eine Reihe von Verfahrensweisen in den Blick, die zum Teil bereits im ›Conte du Graal‹ angelegt sind, aber erst bei Wolfram zu charakteristischen Merkmalen des Erzählstils gemacht worden sind. Einige dieser Verfahrensweisen (die man auch als Erzählstrategien bezeichnen kann) sind bereits an anderer Stelle angesprochen worden: der Ausbau der Raum- und Zeit-Struktur im ›Parzival‹ (vgl. S. 200ff.), die Kunst des hakenschlagenden Erzählens (vgl. S. 204ff.), ferner das eigentümliche Verfahren, die Bedeutung des Erzählten erst im Nachhinein zu erhellen, wovon Wolfram im ›Bogengleichnis‹ gesprochen hat (vgl. S. 210ff.). Dazu gehört auch die auffällige Verknüpfungstechnik: »In Wolframs Dichtung hängt Alles mit Allem zusammen« (*Wolfgang Mohr*, Hilfe und Rat in Ws Parzival, in: FS für Jost Trier, 1954, S. 173-197, Zitat S. 196).

Schließlich ist hier noch die Zuordnung eines Erkenntnisprozesses zu nennen, der parallel zum Handlungsgeschehen angelegt ist und der sowohl von den Helden der Geschichte, Parzival und Gawan, zu leisten ist als auch den Zuhörern abverlangt wird (vgl. S. 213ff.). Mit diesem doppelten Erkenntnisprozeß gehört auch ein Verfahren zusammen, das man als ›perspektivisches Erzählen‹ (›point-of-view-Technik‹) bezeichnen kann und das hier etwas genauer beschrieben werden soll.

Die Ausarbeitung einer durchgehenden Erzählerperspektive war eine der wichtigsten Errungenschaften der höfischen Erzählkunst. Die deutschen Dichter konnten sie aus dem ›Roman d'Énéas‹ und aus den Epen Chrétiens de Troyes lernen. Wolfram hat daraus eine eigene Kunstform gemacht. Er hat der Ezählerperspektive ein viel größeres Gewicht gegeben als andere Dichter, hat es dabei jedoch offenbar nicht darauf angelegt, die Autorität des Erzähler-Standpunkts zu befestigen. Der ›Parzival‹-Erzähler stellt vielmehr seine eigene Autorität in Frage (vgl. S. 218ff.) und verunsichert dadurch die Zuhörer, die nicht wissen können, an wen sie sich halten sollen. Gleichzeitig hat Wolfram den Personen, die die Handlung tragen, je eigene Sprecher-Perspektiven zugeordnet, die sich zum Teil widersprechen, zum Teil auch nicht mit den verschiedenen Erzähler-Perspektiven in Einklang stehen. So ist im ›Parzival‹ ein kunstvolles Geflecht unterschiedlicher Perspektiven entstanden (›mehrperspektivisches Erzählen‹), das hohe Ansprüche an die Hörer oder Leser stellt.

Die Sichtbarkeit des Geschehens. Die Zuhörer konnten die erzählte Geschichte nicht nur hören oder lesen, sondern auch sehen. Der ›Parzival‹-Erzähler hat die Formel *man sach* mehr als fünfzigmal benutzt, um Vorgänge sichtbar zu machen: *man sach tâ helde strîten* (102,18); *man sach Artûsen komen dort* (307,14). Oft wird betont, daß ein Vorgang von vielen Menschen mitangesehen wurde: *manc rittr ez hôrte unde sach* (223,16). Durch die Augenzeugenschaft wird die Wahrheit des Geschehens verbürgt: »Wer ihn sah, der erklärte es für wahr« (*swer in sach, der jach für wâr* 306,26). Manchmal scheint das Geschehen überhaupt nur stattzufinden, wenn es gesehen wird: »Ob er auf seinem Weg Kämpfe zu bestreiten hatte, sollen die sagen, die es gesehen haben« (*op sîn reise ûf strît geriet, des jehen diez dâ sâhen* 504,4-5).

Der Erzähler hat sich die Aufgabe gestellt, den Zuhörern die erzählte Handlung zu zeigen: »Nun seht, dort hielt auch Hiuteger« (37,12). Gelegentlich wird die Handlung ins Präsens verlegt, damit die Zuhörer sie mitansehen können: »Nun seht, wo Kardefablet selber auf dem Acker steht« (*nu seht wâ Kardefablêt selbe ûfem acker stêt* 381,11-12). Sehen ist zugleich ein Akt des Verstehens. Wie man das Gesehene versteht, hängt von dem Blickwinkel ab, aus dem es betrachtet wird, von der Perspektive, die den Blick lenkt.

Erzähler-Perspektive und Figuren-Perspektiven. Der Erzähler zeigt den Zuhörern die Handlung aus seiner Perspektive und macht sie zugleich auf die Begrenztheit seiner Perspektive aufmerksam. Dadurch wird auch die Gültigkeit der Wertungen und Deutungen, die an die Erzähler-Perspektive gebunden sind, in Zweifel gezogen.

Der Erzähler führt den Zuhörern aber auch vor Augen, wie begrenzt die Sichtweise der an der Handlung beteiligten Personen ist und wie sehr das Urteil über zentrale Vorgänge durch die jeweilige Perspektive bedingt ist. Parzival lernt von Gurnemanz, daß vieles Fragen schädlich sei (171,17): aus der Sprecher-Perspektive des höfischen Lehrers hat diese Anweisung einen guten Sinn. Aus der Erwartungs-Perspektive des erlösungsbedürftigen Gralkönigs scheint sie ein fataler Fehler zu sein. Aus Parzivals Perspektive hat er sich von Gurnemanz in die Irre führen lassen und gibt Gurnemanz die Schuld an seinem Versagen in Munsalvaesche (vgl. S. 78). Kundrie verkündet am Artushof, daß Parzival wegen des Frageversäumnisses von Gott verdammt sei (316,7f.). Diese Sichtweise wird sofort vom Erzähler korrigiert: »Wirklich Schlechtes hat er unterlassen« (*den rehten valsch het er vermiten* 319,8). Auch Trevrizent interpretiert das Versagen auf der Gralburg anders als Kundrie (501,5). Das 9. Buch ist so erzählt, daß Trevrizents autoritäre Perspektive als Richtschnur eines gesicherten Verständnisses der zentralen Vorgänge erscheint. Am Ende der Dichtung muß jedoch auch Trevrizent die Relativität seiner Sichtweise eingestehen, indem er das, was er früher gesagt hat, als Lüge bezeichnet (vgl. S. 119). Motive der Blindheit, des Mißverstehens, der Fehleinschätzung, der Täuschung und der Lüge ziehen sich durch die ganze Dichtung. Dabei geht es fast nie um Fragen der Moral, sondern um die Begrenztheit der Sichtweise und des Verständnisses.

In die Schilderung von Parzivals erstem Besuch in Munsalvaesche hat der Erzähler einen erklärenden Kommentar eingeschoben (240,3ff.), in dem er den Zuhörern erläutert, daß der kranke Gralkönig Parzival ein Schwert habe überreichen lassen, um ihn damit zu der Frage zu bewegen, durch die er erlöst werden könnte. Auf Grund dieser Erklärung verstehen die Zuhörer die Situation besser als Parzival, der von den Zusammenhängen nichts weiß. Kenneth Northcott hat gezeigt, daß die Zuhörer nur in diesem einen Punkt mehr wissen als der Held, daß im übrigen die ganze Szene aus der Perspektive Parzivals erzählt ist (*Kenneth Northcott*, Seeing and Partly Seeing: Parzival's Encounter with the Grail, in: Spectrum medii aevi. In Honour of George F. Jones, 1983, S. 409-428).

Geschildert wird tatsächlich nur, was Parzival wahrnimmt: die Größe und die Pracht des Festsaals in Munsalvaesche, die Menschenmenge, die sich dort versammelt, die Aufwendigkeit der Bedienung, der merkwürdige Auftritt des Knappen mit der blutenden Lanze, das Klagegeschrei der Ritter, der wunderbare Aufzug des Grals mit den vielen Kerzen und den herrlich gekleideten Damen und die wunderbare Speisung durch den Gral. Zuletzt kann Parzival gerade noch einen Blick ins Nebenzimmer werfen, wo er »den schönsten alten Mann« (*den aller schoensten alten man* 240,27) erblickt. An dieser Stelle bricht der Erzähler ab und verschiebt die Erklärung auf später (241,1ff.). Die Hörer wissen ebenso wenig wie Parzival, daß der kranke Gralkönig Parzivals Oheim ist und der weißhaarige Mann im Nebenzimmer sein Urgroßvater, daß die Krankheit des Königs eine Sündenstrafe ist und daß Parzivals Ankunft durch eine Gralaufschrift angekündigt worden war. Sie verstehen so wenig wie Parzival, warum die Ritter so laut wehklagen, was die Lanze bedeutet und was der Sinn des Gralaufzugs ist. Vom Gral begreifen sie nur so viel wie Parzival: daß es ein Wunderding ist, das Speisen und Getränke in beliebiger Fülle hervorbringt. Die Erklärungen dafür erhalten die Zuhörer, ebenso wie Parzival, erst im 9. Buch von Trevrizent.

Am Ende des 9. Buchs sieht man den Gral nicht mehr aus Parzivals, sondern aus Trevrizents Perspektive. Dem kritischen Zuhörer kann sich jedoch die Frage gestellt haben, ob er wirklich die Bedeutung des Grals verstanden hat, wenn er sich Trevrizent anvertraut. Tatsächlich erscheint der Gral im 16. Buch wieder in einem anderen Licht. Es scheint in der ganzen Dichtung kein objektives, ein für allemal gültiges Bild vom Gral zu geben, sondern eine Folge verschiedener Bilder, die von der jeweiligen Situation des Helden bestimmt zu sein scheinen. Dem Ritter, der Abenteuer sucht, erscheint der Gral (im 5. Buch) als ein Wunderding. Für den Sünder, der bei Trevrizent einkehrt, rückt die religiöse Bedeutung des Grals in den Vordergrund. Der Gralkönig sieht den Gral zuletzt in kosmischen und apokalyptischen Dimensionen.

In ähnlicher Weise scheint der ›Parzival‹-Erzähler die drei Artushof-Szenen gestaltet zu haben. Der chaotische Zustand des Hofs im 3. Buch entspricht der ungeordneten Vorstellung, die Parzival vom Rittertum hat. Alles, was er am Hof wahrnimmt, ist Unordnung und Gewalt. Im 6. Buch präsentiert sich der Artushof dem inzwischen höfisch erzogenen Parzival als höfische Ordnungsinstanz. Es bleibt jedoch ein zwiespältiges Bild: einerseits ordnet sich der Artushof zur Tafelrunde; andererseits gibt es immer noch die ungezügelte Wildheit eines Segremors und die bösartige Großsprecherei eines Keie. Ebenso zwiespältig ist Parzivals Zustand: seine Aufnahme in die Tafelrunde und die Verfluchung durch Kundrie zeigen die beiden Seiten. Am Ende des 14. Buchs findet Parzival den Artushof in einem geläuterten Zustand. König Artus erscheint jetzt als Friedensfürst, und sein Hof wird zum Garanten einer beständigen Ordnung.

Auch die beiden Jeschute-Szenen und die vier Sigune-Szenen können so gelesen werden. Den Perspektiven der beiden Helden scheint eine besondere Bedeutung zuzukommen; aber auch diese Perspektiven erweisen sich als begrenzt.

7. Der Stoff und seine Bearbeitung

7.1 Die Parzival-Gral-Sage

Die Geschichte von Parzival und dem Gral gehört zum Stoffkreis der keltischen Sagen um König Artus und die Ritter der Tafelrunde (›Matière de Bretagne‹). Die Stoffgeschichte dieses Sagenkreises ist Gegenstand einer internationalen Artus-Forschung, deren Zentrum heute in der amerikanischen Romanistik sowie in der britischen Keltistik liegt. Die deutsche Artus-Forschung, von der früher wichtige

Impulse ausgegangen sind, spielt heute nur noch eine bescheidene Rolle. Ein Hauptproblem der stoffgeschichtlichen Forschung liegt in der Frage, ob die französischen Dichter des 12. Jahrhunderts ihre Erzählungen von König Artus im wesentlichen keltischen Überlieferungen nacherzählt haben oder ob sie sie in der Hauptsache neu erfunden beziehungsweise aus verschiedenen Überlieferungen zusammengebaut haben. Die Antwort auf diese Frage ist deswegen so schwierig, weil die keltischen Artussagen jahrhundertelang nur mündlich tradiert worden sind und weil davon nichts bekannt ist außer den geringen Spuren, die diese Überlieferungen in der lateinischen Chronistik und Hagiographie des 9.-12. Jahrhunderts hinterlassen haben. Die schriftlichen Aufzeichnungen in keltischer (kymrischer) Sprache sind fast durchweg jünger als die französischen Epen. Da die französische Epik auf die keltische Überlieferung zurückgewirkt hat, ist bei Übereinstimmungen niemals sicher, ob es sich um genuin keltische oder um französische Motive handelt. Dieses Problem stellt sich besonders vertrackt für die bedeutendste Gruppe kymrischer Texte, die ›Mabinogion‹ (Plural von *mabinogi*, »Jugendgeschichte«). Es handelt sich um eine Sammlung von Prosaerzählungen, von denen mehrere von König Artus erzählen.

> Deutsche Übersetzung von *Helmut Birkhan*, Keltische Erzählungen vom Kaiser Arthur, 2 Bde, 1989. Vgl. *Doris Edel*, The ›Mabinogionfrage‹: Arthurian Literature between Orality and Literature, in: (Re)Oralisierung, hrsg. von H. L. C. Tristram, 1996, S. 311-333.

Heute herrscht die Auffassung vor, daß in einigen dieser Erzählungen altes keltisches Sagengut erhalten ist (besonders in ›Kulhwch und Olwen‹, dem berühmtesten Stück der Sammlung), während andere Mabinogion sich ziemlich eng an französische Epen angeschlossen haben. Zu diesen letzten gehört der ›Peredur‹, der in den Hauptpunkten dem ›Conte du Graal‹ von Chrétien de Troyes nacherzählt zu sein scheint, daneben aber auch keltische Überlieferungen aufgenommen hat.

> Deutsche Übersetzung des ›Peredur‹ von *Helmut Birkhan*, Keltische Erzählungen vom Kaiser Arthur, 1989, Bd. 1, S. 108-176. Vgl. *Ian Lovecy*, Historia Peredur ab Efrawg, in: The Arthur of the Welsh (vgl. S. 269), S. 171-182.

Die Frage, ob es eine keltische Parzivalsage gegeben hat, wird verschieden beantwortet. Der Name Parzival ist französisch. Chrétiens Namensform *Perceval* wird von den mittelalterlichen Dichtern als *perce val* (»durchdringe das Tal!«) gedeutet. In Wolframs Dichtung interpretiert Sigune Parzivals Namen ähnlich: *der nam ist rehte enmitten durch* (140,17). Im Mabinogi trägt der Held den

Namen Peredur. Dieser Name ist zum ersten Mal im 12. Jahrhundert in der lateinischen ›Geschichte der britischen Könige‹ von Geoffrey von Monmouth bezeugt: einer der Gäste auf dem Hoffest von König Artus heißt so.

Der älteste Text, der von Parzival erzählt, ist der ›Conte du Graal‹ von Chrétien de Troyes, der 1180-1190 datiert wird. In dieser Dichtung gibt es eine Reihe von Motiven, die typische Merkmale der keltischen Sagenwelt aufweisen: die häßliche Gralbotin, die drei Blutstropfen im Schnee, die Blutende Lanze, die Gestalt des Fischer-Königs, das Wunderbett *Lit de la Merveille* usw. Die Romanisten Jean Marx und Roger S. Loomis haben versucht, das Handlungsgerüst einer keltischen Perceval-Peredur-Sage zu erschließen. Im Mittelpunkt stand danach der Besuch eines Sterblichen im keltischen Jenseitsreich, das durch einen Unfruchtbarkeitszauber verödet war und durch eine Zauberfrage erlöst werden konnte.

> *Roger S. Loomis*, Arthurian Tradition and Chrétien de Troyes, 1949. – *Jean Marx*, La légende arthurienne et le Graal, 1952.

Ob Chrétien eine keltische Erzählung dieses Typs gekannt hat, ist allerdings ganz unsicher.

Die Erzählung von Parzival unterscheidet sich von anderen Artusstoffen hauptsächlich dadurch, daß hier zum ersten Mal religiöse Motive eine große Rolle spielen. Die Thematik von Sünde und Buße, die im ›Conte du Graal‹ vom Grauen Ritter und vom Einsiedler-Oheim zur Geltung gebracht wird, steht in enger Beziehung zum Gral.

Der Ursprung der Gralsage gehört zu den schwierigsten Stoffproblemen der Artus-Forschung (vgl. die auf S. 135 angeführte Literatur). Es konkurrieren verschiedene Theorien:

- *Christlicher Ursprung.* In allen Texten, die vom Gral erzählen, ist der Gral ein heiliges Gefäß. Mehrfach begegnen eucharistische Motive. Der feierliche Umzug des Grals erinnert an liturgische Gebräuche.
- *Orientalischer Ursprung.* Diese These beruft sich hauptsächlich auf Wolfram, der den Gral als Stein beschrieben hat. Der Gralstein wird mit verschiedenen orientalischen Steinen in Verbindung gebracht (vgl. S. 138f.). Da Wolfram jedoch den ›Conte du Graal‹ benutzt hat, ist seine Graldarstellung sicherlich sekundär.

Heute überwiegt die Ansicht, daß der Gral als Gegenstand von den magischen Gefäßen der keltischen Sagen abstammt, daß dieser Gegenstand jedoch seinen spezifischen Sinn als Gral erst dadurch erlangt hat, daß ihm eine christlich-eucharistische Bedeutung zugeschrieben wurde. Diese Umdeutung des keltischen Gefäßes ist wahrscheinlich erst durch die französischen Dichter des 12. Jahrhunderts vorgenommen worden, die den Gegenstand zuerst als ›Graal‹ bezeichnet haben.

Die Etymologie des Wortes *graal* ist nicht ganz klar. Sicher ist nur, daß es sich um ein französisches Wort handelt (Ableitungen aus dem Keltischen und aus dem Hebräischen haben nicht überzeugt). Das altfranzösische Wort *graal* wird entweder von lat. *crater* »Mischgefäß« hergeleitet oder von lat. *cratis* »Geflecht«. Nach Helinand von Froidmont (Anfang des 13. Jahrhunderts) ist ein *graal* eine »große, ziemlich tiefe Schüssel..., die in der Volkssprache ›Graal‹ genannt wird« (*scutella lata, et aliquantulum profunda ..., et dicitur vulgari nomine graalz*), die zum Auftragen der Speisen am Tisch der Reichen diente.

> *Helinand von Froidmont*, Chronicon, hrsg. von J.-P. Migne, Patrologia Latina, Bd. 212, Paris 1865, Sp. 771-1082, Zitat Sp. 815. Vgl. *Mario Roques*, Le nom du Graal, in: Les romans du Graal aux XIIe et XIIIe siècles, Paris 1956, S. 5-14.

In dieser Bedeutung hat auch Chrétien das Wort *graal* bei der ersten Erwähnung gebraucht. Bei der Bewirtung Percevals auf der Gralburg wird feierlich »ein Gral« hereingetragen: »Ein Mädchen hielt einen Gral zwischen ihren beiden Händen« (*.I. graal entre ses .ii. mains Une damoisele tenoit* 3220-21). Im weiteren Verlauf der Erzählung wird dem Wort *graal* dann immer der bestimmte Artikel beigefügt: gemeint ist dann der Gral des Reichen Fischers. Für Wolfram war das Wort *grâl* bereits ein Name: *daz was ein dinc, daz hiez der Grâl* (235,23).

Ungeklärt ist die Frage, ob die Gralsage von Anfang an mit der Geschichte von Parzival verbunden war oder ob diese Verbindung erst nachträglich hergestellt worden ist. Die Antwort auf diese Frage hängt hauptsächlich davon ab, wie man das chronologische und literarische Verhältnis zwischen den beiden ältesten Texten, die vom Gral erzählen, beurteilt. Es sind dies zwei französische Dichtungen des ausgehenden 12. Jahrhunderts:

Chrétien de Troyes: ›Le Conte du Graal‹ (9234 Verse). Hier gehört der Gral zur Geschichte von Parzival. Der Gral ist eine goldene Schüssel, die zusammen mit der Blutenden Lanze beim Festmahl auf der Burg des Fischer-Königs herumgetragen wird. Der Gral ist bei Chrétien ein Hostienbehälter: eine geweihte Oblate wird darin dem alten Gralkönig überbracht.

> Ausgaben und Übersetzungen: vgl. S. 270f.

Robert de Boron: ›L'Estoire dou Graal‹ (3514 Verse). In dieser Dichtung kommt Perceval nicht vor. Erzählt wird die Legende von Joseph von Arimathia, die aus apokryphen Evangelientexten stammt. Der Gral ist bei Robert de Boron der Kelch, den Christus beim letzten Abendmahl benutzt hat. In diesem Kelch fängt Joseph von Arimathia bei der Kreuzigung das Blut Christi auf. Später wird der Kelch Mittelpunkt eines Kultes zur Erinnerung an das Abendmahl. Nach Joseph behütet sein Schwager Bron, der «der Reiche Fischer» (*Le Riche Pescheeur* 3345) genannt wird, den Gral. Gott verkündet, daß Brons Enkel, der Sohn seines Sohnes Alain, der dritte Gralhüter werden soll. Bron, Alain und ihre Getreuen verlassen Palästina; sie nehmen den Gral mit in den Westen und wollen in den »Tälern von Avaron« (*es vaus d'Avaron* 3123) die Ankunft von Brons Enkel erwarten.

> Ausgaben und Übersetzungen: *Robert de Boron*, Le roman de l'Estoire dou Graal, éd. *William A. Nitze*, Paris 1927. – *Robert de Boron*, Joseph d'Arimathie, Ed. *Richard O'Gorman*, Toronto 1995. – *Robert de Boron*, Le roman du Saint-Graal, [nach der Ausgabe von Francisque Michel, 1841] übersetzt und eingeleitet von *Monica Schöler-Beinhauer*, 1981.

Stoffgeschichtlich haben die beiden Texte nichts miteinander zu tun. In der Schilderung des Grals gibt es jedoch auffällige Übereinstimmungen. Gemeinsam ist ihnen das Wort *graal*, das in beiden Texten ein wunderbares Gefäß bezeichnet, das bei einer kultischen Mahlzeit benutzt wird und das in Beziehung zur Eucharistie steht. In beiden Texten bilden die Hüter des Grals eine Familiendynastie, und einer aus der Familie der Gralhüter trägt den Titel »der Reiche Fischer« (*le Riche Pêcheur*). Welchem der beiden Texte die zeitliche Priorität gebührt, ist unklar. Das Werk Roberts de Boron kann nicht genauer datiert werden. Wenn der ›Conte du Graal‹ älter ist, dann könnte Chrétiens Dichtung als Ausgangspunkt der Gralüberlieferung angesehen werden; die Trennung von Gral und Perceval-Handlung wäre dann sekundär. Ob es bereits vor Chrétien, im Bereich mündlicher Überlieferungen, eine Verbindung von Gralsage und Parzivalsage gegeben hat, muß offenbleiben.

Ein inhaltlicher Zusammenhang zwischen dem ›Conte du Graal‹ und der ›Estoire dou Graal‹ von Robert de Boron ist erst nachträglich hergestellt worden: in den französischen Prosaromanen aus der ersten Hälfte des 13. Jahrhunderts:

›*Didot-Perceval*‹: Perceval ist hier der Enkelsohn des kranken Gralhüters Bron. Bron soll nach einer Prophezeiung Merlins durch einen Ritter der Tafelrunde erlöst werden. Die Erzählung folgt teilweise der Perceval-Handlung in Chrétiens ›Conte du Graal‹ und der ›Ersten Fortsetzung‹. Nachdem Perceval bei seinem ersten Besuch auf der Gralburg versäumt hat, die Erlösungsfrage zu stellen, zieht er sieben Jahre lang von Abenteuer zu Abenteuer, bis Merlin ihm den Weg zurück zur Gralburg weist. Dort erlöst er seinen Großvater Bron, den Fischer-König, und wird selber Gralkönig, nachdem Bron ihm die Geheimnisse des Grals anvertraut hat. Der ›Didot-Perceval‹ ist der dritte Teil eines Robert de Boron-Zyklus in Prosa. Vorausgegangen sind eine Prosa-Version von Roberts de Boron ›Estoire dou Graal‹ und ein Prosa-›Merlin‹.

> Ausgaben und Übersetzungen: The Didot Perceval, According to the Mss. of Modena and Paris, Ed. *William Roach*, Philadelphia 1941. Englische Übersetzung von *Dell Skeels*: The Romance of Perceval in Prose. A Trans-

lation of the E Manuscript of the Didot Perceval, Seattle, London 1961.
Französische Übersetzung in: La légende arthurienne. Le Graal et la Table
Ronde, dir. *Danielle Régnier-Bohler*, Paris 1989, S. 354-430.

›*Perlesvaus*‹: Das Ansehen von König Artus' Hof ist tief gesunken, nicht zu-
letzt durch Perlesvaus' Versäumnis auf der Gralburg, das die Krankheit des
Gralkönigs zur Folge hatte. Artus ruft alle Ritter auf, das Abenteuer des Grals
zu bestehen. Gauvain gelangt zum Gral, versäumt es aber ebenfalls, die Erlö-
sungsfrage zu stellen. Als nächster gelangt Lancelot zur Gralburg, aber auch
ihm gelingt die Erlösung nicht. Als Perlesvaus erfährt, daß der Fischer-König
gestorben ist und die Gralburg vom König von Chatel Mortel eingenommen
wurde, besiegt er diesen und befreit die Gralburg. Schließlich wird Perlesvaus
den Menschen entrückt; auch der Gral verschwindet.

Ausgaben und Übersetzungen: Le Haute Livre du Graal, Perlesvaus, Ed.
William A. Nitze and *T. Atkinson Jenkins*, 2 Bde, Chicago 1932-1937.
Französische Übersetzung in: La légende arthurienne. Le Graal et la Table
Ronde (siehe oben), S. 117-309.

›*La Queste del Saint Graal*‹: Galaad, der Sohn Lancelots und der Gralträgerin,
ist an den Artushof gekommen und hat den freien Sitz an der Tafelrunde
eingenommen. Der Gral schwebt herein, und die ganze Tafelrunde beschließt,
das Abenteuer des Grals zu bestehen. Nur drei Ritter gelangen ans Ziel: Galaad,
Perceval und Bohort. Galaad erlöst den kranken Gralkönig, erlebt die mystische
Schau im Gral und stirbt. Perceval stirbt ein Jahr später. Nur Bohort kehrt an
den Artushof zurück. Gral und Lanze werden in den Himmel entrückt. – Die
›Queste del Saint Graal‹ ist der vierte Teil des ›Lancelot en prose‹-Zyklus, der
die Grundlage für die weitere Tradierung des Stoffes bildete.

Ausgaben und Übersetzungen: La queste del Saint Graal. Roman du XIIIe
siècle, éd. *Albert Pauphilet*, Paris 1923. Englische Übersetzung von *P. M.
Matarasso*, The Quest of the Holy Grail, Middlesex, Baltimore 1969.

7.2 Wolframs Hauptquelle:
Der ›Conte du Graal‹ von Chrétien de Troyes

Die Quellenuntersuchungen zum ›Parzival‹ haben zu dem sicheren
Ergebnis geführt, daß Wolframs Vorlage der ›Conte du Graal‹ von
Chrétien de Troyes war (Vgl. die auf S. XX angeführte Literatur).

Der ›Conte du Graal‹ (15 vollständige Handschriften und 3 Frag-
mente) war wahrscheinlich Chrétiens letztes Werk. Es ist im Auftrag
des Grafen Philipp von Flandern († 1191) gedichtet worden und
wahrscheinlich 1180-1190 entstanden.

Ausgaben und Übersetzungen: vgl. S. 270f.

Das Werk ist unvollendet geblieben. Chrétien hat den Text nur bis Vers 9234 gedichtet. An dieser Stelle hat die Handschrift A (Paris, Bibliothèque Nationale, fr. 794) die Notiz: »Hier endet der Alte Perceval« (*Explyzyt percevax le viel*). Chrétiens Text bricht mitten in der zweiten Gauvain-Partie ab, als Gauvains Bote den Artushof erreicht hat. In den meisten Handschriften schließen sich unmittelbar die Fortsetzungen an. Wie die Handlung von Chrétien weiter geplant war, darüber gibt es nur vage Vermutungen.

Das fragmentarische Werk wurde bald weitergedichtet und fortgesetzt. Man unterscheidet zwei nachträgliche Prologe und vier Fortsetzungen, durch die Chrétiens Epos im Verlauf des 13. Jahrhunderts zu einem Textcorpus von 60-70000 Versen anwuchs.

Im Hinblick auf Wolfram sind zwei Stücke besonders wichtig, die Wolfram möglicherweise gekannt hat:

– Der sogenannte ›Bliocadran-Prolog‹ (800 Verse), der eigentlich kein Prolog ist, sondern eine knappe Vorgeschichte zu Chrétiens Dichtung, die hauptsächlich von Percevals Vater Bliocadran erzählt. Gedruckt in: Der Percevalroman (Li contes del Graal), hrsg. von *Alfons Hilka* (vgl. S. 270) [Bliocadran-Prolog: S. 430-454]. – Vgl. *Lenora D. Wolfgang*: Bliocadran. A Prologue to the Perceval of Chrétien de Troyes, 1976.

– Die ›Erste Fortsetzung‹, auch ›Gauvain-Fortsetzung‹ genannt, in der die Gauvain-Handlung zum Abschluß gebracht wird: Gauvain gelangt auf die Gralburg und löst dort das Geheimnis der Blutenden Lanze. Von dieser Fortsetzung gibt es mehrere Fassungen, die im Umfang weit auseinandergehen (9500-19600 Verse) (The Continuations of the Old French Perceval of Chrétien de Troyes, Ed. *William Roach*, 3 Bde, Philadelphia 1949-1956. Deutsche Übersetzung von *Konrad Sandkühler*, Gauwain sucht den Gral. Erste Fortsetzung des Perceval von Chrestien de Troyes, 1959).

Der ›Conte du Graal‹ bildete, zusammen mit dem Gralroman von Robert de Boron, die stoffliche Grundlage für die französischen Prosa-Gral-Zyklen, in denen die Geschichte vom Gral mit der Geschichte vom Untergang des Artusrittertums (nach der lateinischen ›Geschichte der britischen Könige‹ von Geoffrey von Monmouth) verknüpft wird. Chrétiens Text ist außerdem in mehrere andere Sprachen übertragen worden: ins Norwegische (›Parcevals saga‹ und ›Valvers thattr‹, 13. Jh.), ins Kymrische (›Peredur‹, 13. Jh.), ins Englische (›Sir Perceval‹, 14. Jh.), am frühesten ins Deutsche (Wolframs ›Parzival‹).

Wie, durch wen und in welcher Gestalt Wolfram seine französische Vorlage kennengelernt hat, ist unbekannt. Nach den Untersuchungen von Jean Fourquet hat Wolfram zwei verschiedene französische Handschriften benutzt: für die Bücher III-VI eine Textfassung, die der Handschrift R (Paris, Bibl. Nat., fr. 1450) verwandt war, später eine andere Handschrift (*Jean Fourquet*, Wolfram d'Eschenbach et le Conte del Graal (vgl. S. 271), S. 59ff.). Fourquets Ergebnisse können jedoch nicht als gesichert gelten.

In der Handlungsführung ist Wolfram seiner Quelle ziemlich genau gefolgt. Es gibt eine Reihe von wörtlichen Berührungen, die eine direkte Abhängigkeit sicherstellen. Verglichen mit anderen höfischen Epen, die nach französischen Vorlagen gearbeitet sind, ist Wolfram bei der Übertragung sehr frei verfahren. Seine Dichtung ist doppelt so umfangreich (den 9234 Versen Chrétiens entsprechen im ›Parzival‹ etwa 18000 Verse). Manchmal hat Wolfram gekürzt (zum Beispiel Parzivals Begegnung mit den Rittern im Wald); selten ist eine ganze Szene ausgelassen (Percevals Schwertleite bei Gornemant; die Schwertleite der jungen Ritter in Schastel marveile). Wolfram hat Figuren benannt, die bei Chrétien namenlos sind (Anfortas, Trevrizent, Herzeloyde, Sigune, Jeschute, Cunneware usw.); andere sind umbenannt (Condwiramurs heißt bei Chrétien Blancheflor). Nicht wenige Personen sind neu eingeführt (Liaze, Bene, Liddamus usw.); andere haben in der deutschen Dichtung ein anderes Charakterbild (Ither, Orgeluse). Es gibt auch sachliche Abweichungen, die vor allem zwei Sachkomplexe betreffen: den Gral und die Verwandtschaftsverhältnisse.

Für die Interpretation von Wolframs ›Parzival‹ bietet der Vergleich mit Chrétiens ›Conte du Graal‹ eine sichere Grundlage. Aus den Übereinstimmungen ist zu ersehen, was dem deutschen Nachdichter (oder seinen Auftraggebern) an der französischen Dichtung wichtig war; aus den Änderungen und Ergänzungen kann man erkennen, inwieweit Wolfram eigene Wege gegangen ist. Die germanistischen Quellenvergleiche sind häufig der Gefahr erlegen, Chrétiens Dichtung nur als stoffliche Quelle zu betrachten und Chrétiens Erzählkunst zu vernachlässigen.

Ein Vergleich muß versuchen, beiden Werken gerecht zu werden. Was Chrétiens Erzählstil auszeichnet – der Zauber des Geheimnisvollen, der über weiten Teilen der Handlung liegt, und die feine Ironie des Erzählers, der die Zuhörer auf Distanz hält –, findet man bei Wolfram nicht. Umgekehrt ist das Netzwerk der Sinnbezüge, das alle Einzelheiten überspannt, ebenso ein Merkmal von Wolframs Dichtung wie das ›hakenschlagende‹ Erzählen, das mit Überraschungen und Dissonanzen arbeitet und von den Zuhörern ein ständiges Mitdenken einfordert.

7.3 Die Nebenquellen

Keltische Quellen. Die ältere stoffgeschichtliche Forschung rechnete damit, daß Wolfram Zugang zu keltischen Überlieferungen vor und neben Chrétien

hatte. Tatsächlich gibt es eine Reihe von Motiven im ›Parzival‹, die nicht von
Chrétien stammen, aber in anderen Bearbeitungen des Stoffes bezeugt sind.
Am auffälligsten ist, daß der Gral bei Wolfram, wie in den meisten Texten
nach Chrétien, ein magischer Speisespender ist. Dieses Motiv muß Wolfram
aus einer anderen Quelle übernommen haben. Weniger Gewicht besitzen
andere Übereinstimmungen: wie im ›Peredur‹ und im ›Sir Perceval‹ ist im
›Parzival‹ das Waldleben breiter ausgeführt als im ›Conte du Graal‹. Wie im
›Peredur‹ heilt Parzivals Frage in der deutschen Dichtung den Gralkönig.
Wie im ›Perlesvaus‹ muß man im ›Parzival‹ den Gral unwissend finden, und
sein Anblick verleiht Jugendfrische. Es ist anzunehmen, daß Wolfram diese
Motive aus französischen Quellen bezogen hat.

Französische Quellen. Es ist nicht unwahrscheinlich, daß Wolfram eine
›Conte du Graal‹-Handschrift benutzt hat, in der Chrétiens Dichtung be-
reits von Fortsetzungen begleitet war. Die Gahmuret-Geschichte zeigt eine
Reihe von Übereinstimmungen mit dem ›Bliocadran-Prolog‹: Ebenso wie
Percevals Vater Bliocadran fällt Gahmuret im Kampf, vor der Geburt seines
Sohns. Wie im ›Bliocadran-Prolog‹ zieht die Witwe bei Wolfram erst nach
dem Tod ihres Mannes in die Wildnis, um den Sohn vor den Gefahren des
ritterlichen Lebens zu bewahren. Diese Darstellung unterscheidet sich von
der Chrétiens, in dessen Dichtung Percevals Vater seinen Besitz verloren hat
und danach mit seiner Familie in die Einöde gezogen ist. Bei Chrétien sind
Percevals ältere Brüder beide am selben Tag im Kampf gefallen; aus Schmerz
darüber ist ihr Vater gestorben.

Die Gauvain-Handlung der ›Ersten Fortsetzung‹ hat im ›Parzival‹ keine
Parallele. Es gibt jedoch am Anfang einige gemeinsame Motive: der Kampf
zwischen Gauvain und Guiromelant (= Gramoflanz) wird vor der Entschei-
dung abgebrochen; König Artus versöhnt die Gegner auf Bitten von Gauvains
Schwester. Vielleicht kannte Wolfram eine Kurzfassung der ›Ersten Fortsetzung‹,
die nur bis zur Versöhnung mit Guiromelant reichte.

Es gibt auch Übereinstimmungen mit den jüngeren Fortsetzungen des
›Conte du Graal‹; eine direkte Abhängigkeit Wolframs scheint jedoch schon
aus chronologischen Gründen ausgeschlossen zu sein.

Welche anderen Epen Chrétiens, außer dem ›Conte du Graal‹, Wolfram
kannte, ist nicht ganz sicher; auch nicht, welche französischen Epen anderer
Autoren ihm bekannt waren (vgl. S. 9).

Aus einer französischen Quelle stammt wahrscheinlich Wolframs Kenntnis
der Schwanrittersage. Bei Wolfram ist der Schwanritter Parzivals Sohn und
heißt *Loherangrîn*. Dieser Name stammt vielleicht aus der französischen
Heldenepik (Garin le Loherain). Gralsage und Schwanrittersage sind auch in
der ›Vierten Fortsetzung‹ des ›Conte du Graal‹ (von Gerbert de Montreuil)
miteinander verbunden. In Deutschland ist der ›Parzival‹ die früheste Bezeu-
gung der Schwanrittersage.

Thomas Cramer, Lohengrin, Edition und Untersuchungen, 1971 (»Die
Tradition des Schwanritterstoffes«: S. 46–129). – *Herbert Kolb*, Die Schwan-
rittersage als Ursprungsmythos mittelalterlicher Fürstengeschlechter, in:

History and Heroic Tale, Ed. T. Nyberg (u.a.), 1985, S. 24-50. – *Luitfried von Salvini-Plawen*, Zur Historizität des ›Schwanritters‹, AKG 72, 1990, S. 297-322.

Mit französischen Quellen ist vielleicht auch für die Gahmuret-Bücher zu rechnen. Unklar ist, ob Wolfram die Geschichte Gahmurets aus verschiedenen Motiven der französischen Literatur selber zusammengefügt hat oder ob er sich auf eine zusammenhängende französische Erzählung stützen konnte. Die erste Ansicht ist vor allem von Friedrich Panzer vertreten worden, der für das 1. Buch auf den ›Ipomedon‹ von Hue de Rotelande, für das 2. Buch auf den anonymen ›Joufroi de Poitiers‹ hingewiesen hat (*Friedrich Panzer*, Gahmuret. Quellenstudien zu Ws Parzival, 1940 (SB der Heidelberger Akad. der Wiss., Phil.-hist. Klasse 1939/40, Nr. 1)).

Wie eine zusammenhängende französische Gahmuret-Quelle ausgesehen haben könnte, kann man vielleicht aus dem mittelniederländischen Versroman ›Moriaen‹ (13. Jh.) erschließen, der einige Parallelen zur Gahmuret-Feirefiz-Handlung aufweist: Ein christlicher Ritter hat ein Liebesabenteuer mit einer Mohrenprinzessin und verläßt sie, bevor ihr Sohn geboren ist. Der Sohn zieht später aus, um seinen Vater zu suchen. Moriaen ist in der niederländischen Dichtung Perchevaels Neffe. Es ist möglich, daß der ›Moriaen‹ auf eine französische Quelle zurückgeht, die auch von Wolfram benutzt worden ist. Es ist aber auch nicht auszuschließen, daß das niederländische Epos unter dem Einfluß des ›Parzival‹ stand (*David A. Wells*, The Middle Dutch Moriaen, WvE's Parzival and Medieval Tradition, Studia Neerlandica 7, 1971/73, S. 243-281).

Das stärkste Argument zugunsten einer französischen Gahmuret-Quelle ist die Verbindung Gahmurets mit Anjou, dem Stammland der englischen Könige aus dem Haus Plantagenet. Gahmuret ist bei Wolfram ein *Anschevîn*, sein Land heißt *Anschouwe*. Einem französischen (oder einem anglo-normannischen) Dichter hat es gewiß nähergelegen als einem deutschen, seinen Helden durch die Verbindung mit dem englischen Königshaus zu verherrlichen. Die Vermutung, daß König Richard Löwenherz († 1199) das Vorbild für die Gahmuret-Gestalt gewesen sei, läßt sich nicht beweisen. Wolframs Angaben über Anschouwe decken sich nicht mit der historischen Wirklichkeit. Anschouwe ist im ›Parzival‹ ein Königreich mit der Hauptstadt Bealzenan. Auch die Namen der Anschevin-Könige: Gandin, Galoes, Gahmuret, haben im Haus Anjou keine Parallele. Der Name Gandin führt in einen anderen Bereich: der König heißt nach der Stadt *Gandîne* in der Steiermark (498,25ff.), heute Haidin bei Pettau. Die Lage der Stadt, am Zusammenfluß von Grajena und Drau, wird im ›Parzival‹ mit auffälliger Genauigkeit beschrieben (498,29ff.). Diese Angaben macht Trevrizent im 9. Buch. Er erzählt dem Neffen, daß er als junger Mann auf Ritterfahrt von Aquileja über Cilli in die Steiermark geritten sei (496,19ff.; 498,21ff.); und er nennt in diesem Zusammenhang eine Reihe von Orts-, Fluß- und Bergnamen, die sich in der Südostecke der damaligen Steiermark (heute in Slowenien) nachweisen lassen. Wie sich diese genauen Lokalkenntnisse erklären, ist in der ›Parzival‹-Forschung als das »steirische Rätsel« diskutiert worden. Man muß dabei unterscheiden zwischen der Frage,

wie Wolfram zur Kenntnis dieser Lokalnamen gelangt ist (darauf wird sich
schwerlich eine sichere Antwort finden), und der anderen Frage, warum er
diese Namen mit Parzivals väterlicher Familie in Verbindung gebracht hat.
Die Vermutung, daß darin eine besondere Anspielung steckt, liegt nahe.
Zuletzt hat Fritz P. Knapp gezeigt, daß sich kein Zusammenhang mit den
österreichischen Ministerialen von Anschowe (Anschau) und den Herren von
Steyr nachweisen läßt und daß die von Wolfram genannten Namen auch
nicht mit dem Reiseweg von König Richard Löwenherz (der im Jahr 1192,
bei der Rückkehr vom Kreuzzug, durch Friaul und Kärnten gereist ist) in
Verbindung zu bringen sind (*Fritz P. Knapp*, Baiern und die Steiermark in
Ws Parzival, Beitr. 110, 1988, S. 6-28).

Das »steirische Rätsel« bleibt vorerst ungelöst.

Orientalische Quellen. Die Steinform des Grals und die Orientmotive im
›Parzival‹ haben in den französischen Graldichtungen keine Parallele. Deswe-
gen wurde erwogen, daß diese Motive aus orientalischen Quellen stammen
(vgl. S. 138f.). Dabei wurde eine Fülle von möglichen Anknüpfungspunkten
aufgedeckt, die sich zum großen Teil gegenseitig ausschließen. Die Tatsache,
daß sich Vergleichbares in verschiedenen orientalischen Überlieferungen
findet, mindert das Gewicht solcher Parallelen. Nicht ein einziges Ergebnis
ist zum gesicherten Besitz der Forschung geworden.

Aus orientalischer Überlieferung müssen die arabischen Planetennamen
stammen, die Kundrie im 15. Buch nennt (782,1ff.). Es gibt im ›Parzival‹
außerdem eine Reihe echter orientalischer Ortsnamen: *Alexandrîe, Baldac,
Ninivê, Hâlap, Dâmasc, Ranculât*. Die Namen der beiden Philosophen, *Kancor*
und *Thêbit* (643,17), sind vielleicht beide aus dem Namen des arabischen
Naturforschers Thabit ibn Qurra (+ 901) entwickelt. Arabisch ist auch der
Name der Burg *Kalot enbolot* (657,13), wo Clinschor heimlich die Königin
von Sizilien besucht hat. Katala bellotta (heute Caltabellotta) war eine Burg
der Könige von Sizilien, die bei der Eroberung des Landes durch Kaiser
Heinrich VI. im Jahr 1194 eine Rolle gespielt hat.

Im 1. Buch kämpft Gahmuret im Dienst des Baruc von Baldac (= Bagdad)
gegen zwei Brüder aus dem ägyptischen Babylon (= Kairo) und belagert sie in
Alexandria (14,3ff.). Das erinnert an verschiedene zeitgeschichtliche Ereignisse:
an die Belagerung Alexandrias durch Amalrich I. von Jerusalem im Jahr 1167
oder an die Kämpfe während des Dritten Kreuzzugs.

Daß wir heute über die Orientmotive im ›Parzival‹ und über die orien-
talischen Namen bei Wolfram besser informiert sind als früher, ist in erster
Linie das Verdienst des Orientalisten Paul Kunitzsch, der die verschiedenen
Zeugnisse kritisch gesichtet hat.

Paul Kunitzsch, Die Planetennamen im Parzival, ZfdSp. 25, 1969, S. 169-
174. – *Ders.*, Die Arabica im Parzival WsvE, W-St. 2, 1974, S. 9-35.
– *Ders.*, Die orientalischen Ländernamen bei W (vgl. S. 8). – *Ders.*, Quel-
lenkritische Bemerkungen zu einigen Wschen Orientalia, W-St. 3, 1975,
S. 263-275. – *Ders.*, Erneut: Der Orient in Ws Parzival, ZfdA 113, 1984,
S. 79-111. – *Ders.*, Der Orient bei WvE – Phantasie und Wirklichkeit, in:

Orientalische Kultur und europäisches Mittelalter, hrsg. von A. Zimmermann, I. Craemer-Ruegenberg, 1985, S. 112-122. Zur Orient-Darstellung im ›Parzival‹ vgl. auch die auf S. 46 angeführte Literatur.

Nach Kunitzschs Feststellungen gewann Wolfram seine Orientkenntnisse hauptsächlich aus lateinischen Quellen, vor allem aus der Kreuzzugschronik Wilhelms von Tyrus (gest. 1186) und aus verschiedenen gelehrten Schriften, die in Spanien aus dem Arabischen übersetzt worden waren. Wolfram selber hat in seinen Angaben über Kyot und Flegetanis auf die Bedeutung des astronomisch-astrologischen Schrifttums der jüdisch-christlichen Übersetzerschule im spanischen Toledo hingewiesen (453,11ff.). Vielleicht ist in diesem Zusammenhang auch das lateinische ›Secretum secretorum‹ (die lateinische Übersetzung einer arabischen Enzyklopädie, die sich als ein Brief von Aristoteles an Alexander den Großen ausgibt) für den ›Parzival‹ von Bedeutung. Die Verbindung von Fürstenspiegel, Sternkunde und Gesundheitslehre in diesem Werk könnte Trevrizents Erzählung von den Versuchen, den kranken Gralkönig Anfortas zu heilen, angeregt haben.

Secretum secretorum cum glossis et notulis ... Fratris Rogeri, ed. *Robert R. Steele*, Oxford 1920. Vgl. *Gundolf Keil*, Secretum secretorum, in [2]VL, Bd. 8, 1992, Sp. 993-1013.

Ob die Orientkenntnisse hauptsächlich schriftlich oder – wie Wolfram behauptet – mündlich vermittelt worden sind, ist unsicher.

Lateinische Quellen. Die Namen der von Feirefiz besiegten Gegner (770,1ff.) scheinen größtenteils den ›Collectanea rerum memorabilium‹ des römischen Geographen C. Julius Solinus entnommen zu sein (das Werk war im Mittelalter unter dem Titel ›Polyhistor‹ bekannt). Aus Solin oder Plinius sind vielleicht auch die Namen der Heilkräuter (484,15ff.) herzuleiten. Zu den lateinischen Quellen der Schlangennamen (481,8ff.) und der Namen der Edelsteine (791,1ff.) vgl. S. 8. Die Namen der antiken Steinkenner (773,22ff.) verdankte Wolfram offenbar einer Tradition, die durch die Lapidarien von Marbod von Rennes und von Arnoldus Saxo vertreten wird. (vgl. die auf S. 7f. aufgeführte Literatur).

Aus lateinischer Überlieferung müssen auch die biblischen Namen und die theologischen Begriffe stammen, die im ›Parzival‹ vorkommen. Die astronomisch-astrologischen Anspielungen im ›Parzival‹ werden ebenfalls durch lateinische Quellen vermittelt worden sein. Unsicher ist, ob die Sage vom Zauberer Vergil, die Wolfram für die Ausgestaltung der Clinschor-Gestalt benutzt hat, ihm aus lateinischer Überlieferung vermittelt worden ist (*Leander Petzold*, Virgilius Magus. Der Zauberer Virgil in der literarischen Tradition des Mittelalters, in: Hören, Sagen, Lesen, Lernen. FS für Rudolf Schenda, 1995, S. 549-568).

Aus lateinischen Quellen dürften Wolframs Kenntnisse über den Presbyter Johannes stammen, der durch die ›Weltchronik‹ Ottos von Freising in Europa bekannt geworden war. Außerdem war ein Brief, den angeblich

Johannes an den griechischen Kaiser Manuel I. (gest. 1180) geschrieben hat,
seit dem Ende des 12. Jahrhunderts weit verbreitet. Motive daraus scheint
Wolfram bei der Beschreibung der beiden Burgen Munsalvaesche und Schastel
marveile benutzt zu haben.

> *Friedrich Zarncke*, Der Priester Johannes, in: Abhandlungen der Kgl.
> Sächsischen Gesellsch. der Wiss., Phil.-hist. Kl. 7, 1879, S. 827-1028; 8,
> 1883, S. 1-186. – *Elisabeth Schmid*, Priester Johannes oder die Aneignung
> des Fremden, in: Germanistik in Erlangen, hrsg. von D. Peschel, 1983,
> S. 75-93. – *Anna-Dorothee van den Brincken*, Presbyter Johannes, Domi-
> nus Dominantium – ein Wunsch-Weltbild des 12. Jh.s, in: Ornamenta
> Ecclesiae, Kunst und Künstler der Romanik, hrsg. von A. Legner, 1985,
> Bd. 1, S. 83-97. – *Bettina Wagner*, Die Epistola presbiteri. Textgeschichte,
> Rezeption und Übertragungen im Mittelalter, 2000. – *István Bejczy*, La
> lettre du Prêtre Jean: Une utopie médiévale, Paris 2001. – *Udo Friedrich*,
> Zwischen Utopie und Mythos. Der Brief des Priester Johannes, ZfdPh.
> 122, 2003, S. 73-92.

Deutsche Quellen. Viele Anregungen verdankte Wolfram der deutschen
Literatur seiner Zeit, vor allem den Epen Veldekes und Hartmanns. Aus der
›Eneit‹ stammen nicht nur verschiedene Namen (*Flegetône, Jêometras, Antanor,
Prôthizilas* usw.), sondern auch Motive und Szenenteile. Von Hartmann von
Aue hat Wolfram ebenfalls zahlreiche Namen übernommen. Hartmanns Artusro-
mane haben außerdem auf die Handlungsführung der letzten ›Parzival‹-Bücher
eingewirkt. Parzivals Zweikampf mit Gawan im 14. Buch ist offenbar nach
dem Vorbild von Iweins Kampf gegen Gawein gestaltet, während Parzivals
Zweikampf mit Feirefiz von Erecs Kampf gegen Mabonagrin beeinflußt zu
sein scheint. Auch zu Hartmanns ›Gregorius‹ gibt es Verbindungen. Die
astrologischen und kosmologischen Vorstellungen im ›Parzival‹ stammen
offenbar zum guten Teil aus dem deutschen ›Lucidarius‹ (*E. Nellmann*, Der
Lucidarius als Quelle Wolframs [vgl. S. 12], S. 64ff.).

Zu Wolframs Kenntnissen der älteren deutschen Literatur vgl. auch S. 12;
zu seinen literarischen Beziehungen S. 10ff.

7.4 Das Kyotproblem

Wolframs eigene Angaben über seine Quellen zeichnen ein gänzlich
anderes Bild. Chrétien de Troyes wird im ›Parzival‹ nur einmal erwähnt,
im Epilog, wo es heißt, daß Chrétien dem Werk »Unrecht getan«
habe: *von Troys meister Cristjân disem maere hât unreht getân* (827,1-
2). Wolfram behauptet, daß er nicht Chrétiens Dichtung gefolgt sei,
sondern eine andere französische Parzival-Graldichtung als Vorlage
benutzt habe: das Werk von Kyot, »der uns die Geschichte richtig
erzählt hat« (*der uns diu rehten maere enbôt* 827,4).

Carl Lofmark, W's Source References in Parzival, MLR 67, 1972, S. 820-844. – *Ders.*, Zur Interpretation der Kyotstellen im Parzival, W-St. 4, 1977, S. 33-70. – *Rüdiger Schütz*, Die Echos der Verschwiegenheit. Ein semiotischer Zugang zum Kyotproblem in WvEs Parzival, Osnabrücker Beiträge zur Sprachtheorie 42, 1990, S. 168-185.

Kyot soll ein Provenzale gewesen sein, der in französischer Sprache gedichtet hat; er soll auch Arabisch und Lateinisch verstanden und sich zeitweilig in Toledo aufgehalten haben. Dort soll er den astronomischen Traktat von Flegetanis ins Lateinische übertragen haben. Daraus soll er, unter Verwendung lateinischer Chroniken aus Anjou, einen Parzivalroman gemacht haben. Kyot wird von Wolfram zum ersten Mal im 8. Buch erwähnt (416,20ff. 431,2). Am ausführlichsten ist im 9. Buch (453,1ff.) und im 16. Buch (827,1ff.) von ihm die Rede. Kurz erwähnt wird er noch an einigen anderen Stellen.

Die ältere Forschung ist davon ausgegangen, daß diese Angaben zutreffend sind, daß Wolframs Hauptquelle tatsächlich eine verlorene französische Parzival-Graldichtung von Kyot gewesen ist. Später hat sich die Auffassung durchgesetzt, daß es eine solche französische Dichtung nicht gegeben hat, daß Kyot vielmehr eine Erfindung von Wolfram ist. Diese Ansicht stützt sich auf folgende Beobachtungen:

– Der Textvergleich mit dem ›Conte du Graal‹ sichert Wolframs Abhängigkeit von Chrétien. Würden Wolframs Angaben zutreffend sein, müßte Kyots Dichtung zum Teil wörtlich mit Chrétiens Dichtung identisch gewesen sein.

– In der französischen Literaturgeschichte des 12. Jahrhunderts fehlt jede Spur einer zweiten Parzivaldichtung.

– Wolframs Angaben über Kyot sind in sich widersprüchlich. Kyot wird *der meister wol bekant* genannt (453,11), aber niemand hat je von ihm gehört. Er soll französisch gedichtet haben, obwohl er Provenzale gewesen sei. Auch die Angaben über Kyots Quellen enthalten Unwahrscheinliches: Kyot soll in einer lateinischen Chronik aus Anjou die Geschichte der Gralkönige gefunden haben (455,12ff.).

Vereinzelt ist noch in neuerer Zeit die Ansicht vertreten worden, Wolframs Angaben über Kyot entsprächen der Wahrheit; am eindrucksvollsten von Herbert Kolb (*Herbert Kolb*, Munsalvaesche. Studien zum Kyotproblem, 1963). Kolbs Ansichten haben sich jedoch nicht durchgesetzt.

Geht man davon aus, daß Wolframs Angaben über Kyot unzutreffend sind, dann stellt sich die Frage, wie Wolfram dazu gekommen ist, seinen Gewährsmann Kyot zu nennen. Vielfach wird angenommen, daß der Name seine Entstehung einem Irrtum Wolframs oder einer bewußten Mystifikation verdankt.

San-Marte hat die These vertreten, *Kyot von Provenz* sei in Wirklichkeit der französische Dichter Guiot de Provins, der um 1200 gedichtet hat und von dem ein moralisch-satirisches Gedicht (›La Bible‹) und einige Lieder überliefert sind (*San-Marte* (*Albert Schulz*), Parcival-Studien, Bd. 1, 1861, S. 3ff.).

Daß Guiot de Provins einen Parzivalroman gedichtet hat, nimmt heute allerdings niemand mehr an. Wolfgang Mohr hat wahrscheinlich machen wollen, daß Wolfram die ›Bible‹ von Guiot gekannt habe (*Wolfgang Mohr*, Ws Kyot und Guiot de Provins, in: FS für Helmut de Boor, 1966, S. 48-70).

Es hat zu Wolframs Lebzeiten noch einen zweiten Guiot de Provins gegeben. In der Pariser Chrétien-Handschrift A (Bibl. Nat., fr. 794) nennt sich am Ende des ›Yvain‹ (fol. 105) der Schreiber Guiot: »Der dies geschrieben hat, heißt Guiot« (*Cil qui lescrist guioz a non*, zit. nach *T. Nixon*, Catalogue of Manuscripts [siehe unten], S. 29). Aus einer weiteren Eintragung läßt sich schließen, daß dieser Guiot in Provins gearbeitet hat. Wenn Wolfram die Schreibernotiz in seiner Vorlage gefunden hätte, könnte er den Namen des Schreibers für den Namen des Dichters gehalten haben. Kyot stünde dann für Chrétien. Aber warum hat Wolfram dann im Epilog gegen *meister Cristjân* polemisiert? Nach Mario Roques ist die Handschrift A nach 1213 geschrieben worden; nach neueren Forschungen vielleicht erst nach 1230 (*Mario Roques*, Le manuscrit fr. 794 de la Bibl. nat. et le scribe Guiot, Romania 73, 1952, S. 177-199. – *Terry Nixon*, Catalogue of Manuscripts, in: Les manuscrits de Chrétien de Troyes (vgl. S. 270), Bd. 2, S. 1-85, bes. S. 28ff.).

Die These, daß sich hinter Wolframs Kyot der Schreiber Guiot verberge, macht chronologische Schwierigkeiten.

Andere Vorschläge zur Lösung des Kyot-Problems stammen von Ulrich Ernst und Herbert Kolb.

> *Ulrich Ernst*, Kyot und Flegetanis in Ws Parzival. Fiktionaler Fundbericht und jüdisch-arabischer Kulturhintergrund, WW 35, 1985, S. 176-195.
> – *Herbert Kolb*, Guido militiae Templi magister, Arch. 223, 1986, S. 337-344.

Ernst und Kolb glauben an die Existenz einer Kyot-Quelle und beide suchen den historischen Kyot dort auf, wo er nach Wolframs Aussagen die Geschichte vom Gral entdeckt hat: in Spanien. Für Ulrich Ernst geht es dabei zugleich um den Nachweis, daß die arabisch-jüdisch-christliche Mischkultur in Spanien tiefe Spuren in Wolframs Dichtung hinterlassen hat.

Für die, die die Aussagen über Kyot für eine Quellenfiktion halten, stellt sich die Frage nach dem Sinn dieser Fiktion. Die Erklärungsversuche gehen in verschiedene Richtungen.

– Die meiste Zustimmung hat der Gedanke gefunden, daß Wolfram den Namen Kyot dazu benutzt habe, die Autoritätsgläubigkeit seines Publikums zu beruhigen. Durch die fiktive Quelle habe er seine Abweichungen von Chrétien verdecken wollen. Nach den Angaben des Kyot-Exkurses im 9. Buch steht der Name Kyot vor allem für zwei Komplexe: für die Geschichte des Grals und für die Familiengeschichte der Titurel- und Mazadansippe. Das sind die beiden Stoffkomplexe, in denen der ›Parzival‹ am weitesten vom ›Conte du Graal‹ abweicht. Was Wolfram darüber erzählt, war gewiß nicht alles seine Erfindung. Insofern könnte die Quellenfiktion einen wahren Kern enthalten: sowohl für die Gralerzählung als auch für die Familiengeschichte hat Wolfram sicherlich Quellen und Informationen benutzt, die ihm schriftlich oder durch einen gebildeten Gewährsmann vermittelt wurden. Falls dieser ein Franzose war, könnte er Guiot geheißen haben.

– Vielleicht hat Wolfram es darauf angelegt, daß seine Quellenfiktion von den Zuhörern durchschaut wurde. Nach dieser Ansicht wäre die Berufung auf Kyot als eine Parodie auf die Quellenberufungen der gelehrten Epiker zu verstehen.

Meistens wird heute anerkannt, daß die Angaben über Kyot, unabhängig von ihrem historischen Wahrheitsgehalt, Teil der fiktionalen Erzählung sind. Durch die Rückführung auf die französische Dichtung Kyots und auf deren Quellen, die arabische Sternkunde des Flegetanis und die lateinischen Anjou-Chroniken, gewinnt das eigene Werk eine historische Dimension, die in auffälliger Weise der Geschichte des Grals entspricht.

8. Entstehung, Überlieferung, Wirkung

8.1 Entstehung

Über die Entstehungsgeschichte mittelalterlicher Epen ist wenig bekannt. Man rechnet damit, daß die Arbeit an einem großen Werk sich über Jahre hinzog und daß manchmal Teile bekanntgemacht wurden, bevor das Ganze abgeschlossen war. Im Fall des ›Parzival‹ wissen wir nicht einmal, wo und in wessen Auftrag das Werk gedichtet wurde (vgl. S. 12f.). Es gibt ein paar Anhaltspunkte im Text, die darauf hindeuten, daß der ›Parzival‹ nicht in einem Guß entstanden ist. Am Ende des 6. Buchs wird der Abbruch der Dichtung angekündigt: Weiterdichten möge diese Geschichte jemand, der literarische Werke beurteilen kann und sich auf Reime versteht« (*ze machen nem diz maere ein man, der âventiure prüeven kan unde rîme künne sprechen* 337,23-25). Daß an dieser Stelle ein Einschnitt liegt, ist auch durch die statistischen Reimuntersuchungen von Konrad Zwierzina wahrscheinlich gemacht worden (*Konrad Zwierzina*, Beobachtungen zum Reimgebrauch Hartmanns und Ws, in: Abhandlungen zur germanischen Philologie. FS für Richard Heinzel, 1898, S. 437-511).

Der Quellenvergleich von Jean Fourquet (Wd'E et le Conte del Graal [vgl. S. 270], S. 59ff.) hat zu der Vermutung geführt, daß Wolfram nach dem 6. Buch eine andere Handschrift des ›Conte du Graal‹ benutzt habe als vorher. Auch die Tatsache, daß die letzten beiden Dreißiger des 6. Buchs (336,1-337,30) in den meisten Handschriften der Klasse *G fehlen, ist vielleicht entstehungsgeschichtlich zu erklären. Jedenfalls ist damit zu rechnen, daß die Arbeit an dieser Stelle zeitweilig unterbrochen wurde. Das könnte bedeuten, daß es eine Frühfassung des ›Parzival‹ gegeben hat, die nur bis zum Ende von Buch VI reichte.

Fraglich ist auch, ob Wolfram die Arbeit am ›Parzival‹ mit der Gahmuret-Vorgeschichte begann. Die Beobachtungen von Albert Schreiber zum Initialenwechsel in den Handschriften, die rhythmisch-schallanalytischen Studien von Elisabeth Karg-Gasterstädt und die Untersuchungen von Arthur T. Hatto zur Dreißiger-Gliederung der ersten Bücher haben, unabhängig voneinander, zu dem Ergebnis geführt, daß die Eingangsbücher des ›Parzival‹ erst nachträglich hinzugedichtet worden sind.

Elisabeth Karg-Gasterstädt, Zur Entstehungsgeschichte des Parzival, 1925. – *Albert Schreiber*, Die Vollendung und Widmung des Wschen Parzival, ZfdPh. 56, 1931, S. 14-37. – *Arthur T. Hatto*, Zur Entstehung des Eingangs und der Bücher I und II des Parzival, ZfdA 84, 1952/53, S. 232-240.

Diese Auffassung hat dennoch keine allgemeine Zustimmung gefunden, weil es starke Gegenargumente gibt. Der Zusammenhang zwischen dem Schluß von Buch II und dem Anfang des 3. Buchs ist so eng, daß man eine tiefgreifende Umarbeitung annehmen müßte, wenn hier eine alte Nahtstelle läge. Dazu kommen die Beobachtungen zur Dreißiger-Gliederung. Ab Buch V hat sich diese Gliederung durchgesetzt (vgl. S. 198f.). Wären die Bücher I-II nach Buch V entstanden, müßte man erwarten, daß sie dieselbe Gliederung aufweisen. In den Eingangsbüchern wechselt jedoch der Umfang der Abschnitte ganz ähnlich wie in Buch III. Das spricht für eine frühe Entstehung der Gahmuret-Bücher.

Neue Fragen zur Entstehungsgeschichte sind im Zusammenhang mit den Beobachtungen zur literarischen Auseinandersetzung zwischen Wolfram und Gottfried aufgekommen. John Meier und Karl K. Klein haben nachzuweisen versucht, daß die Auseinandersetzung mit Gottfried durch den ganzen ›Parzival‹ hindurch verfolgt werden kann.

John Meier, WvE und einige seiner Zeitgenossen, in: FS zur 49. Versammlung dt. Philologen und Schulmänner in Basel im Jahre 1907, 1907, S. 507-520. – *Karl K. Klein*, Zur Entstehungsgeschichte des Parzival, Beitr. (Halle) 82, 1961, Sonderbd., S. 13-28.

Das würde bedeuten, daß Teile des ›Parzival‹ erst nach Gottfrieds ›Tristan‹ gedichtet worden sind. Die Evidenz der Beobachtungen ist jedoch so gering, daß man den Ergebnissen gegenüber skeptisch bleibt (vgl. S. 207f.).

Die unsicheren Arbeitsbedingungen, denen die Verfasser längerer Epen ausgesetzt waren, die Abhängigkeit der Dichter von den Wünschen der Auftraggeber und des Publikums sowie die Unberechenbarkeit anderer Störfaktoren lassen es als wahrscheinlich erscheinen, daß die umfangreichen Werke in vielen Fällen nicht auf einmal entstanden sind und daß sie nicht erst nach der Fertigstellung des Ganzen bekannt gemacht worden sind, sondern daß es Frühfassungen, Teilveröffentlichungen, Vortragskladden, Überarbeitungen, Umwidmungen und Parallelversionen gegeben hat. Da jedoch die handschriftliche Überlieferung der Werke in der Regel erst Jahrzehnte später einsetzt, ist nicht damit zu rechnen, daß es gelingt, ein gesichertes Bild der Frühgeschichte der Texte zu gewinnen.

> *Joachim Heinzle*, Gralkonzeption und Quellenmischung. Forschungskritische Anmerkungen zur Entstehungsgeschichte von Ws Parzival und Titurel, W-St. 3, 1975, S. 28-39. – *Lotte Boigs*, Werkimmanente Beobachtungen zur Unterscheidung jüngerer und älterer Partien in Ws Parzival, ZfdA 113, 1984, S. 8-16. – *Dieselbe*, Gawans Abenteuer auf Schastel Marveile. Beobachtungen zur Unterscheidung jüngerer und älterer Textstrecken in Ws Parzival, ZfdPh. 106, 1987, S. 354-379. – *Dieselbe*, Versuch einer entstehungsgeschichtlichen Einordnung der sog. Selbstverteidigung in Ws Parzival, ZfdPh. 111, 1992, S. 1-23.

8.2 Überlieferung

Handschriften und Fragmente. Von Wolframs ›Parzival‹ sind mehr als 80 Handschriften und Fragmente erhalten; diese Zahl wird nur vom ›Willehalm‹ noch übertroffen (vgl. S. 390). Zum Vergleich: Von Gottfrieds ›Tristan‹ sind 27 Textzeugen bekannt, von Hartmanns ›Iwein‹ 32, vom ›Nibelungenlied‹ 35, vom ›Wigalois‹ Wirnts von Grafenberg 41, vom ›Rennewart‹ Ulrichs von Türheim und vom ›Wilhelm von Orlens‹ von Rudolf von Ems je 42, von Strickers ›Karl‹ 45, vom ›Jüngeren Titurel‹ 56.

Der ›Parzival‹ ist in 16 (mehr oder weniger) vollständigen Handschriften, einem Druck aus dem Jahr 1477 sowie knapp 70 Fragmenten überliefert. Die genaue Zahl der ›Parzival‹-Handschriften ist nicht zu ermitteln, da einige Bezeugungen unsicher sind. Sabine Rolle hat 67 Fragmente registriert (*Sabine Rolle*, Bruchstücke. Untersuchungen zur überlieferungsgeschichtlichen Einordnung einiger Fragmente von Ws Parzival, 2001, S. 17).

Der aktuelle Stand ist im ›Marburger Handschriftenverzeichnis‹ dokumentiert, das im Internet unter »http://www.marburger.repertorien.de« zugänglich ist.

> *Joachim Heinzle* und *Klaus Klein*, Die Marburger Repertorien zur Überlieferung der dt. Literatur des Mittelalters, ZfdA 130, 2001, S. 245-246.

Danach beläuft sich die Zahl der jetzt bekannten Fragmente auf 68. Daß gelegentlich höhere Zahlen genannt worden sind, erklärt sich daher, daß sich herausgestellt hat, daß in einigen Fällen zwei getrennt gezählte Fragmente zu ein und derselben Handschrift gehörten.

Die letzte ausführliche Beschreibung der gesamten ›Parzival‹-Überlieferung ist mehr als 50 Jahre alt. Sie stammt von Eduard Hartl, in der Einleitung zu der von ihm betreuten 7. Ausgabe von Lachmanns ›Parzival‹-Ausgabe (vgl.

S. 258). Diese Handschriftenbeschreibung aus dem Jahr 1952 ist später in die Vorrede des Nachdrucks der 6. Ausgabe von Lachmanns Text übernommen worden und findet sich unverändert auch in Bernd Schiroks zweisprachiger Studienausgabe von 1999 (vgl. S. 258), obwohl Hartls Verzeichnis in vielen Punkten korrektur- und ergänzungsbedürftig ist.

Eine zuverlässige Beschreibung der ›Parzival‹-Fragmente verdanken wir Gesa Bonath und Helmut Lomnitzer; ihr Verzeichnis umfaßt 66 Nummern, mit Hinweisen auf drei weitere Fragmente (*Gesa Bonath, Helmut Lomnitzer*, Verzeichnis der Fragment-Überlieferung von Ws Parzival, in: Studien zu WvE (vgl. S. 33), S. 87-149).

Die ›Parzival‹-Handschriften teilen sich in zwei Klassen, die nach den Haupthandschriften D (St. Gallen, Stiftsbibl., Nr. 857) und G (München, Bayer. Staatsbibl., Cgm 19) benannt werden. Von den vollständigen Handschriften gehören 4 zur Gruppe *D, 12 und der Druck von 1477 zur Gruppe *G. Von den Fragmenten gehören, nach den Feststellungen von Bonath und Lomnitzer, 10 zur Gruppe *D, 39 zur Gruppe *G. Die restlichen Fragmente entziehen sich einer sicheren Klassifizierung. Das liegt zum Teil an ihrem schlechten Erhaltungszustand oder ihrem geringen Umfang, zum Teil auch daran, daß die Gruppen *D und *G sich nur im vorderen Teil der Dichtung (Buch I-VII) und im hinteren Teil (Buch XII-XVI) deutlich ausgeprägt gegenüberstehen, während der Text von *D und *G im Mittelteil (Buch VIII-XI) im wesentlichen übereinstimmt. Fragmente, die nur Textstücke aus dem Mittelteil überliefern (das sind die Fragmente Nr. 5, 11, 31, 42, 57, 59 und 62, Zählung nach Bonath-Lomnitzer), lassen sich daher nicht bestimmt der einen oder der anderen Gruppe zuordnen.

Die übliche Bezeichnung der ›Parzival‹-Handschriften durch Siglen ist ein mißglückter Kompromiß zwischen Lachmanns Siglen und einer Neubenennung. Die Handschriften der Klasse *D werden, abgesehen von D selbst, mit kleinen lateinischen Buchstaben bezeichnet (m, n, o sind die vollständigen *D-Handschriften, a-l und r-t stehen für die Fragmente). Für die Klasse *G werden die älteren Handschriften und Fragmente mit G plus lateinischen Exponenten (G^a, G^b usw.), die jüngeren mit G plus griechischen Exponenten bezeichnet. Inzwischen haben sich auch Doppelexponenten eingebürgert. Außerdem sind Lachmanns Siglen E und F (für zwei *G-Fragmente) stehengeblieben. Es bedarf eines Spezialstudiums, um sich in den Siglen zurechtzufinden. Es wäre vernünftig, die vollständigen Handschriften von 1-16 durchzuzählen. Für die Fragmente bietet die Zählung von Bonath-Lomnitzer eine gute Grundlage.

Die handschriftliche Überlieferung des ›Parzival‹ setzt früh ein. Fünf Fragmente werden in die erste Hälfte des 13. Jahrhunderts datiert (Nr. 14, 23, 26, 55 und 65). Eines dieser Fragmente (Nr. 14) gehört zur Fassung *D, die übrigen zur Fassung *G. Aus der Mitte des 13. Jahrhunderts stammen 13 Fragmente sowie die ältesten vollständigen Handschriften: die St. Galler Handschrift D und die beiden Münchener Handschriften G und G^m (Bayer. Staatsbibl., Cgm 61). Insgesamt werden 5 vollständige Handschriften und 37 Fragmente ins 13. Jahrhundert datiert; 7 weitere Fragmente sind um 1300 geschrieben. Aus dem 14. Jahrhundert stammen 4 vollständige Handschriften und 21 Fragmente; aus dem 15. Jahrhundert 7 vollständige Handschriften sowie der Straßburger Druck von 1477. Bei diesen Zahlenangaben ist allerdings zu bedenken, daß die Datierung zahlreicher Handschriften und Fragmente neu überprüft werden muß.

Die älteste ›Parzival‹-Überlieferung ist oberdeutsch. Die mitteldeutsche Überlieferung setzt mit zwei Fragmenten aus der Mitte des 13. Jahrhunderts ein (Nr. 4 und 22). Auch später bleibt der Schwerpunkt der Überlieferung in Süddeutschland: rund Dreiviertel der Handschriften sind oberdeutsch, mit etwa gleichmäßigem Anteil der alemannischen und des bayerischen Bereichs. Etwa 20 Textzeugen weisen mitteldeutsche Schreibformen auf. Dabei wird der gesamte mitteldeutsche Sprachraum vom Ripuarischen (Handschrift G my) bis zum Böhmischen (Fragment Nr. 40) abgedeckt. In mehreren Fällen wird mit niederdeutschen Schreibern gerechnet (Fragmente Nr. 28, 45, 51 und 62). Kein anderes höfisches Epos hat eine so weite Verbreitung gefunden.

Die meisten ›Parzival‹-Handschriften des 13. und 14. Jahrhunderts haben Quart-Größe und sind zweispaltig beschriftet, mit 30-50 Zeilen pro Seite. Die kleinste ›Parzival‹-Handschrift ist das von einem niederdeutschen Schreiber geschriebene Fragment Nr. 28 vom Ende des 13. Jahrhunderts, dessen Format etwa 15,5 x 11,5 cm beträgt. Die größte Handschrift ist mit 47 x 35 cm das ostmitteldeutsche Fragment Nr. 9; es handelt sich um zwei Blätter aus einer epischen Sammelhandschrift.

Einspaltige Beschriftung findet sich, außer in Fragment Nr. 28, vor dem 15. Jahrhundert nur noch einmal, in Fragment Nr. 48 vom Ende des 14. Jahrhunderts. Im 15. Jahrhundert wurden die drei Handschriften aus der elsässischen Werkstatt Diebold Laubers einspaltig geschrieben.

Mehrfach ist der ›Parzival‹ dreispaltig abgeschrieben worden: zuerst in der Münchener Handschrift G aus der Mitte des 13. Jahrhunderts, dann in den Fragmenten Nr. 5, 16, 31 und 32, die in die zweite Hälfte des 13. Jahrhunderts datiert werden. Später begegnet dreispaltige Beschriftung noch in den Fragmenten Nr. 3, 7 und 38. Ein interessanter Sonderfall ist die ripuarische Handschrift G my aus dem 14. Jahrhundert, die bis Blatt 22 dreispaltig, dann zweispaltig beschrieben worden ist.

Sechs der 16 vollständigen ›Parzival‹-Handschriften sind mit Bildern geschmückt. Davon stammen drei aus der Werkstatt Diebold Laubers (vgl. S. 256). Noch jünger ist die Berner Handschrift G chi, die 28 Bilder aufweist. Auch im Druck von 1477 waren Bilder vorgesehen, sind aber nicht zur Ausführung gelangt: an 33 Stellen ist Platz dafür ausgespart worden.

Am interessantesten sind die beiden Bilderhandschriften aus dem 13. Jahrhundert:
- Die Münchener Handschrift G enthält zwei Bildblätter mit je drei Bild-streifen auf jeder Seite, also insgesamt 12 Bilder, auf denen Handlungs-momente aus dem Schlußteil der Dichtung dargestellt sind (beginnend bei Vers 709,13ff., nach dem Kampf zwischen Parzival und Gramoflanz im 14. Buch). Eingeheftet sind die Bildblätter weiter vorne, nach Vers 614,18, mitten in dem Gespräch zwischen Gawan und Orgeluse im 12.

Buch. Man nimmt an, daß die Blätter beim Neubinden der Handschrift im 16. Jahrhundert falsch eingeheftet wurden. Wo sie ursprünglich standen und ob es noch mehr Bildblätter gab, ist nicht bekannt. In einigen Fällen läßt sich nicht genau bestimmen, auf welche Textstelle die Bilder sich beziehen. Mehrfach ist eine Szene im Bild anders dargestellt als im Text.

– Die Münchener Handschrift G^k (Cgm 18) sollte mehr als hundert Bilder enthalten (der Platz dafür ist ausgespart). Ausgeführt worden ist nur ein Doppelbild, auf der Rückseite des ersten Blattes. Dieser Illustrationstyp (gerahmte Miniatur, die in die Schriftspalte eingefügt ist) ist seit der Mitte des 13. Jahrhunderts in französischen Epenhandschriften bezeugt. In Deutschland hat dieser Typ sich erst im 14. Jahrhundert durchgesetzt. Die Handschrift G^k stellt eins der frühesten Beispiele aus deutschen Epenhandschriften dar.

In 9 der 16 vollständigen Handschriften ist der ›Parzival‹ alleine überliefert. In 7 Handschriften steht er im Überlieferungsverbund mit anderen Werken. Häufig ist der ›Parzival‹ mit anderen Werken Wolframs verbunden oder mit Epen, die im Anschluß an den ›Parzival‹ gedichtet worden sind. Die Münchener Handschrift G repräsentiert den in der Epenüberlieferung seltenen Typ einer Autorhandschrift: sie vereinigt drei Werke Wolframs (›Parzival‹, ›Titurel‹, Lieder). ›Parzival‹ und ›Willehalm‹ sind nur in einer Handschrift zusammen überliefert: in der St. Galler Handschrift D (die außerdem das ›Nibelungenlied‹ mit der ›Klage‹ sowie Strickers ›Karl‹ enthält). In der Donaueschinger Handschrift G delta aus dem 14. Jahrhundert steht der Parzival zusammen mit dem ›Nüwen Parzifal‹ von Claus Wisse und Philipp Colin (vgl. S. 255). In der Heidelberger Handschrift G kapa folgt auf den ›Parzival‹ der ›Lohengrin‹, eine Neu- und Weiterdichtung des ›Parzival‹-Schlusses. Diese Handschrift ist Teil einer Wolfram-Sammlung in drei Bänden: die drei Heidelberger Schwesterhandschriften Cpg 364, Cpg 383 und Cpg 404 überliefern außer ›Parzival‹ und ›Lohengrin‹ auch Wolframs ›Willehalm‹ mit den Fortsetzungen von Ulrich von Türheim und Ulrich von dem Türlin sowie den ›Jüngeren Titurel‹. Der ›Jüngere Titurel‹ galt damals als ein Werk von Wolfram (vgl. S. 420f.).

Überlieferungsverbünde mit anderen Epen sind relativ selten. Die Züricher ›Parzival‹-Fragmente (Nr. 32) vom Ende des 13. Jahrhunderts stammen aus derselben Handschrift wie die Züricher ›Tristan‹-Fragmente: eine großformatige, aufwendig angelegte, dreispaltig beschriftete Epenhandschrift, die vielleicht noch andere Werke enthielt. Wie Karin Schneider festgestellt hat, stammt diese Handschrift aus demselben Skriptorium, in dem auch die Münchener ›Wilhelm von Orlens‹-Handschrift (Cgm 63) geschrieben worden ist (Gotische Schriften in deutscher Sprache [vgl. S. 272], S. 242). Vom Anfang des 14. Jahrhunderts stammen auch die Reste einer anderen epischen Sammelhandschrift, zu der die Sondershausener ›Parzival‹-Fragmente (Nr. 9) sowie die in Weimar und Gotha liegenden Fragmente eines ›Segremors‹-Epos gehören. Im 15. Jahrhundert ist der ›Parzival‹ zweimal zusammen mit dem ›Wigalois‹ von Wirnt von Grafenberg überliefert: in den

Handschriften G sigma und G ypsilon, die auf eine ältere Vorlage zurückge-
hen, in der es vielleicht schon die Verbindung von ›Parzival‹ und ›Wigalois‹
gab.

Zum Forschungsstand. Der Ausgangspunkt der textkritischen ›Parzival‹-For-
schung war Lachmanns Vorrede zu seiner Wolfram-Ausgabe von 1833 (vgl.
S. 258). Lachmann hat für seine ›Parzival‹-Ausgabe 7 vollständige Handschriften,
den Druck von 1477 und 9 Bruchstücke benutzt. Er hat die Handschriften
in die Gruppen *D und *G eingeteilt und hat erkannt, daß diese Teilung
für den Mittelteil der Dichtung keine Gültigkeit besitzt. Nach Lachmanns
Urteil sind die Lesarten der Gruppen *D und *G fast überall »von gleichem
werth« (Vorrede, S. XVIII), das heißt, daß *D und *G nach seiner Ansicht
gleichwertige Parallelfassungen darstellen.

Seinem kritischen Text hat Lachmann die Handschrift D als Leithandschrift
zu Grunde gelegt. Er hat dies als »eine schwäche« (ebda) betrachtet, weil auf
diese Weise die Gleichwertigkeit der *G-Fassung nicht zur Geltung kam. Wo sich
die beiden Gruppen mit eigenen Lesarten gegenüberstehen, hat Lachmann die
*G-Lesart im kritischen Apparat durch ein Gleichheitszeichen hervorgehoben.
Im übrigen hat er darauf verzichtet, die Lesarten der einzelnen Handschriften
im kritischen Apparat aufzuführen (mit Ausnahme der Haupthandschriften
D und G sowie der alten Fragmente E und F). Er hat statt dessen nur Grup-
pensiglen verwendet (d, dd und g, gg), die die Zugehörigkeit zu den beiden
Handschriftenklassen bezeichnen. Dies Verfahren war ein Gebot der Praxis. Es
hatte jedoch zur Konsequenz, daß Lachmanns Lesartenapparat als Grundlage
für die textkritische Arbeit unzureichend ist, weil an keiner Stelle abgelesen
werden kann, welche Handschriften sich hinter den Gruppensiglen verbergen.

Nach Lachmann hat die ›Parzival‹-Forschung die Textfragen sehr vernach-
lässigt. Niemals wieder ist eine kritische ›Parzival‹-Ausgabe erarbeitet worden,
obwohl inzwischen fünfmal so viele Textzeugen bekannt sind. Die Betreuer
der späteren Auflagen von Lachmanns Ausgabe haben nichts Wesentliches
geändert; nicht einmal die Fehler wurden korrigiert. Erst Eduard Hartl hat für
die 7. Auflage von 1952 den Versuch einer Neubearbeitung unternommen.
Er hat zahlreiche Fehler korrigiert, die sich in der 2.-6. Auflage eingeschlichen
hatten, und er hat die Schreibweise normalisiert, es hat jedoch versäumt,
im kritischen Apparat die notwendigen Konsequenzen daraus zu ziehen.
Deswegen ist seine Ausgabe von Werner Wolf überaus scharf kritisiert und
daraufhin vom Verlag zurückgezogen worden (*Werner Wolf*, Rez. Hartl, AfdA
67, 1954/55, S. 61-71)).

In der Bewertung der Überlieferung ist die spätere Forschung im wesent-
lichen Lachmann gefolgt. Nur das Verhältnis der beiden Fassungen *D und
*G zueinander wurde anders beurteilt. Man hat sich die Frage gestellt, ob
*D oder *G dem originalen Text genauer entspricht und hat sich durchweg
für *D entschieden.

Ernst Martin und sein Schüler Ernst Stadler haben zu Beginn des
20. Jahrhunderts die These vertreten, daß der *G-Text nicht wirklich eine
Parallelfassung zu *D sei, sondern vielmehr das Resultat einer planmäßigen

Umarbeitung, wobei typisch Wolframsche Eigenheiten in Sprache und Stil zugunsten einer höfischen Glättung und einer »Annäherung an den Stil Hartmanns« (Stadler) beseitigt worden seien. Diese Ansicht hat zunächst viel Zustimmung gefunden, ist jedoch später von Gesa Bonath überzeugend zurückgewiesen worden. Nach Gesa Bonath bezeugt sich in der Gruppe *G kein eigener Bearbeitungswille, sondern nur eine Verschlechterung des Textes, die durch die Nachlässigkeit der Schreiber verursacht worden sei. Auch diese Auffassung ist jedoch mit Recht auf Kritik gestoßen (J. Heinzle).

> *Ernst Martin*, Vorrede zu seiner ›Parzival‹-Ausgabe von 1900 (vgl. S. 259), S. XXXff. – *Ernst Stadler*, Über das Verhältnis der Handschriften D und G von Ws Parzival, Diss. Straßburg 1906. – *Gesa Bonath*, Untersuchungen zur Überlieferung des Parzival WsvE (vgl. S. 272). – *Joachim Heinzle*, Rez. Bonath, AfdA 84, 1973, S. 145-157.

Da die traditionellen Methoden der Textkritik nicht ausreichen, um sicher zu entscheiden, was im Original gestanden hat und was nicht, empfiehlt es sich, zu Lachmanns Ansicht zurückzukehren und *D und *G als gleichwertige Parallelfassungen zu betrachten.

Die andere Frage, die die spätere Forschung beschäftigt hat, wie das Verschwinden des Gruppengegensatzes zwischen *D und *G im Mittelteil der Dichtung zu erklären ist, hat keine befriedigende Antwort gefunden. Die beiden Fassungen *D und *G müssen sich sehr früh, vor dem Einsetzen der handschriftlichen Überlieferung, ausgebildet haben. Was die Gruppenbildung bewirkt und was sie im Mittelteil verhindert hat, ist aus der Überlieferungsgeschichte nicht zu erkennen.

Aufgaben. Die wichtigste Aufgabe der ›Parzival‹-Forschung ist eine neue kritische Ausgabe des Textes auf der Grundlage der gesamten heute bekannten Überlieferung. Wegen des großen Umfangs des zu verarbeitenden Lesartenmaterials wird diese Aufgabe nur im Rahmen eines größeren Forschungsprojekts zu lösen sein. Nach welchen Prinzipien eine künftige ›Parzival‹-Ausgabe erarbeitet werden sollte, bedarf sorgfältiger Überlegung. Entscheidet man sich für einen kritischen *D-Text, dann wäre sicherzustellen, daß die Eigenständigkeit der *G-Fassung in der Ausgabe deutlicher hervortritt als in Lachmanns Ausgabe. Da zwei gleichwertige Fassungen vorhanden sind, ist zu erwägen, ob das anzustrebende Ziel überhaupt ein kritischer Text sein kann oder ob eine Parallelausgabe der beiden Fassungen vorzuziehen wäre.

Bei dem Umfang der Überlieferung wird die Gestaltung des kritischen Apparats besondere Probleme aufgeben. Einerseits wird man erwarten, daß das Lesartenmaterial in größtmöglichem Umfang zur Verfügung gestellt wird; andererseits wird es darauf ankommen, Präsentationsformen zu finden, die das Material leichter überschaubar und benutzbar machen als in den herkömmlichen kritischen Ausgaben. Bei der Einrichtung des Textes wird man gut daran tun, der alten Vorstellung entgegenzuarbeiten, daß nur das, was über dem Strich steht, der ›echte‹ Text ist, während der Lesartenapparat die ›Fehler‹ der Schreiber sammelt.

Neue Möglichkeiten zur Gestaltung einer künftigen ›Parzival‹-Ausgabe bietet die elektronische Technik.

Michael Stolz, Ws Parzival als unfester Text. Möglichkeiten einer überlieferungsgeschichtlichen Ausgabe im Spannungsfeld traditioneller Textkritik und elektronischer Darstellung, W-St. 17, 2002, S. 294-321.

Eine weitere Aufgabe ist die gründlichere Aufarbeitung der Textgeschichte, die noch auf weite Strecken unerforscht ist. Dabei wird die Aufmerksamkeit nicht mehr, wie früher, auf das vorausgesetzte Original fixiert sein können. Die erhaltenen Handschriften und die in ihnen überlieferten Texte verdienen mehr Aufmerksamkeit, als ihnen die ältere Forschung zugestanden hat. Je weniger man erschlossenen Textstufen vertraut, um so größeres Gewicht bekommen die ältesten erhaltenen Handschriften. Außer der St. Galler Handschrift D und der Münchener Handschrift G sind das die *G-Handschriften, die noch aus dem 13. Jahrhundert stammen (G^k, G^m, G^n, G^v, G^y), sowie die ältesten Fragmente beider Fassungen.

8.3 Wirkung

Der ›Parzival‹ war ein großer Erfolg. Im 13. Jahrhundert ist kein anderes höfisches Epos so oft zitiert und so häufig abgeschrieben worden. Bereits in der zweiten Hälfte des 13. Jahrhunderts wurde der ›Parzival‹ weitergedichtet. Im ›Jüngeren Titurel‹ wird erzählt, was Wolfram am Schluß ausgespart hatte: wie es Parzival nach Erlangung des Gralkönigtums erging. Ein paar Jahrzehnte später haben Claus Wisse und Philipp Colin in mehr als 36000 Versen die Geschichte von Gawan weitererzählt. Im 15. Jahrhundert wurde der ›Parzival‹ am Münchener Hof von dem Dichter, Maler und Historiker Ulrich Füetrer, der im Auftrag Herzog Albrechts IV. († 1508) arbeitete, für das ›Buch der Abenteuer‹ umgearbeitet. Wolframs ›Parzival‹ und der ›Jüngere Titurel‹, der als ein Werk Wolframs angesehen wurde, waren die einzigen höfischen Epen, die früh im Druck erschienen sind (1477 in Straßburg).

Einzelne Gestalten aus Wolframs Dichtung sind zu Hauptfiguren eigener Epen geworden. Wolfram selber hat damit begonnen, die Geschichte von Sigune und Schionatulander zu einem strophischen Epos auszugestalten (›Titurel‹-Fragmente, vgl. S. 470ff.). Der Zauberer Clinschor ist im ›Wartburgkrieg‹ zu einer Hauptfigur geworden. Die Geschichte von Parzivals Sohn Loherangrin ist im ›Lohengrin‹ zu einem eigenen Epos ausgebaut worden.

Es dürfte kaum einen späteren Verfasser höfischer Epen in Deutschland gegeben haben, der nicht mit dem ›Parzival‹ vertraut war. Das bezeugen nicht nur inhaltliche Bezugnahmen, sondern mehr noch die Schulung an

Wolframs Stil sowie die Übernahme und Weiterbildung sprachlicher und stilistischer Eigenheiten.

Wie breit das Interesse am ›Parzival‹ war, läßt sich nicht nur an der literarischen Rezeption ablesen. Es gibt daneben eine Reihe bildlicher Darstellungen aus dem Spätmittelalter. Die Bebilderung von ›Parzival‹-Handschriften begann im 13. Jahrhundert (vgl. S. 251f.); besonders produktiv war im 15. Jahrhundert die Werkstatt Diebold Laubers in Hagenau (Elsaß) (*Liselotte E. Saurma-Jeltsch*, Spätformen der Buchherstellung. Bilderhss. aus der Werkstatt Diebold Laubers in Hagenau, 2 Bde, 2001).

Aus dem 14. Jahrhundert stammen die Wandbemalungen mit ›Parzival‹-Bildern aus Konstanz und Lübeck sowie der Gawan-Teppich in Braunschweig (*Bernd Schirok*, Die Parzivaldarstellungen in (ehemals) Lübeck, Braunschweig und Konstanz (vgl. S. 273)).

Der ›Parzival‹ hat auch auf das gesellschaftliche Leben des Adels im Spätmittelalter eingewirkt. Das bezeugen Eigennamen aus dem ›Parzival‹ – besonders Herzeloyde, Sigune und Parzival –, die seit dem 13. Jahrhundert in Gebrauch kamen. Die Konstabler-Bruderschaft in Magdeburg veranstaltete gegen Ende des 13. Jahrhunderts ein Gralfest, das von dem Dichter und Wolfram-Verehrer Brun von Schönebeck organisiert wurde.

Vom Anfang des 16. Jahrhunderts bis zur Mitte des 18. Jahrhunderts blieb der ›Parzival‹-Text unbekannt. Erst die erneute Hinwendung zu den deutschen Altertümern weckte das Interesse an den alten Handschriften neu. Johann J. Bodmer hat den ›Parzival‹ im Jahr 1753 in einer neuhochdeutschen Bearbeitung in Hexametern wieder bekannt gemacht.

> Der Parcival, ein Gedicht in Wolframs von Eschilbach Denkart, eines Poeten aus den Zeiten Kaiser Heinrichs VI., Zürich 1753.

> Zu Bodmers altdeutschen Studien vgl. *Max Wehrli*, Johann Jakob Bodmer und die Geschichte der Literatur, Frauenfeld, Leipzig 1936. – *Jan-Dirk Müller*, Johann Jakob Bodmers Poetik und die Wiederentdeckung mhd.er Epen, Euph. 71, 1977, S. 336-352.

Erst 30 Jahre später erschien der mittelhochdeutsche Text zum ersten Mal im Druck, herausgegeben von Bodmers Schüler Christian H. Myller.

> Parcival. Ein Rittergedicht aus dem 13. Jahrhundert von Wolfram von Eschilbach, in: Sammlung deutscher Gedichte aus dem XII. XIII. und XIV. Jahrhundert, Bd. 1, 1784, Nr. 4.

Diese erste Ausgabe hat in ihrer Zeit nicht viel Widerhall gefunden. Die wissenschaftliche Beschäftigung mit dem Text begann erst mit Karl Lachmanns kritischer Ausgabe von 1833 (vgl. S. 258). Inzwischen hatten sich die romantischen Dichter bereits des Stoffes bemächtigt.

Friedrich de la Motte-Fouqués großes Parzival-Epos aus den Jahren
1831-1832 (das erst 1997 zum ersten Mal gedruckt worden ist, vgl.
S. 274) eröffnete die lange Reihe der Bearbeitungen aus dem 19.
und 20. Jahrhundert, in Form von Epen, Dramen, Romanen und
Gedichten, unter denen jedoch keine überragende künstlerische
Leistung zu verzeichnen ist.

> Die ›Parzival‹-Bearbeitungen des 19. und 20. Jahrhunderts sind verzeichnet
> in: *Siegfried Grosse* und *Ursula Rautenberg*, Die Rezeption mittelalterlicher
> dt.er Dichtung (vgl. S. 274), S. 343ff.

Das wirkungsmächtigste Werk war Richard Wagners »Bühnenweih-
spiel« ›Parsifal‹ aus dem Jahr 1882 (vgl. S. 274f.). Wagner ging es
nicht darum, die mittelalterliche Dichtung für die eigene Zeit wieder
lebendig zu machen; er hat vielmehr alles Stoffliche so weit reduziert,
daß von Wolframs Dichtung nur noch wenige Handlungsmotive
übrigblieben, die dazu geeignet waren, die moderne Thematik von
Liebe, Tod und Erlösung ganz neu zu gestalten.

Kennzeichnend für die Rezeptionsgeschichte im 19. und 20. Jahr-
hundert ist die Übertragung nicht nur in andere literarische Gattun-
gen (Dramen, Gedichte, Romane), sondern auch in andere Medien.
Es gibt seit der Romantik bis heute eine breite Tradition bildlicher
und musikalischer ›Parzival‹-Rezeption. In der zweiten Hälfte des
20. Jahrhunderts kamen Radio-Ausstrahlungen und Filme dazu, in
Wolframs-Eschenbach auch Wolfram-Festspiele für die Touristen.
Eine der erfolgreichsten Veranstaltungen der jüngsten Zeit war eine
Sendefolge des Senders Freies Berlin, in der Peter Wapnewski den
alten Text in der Übersetzung von Wolfgang Mohr fast vollständig
vortrug und erläuterte. Diese Sendung ist von anderen Radio-Stationen
übernommen worden und ist auch auf Hör-CDs erschienen (Der
Parzival des Wolfram von Eschenbach. Gelesen und kommentiert
von *Peter Wapnewski*, 8 CDs (Hörverlag)).

Der ›Parzival‹-Film von Richard Blank aus dem Jahr 1980 hat
dagegen wenig Verbreitung gefunden (*Anke Wagemann*, WsvE Parzival
im 20. Jh. (vgl. S. 274), S. 165ff.).

Die bedeutendste filmische Adaptation des Stoffes ist ohne Zweifel
Eric Rohmers Verfilmung von Chrétiens ›Conte du Graal‹ (›Perceval
le Galois‹) aus dem Jahr 1978.

Die interessanteste literarische Adaptation von Wolframs Dichtung
am Ende des 20. Jahrhunderts ist der Roman ›Der rote Ritter‹ von
Adolf Muschg, der im Jahr 1993 erschienen ist.

Literatur

Ausgaben und Übersetzungen

Die bis heute maßgebende kritische Wolfram-Ausgabe von *Karl Lachmann* ist 1833 erschienen ([2]1854, besorgt von *Moriz Haupt*; [3]1872 von *Moriz Haupt*; [4]1879 von *Karl Müllenhoff*; [5]1891 von *Karl Weinhold*; [6]1926 von *Eduard Hartl*; [7]1952 von *Eduard Hartl*). Von der 7. Ausgabe ist nur der erste Band erschienen, der die Lieder, ›Parzival‹ und ›Titurel‹ enthält. Die Kritik, die Hartls inkonsequente Normalisierung der Orthographie erfahren hat (Rez. *Werner Wolf*, AfdA 67, 1954/55, S. 61-71), hat den Verlag veranlaßt, diesen Text nicht neu aufzulegen. Seit 1964 wird die 6. Ausgabe nachgedruckt. Lachmanns Lesarten-Apparat, damals eine Pioniertat, entspricht nicht mehr den wissenschaftlichen Ansprüchen. Über das Zustandekommen von Lachmanns Ausgabe und seine Arbeitsweise sind wir gut informiert:

> *Friedrich Neumann*, Karl Lachmanns ›Wolframreise‹. Eine Erinnerung an seine Königsberger Zeit, Jb. der Albertus-Universität zu Königsberg 2, 1952, S. 138-158; wieder in: WvE, hrsg. von *H. Rupp* (vgl. S. 33), S. 6-37. – *Rudolf A. Hofmeister*, Lachmann's Role in the Transmission of Parzival, Seminar 10, 1974, S. 87-100. – *Marc R. McCulloh*, Myller's Parcival and Lachmann's Critical Method: The 'Wolfram-Reise' Revisited, MLN 98, 1983, S. 484-491.

Die 6. Ausgabe von Lachmanns ›Parzival‹-Text bildet die Grundlage für zwei neuere zweisprachige Ausgaben:

> – von Eberhard Nellmann in der Bibliothek deutscher Klassiker: WvE, Parzival. Nach der Ausgabe Karl Lachmanns revidiert und kommentiert von *Eberhard Nellmann*. Übertragen von *Dieter Kühn*, 2 Bde, 1994. Nach dieser Ausgabe wird in diesem Bändchen zitiert.
> – von Bernd Schirok: WvE, Parival. Studienausgabe. Mhd.er Text nach der 6. Ausg. von Karl Lachmann. Übersetzung von *Peter Knecht*. Einführung zum Text von *Bernd Schirok*, 1998.

In beiden Ausgaben sind zahlreiche Fehler und Versehen, die sich in den späteren Auflagen von Lachmanns Text eingeschlichen hatten, korrigiert worden. Nellmann hat darüber hinaus an einigen Stellen auch den Text geändert, wo Lachmanns Lesungen sich als unhaltbar erwiesen haben, und hat an mehreren Stellen die Zeichensetzung verbessert. Schirok hat die Liste der Lesefehler noch verlängert. Schirok hat außerdem Lachmanns kritischen Lesarten-Apparat unverändert übernommen; Nellmanns Ausgabe bietet nur den Text. In Nellmanns Ausgabe steht Lachmanns Text neben der Übersetzung von Dieter Kühn (siehe unten); in Schiroks Ausgabe steht er neben der Übersetzung von Peter Knecht (siehe unten).

    Eine dritte zweisprachige ›Parzival‹-Ausgabe, in Reclams Universalbibliothek, stammt von Wolfgang Spiewok:

WvE, Parzival. Mhd./nhd. Mhd.er Text nach der Ausgabe von Karl Lach-
mann. Übersetzung und Nachwort von *Wolfgang Spiewok*, 2 Bde, 1992.
Spiewoks ›Parzival‹-Text ist ein Nachdruck der 7. Ausgabe von Lachmanns
Text, ohne den kritischen Apparat. Auch Spiewoks Übersetzung war bereits
vorher separat erschienen (siehe unten).

Nach Lachmann ist nur noch einmal eine kritische Ausgabe des ›Parzival‹ vor-
gelegt worden, von Albert Leitzmann, in der Altdeutschen Textbibliothek:

> WvE, hrsg. von *Albert Leitzmann*, 3 Bde, (ATB 12-14), 1902-1906 (letzte
> Auflagen: Heft 1, [7]1961; Heft 2, [6]1963; Heft 3, [6]1965).

Leitzmann hat auf die Haupthandschriften zurückgegriffen und hat seinen
Text noch enger an die St. Galler Handschrift D angeschlossen. Andererseits
hat er sich durch zahlreiche Konjekturen weiter von der handschriftlichen
Überlieferung entfernt. Das größte Verdienst von Leitzmanns Ausgabe liegt
in der gegenüber Lachmann vielfach verbesserten Zeichensetzung. Leitzmann
hat keinen eigenen Lesarten-Apparat erarbeitet, sondern hat nur die Abwei-
chungen von Lachmanns Text verzeichnet.
  Die übrigen ›Parzival‹-Ausgaben (alle ohne kritischen Apparat) stammen
von:
– *Karl Bartsch*, 3 Bde, 1870-1871, 4. Aufl., besorgt von *Marta Marti*, 1927-
  1932.
– *Paul Piper*, 3 Teile in 4 Bdn, 1890-1893.
– *Ernst Martin*, 2 Bde, 1900-1903.

Bartschs Ausgabe, in der Bearbeitung von Marta Marti, ist noch heute
wertvoll wegen der umfangreichen sprachlichen Erläuterungen, die den Text
Vers für Vers begleiten.
  Von Martins Ausgabe ist noch heute der zweite Band von 1903 wichtig, der
einen ausführlichen Stellenkommentar zum ›Parzival‹ enthält (siehe unten).

> Zum Problem der ›Parzival‹-Edition vgl. *Günther Schweikle*, Edition und
> Interpretation. Einige prinzipielle Überlegungen zur Edition mhd.er Epik
> im allgemeinen und von Ws Parzival im besonderen, W-St. 12, 1992,
> S. 93-107. – *Joachim Heinzle*, Klassiker-Edition heute, in: Methoden
> und Probleme der Edition mittelalterlicher deutscher Texte, hrsg. v. R.
> Bergmann, K. Gärtner, 1993, S. 50-62.

> Zu den Plänen einer elektronischen ›Parzival‹-Ausgabe vgl. *Michael Stolz*,
> WvE, Parzival. Das Basler Projekt einer elektronischen Teilausgabe, ZfdA
> 131, 2002, S. 407-408. – *Ders.*, Ws Parzival als unfester Text. Möglich-
> keiten einer überlieferungsgeschichtlichen Ausgabe im Spannungsfeld
> traditioneller Textkritik und elektronischer Darstellung, W-St. 17, 2002,
> S. 294-321.

Von den zahlreichen Auswahl-Ausgaben sei nur die von Eduard Hartl in den
Altdeutschen Übungstexten genannt:

WvE, Parzival. In Auswahl hrsg. von *Eduard Hartl*, Bern 1951.

Hartl hat zu einigen Partien des Textes ein ausführliches Lesartenverzeichnis erstellt.

Neues Lesarten-Material auch bei *Günter Kochendörfer, Bernd Schirok*, Maschinelle Textrekonstruktion. Theoretische Grundlegung, praktische Erprobung an einem Ausschnitt des Parzival WsvE und Diskussion der literaturgeschichtlichen Ergebnisse, 1976.

Der Wortschatz des ›Parzival‹ ist von Clifton D. Hall erfaßt worden:

A Complete Concordance to WvEs Parzival, Ed. *Clifton D. Hall*, New York, London 1990.

Halls Index gibt nicht nur die Belegzahlen an, sondern zitiert zu jedem Beleg den ganzen Vers (nach der 6. Ausgabe von Lachmanns Wolfram-Ausgabe, siehe oben).

Vgl. *Kurt Gärtner*, Lexikographische Hilfsmittel zu den Werken WsvE, Trivium 28, 1993, S. 52-66.

Die Eigennamen des ›Parzival‹ sind zusammengestellt und kommentiert von Werner Schröder:

Werner Schröder, Die Namen im Parzival und Titurel WsvE, 1982. Vgl. außerdem das Namenverzeichnis in der Ausgabe von *Eberhard Nellmann* (siehe oben). Zum Namengebrauch im ›Parzival‹ vgl. *Carl J. Lofmark*, Name Lists in Parzival, in: German Studies. Presented to Frederick Norman, 1965, S. 157-173. – *Hellmut Rosenfeld*, Die Namen in Ws Parzival. Herkunft, Schichtung, Funktion, W-St. 2, 1974, S. 36-52. – *Bernd Schirok*, Namendubletten im Parzival WsvE. Pompeius (niht der von Rôme entran / Julîus dâ bevor), Beitr. zur Namenforschung N.F. 23, 1988, S. 403-448. – *Silke Rosumek*, Techniken der Namennennung in WsvE Parzival, in: Namen in deutschen literarischen Texten des Mittelalters, hrsg. von F. Debus, H. Pütz, 1989, S. 189-203.

Die erste Übersetzung des ›Parzival‹ stammt von San Marte:

Parzival. Rittergedicht von WvE. Aus dem Mhd.en zum ersten Male übersetzt von *San Marte* [= *Albert Schulz*], 1836.

Die weiteste Verbreitung fand im 19. Jahrhundert die Vers-Übersetzung von Karl Simrock:

Parcival und Titurel. Rittergedichte von WvE. Übersetzt und erläutert von *Karl Simrock*, 1842.

Im 20. Jahrhundert war die Prosa-Übersetzung von Wilhelm Stapel am erfolgreichsten:

Parzival. Übersetzung von *Wilhelm Stapel*, 1937, zuletzt: Parzival von WvE. In Prosa übertragen von *Wilhelm Stapel*, 23. Aufl. 1999.

Zu den älteren ›Parzival‹-Übersetzungen vgl. *Ulrich Pretzel*, Die Übersetzungen von Wolframs Parzival, DU 6, 1954, Heft 5, S. 41-64. – *Peter Wapnewski*, Übersetzt und übergesetzt. Die Nibelungen in Passau und Parzival im *zwîvel*, in: Deutsche Akad. für Sprache u. Dichtung, Jb. 1997, S. 42-64.

Neuere Versübersetzungen stammen von *Wolfgang Mohr* (WvE, Parival, 1977) und von *Dieter Kühn* (Der Parzival des WvE, 1986; Neubearbeitung 1994); neuere Prosaübersetzungen von *Wolfgang Spiewok* (WvE, Parzival, 1977) und von *Peter Knecht* (WvE, Parzival, 1993).

Drei dieser vier Übersetzungen sind nachträglich in zweisprachige Ausgaben eingebaut worden (siehe oben). Eine neue zweisprachige ›Parzival‹-Ausgabe, in der die Übersetzung in erster Linie zum Verständnis des mittelhochdeutschen Textes hinführen soll, ist in Vorbereitung:

Elke Brüggen, Dorothee Lindemann, Eine neue Übersetzung des Parzival. Ein Werkstattbericht, W-St. 17, 2002, S. 377-386.

Erwähnung verdient die ausgezeichnete englische Übersetzung von *Arthur T. Hatto* in den ›Penguin Classics‹ (1980). Eine neue Übersetzung ins Französische stammt von *Danielle Buschinger* (u.a.), 2 Teile, 1989-1990.

Forschungsberichte und Bibliographien

Ralph Lowet, WvEs Parzival im Wandel der Zeiten, 1955. – *Martin Schumacher*, Kritische Bibliographie zu Wolframs Parzival, 1945-1958, Diss. Frankfurt/M. 1963. – *David N. Yeandle*, Stellenbibliographie zum Parzival WsvE für die Jahre 1984-1996, CD Rom 2001; vgl. *David N. Yeandle*, A Line-by-Line Bibliographical Database of WvE's Parzival, Bulletin of International Medieval Research 4, 1998, S. 1-22. Vgl. auch die laufende Bibliographie in den Wolfram-Studien von *Renate Decke-Cornill* (vgl. S. 32).

Kommentare

Es gibt zwei Gesamt-Kommentare zum ›Parzival‹, die beide sowohl sprachliche als auch sachliche Erläuterungen bieten:
— von *Ernst Martin* im zweiten Band seiner ›Parzival‹-Ausgabe (siehe oben).
— von *Eberhard Nellmann* im zweiten Band seiner ›Parzival‹-Ausgabe von 1994 (siehe oben). Nellmanns ausgezeichneter Kommentar ist ein unverzichtbares Arbeitsinstrument.

Kommentare zu einzelnen ›Parzival‹-Büchern:

- Buch I: *Holger Noltze*, Gahmurets Orientfahrt. Kommentar zum ersten Buch von Ws Parzival (4,27-58,26), 1995.
- Buch II: *Heiko Hartmann*, Gahmuret und Herzeloyde. Kommentar zum zweiten Buch des Parzival WsvE, 2 Bde, 2000. – *Eberhard Nellmann*, Zum zweiten Buch des Parzival (Pz. 102,1-8. 109,2-6. 112,5-8. 113,23-26), W-St. 12, 1992, S. 191-202.
- Buch III: *David N. Yeandle*, Commentary on the Soltane and Jeschute Episodes in Book III of WvE's Parzival (116,5-138,8), 1984. – *Birgit Eichholz*, Kommentar zur Sigune- und Ither-Szene im 3. Buch von Ws Parzival (138,9-161,8), 1987. – *Simon J. Gilmour*, daz sint noch ungelogeniu wort. A Literary and Linguistic Commentary on the Gurnemanz Episode in Book III of W's Parzival (161,9-179,12), 2000.
- Buch V: *Christa-Maria Kordt*, Parzival in Munsalvaesche. Kommentar zu Buch V/1 von Ws Parzival (224,1-248,30), 1997. – *Susanne Backes*, Von Munsalvaesche zum Artushof. Stellenkommentar zum fünften Buch von Ws Parzival (249,1-279,30), 1999.
- Buch VI: *Gisela Garnerus*, Parzivals zweite Begegnung mit dem Artushof. Kommentar zu Buch VI/1 von Ws Parzival (280,1-312,1), 1999.
- Buch VII: *Gisela Zimmermann*, Kommentar zum VII. Buch von WvEs Parzival, 1974.

Zum ganzen Werk

Hugh Sacker, An Introduction to W's Parzival, 1963. – *Helmut Brackert*, WvE, Parzival, in: Literaturwissenschaft. Grundkurs, hrsg. von H. Brackert, J. Stückrath, Bd. 1, 1981, S. 119-134. – *Karl Bertau*, Über Literaturgeschichte. Literarischer Kunstcharakter und Geschichte in der höfischen Epik um 1200, 1983 (›Parzival‹: S. 47-73). – *René Pérennec*, Recherches sur le roman arthurien en vers en Allemagne aux XIIe et XIIIe siècles, 2 Bde, 1984 (›Parzival‹: Bd. 2, S. 185-285). – *Wolfgang Spiewok*, WvE, Parzival. Voraussetzungen, Ansätze und Probleme einer Interpretation, Zs. f. Germanistik 6, 1985, S. 165-179. – *Carola L. Gottzmann*, Dt. Artusdichtung, Bd. 1, 1986 (›Parzival‹: S. 194-291). – *Elisabeth Schmid*, WvE, Parzival, in: Mhd. Romane und Heldenepen, hrsg. von H. Brunner, 1993, S. 173-195. – *Fritz P. Knapp*, Von Gottes und der Menschen Wirklichkeit. Ws fromme Welterzählung Parzival, DVjs 70, 1996, S. 351-368. – *Volker Mertens*, Der deutsche Artusroman, 1998 (Reclams Univ.-Bibl. 17609) (›Parzival‹: S. 101-145). – *Timothy McFarland*, The Emergence of the German Grail Romance: WvE, Parzival, in: The Arthur of the Germans, Ed. W. H. Jackson and S. A. Ranawake, Cardiff 2000, S. 54-68. – A Companion to W's Parzival, Ed. *Will Hasty*, Columbia, SC 1999. – *Elisabeth Schmid*, WvE, Parzival, in: Lektüren für das 21. Jh., hrsg. von D. Klein und S. M. Schneider, 2000, S. 49-66.

Untersuchungen und Interpretationen

Dietmar Peil, Die Gebärde bei Chrétien, Hartmann und Wolfram. Erec – Iwein – Parzival, 1975. – *Hanspeter M. Huber*, Licht und Schönheit in Ws Parzival, Diss. Zürich 1981. – *Dennis H. Green*, The Art of Recognition in W's Parzival, New York, Melbourne 1982. – *Ders.*, Advice and Narrative Action: Parzival, Herzeloyde and Gurnemanz, in: From Wolfram and Petrarch to Goethe and Grass. In Honour of Leonard Forster, 1982, S. 33-81. – *Ders.*, Über die Kunst des Erkennens in Wolframs Parzival, Beitr. 105, 1983, S. 48-65. – *Horst Brunner*, Artus der wise höfsche man. Zur immanenten Historizität der Ritterwelt im Parzival WsvE, in: Germanistik in Erlangen, hrsg. von D. Peschel, 1983, S. 61-73. – *Helmut Brall*, Gralsuche und Adelsheil. Studien zu Ws Parzival, 1984. – *Friedrich Ohly*, Die Pferde im Parzival WsvE, in: L'uomo di fronte al mondo animale nell'alto medioevo, 1985, S. 849-933; wieder gedruckt in: *F. Ohly*, Ausgewählte und neue Schriften, 1995, S. 323-364. – *Michael Dallapiazza*, Häßlichkeit und Individualität. Ansätze zur Überwindung der Idealität des Schönen in WsvE Parzival, DVjs 59, 1985, S. 400-421. – *Norbert Sieverding*, Der ritterliche Kampf bei Hartmann und W. Seine Bewertung im Erec und Iwein und in den Gahmuret- und Gawan-Büchern des Parzival, 1985. – *Helmut Brall*, Familie und Hofgesellschaft in Ws Parzival, in: Höfische Literatur, Hofgesellschaft, Höfische Lebensformen um 1200, hrsg. von G. Kaiser, J.-D. Müller, 1986, S. 541-583. – *Michael Dallapiazza*, Privatheit und Intimität als literarische Lebensformen in WsvE Parzival, Annali di ca'Foscari 25, 1986, S. 97-106. – *Horst Brunner*, WvE, Parzival. Zum Verhältnis von Fiktion und außerliterarischer Realitätserfahrung, in: Handbuch der Literatur in Bayern, hrsg. von A. Weber, 1987, S. 89-97. – *Helmut Brackert*, der lac an riterschefte tôt. Parzival und das Leid der Frauen, in: Ist zwîvel herzen nâchgebûr. FS für Günther Schweikle, 1989, S. 143-163. – *Peter Czerwinski*, Der Glanz der Abstraktion. Frühe Formen von Reflexivität im Mittelalter, 1989 (›Parzival‹: S. 81-177). – *Walter Haug*, Parzival ohne Illusionen, DVjs 64, 1990, S. 199-217. – *Bernd Thum*, Frühformen des Umgangs mit kultureller Fremde in hochmittelalterlicher Epik. Der Parzival WsvE als Beispiel, in: Das Mittelalter – Unsere fremde Vergangenheit, hrsg. v. J. Kuolt (u. a.), 1990, S. 315-352. – *Will Hasty*, Adventure as Social Performance. A Study of the German Court Epic, 1990 (»The Flight of the Arrow in Wolfram's Parzival: The Adventure of Transgression«: S. 38-76). – *Horst Brunner*, Von Munsalvaesche wart gesant / der den der swane brahte. Überlegungen zur Gestaltung des Schlusses von Ws Parzival, GRM 41, 1991, S. 369-384. – *Joachim Bumke*, Parzival und Feirefiz – Priester Johannes – Loherangrin. Der offene Schluß des Parzival von WvE, DVjs 65, 1991, S. 236-264. – *Waldemar Riemer, Eugene Egert*, Deconstructing an Established Ideal: WvE's Criticism of the minne / aventiure System in Parzival, ABäG 35, 1992, S. 65-86. – *Karl Bertau*, Über das Verhältnis von Autor und Werk am Beipiel von WvE und Johann von Sitbor, in: Kultureller Wandel und die Germanistik in der Bundesrepublik, hrsg. von J. Janota, Bd. 3, 1993, S. 77-93. – *Ursula Liebertz-Grün*, Klassisches im Mittelalter. Pluralität in der volkssprachigen höfischen Literatur, in:

Klassik im Vergleich, hrsg. von W. Voßkamp, 1993, S. 101-120 (›Parzival‹:
S. 105-110). – *Ina Karg*, Bilder von Fremde in WsvE Parzival. Das Erzählen
von Welt und Gegenwelt, in: Fremderfahrung in Texten des Spätmittelalters
und der frühen Neuzeit, hrsg. von G. Berger und S. Kohl, 1993, S. 22-43.
– *Heinz Thomas*, Zeitgeschichtliche Komponenten in Chrétiens Perceval und
Ws Parzival, ZfdPh. 112, 1993, S. 420-426. – *Konstantin Pratelidis*, Tafel-
runde und Gral. Die Artuswelt und ihr Verhältnis zur Gralswelt im Parzival
WsvE, 1994. – *Irmgard Gephart*, Geben und Nehmen im Nibelungenlied
und in WsvE Parzival, 1994. – *Will Hasty*, Daz prîset in, und sleht er mich:
Knighthood and *gewalt* in the Arthurian Works of Hartmann von Aue and
WvE, Monatshefte 86, 1994, S. 7-21. – *Otto Neudeck*, Das Stigma des Anfortas.
Zum Paradoxon der Gewalt in Ws Parzival, IASL 19, 1994, S. 52-75. – *John
Greenfield*, Swenne ich daz mac gerechen ... (Parz. 141,27). Überlegungen zur
Blutrache in Ws Parzival, ZfdPh. 113, 1994, S. 52-65. – *Jean-Marc Pastré*,
Terre de Salvaesche et Terre marveile: magie haute et magie basse dans le Par-
zival de WvE, in: Zauberer und Hexen in der Kultur des Mittelalters, 1994,
S. 153-163. – *Arthur Groos*, Romancing the Grail. Genre, Science, and Quest
in W's Parzival, 1995. – *Elke Brüggen*, Inszenierte Körperlichkeit. Formen
höfischer Interaktion am Beispiel der Joflanze-Handlung in Ws Parzival, in:
Aufführung und Schrift in Mittelalter und früher Neuzeit, hrsg. von J.-D.
Müller, 1996, S. 205-221. – *Horst Wenzel*, Des menschen muot wont in den
ougen. Höfische Kommunikation im Raum der wechselseitigen Wahrnehmung,
in: Geschichten der Physiognomik, 1996, S. 65-98 (›Parzival‹: S. 69-71).
– *Waltraud Fritsch-Rößler*, Lachen und Schlagen. Reden als Kulturtechnik in
Ws Parzival, in: Verstehen durch Vernunft. FS für Werner Hoffmann, Wien
1997, S. 75-98. – *Klaus Hofbauer*, Gott und der Welt gefallen. Geschichte
eines gnomischen Motivs im hohen Mittelalter, 1997 (›Parzival‹: S. 340-344).
– *Monika Unzeitig-Herzog*, Artus mediator. Zur Konfliktlösung in Ws Parzival
Buch XIV, FrSt. 32, 1998, S. 196-217. – *Annette Gerok-Reiter,* Auf der Suche
nach der Individualität in der Literatur des Mittelalters, in: Individuum und
Individualität im Mittelalter, hrsg. von A. Aertsen und A. Speer, 1998, S. 748-
765 (›Parzival‹: S. 756-763). – *Heinz Thomas*, Zum Wandel zeitgeschichtlicher
Funktion romanischer Literatur bei ihrer Rezeption im deutschen Sprachraum:
Maurice de Craon / Moriz von Craûn und Perceval / Parzival, in: Kultureller
Austausch und Literaturgeschichte im Mittelalter, hrsg. von I. Kasten (u.a.),
1998, S. 103-114. – *John M. Clifton-Everest*, Ws Parzival und die chanson
de geste, in: Ir sult sprechen willekomen. FS für Helmut Birkhan, Bern
(u.a.) 1998, S. 693-713. – *Randal Silvertson*, Loyalty and Riches in W's
Parzival, 1999. – *Brian Murdoch*, Parzival and the Theology of Fallen Man,
in: A Companion to W's Parzival (vgl. S. 262), S. 143-158. – *W. H. Jackson*,
Tournaments and Battles in Parzival, ebendort, S. 159-188. – *Albrecht Classen*,
Reading, Writing, and Learning in WvE's Parzival, ebendort, S. 189-202. – *Will
Hasty*, At the Limits of Chivalry in W's Parzival. An Arthurian Perspective,
ebendort, S. 223-241. – *Ulrike Grein Gamra*, Ein komplexer Ritter auf seiner
dynamischen Queste. Ws Parzival und die Chaostheorie, Bern (u.a.) 1999.
– *Frank Ringeler*, Zur Konzeption der Protagonistenidentität im deutschen

Artusroman um 1200. Aspekte einer Gattungspoetik, 2000 (›Parzival‹: S. 115-176). – *Rolf E. Sutter*, mit saelde ich gerbet han den gral. Genealogische Strukturanalyse zu WsvE Parzival, Diss. Tübingen 2000. – *Jürgen Schulz-Grobert*, ›Gesichtspunkte‹ der Blütezeit. Rhetorische Porträtkunst und das Motiv der Bildnisbegegnung im Alexanderlied und im Parzival, in: Blütezeit. FS für L. Peter Johnson, 2000, S. 321-334. – *Gerd Althoff*, WvE und die Spielregeln der mittelalterlichen Gesellschaft, W-St. 16, 2000, S. 102-120. – *Joachim Theisen*, Des Helden bester Freund. Zur Rolle Gottes bei Hartmann, W und Gottfried, in: Geistliches in weltlicher und Weltliches in geistlicher Literatur des Mittelalters, hrsg. von C. Huber (u.a.), 2000, S. 153-169. – *Barbara Nitsche*, Die literarische Signifikanz des Essens und Trinkens im Parzival WsvE. Historisch-anthropologische Zugänge zur mittelalterlichen Literatur, Euph. 94, 2000, S. 245-270. – *Trude Ehlert*, Das Rohe und das Gebackene. Zur sozialisierenden Funktion des Teilens von Nahrung im Yvain Chrestiens de Troyes, im Iwein Hartmanns von Aue und im Parzival WsvE, in: Mahl und Repräsentation. Der Kult ums Essen, hrsg. von L. Kolmer, C. Rohr, 2000, S. 23-40. – *Michela F. Cessari*, Der Erwählte, das Licht und der Teufel. Eine literarhistorisch-philosophische Studie zur Lichtmetaphorik in Ws Parzival, 2000. – *Joachim Bumke*, Die Blutstropfen im Schnee. Über Wahrnehmung und Erkenntnis im Parzival WsvE, 2001. – *Ders.*, Wahrnehmung und Erkenntnis im Parzival WsvE, in: Text und Kultur, hrsg. von U. Peters, 2001, S. 355-370. – *Horst Wenzel*, Die Stimme und die Schrift: Autoritätskonstitution im Medienwechsel von der Mündlichkeit zur Schriftlichkeit, in: The Constituation of Textual Authority in German Literature of the Medieval and Early Modern Periods, Chapell Hill, London 2001, S. 49-74 (»Zur Autorität von Boten und Briefen im Parzival WsvE«: S. 52-63). – *Cornelia Schu*, Vom erzählten Abenteuer zum Abenteuer des Erzählens. Überlegungen zur Romanhaftigkeit von Ws Parzival, 2002. – *Heiko Hartmann*, Heraldische Motive und ihre narrative Funktion in den Werken WsvE, W-St. 17, 2002, S. 157-181. – *Ulrich Ernst*, Differentielle Leiblichkeit. Zur Körpersemantik im epischen Werk WsvE, ebendort, S. 182-222. – *Elisabeth Lienert*, Zur Diskursivität der Gewalt in Ws Parzival, ebendort, S. 223-245. – *Waltraud Fritzsch-Rößler*, Kastriert, blind, sprachlos. Das (männliche) Geschlecht und der Blick in Ws Parzival, in: Frauenblicke – Männerblicke – Frauenzimmer. Studien zu Blick, Geschlecht und Raum, hrsg. von W. Fritzsch-Rößler, 2002, S. 111-163. – *Dennis H. Green*, The Beginnings of Medieval Romance, 1150-1220, Cambridge 2002 (»Fiction and W's Parzival«: S. 55-92). – *Elke Koch*, Inszenierungen von Trauer, Körper und Geschlecht im Parzival WsvE, in: Codierungen von Emotionen im Mittelalter, hrsg. von C. S. Jaeger, I. Kasten, 2003, S. 143-158.

Literatur zur Orient-Darstellung vgl. S. 46; zu Parzivals Sünden S. 128ff.; zum Gral S. 135ff.; zum Namen *lapis exillis* S. 140f.; zum Verhältnis Parzival-Gawan S. 146ff., zum Thema Fremdheit S. 154f.; zum Geschlechterverhältnis und zum Thema Liebe und Ehe S. 158ff.; zur Verwandtschaftsdarstellung S. 169f.; zum Verhältnis von Artusgesellschaft und Gralgesellschaft S. 182; zur Darstellung von Zeit und Raum S. 200ff..

Einzelne Szenen und Stellen

Dennis H. Green, Der Auszug Gahmurets, W-St. 1, 1970, S. 62-86. – *Eberhard W. Funcke*, agelstern varwe (Parz. 748,7). Zur Begegnung Parzivals mit dem heidnischen Bruder, AG 17, 1984, S. 11-19. – *Xenja von Ertzdorff*, König Artus' Sitte: nehein rîter vor im az des tages swenn âventiure vergaz daz si sînen hof vermeit (Parz. 309,6ff.), in: Ist zwîvel herzen nâchgebûr. FS für Günther Schweikle, 1989, S. 193-201. – *Christoph J. Steppich*, ›Hinweisgeben wird euch schaden‹. Zu Ws Parzival 483,24-30, ZfdA 119, 1990, S. 259-289. – *Leslie Seiffert*, The Term of Kindred, or Kindred on Good and Bad Terms: Parzival's Vulgar Slaying of His Father's *neve* Ither, FMLS 26, 1990, S. 160-184. – *Arthur Groos*, Cundrie's Announcement (Pz. 781-782), Beitr. 113, 1991, S. 384-414. – *Holger Noltze*, bî den dûht in diu wîle lanc – Warum langweilt sich Gahmuret bei den *Môren*? (Zu Parz. 17,26), in: Sexuelle Perversionen im Mittelalter, hrsg. von D. Buschinger, W. Spiewok, 1994, S. 109-119. – *Wolfgang Haubrichs*, Memoria und Transfiguration. Die Erzählung des Meisterknappen vom Tode Gahmurets (Parz. 105,1-108,30), in: Erzählungen in Erzählungen, hrsg. von H. Haferland und M. Mecklenburg, 1996, S. 125-154. – *Kurt Nyholm*, Warum lacht Cunnewâre? Überlegungen zu Parz. 151, 11-19, in: Kleine Beiträge zur Germanistik. FS für John E. Härd, Uppsala 1997, S. 223-237. – *Roberto de Pol*, Urjâns *ungehiure*. Überlegungen zur Sein-Schein-Problematik und zur Kalokagathie bei W, Prospero 7, 2000, S. 53-64.

Zu Herzeloydes Drachentraum vgl. S. 52; zur ›Selbstverteidigung‹ S. 54; zu dem *redespaehen* Mann in Munsalvaesche S. 66; zur Blutstropfenepisode S. 73; zu Trevrizents Beschreibung von Anfortas' Leiden S. 92; zu Urjans Heilung durch Gawan S. 95f.; zu Trevrizents Widerruf S. 119f.

Einzelne Gestalten

Dietrich Homberger, Gawein. Untersuchungen zur mhd. Artusepik, Diss. Bochum 1969 (›Parzival‹: S. 100-140). – *Bernd Schirok*, Trevrizent und Parzival. Beobachtungen zur Dialogführung und zur Frage der figurativen Komposition, ABäG 10, 1976, S. 43-71. – *Louise Gnädinger*, Rois Peschiere / Anfortas. Der Fischerkönig in Chrestiens und Ws Graldichtung, in: Orbis medievalis. Mélanges Reto R. Bezzola, 1978, S. 127-148. – *Marion E. Gibbs*, Ampflise im Parzival und im Titurel, W-St. 6, 1980, S. 48-53. – *Alfred Ebenbauer*, Gawein als Gatte, in: Die mittelalterliche Literatur in Kärnten, hrsg. von P. Krämer, Wien 1981, S. 33-66. – *Dennis H. Green*, Advice and Narrative Action: Parzival, Herzeloyde and Gurnemanz, in: From Wolfram and Petrarch to Goethe and Grass. In Honour of Leonard Forster, 1982, S. 33-81. – *Alfred Schopf*, Die Gestalt Gawains bei Chrétien, WvE und in Sir Gawain and the Green Knight, in: Spätmittelalterliche Artusliteratur, hrsg. von K. H. Göller, 1984, S. 85-104. – *Helmut Famira*, Feirefîz, der zweier varwe was, Seminar 22, 1986, S. 267-276. – *David Duckworth*, Herzeloyde and Antikonie: Some

Aspects Compared, GLL 41, 1987/88, S. 332-341. – *Evelyn M. Jacobson*, Cundrie and Sigune, Seminar 25, 1989, S. 1-11. – *Albrecht Classen*, Keie in WsvE Parzival: ›agent provocateur‹ oder Angeber?, JEGP 87, 1988, S. 382-405. – *Arthur Groos*, Treating the Fisher King (Pz., Book IX), in: German Narrative Literature of the Twelfth and Thirteenth Centuries. Studies Presented to Roy Wisbey, 1994, S. 275-304. – *Philippe Walther*, Mélancoliques solitudes: le roi Pêcher (Chrétien de Troyes) et Anfortas (WvE), in: Solitudes. Écriture et représentation, éd. A. Siganos, Grenoble 1995, S. 21-30. – *Horst Wenzel*, Herzeloyde und Sigune: Mutter und Geliebte. Zur Ikonographie der Liebe im Überschneidungsfeld von Text und Bild, in: Eros – Macht – Askese, hrsg. von H. Sciurie und H.-J. Bachorski, 1996, S. 211-234. – *Michael Dallapiazza*, Plippalinots Tochter, Prospero 3, Triest 1996, S. 96-101. – *Otfrid Ehrismann*, Jeschute, or How to Arrange the Taming of a Hero: The Myth of Parzival from Chrétien to Adolf Muschg, in: Medievalism in Europe, Bd. 2, Ed. L. J. Workman and K. Verduin, Cambridge 1997, S. 46-71. – *Michael Dallapiazza*, Antikonie, Bene, Obilot. Immagini della donna in W e Chrétien, in: Filologia romanza, filologia Germanica, a cura di A. M. Babbi e A. Cipolla, Verona 1997, S. 73-84. – *Tomas Tomasek*, Sentenzen im Dialog. Einige Beobachtungen zum Profil der Gawan-Figur im X. Buch des Parzival WsvE, in: Sprachspiel und Bedeutung. FS für Franz Hundsnurscher, 2000, S. 481-488. – *Elke Brüggen*, Schattenspiele. Beobachtungen zur Erzählkunst in Ws Parzival (vgl. S. 160).

Zu Gahmuret und Belakane vgl. S. 47; zu Herzeloyde S. 53; zu Kundrie S. 77; zu Obie und Obilot S. 81; zu Orgeluse S. 96; zu Clinschor S. 109.

Die Parzival-Gestalt

Wolfgang Mohr, Parzival und die Ritter. Von einfacher Form zum Ritterepos, Fabula 1, 1958, S. 201-213. – *Walter J. Schröder*, Die Soltane-Erzählung in Ws Parzival. Studien zur Bedeutung und Deutung der Lebensstufen Parzivals, 1963. – *Ingrid Hahn*, Parzivals Schönheit. Zum Problem des Erkennens und Verkennens im Parzival, in: Verbum et signum, hrsg. von H. Fromm (u.a.), 1975, Bd. 2, S. 203-232. – *Ursula Hennig*, Die Gurnemanzlehren und die unterlassene Frage Parzivals, Beitr. 97, 1975, S. 312-332. – *L. Peter Johnson*, Parzival's Beauty, in: Approaches to WvE (vgl. S. 33), S. 273-291. – *Volker Mertens*, Parzivals doppelte Probe, ZfdA 108, 1979, S. 323-339. – *Dennis H. Green*, Parzival's Departure – Folktale and Romance, FrSt.14, 1980, S. 352-409. – *Ders.*, The Young Parzival – Naming and Anonymity, in: Interpretation und Edition deutscher Texte des Mittelalters. FS für John Asher, 1981, S. 103-118. – *Kenneth Northcott*, Seeing and Partly Seeing: Parzival's Encounter with the Grail, in: Spectrum medii aevi. In Honour of George F. Jones, 1983, S. 409-428. – *Ralph Breyer*, Untersuchung der epischen Realisierung der Parzival-Figur in Ws Werk, Diss. Berlin Humboldt-U., 1987. – *Ders.*, Darstellung einer Kindheit. Das 3. Buch des Parzival WsvE., in: Ergebnisse der XXI. Jahrestagung des Arbeitskreises ›Deutsche Literatur des Mittelalters‹, 1989, S. 187-197. – *Michel Huby*, Nochmals zu Parzivals ›Entwicklung‹, in: Studien zu WvE (vgl. S. 33), S. 257-269. – *Peter Meister*, Parzival's Innocence, in: Fide et amore. FS für Hugo Bekker, 1990, S. 261-272. – *Walter Blank*, Ws Parzival – ein ›melancholicus‹?, in: Melancholie in Literatur und Kunst. Beiträge von U. Benzenhöfer (u.a.), 1990, S. 29-47. – *Jean-Marc Pastré*, L'éducation et l'initiation d'un héros: le Parzival de WvE, in: Éducation, apprentissages, initiation au moyen âge, 1993, S. 359-368. – *Ders.*, De l'inexpérience à la sagesse ou la carrière du héros dans le Parzival de WvE, in: Schelme und Narren in den Literaturen des Mittelalters, hrsg. von D. Buschinger und W. Spiewok, 1994, S. 95-106. – *Walter Blank*, Der Melancholiker als Romanheld. Zum deutschen Prosa-Lancelot, Hartmanns Iwein und Ws Parzival, in: Ist mir getroumet mîn leben? FS für Karl-Ernst Geith, 1998, S. 1-19. – *Dietmar Peschel-Rentsch*, ich solte vil gevrâgen niht. Beobachtungen zu den frühen Prägungen des Knaben Parzival in Ws Parzival-Roman, in: *Dieter Peschel-Rentsch*, Pferdemänner, 1998, S. 83-122. – *Walter Blank*, Determination oder Ordo? Parzivals Weg durch die Instanzen, in: Ze hove und an der strâzen. FS für Volker Schupp, 1999, S. 212-232. – *Klaus Ridder*, Parzivals schmerzliche Erinnerung, Lili 29, 1999, Heft 114, S. 21-41. – *Christoph J. Steppich*, Parzivals ›Absage an die Freude‹ als Moment der Gralsuche, JEGP 98, 1999, S. 40-77. – *Michael Swisher*, The Necessity of Sin and the Growth of the Inner Self: Parzival's Quest for the Grail, Neoph. 83, 1999, S. 253-265. – *L. Peter Johnson*, Parzival erfährt seinen Namen: une adaptation anticourtoise, in: Vom Mittelalter zur Neuzeit. FS für Horst Brunner, 2000, S. 181-198. – *Anja Russ*, Kindheit und Adoleszenz in den deutschen Parzival- und Lancelot-Romanen. Hohes und spätes Mittelalter, 2000.

Die Gahmuret-Feirefiz-Handlung

Christa Ortmann, Ritterschaft. Zur Frage nach der Bedeutung der Gahmuret-Geschichte im Parzival WsvE, DVjs 47, 1973, S. 664-710. – *Burkhardt Krause*, WvE: Eros, Körperpolitik und Fremdaneignung, in: Fremdkörper – Fremde Körper – Körperfremde, hrsg. von B. Krause, 1992, S. 110-147. – *Francis G. Gentry*, Gahmuret and Herzeloyde: Gone but noch Forgotten, in: A Companion to W's Parzival (vgl. S. 262), S. 3-11.

Die Gawan-Handlung

Wolfgang Mohr, Obie und Meljanz. Zum 7. Buch von Ws Parzival, in: Gestaltprobleme der Dichtung. FS für Günther Müller, 1957, S. 9-20. – *Ders.*, Landgraf Kingrimursel. Zum VIII. Buch von Ws Parzival, in: Philologia deutsch. FS für Walter Henzen, 1965, S. 21-38. – *Gisela Zimmermann*, Untersuchungen zur Orgeluse-Episode in WvEs Parzival, Euph. 66, 1972, S. 128-150. – *Rüdiger Schnell*, Vogeljagd und Liebe im 8. Buch von Ws Parzival, Beitr. 96, 1974, S. 246-269. – *Régine Colliot*, Le voyage de Gauvain à la Roche Champguin chez Chrétien de Troyes et Wd'E, in: Voyage, quête, pèlerinage dans la littérature et la civilisation médiévales, Paris 1976, S. 323-338. – *Neil Thomas*, Sense and Structure in the Gawan Adventures of W's Parzival, MLR 76, 1981, S. 848-856. – *Heinz Rupp*, Die Bedeutung der Gawan-Bücher im Parzival WsvE, London German Studies 2, 1983, S. 1-17. – *Herta Zutt*, Gawan und die Geschwister Antikonie und Vergulaht, in: Gotes und der werlde hulde. FS für Heinz Rupp, Bern 1989, S. 97-119. – *Timothy McFarland*, Clinschor. W's Adaption of the Conte du Graal: The Schastel marveile Episode, in: Chrétien de Troyes and the German Middle Ages, Ed. H. M. Jones and R. Wisbey, Cambridge 1993, S. 277-294. – *Isolde Neugart*, W, Chrétien und das Märchen. Erzählstrukturen und Erzählweisen in der Gawan-Handlung, 1996. – *Manfred Eikelmann*, Schanpfanzun. Zur Entstehung einer offenen Erzählwelt im Parzival WsvE, ZfdA 125, 1996, S. 245-263. – *John M. Clifton-Everest*, W und Statius. Zum Namen Antikonie und zum VIII. Buch des Parzival, ZfdPh. 116, 1997, S. 321-351. – *Martin H. Jones*, The Significance of the Gawan Story in Parzival, in: A Companion to W's Parzival (vgl. S. 262), S. 37-76. – *Friedrich M. Dimpel*, Dilemmata: Die Orgeluse-Gawan-Handlung im Parzival, ZfdPh. 120, 2001, S. 39-59.

Vgl. auch die auf S. 146 aufgeführte Literatur. Zum Aufbau des ›Parzival‹ vgl. S. 194ff.; zur Poetik S. 203ff.; zum Erzählstil S. 215ff.; zu Komik und Humor S. 224ff.

Stoffgeschichte

Wolfgang Golther, Parzival und der Gral in der Dichtung des Mittelalters und der Neuzeit, 1925. – Arthurian Literature in the Middle Ages, Ed. *Roger S. Loomis*, Oxford 1959. – *Karl O. Brogsitter*, Artusepik, ²1971. – *Volker Mertens*, Artus, in: Epische Stoffe des Mittelalters, hrsg. von V. Mertens, U. Müller, 1984, S. 290-340. – *Peter Johanek*, König Arthur und die Plantagenets. Über den Zusammenhang von Historiographie und höfischer Epik in mittelalterlicher Propaganda, FrSt. 21, 1987, S. 346-389. – King Arthur through the Ages, Ed. *Valerie M. Lagorio, Mildrid L. Day*, 2 Bde, New York, London 1990. – The Arthur of the Welsh. The Arthurian Legend in Medieval Welsh Literature, Ed. *Rachel Bromwich* (u.a.), Cardiff 1991. – The New Arthurian Encyclopedia, Ed. *Norris J. Lacy, Geoffrey Ashe*, 1991. – König Artus und der Hl. Graal, hrsg. von *Danielle Buschinger, Wolfgang Spiewok*, 1994. – *Norris J. Lacy, Geoffrey Ashe*, The Arthurian Handbook, New York, London ²1997. – The Arthur of the Germans. The Arthurian Legend in Medieval German and Dutch Literature, Ed. *W. H. Jackson* and *S. A. Ranawake*, Cardiff 2000.

Zur Gralsage vgl. auch die auf S. 135 aufgeführte Literatur.

Der Artusstoff ist bibliographisch gut aufgearbeitet; vgl. die jährliche Artus-Bibliographie in: Bulletin de la Société internationale arthurienne (seit 1949). Außerdem: The Arthurian Bibliography, Bd. 1-2, Ed. *Cedric E. Pickford* and *Rex Last*, Cambridge 1981-1986; Bd. 3, Ed. *Caroline Palmer*, 1998; Bd. 4,

Ed. *Elaine Barber*, 2002 [Literatur bis 1998]. – *Edmund Reiss* (u.a.), Arthurian Legend and Literature: An Annotated Bibliography, Bd. 1, The Middle Ages, New York, London 1984.

Chrétien de Troyes

Jean Frappier, Chrétien de Troyes, Nouvelle édition Paris 1968. – *Erich Köhler*, Idee und Wirklichkeit in der höfischen Epik. Studien zur Form der frühen Artus- und Graldichtung, [2]1970. – The Romances of Chrétien de Troyes, Ed. *Douglas Kelly*, Lexington, KY 1985. – The Legacy of Chrétien de Troyes, Ed. *Norris J. Lacy* (u.a.), 2 Bde, Amsterdam 1987-1988. – *Donald Maddox*, The Arthurian Romances of Chrétien de Troyes: Once and Future Fictions, Cambridge 1991. – *Keith Busby*, Chrétien de Troyes, Perceval (Le Conte du Graal), London 1993. – *Emmanuèle Baumgartner*, Chrétien de Troyes, Le conte du Graal, Paris 1999. – *Joseph J. Duggan*, The Romances of Chrétien de Troyes, New Haven, London 2001.

Zur Überlieferung der Epen Chrétiens vgl. Les manuscrits de Chrétien de Troyes, Ed. *Keith Busby* (u.a.), 2 Bde, Amsterdam, Atlanta, GA 1993.

Die heute maßgebende kritische Ausgabe des ›Conte du Graal‹ stammt von *Keith Busby*: Chrétien de Troyes, Le Roman de Perceval ou Le Conte du Graal. Édition critique d'après tous les manuscrits, 1993. Dem kritischen Text liegt die Pariser Handschrift Bibl. Nat., fr. 12576 zu Grunde. Der kritische Apparat verzeichnet die Abweichungen von dieser Handschrift sowie ausgewählte Lesarten der übrigen Handschriften. Ein textkritischer Kommentar (S. 419-537) erläutert die Entscheidungen des Herausgebers. Ich zitiere den Text nach dieser Ausgabe.

Immer noch heranzuziehen (hauptsächlich wegen des kritischen Apparats) ist die grundlegende kritische Ausgabe von Alfons Hilka: Der Percevalroman (Li contes del Graal) von Christian von Troyes. Unter Benutzung des von Gottfried Baist nachgelassenen hs. Materials hrsg. von *Alfons Hilka*, 1932. Andere neuere Ausgaben:

- von *William Roach*, [2]1959 (nach der Hs. Paris, Bibl. Nat., fr. 12576).
- von *Félix Lecoy*, 2 Bde, 1973-1975 (nach der Hs. Paris, Bibl. Nat., fr. 794).
- von *Rupert T. Pickens*, 1990 (nach der Hs. Paris, Bibl. Nat., fr. 794, mit kritischem Apparat).
- von *Charles Méla*, 1990 (nach der Hs. Bern 354).
- von *Daniel Poirion*, 1994 (nach der Hs. Bern 354, mit einer neufranzösischen Übersetzung und einem Kommentar, der auch auf textkritische Fragen eingeht, in der von D. Poirion geleiteten Chrétien-Gesamtausgabe in der ›Bibliothèque de la Pléiade‹, Paris 1994, S. 683-911 [Text und Übersetzung] und S. 1299-1391 [»Notice« und »Notes et variantes«]).

Es gibt zwei neuere Übersetzungen des ›Conte du Graal‹ ins Deutsche, beide mit dem altfranzösischen Text:

– von *Monica Schöler-Beinhauer*, 1991 (nach der Ausgabe von A. Hilka).
– von *Felicitas Olef-Krafft*, 1991 (nach der Ausgabe von W. Roach).

Vergleich Wolfram – Chrétien

Bodo Mergell, WvE und seine französischen Quellen, Bd. 2, Wolframs Parzival, 1943. – *Jean Fourquet*, Wd'E et le Conte del Graal. Les divergences de la tradition du Conte del Graal de Chrétien de Troyes et leur importance pour l'explication du Parzival, Paris 1966. – *Michel Huby*, Reflexions sur Parzival et le Conte du Graal, Et. germ. 34, 1979, S. 390-403; 35, 1980, S. 1-17. – *Alois Wolf*, Ein maere wil ich niuwen, daz saget von grôzen triuwen. Vom höfischen Roman Chrétiens zum Meditationsgeflecht der Dichtung Ws, Lit. Jb. 26, 1985, S. 9-73. – *So Shitanda*, Wissensrahmen und Handlungslogik in Chrétiens Le Conte du Graal und in Ws Parzival. Konstrastive Textanalyse der kognitiven Strukturen in der höfischen Bearbeitung, in: Akten des VIII. Int. Germanisten-Kongresses Tokyo 1990, hrsg. von E. Iwasaki, Bd. 5, 1991, S. 249-258. – *Walter Haug*, Hat WvE Chrétiens Conte du Graal kongenial ergänzt?, in: Arturus Rex, Éd. W. van Hoeck (u. a.), Bd. 2, 1991, S. 236-258. – *René Pérennec*, WvE vor dem Conte du Graal, in: Chrétien de Troyes and the German Middle Ages (vgl. S. 109), S. 229-240. – *Adrian Stevens*, Heteroglossia and Clerical Narrative: On W's Adaptation of Chrétien, ebendort, S. 241-255. – *Arthur Groos*, Dialogic Transpositions: The Grail Hero Wins a Wife, ebendort, S. 257-276. – *Timothy McFarland*, Clinschor. W's Adaptation of the Conte du Graal: The Schastel Marveile Episode, ebendort, S. 277-294. – Perceval – Parzival. Hier et aujourd'hui et autres essais sur la littérature allemande du moyen âge et de la renaissance, éd. *Danielle Buschinger, Wolfgang Spiewok*, 1994. – *Eberhard Nellmann*, Produktive Mißverständnisse. W als Übersetzer Chrétiens, W-St. 14, 1996, S. 134-148. – *Danièle James-Raoul*, D'une météorologie l'autre: le temps qu'il fait du Conte du Graal de Chrétien de Troyes au Parzival de Wd'E, in: Le temps qu'il fait au moyen âge. Phénomènes atmosphériques dans la littérature, la pensée scientifique et religieuse, éd. C. Thomasset et J. Ducos, Paris 1998, S. 209-230. – *Danielle Buschinger*, Le mythe de l'au-delà celtique dans le Conte del Graal de Chrétien de Troyes et le Parzival de WvE, in: Mélanges Pierre Demarolle, Paris 1998, S. 295-311. – *Elisabeth Schmid*, Der maere wildenaere. Oder die Angst des Dichters vor der Vorlage, W-St. 17, 2002, S. 95-113. – Perceval / Parzival. A Casebook, Ed. *Arthur Groos* and *Norris J. Lacy*, New York, London 2002.

Überlieferung

Knappe Zusammenstellungen der ›Parzival‹-Überlieferungen in den ›Parzival‹-Ausgaben von Eberhard Nellmann (vgl. S. 258), Bd. 2, S. 424ff. und von Bernd Schirok (vgl. S. 258), S. XXVIIff. Vgl. außerdem *Eberhard Nellmann*, Neues zur Parzival-Überlieferung, ZfdPh. 85, 1966, S. 321-345. – *Ders.*, Zur hs.

Überlieferung des Parzival, in: Kolloquium über Probleme altgermanistischer Editionen, hrsg. von H. Kuhn (u.a.), 1968, S. 13-21. – *Francis Nock*, Die *M-Gruppen der Parzival-Hss., Beitr. (Halle) 90, 1968, S. 145-173. – *Gesa Bonath*, Untersuchungen zur Überlieferung des Parzival WsvE, 2 Bde, 1970-1971. – *Rudolf A. Hofmeister*, A New Aspect of the Parzial Transmission through a Critical Examination of Manuscripts G and G^m, MLN 87, 1972, S. 701-719. – *Ders.*, A Criterion for Eliminating Spurious Readings in W's Parzival, CG 8, 1974, S. 30-36. – *Ders.*, Rhyme and Manuscript Evidence in W's Parzival, ABäG 9, 1975, S. 83-92. – *Ders.*, The Plus Verses in W's Parzival, ABäG 11, 1976, S. 81-111. – *Peter J. Becker*, Hss. und Frühdrucke mhd.er Epen, 1977 (›Parzival‹: S. 77-98). – *Karin Schneider*, Gotische Schriften in dt.er Sprache, Bd. 1, 1987. – *Gesa Bonath, Helmut Lomnitzer*, Verzeichnis der Fragment-Überlieferung von Ws Parzival, in: Studien zu WvE (vgl. S. 33), S. 187-149. – *Dennis H. Green*, Zur primären Rezeption von Ws Parzival, ebenda, S. 271-288. – Der Parzival des WvE. Von den mittelalterlichen Handschriften zur modernen Ausgabe. Katalog, hrsg. von *Joachim Heinzle*, 1990. – *Dennis H. Green*, Medieval Listening and Reading. The Primary Reception of German Literature, 800-1300, Cambridge 1994 (›Parzival‹: S. 190-194). – *Sabine Rolle*, Untersuchungen zur überlieferungsgeschichtlichen Einordnung einiger Fragmente von Ws Parzival, 2001. – *Jürgen Wolf*, W und das mittelalterliche Buch. Beobachtungen zur literatur- und buchgeschichtlichen Relevanz eines großen Autornamens, W-St. 17, 2002, S. 322-346.

Die beiden ältesten und wichtigsten ›Parzival‹-Handschriften liegen in Faksimile-Ausgaben vor:
– Die St. Galler Handschrift D: WvE, Parzival (Hs. D), Abbildung des Parzival-Teils von Codex St. Gallen 857, hrsg. von *Bernd Schirok*, 1989.
– Die Münchener ›Parzival‹-Handschrift G: Parzival, Titurel, Tagelieder. Cgm 19 der Bayer. Staatsbibl. München, Faksimilebd., Textbd., Transkription der Texte von *Gerhard Augst* (u.a.), 1970.

Zur Handschrift D vgl. *Nigel F. Palmer*, Der Codex Sangallensis 857: Zu den Fragen des Buchschmucks und der Datierung, W-St. 12, 1992, S. 15-31. – *Joachim Heinzle*, St. Galler Handschrift 857, in: ²VL, Bd. 11, 2001, Sp. 481-485 (dort auch die neuere Forschung zur Geschichte und zum ursprünglichen Bestand der Handschrift D).

Zur Handschrift G vgl. *Thomas Klein*, Die Parzivalhandschrift Cgm 19 und ihr Umkreis, W-St. 12, 1992, S. 32-66. – *Martin Baisch*, Anekdotische Varianz. Untersuchungen zur kulturellen Funktion mittelalterlicher Überlieferung am Beispiel der Handschriftengruppe um den Cgm 19 und den Cgm 51, Diss. Berlin F.U. 2002.

Weiteres handschriftliches Material enthalten folgende Bände der Reihe ›Litterae‹:
– WvE, Parzival, Lachmanns Buch III. Abbildung und Transkription der Leithss. D und G, hrsg. von *Jürgen Kühnel*, 1971.
– WvE, Parzival. Abbildung und Transkription zur gesamten hs. Überlieferung des Prologs, hrsg. von *Uta Ulzen*, 1974.

Zu den bebilderten ›Parzival‹-Handschriften und den übrigen Bildzeugnissen vgl. WvE, Parzival. Die Bilder der illustrierten Hss., hrsg. von *Bernd Schirok*, 1985. – *Norbert H. Ott*, Zur Ikonographie des Parzival-Stoffs in Frankreich und Deutschland. Struktur und Gebrauchssituation von Hss.illustration und Bildzeugnis, W-St. 12, 1992, S. 108-123. – *Liselotte E. Saurma-Jeltsch*, Zum Wandel der Erzählweise am Beispiel der illustrierten dt. Parzival-Hss., ebendort, S. 124-152. – *Michael Curschmann*, Der Berner ›Parzival‹ und seine Bilder, ebendort, S. 153-171. – *Bernd Schirok*, Die Parzivaldarstellungen in (ehemals) Lübeck, Braunschweig und Konstanz, ebendort, S. 172-190. – *Norbert H. Ott*, Bildstruktur statt Textstruktur. Zur visuellen Organisation mittelalterlicher Bilderzyklen. Die Beispiele des Wienhausener Tristanteppichs I, des Münchener Parzival Cgm 19 und des Münchener Tristan Cgm 51, in: Bild und Text im Dialog, hrsg. von K. Dirscherl, 1993, S. 53-70. – *Werner Wunderlich*, The Parzival Frescos in the ›Distaff-House‹ in Constance, Jb. der Oswald v. Wolkenstein-Ges. 11, 1999, S. 383-412.

Wirkungsgeschichte

Hedda Ragotzky, Studien zur W-Rezeption. Die Entstehung und Verwandlung der W-Rolle in der dt. Literatur des 13. Jhs., 1971. – *Bernd Schirok*, Parzivalrezeption im Mittelalter, 1982. – *Otto Neudeck*, Möglichkeiten der Dichterstilisierung in mhd.er Literatur, Euph. 88, 1994, S. 339-355. Der ›Wartburgkrieg‹ ist herausgegeben von *Tom A. Rompelman*, 1939. – Vgl. *Burghart Wachinger*, Sängerkrieg. Untersuchungen zur Spruchdichtung des 13. Jhs., 1973, S. 1ff. – *Marie-Sophie Masse*, L'héritage de Wolfram dans la Wartburgkrieg, in: Perceval – Parzival (vgl. S. 271), S. 157-169. – *Burghart Wachinger*, Der Wartburgkrieg, in: ²VL, Bd. 10, 1999, Sp. 740-766.

Der ›Lohengrin‹ ist herausgegeben von *Thomas Cramer*, 1971. Vgl. *Ders.*, Lohengrin, in: ²VL, Bd. 5, 1985, Sp. 899-904. – *Regina Unger*, W-Rezeption und Utopie. Studien zum spätmittelalterlichen bayerischen Lohengrin-Epos, 1990.

Der ›Rappoltsteiner Parzifal‹ ist herausgegeben von *Karl Schorbach*, 1888. Vgl. *Dorothee Wittmann-Klemm*, Studien zum Rappoltsteiner Parzifal, 1977. – *Manfred G. Scholz*, Zum Verhältnis von Mäzen, Autor und Publikum im 14. und 15. Jh. Wilhelm von Österreich, Rappoltsteiner Parzifal, Michel Beheim, 1987. – *Dorothee Wittmann-Klemm*, Rappoltsteiner Parzifal, in: ²VL 7, 1989, Sp. 993-1000. – *Joachim Bumke*, Autor und Werk. Beobachtungen zur höfischen Epik (ausgehend von der Donaueschinger Parzivalhandschrift G delta), in: Philologie als Textwissenschaft, hrsg. von H. Tervooren und H. Wenzel (ZfdPh. 116, 1997, Sonderheft), S. 87-114. – *Bernd Bastert*, Late Medieval Summations: Rappoltsteiner Parzifal and Ulrich Füetrer's Buch der Abenteuer, in: The Arthur of the Germans (vgl. S. 269), S. 166-180. – *Doris Oltrogge, Martin J. Schubert*, Von der Reflektographie zur Literaturwissenschaft. Varianzen im Rappoltsteiner Parzifal, W-St. 17, 2002, S. 347-376.

Der ›Ehrenbrief‹ von Püterich von Reichertshausen ist herausgegeben (zusammen mit einer Abbildung der Handschrift) von *Fritz Behrend, Rudolf Wolkan*, 1920. Eine neue Faksimile-Ausgabe des ›Ehrenbriefs‹ von *Klaus Grubmüller* ist 1999 erschienen (Kulturstiftung der Länder. Patrimonia 154). Vgl. *Christelrose Rischer*, Literarische Rezeption und kulturelles Selbstverständnis in der deutschen Literatur der ›Ritterrenaissance‹ des 15. Jhs. Untersuchungen zu Ulrich Füetrers Buch der Abenteuer und dem Ehrenbrief des Jakob Püterich von Reichertshausen, 1973. – *Klaus Grubmüller*, Püterich, Jakob, von Reichertshausen, in: [2]VL, Bd. 7, 1989, Sp. 918-923.

Der ›Parzival‹-Teil von Ulrich Füetrers ›Buch der Abenteuer‹ ist herausgegeben von *Kurt Nyholm*, Die Gralepen in Ulrich Füetrers Bearbeitung, 1964. – Ulrich Füetrer, Das Buch der Abenteuer. In Zusammenarbeit mit *Bernd Bastert* hrsg. von *Heinz Thoelen*, 2 Bde, 1997. Vgl. *Kurt Nyholm*, Fuetrer, Ulrich, in: [2]VL 2, 1980, Sp. 999-1007. – *Bernd Bastert*, Der Münchener Hof und Füetrers Buch der Abenteuer. Literarische Kontinuität im Spätmittelalter, 1993.

Friedrich de la Motte-Fouqués ›Parcival‹ ist herausgegeben von *Tilman Spreckelsen* (u.a.), 1997 (Ausgewählte Dramen und Epen, Bd. 6). Vgl. *Tilman Spreckelsen*, Der Parcival des Friedrich de la Motte-Fouqué, Runa 25, 1996, S. 119-125.

Zur Wirkungsgeschichte in der Neuzeit: *Jürgen Kühnel*, WvE als literarische Figur in der Literatur des 19. und 20. Jh.s, in: Mittelalter-Rezeption, hrsg. von J. Kühnel (u.a.), 1979, S. 245-272. – *Ursula Schulze*, Stationen der Parzival-Rezeption. Strukturveränderung und ihre Folgen, in: Mittelalter-Rezeption, hrsg. von P. Wapnewski, 1986, S. 555-580. – *Siegfried Grosse, Ursula Rautenberg*, Die Rezeption mittelalterlicher dt.er Dichtung. Eine Bibliographie ihrer Übersetzungen und Bearbeitungen seit der Mitte des 18. Jh.s, 1989 (WvE: S. 336-360). – *Sigrid Schmidt*, Mhd.e Epenstoffe in der dt.sprachigen Literatur nach 1945. Beobachtungen zur Aufarbeitung des Artus- und Parzivalstoffes in der erzählenden Literatur für Jugendliche und Erwachsene, 2 Bde, 1989. – *Walter Blank*, Ws Parzival gegen den Strich gelesen: Sein Programm im 20. Jh., in: Gotes und der werlde hulde. FS für Heinz Rupp, 1989, S. 123-134. – *Claudia Wasielewski-Knecht*, Studien zur deutschen Parzival-Rezeption in Epos und Drama des 18.-20. Jh.s, 1993. – *Christian Soboth*, Parzival und die Kunst der Erlösung – die Lyrik der Jahrhundertwende auf der Suche nach dem verlorenen Gral, in: bickelwort und wildiu maere. FS für Eberhard Nellmann, 1995, S. 151-166. – *Ulrich Müller*, Mittelalter-Rezeption in Europe and America: Perceval, Parzival, Parsifal, in: Gesammelte Vorträge des V. Salzburger Symposions, 1996, S. 24-45. – *Walter Raitz*, Grals Ende? Zur Rezeption des Parzival/Gral-Stoffes bei Tankred Dorst, Christoph Hein, Peter Handke und Adolf Muschg, in: Der fremdgewordene Text. FS für Helmut Brackert, 1997, S. 320-333. – *Anke Wagemann*, WsvE Parzival im 20. Jh. Untersuchungen zu Wandel und Funktion in Literatur, Theater und Film, 1998.

Zum Thema: Wolframs ›Parzival‹ und Wagners ›Parsifal‹: *Peter Wapnewski*, Der traurige Gott. Richard Wagner in seinen Helden, 1978 (»Parzival und

Parsifal oder Ws Held und Wagners Erlöser«: S. 201-249). – *Ulrich Müller*, Parzival und Parsifal. Vom Roman WsvE und vom Musikdrama Richard Wagners, in: Sprache – Text – Geschichte, hrsg. von P. K. Stein, 1980, S. 479-502. – *Volker Mertens*, Richard Wagner und das Mittelalter, in: Richard Wagner-Handbuch, hrsg. von U. Müller, P. Wapnewski, 1986, S. 19-59. – *Peter Wapnewski*, Ws Epos – Wagners Drama, ebendort, S. 334-339. – *Ulrich Müller*, W, Wagner and the Germans, in: A Companion to W's Parzival (vgl. S. 262), S. 245-258.

IV. Willehalm

1. Handlungsanalyse

1.1 Der Prolog

Der Prolog zum ›Willehalm‹ beginnt mit einem Gebet an die Trinität (1,1-2,22). Dann bittet der Dichter Gott, ihn zu befähigen, von einem Ritter zu erzählen, der die ewige Seligkeit erlangt habe (2,23-3,7). Es folgt ein Hinweis auf die Stoffvermittlung durch den Landgrafen Hermann von Thüringen (3,8-9). Anschließend wird der Held der Erzählung genauer vorgestellt: *kuns Gwillâms de Orangis* (3,11) – so lautet sein Name auf französisch – war ein Kämpfer von fürstlicher Geburt und ist jetzt ein Heiliger, den die Ritter in der Not anrufen können (3,10-4,2). Der Dichter erfleht vom heiligen Willehalm (*herre sanct Willehalm* 4,13) Rettung vor dem ewigen Verderben (4,3-18). Zuletzt nennt der Autor seinen Namen: *ich, Wolfram von Eschenbach* (4,19) und spricht von der geteilten Aufnahme, die sein früheres Werk, der ›Parzival‹, gefunden hat. Er bittet seine Zuhörer, die neue Erzählung, die in Frankreich hohe Anerkennung genieße, freundlich aufzunehmen (4,19- 5,14).

Das Eingangsgebet. Das Gebet am Anfang der Dichtung ist ein literarisches Programm. Es macht den Zuhörern deutlich, daß es in diesem Werk nicht um ritterliche Abenteuer geht wie in einem Artusroman, sondern um eine Geschichte, in der Religion zum Thema wird. Prologgebete hat es vor dem ›Willehalm‹ in der Legendenepik und in anderen geistlichen Dichtungen gegeben. Die literarisch gebildeten Zuhörer werden dabei in erster Linie an das ›Rolandslied‹ des Pfaffen Konrad gedacht haben, das ebenfalls mit einem Anruf des Schöpfers begann. Später wird klar, daß der ›Willehalm‹ in vielfacher Weise an das ›Rolandslied‹ anknüpft (vgl. S. 362).

Das Gebet richtet sich an den dreieinigen Gott (*dû drî und doch einer* 1,2), der als Schöpfergott verherrlicht wird.

Die Aussage über die räumliche Erstreckung Gottes: »Das Ausmaß Deiner Höhe, Deiner Breite, Deiner Tiefe ist nie ergründet worden« (*dîner hoehe, dîner breite, dîner tiefe antreite wart nie gezilt anz ende* 1,29-2,1) hat eine Parallele in der Schrift ›De consideratione ad Eugenium papam‹ von Bernhard von Clairvaux: »Was ist Gott? Die Länge und Breite, Höhe und Tiefe« (*Quid est Deus? Longitudo, latitudo, sublimitas et profundum* (*Bernhard von Clairvaux*, Sämtliche Werke, lateinisch / deutsch, hrsg. von *Gerhard B. Winkler*, Bd. 1, Innsbruck 1990, S. 818f.).

Gott hat sich in doppelter Weise den Menschen verwandt gemacht: einmal als Schöpfer ist er ihr Vater, den seine Geschöpfe, seine Kinder, im ›Vaterunser‹ als ihren Vater anbeten (»das Paternoster benennt mich unbestreitbar zum Kind Deiner Göttlichkeit«, *dîner gotheit mich âne strît der pâter noster nennet z'einem kinde* 1,20-22); zum anderen ist Gott als Mensch gewordener Christus zum Menschenbruder geworden und hat die Menschen im Sakrament der Taufe zu Christen gemacht: »Du bist Christus, so bin ich Christ« (*dû bist Krist, sô bin ich kristen* 1,28). Der Schöpfungspreis und der Kindschaftsgedanke spielen im Verlauf der Dichtung eine große Rolle, vor allem im Religionsgespräch zwischen Terramer und Gyburg im 4. Buch (vgl. S. 297f.) und in Gyburgs Rede im 6. Buch (vgl. S. 303ff.).

Die Bitte um göttlichen Beistand. Das Vorhaben des Dichters – die Geschichte von Willehalm zu erzählen – wird nur gelingen, wenn Gott dabei hilft.

Die Bitte um Beistand wird eingeleitet durch den Satz: *der rehten schrift dôn und wort dîn geist hât gesterket* (2,16-17). Es gibt kaum einen anderen Satz im ›Willehalm‹, der so kontrovers interpretiert worden ist. Ist hier von der Offenbarung Gottes in der Bibel die Rede? Oder geht es um Fragen der Rechtschreibung und der Grammatik? Wenn man den Kontext berücksichtigt, dürfte am ehesten gemeint sein, daß alles Geschriebene, das das Prädikat ›richtig‹ oder ›wahr‹ verdient, vom Geist Gottes befestigt worden ist. Mit *dôn* und *wort* der *schrift* könnten zwei Aspekte des geschriebenen Wortes gemeint sein: die Erscheinungsform der Buchstaben und die Bedeutung der Wörter.

> *Ingrid Ochs*, Ws Willehalm-Eingang im Lichte der frühmhd.en geistlichen Dichtung, 1968, S. 62ff. – *Eckart C. Lutz*, Rhetorica divina. Mhd. Prologgebete und die rhetorische Kultur des Mittelalters, 1984, S. 323ff. – *Christian Thelen*, Das Dichtergebet in der dt. Literatur des Mittelalters, 1989, S. 266ff. – *Joachim Heinzle*, Willehalm-Kommentar (vgl. S. 402), S. 820f. – *Walter Haug*, Literaturtheorie im dt. Mittelalter (vgl. S. 403), S. 189f. – *Wiebke Freytag*, WsvE Willehalm 2,16-22: Elementargrammatik und zisterziensische Kultur, ZfdA 127, 1998, S. 1-25. – *Christoph Fasbender*, der rehten schrift dôn und wort. Noch ein Vorschlag zu Willehalm 2,16, ZfdPh. 121, 2002, S. 21-33.

Um der göttlichen Hilfe teilhaftig zu werden, richtet der Sprecher seinen »Sinn« auf Gott: »Mein Sinn spürt Dich als Mächtigen« (*mîn sin dich kreftec merket* 2,18). Daran schließt sich das Bekenntnis des Erzählers, daß er aus Büchern nichts gelernt habe (2,19f.); statt dessen bittet er Gott um »ernsthafte, weise Einsicht! (*unlôsen sin sô wîse* 2,25), die ihn befähigen soll, die Geschichte von Willehalm richtig

zu erzählen. Mit der Ablehnung der Büchergelehrsamkeit und dem
Bekenntnis zum göttlich gestärkten ›Sinn‹ als Quelle der poetischen
Schaffenskraft formuliert der Prolog-Sprecher den Grundgedanken
der ›Willehalm‹-Poetik (vgl. S. 359f.). Er bezieht sich dabei offenbar
auf einen verbreiteten Topos der geistlichen Literatur, der an den
Psalmen-Vers »Ich kenne keine Schrift« oder »Ich weiß nichts von
Gelehrsamkeit« (*non cognovi litteraturam* 70,15) anknüpfte und der
auf den Gedanken zielte, daß alles menschliche Bücherwissen ohne
Wert sei, wenn Gott dem Menschen nicht die richtige Erkenntnis-
fähigkeit verliehen hat.

> *Friedrich Ohly*, Ws Gebet an den Heiligen Geist im Eingang des Willehalm,
> ZfdA 91, 1961/62, S. 1-37, bes. S. 5ff. – *Hans Eggers*, Non cognovi litte-
> raturam (zu Parz. 115,27). in: FS für Ulrich Pretzel, 1963, S. 162-172.

Die Versicherung des Erzählers, daß seine *kunst* sich nicht aus Bücher-
Wissen speise, nimmt einen Gedanken aus der ›Selbstverteidigung‹
des ›Parzival‹ wieder auf (vgl. S. 53f. und S. 205). Neu ist hier der
Gedanke, daß der durch Gottes Geist gestärkte *sin* den Gegenpol zur
Buchgelehrsamkeit bilde.

Die Vorstellung des Helden. Das erste, was wir über Willehalm
erfahren, ist, daß er Gott »niemals vergaß« (2,27). Wo er gesündigt
habe, habe er durch seine Mannhaftigkeit – gemeint ist: im Kampf
– Buße geleistet. Der Held der Dichtung sei ein »tapferer, würdiger
Bote« (*der unverzagete werde bote* 3,16): »Boten« wurden im Mittel-
alter die Apostel und die Heiligen genannt. Willehalm habe selber
die Nöte des ritterlichen Lebens kennengelernt; den Rittern, die ihn
in der Not des Kampfes anrufen, werde seine Hilfe zuteil. Auch der
Prolog-Sprecher »schreit« aus sündigem Mund Willehalms »Heiligkeit«
an (*mînes sündehaften mundes galm dîn heilikeit an schrîet* 4,14-15)
und bittet ihn um Beistand gegen das Böse. Die Prolog-Verse lassen es
offen, wie sich Heiligkeit und Ritterschaft für Willehalm verbunden
haben. Daß der Held der Dichtung ein Heiliger war, wußte Wolfram
aus seiner französischen Vorlage (vgl. S. 381ff.), wo es heißt: »Die
›Chanson‹ ist es wert, angehört zu werden, denn er ist heilig«, (*Por
ce est bone la chancon a oir Que il est sainz* 708-09). Von Willehalms
Heiligkeit ist in Wolframs Dichtung später nur noch einmal die Rede
(226,4); dort bleibt die Bedeutung des Begriffs unsicher.
    Neben der Kampferprobtheit des Helden wird seine hohe Geburt
hervorgehoben: unter den Fürstenhäusern Frankreichs gebühre Wille-
halms Geschlecht nach der kaiserlichen Familie Karls des Großen der
erste Rang 3,25ff.). Der Erzähler betont, daß »uns wahrhaftig verbürgt

ist, daß du hier auf Erden ein Fürst warst: so bist du es auch dort«
(*daz diu wâren maere sagent, daz dû vürste waere hie n'erde – als bist
ouch dort* 4,9-11). Die Heiligen wurden im Mittelalter Fürsten im
Himmel genannt. Dem Prolog-Sprecher war es offenbar wichtig, daß
sein Held beides war, Fürst auf Erden und Fürst im Himmel.

Die *süeze rede.* Im letzten Teil des Prologs wird »Liebesleid und an-
deres Leid« (*minne und ander klage* 4,26), das Frauen und Männer
um der Taufe Christi willen getreulich erlitten haben, als Thema der
Dichtung genannt (Die Lesart *minne* in Vers 4,26 hat Werner Schröder
begründet: *Werner Schröder,* minne und ander klage (Zu Wh. 4,26),
ZfdA 93, 1964, S. 300-313).

Gemeint ist offenbar, daß viele Menschen – im besonderen auch
Gyburg und Willehalm – wegen ihres Bekenntnisses zum christ-
lichen Glauben schweres Leid erdulden mußten. Die Klage- und
Leidensthematik bestimmt den Ton der Dichtung vom Anfang an
(vgl. S. 373ff.).

Von der französischen Vorlage sei in Frankreich gesagt worden,
»daß niemals eine ›süßere Rede‹ gedichtet wurde« (*daz süezer rede nie
wart getân* 5,10). Das Adjektiv *süeze* hat an dieser Stelle wohl einen
religiöse Beiklang: »daß nie ein heiligeres Werk geschaffen wurde«
(J. Heinzle). Die Versicherung des Dichters, die französische Vorlage
nicht durch Hinzufügungen oder Weglassungen »verfälscht« zu ha-
ben (5,12f.), will offenbar sagen, daß die Substanz der Geschichte,
ihr »Rang« (*wirde*) und ihre »Wahrheit« (*wârheit* 5,11), unversehrt
geblieben sei. Das bezieht sich wohl speziell auf die geschichtliche
Wahrheit der erzählten Handlung, die in der Zeit nach dem Tod
Karls des Großen spielt.

1.2 Die erste Schlacht auf Alischanz (Buch I-II)

Buch I. Graf Heimrich von Narbon hat seine sieben Söhne zugunsten eines
Patensohns enterbt und hat sie aufgefordert, im Dienst Kaiser Karls und anderer
hoher Herren Lohn und Lehen und die Gunst edler Frauen zu erwerben.

Der älteste Sohn, Willehalm, ist im Kampf gegen die Heiden in Gefan-
genschaft geraten, ist von König Tybalt nach Arabi verbracht worden, hat
dort im Gefängnis die Liebe von Tybalts Ehefrau Arabel gewonnen, ist mit
ihr zusammen geflohen und hat sie geheiratet; sie ist auf den Namen Gyburg
getauft worden. Willehalm hat auch Tybalts Land in der Provence geraubt
und hat in Oransche eine eigene Herrschaft begründet.

Tybalt will die Ehefrau und das Land zurückgewinnen und wird dabei von
Gyburgs Vater, dem heidnischen Großkönig Terramer, unterstützt. Ein riesiges

Heer ist an der Küste der Provence gelandet. Auf dem Feld von Alischanz kommt es zur Schlacht. Es gelingt den Christen, das erste heidnische Treffen unter König Halzebier aufzusprengen; auch der Angriff des Königs Nöupatris hat keinen Erfolg; Nöupatris wird von Willehalms Neffen Vivianz erschlagen. Aber als Terramer selbst und sein Bruder Arofel in den Kampf eingreifen, wird die heidnische Übermacht immer erdrückender. Das christliche Heer wird von allen Seiten angegriffen und in kleine Gruppen zertrennt. Vivianz wird von Nöupatris tödlich verwundet und von Halzebier niedergestreckt. Er kann sich noch einmal aufraffen und kommt bis zum Fluß Larkant, wo er zusammenbricht.

Willehalm will mit dem Rest seiner Leute nach Oransche fliehen, wo er Gyburg zurückgelassen hat. Er wird jedoch von König Poufameiz angegriffen und verliert dabei seinen letzten Mann. Ganz alleine entkommt er in die Berge.

Enterbung. Das Motiv der Enterbung Willehalms und seiner Brüder findet sich nicht in Wolframs französischer Vorlage, stammt aber offenbar aus anderer französischer Überlieferung (vgl. S. 387). Warum Wolfram dies Motiv so prononciert an den Anfang gesetzt hat, ist nicht klar. Jedenfalls wird damit gleich zu Beginn auf die Wichtigkeit der Verwandtschaftsthematik aufmerksam gemacht; und es wird gezeigt, daß das Verhältnis zwischen Vater und Söhnen voller Spannungen ist (vgl. S. 346). Der Erzähler erweckt den Eindruck, daß alles, was dann folgt – die Entführung Gyburgs und der Angriff der Heiden – eine Folge der Enterbung ist (vgl. S. 328). Die Enterbung selbst bleibt in der Dichtung folgenlos. Der Erbfall kann erst beim Tod des Erblassers eintreten; Willehalms Vater ist jedoch noch am Leben, wenn Wolframs Dichtung abbricht. Von dem begünstigten Patensohn ist später nicht wieder die Rede.

Die Vorgeschichte. Wie es zum Krieg zwischen Willehalm und Terramer kam, wird nur ganz knapp skizziert: »Willehalm gewann Arabel: deswegen sind viele unschuldige Menschen umgekommen« (*Arabeln Willalm erwarp, dar umbe unschuldic volc erstarp* 7,27-28). Was zwischen der Entführung Gyburgs und der Landung des heidnischen Heeres in der Provence geschehen ist, »verschweigt« der Erzähler (*des geswîg ich* 8,27), angeblich weil seine Zuhörer davon »schon früher gehört« haben (*ir habt daz ê wol vernomen* 7,23). Das ist offenbar ein vom Erzähler inszeniertes Spiel, vergleichbar dem »wohlbekannten« Meister Kyot im ›Parzival‹ (*Kyôt der meister wol bekant* 453,11), den niemand kennt. Nichts deutet darauf hin, daß die Erzählungen von Guillaume d'Orange bereits vor Wolfram in Deutschland bekannt waren. Erst nachträglich werden, über die ganze Dichtung verteilt,

Informationen eingestreut, die die Hintergründe der Handlung etwas deutlicher werden lassen, ohne daß sich ein klares Bild des Handlungszusammenhangs ergibt.

Die Schilderung der Schlacht. Über die Aufstellung der Heere, die Operationen der verschiedenen Verbände und den konkreten Verlauf der Schlacht erfahren wir kaum etwas. Der Akzent liegt darauf, daß die 20.000 Christen (50,12) gegenüber dem Riesenheer der Heiden, in dem bereits das erste Treffen unter Halzebier 30.000 Mann zählt (18,12), nur eine »Hand voll« (*die hant vol* 13,9) sind, die »ein Hut bedecken könnte« (*die möht ein huot verdecken* 28,12). Zwar gelingt es den Christen, die von König Halzebier angeführte Heeresabteilung zu durchbrechen (22,1ff.); aber bald werden sie »von der Überlast der Heiden« (*von überlast der heiden* 39,3) überflutet, zersprengt und erdrückt. Geschildert wird hauptsächlich das Gewoge der Schlacht, nicht in zusammenhängendem Bericht, sondern in locker aneinander gefügten Momentbilder, die immer wieder durch Exkurse, Kommentare und andere Erzählerreden unterbrochen werden (vgl. S. 364). Nur ein Zweikampf wird ausführlich beschrieben: der zwischen Vivianz und Nöupatris, in dem Vivianz den heidnischen König erschlägt und selber die Todeswunde empfängt.

Im Verlauf der Schlacht werden 16 heidnische Könige von Willehalm erschlagen, sieben von Vivianz. Diese 23 toten Heidenkönige werden am Ende der Dichtung noch einmal wichtig (vgl. 464,16ff.). Außer Willehalm werden auf christlicher Seite 12 Fürsten namentlich genannt (13,11ff.), alles Verwandte von Willehalm. Auf heidnischer Seite werden die Namen von 63 Königen und Fürsten erwähnt (dazu kommen fast ebenso viele Herkunftsnamen). Im Vordergrund stehen der Großkönig Terramer, der Willehalms Neffen Myle erschlägt, sein Bruder Halzebier, von dem Vivianz zu Boden gestreckt wird, sein Schwiegersohn Tybalt, sein Enkel Ehmereiz, der Sohn von Arabel und Tybalt, sowie die drei Könige Nöupatris, Arofel und Tesereiz, die als vorbildliche Frauenritter dargestellt werden. Nöupatris wird von Vivianz erschlagen, Arofel und Tesereiz von Willehalm.

Über die Motivation der Kämpfenden geben die eingestreuten Erzählerkommentare Auskunft. Zwei Gesichtspunkte stehen dabei im Vordergrund: das Verwandtschaftsmotiv und die religiösen Motive.

Vivianz' Martyrium. Den Höhepunkt der ersten Schlacht bildet die Schilderung von Vivianz' Tod, die auf zwei Szenen verteilt ist (im ersten und im zweiten Buch). Gleich sein erster Auftritt führt in den Wunderbereich der Legende: als König Nöupatris ihm seine wimpelgeschmückte Lanze durch den Bauch gerannt hat, so daß »ihm das Eingeweide von diesem Stich über den Sattel hing« (*sô daz im'z geweide ûz der tjoste übern satel hienc* 25,24-25), da bindet Vivianz das Gedärme mit der Lanzenfahne wieder ein und kämpft weiter, »als ob ihn keine Ader schmerzen würde« (*als ob in ninder âder sîn ... swaere* 25,28-29). Er vollbringt noch große Heldentaten, bevor ihn König Halzebier mit einem Schwertschlag niederstreckt. Er kommt noch einmal auf die Beine und reitet, »geführt von dem Engel« (*nâch des engels zeige* 49,4), noch bis zum Ufer des Larkant, wo er zu Boden stürzt und unter einer Linde liegen bleibt. Der Erzengel Cherubin erscheint und verkündet dem Sterbenden, daß er seinen Oheim Willehalm noch vor seinem Tod sehen werde (49,23). Der Erzähler gibt die geistliche Deutung des Geschehens: Vivianz hat sich »für unser Heil verkauft« (*sich selben verkouft umb unseren segen* 48,11); daher kann sich in die Klage um ihn auch Freude mischen, weil Vivianz als Märtyrer das ewige Heil errungen hat: »... und doch freue ich mich, wie er gestorben ist: er hat das Heil der Seele gewonnen« (*und vreu mich doch, wie er restarp: der sêle werdekeit er rewarp* 48,28-30).

Vergleich mit ›Aliscans‹ Die französische Vorlage des ›Willehalm‹ war das Epos ›Aliscans‹ aus dem Epen-Zyklus um Guillaume d'Orange. Der Quellenvergleich ist mit der Unsicherheit belastet, daß die Textgestalt der französischen Vorlage in Einzelheiten unklar ist (vgl. S. 384ff.). Hier wird die heute gebräuchliche ›Aliscans‹-Ausgabe von Claude Régnier (vgl. S. 383) zugrunde gelegt. Abweichungen innerhalb der ›Aliscans‹-Überlieferung, die für Wolframs Text wichtig sein können, werden verzeichnet.

Dem ersten Buch des ›Willehalm‹ (1710 Verse) entsprechen in ›Aliscans‹ die Abschnitte[1] 1-21 (= Vers 1-718). In ›Aliscans‹ beginnt die Handlung mitten in der Schlacht, als Vivien bereits tödlich verwundet ist und keine Hoffnung auf einen Sieg der Christen mehr besteht. Die ganze Anfangspartie des ›Willehalm‹ (der Prolog, die Enterbung von Heimrichs Söhnen, die Vorgeschichte von Willehalm und Arabel, die Begründung des Rachefeldzugs von Tybalt und Terramer, die Landung des heidnischen Heeres in der Provence, die ersten Kampfhandlungen) hat in ›Aliscans‹ keine Entsprechung. Der erste Textkontakt findet sich in der Aufzählung von Willehalms Verwandten, die auf seiner Seite kämpfen (Wh. 13,11ff., Al. 4ff.). Das erste Ereignis, das Wolfram seiner Quelle entnommen hat, ist der Tod Pinels von Willehalms Hand (Wh. 21,1ff., Al. 29).

---

[1]   Die Abschnitte in der altfranzösischen Heldenepik, in die die Texte gegliedert sind, werden »Laissen« genannt.

In ›Aliscans‹ ist die Schlacht klar gegliedert. Auf eine kurze Schilderung der hoffnungslosen Situation der Christen (in den Laissen 1-3) folgen die beiden Hauptstränge der Handlung: die Kämpfe Viviens bis zu seinem Zusammenbruch (Laissen 4-14) und die Kämpfe Guillaumes, bis er, als letzter Überlebender, den Weg nach Orenge sucht (Laissen 15-21). Nach Laisse 21 ist in ›Aliscans‹ kein Einschnitt: die Guillaume-Handlung läuft weiter, bis er bei Vivien ankommt und dessen Tod miterlebt.

Vor dem Hintergrund dieser gut überschaubaren Handlung wird deutlich, wie sehr dem ›Willehalm‹-Erzähler daran gelegen war, die Handlungsstränge zu zerstückeln und den epischen Fluß zu hindern. Die Vivien-Handlung ist im ›Willehalm‹ gekürzt, insbesondere die Kampfgenossenschaft von Vivien und Bertran (Laisse 6-9) ist zu einem kurzen Seitenblick zusammengezogen (42,1ff.) Im Mittelpunkt der Vivien-Handlung steht in ›Aliscans‹ die Szene, in der der todwunde Held, beim Anblick der »fürchterlichen Ungeheuer« (*li cuvert mescreant* 84) in Gorants Heer , um eine Lanzenlänge vor den Feinden zurückweicht (91f.), womit er seinen Schwur, daß er niemals vor den Heiden fliehen werde, verletzt hat. Dieser Schwur ist das zentrale Motiv der Vivien-Handlung im französischen Zyklus um Guillaume d'Orange. Wolfram hat das Motiv an dieser Stelle getilgt; der deutsche Erzähler versichert im Gegenteil, daß Vivianz vor Gorhant nicht geflohen sei (41,12ff.); später, in seinen letzten Worten zu Willehalm, erwähnt Vivianz den Schwur (66,25ff.) und spricht ganz vage von der Möglichkeit, daß er als Kämpfer versagt habe (*ob ich zagelîchen streit* 67,2), wofür jedoch der Erzähltext keinen Anhalt bietet.

Die Einzelheiten der Kampfhandlung hat Wolfram zum großen Teil aus ›Aliscans‹ übernommen. Gekürzt sind die Reden Guillaumes. Dafür nehmen die Erzählerreden im deutschen Text weitaus mehr Platz ein als in ›Aliscans‹.

Buch II. Auf seiner Flucht kommt Willehalm an den Fluß Larkant und findet dort seinen Neffen Vivianz, der wie tot daliegt, aber in Willehalms Armen noch einmal zum Bewußtsein kommt, seine Beichte ablegt, das heilige Sakrament empfängt (Willehalm hat eine geweihte Hostie bei sich) und dann als Märtyrer stirbt.

Willehalm wacht die Nacht über bei Vivianz und bricht am nächsten Morgen auf. Er trifft auf fünfzehn Heidenkönige, die ohne Gefolge ausgeritten sind, und erschlägt sieben, schont aber seinen Stiefsohn Ehmereiz. Dann muß er gegen Tenebruns und Arofel kämpfen, und auch diese beiden werden von ihm getötet. Er zieht Arofels Rüstung an und besteigt dessen Pferd; so wird er von den Heiden für einen der Ihren gehalten. Doch sein eigenes Pferd Puzzat, das hinter ihm hertrabt, verrät ihn. König Tesereiz greift ihn an und wird ebenfalls erschlagen.

Schließlich erreicht Willehalm Oransche, wird aber nicht in die Stadt eingelassen, weil Gyburg ihn in Arofels Rüstung für einen Heiden hält. Zum Beweis seiner Identität muß er erst die gefangenen Christen befreien, die gerade vorbeigeführt werden. Dann muß er seinen Helm abnehmen, damit Gyburg ihn an seiner verstümmelten Nase erkennen kann.

Während das heidnische Heer heranrückt und einen Belagerungsring um
die Stadt schließt, findet Willehalm in Gyburgs Armen Trost. Als es Nacht
geworden ist, bricht er auf, um beim französischen König Hilfe zu erbitten.
Arofels Rüstung und seine Kenntnis der heidnischen Sprache helfen ihm, die
feindlichen Linien unbemerkt zu passieren.

Vivianz' Tod. In seiner großen Klagerede (60,21-61,17; 62,1-64,30)
gedenkt Willehalm der *tugent* seines Neffen, die in seinem *edelen herzen*
wurzelte und seinen *hôhen prîs* begründet habe. Er erinnert an die
liebende Fürsorge, die Gyburg ihm schon als Kind zugewandt hat,
und an die großartige Ausstattung, die sie ihm bei seiner Schwertleite
zukommen ließ: allein der Schild habe 500 Mark gekostet (*der koste
vünf hundert marc!* 63,30). Willehalm spricht auch von Vivianz'
Schönheit, die ihn zu einem Liebling der Frauen gemacht habe.

Peinlich berührt fühlte sich die ältere Forschung von Willehalms
»geschmackloser« Aussage über die *süeze* von Vivianz' Körper (*sölh
süeze an dîme lîbe lac* 62,11): wenn man auch nur einen Zeh von ihm
ins Salzwasser geworfen hätte, wäre das ganze Meer zu Zuckerwasser
geworden (*des breiten meres salzes smac müese al zuckermaezic sîn, der
dîn eine zêhen würfe drîn* (62,12-14). Daß diese Worte aus dem Bild-
bereich der Heiligenlegende stammen, wird deutlich, wenn Willehalm
gleich im nächsten Satz von den »süßen Wunden« des Neffen spricht,
die »wie Pigment und Amber duften« (*als pigment und âmer dîn süeze
wunden smeckent* 62,16-17). Es ist der Duft und der Geschmack der
Heiligkeit, die Vivianz bei seinen Märtyrertod erlangt. »Als ob alle
Bäume von Aloe entflammt wären: ein solcher Geruch verbreitete sich
in dem Moment, als die Seele und der Körper sich trennten« (*reht als
Lignâlôê al diu boume mit viuwer waeren enzunt, selh wart der smac
an der stunt, dâ sich lîp und sêle schiet* 69,12-15).

Aus Sorge um das Seelenheil des Sterbenden drängt Willehalm den
Neffen zur Beichte und gibt ihm die geweihte Hostie, die er vom Abt
des Pariser Klosters St. Germain empfangen habe (68,4ff.). Vivianz
spricht von seinen Sünden und bezeugt damit nur seine Unschuld; er
sieht sich als der gute Schächer, der sich im Tod am Kreuz zu Christus
bekannt hat und mit ihm ins Paradies gekommen ist (68,26ff.).

Willehalm will den toten Neffen mit nach Oransche nehmen. Das
läßt sich jedoch nicht verwirklichen: er wird unterwegs angegriffen
und muß den Leichnam abwerfen (70,21), um sich zu verteidigen. Er
reitet dann mit dem Toten zu dem Ort zurück, wo Vivianz gestorben
ist, und wacht die Nacht über bei ihm. Am nächsten Morgen bricht
er alleine auf.

Ehmereiz. Unter den fünfzehn Königen, die Willehalm auf seinem Weg nach Oransche angreifen, ist auch sein Stiefsohn Ehmereiz, Gyburgs Sohn aus ihrer Ehe mit Tybalt. Vierzehn Könige werden von Willehalm verwundet oder erschlagen; nur Ehmereiz wird geschont: um Gyburgs willen wollte er niht mit ihm kämpfen (74,30ff.). Er antwortet auch nicht auf Ehmereiz' Vorwürfe, seine Mutter durch Zauber zum Abfall vom heidnischen Glauben und zum Verlassen ihres Ehemanns verleitet zu haben.

Arofels Tod. König Arofel ist Terramers Bruder und einer der mächtigsten und angesehensten Heidenkönige. Er ist ein Vorbild an Schönheit, Reichtum und Ritterlichkeit. In scharfem Kontrast dazu steht sein elender Tod. Als ihm im Kampf mit Willehalm der Lederriemen reißt, der die Bein-Panzerung hält, schlägt ihm Willehalm das Bein ab (79,6f.). Alles Flehen und alle Versprechungen – er bietet als Lösegeld dreißig Elefanten und so viel Gold, wie diese tragen können (79,16ff.) – helfen dem wehrlos am Boden Liegenden nichts. Willehalm schlägt ihm den Kopf ab und zieht ihm die Rüstung aus. Der Erzähler hat nichts getan, um die Grausamkeit von Willehalms Handlungsweise zu beschönigen. In der Bewertung der Tat hält er sich auffällig zurück: der Tod Arofels sei ein Verlust für die Minne (81,20), denn der König sei ein Liebling der Frauen gewesen. Willehalm habe an Vivianz' Tod gedacht und habe dafür Rache nehmen wollen (*er dâhte an Vîvîanzes tôt, wie der gerochen würde* 79,28-29). Auch später wird Willehalms Untat von niemandem verurteilt. Willehalm selber nennt den Schmerz über den Tod seiner Verwandten und das Racheverlangen als Grund für sein erbarmungsloses Handeln (80,25f.). Die Forschung hat sich schwer getan mit der Interpretation der Arofel-Szene.

Heldenzorn, der auch vor Grausamkeiten gegenüber wehrlosen Feinden nicht halt macht, ist ein literarisches Motiv, das bis zu Vergils ›Aeneis‹ (und darüber hinaus bis zu Homer) zurückreicht und das Wolfram aus Veldekes ›Eneit‹ kannte. Anklänge an Veldekes Text sind in der Arofel-Szene deutlich hörbar. Der Zorn ist hier nicht Ausdruck von Unbeherrschtheit oder eine Sünde im christlichen Sinn, sondern eine Reaktion auf vorausgegangene Unrechtshandlungen. Der ›Willehalm‹-Erzähler benennt die Gründe, die Willehalms zorniges Handeln gerechtfertigt erscheinen lassen: den Angriff der Heiden auf die Christen (80,20f.) und den Tod von Vivianz und anderer Verwandten (79,28f.). Dieselben Gründe macht Willehalm später in einer großen Rechtfertigungsrede geltend (203,19ff.). Im Mittelalter kannte man den Begriff des ›gerechten‹ Zorns, der als verdienstlich galt, wenn er zur Abwehr und Bestrafung von Unrecht eingesetzt wurde.

Einen kritischen Überblick über die Forschung gibt *James A. Rushing*, Arofel's Death and the Question of Willehalm's Guilt, JEGP 94, 1995, S. 469-482. – *Richard E. Barton*, ›Zealous Anger‹ and the Renegotiation of Aristocratic Relationships in Eleventh- und Twelfth Century France, in: Anger's Past. The Social Uses of an Emotion in the Middle Ages, Ed. B. H. Rosenwein, Ithaca, London 1998, S. 153-170, bes. S. 156.

Tesereiz' Tod. Eine der merkwürdigsten Gestalten der Dichtung ist der Heidenkönig Tesereiz. Der Erzähler feiert ihn als musterhaften Minneritter (83,6ff.), für den Frauendienst geradezu religiöse Qualität besitzt. Er will mit Willehalm zusammen gegen die Heiden kämpfen, wenn Willehalm bereit wäre, seinen christlichen Glauben aufzugeben und im Dienst der heidnischen Götter »um Lohn und Huld der Frauen« (*nâch wîbe lôn und umb ir guoz* 86,25) zu werben. Der Zweikampf der beiden wird, wie kein anderer Kampf im ›Willehalm‹, als allegorischer Streit gleichwertiger Tugenden beschrieben: »Da stießen Tapferkeit und Mut zusammen, Großherzigkeit und Edelmut, Selbstbeherrschung und hochgemuter Stolz, Menschlichkeit und höfische Gesittung beiderseits« (87,16-19). Tesereiz' Tod beschreibt der Erzähler wie ein Martyrium der Minne: »Geehrt sei das Feld und das Gras, wo der Liebende erschlagen lag. Das Feld könnte im Umkreis einer Tagesreise Zucker tragen« (*geêret sî velt unde gras, aldâ der minnaere lac erslagen. daz velt solde zuker tragen alumb ein tagereise* 87,30-88,3); und die Bienen könnten aus der Luft, die von der Stelle weht, da Tesereiz sein Ende nahm, Honig ziehen (88,4ff.). Von diesem Geruchswunder beim Tod des Heiden wird im Potentialis berichtet: ein Hinweis auf die Unwirklichkeit des Vorgangs. Auffällig ist jedoch die Parallele zum Tod des christlichen Märtyrers Vivianz.

Willehalm und Gyburg. Als Willehalm vor Oransche ankommt, muß er erleben, daß seine eigenen Leute und seine Ehefrau ihn nicht erkennen. Gyburg hält ihn für einen Betrüger (89,16ff.). Er muß sich von seiner Frau sagen lassen, ihr Mann wäre nie alleine vom Schlachtfeld geflohen (90,6ff.). Sie verlangt von ihm Beweise seiner Identität und erkennt ihn erst als ihren Ehemann, als er ihr seine verstümmelte Nase gezeigt hat.

»Ganz in Tränen« (*al weinende* 93,8) fragt Gyburg nach Willehalms Verwandten, die mit ihm zusammen in der Schlacht waren. Als sie erfährt, daß alle tot oder gefangen sind und daß es ihr Vater Terramer ist, der das heidnische Heer befehligt, hält sie das Schicksal der Christen für besiegelt. Aber in der Beratung darüber, ob Willehalm zum französischen König reiten soll, um Hilfe zu erbitten, zeigt sie wieder Mut und Entschlossenheit. Sie mahnt ihn jedoch, über den Liebesangeboten der »schönen Französinnen« (*die klâren Franzoisinne* 104,15) am Königshof ihre verzweifelte Lage nicht zu vergessen. Willehalm antwortet mit dem Versprechen, daß er während seiner Abwesenheit nur von Wasser und Brot leben werde (105,7ff.): das ist ein Akt der *compassio*, des Mitleidens, der ihn in Munleun in schroffen Gegensatz zu der festlichen Hofgesellschaft setzen wird.

Vergleich mit ›Aliscans‹. Dem zweiten Buch (1440 Verse) entsprechen in ›Aliscans‹ die Laissen 22-55, Vers 719-2471 = 1753 Verse). Im Szenenbestand und der Abfolge der Ereignisse gibt es keine nennenswerten Differenzen, wohl aber in der Ausgestaltung. Bereits in ›Aliscans‹ ist Viviens Tod ein Höhepunkt der Dichtung; auch dort stirbt er als heiliger Märtyrer. Dem Sterbenden entströmt »ein Duft, süßer als Balsam und Pigment« (*Plus soef fleire que basme ne piment* 826); und nach seinem Tod führt Gott seine Seele ins Paradies (1003f.). Die kirchlichen Formen sind in der französischen Dichtung genauer beachtet. Vivien liegt mit gefalteten Händen da, das Gesicht nach Osten gewandt; ab und zu schlägt er sich auf die Brust und bittet Gott um die Vergebung seiner Sünden. Deutlicher als bei Wolfram übernimmt Guillaume in ›Aliscans‹ die Rolle des Laienpriesters. Er fordert den Neffen auf, vor ihm die Beichte abzulegen. »An Stelle Gottes will ich bei dieser Taufe Dein Priester und Dein Pate sein« (*En leu de lui serai ton chapelain, A ce bautesme voil estre ton parrain* 964-65). Im Mittelpunkt der Beichte steht in ›Aliscans‹ das Bekenntnis, seinen Schwur gebrochen zu haben, daß er niemals vor den Heiden fliehen würde (985ff.). Bei Wolfram ist sich Vivianz keiner Schuld bewußt.

Bereits in ›Aliscans‹ wird Guillaume am nächsten Tag von fünfzehn Königen angegriffen, unter denen sein Stiefsohn Esmeré ist, der ihm schwere Vorwürfe macht: er habe zwei seiner Brüder blutig geschlagen, aufgehängt und enthauptet (1246ff.); diese Grausamkeit hat Wolfram übergangen.

Schon in ›Aliscans‹ nimmt die Arofel-Szene breiten Raum ein. Aber in der französischen Dichtung fällt es nicht auf, daß Guillaume hier grausamer handelt als sonst. Die Akzente sind anders gesetzt. Aérofle versucht, Guillaume zum Heidentum zu bekehren: ein Motiv, das Wolfram auf Tesereiz übertragen hat. Der Kampf wird im französischen Text nicht, wie bei Wolfram, durch ein waffentechnisches Mißgeschick entschieden, sondern durch einen gewaltigen Schwertschlag, der durch den Schild des Heidenkönigs hindurchgeht und ihm ein Bein abtrennt.

Nur beiläufig wird in ›Aliscans‹ berichtet, daß auch Desreez (Wolframs Tesereiz) von Guillaume erschlagen wird (1831f.). Desreez gehört in ›Aliscans‹ zu den Heiden-Monstern, von denen gesagt wird: »es gab keine boshafteren bis in die Täler von Deutschland« (*N'ot si felon jusqu'as vaus d'Alemaigne* 1760). Wolframs positives Tesereiz-Bild und die Ausgestaltung der Todes-Szene haben in ›Aliscans‹ kein Vorbild.

Schon in ›Aliscans‹ erkennt Guiborc ihren Ehemann nicht, als er in der Rüstung von Aérofle vor Orange ankommt. In der französischen Dichtung ist die Handlung an dieser Stelle besser motiviert. Guiborc verlangt, zum Beweis seiner Identität Guillaumes Nase zu sehen; daraufhin nimmt Guillaume sofort seinen Helm ab (2058). In diesem Moment werden die gefangenen Christen vorbeigeführt; und deren Anblick bewegt Guiborc, ihre Befreiung zu fordern, bevor sie ihren Ehemann begrüßt.

In ›Aliscans‹ kommt der Vorschlag, den französischen König um Hilfe zu bitten, von Guiborc, während Guillaume bezweifelt, daß diese Bitte Erfolg haben werde, weil er schon so oft militärischen Beistand erhalten und die Franzosen durch seine Kriege schweren Prüfungen ausgesetzt habe (2331ff.). Er müsse schon selbst vor den König treten; und darin bestärkt ihn Guiborc. Bei Wolfram dagegen wird Willehalm dem König in Munleun entgegengehalten, daß er schon sieben Jahre lang seine Hilfe nicht mehr in Anspruch genommen habe (146,8ff.).

In ›Aliscans‹ beantwortet Guillaume die Befürchtung seiner Frau, er werde sie beim Anblick der schönen Französinnen vergessen, mit dem Versprechen, weder Hemd noch Hose zu wechseln, nicht das Gesicht zu waschen, kein Fleisch und keine Pfeffersauce zu essen, nur Wasser statt Wein zu trinken und nur grobes Brot zu essen, nicht auf weichen Kissen zu schlafen, sondern nur seine Satteldecke und seine Kleidung als Bettzeug zu benutzen und mit seinem Mund keinen anderen Mund zu berühren, bis er wieder bei ihr sein würde (2390ff.). Wolfram hat an dieser Stelle nur Wasser und Brot genannt (105,8ff.). Später zeigt sich jedoch, daß auch im deutschen Text Willehalms Leidens-Askese alle Formen umfaßt, von denen Guillaume gesprochen hat, und noch darüber hinausgeht bis zur Ablehnung einer standesgemäßen Herberge (112,7f.) und zur Verleugnung seiner Fürstenwürde (132,27).

In ›Aliscans‹ begleitet der Erzähler seinen Helden aus der Stadt Orenge hinaus auf seinem Weg nach Orliens. Bei Wolfram wechselt die Szene am Ende des zweiten Buchs (und am Anfang des dritten) mehrmals zwischen der Situation in der Stadt und dem Belagerungsring der Heiden um Oransche hin und her. Ausführlich wird erzählt, wie Terramer die Belagerung organisiert und daß vor jedem Tor der Stadt eine heidnische Heeresabteilung mit Belagerungsgeräten postiert wird; das ist in ›Aliscans‹ ohne Vorbild.

1.3 Munleun (Buch III-IV)

Buch III. Nachdem Willehalm weggeritten ist, schließt sich der Belagerungsring der Heiden um Oransche. Es kommt zu einem Gespräch zwischen Terramer und Gyburg: Terramer droht der Tochter mit dem Tode. Gyburg antwortet mit einem Bekenntnis zum christlichen Glauben.

Inzwischen ist Willehalm, auf dem Weg zum Königshof, nach Orlens gekommen, wo er die großen Häuser (*die schoenen stat* (112,7) meidet und statt dessen »eine armselige Gasse« (*eine smaehe gazzen* 112,8) aufsucht und dort in einem *hiuselîn* (112,9), in dem nicht einmal sein Pferd aufrecht stehen kann, übernachtet. Als der Herr der Stadt, ein vom König eingesetzter Richter (112,25), am nächsten Morgen Wegzoll von Willehalm verlangt, erschlägt Willehalm ihn im Streit. Die Witwe sucht Hilfe bei Graf Arnalt von Gerunde. Der reitet dem fremden Ritter nach und stellt ihn zum Kampf. Er wird jedoch vom Pferd gestochen und wäre totgeschlagen worden, wenn er nicht seinen Namen genannt hätte. Willehalm erkennt in ihm seinen Bruder und erfährt von ihm, daß König Loys in Munleun einen Hoftag hält und daß auch seine Eltern und seine Brüder dort sein werden. Die folgende Nacht verbringt Willehalm in einem Kloster, wo er Arofels kostbaren Schild zurückläßt.

In Munleun wird Willehalm unfreundlich empfangen: er reitet müde und schmutzig und in voller Rüstung auf den Königshof, wird aber von niemandem willkommen geheißen. Als die Königin, seine Schwester, von der Ankunft eines fremden Ritters hört, vermutet sie, daß ihr Bruder gekommen ist, um vom König »ein neues Heer« (*ein niuwez her* 129,25) zu fordern, und gibt Befehl, die Tore vor ihm zu schließen. Ein Kaufmann namens Wimar nimmt sich schließlich seiner an und führt ihn in sein Haus. Um Gyburgs willen lehnt Willehalm eine bequeme Lagerstatt ebenso ab wie eine reiche Mahlzeit.

Am nächsten Morgen reitet Willehalm in Waffen zum Hof, voll Zorn über die schmähliche Behandlung, die ihm zuteil geworden ist. Die anderen Fürsten weichen ängstlich vor ihm zurück. Nach dem feierlichen Einzug des Grafen Heimrich von Narbonne mit seiner Ehefrau und seinen Söhnen tritt Willehalm vor den König und erinnert ihn in unhöflicher Weise daran, daß er ihm, Willehalm, seine Herrschaft verdanke. Der König überhört die Beleidigung und antwortet gemessen. Als jedoch die Königin ihrem Bruder jede Hilfe verweigert, kommt es zum Eklat: Willehalm reißt seiner Schwester die Krone vom Kopf und hätte sie totgeschlagen, wenn nicht ihre Mutter Irmenschart dazwischengetreten wäre.

Seine Eltern und seine Brüdern sagen ihm ihren Beistand zu, als sie von Vivianz' Tod und dem Verlust des ganzen Heeres erfahren.

Willehalms Zorn verfliegt beim Anblick seiner Nichte, der Königstochter Alyze, die ihren Oheim um Verzeihung für ihre Mutter bittet.

Willehalm in Orlens. Gleich auf der ersten Station seines Wegs zum Königshof wird deutlich, daß nicht nur zwischen Christen und Heiden, sondern auch unter den Christen tödliche Konflikte aufbrechen. Wieder handelt Willehalm im Zorn, als er den Richter erschlägt: und auch hier scheint der Zorn gerechtfertigt zu sein, weil er sich gegen begangenes Unrecht richtet. Die Kommentare des Erzählers lassen keinen Zweifel daran, daß der Richter im Unrecht ist.

Als Arnalt ihm entgegentritt, ist Willehalm so wütend, »daß er ihn am liebsten erschlagen hätte« (*daz er in gerne het erslagen* 118,15). Erst als die Brüder sich erkannt haben, wird von ihnen die Familien-Identität beschworen: »Ich habe mit mir selber gekämpft« (*mit mir selbem ich dâ streit* 119,18). »Man kann wohl uns beide als eins ansehen« (*man mac wol zˈeinem teile unser zweier lîbe zeln* 119,24-25).

Der Empfang in Munleun. Willehalms Ankunft in Munleun ist zu einer großen Szene ausgebaut. Als er in Arofels Rüstung auf den Königshof einreitet, weichen alle vor dem fremden Ritter zurück. Es ist eine spannungsgeladene Situation, in der kein Wort gesprochen wird, in der aber die Zeichen um so lauter sprechen. Niemand begrüßt den mächtigsten Fürsten des Reiches; niemand hilft ihm vom Pferd. Alle starren ihn wortlos an (127,14f.); und von oben, aus den Fenstern des Palas, verfolgt die Königin mit ihren Damen den befremdlichen Vorgang. Sie ahnt, daß der Fremde ihr Bruder Willehalm ist, der den König in den Krieg gegen die Heiden hineinziehen will, und gibt Befehl, die Tore vor ihm zu versperren. Willehalm erträgt die herabsetzende Behandlung durch die Hofgesellschaft nicht tatenlos, sondern verschärft die Situation noch, indem er erst seinen Helm und dann sein Hersenier abnimmt und sein verschmutztes Gesicht und sein ungepflegtes Haar den Blicken der Umstehenden aussetzt. »Da war seine Haut schmutzig verfärbt; Bart und Haar ganz struppig« (*dô was sîn vel nâch râme var, bart und hâr verworren gar* 127,29-30). Willehalm zeigt dem Hof das Gesicht des Krieges und erwidert die erschrockenen Blicke der Gaffer mit drohenden »Wolfs-Blicken«, die er in den »Schafstall« des Hofes wirft: »Ein Wolf blickt auf so schamhafte Weise in den Schafstall – so versichert mir die Geschichte –, wie da der Markgraf blickte« (*ein wolf mit alse kiuschen siten in die schâfes stîge siht (des mir diu âventiure giht), als dô der marcrâve sach* 129,14-17). Die Spannung löst sich erst, als der Kaufmann Wimar erscheint, der Willehalm den höfischen Anstand und die höfische Gesinnung erweist, an denen der König und sein Gefolge es hat fehlen lassen. So wird »die Schande des Hofes« (*des hoves unprîs* 131,12) offenbar.

Willehalms Empfang in Munleun und seine Verhandlungen mit dem König sind in der neueren Forschung wiederholt interpretiert worden, vgl. *Peter Czerwinski*, Der Glanz der Abstraktion (vgl. S. 403), S. 26ff. – *Barbara Haupt*, Das Fest in der Dichtung (vgl. S. 403), S. 218ff. – *Stephan Fuchs*, Hybride Helden: Gwigalois und Willehalm (vgl. S. 404), S. 256ff. – *Christopher Young*, Narrativische Perspektiven in Ws Willehalm (vgl. S. 405), S.88ff. – *Will Hasty*, Art of Arms (vgl. S. 405), S. 130ff. – *Mark Chinca*, Willehalm at Laon, in: W's Willehalm. Fifteen Essays (vgl. S. XX), S. 77-94. – *Corinna Dörrich*, Poetik des Rituals. Konstruktion und Funktion politischen Handelns in mittelalterlicher Literatur, 2002, S. 79ff. – *Kathryn Starkey*, Die Androhung der Unordnung. Inszenierung, Macht und Verhandlung in Ws Willehalm (vgl. S.405) – *Joachim Bumke*, Emotion und Körperzeichen. Beobachtungen zum Willehalm WsvE (vgl. S. 405).

Willehalm und die Familie. Was sich in der Begegnung mit Arnalt andeutete, wird in Munleun bestätigt: Willehalms Verhältnis zu seiner Familie ist voller Spannungen, die sich in wilden Gewalthandlungen entladen, bevor die Betroffenheit und Trauer um die in der ersten Schlacht gefallenen Verwandten den Familien-Frieden wiederherstellen. Willehalms Zweifel an dem Hilfswillen seiner Verwandten (»Mein Zweifel sagt mir, wenn ich es offen sagen soll, daß meine Verwandten mich im Stich lassen« (*mîn zwîvel gibt, sol ich'z gar sagen, daz mîne mâge an mir verzagen* 149,17-18), werden von seinem Vater zurückgewiesen, der die Sache Willehalms zu seiner eigenen macht: »Nicht mein Sohn ist heimgesucht worden: ich selber bin entehrt worden« (*mîn sun ist gesuochet niht: ich bin, der des lasters gibt* 150,23-24).

Am Verhalten der Schwester wird vorgeführt, wie groß die Widerstände in der Familie sein können. Geschwisterverhältnisse sind bei Wolfram oft als problematische Beziehungen dargestellt (vgl. S. 347); nirgends jedoch mit solcher Schärfe wie hier. Der Erzähler läßt keinen Zweifel an der Bewertung: die Königin verhält sich schuldhaft und muß ihre Einstellung grundlegend revidieren.

Alyze. Die Prinzessin Alyze nimmt eine Sonderstellung im ›Willehalm‹ ein: der Erzähler hat sie mit einem Glanz umgeben wie keine andere Gestalt. Sie besitzt nicht nur Schönheit, Anmut und Klugheit, sondern noch mehr: sie ist *saeldebaere* (154,20), »heilbringend«. Der Erzähler sagt: man hätte ihre Reinheit (*ir kiusche* 154,22) auf eine schlimme Wunde binden können: die wäre sogleich geheilt (154,21ff.). Das wird in Szene gesetzt: ihre *kiusche* bringt ihre Mutter zur Einsicht ihrer Verfehlung und sie bringt ihren Onkel Willehalm dazu, seinen Zorn aufzugeben (154,4f.) und sich ihrem Ratschluß zu unterwerfen (159,28f.).

Willehalm und der König. Willehalm macht den König dafür verantwortlich, daß er am Hof wie ein Aussätziger behandelt wird; daher richtet sich sein Zorn hauptsächlich gegen den Herrscher, der seine Pflichten doppelt verletzt: er versagt dem mächtigsten Fürsten des Reichs die Ehrerbietung, auf die dieser einen Anspruch hat; und er erkennt nicht, daß der Angriff der Heiden auf die Provence auch ein Angriff auf das *rîche* ist. Im Zorn bricht Willehalm alle Gebote der höfischen *zuht*. Das wird nicht beschönigt; aber erstaunlicherweise wird der Eindruck erweckt, daß bei dieser Auseinandersetzung nicht der wütende Störenfried im Unrecht ist, sondern der König, der zunächst mit höfischer Beherrschtheit auf die Beschimpfungen durch Willehalm reagiert und erst nach Willehalms wütendem Angriff auf die Königin nicht mehr bereit ist, diese Beleidigung der Krone hinzunehmen.

Vergleich mit ›Aliscans‹. Dem dritten Buch des ›Willehalm‹ (1680 Verse) entsprechen in ›Aliscans‹ die Laissen 56-70 (2472-3370 = 899 Verse). In ›Aliscans‹ ist Guillaume schon wenige Verse nach dem Abschied von Guiborc in Orliens. Wolfram dagegen lenkt den Blick noch einmal auf die Heiden, die die Toten der ersten Schlacht beklagen. In einer langen Rede (107,13-108,22) – zu wem er spricht, bleibt undeutlich – läßt Terramer die Dimensionen erkennen, die der Krieg für die Heiden hat. Terramers Rede geht bei Wolfram über in ein Gespräch mit seiner Tochter, das auf das Religionsgespräch am Anfang des 5. Buchs vorausweist (110,10). In ›Aliscans‹ hat das alles keine Parallele.

In ›Aliscans‹ wird Guillaume in Orliens angegriffen, weil er in Waffen durch die Stadt reitet. Wolfram hat daraus eine Zollforderung gemacht. In der französischen Dichtung ist der Stadtvogt ein *chastelains* (2493), bei Wolfram ein königlicher Beamter. In ›Aliscans‹ erschlägt Guillaume außer dem Châtelain mehr als fünfzig Bürger (2555); bei Wolfram hätte er sie erschlagen, »hätte er nicht gefürchtet, sich zu versündigen« (*het er sünde niht ervorht* 114,27).

Bei der Ankunft in Montlaon trägt Guillaume in ›Aliscans‹ einen »schäbigen Mantel« (*un mauvés siglaton* 2747); seinen Helm und seine Rüstung führt er auf einem Packpferd mit. Erst am nächsten Tag kommt Guillaume in Waffen an den Hof. Der schäbige Mantel hat Wolfram Anlaß gegeben zu einer Polemik gegen seine Vorlage: »Kristian hat ihm einen alten Timit angezogen; damit beweist er seine Dummheit, wer so unüberlegt redet« (*Kristjâns einen alten timît im hât ze Munleûn an geleget: dâ mit er sîne tumpheit reget, swer sprichet sô nâch wâne* 125,20-23). Warum Wolfram den Verfasser seiner Vorlage *Kristjâns*, also Chrétien, genannt hat, ist ungeklärt. Im Gegensatz zur französischen Chanson de geste hat der ›Willehalm‹-Erzähler den herrlichen Glanz von Willehalms reich geschmücktem Waffenrock hervorgehoben. In ›Aliscans‹ dient der schäbige Mantel dem König als Vorwand für die beleidigende Behandlung seines Schwagers am Hof. Von der Königin ist in der französischen Dichtung zunächst gar nicht die Rede; die Provokation geht allein vom König aus. Als der erfährt, daß der Ritter, der in schäbiger Kleidung auf dem Hof hält, sein Schwager Guillaume ist, verhöhnt er ihn, indem er ihm von oben, aus dem Fenster, zuruft, er solle sich irgendwo eine Herberge suchen; »in zu armseligem Aufzug seid Ihr an den Hof gekommen« (*Trop povrement venez or cortoier!* 2879). Mit wutverzerrtem Gesicht faßt Guillaume den Plan, dem König noch vor dem nächsten Abend den Kopf abzuschlagen. Falls er gehofft hatte, durch seinen schäbigen Aufzug das Mitleid des Königs zu wecken, hatte er sich verrechnet. Auch bei Wolfram ›inszeniert‹ Willehalm seinen Auftritt am Königshof, aber in anderer Weise: der Gegensatz zwischen der Pracht der orientalischen Seide von Arofels Waffenrock und den Zeichen des Krieges an der verbeulten Rüstung und an dem verdreckten Kopf des Helden soll offenbar die feine Hofgesellschaft erschrecken und irritieren und soll darauf aufmerksam machen, daß König und Hof mit einer harten Realität konfrontiert werden, deren Forderungen sie sich nicht entziehen können.

Die Hofszene am nächsten Tag hat Wolfram ziemlich genau der Vorlage nacherzählt. An einer Stelle ist jedoch die Handlungsfolge geändert. In ›Aliscans‹ gibt sich Guillaume, nach dem festlichen Einzug seiner Eltern und Brüder, den Verwandten zu erkennen, wird von ihnen begrüßt und berichtet gleich von der verlorenen Schlacht und dem Tod Viviens. Erst danach kommt der Konflikt mit der Königin – sie trägt in ›Aliscans‹ den Namen Blancheflor; bei Wolfram ist sie namenlos – zum Ausbruch. Wolfram hat Willehalms Wutausbruch und den Angriff gegen seine Schwester vor den Bericht über das Kriegsgeschehen gesetzt. Dadurch rückt die Königin in ein günstigeres Licht. Als sie dem Bruder die Hilfe verweigert, weiß sie noch nichts von dem Ausgang der ersten Schlacht. Wenn sie davon erfährt, ist sie wie verwandelt und stellt sich vorbehaltlos auf die Seite ihres Bruders (164,10ff.). In ›Aliscans‹ dagegen wird die Königin von ihrer Tochter zu der Einsicht gebracht, daß sie sich falsch verhalten hat: Aélis erinnert sie daran, daß Guillaume es war, der ihr ihre königliche Stellung verschaffte (3209ff.).

Die Beschimpfung der Königin als »dreckige Hure« (*Pute mauvese* 3173) hat Wolfram – etwas abgeschwächt – übernommen. Unter welchen Umständen Willehalms Schwester ein Liebesverhältnis mit dem Heidenkönig Tiebaut gehabt haben soll (3159f.), bleibt in ›Aliscans‹ genauso unklar wie bei Wolfram. Neu ist bei Wolfram Willehalms Behauptung, er habe Tybalts Ehefrau nur entführt, um die Schmach, die dem König von seiner Schwester angetan wurde, zu rächen (153,26ff.).

Obwohl die Handlung in der Munleun-Szene weitgehend übereinstimmt, ist der Ton verschieden. Guillaumes wütendes Toben im Festsaal des Königs, seine wüsten Beschimpfungen, sein Zähnefletschen und seine Gewalttätigkeiten sind in ›Aliscans‹ eine eindrucksvolle Demonstration seines unbezähmbaren Heldentums. Der Akzent liegt darauf, daß Guillaume alle in Angst und Schrecken versetzt und ihnen seinen Willen aufzwingt.

Bei Wolfram dagegen geht es um Probleme von Fremdheit und Gewalt, um Kommunikationsbrüche und Identitätskrisen, um das Gegeneinander von gerechtem Zorn und einer Hofgesellschaft, die sich vor der furchtbaren Wirklichkeit des Krieges verstecken will.

Buch IV. Als die Königin vom Tod ihrer Verwandten erfährt, ist sie völlig verwandelt: sie setzt sich jetzt mit allen Mitteln für ihren Bruder ein, stellt selber Gelder zur Verfügung und bittet den König, ihren Mann, um Unterstützung. Der zeigt sich aber wegen der Beleidigung, die Willehalm ihm angetan hat, störrisch und besteht auf der Durchführung des Hoffestes. Gegen Ende des Festmahls kommt es noch einmal zu einem Eklat: als der König Willehalms erneute Bitte um Hilfe hinhaltend bescheidet, springt Willehalm über den Tisch und droht mit der Rückgabe seiner Lehen. Die Brüder retten die Situation; dem Drängen des alten Heimrich und seiner Familie gelingt es schließlich, dem König die Zusage seiner Unterstützung abzunötigen. Das militärische

Aufgebot wird im ganzen Land bekannt gemacht: in zehn Tagen soll das Heer vor Munleun zusammenkommen. Die französischen Fürsten und Willehalms Verwandte verlassen den Hof, um ihre Truppen zu sammeln.

Willehalm bleibt in Munleun und bemerkt eines Abends einen jungen Küchenknecht von außerordentlicher Größe und Stärke, mit dem die jungen Adligen ihre Scherze treiben. Es ist Rennewart, der am Königshof niedrige Dienste tun muß, weil er es ablehnt, sich taufen zu lassen. Willehalm erbittet sich den Jungen vom König und will ihn ritterlich ausrüsten; Rennewart möchte jedoch nichts anderes als eine schwere Stange.

Nach zehn Tagen ist das Heer versammelt. Der König begleitet die Truppen bis nach Orlens und übergibt dort den Oberbefehl und die Reichsfahne an Willehalm. Rennewart verabschiedet sich von der Prinzessin Alyze mit einem Kuß.

Als das Heer sich Oransche nähert, erblickt Willehalm von Ferne den Feuerschein der brennenden Stadt.

Der Reichsgedanke. Bis zum Ende des dritten Buchs war es darum gegangen, daß Willehalm durch den Tod seiner Verwandten und den Verlust des gesamten Heeres schutzlos dem Angriff der Heiden ausgesetzt sei, wenn der König ihm nicht beistehen würde, und daß der König auch als Lehnsherr verpflichtet sei, seinem Lehnsmann Hilfe zu leisten. Im vierten Buch rückt ein neuer Gedanke in den Mittelpunkt: daß der Angriff der Heiden nicht nur Willehalm gelte, sondern zugleich dem *rîche*; daß auf Alischanz die Ehre des Römischen Reichs auf dem Spiel stehe und daß der König seine Verpflichtung gegenüber dem *rîche* erfüllen müsse, indem er Willehalm Hilfe leistet. Als erste spricht die Königin diesen Gedanken aus, als sie, zusammen mit ihren Brüdern, den König fußfällig um die Unterstützung Willehalms bittet: »Euch und das Reich bringt er [= Terramer] in Schande« (*iuch und daz rîche er schendet* 169,20). In demselben Sinn spricht Willehalm den König an: »Ihr seid selber überrannt worden. Es ist mein Recht, daß ich Euch bitte, daß Ihr der Römischen Krone ihr Reich verteidigt« (*ir sît selbe überriten. ich sol iuch billîchen biten, daz ir roemischer krône ir rîche wert* 177,27-29). Damit verbunden ist die Drohung: »So wärt Ihr nicht Karls Sohn« (*sô wurdet ir nie Karels sun* 179,6). Die ganze Familie beschwört den König: »Immer wieder wurde Karl genannt« (*dicke Karel wart genant* 182,16); »daß er an seine Herrscherpflicht dächte« (*daz er daehte an's rîches pfaht* 182,20), »die ihn verpflichtete, daß Reich zu beschützen und niemals abzulassen, für das Ansehen des Reiches zu sorgen« (*diu lêrte in'z rîche schirmen und niemer des gehirmen, ern wurbe 'es rîches êre* 182,21-23). Dem kann der König sich nicht auf Dauer widersetzen. Er faßt sein

Hilfsversprechen in die Worte: »Jetzt will ich den Helden zeigen, daß meine Hand die Hand des Reiches ist« (*ich wil nû helden zeigen, daz ich des rîches hant hie trage* 184,14-15).

Rennewart. Neben dem Reichsgedanken ist die Einführung Rennewarts das wichtigste Thema des vierten Buchs. Der Erzähler schildert den bärenstarken jungen Heiden mit Sympathie, arbeitet aber auch die problematischen Züge heraus. Das zeigt schon die erste Szene, als Rennewart die groben Scherze der jungen Adligen »wie eine reine Jungfrau« (190,1) erträgt, bis ihn die Wut packt und er einen Knappen so gegen eine Säule schmettert, daß er wie eine faule Frucht zerplatzt (190,12ff.).

Rennewarts Stellung am Hof ist eine Folge des Unrechts, das König Loys an ihm begangen hat. Rennewart wurde als Kind geraubt und an den französischen Hof verkauft (daß er Terramers Sohn ist, erfahren die Zuhörer erst im 6. Buch). Der König wußte um seine hohe Abkunft und hat ihn zuerst standesgemäß erzogen, dann aber, als Rennewart sich weigerte, Christ zu werden, ihn zum niedrigen Dienst in der Küche bestimmt.

Vergleich mit ›Aliscans‹. Dem vierten Buch (1590 Verse) entsprechen in ›Aliscans‹ die Laissen 71-79 (Vers 3371-4130 = 760 Verse). Die Vermehrung des Umfangs auf mehr als das Doppelte kommt vor allem dem ersten Teil des vierten Buchs zugute. Die Beschwörung des Königs füllt in Wolframs Dichtung 750 Verse (162,1-186,30); in ›Aliscans‹ wird dasselbe in 152 Versen abgemacht (3371-3522). Die Verschiebung der Proportionen im ›Willehalm‹ zeigt an, welche Bedeutung Wolfram der Entfaltung des Reichsgedankens zugemessen hat.

An der Stelle, wo im ›Willehalm‹ das vierte Buch beginnt, ist in ›Aliscans‹ kein Einschnitt; die Erzählung läuft durch bis zur Zustimmung des Königs. Bei Wolfram steht zwischen dem Auftritt von Alyze und der Versöhnung Willehalms mit der Königin, am Anfang des vierten Buchs, ein umfangreicher Erzähler-Exkurs (der in ›Aliscans‹ keine Entsprechung hat), in dem Willehalms Zorn, der die Verstöße gegen die höfischen Konventionen und den Angriff gegen die Königin ausgelöst hat, vom Erzähler gerechtfertigt wird (162,1-163,10).

Die Versöhnung der Geschwister wird in ›Aliscans‹ ganz kurz erzählt: die Königin fällt ihrem Bruder zu Füßen (3355f.), und beide bedauern ihr Verhalten. Wolfram hat daraus eine große Szene gemacht, mit langen Reden, in denen beide ihre gemeinsame Trauer und Sorge bezeugen. Neu bei Wolfram ist, daß die Königin, wie vorher schon Willehalms Mutter Irmenschart, ihre persönlichen Schätze zur Verfügung stellt, um Söldner anzuwerben, die Willehalms Heer verstärken sollen (165,8ff.). Von der Königin ist in ›Aliscans‹ weiter nicht mehr die Rede, während sie bei Wolfram einen führenden Part erhält im Bemühen der Heimrich-Familie um die Zustimmung der Königs (169,10ff.).

In ›Aliscans‹ verspricht der König seine Hilfe, nachdem der alte Aimeri gedroht hat, alle französischen Fürsten, die sich widersetzen, gefangen zu nehmen (3451ff.), und nachdem Guillaume den König an seinen Schwur erinnert hat, daß er dem Schwager beistehen werde, wenn er von den Heiden angegriffen werde (3496ff.). Von dem Reichsgedanken, der bei Wolfram die Entscheidung herbeiführt, ist in ›Aliscans‹ nicht die Rede. Die Durchführung des Reichsaufgebots wird bei Wolfram viel ausführlicher beschrieben als in ›Aliscans‹.

Von dem Moment an, als Rainoart-Rennewart die Szene betritt, stimmen die beiden Texte wieder genauer überein. In der Schilderung des riesenhaften Küchenknechts und im Ablauf der Handlung ist Wolfram seiner Vorlage gefolgt, hat jedoch die Akzente anders gesetzt. In ›Aliscans‹ hat der König den jungen Heiden wegen seiner ungeschlachten Gestalt zum Küchendienst befohlen und hat ihm die Taufe verweigert (3579ff.). Bei Wolfram ist es gerade umgekehrt: weil Rennewart sich geweigert hat, sich taufen zu lassen, hat der König ihn in die Küche verdammt, obwohl er von Rennewarts vornehmer Abkunft wußte (191,1ff.). Gleich in seinem ersten Gespräch mit Willehalm besteht Rennewart auf seiner Ablehnung des Christentums: »Die Taufe ist mir nicht gemäß« (*nû ist mir der touf niht geslaht* 193,19). Auch das Verhältnis Rennewarts zu Alyze ist bei Wolfram anders begründet. Die beiden sind zusammen aufgewachsen (das erfahren die Zuhörer erst im 6. Buch). Zwischen ihnen entstand eine frühe Liebe, die Rennewart beim Abschied in Orlens mit einem Kuß besiegelt. Als »Alyzes Ritter« (418,15) kämpft er in der zweiten Schlacht. Das alles gibt es in ›Aliscans‹ nicht. Hier geht die Aktivität von Aélis aus, die sich beim Abschied in Orliens zu dem stattlichen jungen Mann hingezogen fühlt, ihn kommen läßt, ihn umarmt und küßt (4079ff.).

Rennewarts Attribut ist die Stange. In ›Aliscans‹ ist der *tinel* zunächst ein Instrument seines Küchendienstes: es ist die Stange, an der Rainoart die Wasserzuber trägt (3623). Als diese Stange zerbricht, macht Rainoart sich eine neue, die mit Eisenspangen beschlagen wird und ihm als Waffe dienen soll (3738ff.). Von nun an heißt er »Rainoart mit der Stange« (*Renoart au tinez* 3781). Bei Wolfram ist die Stange von vornherein eine Waffe, die für Rennewart extra angefertigt wird, weil er nicht gelernt hat, mit ritterlichen Waffen umzugehen.

Auf dem Weg nach Orliens kommt der Heereszug an dem Kloster vorbei, in dem Guillaume auf dem Hinritt Aérofles kostbaren Schild gelassen hatte. Das Kloster ist inzwischen abgebrannt. Für den Wiederaufbau stiftet Guillaume hundert Pfund, der König fünfzig, Aimeri vierzig (4093ff.). Daran knüpft der ›Aliscans‹-Erzähler die anachronistische Bemerkung: »Zu Ehren des heiligen Wilhelm wurde das Kloster wieder aufgebaut« (*Por saint Guillelme l'abaie estora* 4095a). Von diesen Stiftungen ist bei Wolfram keine Rede. Dafür heißt es im ›Willehalm‹, daß das Kloster Einnahmen in Höhe von tausend Mark hatte, daß der Schild aber noch mehr wert gewesen sei. Der Abt erzählt dem König und der Königin von dem herrlichen Schmuck des Schildes, was den König zu der Frage veranlaßt, warum Willehalm in seinem

Alter sich so herausputze (203,11). Das nimmt Willehalm zum Anlaß, um in einer langen Rede (203,19-207,30) von seinem Kampf gegen Arofel und von seinen Kämpfen gegen andere Könige zu erzählen und sein grausames Verhalten gegenüber Arofel zu rechtfertigen. Daß er an dem Wehrlosen Rache nahm, wird vom König ausdrücklich gebilligt (208,7).

In ›Aliscans‹ begleitet der König Guillaume und die aufgebotenen Truppen bis nach Orliens und verabschiedet sich dort ganz kurz (4103f.). Wolfram hat daraus eine große Heeresversammlung gemacht, mit einer Ansprache des Königs, in der er sich dafür rechtfertigt, daß er das Heer nicht selber in den Kampf führt. In feierlicher Form überträgt er den Oberbefehl über das Reichsheer an Willehalm und überreicht ihm die Reichsfahne (211,1ff.). Das ist in ›Aliscans‹ ohne Parallele. Vielleicht stammt die Anregung zu dieser Szene aus einer Rede Aimeris, der den König daran erinnert, daß Guillaume Seneschall der Krone sei und Träger der Kriegsfahne (*Seneschaus est, s'en a le gonfanon* 3447a).

1.4 Oransche

Buch V. Während Willehalm am französischen Hof war, ist Oransche von den Heiden belagert worden. In einer Kampfpause fand ein Gespräch zwischen Terramer und Gyburg statt, in dem Terramer vergeblich versuchte, Gyburg für den heidnischen Glauben zurückzugewinnen. Ein Sturmangriff der Heiden endete damit, daß die Stadt in Flammen aufging; nur die Stadtburg Glorjet konnte sich halten. Dann sind die Heiden abgezogen, um sich bei ihren Schiffen neu zu proviantieren.

Als Willehalm mit dem Reichsheer vor Oransche angekommen ist, glaubt Gyburg, daß ein neuer Angriff der Heiden bevorstehe. Um so größer ist die Freude, als sie ihren Ehemann erkennt. Während die französischen Fürsten vor der Stadt ihr Lager aufschlagen, treffen Willehalm und Gyburg Vorbereitungen für die Bewirtung. Von einem Fenster aus beobachten die Eheleute, wie sich Truppenverbände von verschiedenen Seiten her der Stadt nähern; es sind Willehalms Brüder und sein Vater, die inzwischen ihre Ritter aufgeboten haben. Als letzter kommt Willehalms jüngster Bruder Heimrich *der schêtis*, der als Söldnerführer in verschiedenen Ländern gekämpft hat.

Die französischen Fürsten kommen zum Festmahl in die Stadtburg. Der alte Heimrich setzt sich zu seiner Schwiegertochter, die ihm ihren Schmerz um die Toten auf beiden Seiten klagt. Dabei nennt sie auch die Namen von Willehalms Verwandten, die in heidnische Gefangenschaft geraten sind (258,22ff.). Und sie berichtet von einem Wunder, das nach der Schlacht geschah: die als Märtyrer gefallenen Christen sind in Steinsärge gebettet worden, die keine Menschenhand erschaffen hat (259,6ff.).

Das Religionsgespräch. Das Gespräch zwischen Terramer und Gyburg, das »in einer Kampfpause« (*in einem vride* 221,27) stattfindet, knüpft an den Wortwechsel der beiden an, von dem am Anfang des dritten

Buchs berichtet worden war (109,22ff.). Terramers Versuche, seine
Tochter für die heidnische Religion zurückzugewinnen, geben Gyburg
Gelegenheit, die Überlegenheit des christlichen Glaubens darzulegen.
Dabei greift sie Gedanken auf, die bereits im Prolog angesprochen
worden waren: Gottes Schöpferherrlichkeit, das Geheimnis der Trinität,
die Menschwerdung Christi aus Liebe zu der sündhaften Menschheit.
Diese Gedanken stammen, ebenso wie die Argumente, mit denen
Terramer das Christentum herabzusetzen sucht – die Unglaubwür-
digkeit der Jungfrauengeburt, der schmähliche Tod am Kreuz, die
Widersprüchlichkeit des Trinitätsgedankens – aus der apologetischen
Literatur der christlichen Kirche. Wahrscheinlich kannte Wolfram das
Religionsgespräch, das Papst Silvester in der deutschen ›Kaiserchronik‹
mit zwölf gelehrten Juden und Heiden führt (Kaiserchronik, hrsg.
von Edward Schröder, 1895, Vers 8874-10358). Anders als Papst
Silvester verfolgt Gyburg keine missionarischen Ziele; das Gespräch
endet daher – ohne eine Entscheidung – mit Gyburgs Bekenntnis zu
ihrer Ehe mit Willehalm (220,1ff.). Es ist nicht unwahrscheinlich,
daß Wolfram auch lateinische Religionsgespräche seiner Zeit gekannt
und Anregungen daraus verwertet hat.

> *David A. Wells*, The Medieval Religious Disputation and the Theology
> of WvE's Willehalm, Studi medievali, Serie terza, 91, 2000, S. 591-664.
> – *Ders.*, Christliche Apologetik, die mhd. Silvesterlegende, WsvE Willehalm
> und die Toleranz gegenüber Andersgläubigen im Mittelalter, Mediaevistik
> 14, 2001, S. 179-224. – *Ders.*, Religious Disputation Literature and the
> Theology of Willehalm. An Aspect of W's Education, in: W's Willehalm.
> Fifteen Essays (vgl. S. 405), S. 145-165.

> Zu den lateinischen Religionsgesprächen vgl. Religionsgespräche im
> Mittelalter, hrsg. von *Bernard Lewis* und *Friedrich Niewöhner*, 1992.
> – *Heinz Schreckenberg*, Die christlichen Adversus-Judaeos-Texte (11.-13.
> Jh.). Mit einer Ikonographie des Judenthemas bis zum 4. Laterankonzil,
> 3. Aufl., 1997.

Gyburgs Gespräch mit Terramer ist auch deswegen für das Textver-
ständnis wichtig, weil hier Informationen über die Vorgeschichte ge-
geben werden, die bis dahin unbekannt waren. Gyburg spricht über
Willehalms Gefangennahme durch König Synagun und davon, wie
sie ihn aus dem Gefängnis befreit hat (220,14ff.). Noch wichtiger sind
ihre Klarstellungen im Hinblick auf das Land, das Willehalm Tybalt
geraubt hat: Gyburg verzichtet auf das Land Todjerne, das ihr Vater
ihr als Mitgift in die Ehe gegeben hatte. Dagegen weist sie Tybalts
Anspruch auf die halbe Provence und die Stadt Arles, als Erbe König
Baligans, als »Lüge« zurück (221,14ff.).

Gyburgs Rollenwechsel. Man könnte das fünfte Buch ›das Buch Gy-
burg‹ nennen. Sie ist in allen Szenen präsent, in ganz verschiedenen
Rollen. Daß eine Frau den christlichen Part in einem Religionsgespräch
mit einem Heiden führt, ist ohne Parallele. Gyburg ist vom Erzähler
mit derselben theologischen Bildung ausgestattet worden, wie sie der
Prolog-Sprecher besitzt. In der nächsten Szene tritt Gyburg in einer
ganz anderen Rolle – wieder einer typischen Männer-Rolle – auf: als
das christliche Heer vor Oransche ankommt, »stand da [= auf der
Mauer] Frau Gyburg kampfbereit mit hoch erhobenem Schwert« (*nû
stuont vrou Gîburc ze wer mit ûf geworfeme swerte* 227,12-13). Auch
als Kämpferin leistet sie Hervorragendes: sie hat die Stadt wochenlang
gegen den Ansturm der Heiden verteidigt.

Den abrupten Rollenwechsel von der Kämpferin zur liebenden
Ehefrau vollzieht Gyburg in der radikalsten Form: sie fällt in Ohnmacht
(228,27f.), als sie in dem fremden Ritter, den sie wegen seiner Rüstung
wieder für einen Heiden gehalten hat, ihren Ehemann erkennt. Ein
weiterer Rollenwechsel, zur höfischen Gastgeberin, wird ausführlich
kommentiert: Gyburg mahnt ihre kampfmüden Frauen, die Rüstun-
gen auszuziehen und sich für die Rolle zu schmücken, die sie bei der
bevorstehenden Bewirtung der Gäste zu spielen haben. Sie sollen sich
nichts anmerken lassen von den Leiden und Entbehrungen, denen sie
ausgesetzt waren, sondern sollen sich so verhalten, daß die Männer
sich durch ihren Anblick und ihr Benehmen eingeladen fühlen, ihnen
ihren Minnedienst anzutragen (247,1ff.). Die dienende und schmük-
kende Rolle der Frau in der höfischen Gesellschaft wird hier als eine
Verstellung entlarvt, die dazu dient, die Selbstbestätigungsbedürfnisse
der Männer zu befriedigen.

In ihrer großen Rede an ihren Schwiegervater – eine der längsten
Reden des ›Willehalm‹ (252,29-259,12 = 194 Verse) – legt Gyburg
den Kern ihres Selbstverständnisses bloß: angesichts des furchtba-
ren Geschehens, das sie durch ihre Liebe zu Willehalm und ihren
Glaubenswechsel ausgelöst hat, sieht sie sich als Fluchbeladene: »Ich
Hagelschlag auf die Geschöpfe dessen, der die Christen und die
Heiden schafft und schuf!« (*ich schûr sîner hantgetât, der bêde machet
und hât den kristen und den heiden!* 253,9-11). Um ihretwillen seien
Tausende Menschen umgekommen, darunter viele eigene Verwandte
und Verwandte ihres Mannes. Mit diesem Schuldbewußtsein steht
Gyburg ganz alleine, von Christen und Heiden gehaßt (306,14f.).
Auch Willehalm kann sie von diesem Fluch nicht befreien.

Das Festmahl. Es ist ein gespenstisches Festmahl, das in der immer
noch brennenden Stadt veranstaltet wird. Auf den Feldern um die

Stadt kann man es »vor Rauch und vor Gestank« (*von rouche unt von smacke* 240,9) kaum aushalten; in der Stadt sind alle tot, bis auf einen alten Kaplan und Gyburgs Hofdamen. Willehalm muß seinen Vater bitten, die Bewirtung zu organisieren. Während des Essens berichtet der Erzähler nur vom Klagen und Weinen der Gastgeberin.

Die Einhaltung höfischer Formen, selbst in einer solchen Extremsituation, wird von allen bejaht. Aber diese Formen sind nur noch einstudierte Gesten, die den Sturm der Emotionen kaum verdecken können.

Vergleich mit ›Aliscans‹. Dem 5. Buch (1620 Verse) entsprechen in ›Aliscans‹ die Laissen 80-86 (Vers 4131-4457 = 327 Verse). Das meiste, was im 5. Buch erzählt wird, hat in der französischen Dichtung keine Entsprechung. Es gibt in ›Aliscans‹ kein Religionsgespräch zwischen Guiborc und Desramé, keine Rede Guiborcs an ihre Damen, kein Gespräch zwischen Guiborc und dem alten Aimeri. Die Bewirtung in Orenge wird viel kürzer abgemacht und gilt in ›Aliscans‹ mehr dem Vater und den Brüdern als den französischen Fürsten. Von höfischen Formen ist nicht die Rede.

Was Wolfram aus seiner Vorlage übernommen hat, beschränkt sich auf den Anfang des 5. Buchs: daß Guiborc ihren Ehemann nicht gleich erkennt und daß Guiborc sich nach Rainoart erkundigt. Auch in ›Aliscans‹ fällt Guiborc in Ohnmacht, aber nicht, wie bei Wolfram, als sie ihren Mann erkennt, sondern schon früher, als sie die anrückenden Truppen erblickt und glaubt, daß ein neuer Angriff der Heiden bevorstehe (4202). Am engsten ist die Übereinstimmung in der Szenenreihe, in der Willehalm und Gyburg zusammen vom Fenster aus die Ankunft der Heeresverbände beobachten. In ›Aliscans‹ wird der Blick immer wieder auf Rainoart gelenkt, der gleich nach seiner Ankunft in Orenge die Küche aufsucht. Bei Wolfram wird Rennewart im fünften Buch nur einmal kurz erwähnt (230,12ff.).

Buch VI. Während des Festmahls betritt Rennewart den Saal und beeindruckt alle durch seine Schönheit und seine Größe. Doch er trinkt zu viel von dem gesüßten Wein und verliert die Beherrschung: als die Knappen sich an seiner Stange zu schaffen machen, schlägt er nach ihnen, daß die Funken stieben. Sie fliehen Hals über Kopf aus dem Saal; das Festmahl endet in einem Tumult.

Willehalm begleitet die Fürsten in ihr Lager zurück und begibt sich dann selber mit Gyburg zur Ruhe. Rennewart schläft in der Küche. Während er schläft, versengt ihm der Koch mit einem glühenden Scheit den sprießenden Bart: das muß er mit dem Leben bezahlen. Am nächsten Morgen erfährt Willehalm davon und bittet Gyburg, sich des Knappen anzunehmen. Die Stimme ihres Herzens sagt ihr, daß Rennewart ihr Bruder ist (291,2f.); auf ihre Fragen nach seiner Familie antwortet er jedoch nicht. Gyburg läßt die Rüstung holen, die einst König Synagun trug, als er Willehalm gefangennahm. Sie überredet Rennewart, die Rüstung anzulegen und auch das Schwert umzubinden.

Anschließend findet eine Fürstenversammlung statt, an der auch Gyburg teilnimmt. Als erster spricht Willehalm und schildert die Leiden, die die Heiden über ihn und sein Land gebracht haben. Denen, die auf Alischanz gegen die Ungläubigen kämpfen, verheißt er doppelten Lohn: »Zweifacher Lohn erwartet uns: der Himmel und die Gunst edler Frauen« (*zwei lôn uns sint bereit: der himel und werder wîbe gruoz* 299,26-27). Willehalms Brüder und sein Vater bekräftigen ihre Entschlossenheit zum Kampf. Die französischen Fürsten aus dem Reichsheer dagegen wollen nicht weiterkämpfen. Sie vertreten den Standpunkt, daß mit der Befreiung von Oransche das Ziel der Heerfahrt erreicht sei. Erst auf die dringende Mahnung, sich nicht an Christus zu versündigen, erklären sie sich bereit, den Feldzug fortzusetzen, und nehmen das Kreuz. Zuletzt spricht Gyburg und bittet um Schonung für die besiegten Heiden, weil auch die Heiden Geschöpfe Gottes seien.

Nach dem Fürstenrat findet noch eine Bewirtung statt, an der auch Rennewart in voller Rüstung teilnimmt. Dann bricht das Heer zur Schlacht auf.

Das Ende des Festmahls. Wie in Munleun wird auch in Oransche die höfische Ordnung gestört. Dort war es Willehalms gewaltiger Zorn, der gegen alle Gebote höfischer *zuht* verstieß; hier ist es der angetrunkene Rennewart, der mit seiner Stange um sich schlägt und damit das höfische Protokoll verletzt. Wie in Munleun wird auch in Oransche die zerstörerische Gewalt des emotionalen Handelns nicht beschönigt; aber hier wie dort gehört die Sympathie des Erzählers dem Störer, während die Einhaltung der höfischen Formen einer Haltung zugeordnet wird, wie sie die französischen Fürsten repräsentieren, die sich auf dem Schlachtfeld dem Kampf gegen die Heiden verweigern.

Die Liebesszene. Die Liebesszene vor der zweiten Schlacht steht deutlich in Parallele zur Liebesszene nach der ersten Schlacht (100,1ff.). Noch nachdrücklicher als dort betont der Erzähler hier, daß die eheliche Liebe Willehalms und Gyburgs ein Gegengewicht zu den Leiden des Heidenkriegs bildet und daß der Schmerz über den Tod zahlreicher Verwandter in der Umarmung der Eheleute »aufgewogen« (*vergolten* 279,9) wird: »Für alles, was er verloren hatte, nahm er Gyburg als Entgelt« (*allez, daz er ie verlôs, dâ vür er si ze gelte kôs* 280,5-6). Eine solche Ehekonzeption ist in der höfischen Epik ohne Parallele.

Rennewart. In der ersten Hälfte des 6. Buchs steht Rennewart im Mittelpunkt. Der Akzent liegt nicht, wie in ›Aliscans‹, auf den buslesken Szenen; in der Hauptsache geht es um die Klärung seiner Identität. Im 6. Buch wird deutlich, daß Rennewart der Sohn Terramers und der Bruder Gyburgs ist. Jetzt erfahren die Zuhörer auch, daß Rennewart und Alyze zusammen aufgewachsen sind und daß zwischen ihnen eine innige Kinderliebe entstanden ist. Außerdem erfahren wir, warum Rennewart gegen die Heiden kämpfen will, obwohl er selber ein Heide ist. Rennewarts Antrieb wurzelt in seinem Haß gegen seine Familie (292,21ff.). Er fühlt sich von seinen Verwandten verraten, weil sie ihn nicht aus seiner schmachvollen Lage befreit haben. Der Erzähler stellt jedoch klar, daß Rennewarts Familienhaß auf Irrtum und Täuschung beruht und daher unsinnig ist: »Sein Haß war Unrecht. Denn sie wußten nicht, daß er dort war« (*sîn haz unrehte giht, wande sine wisten sîn dâ niht* 285,5-6).

Gyburg und Rennewart. Am Morgen nach der Nacht, in der der Koch Rennewarts Bart verbrannt hat, begibt sich Gyburg in der Küche, um Rennewart zu besänftigen (289,20ff.). Sie führt ihn in ihre Kemenate, und dort kommt es zu einem ersten Gespräch der beiden Geschwister. Wichtiger als die verbale Kommunikation, der Rennewart ausweicht ist die Sprache der Blicke, die Sprache der Gesten – Gyburg nimmt den Bruder unter ihren Mantel (291,5) – und vor allem die Sprache des Herzens. »Mein Herz sagt etwas über ihn, das mich immer wieder seufzen läßt« (*mîn herze giht eteswes ûf in, dar umbe ich dicke siufzic bin* 272,21-22); »Mein Herz zwingt mich, ihm hold zu sein« (*mîn herze mich des niht erlât, ich ensî im holt* (272,28-29); »Der edlen Frau offenbarte ihr Herz etwas, was sie erst viel später herausfand« (*der vrouwen tet ir herze kunt, daz si niht ervuor wan lange sider* 291,2-3).

Der Fürstenrat. Die Reden, die von Willehalm und seinen Verwandten in der großen Beratungsszene des 6. Buchs (296,25-311,6) gehalten werden, formulieren das ideologische Rüstzeug für die zweite Schlacht. Vor allem in Willehalms Rede wird der Krieg zwischen Christen und Heiden in seiner grundsätzlichen Problematik beleuchtet. Danach gibt es eine doppelte Verpflichtung zum Kampf, eine religiöse und eine politische. Die religiöse Aufgabe besteht darin, gegen den Vernichtungswillen der Heiden »die Taufe und unsere Religion zu verteidigen« (*ze wern den touf und unser ê* 297,11). Die Verteidigung des Christentums ist dem »Herrscher des Reiches« (*'es rîches herre* 297,10) anvertraut, als dessen Stellvertreter Willehalm vor den Fürsten steht. Die Heiden bedrohen nicht nur den christlichen Glauben, sondern auch das Römische Reich. Es geht auf Alischanz darum, diese doppelte Bedrohung abzuwenden.
    Willehalm nennt noch ein weiteres Kampfmotiv, in Anknüpfung an eine Verpflichtung, die den jungen Adligen bei ihrer Schwertleite auferlegt werde: die Segnung seines Schwertes habe den Ritter verpflich-

tet, Witwen und Waisen zu beschützen und die Waffen im Dienst des Glaubens zu führen; »das erwirbt ihm ewigen Gewinn« (*daz wirt sîn endelôs gewin* 299,19). Zugleich könne er aber im Kampf »nach dem Lohn der Frauen« (*nâch der wîbe lôn* 299,21) werben; insofern winke ihm in der Schlacht »ein doppelter Lohn« (*zwei lôn* 299,26).

In seiner Ansprache nimmt Willehalm auch zu der Frage des Landraubs Stellung. Erst hier erfahren wir, daß er den Teil der Provence, den er Tybalt weggenommen hatte, dem Kaiser übertragen und von ihm als Reichslehen erhalten hat (298,2ff.). Er erinnert auch daran, daß damals nicht nur der Kaiser, sondern auch zwölf der höchsten Fürsten geschworen hätten, daß das Reich ihm zu Hilfe kommen würde, wenn er Hilfe im Kampf gegen die Heiden benötige (298,5ff.).

Die französischen Fürsten. Das Verhalten der französischen Reichsfürsten zeigt, daß sie eine eigentümliche Vorstellung vom Zweck ihrer Heerfahrt haben. Sie weigern sich, den Feldzug fortzusetzen, weil mit der Befreiung Oransches das Kriegsziel erreicht sei. Die Krise wird schnell überwunden, da die Fürsten dem Drängen, sich ihrer religiösen Verantwortung nicht zu entziehen, nachgeben. Ihr Verhalten kündet jedoch die viel schlimmere Krise im 7. Buch an: dann rücken die Fürsten tatsächlich vom Schlachtfeld ab.

Gyburgs Schonungsgebot. Gyburgs Rede im Fürstenrat (306,1-310,30 = 150 Verse) ist eine der längsten Reden der Dichtung und die wichtigste im Hinblick auf die Durchleuchtung des Geschehens. Bemerkenswert ist, daß Gyburg überhaupt an der Beratung der Fürsten teilnimmt und daß sie als Frau das Wort ergreift. Während die Männer von Kampfentschlossenheit, Heidenhaß und Kreuzzug reden, spricht Gyburg von Barmherzigkeit, Schonung und Heilsgewißheit. Im Mittelpunkt ihrer Rede steht die Bitte, wenn Gott den Christen den Sieg schenken sollte, die besiegten Heiden zu schonen, weil auch sie von Gott geschaffen seien: »Hört den Rat einer einfältigen Frau: Schont die Geschöpfe Gottes!« (*hoeret eines tumben wîbes rât, schônet der gotes hantgetât!* 306,27-28).

Zur Begründung ihrer Bitte holt Gyburg weit aus. Sie wendet sich gegen die Auffassung, daß die Ungläubigen allemal zur Hölle bestimmt seien (»Nicht alle Heiden sind verdammt«, *die heiden hin zer vlust sint alle niht benennet* 307,14-15). Gyburg versucht zu begründen, daß auch diejenigen, die die Taufe nicht empfangen haben, gerettet werden können. Sie nennt Gestalten aus dem Alten und Neuen Testament – Adam, Noah, Elias, Henoch, Hiob und die hl.

drei Könige –, die belegen sollen, daß nicht allen Heiden der Weg
zum Heil versperrt war. Sie erinnert weiter daran, daß alle Menschen
als Heiden geboren werden: »wir waren doch alle zuerst Heiden« (*wir
wâren doch alle heidnisch ê* 307,25).

An diesen Satz schließt eine Bemerkung an, die in der jüngeren Forschung
große Aufmerksamkeit gefunden hat und kontrovers interpretiert worden
ist. Gyburg sagt, daß es denjenigen, der *saelde* besitzt, schmerzen muß, wenn
ein Vater seine Kinder der Verdammnis preisgibt; denn Erbarmen zu zeigen,
steht in der Macht dessen, der wahre Barmherzigkeit besitzt (*dem saeldehaften
tuot vil wê, ob von dem vater sîniu kint hin zer vlust benennet sint: er mac sich
erbarmen über sie, der rehte erbarmekeit truoc ie* 307,26-30). Das Verständnis
dieser Verse hängt wesentlich davon ab, ob man unter dem »Vater« in Vers
307,27 den christlichen Schöpfergott versteht – in diesem Fall wären die
Heiden in dem Begriff der Kinder Gottes eingeschlossen –, oder ob mit
dem Vater ein gläubiger Christ gemeint ist, der mitansehen muß, daß seine
Kinder (bevor sie getauft wurden) zur Hölle bestimmt sind. Die Streitfrage,
ob man Wolfram zutrauen darf, daß er den Begriff der Gotteskindschaft auf
die Heiden ausgedehnt habe, im Gegensatz zur theologischen Lehre seiner
Zeit, die diesen Begriff an die Taufe band, also nur für Christen gelten ließ,
hat von seiner Schärfe verloren, nachdem (vor allem von Rüdiger Schnell
und Fritz P. Knapp) nachgewiesen worden ist, daß der Wortgebrauch zu
Wolframs Zeit nicht so starr geregelt war. So läßt Arnold von Lübeck in sei-
ner ›Chronica Slavorum‹ (die um 1200 entstanden ist), einen Heiden sagen:
»Denn es steht fest, daß wir, auch wenn unser Glaube verschieden ist, nur
einen Schöpfer, einen Vater haben« (*Unde constat, etsi dispar sit religio, unum
nos habere factorem, unum patrem* 5,28, hrsg. von M. Lappenberg, 1869,
S. 208, vgl. R. Schnell [siehe unten], S. 198). In Freidanks ›Bescheidenheit‹
heißt es: »Gott hat dreierlei Kinder: das sind Christen, Juden, Heiden« (*Got
hât drîer slahte kint, daz kristen, juden, heiden sint* 10,17-18, hrsg. von H. E.
Bezzenberger, 1872).

Carl Lofmark, Das Problem des Unglaubens im Willehalm, in: Studien
zu WvE (vgl. S. 33), S. 399-413. – *Rüdiger Schnell*, Die Christen und die
›Anderen‹. Mittelalterliche Positionen und germanistische Perspektiven, in:
Die Begegnung des Westens mit dem Osten, hrsg. von O. Engels und P.
Schreiner, 1993, S. 185-202. – *Fritz P. Knapp*, Die Heiden und ihr Vater
in den Versen 307,27f. des Willehalm, ZfdA 122, 1993, S. 202-207.
– *Joachim Heinzle*, Die Heiden als Kinder Gottes. Notiz zum Willehalm,
ZfdA 123, 1994, S. 301-308. – *Ralf-Henning Steinmetz*, Die ungetauften
Christenkinder in den Willehalm-Versen 307,26-30, ZfdA 124, 1995,
S. 151-162. – *Joachim Heinzle*, Noch einmal: die Heiden als Kinder
Gottes in Ws Willehalm, ZfdPh. 117, 1998, S. 75-80. – *Neil Thomas*,
The Ecumenical Ideal in WvE Revisited, ABäG 50, 1998, S. 111-129.
– *Fritz P. Knapp*, Und noch einmal: die Heiden als Kinder Gottes, ZfdA
129, 2000, S. 296-302.

Es fehlt noch an einer genaueren Untersuchung der theologischen Hintergründe von Gyburgs Rede vor den Fürsten. Dabei wäre vor allem auf die theologische Diskussion über den Begriff der *ignorantia* und seine Anwendung auf die Heiden einzugehen. Im 12. Jahrhundert ist die Frage, ob die Menschen, die nichts von der Botschaft Christi wissen, zur Verdammnis bestimmt sind, kontrovers diskutiert worden.

> *Michael Müller*, Ethik und Recht in der Lehre von der Verantwortlichkeit. Ein Längsschnitt durch die Geschichte der katholischen Moraltheologie, 1932, S. 146ff. – *Stephan Kuttner*, Kanonistische Schuldlehre von Gratian bis auf die Dekretalen Gregors IX, Vatikanstadt 1935, S. 137ff. – *Robert Blomme*, La doctrine du péché dans les écoles théologiques de la première moitié du XIIe siècle, Louvain, Gembloux 1958, S. 103ff. – *Johannes Gründel*, Die Lehre von den Umständen der menschlichen Handlung im Mittelalter, 1963, S. 102ff.

Bemerkenswert ist, daß der Begriff *heiden* in Gyburgs Rede nicht alle Nicht-Christen meint, sondern nur die Anhänger Mahomets, also die Moslems (denen von Wolfram ein primitiver Polytheismus zugeschrieben wird: eine Vorstellung, die von vielen Zeitgenossen geteilt wurde). Die Juden werden von Gyburg ausdrücklich ausgenommen: »Die Taufe der Juden hat eine besondere Form: sie vollziehen sie mit einem Schnitt« (*der juden touf hât sunder site: den begênt si mit einem snite* 307,23-24). Die Beschneidung der Juden wurde von den christlichen Theologen bereits seit der Alten Kirche als heilswirksam gewertet, in Entsprechung zur Taufe.

> *Artur M. Landgraf*, Dogmengeschichte der Frühscholastik, Teil 3, Bd. 1, 1954, S. 61ff. – *Michael Schmaus*, Katholische Dogmatik, Bd. 4,1, 6. Aufl., 1964, S. 115ff.

Im Fürstenrat steht Gyburg mit ihrer Sicht allein. Ihr Appell erweist sich gegenüber der Härte des Krieges als eine Geste der Ohnmacht. Doch am Ende der Dichtung nimmt der Erzähler ihre Worte wieder auf (450,15ff) und gibt ihnen dadurch großes Gewicht (vgl. S. 372).

Vergleich mit ›Aliscans‹. Dem 6. Buch (1350 Verse) entsprechen in ›Aliscans‹ die Laissen 87-93 (Vers 4458-4966 = 508 Verse). In dieser Partie wird fast ausschließlich von Rainoart erzählt, seiner Lust am Essen und Trinken, seinem gewalttätigen Auftreten und den tödlichen Scherzen mit den Köchen. Die wichtigsten Motive hat Wolfram übernommen: Rennewarts Auftritt im Festsaal (daß Gyburg ihn beim Essen bedient (274,11ff.), hat Wolfram hinzugefügt), seine Trunkenheit, das Herumschlagen mit der Stange, die Nacht in der Küche, Rennewarts Monolog, in dem er sich als Terramers Sohn bekennt, Gyburgs Gang in die Küche am nächsten Morgen und die anschließende Szene in ihrer Kemenate. In ›Aliscans‹ hängt sie Rainoart ihren Mantel um (4638f.), bei Wolfram nimmt sie ihn unter ihren Mantel (291,5). Auch Rennewarts Weigerung, ihr seine Abkunft zu offenbaren, sowie das Anlegen einer kostbaren Rüstung, die in ›Aliscans‹ Guiborcs Onkel Tornefier gehörte (4667), stammen aus der französischen Vorlage. Die Handlung um Rainoart ist in ›Aliscans‹ durchweg breiter angelegt; nur die Kemenaten-Szene Gyburg-Rennewart hat bei Wolfram etwa denselben Umfang.

Alles andere, wovon das 6. Buch berichtet, hat in ›Aliscans‹ keine Entsprechung: die Liebesszene Willehalm-Gyburg, der große Rennewart-Exkurs mit der Enthüllung, daß der Haß auf seine Familie Rennewarts Handlungsweise bestimmt. In ›Aliscans‹ nimmt Rainoart aus Dankbarkeit gegenüber Guillaume, der ihn aus seiner beschämenden Lage am französischen Hof befreit hat, und aus Zuneigung zu Guiborc, der er sich in besonderer Weise verpflichtet fühlt, am Kampf gegen die Heiden teil; außerdem will er sich der Taufe würdig erweisen. Die ganze Fürstenversammlung mit den großen Reden Willehalms und Gyburgs und der Weigerung der französischen Fürsten, den Feldzug fortzusetzen, hat ebenfalls in ›Aliscans‹ keine Entsprechung.

1.5 Die zweite Schlacht auf Alischanz (Buch VII-IX)

Buch VII. Das Heer ist schon einen Tag unterwegs, als Rennewart bemerkt, daß er seine Stange in Oransche vergessen hat. Willehalm schickt einen Boten zurück: die Stange wird auf einem Wagen zum nächsten Nachtlager gebracht. Dort vergißt Rennewart sie wieder. Er läuft selber zurück, doppelt beschämt über seine Einfältigkeit und bei dem Gedanken, man könnte seine Rückkehr als Flucht deuten. Er findet die Stange verkohlt und gehärtet und macht sich wieder auf den Weg.

Inzwischen ist das Heer in der Nähe des Heidenlagers angekommen. Von einem Hügel aus können Willehalm und die Fürsten die riesige Menge des heidnischen Heeres überschauen. Willehalm beschwört die Fürsten, vor der Überzahl der Feinde nicht den Mut zu verlieren, sondern an ihren religiösen Auftrag zu denken: »das Gottesheer wäre verloren, wenn auch nur einer von uns die Flucht anträte« (*doch wurde daz gotes her entworht, hüeb unser deheiner hie die vluht* 320,14-15). Seine Worte treffen jedoch bei den französischen Fürsten auf taube Ohren. Aus Angst vor der Übermacht der Heiden ziehen sie mit ihren Truppen ab. »Sie sagten, solange sie am Leben wären, wollten sie zu Hause, in Turnieren und Kampfspielen, Ruhm erringen« (*und jâhen bî ir zîten in turnoi und in strîten möhten si dâ heime behalten prîs* 321,17-19). Willehalm schickt ihnen bittere Worte hinterher und verheißt allen, die bei ihm beiden: »Noch heute werden wir erfahren, wie Gottes rechte Hand uns lohnt« (*noch hiute sulen wir lernen, wie diu gotes zeswe uns lônes giht* 322,16-17). Das christliche Heer wird in fünf Abteilungen geteilt.

Inzwischen sind die abziehenden Reichstruppen bis zur Schlucht am Petit Punt gekommen, wo Rennewart mit seiner Stange ihnen entgegenkommt. Er schlägt sofort los und hat schon 45 Mann getötet, bevor das erste Wort gesprochen wird (324,11). Da kommt den Flüchtigen die Einsicht: »Viele von ihnen sagten sich, ihnen wäre ganz recht geschehen: die Hand Gottes würde sie da totschlagen« (*genuoge under in begunde jehen, in waere al rehte geschehen: si slüege aldâ diu gotes hant* 325,1-3). Ein »Weiser« (*ein wîse man*

325,23) – in Wahrheit ist er einer der Törichtesten, der es aber versteht, die Worte schön zu setzen – versucht, Rennewart dazu zu überreden, mit ihnen zusammen umzukehren: er könne den ganzen Tag in der Schenke liegen und sein Leben genießen (326,10ff.). Das hat zur Folge, daß Rennewart noch mehr der Abtrünnigen totschlägt. Er gibt erst Frieden, als die Fürsten ihm schwören, unter seinem Befehl auf das Schlachtfeld zurückzukehren.

Willehalm hat die Reichsfahne eingezogen und seine Fahne mit dem goldenen Stern auf blauem Grund gehißt. Zusammen mit seinem Bruder Arnalt befehligt er die erste Heeresabteilung; dazu gehören auch die Söldnertruppen, die mit dem Geld seiner Mutter und seiner Schwester angeworben wurden. Die zweite Abteilung wird von dem alten Heimrich geführt; die dritte von Willehalms Brüdern Buov und Bernart; die vierte von seinen Brüdern Gybert und Bertram; die fünfte von seinem Bruder Heimrich und dessen Freund, König Schilbert. Als Rennewart mit dem Reichsheer zurückkehrt, wird dieses ihm als sechste Abteilung unterstellt; die Reichsfahne wird wieder enthüllt.

Als Terramer erfährt, daß das christliche Heer sich nähert und daß dort die Reichsfahne zu sehen ist, glaubt er, König Loys rücke gegen ihn an. Das nimmt er zum Anlaß, die heidnischen Kriegsziele genauer zu bestimmen (337,13ff.). Es gehe darum, Rache zu nehmen für die großen Verluste und den Tod so vieler Könige in der ersten Schlacht. Damit solle zugleich die Schande getilgt werden, die den heidnischen Göttern angetan worden sei. Für die jungen Krieger sei der Kampf in erster Linie Minnedienst, für die alten seien religiöse Motive wichtiger: »Um der Götter und um der Liebe willen sollen wir noch heute danach streben, Ruhm zu gewinnen« (*durh die gote und durh die minne nâch prîses gewinne suln wir noch hiute werben* 338,15-17). Jetzt offenbart Terramer auch seine viel weiter gerichteten Absichten, die den Angriff auf die Provence bestimmt haben. Es gelte, die Niederlage, die der heidnische Großkönig Baligan – Terramers Onkel – durch Kaiser Karl erlitt, zu rächen. Zugleich erhebt Terramer einen Erbanspruch auf die Römische Krone: er sei ein Nachkomme des Römers Pompejus, dem man die Krone genommen habe (338,25ff.). Sein Ziel sei es, Oransche und Paris zu zerstören, den Thron in Aachen zu besteigen, dann in Rom die Krone zu gewinnen, das Christentum zu vernichten und die Herrschaft der heidnischen Götter aufzurichten (339,30ff.).

Dann gibt Terramer die Aufstellung des heidnischen Heeres bekannt. In zehn Verbänden sollen die Heiden kämpfen. Terramer benennt für jede der zehn Heeresabteilungen einen Oberbefehlshaber und begründet die Wahl jeweils mit rühmenden Worten. Dann zählt er die Namen der heidnischen Könige und Fürsten auf, die den einzelnen Abteilungen zugeordnet werden sollen. Außerdem ordnet Terramer an, daß Standbilder der heidnischen Götter mit in die Schlacht geführt werden sollen (352,1ff.). Die Götterstatuen sind so schwer, daß sie, an Pfählen befestigt, auf Wagen gesetzt werden, die von »Meerrindern« (*merrinder* 352,7) gezogen werden. Den Schutz der Götterwagen überträgt Terramer seinem ältesten Sohn Kanliun (358,14ff.), der die Wagen jedoch während der Schlacht im Stich läßt (404, 16ff.).

Zuletzt wird der heidnische Großkönig feierlich gewappnet. Die einzelnen Teile der Rüstung werden ihm von Königen gebracht. Bei dieser Gelegenheit spricht Terramer von dem Wunder der christlichen Sarkophage, das »der Zauberer Jesus« (*der zouberaere Jêsus* 357,23) vollbracht habe. Nicht nur seien die Körper der gefallenen Christen darin unverletzt bewahrt, die Steinsärge seien auch so über das Schlachtfeld verstreut worden, daß die heidnische Reiterei keinen geschlossenen Angriff reiten könne (357,16ff.).

Der Verrat der Reichsfürsten. Was sich im Fürstenrat in Oransche ankündigte, wird angesichts der gegnerischen Übermacht Wirklichkeit: die Reichsfürsten weigern sich, die religiöse Verpflichtung, die sie mit der Kreuznahme eingegangen sind, zu erfüllen.

Der Verrat der Reichsfürsten wird dazu benutzt, höfische Wertvorstellungen in ein problematisches Licht zu rücken. Wenn die Fürsten erklären, sie wollten lieber »auf Turnieren« (321,18) Ruhm erwerben, als sich von den Pfeilen der heidnischen Bogenschützen durchbohren zu lassen, dann erscheint das ritterliche Turnier, das im Artusroman einen Höhepunkt höfischer Gesellschaftskultur darstellt, wie ein unverbindliches Spiel gegenüber dem Ernstkampf des Heidenkrieges; und der ritterliche »Ruhm« (321,19), den man dabei erringen kann, wird zu einem fragwürdigen Wert. Die Reichsfürsten nennen die Freuden und Bequemlichkeiten des höfischen Lebens als gewünschte Alternative zu den Härten des Feldzuges: »Die einen wollten Frauen aufsuchen; andere wollten ihren Körper mit verschiedenen Mitteln pflegen, nach der großen Unbequemlichkeit der harten Lagerstätten; wieder andere wollten zur Ader gelassen werden und sich von der Anstrengung erholen. Einer sagte, es gäbe kein noch so gutes Zelt auf Wiesen und Feldern, dem er nicht ein heizbares Zimmer mit bequemen Kissen vorzöge« (323,17-29). Was in anderem Zusammenhang als Errungenschaften der höfischen Sachkultur geschildert wird, wird im ›Willehalm‹ zum Attribut einer verantwortungslosen Gesinnung, die sich im Streben nach Genuß und Bequemlichkeit erschöpft. Diese Haltung wird furchtbar bestraft, wenn Rennewart mit seiner Stange am Petit punt »zahllose« Ritter (*ungezalt* 325,14) aus dem Reichsheer totschlägt.

Die Schlachtordnung. In deutlichem Ungleichgewicht wird die Einteilung des christlichen Heeres in wenigen Versen abgemacht (328,9-329,20), während der Aufstellung der heidnischen Streitmacht mehr als 800 Verse gewidmet sind. Das auffälligste Erzählmittel sind die vielen Namen, die hier genannt werden. Das siebente Buch ist ein Buch der Namen: 86 verschiedene Personennamen werden erwähnt. Dazu kommen 69 Städte- und Ländernamen und 9 andere Namen. Stellt man in Rechnung, daß manche Namen häufiger vorkommen (der Name Terramer 27 mal; der Name Rennewart 22 mal), dann hat man es im siebenten Buch mit mehreren hundert Namen zu tun. Mit den vielen Namen wollte der Erzähler wohl in erster Linie eine Vorstellung von der schier unermeßlichen Größe der heidnischen Streitmacht vermitteln.

Vergleich mit ›Aliscans‹. Dem 7. Buch (1440 Verse) entsprechen in ›Aliscans‹ die Laissen 94-102 (Vers 4967-5379 = 413 Verse). Am Anfang des siebenten Buchs ist Wolfram in der Abfolge der Handlung seiner Vorlage gefolgt. In ›Aliscans‹ stellt Guillaume es den Rittern frei, vom Schlachtfeld abzuziehen (das klingt bei Wolfram nur an: 320,20ff.); 10.000 machen davon Gebrauch. Von einer Kreuznahme ist in der französischen Dichtung keine Rede. Wolfram hat die religiöse Verpflichtung zum Kampf viel stärker betont. Da es in ›Aliscans‹ kein Reichsheer gibt, sondern nur die vom König aufgebotenen Truppen und die Familienverbände, gibt es auch keine Reichsfahne, die bei Wolfram mit Schande bedeckt wird. In ›Aliscans‹ begründen die Abziehenden ihren Entschluß mit der Aussicht auf das Wohlleben in der *douce France* (5034); Wolfram hat das übernommen, hat jedoch die höfisch-ritterlichen Motive und die Vorstellungen vom Wohlleben stärker betont.

In der Szene am Petit Punt verhandelt Rainoart erst mit den Flüchtigen und schlägt dann mehr als 50 tot (5075). Er zwingt sie zur Rückkehr, damit sie unter seinem Befehl kämpfen, weil er als Königssohn Anspruch auf eine Führungsrolle habe; dieses Motiv hat Wolfram zurückgedrängt.

In ›Aliscans‹ teilt Guillaume sein Heer in sieben Abteilungen (bei Wolfram in sechs): die 1. wird von den zurückgekehrten Franzosen unter Führung von Rainoart gebildet (10.000 Mann); die 2. wird von Guillaume und seinem Vater Aimeri befehligt (10.000 Mann); die 3. von Guillaumes Bruder Beuves (7000 Mann); die 4. von Aymer le Chétif (4000 Mann); die 5. von Bernart (10.000 Mann); die 6. von Hernaut (5000 Mann); die 7. von Guibert (5000 Mann). Das christliche Heer zählt danach 51.000 Mann. Diese Zahlen fehlen bei Wolfram; und das Kommando über die einzelnen Abteilungen ist in fast allen Punkten verändert.

Als die Heiden das christliche Heer bemerken, wird in ›Aliscans‹ zuerst von der feierlichen Wappnung König Desmerés erzählt (5223ff.). Wolfram hat die Beschreibung der Wappnung ausgeweitet und ans Ende der Schlachtvorbereitungen gestellt. In ›Aliscans‹ gibt es keine Götterwagen; und Desramé hat keine Pläne, Rom zu erobern und die Römische Krone für sich zu gewinnen. Er hat jedoch vor – das hat Wolfram übernommen –, sich in Aachen zum französischen König krönen zu lassen (7593).

In ›Aliscans‹ teilt König Desramé sein Riesenheer in neun Abteilungen von je 20.000 Mann (5295ff.); danach würde das ganze Heer 180.000 Mann zählen (in Vers 5326 wird die Gesamtzahl mit 100.000 angegeben). Diese Zahlen fehlen bei Wolfram. Die 1. Abteilung soll, wie bei Wolfram, Haucebier befehligen; die 2. Hector von Salorie (bei Wolfram ist Ektor von Salenie Terramers Fahnenträger); die 3. Abteilung wird von Sinagon angeführt, wie bei Wolfram; die 4. von Mallard von Caudie (bei Wolfram ist Malarz einer von Terramers zehn Söhnen); die 5. Abteilung kommandiert Mauduit von Rame (den gibt es bei Wolfram nicht); die 6. befehligt Aenré (den gibt es auch nicht); über die 7. Abteilung soll Baudus von Aumarie das Kommando führen (bei Wolfram befehligt Poydwiz die fünfte Abteilung); über die 8. wird Aiquin, Baudus' Vater, als Anführer gesetzt (Oukin, Poydwiz' Vater, ist bei Wolfram König von Raabs); Anführer der 9. Abteilung soll Borriaus sein (bei Wolfram kämpft König Purrel von Nubiant in Terramers Heeresabteilung). Nur drei Abteilungen haben also im französischen im deutschen Text dieselben Anführer (Halzebier, Synagun und Poydwiz). Was Wolfram zu den Änderungen veranlaßt hat (oder ob er nach einer Vorlage gearbeitet hat, in der die Befehlshaber anders verteilt waren), ist unklar.

Für die Einteilung des heidnischen Heeres in neun Abteilungen und die Ernennung der neun Befehlshaber braucht der ›Aliscans‹-Erzähler 44 Verse (5280-5323); die entsprechende Partie im ›Willehalm‹ zählt 394 Verse (340,15-353,18).

Danach wird in ›Aliscans‹ der Blick zurückgelenkt auf das christliche Heer; jetzt werden die Schlachtrufe der einzelnen Abteilungen aufgezählt. Bei Wolfram steht die Aufzählung der Schlachtrufe gleich hinter der Einteilung des christlichen Heeres in sechs Abteilungen (329,1ff.). Zwei französische Schlachtrufe (»das zerstörte Venedig!« [*Venice la gastee!* 5364] und »Gironde«) hat Wolfram nicht übernommen.

Buch VIII. Die Schlacht beginnt mit dem Angriff des ersten heidnischen Treffens unter König Halzebier, das auf die fünfte Abteilung der Christen unter Heimrich dem *schêtis* und König Schilbert stößt. Nacheinander greifen dann die übrigen Verbände des heidnischen Riesenheeres in die Schlacht ein, und zwar in derselben Reihenfolge, in der sie im 7. Buch benannt worden sind. Jeder der zehn Heeresabteilungen ist ein längerer Abschnitt gewidmet: hier werden die Anführer der Heeresgruppen noch einmal – wie bereits im 7. Buch – gewürdigt, besonders ihre kostbare Ausstattung und ihre ritterliche Tüchtigkeit; außerdem wird noch einmal hervorgehoben, welche anderen Könige und Fürsten ihnen jeweils zugeordnet sind, immer wieder unterbrochen von Kommentaren des Erzählers und Zwischenbemerkungen der verschiedensten Art. In jedem Abschnitt wird angegeben, welche Wirkung die Angriffswellen hatten und mit welchen christlichen Abteilungen die einzelnen Verbände in Kämpfe verwickelt wurden, ohne daß sich aus diesen Angaben überall ein klares Bild vom Verlauf der Schlacht gewinnen läßt. Das 2. heidnische Treffen unter Tybalt wendet sich gegen Willehalm, wird aber in Kämpfe mit dem Reichsheer unter Rennewart verwickelt. Das 3. Treffen unter Synagun stößt auf Willehalm und Arnalt. Das 4. Treffen unter Terramers Söhnen kämpft gegen Bertram und Gybert; das 5. unter Poydjus gegen Buov und Bernart; das 6. unter Aropatin gegen den alten Heimrich. Damit sind alle sechs Abteilungen der Christen in die Schlacht verwickelt. Das 7. heidnische Treffen unter Josweiz kommt Tybalt zu Hilfe und kämpft mit diesem zusammen gegen Rennewart und das Reichsheer. Der Angriff der letzten drei Treffen der Heiden geht gegen das ganze christliche Heer. Durch den Angriff des

8. Treffens unter Poydwiz und des 9. Treffens unter Marlanz wird die ganze Schlachtordnung der Christen aufgelöst: die verschiedenen Abteilungen werden auseinandergerissen und wieder zusammengepreßt, bis der Angriff des 10. Treffens unter Terramer das ganze Schlachtfeld überflutet.

Am Ende des 8. Buchs hat man den Eindruck, daß die Schlacht bereits entschieden ist, daß die Christen, wie in der ersten Schlacht, gegenüber der Übermacht der Heiden in einer hoffnungslosen Situation sind. Nach dem Angriff des 8. heidnischen Treffens heißt es: »Die Christen wurden immer weniger, die Heiden immer mehr auf dem Feld von Alischanz« (*diu kristenheit sich rêrte, diu heidenschaft sich mêrte ûf Alitschanz, dem anger* 392,25-27). Den Angriff des letzten Treffens kommentiert der Erzähler mit einem Klageruf: »Ach, ihr Christen! ... Wer *triuwe* besitzt, sollte euch beklagen« (*ôwê kristen liute ... swer triuwe hât, der solt iuch klagen* 400,1/8).

Die Schlachtschilderung. Die zweite Schlacht wird von Wolfram nicht, wie es in der epischen Tradition üblich war, von den Helden und ihren Großtaten her erzählt, sondern es werden Fragen der Planung, Organisation und Taktik in den Mittelpunkt gerückt. Im 8. Buch ist die Aufmerksamkeit auf die Operationen der Heeresverbände gerichtet, die in strenger Architektur erst aufstellt und dann in die Schlacht geschickt werden. Was an Einzelheiten geschildert wird, dient fast alles der Ausmalung der militärischen Operationen: die Bewegung der Fahnen, an denen die Plazierung der verschiedenen Verbände sichtbar gemacht wird, und die akustischen Signale der Schlachtrufe, durch die der Zusammenhalt innerhalb der Abteilungen befestigt wird.

In Hinblick auf die Erzähltechnik ist besonders interessant, daß die Darstellung von Gleichzeitigkeit für Wolfram ein wichtiges Mittel war, um den vielgliedrigen Prozeß des Schlachtgeschehens überschaubar zu machen. Wiederholt macht der Erzähler darauf aufmerksam, was »inzwischen« an anderen Stellen geschah (*Hans-Hugo Steinhoff*, Die Darstellung gleichzeitiger Ereignisse im mhd. Epos, Diss. Marburg 1963, S. 19ff. – *Marion E. Gibbs*, Narrative Art in W's Willehalm, 1976, S. 53ff.).

Schwerer ist die Frage zu beantworten, was für ein Erzählerinteresse eine derartige Schlachtschilderung steuert. Wenn man bedenkt, daß die taktischen Manöver zu einer Auflösung der Schlachtordnung und einer Überflutung des gesamten Schlachtfeldes führen und daß die Schlacht zuletzt im 9. Buch nicht durch Taktik, sondern durch Rennewarts Riesenkraft, entschieden wird – »seine Hand hat den Sieg der Christen erkämpft« (*sîn hant vaht sige der kristenheit* 285,13) –, dann könnte man meinen, daß hier Erzähler-Ironie an Werk ist, die zeigen will, daß alles militärische Planen nichts vermag, wenn Gott anders entschieden hat. Von daher kann auch verständlich werden,

warum sich die Erzählung im 7. und 8. Buch so auffällig auf die
Heiden konzentriert, während die Christen in gewissem Sinn als
Opfer der heidnischen Taktik erscheinen.

Vergleich mit ›Aliscans‹. In ›Aliscans‹ gibt es keine Textpartie, die mit Wolframs
8. Buch verglichen werden könnte. Nach der Aufstellung der beiden Heere
beginnt die Schlacht in der französischen Dichtung damit, daß Baudus, König
Aiquins Sohn, Guion d'Auvergne und Milon de Remorentin erschlägt; darauf
wendet sich Aimer le Chétif gegen Baudus und schlägt ihm erst den Arm und
dann den Kopf ab (5381ff.). Von diesen Kämpfen wird bei Wolfram erst im
9. Buch erzählt: Poydwiz tötet Kiun von Beavoys und fünf andere Franzosen
(Milon wird im 9. Buch von Terramer erschlagen), woraufhin Heimrich der
schêtis ihn verfolgt und ihn totschlägt (411,12ff.).

In ›Aliscans‹ ist von den sieben Heeresabteilungen der Christen und den
neun Verbänden der Heiden im Verlauf der Schlacht nicht mehr die Rede;
nur im Zusammenhang mit Rainoart wird mehrmals erwähnt, daß er die
Ritter des Königs anführt. Im übrigen treten die Anführer auf beiden Seiten
nur noch als Einzelkämpfer hervor.

Buch IX. Der Angriff des zehnten heidnischen Treffens hat zur Folge, daß
die christlichen Verbände auseinandergerissen werden (405,3ff.). Der Kampf
wird einzeln oder in kleinen Gruppen fortgesetzt. Der alte Heimrich wird von
Könige Cernubile angegriffen, den er mit einem gewaltigen Schwertstreich
erschlägt. An der Seite Heimrichs kämpft jetzt sein Sohn Bernart (der vorher
Anführer einer eigenen Abteilung war); der erschlägt Cliboris von Tananarke;
dann fällt König Poydwiz von der Hand des *schêtis*; anschließend erschlägt
Terramer den Grafen Milon von Nevers, der unter der Reichsfahne gekämpft
hatte. Um seinen Tod zu rächen, erschlägt Rennewart fünf heidnische Könige
aus Terramers Gefolge.

Als König Halzebier mit dem ersten heidnischen Treffen vom Schlachtfeld
abrückt, um sich bei den Schiffen auszuruhen, folgt Rennewart ihm nach,
zusammen mit Rittern aus Willehalms Schar. Pfalzgraf Bertram, der zusam-
men mit sieben Verwandten in einem der Schiffe gefangen liegt, hört den
Schlachtruf »Munschoy« und erwidert ihn. Rennewart wirft die Besatzung des
Schiffs über Bord und befreit die Gefangenen, die sich mit den Rüstungen
erschlagener Heiden wappnen. Rennewart versorgt sie auch mit Pferden.
Gemeinsam greifen die Befreiten Halzebier an und töten ihn (419,10f.).
Einer der acht, Hunas von Sanctes, kommt dabei um.

Der alte König Oukin trauert um seinen Sohn Poydwiz. Er greift Wil-
lehalm an und wird von ihm erschlagen. Während Rennewart sich vom
Kampf ausruht, wird das Reichsheer von König Purrel und seinen 14 Söhnen
angegriffen; fünf französische Adlige fallen von Purrels Hand. Rennewart
tritt gegen ihn an und streckt ihn mit einem gewaltigen Schlag, bei dem
seine Stange zerbricht, zu Boden. Purrel überlebt dank der Festigkeit seiner
Rüstung und wird von seinen Leuten schwer verwundet zu den Schiffen
getragen. Rennewart kämpft mit den Fäusten weiter, benutzt dann aber, auf

Gybelins Rat, sein Schwert und erschlägt damit viele Heiden. Dann weicht Tybalt mit seinen Truppen vom Schlachtfeld.

Als König Ektor von Salenie, der Terramers Fahne getragen hat, von Herzog Bernart erschlagen wird und die Hauptfahne der Heiden niedersinkt, ist der Wendepunkt der Schlacht erreicht: »davon wurde die Niederlage groß« (*des wart diu schumpfentiure breit* 433,6). Das ganze Heidenheer wendet sich zur Flucht. Terramer weicht zu den Schiffen zurück; andere suchen in den Bergen und in der Flußniederung Schutz. Viele werden von den nachsetzenden Christen erschlagen. Die Heiden, die an die Küste gelangen, schiffen sich überstürzt ein.

Terramer deckt zusammen mit anderen Königen den Rückzug. Willehalm dringt gegen ihn vor. Es kommt zum Kampf zwischen ihnen, bei dem Terramer schwer verwundet wird; seine Leute retten ihn auf ein Schiff. Rennewart hat inzwischen seinen Halbbruder Kanliun und drei weitere Könige erschlagen. Er wendet sich gegen König Poydjus, der jedoch dem Kampf ausweicht. Das ist das letzte, was wir von Rennewart hören.

»Der Markgraf hatte den Sieg mit hohen Verlusten errungen« (*der marcrâve hiet den sige mit grôzem schaden errungen* 445,15-16). Das Schlachtfeld wird nach Verwandten und Freunden abgesucht, und die Soldaten bereichern sich an der kostbaren Ausrüstung der gefallenen Heiden. Am Abend wird das Lager der Heiden geplündert; mit den dort erbeuteten Vorräten wird ein großes Gelage veranstaltet (448,16ff.).

Am nächsten Tag werden die Toten zusammengetragen. Die Vornehmen werden einbalsamiert; die Ärmeren werden begraben. Willehalm vermißt Rennewart und ist ganz verzweifelt. In einer großen Klagerede (452,19-456,24) gedenkt er seiner »rechten Hand« (*mîn zeswiu hant* 452,20) und feiert dessen »süße Einfalt« (*dîn süez einvaltekeit* 453,3). Willehalm weiß, »daß ich durch ihn den Sieg errang und durch die höchste Hand« (*daz ich von im des siges pflac und von der hoehsten hende* 452,24-25). Sein Bruder Bernart mahnt ihn Vorwürfe, weil er über seiner Trauer die Tagesplichten als Befehlshaber vernachlässige, und tröstet ihn mit dem Gedanken, Rennewart könne von den Heiden gefangen worden sein; man könne ihn vielleicht gegen die 25 gefangenen Heidenkönige austauschen. Willehalm veranlaßt, daß alle gefangenen Könige ihm ausgeliefert werden. Einer von ihnen, König Matribleiz, wird von Willehalm beauftragt, die gefallenen Heldenkönige auf dem Schlachtfeld sammeln und einbalsamieren zu lassen. Zusammen mit den 23 toten Königen der ersten Schlacht soll Matribleiz sie an Terramer überbringen. Mit Matribleiz' Abreise bricht die Dichtung ab.

Die ›heilige‹ Gyburg. Das neunte Buch beginnt mit einem kleinen Prolog (403,1-10), in welchem Gyburg als *heilic vrouwe* (403,1) angerufen wird. Der Erzähler spricht die Hoffnung aus, dereinst im Jenseits ihres Anblicks teilhaftig zu werden. Wie der Begriff der Heiligkeit hier gemeint ist, läßt der Text nicht erkennen. Sicher ist nur, daß *heilic* hier nicht auf eine außerliterarische Realität verweist: Gyburg war keine Heilige. Es ist nicht Wolfram, der die heilige Gyburg anruft,

sondern der ›Willehalm‹-Erzähler, der in seiner fiktionalen Welt einen
Heiligen-Himmel errichtet hat: im Prolog wird der heilige Willehalm
von ihm angerufen (4,13ff.); in der ersten Schlacht der heilige Vivi-
anz (49,12ff.); und jetzt die heilige Gyburg. Diese Trias überspannt
eine Handlung, die davon erzählt, daß auf Alischanz viele tausend
Christen zu heiligen Märtyrern geworden sind. Indem der Erzähler
auch Gyburg mit dem Wort *heilic* ehrt, verleiht er ihrer Botschaft der
Barmherzigkeit, die sie im 6. Buch verkündet hat, eine Bedeutung,
die den ganzen Schlußteil der Dichtung überstrahlt.

Die Schlachtschilderung. Das Schlachtgeschehen des 9. Buchs läßt
keine Ordnung, keine Taktik mehr erkennen. Nur beim Abrücken
einzelner Heeresverbände der Heiden wird noch auf die Schlachtord-
nung Bezug genommen, von der in den Büchern VII-VIII berichtet
worden war. Angesichts des unüberschaubaren Kampfgewoges resigniert
der Erzähler: »Sollte ich sie euch alle nennen, wer da zu Tod gefällt
war, wie der eine den Verwandten rächte, wie der mit einem Trupp
heranritt, wie der andere weder Roß noch Reiter schonte und wer da
hohen Ruhm erwarb im Heer an allen Seiten – sollte ich, wie jeder
kämpfte, ganz genau erzählen, dann müßte ich viele kennen« (410,6-
16). Die Schlacht löst sich in Einzelszenen auf, zwischen denen kein
Zusammenhang erkennbar ist. Nur in der Partie, die von der Befreiung
der Gefangenen auf den Schiffen berichtet, gibt es noch den Ansatz
einer zusammenhängenden Handlung. Sonst taucht bald der eine,
bald der andre auf; und manche, die vorher groß herausgestellt worden
waren, werden überhaupt nicht mehr erwähnt. Von den Anführern
der zehn heidnischen Heeresverbände werden nur zwei erschlagen:
Halzebier von den befreiten Verwandten Willehalms und Poydwiz
von Heimrich dem *schêtis*. Deutlich ist, daß Rennewart alle anderen
übertrifft. Den Kampfszenen des 9. Buchs ist jedoch nicht ohne
weiteres zu entnehmen, daß er alleine die Schlacht entscheidet. Das
ist vielmehr die Deutung Willehalms, die vom Erzähler bestätigt wird.
     Der entscheidende Moment wird am Sinken von Terramers Fahne
manifest gemacht, als Herzog Bernart den Fahnenträger Terramers
erschlägt. Der ›Willehalm‹-Erzähler hat die Bedeutung dieser Stelle
durch einen Exkurs hervorgehoben, in welchem er das Römische
Reich und das heidnische Großreich miteinander vergleicht (434,1ff.):
beide seien ganz ähnlich strukturiert; aber die Ausdehnung und
die Macht des heidnischen Reichs sei ungleich größer. Daß trotz-
dem die Christen siegen konnten, wird damit begründet, daß das
Römische Reich in der Hand des »Höchsten« ruhe: »Und hätte er
[= der heidnische Kaiser] noch einmal soviel Macht, dennoch ist

Altissimus noch mächtiger« (*waer er noch als rîche, dennoch hât mêr Altissimus* 434,22-23).

Die Situation nach der Schlacht. Wer erwartet hatte, daß der Sieg der Christen mit Dankgebeten und erhebenden Reden gefeiert würde, sieht sich getäuscht. Statt dessen wird davon berichtet, daß die toten Heiden ihrer Kostbarkeiten beraubt wurden (446,19ff.), daß das heidnische Lager geplündert wurde (447,12ff.) und daß die Sieger ein wildes Gelage veranstalteten (448,11ff.). Im Rausch habe so mancher geglaubt, »alle Helden wären Hasenfüße außer ihm« (*daz alle helde zagen waeren, was sîn eines herze* 448,22-23). Am nächsten Morgen ist von Siegesfreude keine Rede mehr. Willehalms Klage um Rennewart bestimmt den Ton. Die letzten Kommentare des Erzählers erklären es für »große Sünde«, daß die Heiden »wie das Vieh« erschlagen wurden (*daz man die sluoc alsam daz vihe, grôze sünde ich drumbe gihe* 450,17-18). Die letzte Szene der Dichtung – die Entsendung des Königs Matribleiz mit den toten Heidenkönigen – ist von feierlichem Ernst getragen.

Das Zelt der toten Könige. Willehalm berichtet von »einer traurigen Entdeckung« (*einen senelîchen vunt* 464,2), die er nach dem Ende der Schlacht gemacht habe. Er habe ein Zelt der Heiden betreten, in dem, unter der Aufsicht eines Priesters, die 23 toten Könige der ersten Schlacht feierlich aufgebahrt gewesen seien; bei jedem König habe eine große Tafel gestanden, auf der, mit Buchstaben aus Edelsteinen, sein Name, sein Herrschaftsbereich und die Art seines Todes verzeichnet gewesen seien (464,16ff.). Von dem Priester habe er erfahren, daß Terramer die Aufbahrung veranlaßt habe. Der Ton des Berichts bezeugt Willehalms Respekt vor den religiösen Zeremonien der Heiden; diese Haltung bestimmt auch seine weiteren Anweisungen.

Die Matribleiz-Szene. Unter den 25 in Gefangenschaft geratenen Heidenkönigen, die Willehalm, dem Rat seines Bruders folgend, in seine Obhut genommen hat, ist König Matribleiz von Skandinavia; ihm schenkt Willehalm die Freiheit (465,27ff.), wegen seiner Verwandtschaft mit Gyburg, und beauftragt ihn, die toten Heidenkönige aus beiden Schlachten ins Heidenland zu überführen, »wo man sie nach ihrer Religion würdig bestatten mag« (*da man si schône nâch ir ê bestate* 465,19-20). Außerdem solle Matribleiz eine Botschaft an Terramer überbringen, in der Willehalm um die *genâde* und die *hulde* des heidnischen Großkönigs wirbt (466,8), unter der Voraussetzung, daß Terramer den christlichen Glauben respektiere und nicht mehr verlange, daß Gyburg den Heiden ausgeliefert werde. Mit dieser versöhnlichen Geste bricht die Dichtung ab.

Vergleich mit ›Aliscans‹. Dem 9. Buch (1928 Verse) entsprechen in ›Aliscans‹ die Laissen 103-162 (Vers 5380-7037 = 1657 Verse). Es ist jedoch zu beachten, daß die Laissen 117-152 (Vers 6192-6787 = 596 Verse), in denen von Rainoarts Kämpfen gegen Agrapart, Crudiados, Valegrape, Grishart und Flohart erzählt wird, in einigen ›Aliscans‹-Handschriften fehlen (vgl. S. 385). Da bei Wolfram von diesen Kämpfen nichts erwähnt wird, ist es wahrscheinlich, daß diese Partie in seiner Vorlage nicht vorhanden war. Dadurch verkürzt sich die ›Aliscans‹-Partie, die dem Buch IX entspricht, auf 1061 Verse.

In der Anlage der Schlachtschilderung ist Wolfram seiner Vorlage im ganzen gefolgt: das Schlachtgeschehen besteht auch in ›Aliscans‹ aus Einzelszenen, zwischen denen es in vielen Fällen keinen Zusammenhang gibt. Einige Einzelszenen sind ziemlich genau der Vorlage nacherzählt; zahlreiche andere nicht.

In ›Aliscans‹ beginnt die Schlacht damit, daß Baudus (Wolframs Poydwiz), der Sohn Aiquins, von Aimer le Chétif erschlagen wird (5425); diese Szene hat Wolfram, stark verkürzt, ebenfalls in die Anfangspartie gestellt (412,2); voraus geht bei Wolfram der Kampf des alten Heimrich gegen Cernubile (408,1ff.), der in ›Aliscans‹ keine Entsprechung hat.

In ›Aliscans‹ tritt Rainoart gleich in der Anfangspartie hervor (5483ff.), und er bleibt von da an die bestimmende Figur. Er dringt zu den Schiffen der Heiden vor und befreit die sieben Verwandten Guillaumes (bei Wolfram sind es acht) (5571ff.). Diese Szene hat Wolfram erweitert und mit dem Abzug des ersten heidnischen Treffens unter Halzebier verknüpft. Die Ausrüstung der Befreiten mit Waffen und Pferden ist der französischen Dichtung nacherzählt. Im Anschluß daran erschlägt Rainoart die Könige Malquidant, Samuel, Banurs und Samiant (5681f.); die entsprechende Szene hat Wolfram vor die Befreiung der Gefangenen gesetzt (413,26ff.). Daß Halzebier von den Befreiten erschlagen wird (419,10f.), steht nur bei Wolfram; in ›Aliscans‹ wird Haucebier erst viel später von Rainoart getötet (6944ff.). In diesem Kampf zerbricht Rainoarts *tinel*, während bei Wolfram Rennewarts Stange im Kampf gegen Purrel in Stücke geht (429,19ff.).

Rainoarts Kämpfe gegen Margot und Aenré, zwei Verwandte von ihm (5924ff.), hat Wolfram übergangen. Dann folgt in ›Aliscans‹ der Zweikampf zwischen Guillaume und Desramé, in dem Desramé verwundet wird (6129ff.). Diesen Kampf hat Wolfram ganz ans Ende gestellt, als die Schlacht bereits entschieden ist (441,30ff.). In ›Aliscans‹ wird Borrel von Rainoart erschlagen (6227ff.), während er bei Wolfram von seinen Leuten gerettet wird (431,21ff.).

Als Rainoart auch noch Haucebier und Golias erschlagen hat, wenden sich die Heiden zur Flucht (6995). In ›Aliscans‹ ist die schlacht-entscheidende Rolle Rainoarts viel deutlicher als bei Wolfram. Bei den Schiffen erwartet die Heiden eine böse Überraschung: Rainoart hat alle Schiffe zerstört, bis auf eins, auf das sich Desramé, zusammen mit einigen anderen Königen, rettet (7003ff.). Alle Heiden, die zurückbleiben, werden von den Christen erschlagen.

Unter den Zurückbleibenden ist auch Baudus, ein Neffe von Desramé (Wolframs Poydjus). Während bei Wolfram erzählt wird, daß Poydjus den Kampf mit Rennewart meidet (444,28ff.), sucht Baudus in ›Aliscans‹ den Kampf mit Rainoart. Es folgt eine umfangreiche Kampfschilderung, die mit Rainoarts Sieg und Baudus' Versprechen, sich taufen zu lassen, endet. Dies und alles, was dann noch in ›Aliscans‹ erzählt wird, hat im ›Willehalm‹ keine Entsprechung mehr.

In ›Aliscans‹ kehrt das christliche Heer nach Orenge zurück, wo Guiborc ein großes Fest veranstaltet. Bei den Vorbereitungen wird Rainoart, der etwas später eintrifft, von Guillaume »vergessen« (*mis en oublier* 7537). Aus Zorn über diese Undankbarkeit kehrt Rainoart auf das Schlachtfeld zurück und droht, sich an Guillaume zu rächen. Er will nach Aachen ziehen, König Lois absetzen und Aélis heiraten. Schließlich gelingt es Guiborc, den Bruder zu versöhnen. Rainoart wird getauft und zum Ritter gemacht. Aélis kommt nach Orenge und wird Rainoart zur Frau gegeben. Sie erhalten Porpaillart von Guillaume zu Lehen. Dann kehren alle in ihre Heimat zurück.

Der Vergleich der Texte zeigt, daß Wolfram vor allem die Rolle Rainoarts stark eingeschränkt hat, auch wenn in seiner Vorlage die Laissen 117-152 gefehlt haben. In ›Aliscans‹ beherrscht Rainoart das gesamte Schlachtgeschehen. Mit seinem *tinel* schlägt er die Ungetauften zu Tausenden tot und tötet viele Verwandte. Dabei erscheint er öfter in einem wenig günstigen Licht: während sein Vater und seine Brüder ihm freundlich entgegentreten, beschimpft Rainoart sie und besteht darauf, mit ihnen zu kämpfen, wenn sie sich nicht sofort taufen lassen wollen. Auch bei Wolfram ist Rennewart der größte Held; aber neben ihm gewinnen andere, vor allem Willehalm, mehr Gewicht.

Nach der Entscheidung der Schlacht hat Wolfram nur noch eine Einzelheit aus ›Aliscans‹ übernommen: die Beraubung der toten Heiden auf dem Schlachtfeld und die Plünderung des heidnischen Lagers (7404ff.). Alles andere ist neu: Willehalms Klage um Rennewart, die Einbalsamierung der toten Heidenkönige, die Matribleiz-Szene, die versöhnliche Botschaft an Terramer.

1.6 Der Schluß

In manchen neueren Darstellungen wird der Eindruck erweckt, als sei die Frage, ob der ›Willehalm‹ so, wie die Handschriften den Text überliefern, eine vollendete Dichtung ist oder ein Fragment, in der ›Willehalm‹-Forschung heiß umstritten. Das ist irreführend. Bereits Karl Lachmann hat 1833, in der Vorrede zu seiner Wolfram-Ausgabe (vgl. S. 258), im Hinblick auf den ›Willehalm‹ von einem »unvollendeten gedichte« gesprochen (S. XL); und diese Ansicht ist nie ernsthaft in Frage gestellt worden. Es gibt zwar nur wenige konkrete Hinweise auf die geplante Fortsetzung der Handlung: der Erzähler verweist einmal

darauf, daß Gyburg erst später erfahren werde, daß Rennewart ihr
Bruder ist (291,2f.); aber die ganze Anlage der Rennewart-Handlung
verlangt eine Fortsetzung. Es ist nicht gut denkbar, daß die Zuhörer
sich damit abgefunden hätten, daß Rennewart am Ende verschwunden
ist. Daß man die Dichtung bereits zu Wolframs Zeit als ein Fragment
betrachtet hat, beweist die Fortsetzung, die Ulrich von Türheim (um
1250) dazugedichtet hat (vgl. S. 397f.). Türheims Text setzt da ein,
wo Wolfram »aufgehört hat« (*dar er gestecket hat sin zil* 163); und er
hat sich vorgenommen, Wolframs Werk »fertig zu dichten« (*ich doch
nit lazen wil, es enwerde volle tihtet* 164-65).

Die Gründe, die Wolfram gehindert haben, den ›Willehalm‹ zu
vollenden, kennen wir nicht. Die Fortsetzer im 13. Jahrhundert
glaubten, daß Wolfram über der Arbeit an der Dichtung gestorben
sei (Ulrich von Türheim, Rennewart, 21713). Das ist möglich; man
muß jedoch bedenken, daß der Tod des Autors sich als Erklärungs-
grund von selbst anbot. Möglich ist auch, daß der Tod des Land-
grafen Hermann von Thüringen im Jahr 1217 ein Weiterdichten
unmöglich gemacht hat (vgl. S. 21). Auffällig ist, daß Wolfram zwei
Werke unvollendet hinterlassen hat: auch der ›Titurel‹ ist Fragment
geblieben.

Wie die Handlung weitergehen sollte, ist unsicher. So wie Wolf-
ram das Verhältnis zwischen Rennewart und Alyze angelegt hat, ist
zu vermuten, daß die beiden im weiteren Verlauf der Handlung, wie
in ›Aliscans‹, heiraten sollten. Der Vergleich mit ›Aliscans‹ zeigt, daß
es möglich gewesen wäre, die Dichtung in ein paar hundert Versen
zu Ende zu bringen. Statt dessen hat Wolfram die Handlung mit der
Erzählung vom Zelt der toten Heidenkönige und mit der Matribleiz-
Szene zuletzt in eine andere Richtung gelenkt.

Die ältere Forschung ist meistens davon ausgegangen, daß der
Gegensatz zwischen Christentum und Heidentum zuletzt überwun-
den werden sollte und daß Wolfram einen versöhnlichen Schluß
geplant habe. Dabei berief man sich auf den ›Parzival‹, wo Feirefiz'
Taufe und seine Heirat mit Repanse de Schoye zuletzt eine friedliche
Vereinigung von Orient und Okzident anzukündigen scheinen. Der
›Willehalm‹-Text bietet jedoch keinen sicheren Anhaltspunkt für
eine Schluß-Versöhnung. Heute werden eher die Widersprüche und
Gegensätze betont. Über die geplante Weiterführung der Handlung
wagt man keine konkreten Aussagen mehr.

In den meisten ›Willehalm‹-Handschriften bricht der Text, mitten
im Dreißiger, mit dem Vers *sus rûmt er Provenzâlen lant* (467,8) ab.
In den Handschriften G und V folgen noch fünfzehn Verse, die mit
dem Vers *daz er troesten solte* (467,23) mitten in der Rede Gyberts

und mitten im Satz enden. Wenn diese Verse von Wolfram stammen (was sich nicht sichern läßt), könnten sie als ein Indiz dafür angesehen werden, daß Wolfram von außen zum Abbruch der Arbeit am ›Willehalm‹ genötigt wurde. Allerdings haftet der Vorstellung, daß der Dichter mitten in einem Satz am Weiterdichten gehindert worden sein könnte, etwas Unrealistisches an.

Auffällig ist, wie zuletzt von Rennewart erzählt wird. Das letzte, was wir von ihm hören, ist, daß er gegen König Poydjus antritt, der ihm jedoch ausweicht (444,28ff.). Das ist überhaupt die letzte Kampfhandlung, von der erzählt wird. Danach schildert der Erzähler die Situation nach der Schlacht (445,4ff.). Am nächsten Morgen wird Rennewart vermißt, und Willehalm hält seine große Klagerede (452,15ff.). Das Motiv, daß Rennewart vermißt wird, ist offenbar von der französischen Vorlage angeregt, in der Rainoart bei dem Empfang in Orenge »vergessen« (7537) wird. Rainoart wird fast wahnsinnig vor Wut, weil sich niemand um ihn kümmert. Er kehrt auf das Schlachtfeld zurück und beauftragt die Ritter, denen er begegnet, Guillaume zu melden, er sei auf dem Weg zu seinem Vater Desramé und werde mit einer riesigen Armee wiederkommen, werde Orenge zerstören und werde sich in Aachen zum König krönen lassen (7585ff.). Guillaume wird »nachdenklich« (*en fu trespensez* 7654) und gibt sich die Schuld; er schickt Boten an Rainoart, die aber wütend abgewiesen werden. Zusammen mit Gyburg reitet Guillaume dann selbst zu ihm, und es gelingt schließlich, ihn zu besänftigen. Beim Festmahl in Orenge offenbart Rainoart, daß er der Sohn Desmarés ist. Daraufhin wird er getauft und zum Ritter gemacht; dann wird seine Hochzeit mit Aélis vorbereitet.

Bei Wolfram wird Rennewart nicht vergessen, sondern vermißt. Der Grund seines Verschwindens wird nicht erklärt. Verschiedene Möglichkeiten werden erwogen: Rennewart könnte unter den Toten sein (458,4ff.); er könnte auch in Gefangenschaft geraten sein (458,22ff.). Ein harmloses Mißverständnis, wie in der französischen Dichtung, ist so gut wie ausgeschlossen. Offenbar hat der ›Willehalm‹-Erzähler in den letzten Szenen, bevor der Text abbricht, bewußt einen Schleier über Rennewarts Geschick gebreitet. Zu welchem Zweck, ist nicht zu erkennen.

2. Krieg – Gewalt – Fremdheit – Verwandtschaft

Die ›Willehalm‹-Forschung hat in den letzten Jahrzehnten einen enormen Zuwachs erlebt. Von einem Konsens darüber, wie der ›Willehalm‹ zu lesen ist, sind wir jedoch weit entfernt. Der ›Willehalm‹ ist ein sperriger und schwieriger Text, der einerseits die Interpreten anzieht, sich ihnen andererseits immer wieder verweigert. In Wolframs Dichtung wird mehr in Frage gestellt als gesichert. Der hier vorgelegte Überblick über die thematischen Schwerpunkte und die damit verbundenen Interpretationsprobleme versucht einerseits eine Zusammenfassung der neueren Forschung und will andererseits auf Fragen aufmerksam machen, die bisher noch nicht genügend erörtert worden sind.

Unstrittig ist, daß der Krieg zwischen Christen und Heiden den thematischen Mittelpunkt der Dichtung bildet. Die Art und Weise, wie vom Krieg erzählt wird, unterscheidet den ›Willehalm‹ nicht nur von seiner französischen Vorlage, sondern auch von den deutschen Dichtungen der Zeit, die von Kriegen erzählen. Während sonst der Krieg die Folie bildet für die Darstellung des Handelns Einzelner, wird im ›Willehalm‹ der Krieg selbst zum Thema. Das geschieht einerseits durch eine ungewöhnlich breit angelegte Schilderung von Details der Kriegstechnik, vom Heeresaufgebot über die Einteilung der verschiedenen Truppenverbände bis zur Behandlung von Gefangenen. Andererseits zieht sich durch die ganze Dichtung eine Diskussion über die Begründung und Rechtfertigung des Krieges, unter deutlicher Bezugnahme auf zeitgenössische Erörterungen dieser Frage. Diese Diskussion wird im ›Willehalm‹ so gelenkt, daß die Begründungen des Krieges im Verlauf der Dichtung immer fragwürdiger werden, vor allem nachdem Gyburg in ihrer großen Rede im Fürstenrat des 6. Buchs ein Programm entworfen hat, in dem Liebe und Barmherzigkeit gegen Haß und Feindschaft gestellt werden. Am Schluß ergibt sich ein zwiespältiges Bild: Gott selbst hat in das irdische Schlachtgeschehen eingegriffen und hat den Christen den Sieg geschenkt (»Tatsächlich hat die Hand Gottes das meiste dabei getan«, *mit der wârheit diu gotes hant des gap die besten stiure* 435,6-7). Doch der Sieg bedeutet keine Erlösung; der Krieg erweist sich als ein fragwürdiges Mittel der Konfliktlösung.

Der Krieg zwischen Christen und Heiden wird im ›Willehalm‹ als eine furchtbare Erfahrung dargestellt, die die ganze Ordnung des menschlichen Zusammenlebens zu erschüttern droht. Die Themen Gewalt und Fremdheit bestimmen nicht nur das Geschehen auf dem Schlachtfeld; die Gewalt entfaltet ihr destruktives Potential auch im gesellschaftlichen Umgang der Christen miteinander, bis hinein in die persönlichsten Beziehungen von Liebe, Ehe und Verwandtschaft.

Unter den zwischenmenschlichen Bindungen kommt der Verwandtschaft im ›Willehalm‹ die größte Bedeutung zu. Fast alle Themen werden im Medium der Verwandtschaft behandelt. Voraussetzung dafür ist, daß der Verwandtschaftsbegriff – in Anlehnung an die gelehrte Literatur der Zeit – im ›Willehalm‹ so weit gefaßt wird, daß er auch die Schwäger-Verwandtschaft umfaßt. So gesehen, stehen sich auf Alischanz zwei miteinander verschwägerte Verwandtengruppen gegenüber, die durch Gyburg miteinander verbunden sind. Außerdem wird der Gedanke der religiösen Verwandtschaft mobilisiert, um begreifbar zu machen, daß Christen und Heiden als Geschöpfe Gottes (*gotes hantgetât*) und vielleicht auch als Kinder Gottes Brüder sind und sein sollten.

Die Beschränkung dieses Überblicks auf die Themenreihe Krieg – Gewalt – Fremdheit – Verwandtschaft bedeutet, daß andere Themen, die im ›Willehalm‹ ebenfalls zur Sprache kommen, hier zu kurz kommen. Das gilt besonders für die Themenreihe, die in Wolframs Dichtung gegen Krieg, Gewalt und Fremdheit aufgeboten wird, also Barmherzigkeit, Schonung, Liebe und Gottvertrauen. Welches Gewicht den gewalt-begrenzenden und konflikt-lösenden Kräften zukommen sollte, läßt der fragmentarische Text nicht deutlich erkennen. Bedauerlich ist, daß die politisch-gesellschaftliche Thematik im ›Willehalm‹ mit den Schwerpunkten Hofkritik und dem problematischen Verhältnis zwischen König und Fürsten noch nicht die Beachtung gefunden hat, die sie verdient.

Die Versuche, über eine Bestimmung der Gattungszugehörigkeit dem Verständnis der Dichtung näherzukommen, haben zu keinem eindeutigen Ergebnis geführt. Die Rezeption der französischen Heldenepik der ›Chansons de geste‹, der die Vorlage des ›Willehalm‹ zugehört, hat in Deutschland nicht zu einer Gattungsbildung geführt.

Zur Übertragung den Chansons de geste ins Deutsche vgl. *Alois Wolf*, Rewriting Chansons de geste for a Middle High German Public, in: The Medieval Opus, Ed. D. Kelly, Amsterdam, Atlanta / GA 1996, S. 369-386. – *Bernd Bastert*, Helden als Heilige. Chansons de geste in Deutschland, Habil.schrift (masch) Köln 2002.

Seiner metrischen Form und seinem Erzählstil nach gehört der ›Willehalm‹ zu den höfischen Epen. Der historische Stoff und die Kreuzzugsthematik erlauben eine Zuordnung, zusammen mit dem ›Rolandslied‹, zur Kreuzzugsepik.

Volker Mertens, Religiöse Identität in der mhd. Kreuzzugsepik (Pfaffe Konrad: Rolandslied, WvE: Willehalm), in: Chanson de Roland und Rolandslied, 1997, S. 77-86.

Zum Legenden-Charakter des ›Willehalm‹ vgl. S. 361f.

2.1 Krieg

Kriegstechnik

Der ›Willehalm‹ erzählt vom Krieg zwischen Christen und Heiden. Die Dichtung beginnt – nach einem kurzen Rückblick – mit der ersten Schlacht auf Alischanz und bricht nach der zweiten ab. Auch das Geschehen zwischen den beiden Schlachten wird weitgehend von der Kriegsthematik bestimmt: es geht darum, der christlichen Seite ein neues Heer zu gewinnen, nachdem in der ersten Schlacht alle Christen gefallen sind.

In keinem anderen Epos der Zeit spielt der Krieg eine so zentrale Rolle. Das läßt sich nur zum Teil aus der Stoffwahl erklären. Die französische Vorlage erzählt ebenfalls von den beiden Schlachten; aber der Krieg ist dort nur der Anlaß zur Darstellung großen Heldentums, das sich in Einzelkämpfen bezeugt. Bei Wolfram dagegen wird, unabhängig von der Vorlage, der Krieg in allen seinen Aspekten mit ungewöhnlichem Detailrealismus geschildert. Das hat Martin H. Jones fachkundig kommentiert.

> *Martin H. Jones*, The Description of Battle in WvE's Willehalm, in: The Ideals and Practice of Medieval Knighthood II, Ed. C. Harper-Billand and R. Harvey, Woodbridge 1988, S. 46-69. – *Ders.*, die tjostiure uz vünf scharn (Willehalm 362,3), in: Studien zu WvE (vgl. S. 33), S. 429-441. – *Ders.*, Giburc at Orange: The Siege as Military Event and Literary Theme, in: W's Willehalm. Fifteen Essays (vgl. S. 405), S. 97-120. – Vgl. außerdem *Rose-Beate Schäfer-Maulbetsch*, Studien zur Entwicklung des mhd. Epos. Die Kampfschilderungen in Kaiserchronik, Rolandslied, Alexanderlied, Eneide, Lied von Troye und Willehalm, 1972, Bd. 1, S. 111ff.; Bd. 2, S. 576ff. – *Alois Wolf*, Kampfschilderungen in Ws Willehalm, W-St. 3, 1975, S. 232-262. – *Peter Czerwinski*, Die Schlacht- und Turnierdarstellungen in den dt. höfischen Romanen des 12. und 13. Jhs. Zur literarischen Verarbeitung militärischer Formen des adligen Gewaltmonopols, Diss. Berlin F.U. 1975, S. 11ff. – *Hans-Wilhelm Schäfer*, Schlachtbeschreibungen im Willehalm und im Jüngeren Titurel, in: La guerre au moyen âge. Réalité et fiction, éd. D. Buschinger, Amiens 2000, S. 151-158.

Es wäre eine lohnende Aufgabe, die gesamte Kriegsdarstellung im ›Willehalm‹ vor dem Hintergrund der zeitgenössischen Militärtechnik genauer zu untersuchen.

> Grundlegend zur Kriegstechnik des hohen Mittelalters: *J.F. Verbruggen*, The Art of Warfare in Western Europe during the Middle Ages from the Eighth Century to 1340, Woodbridge, Rochester, NY ²1997 [zuerst erschienen unter dem Titel: De krijgskunst in West-Europa in de midde-

leeuwen (IXe tot begin XIVe eeuw), Brüssel 1954]. Vgl. außerdem: Der Krieg im Mittelalter und in der Frühen Neuzeit: Gründe, Begründungen, Bilder, Bräuche, Recht, hrsg. von *Horst Brunner*, 1999. – *John France*, Western Warfare in the Age of the Crusades, 1000-1300, Ithaca, NY 1999. – *Hans-Hennig Kortüm*, Krieg im Mittelalter, 2001.

Das Heeresaufgebot. Die Rekrutierung des Heeres, mit dem Willehalm in der zweiten Schlacht den Heiden gegenübertritt, erfolgt auf dreifache Weise: 1. durch das Reichsaufgebot, das der König erläßt; 2. durch den militärischen Beistand von Familienangehörigen, die als Fürsten eigene Truppenverbände aufbieten können; 3. durch die Anwerbung von Söldnern. Söldner sind einerseits Ritter, die gegen Bezahlung (aus den von Willehalms Mutter und von Willehalms Schwester zur Verfügung gestellten Geldmitteln) für den bevorstehenden Feldzug angeworben werden; andererseits gibt es Berufs-Söldner, die von einem Söldnerführer kommandiert und bezahlt werden: mit einem solchen Söldner-Verband kommen Heimrich der *schêtis* und König Schilbert Willehalm zu Hilfe. In der Schlacht zeigt es sich, daß das feudale Aufgebot, das Reichsheer, militärisch am unzuverlässigsten ist.

Herbert Grundmann, Rotten und Brabanzonen. Söldnerheere im 12. Jh., Dt. Archiv für Erforschung des Mittelalters 5, 1942, S. 419-492. – *Stephen D. B. Brown*, Military Service and Monetary Reward in the Eleventh and Twelfth Centuries. History 74, 1989, S. 20-38.

Der Oberbefehl und die Heereseinteilung. Das gesamte Heer wird von einem Oberbefehlshaber kommandiert. Das ist bei den Heiden, auf Grund seiner Machtstellung, Terramer. Bei den Christen wird der Oberbefehl, da der König nicht selber mitzieht, an Willehalm übertragen. Das findet die Zustimmung der Fürsten, die es nicht gerne gesehen hätten, wenn ein *ambetman* des Königs (gemeint ist wohl: ein Reichsministeriale) damit betraut worden wäre (212,3ff.). Die Rivalität zwischen den alten Fürstenhäusern und den mächtigen Reichsministerialen, die von den Königen und Kaisern mit militärischen Führungsaufgaben beauftragt wurden, ist aus der Zeitgeschichte bekannt.

Der Oberbefehlshaber nimmt die Einteilung des Heeres vor und bestimmt die Taktik. Die Einteilung erfolgt nach feudalen Gegebenheiten: die mächtigsten Könige (bei den Heiden) beziehungsweise Fürsten (bei den Christen) befehligen ihre eigenen Truppen. Innerhalb des vorgegebenen taktischen Konzepts operieren sie selbständig.

Fahnen und Schlachtrufe. Jeder christlichen Heeresabteilung wird von Willehalm eine Fahne und ein Schlachtruf zugeordnet. Diese optischen und akustischen Signale haben die Funktion, den einzelnen Rittern und Ritterverbänden die Orientierung zu erleichtern und den Zusammenhalt der Abteilungen zu gewährleisten. Zu den akustischen Signalen gehört auch die Militärmusik, die auf seiten der Heiden so wichtig genommen wird, daß es in Terramers Heer einen eigenen Trommel- und Posaunenkönig gibt, Cernubile, der das Signal zum Galopp blasen läßt (360,1ff.).

Waffen, Waffenschmuck und Waffentechnik. Mit großer Ausführlichkeit werden im ›Willehalm‹ Einzelheiten der Bewaffnung beschrieben. Die feierliche Wappnung Terramers am Ende des 7. Buchs (386,1ff.) und die Beschreibung des alten Heimrich am Anfang des neunten (405,20ff.) bieten besonders viele Details. Heimrich trägt einen normannischen Helm mit einem Nasenband, ohne *fintâle* (Visier) und ohne *barbiere* (Mundschutz): offenbar weil er seinen weißen Vollbart in der Schlacht sehen lassen möchte (408,2ff.). Andere Ritter haben Helme auf, die den ganzen Kopf bedecken. Von Einzelheiten der Rüstung wird auch gesprochen, wenn im Kampf zum Beispiel ein Riemen reißt, der den eisernen Beinschutz gehalten hat (78,26ff.). Einige heidnische Verbände sind unzureichend gerüstet. Dafür übertreffen die Heiden mit dem Schmuck ihrer Waffen die Christen bei weitem. Arofels kostbarer Schild im Wert von 1000 Mark (202,24) ist ein besonders prächtiges Beispiel. Mehrfach werden herrlich geschmückte Waffenröcke der Heiden beschrieben. Schildzeichen und Helmzierden – in keiner anderen Dichtung der Zeit werden so viele phantastische Helmzierden erwähnt wie im ›Willehalm‹ – gehören ebenfalls zum Waffenschmuck.

In den Beschreibungen von Einzelkämpfen begegnen wahre Kunststücke der Waffentechnik. Der Heidenkönig Nöupatris rennt Vivianz nicht nur seine Lanzenspitze, sondern auch noch die an der Lanze befestigte Fahne mit dem Bild des Gottes Amor durch den Leib (25,14ff.). Willehalm zielt im Kampf mit den alten König Oukin so genau mit dem Schwert, daß er die Helmschnur, unterhalb des *herseniers*, durchtrennt und dem König waagerecht den Kopf abschlägt (422,15ff.).

Die Schlachtordnung. Das Schlachtgeschehen wird bestimmt vom Zusammenprall geschlossener Reiterverbände. Nacheinander greifen die vorher eingeteilten Treffen in die Schlacht ein und versuchen, die gegnerischen Verbände zu zersprengen. Die militärische Effizienz des Angriffs beruht wesentlich auf der Einhaltung der Disziplin, die das Reiten in geschlossenen Verbänden erfordert. Terramer verbietet in dem von ihm geführten Treffen das Ausscheren aus dem Verband bei Androhung der Todesstrafe (402,6ff.). Trotzdem wird die Disziplin immer wieder verletzt.

Für ritterliche Lanzenkämpfe, die einen langen Anlauf erfordern, ist auf dem Schlachtfeld nur Platz, bevor die Reiterverbände anreiten. Die Anführer reiten gerne ihrer Schar voraus – Nöupatris in der ersten Schlacht; Tybalt und Synagun in der zweiten – und zeigen in der Einzeltjost ihre ritterliche Fertigkeit. Tjostiure aus fünf verschiedenen Abteilungen eröffnen die zweite Schlacht (362,3f.). Innerhalb der Verbände wird meistens mit dem Schwert gekämpft. In kritischen Situationen sind Krieger zu Fuß zur Stelle, die den Anführer, wenn er vom Pferd stürzt, beschützen oder den Verwundeten wegtragen.

Nach der Schlacht. Genauer als in irgendeiner anderen Dichtung der Zeit wird im ›Willehalm‹ beschrieben, wie es nach dem Ende der Kämpfe auf dem Schlachtfeld aussieht und wie man mit den vielen Toten umgeht. Sie werden möglichst schnell begraben oder – die Vornehmen – einbalsamiert, weil sonst, wie nach der ersten Schlacht, der Gestank der Leichen bald unerträglich würde. Vorher wird das Schlachtfeld nach Verwandten oder Bekannten abgesucht, und die toten Feinde werden beraubt: »jede Menge Kostbarkeiten« (*genuoc von rîcheit* 449,12-13) konnte man auf dem Schlachtfeld finden.

Belagerungstechnik. Die Belagerung von Oransche, während Willehalms Ritt nach Munleun, gibt Anlaß, viele Einzelheiten der Belagerungstechnik sowie der Verteidigungsstrategie innerhalb der Stadt zur Sprache zu bringen. Die Aufzählung verschiedener Belagerungsmaschinen im ›Willehalm‹ (111,9ff.) ist in die Militärgeschichte eingegangen; denn Wolframs Dichtung bietet den frühesten Beleg für eine neue und besonders mörderische Maschine, den *drîbock* (111,9), der, nach Auskunft der ›Marbacher Annalen‹, zum ersten Mal von Kaiser Otto IV. bei der Belagerung der Stadt Weißensee in Thüringen im Jahr 1212 eingesetzt worden ist.

Die vielen militärischen Details verleihen dem ›Willehalm‹ fast den Charakter eines poetischen Handbuchs der Kriegstechnik. Das meiste davon stammt nicht aus der französischen Vorlage; das zeigt an, wieviel Wert Wolfram auf diese Thematik gelegt hat. Vielleicht ist er damit den Erwartungen des Publikums am Thüringen Hof entgegengekommen. Daß uns die militärischen Details eher uninteressant erscheinen, liegt an uns und an den modernen Erwartungen, die wir an die Dichtung herantragen. Den damaligen Zuhörern, zumindest den männlichen, wird vieles neu und interessant erschienen sein. Sie haben sicherlich auch die erzählerischen Effekte bemerkt, mit denen der ›Willehalm‹-Erzähler die militärischen Details präsentiert hat, indem er zum Beispiel Gyburg, wie eine Kunstfigur, »mit hoch geschwungenem Schwert« (*mit ûf geworfeme swerte* 227,13) auf die Mauer von Oransche postiert, wo niemand ist, den sie mit ihrem Schwert treffen könnte. Sie wird in dieser Positur zu einer poetischen Chiffre.

Viele Einzelheiten der Kriegstechnik können auch als Mittel, den Krieg zu inszenieren, gelesen werden. Je mehr Details genannt werden, die die Kriegführung regeln, um so mehr wird der Krieg zum Ritual. Man kann im ›Willehalm‹ eine Ästhetisierung des Krieges beobachten, wobei die Ästhetik das Häßliche und Grausame nicht ausschließt. In gewissem Sinn unterliegt der Krieg ebenso einem Zeremoniell wie das gesellschaftliche Leben am Hof. Hof und Krieg bleiben Gegensätze; aber in Wolframs Dichtung wird das tödliche Zeremoniell des Krieges genauso suspekt wie das Zeremoniell der Hoffreude: beide erweisen sich als Äußerlichkeiten, denen der Schmerz und die Trauer von Willehalm und Gyburg und ebenso ihre eheliche Liebe entgegengestellt sind.

Begründungen und Rechtfertigungen des Krieges

Der Krieg wird im ›Willehalm‹ zum Gegenstand der Reflexion gemacht. Reflektiert wird auf zwei Ebenen: auf der Handlungsebene in den Reden der Beteiligten; auf der Erzählerebene in Zwischenbemerkungen, Kommentaren und Exkursen des Erzählers. Die Reflexionen zielen auf Grundsätzliches: auf die Begründung des Krieges, seine Rechtfertigung. In ›Aliscans‹ konnte Wolfram keine Anregungen dazu finden; wohl aber in der gelehrten Literatur der Zeit, in der lebhaft darüber diskutiert wurde, wie Kriegsgewalt zu rechtfertigen sei. Dabei ging es in erster Linie um Augustins These vom »gerechten Krieg« (*bellum iustum*) und um die Anwendung dieser Theorie auf die Gegenwart. Gerecht ist nach Augustin ein Krieg, wenn er zur Wiederherstellung des Friedens und der verletzten Ordnung geführt wird. Entscheidend für die Bewertung des Kriegs ist daher die Absicht des Kriegführenden. Augustins Lehre ist im 12. Jahrhundert in Gratians ›Decretum‹ aufgenommen und in den zahlreichen Kommentaren zu diesem Werk weiterdiskutiert worden.

Frederick H. Russell, The Just War in the Middle Ages, Cambridge 1975, S. 127ff. – *Ernst-Dieter Hehl*, Kirche und Krieg im 12. Jh. Studien zu kanonischem Recht und politischer Wirklichkeit, 1980, S. 57ff.

Der Begriff des ›gerechten‹ Kriegs kommt im ›Willehalm‹ nicht vor; aber von den Absichten der Kriegführenden, den Kriegsgründen und Kriegszielen, ist viel die Rede.

Den Ausgangspunkt hat der Erzähler deutlich markiert: »Willehalm gewann Arabel; deshalb haben viele unschuldige Menschen das Leben gelassen« (*Arabeln Willalm erwarp, dar umbe unschuldic volc erstarp* 7,27-28). Der Ehebruch der arabischen Königin löst den Krieg aus: sie verläßt ihren Ehemann, flieht mit Willehalm, heiratet ihn und läßt sich taufen. Willehalm hat Tybalt aber nicht nur die Frau, sondern auch ein »Land« geraubt (8,7. 11,9). Tybalt bittet seinen Schwiegervater Terramer, ihm zu helfen, »mit Heeresmacht Liebe und Land zurückzugewinnen« (*daz er reit mit gewalt nâch minne und nâch dem lande* 11,8-9). Willehalms Gegenposition ist denkbar schwach: er steht als Ehebrecher und Räuber da, dem die gerechte Strafe droht. Recht und Unrecht scheinen eindeutig verteilt zu sein. Eine moralische Beurteilung gibt der Erzähler jedoch nur für Gyburg: ihre Liebe habe »dem christlichen Glauben Schaden zugefügt« (*dîn minne den touf versnîdet* 30,25). Bei Willehalm gibt es kein Schuldbewußtsein und keine Schuldzuweisung durch den Erzähler. Im Gegenteil, der Erzähler erweckt den Eindruck, daß der Täter das Opfer ist. Die Vorwürfe des

Erzählers richten sich nicht gegen Willehalm, sondern gegen Terramer: »Terramer hat Unrecht« (*Terramêr unvuoget* 11,19), mit einer Begründung, die auch den Wohlwollenden überrascht haben dürfte: Terramer hätte nichts gegen Willehalm unternehmen dürfen, denn sein einer Schwiegersohn sei »genauso nahe verwandt« mit ihm wie sein anderer Schwiegersohn (*si wâren im sippe al gelîche* 12,9).

Was die Parteinahme des Erzählers zugunsten seines Helden rechtfertigt, wird klar, sobald die Schlacht begonnen hat. Der Erzähler gibt das Stichwort: die Toten aus Willehalms Heer »flogen mit Engeln in den Himmel« (*mit engelen in den himel vlouc* 14,11) und »verdienten sich dort einen Platz« (*die stuol ze himel kouften* 16,24). Gleich in seiner ersten Rede propagiert Willehalm dieselbe religiöse Deutung des Krieges: »Helden, denkt daran und laßt nicht zu, daß die Heiden unseren Glauben schänden, die das Christentum uns rauben würden, wenn sie könnten« (*helde, ir sult gedenken und lât uns niht verkrenken die heiden unsern gelouben, die uns des toufes rouben wolden, ob si möhten* 17,3-7). Der Krieg um Gyburg wird als Glaubenskrieg gerechtfertigt. Diese Deutung bleibt durch die ganze Dichtung konstitutiv. Sie wird vor allem von Willehalm vertreten und wird, in der zweiten Schlacht genauso wie in der ersten, vom Erzähler bekräftigt.

Eine zweite Hauptlinie der Kriegsrechtfertigung tritt vom 4. Buch an in den Vordergrund. In den Verhandlungen mit König Loys in Munleun wird klar, daß es sich bei dem Land, das Willehalm Tybalt geraubt hat, um die Provence handelt und daß Willehalm das Land dem Kaiser übergeben und von ihm als Reichslehen zurückerhalten hat: so ist er Markgraf von der Provence geworden (177,25ff.). Zu der religiösen Begründung des Krieges tritt die politische: der Angriff der Heiden ist ein Angriff auf das *rîche*, auf das Römische Reich. Eine Bestätigung erfährt dieser Gesichtspunkt, wenn Terramer vor der zweiten Schlacht seine Kriegsziele präzisiert: er wolle Oransche und Paris zerstören, in Aachen den Kaiserthron besetzen und dann nach Rom ziehen und sich dort die Römische Krone aufsetzen (339,26ff.). Es geht also auf Alischanz letztlich um den Bestand des Römischen Reichs und des christlichen Glaubens, die Willehalm, als Stellvertreter des Königs, gegen die Heiden verteidigt. Angesichts dieser Konstellation scheinen alle Zweifel an der Legitimität und dem überlegenen Recht von Willehalms Handeln unangebracht zu sein.

Die Zuhörer sollten offenbar den Eindruck gewinnen, daß sich in der zweiten Schlacht auf Alischanz die gesammelte Macht des Orients, in Gestalt des heidnischen Großreichs unter Terramer, und die Macht des Okzidents, repräsentiert durch das Römische Reich, zum Entscheidungskampf gegenüberstehen. Man kann wohl davon

ausgehen, daß die literarische Tradition der großen Schlacht zwischen
Orient und Okzident, die bis in die Antike zurückreicht und die im
Mittelalter durch den Glaubensgegensatz verschärft wurde, Wolfram
nicht unbekannt war (*Fritz P. Knapp*, Die große Schlacht zwischen
Orient und Okzident in der abendländischen Epik: ein antikes
Thema in mittelalterlichem Gewand, GRM 55, 1974, S. 129-152
(›Willehalm‹: S. 146-152)).

Durch die Anknüpfung an diese Tradition gewinnt der ›Willehalm‹
eine weltgeschichtliche Dimension. Diesen Aspekt hat der Erzähler
durch den Exkurs am Wendepunkt der zweiten Schlacht (434,1ff.)
unterstrichen, wo er ausführt, die Heiden hätten im Admirat einen
höchsten Repräsentanten, der dem Kaiser bei den Christen entspre-
che, und in beiden Großreichen sei dem weltlichen Herrscher ein
geistliches Oberhaupt beigeordnet: dem Römischen Kaiser der Papst,
dem heidnischen Admirat der Baruc. Von den 72 Sprachen der Welt
würden 60 von Heiden gesprochen werden und nur 12 von Christen.
Daß die Christen trotzdem siegen, verdankten sie Gott.

Trotz dieses gewaltigen ideologischen Rüstzeugs, das vom ›Wille-
halm‹-Erzähler aufgeboten wird, um die Rechtmäßigkeit von Willehalms
Position zu begründen, werden die Zweifel an der Überzeugungskraft
der Kriegsbegründungen im Verlauf der Dichtung nicht kleiner,
sondern größer. Das liegt nicht zuletzt daran, daß auf beiden Seiten
immer neue Rechtfertigungen und Gründe angeführt werden, die alles
andere als überzeugend sind. So wird am Anfang mit fragwürdiger
Logik argumentiert, daß eigentlich nicht die Entführung Gyburgs
das ganze Unglück ausgelöst habe, sondern die Enterbung der Heim-
rich-Söhne (7,16ff. 43,18f.). Es wird zwar nicht ausdrücklich gesagt,
aber es klingt an, daß Willehalm nicht Tybalts Land hätte rauben
müssen, wenn er nicht enterbt worden wäre. Gänzlich abwegig ist
die Behauptung Willehalms, er habe Gyburg nur entführt, um die
Schande zu rächen, die die französische Königin durch ihr Liebesver-
hältnis mit Tybalt ihrem Mann angetan habe (153,18ff.). Auch
Terramers Behauptung, er habe, als Nachfahre des Römers Pompejus,
Erbansprüche auf die Römische Krone (338,25ff.), sollte wohl bei den
Zuhörern eher ungläubiges Staunen hervorrufen. Läßt man sich aber
vom Erzähler dazu stimulieren, Begründungen anzuzweifeln, dann
kann man auch fragen: Stimmt es eigentlich, daß es auf Alischanz um
den Bestand des Römischen Reiches geht? Ist es sicher, daß die toten
Christen, wie der Erzähler versichert, in den Himmel kommen und
die toten Heiden in die Hölle (38,20ff.)? Die Antwort scheint davon
abzuhängen, unter welcher Perspektive der Krieg zwischen Christen
und Heiden gesehen wird.

Der Kreuzzug

Die religiöse Begründung des Kriegs im ›Willehalm‹ konkretisiert sich in der Stilisierung als Kreuzzug. Der ›heilige‹ Krieg wurde im 12. Jahrhundert vom ›gerechten‹ Krieg Augustinischer Prägung dadurch unterschieden, daß den Teilnehmern an einem Kreuzzug ein geistlicher Gewinn in Aussicht gestellt wurde: im Kampf für den Glauben konnten die Ritter Sündenbuße leisten; und denen, die dabei umkamen, wurde die Rettung ihrer Seele zugesichert.

> *Albrecht Noth*, Heiliger Krieg und Heiliger Kampf in Islam und Christentum. Beiträge zur Vorgeschichte und Geschichte der Kreuzzüge, 1966. – *Peter Partner*, Holy Wars of Christianity and Islam, London, Princeton 1997.

Beide Motive begegnen im ›Willehalm‹: »Wir können hier Sünden büßen« (*wir mugen hie sünden büezen* 322,25); »die Getauften erwarben den Lohn des ewigen Lebens« (*die getouften ... erwurben den solt des êwigen lebens* 37,19-21).

Der Kreuzzug war ein militärisches Unternehmen der Kirche; er mußte – wenigstens theoretisch – vom Papst verkündet werden. Davon ist im ›Willehalm‹ keine Rede. Kirchliche Würdenträger treten nur an einer Stelle auf: als die französischen Fürsten sich bereit erklären, gegen die Heiden zu kämpfen, erscheinen »viele Priester« (*vil priester* 304,24), die ihnen und ihren Rittern Kreuze anheften (304,27f.). Daß die Christen bereits in der ersten Schlacht als Kreuzritter in den Kampf gezogen sind, wird mehr angedeutet als ausgesprochen. Vor der ersten Schlacht erinnert Willehalm seine Leute daran, daß sie unter dem Zeichen des Kreuzes kämpfen: »Ihr tragt alle das Zeichen seines Todes« (*ir traget sînes tôdes wâpen gar* 17,16); und während des Kampfes berichtet der Erzähler etwas genauer: »auf ihre Waffengewänder war Christi Tod genietet und genäht« (*geslagen und gesniten üf ir wâpenlîchiu kleit was Kristes tôt* 31,24-26). Die Motive stammen nicht aus der französischen Vorlage. In ›Aliscans‹ wird der Kampf gegen die Heiden zwar auch religiös begründet und Vivien stirbt auch dort als Märtyrer; der Krieg ist jedoch nicht als Kreuzzug dargestellt.

Nach dem ›Rolandslied‹ ist der ›Willehalm‹ das zweite Kreuzzugsepos in deutscher Sprache. Wolfram hat seine Dichtung auch inhaltlich eng mit dem Werk des Pfaffen Konrad verknüpft: Terramer und Tybalt berufen sich auf ihre Verwandtschaft mit den Heidenkönigen Baligan und Marsilje, die im ›Rolandslied‹ gegen Kaiser Karl gekämpft haben; dadurch wird der ›Willehalm‹ zu einer Art Fortsetzung des ›Rolandslieds‹. Um so mehr fallen die Unterschiede in der Kreuzzugsdarstellung auf. Im ›Rolandslied‹ ist ein Vertreter der Kirche, Bischof Turpin, der eigentliche Verkünder des Kreuzzugsgedankens; im ›Willehalm‹ geben die weltlichen Fürsten, vor allem Willehalm, die religiöse Begründung des Kriegs. Im ›Rolandslied‹ wird die Kreuzzugsidee aggressiv-missionarisch vertreten: wer sich dem christlichen Glaubensanspruch widersetzt, wird totgeschlagen; im ›Willehalm‹ gibt es keinen christlichen Missionsgedanken – in Wolframs Dichtung sind es vielmehr die Heiden, die wiederholt versuchen, Christen zum Abfall von ihrem Glauben zu bewegen. Der Krieg gegen die Heiden wird hier zur Verteidigung des Glaubens geführt.

Die Gültigkeit des Kreuzzugsgedankens wird im ›Willehalm‹ nicht in Frage gestellt. Trotzdem entsteht der Eindruck, daß die religiöse Begründung des Krieges den Tod so vieler Menschen nicht zu rechtfertigen vermag. Historisch gesehen ist der ›Willehalm‹ daher eher ein Dokument der Kreuzzugsskepsis als der Kreuzzugsbegeisterung. Nach dem Desaster des Vierten Kreuzzugs im Jahr 1204, der mit der Eroberung und Plünderung von Byzanz – einer christlichen Stadt – endete, erhoben sich überall Stimmen der Kritik (*Elizabeth Siberry*, Criticism of Crusading, 1095-1274, Oxford 1985. – *Rudolf Hiestand*, ›Gott will es!‹ Will Gott es wirklich? Die Kreuzzugsidee in der Kritik ihrer Zeit, 1998).

Der Kreuzzugsgedanke wird im ›Willehalm‹ auch dadurch relativiert, daß Wolfram auch die Heiden einen Glaubenskrieg führen läßt: sie kämpfen für ihre Götter (44,5ff.) und sie kämpfen im Auftrag des *bâruc*, ihres geistlichen Oberhaupts, und seiner Priester (217,22f.); und wie die Christen können sich auch die Heiden im Glaubenskrieg von Sünden befreien (217,24f.). Dem christlichen Märtyrer Vivianz wird in Wolframs Dichtung der heidnische Märtyrer Tesereiz an die Seite gestellt: so wird dem Kreuzzugsgedanken die Einmaligkeit seiner Begründung aus dem christlichen Glauben genommen.

Im ›Willehalm‹ lehnt der Heide Rennewart, dem die Christen den Sieg verdanken (285,13), es ab, Christ zu werden (193,19), und kämpft trotzdem für die Christen gegen seine Glaubensbrüder. Das alleine ist geeignet, die religiöse Rechtfertigung des Krieges ad absurdum zu führen.

Zur traditionellen Kreuzzugsauffassung passen auch nicht die Kommentare des Erzählers, der gleich am Anfang den Kampf auf Alischanz als *mort* bezeichnet: Auf dem Schlachtfeld von Alischanz »wurde so gekämpft: wenn man das richtige Wort dafür benutzt, so muß man es *mort* nennen« (*dâ wart sölhiu rîterschaft getân, sol man ir geben rehtez wort, diu mac vür wâr wol heizen mort* 10,17-20) (*Werner Schröder*, *mort* und *rîterschaft* bei W. Zu Willehalm 10,18-

20, in: Philologische Untersuchungen. FS für Elfriede Stutz, Wien 1984, S. 398-407).

Am Schluß ist das Urteil des Erzählers noch bitterer: »Ist es Sünde, daß man die, die nie vom christlichen Glauben gehört haben, wie das Vieh totschlägt? Große Sünde nenne ich das« (*die nie toufes künde empfiengen, ist daz sünde? daz man die sluoc alsam ein vihe, grôzer sünde ich drumbe gihe* 450,15-18). Mit diesen Worten knüpft der Erzähler an Gyburgs Aufforderung an, mit den besiegten Heiden Mitleid zu haben: »Wenn Gott Euch dort den Sieg schenkt, zeigt Erbarmen im Kampf!« (*ob iu got sigenunft dort gît, lât ez iu erbarmen ime strît!* 309,5-6). Dieser Aufruf zur Barmherzigkeit kann sich zwar im ›Willehalm‹ nicht durchsetzen, aber er ist geeignet, die Rechtfertigungen des Krieges in Frage zu stellen.

2.2 Gewalt

Das Doppelgesicht der Gewalt

Der Krieg ist eine besonders ausgeprägte Form der Gewalt. Im ›Willehalm‹ ist Gewalt das zentrale Thema. Gewaltphänomene bestimmen die Handlung; und Gewalt wird zum Problem.

In der Kriegsdarstellung hat der ›Willehalm‹-Erzähler das Doppelgesicht des mittelalterlichen Gewaltbegriffs herausgearbeitet: einerseits wird der Krieg als geordnetes und kontrolliertes Handeln beschrieben; andererseits wird die destruktive Seite des Krieges gezeigt. Das gilt für Gewalt im Mittelalter überhaupt: Gewalt ist das Grundprinzip jeder Herrschaft und insofern ein notwendiger Faktor des geordneten Zusammenlebens; Gewalt kann aber auch etwas Bedrückendes und Bedrohliches sein, das die Ordnung zerstört und das Zusammenleben gefährdet. Das mittelhochdeutsche Wort *gewalt* kann »Recht« und »Unrecht« heißen.

Hermann Wunderlich, Gewalt, in: DWB IV,1,3, Sp. 4910-5094. – *František Graus*, Gewalt und Recht im Verständnis des Mittelalters, Basler Beiträge zur Geschichtswissenschaft 134, 1974, S. 5-21. – *Karl-Heinz Ilting*, Die systemgebundene Funktion von ›Macht‹ und ›Gewalt‹ im Mittelalter, in: Geschichtliche Grundbegriffe, Bd. 3, 1982, S. 835-865.

Im ›Willehalm‹ wird die destruktive Seite der Gewalt in den Vordergrund gerückt. Das Stichwort dafür heißt *mort*: »Da wurde so gekämpft: wenn man das richtige Wort dafür benutzen will, muß man es tatsächlich *mort* nennen. Was ich früher vom Schlagen und

Stechen erzählt habe, das wurde vorher beendet, nicht erst mit dem Tod. Hier steht nur der Tod auf dem Spiel und der Verlust der Freude. Sicherheit wurde nicht genommen, wenn einer einen besiegt hatte, für den man ein hohes Lösegeld bezahlt hätte« (10,17-29). Der Ausdruck »Sicherheit nehmen« stand in der höfischen Epik für einen Akt der Gewaltbeschränkung, der den Besiegten vor dem Tod bewahren sollte. Dafür ist im ›Willehalm‹ kein Raum. Statt dessen wird von Akten der Grausamkeit und der Brutalität erzählt. Willehalm berichtet im Fürstenrat vom Wüten der Heiden in seinem Land: »Den Christenfrauen wurden die Brüste abgeschnitten, gefoltert wurden ihre Kinder, die Männer wurden von ihnen alle totgeschlagen und als Zielscheiben benutzt: wer darauf schießt, erwirbt sich Ansehen bei den Heiden« (297,14-19). Die Christen verhalten sich nicht viel humaner. In der Arofel-Szene schlägt Willehalm dem König erst ein Bein ab, dann tötet er den wehrlos am Boden Liegenden; anschließend schlägt er dem Toten den Kopf ab.

Im ›Parzival‹ hatte Trevrizent davon gesprochen, daß die destruktive Gewalt als ein Fluch auf der Menschheit liege, seit Kain seinen Bruder Abel erschlug (464,21f., vgl. S. 90). Im ›Willehalm‹ klingt dieser Gedanke wieder an, wenn Willehalm am Ende der ersten Schlacht seine Situation beschreibt, als von den 20.000 Mann, die er hatte, nur noch 14 am Leben sind: »Mich erdrückt die Last des Leids« (*ich bin's mit jâmers laste vast überladen* 51,22-23); niemals habe ein Mensch schwerer zu tragen gehabt, »seit Abel durch den Haß des Bruders starb« (*sît Abel starp durh bruoders nît* 51,30). Im 12. Jahrhundert wurde bei der Exegese des Sündenfalls betont, daß Gewalt ein Kennzeichen der sündigen Menschheit sei, das zum ersten Mal in Erscheinung getreten sei, als Kain, nach dem Mord an seinem Bruder, seine Gewaltherrschaft errichtete (*Wolfgang Stürner*, Peccatum und potestas. Der Sündenfall und die Entstehung der herrscherlichen Gewalt im mittelalterlichen Staatsdenken, 1987).

Die Vorstellung, daß Gewalt Gewalt erzeugt, daß der Mensch sich aus dem tödlichen Kreislauf der Gewalt nicht mehr zu befreien vermag, wird in Wolframs Text greifbar, wo nach den Gründen des Kriegs gefragt wird. Aus dieser Sicht erscheint die Gewalttat, mit der die Handlung beginnt – die Enterbung der Heimrich-Söhne –, wie der Anfang einer tödlichen Kette. Der enterbte Held wird selbst zum Gewalttäter: sein Ehebruch und sein Land-Raub geben Anlaß zum Feldzug der Heiden, der zu Vivianz' Tod und zum Tod von 20.000 Christen führt. Rache für Vivianz wird von nun an zum Handlungsmotiv, schon bei der Tötung Arofels (79,28ff.) und dann in der zweiten Schlacht. Aus der Sicht der Gewalt-Logik ist die zweite Schlacht für

Christen und Heiden eine Rache-Schlacht für die Toten der ersten Schlacht: »Tesereiz und Vivianz wurden beiderseits gerächt« (*Tesereiz und Vivîans gerochen wart ze bêder sît* 334,12-13).

Die Gewaltdarstellung ist im ›Willehalm‹ nicht auf die Kriegshandlung beschränkt. In den beiden großen Hofszenen, in Munleun und in Oransche, wird die Festversammlung gewaltsam gesprengt: in Munleun durch Willehalms Angriff auf seine Schwester; in Oransche durch Rennewart, der im Festsaal mit seiner Stange um sich schlägt. Willehalm und Rennewart sind durchweg als Gewalttäter gezeichnet. Ihre Gewalttaten werden gelegentlich von Mithandelnden getadelt, wie Willehalms Vorgehen gegen seine Schwester, aber nirgends explizit verurteilt. Im Gegenteil, der Erzähler stellt es so dar, daß die Gewalttäter im Recht sind; ›schuld‹ seien die Opfer ihrer Gewalt.

Gleich auf der ersten Station seines Ritts nach Munleun schlägt Willehalm den königlichen Richter tot; nur die Furcht, sich zu versündigen, hält ihn davor ab, noch mehr Menschen totzuschlagen (114,27ff.). Als sein Bruder Arnalt ihm entgegentritt, ist Willehalm »so wütend, daß er ihn gerne erschlagen hätte« (*dem marcrâven was sô zorn, daz er in gerne het erslagen* 118,14-15). In Munleun bietet Willehalm einen furchterregenden Anblick (*er siht ouch wiltlîche* 128,9). Auf den unfreundlichen Empfang reagiert er mit Mordplänen (138,6ff.). Als die Königin ihm die Hilfe verweigert, wird er nur durch das Dazwischentreten ihrer Mutter daran gehindert, sie totzuschlagen (147,20ff.).

Rennewart hat eine ähnliche Reihe von Gewalttaten vorzuweisen. Gleich in der ersten Szene, in der er auftritt, wird vorgeführt, wie er mit den jungen Adligen umgeht, die sich grobe Scherze mit ihm erlauben: einen schleudert er so gegen eine Säule, »daß der Knappe von dem Aufprall wie faules Obst zerplatzte« (*daz der knappe, als ob er waere vûl, von dem wurfe gar zespranc* 190,16-17). Auf dem Weg zur Schlacht wird Rennewart nachts von den Köchen belästigt; und jedesmal büßt der Koch das mit dem Tod (202,1. 286,14f.). Als Rennewart am Petit Punt auf die französischen Truppen trifft, die vom Schlachtfeld abgezogen sind, schlägt er sofort los; da die Ritter keine Rüstung tragen (324,23), werden »zahllose« (*ungezalt* 325,14) totgeschlagen.

Gewalt und emotionales Handeln

Die Gewalttaten von Willehalm und Rennewart werden nicht als Ausfluß gewalttätiger Charaktere dargestellt, sondern als Reaktionen auf Unrecht und Gewalt. Dabei unterliegen die Hauptgestalten der Dichtung Handlungszwängen, die sie selber herbeigeführt haben und aus denen sie sich nicht mehr zu befreien vermögen.

Für Willehalm besteht der Zwang, der sein Handeln prägt, in den Schrecken des Heidenkriegs, den er selbst heraufbeschworen hat. Angesichts der Größe der Verluste und der Übermacht der Bedrohung bleiben ihm nur noch Zorn, der sich als Gewalt niederschlägt, und Trauer, die sich in den großen Klagereden bezeugt. Selbst der Sieg in der zweiten Schlacht bringt für ihn keine Erlösung.

Auch Gyburg hat die Zwänge, die sie in Fesseln halten, selber geschaffen. Ihre Liebe zu Willehalm und ihr Übertritt zum Christentum haben den Krieg ausgelöst und waren die Ursache, daß so viele Menschen umgekommen sind. Für Gyburg ist daraus eine Schuld erwachsen, sie in ihren Augen zum »Fluch von Gottes Schöpfung« werden läßt (*ich schûr sîner hantgetât* 253,9): eine Selbst-Bewertung, der niemand zustimmt. Die Unerlöstheit aus dem Leiden teilt sie mit Willehalm: *wir sîn doch trûrens unerlôst* (92,30); aber als einzige Gestalt der Dichtung formuliert sie in ihrer Rede im Fürstenrat ein positives Gegenprogramm zur destruktiven Gewalt: nicht Gegengewalt, sondern ein Aufruf zu Liebe und Barmherzigkeit: *schônet der gotes hantgetât!* (306,28). Das verleiht dieser Figur den besonderen Rang.

Rennewart ist ein Opfer böser Gewalt. Als Kind wurde er entführt und verkauft; und am französischen Königshof wird er entwürdigt und zu niedrigen Diensten gezwungen, weil er sich weigert, Christ zu werden. Wie Willehalm reagiert er auf Gewalt mit Gegengewalt. Während jedoch Willehalm für sein Gewalthandeln ein höheres Recht beanspruchen zu können glaubt, beruht Rennewarts Gegengewalt auf einem Irrtum. Er glaubt, daß seine Familie ihn verraten habe; das weckt einen Haß, der nach dem Urteil des Erzählers grundlos und ungerecht ist: »Sein Haß war unrecht« (*sîn haz unrehte giht* 285,5). Aus diesem ungerechten Haß heraus »hat er den Christen den Sieg erkämpft« (*sîn hant vaht sige der kristenheit* 285,13). Ob die Liebe zu Alyze ihn aus diesem Zwiespalt befreien kann, läßt der fragmentarische Text offen.

Im ›Willehalm‹ nimmt die Darstellung der unheilvollen Wirkung destruktiver Gewalt breiten Raum ein. Nach der mittelalterlichen Affektenlehre (die im wesentlichen auf Aristoteles zurückgeht) reagiert der Mensch auf das, was ihm widerfährt, emotional. Begegnet ihm ein *bonum*, etwas Gutes, weckt das Freude und anziehende Seelenkräfte (*vires concupiscabiles*); begegnet ihm ein Übel, ein *malum*, reagiert er mit einem das Übel verabscheuenden Zorn (*vires irascibiles*).

Matthias Meier, Die Lehre des Thomas de Aquino De passionibus animae in quellenanalytischer Darstellung, 1912. – *Pierre Michaud-Quantin*, La classification des puissances de l'âme au XIIe siècle, Revue du moyen âge latin 5, 1949, S. 15-35. – *Robert Javelet*, Image et ressamblance au douzième siècle. De Saint Anselme à Alain de Lille, Bd. 1, Paris 1967, S. 169ff.

Der Zorn ist, wie alle Emotionen, prinzipiell wertfrei; er kann gut oder schlecht sein. Einerseits wurde Zorn im Mittelalter zu den sieben Todsünden gezählt; andererseits war in der Bibel von Gottes Zorn die Rede. Gut und gerecht war der Zorn, der das Böse bekämpfte und bestrafte.

Anger's Past. The Social Uses of an Emotion in the Middle Ages, Ed. *Barbara H. Rosenwein*, Ithaca, London 1998. – *Klaus Ridder*, Kampfzorn: Affektivität und Gewalt in mittelalterlicher Epik, in: Eine Epoche im Umbruch, hrsg. von C. Bertelsmeier-Kierst und C. Young, 2003, S. 221-248.

Vor dem Hintergrund solcher Vorstellungen kann man eher verstehen, in welchem Sinn Willehalms ›zornmütige‹ Gewalttaten aus der Sicht des Erzählers gerechtfertigt erscheinen konnten, obwohl sie nicht weniger brutal sind als die sie auslösende Gewalt. Nicht nur in der Schlacht, sondern auch, wenn es gilt, die Widerstände zu überwinden, die sich auf christlicher Seite der gerechten Sache entgegenstellen, reagiert Willehalm mit Zorn.

Der Zusammenhang zwischen Zorn und Trauer kann ebenfalls von hier aus erklärt werden. Solange die Hoffnung besteht, daß das gegenwärtige Übel überwunden werden kann, reagiert der Mensch mit Mut und Zorn; scheint das Übel unüberwindlich, stellen sich Trauer und Verzweiflung ein.

2.3 Fremdheit

Die fremd-vertrauten Heiden

Die Begegnung mit dem Fremden ist ein zentrales Thema der höfischen Epik. Im Artusroman begegnet das Fremde in Gestalt der Aventiure, in die der Ritter eintritt, sobald er den Hof verläßt. Von Reisen in die fremde Wunderwelt des Orients erzählten die Geschichten von Alexander und von Herzog Ernst. Im ›Willehalm‹ kommt der fremde Orient nach Frankreich, mit dem erklärten Ziel, die vertraute Welt – den christlichen Glauben und das Römische Reich – zu vernichten. Die Begegnung mit dem Fremden findet als Krieg statt (*Christoph*

A. *Kleppel,* vremder bluomen underscheit. Erzählen von Fremdem in Ws Willehalm, 1996).

Der Gegensatz zwischen Christen und Heiden ist von Anfang an durch die Deutungen des Erzählers bestimmt. Nach seiner Interpretation haben die Christen Gott auf ihrer Seite, der für sie Wunder wirkt und ihnen seine Engel auf das Schlachtfeld schickt; die Heiden dagegen haben nur Abgötter, die nichts vermögen gegen die Allmacht von ›Altissimus‹. Die Christen kommen in den Himmel; die Heiden fahren in die Hölle. Dieses Deutungsschema bleibt bis zum Schluß gültig; aber gegen Ende der Dichtung hat der Erzähler ganz anders gerichtete Kommentare eingefügt, die Zweifel daran wecken, daß eine solche Deutung noch angemessen ist.

Die Wahrnehmungen, die auf dem Schlachtfeld gemacht werden, scheinen die Deutungen des Erzählers zu bestätigen. In seiner ohnmächtigen Wut werden die Heiden von Willehalm zu Hunde- und Schweine-Söhnen entmenschlicht: »Ihr verdammten Sarazenen, ihr seid wahrlich mehr, als alle Frauen, Hündinnen und Sauen dieser Welt gebären könnten« (*ir gunêrten Sarrazîn, ob bêdiu hunde und swîn iuch trüegen und dâ zuo diu wîp, sus manegen werlîchen lîp, vür wâr möht ich wol sprechen doch, daz iuwer ze vil waere dannoch* (18,15-20). Tatsächlich gibt es im heidnischen Heer einen Verband, der aus Monstern bestehtn: König Gorhants grün gehörnte Schar. Ihre Beschreibung durch den Erzähler bietet eine scheinbare Bestätigung von Willehalm Sicht: »Seine Leute hatten eine Haut aus Horn und keine Menschenstimme: der Ton aus ihrem Mund war gellend – so bellt der Leithund oder brüllt die Kälbermutter« (35,13-17).

Solche Aussagen sind in der Anfangspartie versammelt. Liest man weiter, dann wird klar, daß sie nicht repräsentativ sind für das Heidenbild der Dichtung. Gorhants Schar steht im Heer der Heiden völlig alleine; und Willehalm wiederholt seine Verumglimpfungen nie wieder. Bereits in der Beschreibung der ersten Schlacht setzt sich eine andere Auffassung durch. Das Erscheinungsbild der Heiden ist geprägt von dem herrlichen Glanz ihrer Rüstungen und dem Reichtum ihres Waffenschmucks. Fremd ist nur das Ausmaß an Pracht und Kostbarkeit, das auf märchenhafte Goldberge und Edelsteinflüsse im Orient zurückgeführt wird. Es überwiegt die Übereinstimmung. Die Heiden – jedenfalls die meisten – sind genauso gerüstet wie die Christen; sie beherrschen dieselbe Waffentechnik und sie haben dieselben Vorstellungen von Kostbarkeit. In den Einzelheiten, besonders der Stoffnamen, stellt sich heraus, daß die Christen Teile ihrer Sachkultur den Heiden verdanken: die Vornehmen auf beiden

Seiten tragen Kleider, die aus denselben Seidenstoffen gefertigt sind,
deren Herkunftsorte alle im Orient liegen.

Noch näher werden Christen und Heiden zusammengerückt, wenn
es um die gesellschaftlichen Wertvorstellungen und die Handlungsmoral
geht. Die auszeichnenden Wertbegriffe *hôhiu werdekeit, ritterlîcher prîs,
milte, klârheit, tugent, êre, manlîchiu güete, zuht mit triuwe* werden vom
Erzähler ohne Einschränkung auch den heidnischen Rittern zugeteilt.
Auf beiden Seiten spielt der Minnegedanke eine zentrale Rolle. Liebe
ist der wichtigste Handlungsantrieb sowohl für die heidnischen als
auch für die christlichen Ritter: »Wie wurde da von ihnen gekämpft
um den Lohn und die Gunst der Frauen! (*wie wurde aldâ von den
gestriten nâch wîbe lôn und umb ir gruoz* 402,24f.). Zwei Minneheere
scheinen sich auf Alischanz gegenüberzustehen. Vor allem die Heiden
zeichnen sich als Minneritter aus: »Fast ihr ganzes Heer war von Da-
men geschmückt und ausgesandt worden« (*ir her almeistic vrouwen
mit zimierde santen dar* 423,8-9). Die Könige Nöupatris, Arofel und
Tesereiz sind mit besonderem Glanz gezeichnet. Nöupatris führt das
Bild des Gottes Amor in seiner Lanzenfahne; und der Tod von Tesereiz
wird wie ein Minne-Martyrium beschrieben (vgl. S. 286).

Selbst im Bereich der Religion werden auffällige Übereinstimmungen
herausgearbeitet. Neben dem Minnemotiv gibt es nicht nur für die
Christen, sondern ebenso für die Heiden religiöse Handlungsantriebe.
Auf beiden Seiten wird von einem Doppelziel gesprochen. »Für Gott
und für den Lohn der Frauen« (*durh got und durh der wîbe lôn* 381,21)
kämpfen die Christen auf Alischanz; mit denselben Worten benennt
Terramer die Kampfmotive der Heiden: »Für die Götter und für die
Minne sollen wir noch heute trachten, Ruhm zu gewinnen« (*durch
die gote und durch die minne nâch prîses gewinne suln wir noch hiute
werben* 338,15-17, vgl. 338,2f.). An Terramer wird dargestellt, daß
die religiöse Bindung auf heidnischer Seite genauso eng sein kann
wie auf christlicher.

Zuletzt, am Wendepunkt der zweiten Schlacht, enthüllt der Erzähler,
daß auch die staatliche Ordnung der Heiden genauso aussieht wie
die der Christen: Dem Römischen Reich entspricht das heidnische
Großreich; und dieselbe Stellung wie der Papst hat bei den Heiden
der Baruc von Baldac (434,1ff.).

Im Verlauf der Dichtung werden Christen und Heiden immer
mehr einander angeglichen; die Unterschiede werden immer geringer.
Bestehen bleibt zuletzt nur noch der religiöse Gegensatz, der im Prinzip
unüberwindbar ist. Er wird überbrückt durch Gyburgs Vorstellung,
daß Christen und Heiden in gleicher Weise Geschöpfe Gottes sind,
gotes hantgetât (306,28). Nicht ganz deutlich ist, ob die Heiden von

Gyburg zu den ›Kindern Gottes‹ gezählt werden (vgl. S. 304f.). Der religiöse Gegensatz verliert an Schärfe auch durch Willehalms Anerkennung einer eigenen religiösen Ordnung der Heiden, wenn er die toten Könige ins Heidenland bringen läßt, damit man sie dort »würdig nach ihrer Religion bestatte« (*schône nâch ir ê bestate* (465,19-20). In der älteren Forschung sind Gyburgs Aufruf zur Barmherzigkeit und Willehalms Haltung am Schluß als Akte der Toleranz gewürdigt worden, mit denen Wolfram der Entwicklung des religiösen Denkens weit vorausgeeilt sei. Heute betont man eher, daß Wolfram sich in der Heidenfrage zum Sprecher einer Haltung gemacht habe, die schon zu seiner Zeit Zustimmung fand.

> *Karl Bertau*, Das Recht des Andern. Über den Ursprung der Vorstellung von einer Schonung der Irrgläubigen bei WvE, in: Das heilige Land im Mittelalter, hrsg. von W. Fischer und J. Schneider, 1982, S. 127-143, wieder in: *K. Bertau*: WvE (vgl. S. 33), S. 241-258. – *Peter Strohschneider*, Kreuzzugslegitimität – Schonungsgebot – Selbstreflexivität. Über die Begegnung mit den fremden Heiden im Willehalm WvE, in: Die Begegnung mit dem Islamischen Kulturraum in Geschichte und Gegenwart, hrsg. von S. Krimm und D. Zerlin, 1992, S. 23-42. – *Rüdiger Schnell*, Die Christen und die ›Anderen‹, Mittelalterliche Positionen und germanistische Perspektiven, in: Die Begegnung des Westens mit dem Osten, hrsg. von O. Engels und P. Schreiner, 1993, S. 185-202. – *David A. Wells*, Christliche Apologetik, die mhd. Silvesterlegende, WsvE Willehalm und die Toleranz gegenüber Andersgläubigen im Mittelalter, Mediaevistik 14, 2001, S. 179-224.

> Zum Heidenbild der Zeit vgl. *Rainer C. Schwinges*: Kreuzzugsideologie und Toleranz. Studien zu Wilhelm von Tyrus, 1977.

> Zum Toleranzbegriff im Mittelalter vgl. Toleranz im Mittelalter, hrsg. von *Alexander Patschovsky, Harald Zimmermann*, 1998.

Die fremd-vertrauten Franzosen

Während die Fremdheit zwischen Christen und Heiden im Verlauf der Handlung an Trennkraft verliert, treten andere Phänomene von Fremdheit stärker hervor. Besonders auffällig ist die Ausgrenzung der Franzosen. Die französische Vorlage hat dazu keine Anregung gegeben.

> *Christian Kiening*, Umgang mit dem Fremden. Die Erfahrung des ›Französischen‹ in Ws Willehalm, W-St. 11, 1989, S. 65-85. – *Elisabeth Schmid*, ... der rehten franzoiser het er gern gehabet mêr. Zu einigen Scheidelinien auf der mentalen Landkarte von Ws Willehalm, in: Interregionalität der dt. Literatur im europäischen Mittelalter, hrsg. von H. Kugler, 1995, S. 127-142.

Die Begriffe »Franzose« (*Franzoys, Franzoyser, Franzoysaere*) und »französisch« (*franzoys*) werden im ›Willehalm‹ so uneindeutig benutzt, daß man annehmen muß, daß der Erzähler es nicht auf eine Klärung angelegt hat. Was der Sinn dieses Verwirrspiels sein könnte, ist nicht klar. Im Prolog wird Willehalm als »edler Franzose« (*werder Franzoiser* 4,1) eingeführt, dessen Geschlecht, nach der kaiserlichen Familie, das höchste Ansehen in *Francrîche* (3,25) genieße. Außerdem sei Willehalm ein »Fürst« gewesen (4,10f.), womit nur gemeint sein kann: ein französischer Fürst. Vom dritten Buch an, als Willehalm in Munleun eintrifft, bilden die französischen Fürsten eine Gegengruppe zu Willehalm, der dann meistens als Markgraf der Provence (*von Provenze der markîs* 117,23) bezeichnet wird, ohne daß er aufhörte, Franzose zu sein. König Loys ist offenbar als französischer König gedacht, wird aber nie so bezeichnet, sondern heißt immer der »römische König« (*der roemisch künec* 95,23 u.ö.) oder »der König von Rom« (*von Rôme der künec* 284,9), der die *roemische krône* (145,17) trägt. Er herrscht zwar über Frankreich, aber sein Herrschaftsgebiet wird *daz rîche* (169,20) oder *roemisch rîche* (145,17) genannt. »Römischer König« (*rex Romanus* oder *rex Romanorum*) war zu Wolframs Zeit der Titel des deutschen Königs; und *roemisch rîche* ist zweifellos das *Imperium Romanum*, über das zu Wolframs Zeit der Kaiser gebot. Einen begrifflichen Gegensatz zwischen »Deutschen« und »Franzosen« gibt es im ›Willehalm‹ nicht. Nur einmal werden die beiden zusammen genannt, nicht zur Bezeichnung eines Gegensatzes, sondern, aus der Perspektive der Heiden, als gemeinsame Gruppe; und dabei werden die Deutschen ausgerechnet mit einem französischen Wort, »les Allemands«, bezeichnet: *Franzoise und Alemâne* (350,7). Das Wort »deutsch« kommt im ›Willehalm‹ nur an wenigen Stellen vor; einmal beruft sich König Loys darauf, daß seine »beste Kraft« (*mîne besten kraft* 210,28) »in deutschen Landen« (*ze tiuschen landen* 210,29) liege; damit sind offenbar in erster Linie Flamen, Brabanter und Lothringer gemeint, die an anderer Stelle dem *tiuschem lande* (126,13) zugeordnet werden.

Die französischen Fürsten, die in Munleun eine Gruppe gegen Willehalm bilden, treten später als Anführer des Reichsheeres hervor, das vom König Loys aufgeboten worden ist. Sie spielen dann eine unrühmliche Rolle, wenn sie vom Schlachtfeld abziehen und erst von Rennewart dazu gezwungen werden, gegen die Heiden zu kämpfen. Willehalm verspottet die Abziehenden als »Haarglätter« (*hârslihtaere* 322,21). Dieses Wort zielt darauf, daß die französischen Fürsten den Abzug ihrer Truppen damit begründen, daß sie sich lieber zu Hause den Bequemlichkeiten des höfischen Lebens hingeben wollen, als sich den Gefahren des Heidenkriegs auszusetzen (321,16ff. 323,15ff. 316,1ff.). Der verweichlichte Höfling als Kontrastfigur zum Kreuzritter war ein Topos der lateinischen Hofkritik und der Kreuzzugsliteratur. Bei Wolfram gewinnt dieser Topos seine besondere Färbung dadurch, daß als Attribute der Verweichlichung zahlreiche Einzelheiten genannt werden, die sonst in der höfischen Literatur als spezifische Errungenschaften der höfisch-ritterlichen Adelskultur begegnen und die von dem adligen Publikum in Thüringen, für das der ›Willehalm‹ wahrscheinlich gedichtet worden ist (vgl. S. 13f.), sicherlich auch so verstanden wurden. An den deutschen Höfen war man sich wahrscheinlich darüber im klaren, daß diese Errungenschaften zum großen Teil der kulturellen französischen Hofkultur zu danken waren. Daß man für viele Einzelheiten des höfischen Lebensstils französische Wörter benutzte, erinnerte an diese Herkunft. Der ›Willehalm‹-Erzähler wollte gewiß nicht die Franzosen verunglimpfen oder die französische Adelskultur abwerten; worauf seine zwiespältige Darstellung zielte, ist nicht leicht zu erkennen.

Auch Wolframs Dichtung war Teil der französischen Adelskultur. Im Prolog wird davon gesprochen, daß die Geschichte von Willehalm sich in Frankreich höchster Wertschätzung erfreute: »Die edelsten Franzosen haben ihr das zugestanden, daß nie ein schätzenswerteres Werk, würdig und wahr, geschaffen wurde« (*Franzoiser die besten hânt ir des die volge lân, daz süezer rede nie wart getân mit wirde noch mit wârheit* 5,8-11). Der Dichter versichert, daß er dem französischen Text, den er ins Deutsche übertragen habe, nichts genommen und nichts hinzugefügt habe (5,12f.). Seinen Helden hat Wolfram auf französisch vorgestellt: *er ist en franzois genant kuns Gwillâms de Orangis* 3,10-11); und durch die ganze Dichtung hindurch wird auf französisch-deutsche Wortgleichungen aufmerksam gemacht: ›*herbergen*‹ *ist* ›*loischiern*‹ *genant* (237,3); *daz was en tiuschen* ›*guot gemach*‹, *en franzois heten's* ›*eise*‹ (449,8-9); *dâ ergienc ein* ›*temperîe*‹, *als wir* ›*gemischet*‹ *nennen* (420,2-3); *den* ›*mâvasin*‹, *ir bruoder, den* ›*argen nâchgebûr*‹ (163,16-17). Die Glossierung von *loischiern* hat Wolfram zu einem poetologischen Exkurs genutzt, der – wie alle Aussagen dieser Art – bildhaft und mehrdeutig ist: »Mein Deutsch ist manchmal so krumm, daß einer bald nichts mehr versteht, wenn ich es ihm nicht gleich erkläre« (*mîn tiusche ist etswâ doch sô krump, er mac mir lîhte sîn ze tump, den ich's niht gâhes bescheide* 237,11-13). Der Witz dieser Selbstkommentierung liegt offenbar darin, daß es nicht zuletzt die vielen Erklärungen (vom Typ ›*herbergen*‹ *ist* ›*loischiern*‹ *genant*) sind, die seinen Stil »krumm« erscheinen lassen. »Krumm« wird hier zum poetologischen Programm als Gegenbegriff zum rhetorischen Ideal der

Ebenmäßigkeit und Geradheit. »Krumm« ist Wolframs Deutsch auch durch die vielen französischen Wörter, die er – mehr als jeder andere Dichter seiner Zeit – in seinen poetischen Wortschatz aufgenommen hat. Ulrich Wyss hat herausgearbeitet, daß die französischen ›Fremd‹-Wörter im Zusammenhang der Wolframschen Erzählung spezifisch poetische Wörter sind, das heißt auch: in spezifischer Weise seine eigenen Wörter.

> *Ulrich Wyss*, Herbergen ist loischiern genant. Zur Ästhetik der fremden Wörter im Willehalm, in: Blütezeit. FS für L. Peter Johnson, 2000, S. 363-382.. – *Kathryn Starkey*, Traversing the Boundaries of Language: Multilingualism and Linguistic Difference in WvE's Willehalm, GQ 75, 2002, S. 20-34.

Das fremde Ich

Während die ›fremden‹ Heiden und die ›fremden‹ Franzosen sich im Verlauf der Handlung in unterschiedlicher Weise als Nahestehende und Vertraute erweisen, entfremden sich die Hauptgestalten der Dichtung – Willehalm, Gyburg, Rennewart – immer mehr ihrer vertrauten Umgebung.

Fremdheit erscheint als Isolierung innerhalb der Gruppe. Die Isolierung wird nicht nur erlitten, sondern auffallenderweise auch betrieben und gesucht. Das kann man am besten an Willehalm sehen. Am Anfang wird von ihm die Vereinzelung, als Folge von Gewalt, ganz passiv erfahren. Er zieht mit 20.000 Rittern in die Schlacht. Zuletzt sind nur noch 14 Getreue bei ihm; und dann werden auch diese 14 noch erschlagen, und Willehalm bleibt ganz alleine übrig. Alleine kämpft er sich nach Oransche durch; ganz alleine muß er nach Munleun reiten, um vom König Hilfe zu erbitten. In Munleun erlebt er dann, daß niemand ihn am Hof begrüßt, daß alle vor ihm zurückweichen und daß seine eigene Schwester die Tore vor ihm versperren läßt. Am nächsten Tag sitzt er vollständig isoliert im Festsaal.

Inzwischen ist die Vereinzelung jedoch schon längst nicht mehr nur eine passiv hingenommene, sondern sie wird von Willehalm verstärkt. Bereits auf dem Schlachtfeld, als alle Mitstreiter gefallen sind, setzt der Prozeß der aktiven Entfremdung ein. Indem er Arofels Rüstung anzieht, macht er sich selbst zum Fremden, und das mit Erfolg: nicht nur die Heiden erkennen ihn nicht mehr, auch seine Ehefrau weigert sich, in ihm ihren Mann zu sehen. In Munleun ist es zunächst wieder die heidnische Rüstung, die ihn als Fremden erscheinen läßt. Als er jedoch den Helm abnimmt und sein Gesicht zeigt, so daß man ihn erkennen kann, ist sein Anblick so schrecklich, daß das Wissen um seine Identität die Kluft nicht mehr überbrückt. Die Wolfsblicke, die Willehalm in den Schafstall des Hofes wirft (vgl. S. 290), sind so furchterregend, daß der identifizierte Willehalm noch fremder erscheint als der unbekannte. Am nächsten Tag isoliert er sich noch stärker, indem er mit Gewalt die höfischen Anstandsregeln bricht und alle mit seinem Schwert bedroht. Die vorgegebene Handlungsführung macht es erforderlich, daß eine notdürftige Verständigung gefunden wird, die es Willehalm ermöglicht, mit einem neuen Heer in die zweite Schlacht zu ziehen. Kaum ist jedoch der Sieg errungen, betreibt Willehalm seine Selbstisolierung weiter. Er nimmt keinen Anteil an den Siegesfeiern, sondern stimmt seine Klage um Rennewart an, die keine positiven Ausblicke zuläßt.

Für Gyburg ist es die Trauer um die Toten der ersten Schlacht, was sie in die Vereinzelung drängt. Als einzige hat sie doppelt darunter zu leiden, weil der Tod der Christen sie genauso schmerzt wie der Tod ihrer heidnischen Verwandten. Die bedrückendste Form der Isolierung wird jedoch von ihr selbst gesteuert. Wenn Gyburg in ihrer Rede im Fürstenrat »ich alleine« sagt, (310,17), dann meint sie das Schuldbewußtsein, das sie mit niemandem teilt. »Ich alleine trage die Schuld, um der Gnade des höchsten Gottes willen, zum Teil auch wegen des Markgrafen« (*ich trag al eine die schulde durh des hoehisten gotes hulde, ein teil ouch durh den markîs* 310,17-19). In ihrem Schuldbewußtsein glaubt sie sich von allen gehaßt: »Darum hassen mich meine Verwandten; und die Getauften aus folgendem Grund: sie glauben, daß ich diesen Krieg aus Gier nach irdischer Liebe herbeigeführt habe« (*des trag ich mîner mâge haz und der getouften umbe daz: durh menneschlîcher minne gît, si waenent, ich vuogete disen strît* (310,5-7). Auch für Gyburg deutet sich keine Erlösung aus der Vereinzelung an.

Am schlimmsten ist Rennewart durch Gewalt von außen zum Fremden gemacht worden. Als Kind verschleppt und verkauft, ist er der am stärksten isolierte von allen. Seine Behandlung durch den König und seine Verbannung in die Küche haben ihn noch tiefer in die Isolierung getrieben, aus der ihn Willehalm nur teilweise befreien kann. Ebenso wie Willehalm und Gyburg vergrößert Rennewart seine Fremdheit noch weiter: nicht nur durch die Verheimlichung seiner Identität, die er bis zum Schluß aufrecht erhält (nur die Zuhörer und Alyze wissen, daß er der Sohn Terramers ist, vgl. 288,30), sondern ebenso durch seine Weigerung, Christ zu werden, und durch den Haß gegen seine Familie, der ihn auch nach der anderen Seite isoliert. Ob die Liebe zu Alyze einen Ausweg schaffen wird, ist bis zu der Stelle, an der die Dichtung abbricht, nicht zu erkennen.

Die gewollte Fremdheit berührt in allen Fällen das Problem der Identität; vielleicht liegt darin der wichtigste Bezugspunkt. Auffällig sind die Akte der Selbstverleugnung, vor allem im Hinblick auf den eigenen sozialen Status. Willehalms Verleugnung seines fürstlichen Rangs (»ich bin kein adliger Herr«, *ich bin ein herre niht* 132,27) steht in Zusammenhang mit der selbst auferlegten Askese um Gyburgs willen. Gyburg verleugnet ihre Identität als Terramers Tochter, indem sie ihren Namen aufgibt und zu »einer Frau mit zwei Namen« (*ein wîp zwir genant* 30,21-22) wird, ohne sich von der Mitverantwortung für den Schmerz, den sie den Menschen aus ihrer früheren Identität zufügt, lösen zu können. Rennewart verbirgt seine Identität in der Küche.

Auffällig ist auch, daß die drei ›Fremden‹ in Wolframs Dichtung eine Zwischenstellung zwischen Christen und Heiden einnehmen. Willehalm hat eine heidnische Königin geheiratet; Gyburg ist zum Christentum übergetreten; Rennewart weigert sich, Christ zu werden, kämpft aber mit den Christen gegen die Heiden.

Daß Fremdheit und Selbstisolierung auch positive Aspekte haben können, zeigt sich im Umgang der drei Fremden miteinander. Willehalm und Rennewart begründen ihre Nähe und Vertrautheit im Medium der fremden Sprache: sie sprechen heidnisch miteinander (192,6ff.). Diese Sprache, die sonst niemand in Munleun versteht, ist einerseits ein Mittel, sich der Hofgesellschaft fremd zu machen, schafft auf der anderen Seite aber auch eine persönliche Verbindung zwischen den beiden. Willehalm und Gyburg finden Nähe und Trost im wortlosen Vollzug der ehelichen Liebe (99,29ff. 279,6ff.). Gyburg und Rennewart können in der Kemenaten-Szene (290,1ff.) ihre Fremdheit verbal nicht überwinden; um so eindeutiger ist die Sprache des Herzens (*der vrouwen tet ir herze kunt* 291,2) und die Sprache der Gesten, wenn Gyburg den Bruder unter ihren Mantel nimmt (291,5). So bezeugen die drei Fremden untereinander die emotionalen Bindungen, die sich in Wolframs Dichtung als die stärksten bewahrenden Kräfte, außer dem Gottesvertrauen, erweisen: die eheliche Liebe, die Freundschaft und die verwandtschaftliche Liebe.

2.4 Verwandtschaft

Arten und Formen der Verwandtschaft

Weltliche und religiöse Verwandtschaft. Unter den Bindungen, die das zwischenmenschliche Zusammenleben regeln, ist im ›Willehalm‹

die Verwandtschaft die wichtigste. Die Forschung hat diesem Thema in den letzten Jahren besondere Aufmerksamkeit gewidmet.

Sylvia Stevens, Family in WvE's Willehalm: mîner mâge triwe ist mir wol kunt, New York u.a. 1997. – *Gillian M. Humphreys*, WvE's Willehalm: Kinship and Terramer. A Comparison with the M Version of Aliscans, 1999. – *Ursula Peters*, Dynastengeschichte und Verwandtschaftsbilder. Die Adelsfamilie in der volkssprachigen Literatur des Mittelalters, 1999, S. 309ff. – *Martin Przybilski*, *sippe* und *geslehte*. Verwandtschaft als Deutungsmuster im Willehalm WsvE, 2000.

Wolfram hat im ›Willehalm‹ eine ungewöhnliche Vielfalt von Verwandtschafts-Verhältnissen zur Darstellung gebracht. Bei ihm können die Menschen auf dreifache Weise miteinander verwandt sein.

1. Im Zentrum steht die Blutsverwandtschaft. Die Verwandtschaft innerhalb der Familie kann agnatisch, als Geschlechterfolge (Großeltern – Eltern – Kinder), oder kognatisch, als Verwandtschaft innerhalb einer Generation (Geschwister, Cousins / Cousinen) oder als Kombination beider Formen (Onkel / Tante – Neffe / Nichte) beschrieben werden. Im ›Willehalm‹ wird die Handlung durch die kriegerische Auseinandersetzung von zwei Großfamilien, der Terramer-Familie und der Heimrich-Familie, bestimmt. Eine Sonderform der Herkunfts-Verwandtschaft ist die Abstammung aller Menschen von Adam und Eva, eine Verwandtschaftsgruppe, die im Mittelalter hauptsächlich als Sünden-Gemeinschaft begriffen wurde.

2. Im Mittelalter umfaßte der Verwandtschaftsbegriff auch die Bindungen, die durch Heiraten zustande kamen (Schwäger-Verwandtschaft). Dadurch wird die Gruppe der Verwandten sehr stark erweitert. Im ›Willehalm‹ sind die verfeindeten Großfamilien durch die Ehe von Willehalm und Gyburg miteinander verschwägert. Das wird vom Erzähler gleich am Anfang betont, wenn er Terramer dafür tadelt, daß er seinem einen Schwiegersohn, Tybalt, gegen seinen anderen Schwiegersohn, Willehalm, beisteht: »Sie waren auf dieselbe Weise mit ihm verwandt: der hochgelobte Willehalm und Tybalt, Arabels Mann« (*si wâren im sippe al gelîche, Willelm, der lobes rîche, und Tîbalt, Arabeln man* 12,9-11). Mit der Schwäger-Verwandtschaft tritt auch die Stief-Verwandtschaft in den Blick: Gyburgs Sohn Ehmereiz ist Willehalms *stiefsun* (75,3. 206,29). Eine besondere emotionale Qualität gewinnt die Verschwägerung in dem Verhältnis Gyburgs zu den Verwandten ihres Mannes. Willehalms Neffen Vivianz hat sie »behütet, so wie ein Vogel sein Junges ausbrütet und ätzt« (*als ein vogel sîn vogelîn aezet unde brüetet, alsô het si dich behüetet* 62,26-28). Auch Willehalms Nichte Alyze ist von Gyburg »wie ihr eigenes Kind« (*als ir kindelîn* 157,28) behandelt worden. Ihr Schwiegervater Heimrich ist für Gyburg »ihr

liebster Vater« (259,29. 278,15); und für Arnalt, Willehalms Bruder,
ist sie eine »Schwester« (120,2), wie auch sie ihre Schwäger, Willehalms
Brüder, als ihre »Brüder« (262,25) bezeichnet.

3. Als Verwandtschaft ist im Mittelalter auch die Taufpatenschaft
betrachtet worden.

> *Joseph H. Lynch*, Godparents and Kinship in Early Medieval Europe,
> Princeton 1986. – *Bernhard Jussen*, Patenschaft und Adoption im frühen
> Mittelalter. Künstliche Verwandtschaft als soziale Praxis, 1991. – La parenté
> spirituelle, éd. *Françoise Héritier, Augé-E. Copet-Rougier*, 1996.

Heimrich enterbt alle seine Söhne zu Gunsten eines Patensohns, eines
toten (7,24), der ohne Namen bleibt. Das Motiv ist sehr ungewöhnlich,
da Taufpatenschaft keine Auswirkung auf das Erbrecht hatte. Der
Erzähler bezeichnet die Übertragung von Erbgut an den Patensohn
als eine Art fromme Stiftung (*almuosen* 7,20; das Wort kann an die-
ser Stelle auch den geistlichen Gewinn aus einer frommen Stiftung
meinen). Solche Stiftungen bedurften im Mittelalter normalerweise
der Zustimmung der Familie.

Diese drei Formen von Verwandtschaft – Verwandtschaft durch
Herkunft, durch Verschwägerung und durch Patenschaft – sind auch
in der zeitgenössischen Kanonistik registriert und unterschieden wor-
den; auf dem Weg über Gratians ›Decretum‹ sind sie in die späteren
kirchenrechtlichen Handbücher eingegangen.

Die theologischen Definitionen von Verwandtschaft begegnen im
12. Jahrhundert hauptsächlich im Rahmen des Eherechts. Verwandt-
schaft war der wichtigste Hinderungsgrund für eine Ehe; dabei stellte
sich die Frage, was unter Verwandtschaft zu verstehen ist.

> *Josef Freisen*, Geschichte des Canonischen Eherechts bis zum Verfall der
> Glossenlitteratur, 1888, S. 371ff. – *Rudolf Weigand*, Die Ausdehnung der
> Ehehindernisse der Verwandtschaft, Zs. f. Rechtsgeschichte, Kanonist.
> Abt. 80, 1994, S. 1-17.

Eine weitere Form der Verwandtschaft, die man als Liebes- und
Leidens-Verwandtschaft oder allgemeiner als eine Verwandtschaft
durch Nachahmung bezeichnen könnte, ist im ›Willehalm‹ nicht
institutionell bezeugt, sondern begegnet nur in Frageform. Ange-
sichts der schweren Verluste, die er erlitten hat, stellt Willehalm die
Frage: »Hab ich das von Karl ererbt, daß ich so viel verloren habe?
Der war mein Herr, nicht mein Verwandter« (*ist mich von Kareln ûf
erborn, daz ich sus vil hân verlorn? der was mîn herre und niht mîn mâc*
455,11-13). Vielleicht gehört dazu auch Terramers Bemerkung über
Halzebier und Synagun (die allerdings auch blutsverwandt mit ihm
sind): »beide sind der Liebe nach meine Söhne« (*ieweder ist liebehalp*

mîn sun 347,30; das Adjektiv *liebehalp* ist sonst nicht bezeugt). Eine Verwandtschaft »durch Nachahmung« (*imitatione*) kannte die gelehrte Literatur des Mittelalters durch Isidor von Sevilla (›Etymologiae‹ IX,5,15; vgl. *Martin Przybilski, sippe* und *gesleht* [vgl. S. 344], S. 101). In der Liebes- und Leidensfrömmigkeit des 12. Jahrhunderts gewann der Imitatio-Gedanke zentrale Bedeutung.

Dazu kommt schließlich noch die geschöpfliche Verwandtschaft aller Menschen als *gotes hantgetât* (306,28). Ob diese Verwandtschaft speziell als Kindschaftsverhältnis verstanden werden darf (die Heiden ebenso wie die Christen als Kinder Gottes), gehört zu den strittigen Fragen der ›Willehalm‹-Interpretation (vgl. S. 304f.). Direkt angesprochen wird im Prolog das Vater-Kind-Verhältnis im Hinblick auf das ›Vater unser‹-Gebet (1,16ff.). Diese Kindschaft gilt nur für den Christen; denn sie begründet sich, wie der Text sagt, über die Menschwerdung Christi und den Taufakt. Diese Verwandtschaft wird im Prolog auch als Namensbruderschaft gedeutet: »So gibt die Taufe mir die eine Zuversicht, die mir den Zweifel nahm (Glaubens-Einsicht habe ich): daß ich Dein Namensbruder bin« (*sô gît der touf mir einen trôst, der mich zwîvels hât erlôst (ich hân gelouphaften sin): daz ich dîn genanne bin* (1,23-26).

Verwandtschaftskonstellationen. Im ›Willehalm‹ treten bestimmte Verwandtschaftskonstellationen besonders ausgeprägt hervor: das Vater-Sohn-Verhältnis und die Geschwister-Verhältnisse. Dabei zeigen sich dieselben Wertungen wie schon im ›Parzival‹ (vgl. S. 174). Die Beziehungen zwischen Vätern und Söhnen sind überall stark belastet. Die Dichtung beginnt mit dem Willkür-Akt des alten Heimrich, der alle seine Söhne enterbt. Als Willehalm in Munleun seinem Vater wiederbegegnet, ist seine Haltung von »Zweifel« geprägt (149,17f.). Willehalm beschwört seinen Vater im Namen der Dreieinigkeit: »Nun hilf mir bei der immer-starken Kraft der dritten göttlichen Person! Ich meine, daß der Vater den Sohn gebeten hat, ihn zu vertreten: das hat der Heilige Geist bewirkt« (*nû hilf mir durh die staeten kraft der dritten geselleschaft! ich meine, daz der vater bat den sun an sîn selbes stat: des was der geist ir bêder wer* (149,19-23). Blutsverwandtschaft wird hier als Identität interpretiert, als eine Identität, die ähnlich geheimnisvoll ist wie die Dreieinigkeit Gottes. Obwohl Heimrich sofort seine Hilfe zusagt, bleibt zwischen Vater und Sohn eine gewisse Fremdheit bestehen. Zu einem vertrauten Gespräch zwischen Vater und Sohn, wie Gyburg es im 6. Buch mit ihrem Schwiegervater führt, kommt es nie.

Noch stärker belastet ist das Vater-Sohn-Verhältnis zwischen Rennewart und Terramer, die sich in der zweiten Schlacht als Feinde gegenüberstehen. Rennewart sucht den Kampf mit dem Vater und ruft ihn an: »Her zu mir, alter grauer Mann! Du hast uns allzu sehr geschädigt. Ich kämpfe mit Dir, da Du danach verlangst« (*her an mich, alt grîser man! dû hâst uns schaden ze vil getân. ich gib dir strît, sît dû des gers* 413,15-17). In ›Aliscans‹ kommt es zum Kampf zwischen Vater und Sohn (6831ff.). Wolfram hat seinem Helden diesen Kampf erspart, hat jedoch das Vater-Sohn-Verhältnis noch verschärft durch Rennewarts Haß gegen seine Familie.

Auffällig gestört ist das Vater-Sohn-Verhältnis im Hinblick auf die Herrschaftsfolge. Heimrich hat seine Söhne enterbt. Willehalm hat keinen Sohn. König Loys auch nicht. Kaiser Karls Sohn verleugnet sein Vatererbe.

Problematisch sind auch die meisten Geschwister-Verhältnisse. Willehalms Brüder beweisen ihre verwandtschaftliche Solidarität, ohne zu zögern; trotzdem kommt es mit dem ersten Bruder, dem Willehalm begegnet, mit Arnalt, zum Kampf und fast zum Brudermord. An dem Verhalten der französischen Königin, Willehalms Schwester, wird der Widersinn der geschwisterlichen Feindschaft vorgeführt. Ohne Versöhnung bleibt Rennewarts Feindschaft gegen seine Brüder. Wolfram hat auch hier das Motiv des Brudermords gegenüber seiner Vorlage abgeschwächt: nur sein Halbbruder Kanliun wird von Rennewart getötet (442,21). Andererseits gewinnt das Geschwister-Verhältnis Rennewart-Gyburg in Wolframs Dichtung neue positive Akzente.

Von den übrigen Verwandtschaftskonstellationen erfährt nur das Verhältnis Onkel – Neffe (Willehalm – Vivianz) und Onkel – Nichte (Willehalm – Alyze), und zwar in der Spielart Mutterbruder – Schwestersohn und Mutterbruder – Schwestertochter, eine starke emotionale Aufwertung. Ebenso positiv ist das Verhältnis Mutter – Sohn (Irmenschart – Willehalm) und Mutter – Tochter (Königin – Alyze) gezeichnet, gewinnt jedoch viel weniger Spielraum als im ›Parzival‹. Die weibliche Verwandtschaft wird im ›Willehalm‹ überhaupt nur in geringem Umfang thematisiert. Das Verhältnis Vater – Tochter erweist sich in der Konstellation Terramer – Gyburg als höchst zwiespältig; in anderen Fällen (Heimrich – Königin, Loys – Alyze bleibt die Darstellung rudimentär.

Die handlungsbestimmende Bedeutung der Verwandtschaft

Die beiden Großfamilien. In ›Aliscans‹ werden die Heiden als Ausgeburten der Hölle dargestellt, während die Christen als »die Unseren« (*les noz* 57) heroisch überhöht werden. Durch die Einführung der Schwäger-Verwandtschaft im deutschen Text ändert sich das Bild vollständig. Bei Wolfram stehen sich auf Alischanz zwei miteinander verschwägerte Großfamilien gegenüber, die einen Familienzwist – den Übertritt Arabel-Gyburgs aus der einen Familie in die andere – auskämpfen.

In ›Aliscans‹ konzentriert sich die Verwandtschaftsdarstellung auf die Aimeri-Sippe. Der ganze Epenzyklus um Guillaume d'Orange wird durch diesen Familienverband strukturiert, der genealogisch bis zu dem Ahnherrn Garin de Monglane zurückreicht und sich in der Generation von Guillaume und seinen Brüdern sowie in der darauf folgenden Generation der zahlreichen Neffen Guillaumes zu einer breit angelegten Familienhandlung auffächert.

> *Ronald G. Koss*, Family, Kinship and Lineage in the Cycle de Guillaume, Lewiston, NY (u.a.) 1990. – *Dorothea Kullmann*, Verwandtschaft in epischer Dichtung. Untersuchungen zu den französischen ›chansons de geste‹ und Romanen des 12. Jhs., 1992. – *Ursula Peters*, Dynastengeschichte und Verwandtschaftsbilder (vgl. S. 344), S. 279ff.

Wolfram hat die Darstellung der Heimrich-Familie in wesentlichen Zügen übernommen. Allerdings hat er der Familienhandlung durch die vorangestellte Enterbung der Heimrich-Söhne von vornherein einen Akzent gegeben, der in ›Aliscans‹ fehlt.

Viel gravierender sind Wolframs Eingriffe in die Darstellung der heidnischen Verwandtschaft. Auch in ›Aliscans‹ hat Rainoart zahlreiche Brüder, denen er auf dem Schlachtfeld im Kampf begegnet; und schon dort ist Desramé Thiebauts Schwiegervater und ist mit anderen Heidenkönigen verwandt. Aber erst bei Wolfram ist daraus eine über mehrere Generationen klar durchstrukturierte und über Brüder und Neffen breit aufgefächerte Großfamilie geworden, zu der nach der Zählung von Martin Przybilski (*sippe* und *geslehte* [vgl. S. 344], S. 137) »49 namentlich benannte und mindestens 21 namenlose Figuren« gehören, während Heimrichs Familie bei Wolfram aus »21 namentlich bezeichneten Männern« besteht. Offenbar hat sich Wolfram bei der Ausgestaltung des heidnischen Sippenverbandes von seiner Verwandt-schaftsdarstellung im ›Parzival‹ leiten lassen, wo er in ähnlicher Weise Anregungen seiner französischen Vorlage zum Ausbau der Mazadan-Artus-Großfamilie genutzt hat (vgl. S. 172). In beiden Epen wird die Familienhandlung durch zwei Verwandtengruppen bestimmt; und in beiden Epen sind die beiden Großfamilien durch Heirat verbunden. Während es aber im ›Parzival‹ zu einem genealogischen Zusammen-schluß der Artusfamilie und der Gralfamilie kommt, bleibt die Ehe Willehalms und Gyburgs kinderlos; ob bei einem zweiten Versuch, der anvisierten Ehe Rennewarts und Alyzes, Nachkommenschaft erzeugt

wird, bleibt offen. Die Handlungsfunktion der Familienverbände ist
in beiden Dichtungen ganz verschieden. Die Unterscheidung von
väterlicher und mütterlicher Verwandtschaft, die im ›Parzival‹ so
bedeutungsvoll ist (vgl. S. 170ff.), spielt im ›Willehalm‹ keine Rolle.
Während im ›Parzival‹ die Erkenntnis von verwandtschaftlichen
Zusammenhängen für die gesamte Dichtung strukturbildend ist,
begegnet die nachträgliche Aufklärung von Familienzugehörigkeit im
›Willehalm‹ nur an einer Stelle: durch die Enthüllung, daß Rennewart
der Sohn Terramers ist.

Verwandtschaft im Kontext von Krieg, Gewalt und Fremdheit.
Fragt man, welche Rolle Verwandtschaft im ›Willehalm‹ spielt, so
sieht man sich vor einem widersprüchlichen Textbefund. Einerseits
ist Verwandtschaft die stärkste identitätsbildende Kraft, wenn der
Bruder im Bruder sich selbst begegnet (Willehalm – Arnalt) oder
wenn der Sohn den Vater beim Bild der heiligen Trinität beschwört
(Willehalm – Heimrich). Andererseits kommt es innerhalb der Fa-
milien zu tödlichen Konflikten.

Verwandtschaft ist im ›Willehalm‹ aufs engste mit dem Themen-
komplex Krieg, Gewalt und Fremdheit verbunden. Auf dem Schlacht-
feld stehen sich nicht nur die beiden verschwägerten Großfamilien
gegenüber, sondern immer wieder lenkt der Erzähler den Blick auf die
Familientragödie, die sich innerhalb der Terramer-Sippe abspielt: ein
Aspekt, den es so in der französischen Vorlage nicht gab. Im Mittelpunkt
stehen das Verhältnis Terramers zu seiner Tochter Gyburg (in der ersten
Schlacht) und Rennewarts Verhältnis zu seinen Verwandten (in der
zweiten Schlacht). Im ersten Gespräch mit Gyburg spricht Terramer
nur davon, auf welche Weise sie umgebracht werden kann: sie soll es
sich aussuchen, ob sie ertränkt, verbrannt oder gehängt werden will
(109,22ff.). Die ganze Grausamkeit des mittelalterlichen Strafrechts
wird hier in absurder Weise von einem Vater gegen seine Tochter
aufgeboten, obwohl der Vater bereit ist, für die Tochter zu sterben:
jâ gieng ich vür dich an den tôt (217,17). Schon vorher hatte Terramer
seinen Enkelsohn Poydjus vorausgeschickt, damit er Gyburg, seiner
Tante, das Leben nehmen sollte (82,24ff.). Ehmereiz, Gyburgs Sohn,
möchte sie zwar vor dem Tod retten, verfolgt seine Mutter jedoch mit
Haß (*doch trag ich immer gein ir haz* 75,17). An Terramers Vorgehen
gegen Gyburg wird erkennbar, wie familiäre Antriebe mit politisch-
religiösen Motiven in Konflikt geraten können: seiner »süezen Gyburg«
(217,15) – der Erzähler läßt Terramer in seiner Liebe zur Tochter so
weit gehen, daß er sie mit ihrem christlichen Namen anredet – ver-
sichert er, daß er den Feldzug gegen sie nur auf Drängen der Priester

unternommen habe (217,20ff.). Im Zwiespalt zwischen Vaterliebe und
Herrscherpflicht wird Terramer als ein zerrissener Mensch dargestellt:
»Terramer, der handelte so: heute Flehen, morgen Drohungen gegen
seine geliebte Tochter« (*Terramêr der warp alsô: hiute vlêhen, morgen
drô gegen sîner lieben tohter* 222,1-3).

Nur zerstörerisch ist der Haß, mit dem Rennewart seine Familie
verfolgt. Hier hat nicht der Glaubensgegensatz die Familienbande
zerrissen, sondern die Gewalthandlung der Kindesentführung hat
einen blinden Haß erzeugt, der sich als Gewalt gegen seine Ver-
wandten austobt.

Mit einer Familientragödie hätte auch Willehalms wütendes
Vorgehen gegen seine Schwester geendet, wäre nicht ihre Mutter
dazwischengetreten. Auch wenn die Geschwister wieder versöhnt
werden und die Familie sich in der zweiten Schlacht noch einmal als
Solidar-Gemeinschaft bewährt, bleiben die Risse und Spannungen
bestehen, die Willehalm innerhalb seiner Familie zum Fremden haben
werden lassen. Die Befreiung der in der ersten Schlacht in Gefan-
genschaft geratenen Verwandten ist gewiß auch für Willehalm ein
freudiges Ereignis; der Erzähler gibt ihm jedoch keine Gelegenheit,
diese Freude zu äußern. Nach dem Sieg gilt Willehalms Anteilnah-
me nicht mehr seiner Familie, sondern Rennewart, dem heidnischen
Freund, dessen Verlust ihn mehr schmerzt als der Tod von Vivianz in
der ersten Schlacht (454,12ff.). Zuletzt ist Willehalm nur noch mit
Gyburgs Verwandtschaft beschäftigt, wenn er die toten Heidenkönige
sammeln läßt, Matribleiz die Freiheit schenkt und eine versöhnliche
Botschaft an seinen Schwiegervater schickt.

Die religiöse Verwandtschaft. Verwandtschaft ist im ›Willehalm‹ das
stärkste Band, das die Menschen zusammenhält. Es wird gezeigt,
wie dieses Band unter der tödlichen Bedrohung von Krieg, Gewalt
und Fremdheit brüchig wird. Es gibt aber noch ein Rettungsseil, an
dem sich die Hoffnung auf Erlösung festhalten kann: die religiöse
Verwandtschaft. Nach der zweiten Schlacht wird erkennbar, warum
der Prolog-Sprecher so nachdrücklich von der Glaubensgewißheit
des Christen gesprochen hat, *kint* und *künne* Gottes zu sein (»Dein
Kind und Dein Verwandter bin ich gewißlich«, *dîn kint und dîn
künne bin ich bescheidenlîche* 1,16-17). Das Gottvertrauen ist zuletzt,
neben der Liebe Gyburgs, der einzige Trost, der Willehalm bleibt:
»Wenn Deine [=Gottes] Hilfe nicht wäre und Gyburgs Trost, bliebe
ich auf immer unerlöst aus den Fesseln des Leidens« (*wan dîn helfe
und ir trôst, ich waere immer unrelôst vor jâmers gebende* 456,19-21).
Ob im weiteren Verlauf der Erzählung deutlich werden sollte, daß

die Überlast des *jâmers* die Heiligkeit des Helden, von der im Prolog die Rede war, begründet hat; und ob die Übertragung des religiösen Kindschaftsgedankens auf die Heiden noch eine größere Rolle spielen sollte, sagt der Text nicht.

3. Gliederung

3.1 Handlungsblöcke

Der Aufbau des ›Willehalm‹ wird durch die Abfolge von Blöcken bestimmt. Die beiden umfangreichsten Blöcke sind die erste und die zweite Schlacht, die beide an demselben Ort, auf dem Feld von Alischanz, stattfinden. Danach könnte man gliedern:

	Lachmanns Bücher
Erste Schlacht	I-II
Zwischen den Schlachten	III-VI
Zweite Schlacht	VII-IX

Der Mittelteil, zwischen den beiden Schlachten, ist durch den mehrfachen Ortswechsel gekennzeichnet, der durch Willehalms Ritt vom Schlachtfeld nach Oransche und von Oransche über Orlens nach Munleun und von dort zurück über Orlens nach Oransche und weiter zum Schlachtfeld verursacht wird. Die Handlungs-Schwerpunkte des Mittelteils liegen in Munleun und in Oransche. Danach läßt sich folgendermaßen gliedern:

	Lachmanns Bücher
Erste Schlacht	I-II
Munleun	III-IV
Oransche	V-VI
Zweite Schlacht	VII-IX

Die Handlungskomplexe Munleun und Oransche weisen jeweils zwei Schwerpunkt auf, deren Abgrenzung sich nicht mit Lachmanns Bucheinteilung deckt:

Munleun: Die Auseinandersetzung mit dem König (126,1-184,30)
           Rennewart (185-1-214,30)

Oransche: Das Festmahl in Oransche (215,1-277,30)
           Der Fürstenrat (278,1-313,30)

Diese Gliederung kann sich auf die Großinitialen in den Handschriften
G und V stützen.

Die St. Galler Handschrift G, die Lachmann seinem kritischen
Text zugrunde gelegt hat und die auch die Grundlage der neueren
kritischen ›Willehalm‹-Ausgaben bildet (vgl. S. 401f.), weist eine
durchgehende Gliederung des Textes durch 13 Großinitialen auf, die
an folgenden Stellen plaziert sind:

1,1	Die erste Schlacht
58,1	Vivianz' Tod
71,1	Willehalm in Oransche
106,1	Willehalm in Orlens
126,1	Willehalm in Munlen
162,1	Die Auseinandersetzung mit dem König
185,1	Rennewart; Aufbruch des christlichen Heeres
215,1	Die Ankunft der Heere in Oransche
246,1	Das Festmahl in Oransche
278,1	Gyburg und Rennewart; der Fürstenrat
314,1	Die Aufstellung der heidnischen Heeresverbände
362,1	Der Angriff des heidnischen Heeres
403,1	Der Sieg der Christen

Die Wiener Handschrift V weist dieselbe Initialen-Gliederung auf, mit ganz
geringen Abweichungen von G: Die Groß-Initiale bei 71,1 fehlt in V durch
Blattverlust. Am Schluß hat V eine 14. Großinitiale bei 446,1; an dieser Stelle
beginnt die Schilderung der Situation nach der zweiten Schlacht.

In allen anderen vollständigen ›Willehalm‹-Handschriften fehlt eine
durchgehende Gliederung durch Groß-Initialen. Einige Fragmente überliefern
Groß-Initialen, die zum Teil die Initialen in G und V bestätigen (Groß-In-
itiale bei 162,1 in Fr 31; Groß-Initiale bei 314,1 in Fr 48), zum Teil davon
abweichen (Groß-Initiale bei 99,1 in Fr 48).

Die Initialen in G und V bezeugen eine sinnvolle Gliederung der
Handlung. Ob diese Gliederung das Werk eines Redaktors ist oder
auf den Dichter zurückgeht, läßt sich nicht entscheiden. Mehrere
Abschnittsgrenzen sind durch längere Erzählerreden ausgezeichnet;
das könnte ein Indiz dafür sein, daß der Autor an diesen Stellen Ein-
schnitte markieren wollte. Markante Erzählerreden gibt es jedoch auch
innerhalb der Großabschnitte. Die Handlungsfolge läuft mehrmals
über eine Abschnittsgrenze hinweg.

3.2 Bücher und Dreißiger

Karl Lachmann hat den ›Willehalm‹ in seiner Wolfram-Ausgabe von 1833 in neun Bücher eingeteilt. Diese Einteilung hat sich in der Forschung durchgesetzt, obwohl eine Gliederung des Textes in neun Groß-Abschnitte von keiner Handschrift gedeckt ist. Acht der neun Buchanfänge stützen sich auf die Groß-Initialen in G und V:

1,1	=	Buch I
71,1	=	Buch II
106,1	=	Buch III
162,1	=	Buch IV
215,1	=	Buch V
314,1	=	Buch VII
362,1	=	Buch VIII
403,1	=	Buch IX

Die übrigen fünf Groß-Initialen in G hat Lachmann für seine Buch-Einteilung nicht berücksichtigt. Der Anfang von Buch VI bei 269,1 hat keine handschriftliche Grundlage.

> *Werner Schröder*, Zur Bucheinteilung in Ws Willehalm, DVjs 43, 1969, S. 385-404. – *Uwe Pörksen, Bernd Schirok*, Der Bauplan von Ws Willehalm, 1976, S. 21ff.

Lachmann hat den gesamten ›Willehalm‹-Text, ebenso wie den ›Parzival‹-Text, in Kleinabschnitte von je dreißig Verse eingeteilt und hat diese Einteilung zur Grundlage seiner Verszählung gemacht; so wird der ›Willehalm‹ noch heute zitiert. Grundlage der Dreißiger-Gliederung sind die kleinen Initialen in den meisten ›Willehalm‹-Handschriften.

Der Schreiber der St. Galler Handschrift G hat ziemlich regelmäßig nach jedem 30. Vers eine Klein-Initiale vorgesehen (die allerdings nicht überall ausgeführt worden ist). Gelegentlich zählen die Abschnitte mehr oder weniger als dreißig Verse. In der Anfangspartie sind die Dreißiger-Initialen ohne Rücksicht auf die Syntax und auf die inhaltliche Gliederung gesetzt; sie stehen häufig mitten im Satz. Später markieren die kleinen Initialen öfter Satzanfänge und Anfänge von Erzählabschnitten; bis zum Schluß der Handschrift begegnen jedoch auch Klein-Initialen ohne syntaktische Bedeutung (*Heinz Schanze*, Beobachtungen zum Gebrauch der Dreißigerinitialen in der Willehalm-Handschrift G (Cod. Sang. 847), W-St. 1, 1970, S. 170-187).
    Die Dreißiger-Gliederung ist insoweit konsequent durchgeführt, als die Verszahl der Bücher II-VIII (und auch die der übrigen in G durch große Schmuck-Initialen gebildeten Groß-Abschnitte) jeweils durch 30 teilbar ist. Nur in Buch I fehlen zwei Verse zu einer Teilbarkeit durch 30. Die Annahme,

daß diese zwei Verse nachträglich verlorengegangen sind (diese Annahme liegt
Lachmanns Verszählung zugrunde), ist ohne Gewähr. Buch IX bricht mitten
im 467. Dreißiger ab.

Die Frage, woher die Dreißiger-Einteilung stammt und welche Bedeu-
tung sie hat, stellt sich für den ›Willehalm‹ ebenso wie für den ›Parzival‹ (vgl.
S. 198f.); eine gesicherte Antwort gibt es für beide nicht. Sicher ist nur, daß
der Initiator dieser Einteilung den ganzen Text durchgezählt und die Zählung
markiert haben muß. Die Annahme, daß die Dreißiger-Gliederung auf Wolfram
zurückgeht und daß die Dreißiger-Gruppen ursprünglich überall syntaktische
oder erzähltechnische Einheiten bildeten, ist nicht zu sichern.

3.3 Raum und Zeit

Der historisch-geographische Raum. Das Geschehen, von dem der
›Willehalm‹ erzählt, ist auf drei Orte beschränkt: Die Handlung
spielt auf Alischanz, in Oransche und in Munleun, zum Teil auch
auf den Wegen dazwischen. Im Verlauf der Erzählung werden jedoch
Hintergrunds-Räume angesprochen, die so groß sind, daß schließlich
die ganze Welt der Spielraum der Dichtung zu sein scheint.

Auf Seiten der Christen werden in Munleun die Umrisse einer
feudalen Geographie erkennbar, die ganz Frankreich umfaßt und drüber
hinaus bis nach Italien, nach England und nach Deutschland reicht.
Diese politische Geographie bleibt in vielen Einzelheiten unklar;
in ihr scheinen sich Elemente der karolingischen Geographie mit
zeitgenössischen französischen (durch die Vorlage vermittelten) und
zeitgenössischen deutschen Vorstellungen zu vermischen.

Das rechtsrheinische Deutschland ist im ›Willehalm‹ in zahlreichen lokalen
und zeitgeschichtlichen Anspielungen präsent. Das Anspielungsgebiet reicht
von Thüringen im Norden (3,8. 417,22) bis zum Bodensee (377,5) und weiter
nach Bozen (136,10) im Süden, vom Schwarzwald (390,2) und von Tübin-
gen (381,27) im Westen bis zum Sant (426,30) (bei Nürnberg) im Osten.
Das Zentrum liegt im hessisch-fränkisch-bayerischen Grenzgebiet, vertreten
durch Kitzingen (385,26), Nördlingen (295,16), Beratzhausen (397,4), den
Spessart (96,16) und den Virgunt (390,2) (bei Ansbach). Das ist in groben
Zügen dasselbe Gebiet, in das auch die meisten lokalen Anspielungen im
›Parzival‹ gehören (vgl. S. 2).

Auch durch die Vorgeschichte, auf die an verschiedenen Stellen Bezug
genommen wird, wird der Handlungsraum erweitert. Willehalm hat
vor Rom gekämpft (91,27ff.) und ist bei einer (nicht lokalisierbaren)
Gelegenheit in Gefangenschaft geraten. Er wurde in die Stadt Arabi
gebracht, den Hauptsitz König Tybalts von Arabie, und ist von dort,
zusammen mit der Königin Arabel, geflohen.

Noch größer sind die Räume, die durch die Herkunftsnamen der Heidenkönige und durch die Angaben über Terramers weitläufige Verwandtschaft eröffnet werden. Sie beziehen den gesamten Orient in die Dichtung ein, ferner die skandinavischen Länder im Norden und Afrika im Süden.

Im ›Willehalm‹ gibt es mehr als 90 heidnische Herkunftsnamen (Länder- und Städte-Namen), von denen die meisten Phantasienamen sind. Der fremdartige Klang der Namen Assigarziunde, Belestigweiz, Boitendroit, Ganfassasche, Gorgosangi, Grikulanje, Hippipotitikun, Jetakranc, Lanzesardin, Leus Negruns, Nomandjentesin, Schipelpunte, Valpinose usw. spiegelt eine fremde Welt, die zugleich poetisch und unaussprechlich und nicht zuletzt auch komisch ist. Die Namen stammen zum größten Teil aus literarischen Quellen. Mehr als 30 hat Wolfram offenbar aus ›Aliscans‹ übernommen (darunter sind auch einige Namensbildungen aus französischen Appellativen: *Bailîe* aus *sa baillie* (»seine Gewalt«), *Oupatrîe* aus *aupatris* (»Fürst«). Fast genauso viele orientalische Namen hatte Wolfram bereits im ›Parzival‹ benutzt; sie stammen hauptsächlich aus der bombastischen Liste der von Feirefiz besiegten Könige und Fürsten (770,1ff.) (vgl. S. 116).

Die ›Willehalm‹-Namen sind gesammelt und kommentiert in den ›Willehalm‹-Ausgaben von *Werner Schröder* (S. 617ff.) und von *Joachim Heinzle* (1991, S. 1186ff.; 1994, S. 423ff.) (vgl. S. 401f.) sowie in der englischen ›Willehalm‹-Übersetzung von *Charles E. Passage*, S. 318ff. (vgl. S. 402).

Vgl. *Paul Kunitzsch*, Die orientalischen Ländernamen bei W (Wh. 74,3ff.), W-St. 2, 1974, S. 152-173. – *Fritz P. Knapp*, Der Lautstand der Eigennamen im Willehalm und das Problem von Ws Schriftlosigkeit, ebenda, S. 193-218.

Nur relativ wenige orientalische Herkunftsnamen fügen sich zu einer historischen Real-Geographie zusammen, die von den »Säulen des Herkules« (*Katus Ercules*) im äußersten Westen bis nach *Indîâ* im äußersten Osten, von *Gruonlant* im Norden bis nach *Marroch*, *Nûbîâ* und *Alexandrîe* in Afrika reicht. Am zahlreichsten ist der Vordere Orient mit den Namen *Baldac* (= Bagdad), *Happe* (= Aleppo), *Rankulât* (= Hromgla), *Meckâ*, *Koukasas*, *Arâbîâ* und *Persîâ* vertreten. Ob Wolfram und seine Zuhörer mit diesen Namen konkrete geographische Vorstellungen verbanden, muß offen bleiben.

Auf diese Weise gewinnt der Handlungsraum des ›Willehalm‹ eine universale Dimension. Damit wurde die Vorstellung befestigt, daß sich auf Alischanz die gesamte Macht des Orients und des Okzidents zum Kampf um die Weltherrschaft gegenüberstehen (vgl. S. 327f.).

Zeitliche Gliederung. Der Vergleich mit ›Aliscans‹ läßt erkennen, welchen Wert Wolfram auf die genaue zeitliche Gliederung der Handlung gelegt hat. Tagesanbruch und Tagesende sind meistens genau markiert:

ein flüsteclîcher tac ... erschein (14,8.10)
    – *die naht er wahte* (70,29);

des morgens, sô der tac erschein (71,3)
    – *der tac het ende* (103,22);

smorgens fruo (112,21)
    – *gein dem âbende* (125,5);

die ganzen naht in dem klôster er beleip (126,1-3)
    – *in zorne er âne slâfen lac* (137,1);

ûf in schein der liehte tac (137,2)
    – das Ende dieses Tages wird durch den Aufbruch der Hofgesellschaft markiert (184,24ff.);

innen des gienc ûf der tac (225,12)
    – *dô begunde nâhen ouch diu naht* (282,5);

dô begundez alsô sêre tagn (289,2)
    – *aldâ lâgen si die naht* (316,13);

des morgens (316,14)
    ez begunde et nâhen der naht (447,11);

smorgens dô ez begunde tagen (451,1)
    an diesem Tag bricht die Dichtung ab.

Im ganzen vergehen knapp vier Wochen vom Beginn der ersten Schlacht bis zur Abreise von König Matribleiz mit den toten Heidenkönigen. Auf den Tag genau läßt sich die Zeit nicht nachrechnen, weil der Erzähler es offen gelassen hat, wie lange Willehalm für den Ritt von Oransche nach Orlens brauchte, und zwar sowohl auf dem Hinweg (112,3ff.) als auch auf dem Rückweg (214,12ff.). Zehn Tage vergehen von der Umstimmung des Königs bis zur Heeresversammlung vor Orlens (197,6f.).

Der Tag ist im ›Willehalm‹ die wichtigste Zeiteinheit. Die Tage sind nicht nur genau markiert, sie dienen auch zur zeitlichen Proportionierung der wichtigsten Handlungsstationen. Dabei stehen Raum- und Zeitproportionen deutlich in Korrelation zueinander.

– zwei Tage dauert die erste Schlacht;
– zwei Tage dauern die Auseinandersetzungen mit dem König in Munleun;
– zwei Tage dauert die Bewirtung auf Oransche;
– zwei Tage dauert die zweite Schlacht.

Von den zwei Tagen ist jeweils der eine der Haupttag, an dem die Entscheidung fällt; der zweite Tag dient entweder der Vorbereitung (in Munleun und in Oransche) oder dem Abschluß des Hauptereignisses (in den beiden Schlachten).

Im Grunde besteht die ganze Handlung nur aus vier erzählten Tagen, deren zeitliche Erstreckung, von morgens bis abends, klar überschaubar ist: die beiden Tage der Schlachtentscheidung und die beiden Verhandlungstage mit der Umstimmung des Königs in Munleun und dem Fürstenrat in Oransche.

Der »Tag« ist im ›Willehalm‹ aber weit mehr als eine Zeiteinheit. Mhd. *tac* kann auch »Gerichtstag« und »Gericht«, »Entscheidung« heißen. So ist es zu verstehen, wenn Willehalm von den beiden Schlachten als von »seinen« Tagen spricht: *ôwê tac und ander tac! ein tac, dô mir Vivîans wart erslagen ...; gestern was mîn ander tac* (460,1-2.11). Der Tag der Schlacht ist ein *rehter jâmers tac* (370,9), *ein vlüstic tac* (81,20), *ein vlüsteclîcher tac* (14,8), *der vlüstebaere tac* (70,4), *der geldes tac* (337,22), *ein werder endes tac* (361,20), *sîn endes tac* (410,31), *ir urteillîcher tac* (13,14), *der urteillîche tac* (134,23. 452,23) und *diu urteillîche zît (334,14). endes tac* (404,30), *urteillîcher tac* (166,7. 303,13. 454,25) und *urteillîchiu zît* (402,14) bezeichnen an anderen Stellen den Tag des Letzten Gerichts, der auch *der jungeste tac* (347,17) und *der jungest erschinen tac* (184,5) genannt wird. Diese terminologische Gleichsetzung der Schlacht-Tage mit dem Tag des Jüngsten Gerichts rückt die Handlung in ein eschatologisches Licht. Vom Weltgericht spricht auch Willehalms Bruder Bertram, wenn er von Christus sagt, daß der »am Tag des Jüngsten Gerichts das Schwert in seinem Mund voranträgt« (*der daz swert in sînem munt vür treit ame urteillîchen tage* 303,12-13). Die Bedeutung der heilsgeschichtlichen Anspielungen bleibt unklar. Sicher ist jedoch, daß Zeit im ›Willehalm‹ nicht nur Abläufe strukturiert, sondern auch Bedeutung generiert (*Dieter Kartschoke*, Erzählte Zeit in Versepen und Prosaromanen des Mittelalters und in der Frühen Neuzeit, Zs. f. Germanistik N.F. 10, 2000, S. 477-492).

4. Erzählstil

4.1 ›Willehalm‹ und ›Parzival‹.
Zur Poetik des ›Willehalm‹

Alles, was zur Charakterisierung des ›Parzival‹-Erzählers gesagt werden kann (vgl. S. 215ff.), gilt cum grano salis auch für den ›Willehalm‹. Das Wichtigste ist, daß auch im ›Willehalm‹ neben der Handlungsebene eine zweite Kommunikationsebene ausgearbeitet ist, auf der der Erzähler mit seinen Zuhörern oder Lesern durch die ganze Dichtung hindurch in Kontakt steht. Die Erzählerebene dient dazu, die erzählte Handlung reflektierend und kommentierend zu begleiten und die Zuhörer zum Nachdenken über das Erzählte anzuregen. Mehr noch als im ›Parzival‹ wird das reflektierende Sprechen des Erzählers im ›Willehalm‹ dazu genutzt, Distanz zum Erzählten zu schaffen und die Zuhörer dazu zu bewegen, das Gehörte zu hinterfragen.

Wie im ›Parzival‹ bedient sich der Erzähler auch im ›Willehalm‹ des Autornamens Wolfram von Eschenbach (*ich, Wolfram von Eschenbach* 4,19); und auch hier spielt er mit Bruchstücken einer fiktiven Autobiographie, die ihn bald als armen Schlucker erscheinen läßt (*mîn armuot* 376,12), bald als biederen Familienvater, wenn er von den Puppen seiner Tochter spricht (*mîner tohter tocke* 33,24), bald als ängstlichen Liebhaber (243,23ff.), bald als Weltweisen, der den Lauf des Lebens bedenkt (218,17f.), bald als Kenner ritterlicher Unterwäsche, der diese Kenntnis zu einem derben Männerwitz benutzt (231,24ff.). Ebenso wie im ›Parzival‹ drängt sich der Erzähler zwischen die Zuhörer oder Leser und die erzählte Geschichte und hindert sie durch Zwischenbemerkungen aller Art daran, sich nur auf den Fortgang der Handlung zu konzentrieren. Dabei zeigt sich, daß der ›Willehalm‹-Erzähler ein genauso großes Spektrum von Erzählerreden beherrscht, das von der rhetorischen Frage über eingestreute Sentenzen, Kommentare und Erläuterungen, Anspielungen auf zeitgeschichtliche Ereignisse und Bezugnahmen auf Dichter-Kollegen bis zum breit ausgeführten Exkurs reicht. In beiden Dichtungen werden Erzählerperspektive und Figurenperspektiven in kunstvoller Weise zueinander in Beziehung gebracht. Perspektivisches Erzählen ist das Kennwort für den Erzählstil beider Werke.

Uwe Pörksen, Der Erzähler im mhd. Epos. Formen seines Hervortretens bei Lamprecht, Konrad, Hartmann, in Ws Willehalm und in den Spielmannsepen, 1971. – *Eberhard Nellmann,* Ws Erzähltechnik. Untersuchungen zur Funktion des Erzählers, 1973. – *Michael Curschmann,* The French, the Audience and the Narrator in W's Willehalm, Neoph. 59,

1975, S. 548-562. – *Marion E. Gibbs,* Narrative Art in W's Willehalm, 1976. – *Christian Kiening,* Reflexion – Narration. Wege zum Willehalm WsvE, 1991. – *John Greenfield, Lydia Miklautsch,* Der Willehalm WvE, 1998, S. 168ff. – *Christopher Young,* Narrativische Perspektiven in Ws Willehalm. Figuren, Erzähler, Sinngebungsprozeß, 2000. – *Almut Suerbaum,* Structures of Dialogue in Willehalm, in: W's Willehalm. Fifteen Essays (vgl. S. 405), S. 231-247.

Gleich im Prolog identifiziert sich der ›Willehalm‹-Erzähler (der hier in der Autor-Rolle spricht) mit dem ›Parzival‹-Erzähler: *swaz ich von Parzivâl gesprach* (4,20). Das ist eine Erinnerung an den Erfolg der früheren Dichtung, über die viel diskutiert wurde: »Manch einer hat es gelobt; es gab auch viele, die es getadelt haben« (*etslîch man daz prîste – ir was ouch vil die'z smaehten* 4,22-23). Gleichzeitig wird an das poetologisches Programm des ›Parzival‹ erinnert, das im ›Willehalm‹ aufgegriffen und gleichzeitig verändert wird. Es geht hauptsächlich um die Abgrenzung gegen eine Poetik, die auf rhetorische Gelehrsamkeit gegründet war, wie Hartmann von Aue sie im ›Iwein‹-Prolog formuliert hatte: »Ein Ritter, der gelehrt war und es in den Büchern gelesen hatte, ... der dichtete diese Geschichte« (*ein riter, der gelêrt was und ez an den buochen las, ... der tihte diz maere* 21-22.30). Dagegen stellt der ›Willehalm‹-Erzähler das Bekenntnis des Illiteraten: »Was in den Büchern geschrieben steht, davon habe ich nichts gelernt« (*swaz an den buochen stât geschriben, des bin ich künstelôs beliben* 2,19-20). Die Anklänge an die ›Selbstverteidigung‹ des ›Parzival‹ (vgl. S. 53f.) sind unüberhörbar. Neu ist im ›Willehalm‹ die Fortsetzung des Gedankens: nicht dem Bücherstudium verdanke er die Fähigkeit zu künstlerischer Gestaltung, sondern einer Kraft, die von innen wirkt, dem *sin:* »Auf keine andere Weise bin ich gebildet: wenn ich Kunstfertigkeit besitze, so gibt der *sin* sie mir« (*niht anders ich gelêret bin: wan hân ich kunst, die gît mir sin* 2,21-22). Über die Bedeutung des Wortes *sin* an dieser Stelle ist viel diskutiert worden (*Werner Schröder, kunst* und *sin* bei WvE, Euph. 67, 1973, S. 219-243).

Friedrich Ohlys Auffassung, *sin* bezeichne im ›Willehalm‹ »das Organ der Wahrnehmung des heiligen Geistes«, hat viel Zustimmung gefunden (*Friedrich Ohly,* Ws Gebet an den Heiligen Geist im Eingang des Willehalm, ZfdA 91, 1961/62, S. 1-37, bes. S. 5ff.).

Heute neigt man eher dazu, *sin* als »Erkenntnisvermögen« oder »Einsichtsfähigkeit« zu verstehen oder, in Bezug auf die Dichtung, als »das künstlerische Vermögen« (W. Haug).

Daß die Ablehnung der Buchgelehrsamkeit nicht autobiographisch, als Bekenntnis eines schriftunkundigen Autors, zu verstehen

ist, kann heute als Konsens der Forschung gelten. Die Erörterung
poetologischer Fragen im ›Willehalm‹-Prolog gewinnt an Profil, wenn
man sie vor dem Hintergrund einer philosophisch-theologischen
Debatte im 12. Jahrhundert sieht. Die Zisterzienser-Gelehrten um
Bernhard von Clairvaux, Wilhelm von St. Thierry und Richard von
St. Victor haben, im Anschluß an Augustin, gegenüber dem Wissen-
schaftsanspruch der neuen Logik und Dialektik an den französischen
Kathedralschulen betont, daß die Erkenntnisse, die aus Büchern zu
gewinnen sind, übertroffen werden durch Erkenntnisse, die aus dem
›Inneren‹ kommen. Herbert von Bosham hat das »Lesen im Herzen«
(*legere in corde*) dem »Lesen im Buch« (*legere in codice*) gegenüberge-
stellt (*Herbert von Bosham*, Liber Melorum III, in: Patrologia Latina,
hrsg. von J.-P. Migne, Bd. 190, Paris 1893, Sp. 1368).

Es würde sich lohnen, der Verortung von Wolframs *sin*-Begriff in der poetolo-
gischen Diskussion der Zeit und seiner Beziehung zu den Begriffen *ingenium*
und *imaginatio* bei Wilhelm von Conches, Johannes von Salisbury und Alanus
ab Insulis genauer nachzugehen.

> Zur gelehrten Poetik des 12. Jahrhunderts vgl. *Winthrop Wetherbee*, Pla-
> tonism and Poetry in the Twelfth Century. The Literary Influence of the
> School of Chartres, Princeton 1972, S. 92ff. – *Douglas Kelly*, The Art of
> Medieval French Romance, Madison /WI 1992, S. 106ff.

Johannes von Salisbury hat das *ingenium* (zusammen mit *memoria* und *ratio*)
als »Grundlagen und Werkzeuge aller Künste« bezeichnet (*omnium artium
fundamenta et instrumenta*) (*Johannes von Salisbury*, Metalogicon 1,11, hrsg.
von *J. B. Hall*, Turnhout 1991 (Corpus Christianorum, Continuatio Me-
diaevalis, Bd. 98), S. 20).

Zum poetologischen Programm des ›Willehalm‹ gehört auch das,
was Wolfram an anderer Stelle sein »krummes Deutsch« genannt hat
(*mîn tiutsche ist etswâ doch sô krump* 237,11). Gemeint ist offenbar
ein Erzählstil, der dem rhetorischen Ideal der klaren Geradlinigkeit
entgegengesetzt ist und der seine Eigenart durch Sprünge, Brüche
und Dunkelheiten gewinnt.
   Die Bezugnahmen auf den ›Parzival‹ ziehen sich durch den ganzen
›Willehalm‹-Text.

> *Christopher Young*, Narrativische Perspektiven in Ws Willehalm (vgl. S. 359),
> S. 107ff. – *Annette Volfing*, Parzival and Willehalm: Narrative Continuity?,
> in: W's Willehalm. Fifteen Essays (vgl. S. 405), S. 45-59.

Nicht wenige Figuren aus dem ›Parzival‹ werden namentlich im
›Willehalm‹ genannt: Gahmuret, Gawan, Feirefiz, Artus, Anfortas,

Sekundille, Karnahkarnanz und Parzival selbst. Die Namen halten
die ältere Dichtung in der jüngeren präsent und laden zu Vergleichen
ein. Dieselbe Funktion haben Themen und Motive, die das Publikum
aus dem ›Parzival‹ kannte: die Enterbung, der Brudermord, der *rêroup*
(Beraubung eines Toten) und anderes. Es ist nicht überraschend, daß
vor allem die Orient-Motive aus dem ›Parzival‹ im ›Willehalm‹ wie-
derbegegnen: Feirefiz und Sekundille werden am häufigsten genannt.
Rennewart wird vom Erzähler dem jungen Parzival an die Seite gestellt
(271,15ff.). Beide besitzen Schönheit und Stärke; beide sind durch
tumpheit ausgezeichnet; beide wurden um ihre königliche Abkunft
»betrogen« (*des was ir edelkeit betrogen* 271,26); und beide stehen
in besonderer Weise unter der Lenkung Gottes: Parzival, wenn er
Anfortas von seinen Leiden erlöst; Rennewart, wenn er den Christen
den Sieg erkämpft.

4.2 Intertextualität

Im Prolog wird der ›Willehalm‹ in doppelter Weise literarisch verortet:
durch die Bezugnahme auf den ›Parzival‹ und durch die Anbindung
an die französische Vorlage. Nach den Aussagen des Prolog-Sprechers
ist die französische Dichtung einerseits durch ihren historischen Stoff
ausgezeichnet, als eine Erzählung aus dem Umkreis Karls des Großen,
und andererseits durch die Heiligkeit des Helden, die Legendenhaf-
tes erwarten läßt. In dem Vers: »Diese Geschichte ist wahr, obwohl
wunderbar« (*Diz maere ist wâr, doch wunderlîch* 5,15) sind offenbar
diese beiden Aspekte zusammengefaßt.

> *Werner Schröder*, Diz maere ist war, doch wunderlich. Zu Willehalm 5,15
> und zum Gebrauch von *maere*, *wâr* und *wunderlich* bei W, in: Verbum et
> signum, hrsg. von H. Fromm (u.a.), 1975, Bd. 2, S. 277-298.

Die Deutung des ›Willehalm‹ als Legende, die am entschiedensten von
Friedrich Ohly vorgetragen wurde, findet bis heute Zustimmung.

> *Friedrich Ohly*, Ws Gebet an den Heiligen Geist im Eingang des Wille-
> halm (vgl. S. 359), S. 13ff. – *Franziska Wessel-Fleinghaus*, Gotes hantgetat.
> Zur Deutung von Ws Willehalm unter dem Aspekt der Gattungsfrage,
> Lit. Jb. 33, 1992, S. 29-100. – *Tomas Tomasek*, Legende und höfische
> Gesprächskultur. Überlegungen zum Willehalm WsvE, Fr. St. 32, 1998,
> S. 182-195.

Zur Legende passen die Wundermotive auf dem Schlachtfeld – das
Erscheinen des Engels Cherubin, die wunderbare Erschaffung der

Steinsärge –, das Prolog-Gebet, die Anrufungen von Willehalm, Vivianz und Gyburg als Heilige und die zahlreichen religiösen Motive. Es fehlt jedoch das zentrale Element der Legende: die Heiligen-Vita. Die einzige Stelle im ›Willehalm‹, an der, außerhalb des Prologs, von Willehalms Heiligkeit gesprochen wird, ist im Potentialis formuliert: *al sîn heilikeit möht im siuften hân erworben* (226,4-5). Man kann vermuten, daß Willehalms Heiligkeit als unblutiges Martyrium, als *martyrium in mente*, verstanden werden kann, das er durch sein standhaftes Leiden in den Schrecken des Heidenkriegs beweist. Es ist jedoch festzuhalten, daß diese Deutung nur in einzelnen Formulierungen anklingt und nicht in den Mittelpunkt der Darstellung gerückt ist. Die Interpretation des ›Willehalm‹ als Legende steht immer in der Gefahr, sich auf den nicht mehr gedichteten Schluß berufen zu müssen, der im Anschluß an den französischen Epen-Zyklus um Guillaume d'Orange von Willehalms Heiligenleben im Kloster erzählt haben könnte.

Deutlicher als die Anbindung an die Legendentradition ist die Zuordnung des ›Willehalm‹ zur geschichtlichen Dichtung. Im ›Willehalm‹ gibt es keine Bezugnahme auf die Artusromane Hartmanns von Aue wie im ›Parzival‹ (vgl. S. 207). Dafür wird Heinrich von Veldeke genannt (76,25), der einen historischen Stoff – die Geschichte von Aeneas – behandelt hatte. Veldeke wird als »Meister« der höfischen Beschreibung gefeiert (76,22ff); das ist vielleicht ein Signal für die Zuhörer, daß Wolfram in der literarischen Präsentation nicht dem Laissen-Stil seiner Chanson de geste-Vorlage gefolgt ist, sondern sich in die Stiltradition der höfischen Epik stellt, die in Deutschland von Veldeke begründet worden ist.

Besonders eng ist die Anknüpfung des ›Willehalm‹ an das deutsche ›Rolandslied‹, die in zahlreichen inhaltlichen Verbindungen und im Kreuzzugsmotiv zum Ausdruck kommt. Indem Willehalm die Leidens-Last Kaiser Karls weiterträgt (455,11ff.) und Terramer sich als Erbe von Karls heidnischem Gegner Baligan zu erkennen gibt (338,23), wird der ›Willehalm‹ direkt zu einer Fortsetzung des ›Rolandslieds‹. Stoffgeschichtlich gesehen hat Wolfram seine Dichtung aus dem Wilhelm-Zyklus in den Karl-Zyklus transportiert, vielleicht weil Karl der Große in Deutschland politisch und literarisch eine wichtige Bezugsfigur war, während der französische Epenheld Guillaume d'Orange dem deutschen Publikum weitgehend unbekannt gewesen sein dürfte.

Christian Kiening, Reflexion – Narration. Wege zm Willehalm WsvE (vgl. S. 359), S. 86ff. – *Jeffrey Ashcroft*, dicke Karel wart genant: Konrad's Rolandslied and the Transmission of Authority and Legitimacy in W's

Willehalm, in: W's Willehalm. Fifteen Essays (vgl. S. 405), S. 21-43.
– *Annette Gerok-Reiter*, Figur und Figuration Kaiser Karls. Geschichtsbe-
wußtsein in Rolandslied und Willehalm, in: Ars und Scientia im Mittelalter
und in der Frühen Neuzeit. FS für Georg Wieland, 2002, S. 173-191.
– *Bernd Bastert*, Helden als Heilige. Chanson de geste in Deutschland,
Habil.schrift (masch.) Köln 2002, S. 189ff.

Auch die deutsche Heldenepik galt im Mittelalter als geschichtliche
Dichtung. Anspielungen auf die Dietrichepik (Ermenrich, Witege,
Etzel 384,20ff.) und auf die Hildebrandsage (*vrou Uote* 439,16) sind
Belege dafür, daß Wolfram den ›Willehalm‹ in solchen Zusammen-
hängen sah.

Überraschend erscheint dagegen die namentliche Nennung der
beiden berühmtesten lyrischen Dichter der Zeit, Walther von der
Vogelweide und Neidhart. Beide werden im ›Willehalm‹ nicht als
Lyriker zitiert, sondern wegen ihrer Komik-Motive; beide werden im
Zusammenhang mit Rennewart genannt. Walther wird im ›Willehalm‹
»Herr Vogelweide« (*herre Vogelweide* 286,19) genannt, was entweder
eine etwas despektierliche Bezeichnung war (im ›Parzival‹ hatte Wolf-
ram ihn ›korrekt‹ *hêr Walther* [297,24] tituliert) oder eine komische
Hervorhebung des ›nom de guerre‹, unter dem Walther berühmt
geworden ist. Der Vers: *herre Vogelweide von brâten sanc* (286,19) ist
eine Anspielung auf Walthers Spruch ›Wir suln den kochen râten‹
(L 17,11), in dem der Herr des Reichs – wahrscheinlich Philipp von
Schwaben (gest. 1208) – wegen mangelnder Freigebigkeit kritisiert wird.
Der Braten, von dem für die Fürsten dicke Scheiben abgeschnitten
werden sollen, gehört in das Kapitel Küchenhumor. Wolfram hat den
Braten wörtlich genommen und hat den Koch, der von Rennewart in
den Ofen geschoben wird, zum Braten gemacht (286,16).

Als Rennewart im Festsaal von Oransche in voller Rüstung mit
umgegürtetem Schwert neben Gyburg Platz nimmt, meint der Erzäh-
ler (312,11ff.), wenn »Herr Neidhart« (*her Nîthart* 312,12) gesehen
hätte, wie jemand mit einem Schwert bewaffnet über seine Wiese lief,
hätte er sich bei »seinen Freunden« darüber beschwert (312,14). Junge
Bauern, die sich als Ritter herausputzen und mit langen Schwertern
herumstolzieren, kommen in Neidharts Liedern vor. Ob Wolfram auf
ein bestimmtes Lied anspielt, läßt sich nicht sagen.

4.3 Erzählmittel

Störungen im Erzählfluß. Im ›Willehalm‹ erfahren die Erzählmittel,
deren sich der Erzähler im ›Parzival‹ bedient hat – Beschreibungen,

Bildersprache, Komik usw. – eine charakteristische Zuspitzung und Verschärfung. Dasselbe gilt für die Störungen im Erzählfluß. Unterbrechungen des epischen Berichts durch Zwischenbemerkungen und Einschübe aller Art waren bereits für den Erzählstil des ›Parzival‹ charakteristisch. Im ›Willehalm‹ nimmt die Zerstückelung der Erzählung an manchen Stellen solche Formen an, daß man denken könnte, der Erzähler hätte es darauf angelegt, seine eigene Erzählung zu verhindern. Das ist besonders auffällig in der Anfangspartie, die schon mehrfach genauer analysiert worden ist.

Christian Kiening, Reflexion – Narration (vgl. S. 359), S. 59ff. – *Christoph A. Kleppel*, vremder bluomen underscheit. Erzählen von Fremdem in Ws Willehalm (vgl. S. 335f.), S. 45ff. – *Stephan Fuchs*, Hybride Helden: Gwigalois und Willehalm (vgl. S. 359), S. 243ff. – *Christopher Young*, Narrativische Perspektiven in Ws Willehalm vgl. S. 359), S. 140ff.

Von dem, was vor der Schlacht auf Alischanz passiert ist, werden nur Bruchstücke mitgeteilt – die Enterbung der Heimrich-Söhne, ihre Kämpfe im Minnedienst, die Entführung und Taufe Gyburgs –, die sich nicht zu einem lückenlosen Erzähl-Kontinuum zusammenfügen. Auch nachdem die Heiden in der Provence gelandet sind, will die Handlung nicht in Gang kommen. Die Erzählung stockt immer wieder nach wenigen Versen, und das meiste bleibt unklar. Die Kommentare des Erzählers, die um den großen *mort* kreisen, der jetzt auf dem Schlachtfeld geschehen wird, nehmen sehr viel mehr Platz in Anspruch als der Bericht über das Geschehen. Die Schlachtschilderung besteht aus Szenenfetzen ohne greifbaren Zusammenhang. Erst mit Vivianz' Todesweg kommt etwas mehr Kontingenz in die Erzählung. Der Sinn eines solchen zerstückelnden Erzählens ist nicht ohne weiteres klar. Soll etwa angedeutet werden, daß die Geschichte von Tod Zehntausender eigentlich gar nicht erzählt werden kann, weil sie keinen ›Sinn‹ hat und sich daher in ihre einzelnen Bestandteile auflöst?

Vor der zweiten Schlacht wiederholt sich dasselbe mit anderen Mitteln. Das epische Geschehen des 7. Buchs läßt sich in einem Satz zusammenfassen: Terramer ernennt die Befehlshaber der zehn Heeresabteilungen. In Wolframs französischer Vorlage wird das in 44 Versen abgemacht (vgl. S. 310). Der ›Willehalm‹-Erzähler braucht dafür fast 1000 Verse. Statt vom Aufmarsch des Heeres zu erzählen, werden die Anführer der heidnischen Verbände in langen Lobreden gefeiert, wobei mit großer Ausführlichkeit die Kostbarkeit ihrer ritterlichen Ausstattung beschrieben wird, immer wieder unterbrochen von Erzählerbemerkungen verschiedenster Art. Es ist, als ob der Erzähler den Beginn der Schlacht hinauszögern wollte. Auch im 8. Buch, das vom Angriff der zehn heidnischen Verbände erzählt, bleibt das Schlachtgeschehen merkwürdig abstrakt. Noch einmal werden die heidnischen Anführer im Glanz ihrer ritterlichen Erscheinung verherrlicht. Wir hören vom Zusammenprall der Heeresabteilungen; aber es gibt keinen einzigen Toten. Erst nachdem Terramers 10. Treffen das ganze Schlachtfeld überflutet hat, beginnt im 9. Buch das große Sterben.

Todesbilder. Ausgefallene Vergleiche und bildhafte Ausdrücke, die komisch oder irritierend wirken, sind im ›Willehalm‹ fast so zahlreich wie im ›Parzival‹. Im ›Willehalm‹ ändert sich jedoch der Charakter der Bildersprache. Besonders auffällig ist eine Tendenz zur Verdüsterung der Bilder.

> *Karl Bertau*, Versuch über tote Witze bei W, in: *K. Bertau*, WvE (vgl. S. 33), S. 60ff. – *Christian Kiening*, Reflexion – Narration (vgl. S. 359), S. 122ff. – *Ursula Liebertz-Grün*, Das trauernde Geschlecht. Kriegerische Männlichkeit und Weiblichkeit im Willehalm WsvE (vgl. S. 404), S. 395ff. – *Manfred Kern*, Amors schneidende Lanze. Zur Bildallegorie in Willehalm 25,14ff., ihrer Lesbarkeit und ihrer Rezeption im späthöfischen Roman, DVjs 73, 1999, S. 567-591. – *Marion E. Gibbs*, W's Use of Imagery as an Aspect of His Narrative Art in Willehalm, in: W's Willehalm. Fifteen Essaya (vgl. S. 405), S. 191ff.

Dafür zwei Beispiele, die beide schon viel Aufmerksamkeit gefunden haben.

– *Die Ente im Bodensee* (377,4-6). Die Ritter in König Poydjus' Heer besitzen so reiche Schätze, daß ihre Pferde sie nicht hätten tragen können, wenn sie allen ihren Schmuck angelegt hätten. »Nun paßt auf! Wenn eine Ente im Bodensee etwas zu trinken fände und wenn sie ihn austränke, das würde ihr wehtun. Damit vergleiche ich Poydjus' Heer« (*nû seht, ob vunde ein antvogel ze trinken in dem Bodemsê, trünk er'n gar, daz taet im wê. sus prüev ich Poidjuses her* 377,4-7). Die paradoxe Vorstellung, daß sich nicht die Ente im Bodensee, sondern der Bodensee in der Ente befinden könnte (wenn sie den See ausgetrunken hätte), ist ein bildlich nicht mehr nachvollziehbarer Witz, der auf eine Katastrophe verweist: die Ente müßte platzen, wenn sie versuchte, den Bodensee auszutrinken (*Dieter Kartschoke*, Die Ente auf dem Bodensee. Zu Ws Willehalm, 377,4ff., ZfdPh. 121, 2002, S. 424-432).

– *Das Schiff auf Cliboris' Helm* (411,2-10). König Cliboris' Helmzier hat die Gestalt eines Schiffs, einer *barke*. Willehalms Bruder Bernart schlägt ihm sein Schwert durch die Barke, durch den Helm und durch den Kopf, so daß der König tot vom Pferd fällt. »Eine Woge von Blut« (*der bluotes wâc* 411,8) läuft in die Barke. »Wer darin Schiffsmann gewesen wäre, der wäre da kaum am Leben geblieben« (*swer marnaere drinne waere gewesen, dâ möhte unsanfte sîn genesen* 411,9-10). Der Seemann wäre nicht im Meer ertrunken, sondern im Schiff; und nicht im Wasser, sondern im Blut.

Beides sind Todesbilder; beide arbeiten mit einer bedrohlichen Ver-
schiebung der Realitätsebenen und signalisieren eine Auflösung der
gewohnten Wirklichkeit ins Absurde. Solche Bilder veranschaulichen
nichts mehr, sie haben auch keine Unterhaltungsfunktion; sie sind
düstere Zeichen einer aus den Fugen geratenen Welt.

Komik und Gewalt. Die ganze Palette der ›Parzival‹-Komik, vom
banalen Witz bis zum blasphemischen Scherz, der auch vor dem
Heiligen nicht haltmacht, kann man im ›Willehalm‹ wiederfinden,
jedoch mit auffälligen Verschiebungen. Niemand würde den ›Wille-
halm‹ einen »humoristischen Roman« nennen (wie es *Wolfgang Mohr*
für den ›Parzival‹ getan hat, vgl. S. 227). Von den frechen, unbeküm-
merten Zügen der ›Parzival‹-Komik ist im ›Willehalm‹ nicht mehr
viel zu finden. Deutlich reduziert ist auch der sexuelle Witzbereich.
Die komische Selbstdarstellung des Erzählers, die dazu einlädt, über
ihn zu lachen, ist im ›Willehalm‹ noch vorhanden, allerdings weniger
ausgeprägt. Dafür treten andere Züge hervor. Die Komik im ›Wille-
halm‹ ist einerseits düsterer, lastender, andererseits greller und wilder.
Es ist, wie die Ente im Bodensee und Cliboris' Blutbarke zeigen, eine
tödliche Komik, über die man nicht mehr lachen kann.
  Der wichtigste Gegenstandsbereich der Komik ist der Körper,
und zwar der gepeinigte, entstellte, fragmentierte, zerstückelte Kör-
per, der wie faules Obst zerplatzt, wenn Rennewart am Königshof
in Munleun den Knappen, der ihn geärgert hat, an einer steinernen
Säule zerschlägt (190,12ff.); oder der zu Tode gebratene Körper des
Kochs, den Rennewart in den Ofen geschoben hat (286,11ff.). Das
Schlachtgeschehen bietet immer wieder Gelegenheit zur Darstellung
grausiger Körper-Komik, zum Beispiel wenn der Liebesgott Amor
mit seinem Köcher und seinem Pfeil (die auf König Nöupatris' Lan-
zenfähnlein abgebildet sind) durch Vivianz' Bauch »hindurchfährt«
(*heten durhvartlîchen kêr ... genomen* 25,16.18) und im Rücken wieder
herauskommen (*daz man si rückeshalp sach* 25,19); oder wenn der alte
Heimrich dem König Cernubile sein Schwert durch den Helm und
durch die Schädeldecke »bis auf die Zähne« (*unz ûf die zene* 408,29)
schlägt; oder wenn Willehalm dem alten König Oukin den Kopf so
abschlägt, daß der Kopf schon auf dem Boden liegt, während der
König noch ohne Kopf auf dem Pferd sitzt (»den Rumpf konnte
man da ohne Kopf in seinem Sattel sitzen sehen«, *den lîp man mohte
schouwen âne houbet in dem satel sîn* 422,24-25). Werner Röcke hat
»die Verbindung von Gelächter und Gewalt« als kennzeichend für
Wolframs Erzählstil im ›Willehalm‹ herausgearbeitet (*Werner Röcke,
Der zerplatzte Enterich und der Koch als Rollbraten. Gelächter*

und Gewalt in Ws Willehalm, Zs. f. Germanistik N. F. 11, 2001,
S. 274-291).

Die komische Hauptfigur der Dichtung ist Rennewart, an dem
alles komisch und bedrohlich ist: seine Körpergröße, seine Riesenkräfte,
seine Gewalttätigkeit und seine Nähe zur Küche. Obwohl Wolfram
die burlesken Rainoart-Szenen seiner französischen Vorlage gekürzt
hat, kommt doch mit Rennewarts Auftreten ein neuer Ton in die
Dichtung. Rennewart ist eine Figur voller unaufgelöster Widersprü-
che.

4.4 Die Autorität des religiösen Sprechens

Der bedeutendste Unterschied in der Ausgestaltung der Erzählerrolle
gegenüber dem ›Parzival‹ betrifft die Autorität des Erzählers. Auch
der ›Parzival‹-Erzähler hat Aussagen gemacht und Urteile gefällt, die
keinen Widerspruch dulden, wenn er etwa von Herzeloydes Armuts-
frömmigkeit spricht (116,15ff.) oder wenn er nach der Verfluchung
durch Kundrie versichert, Parzival habe »niemals etwas wirklich
Böses getan« (*den rehten valsch het er vermiten* 319,8). Andererseits
hat der ›Parzival‹-Erzähler auf verschiedene Weise seine eigene Glaub-
würdigkeit untergraben (vgl. S. 218f.). Auch im ›Willehalm‹ gibt es
Erzähler-Kommentare, vor allem in der Anfangspartie, die kaum auf
die Zustimmung des Publikums angelegt sind. So kann der Vorwurf
gegen Terramer, er hätte nicht seinem einen Schwiegersohn gegen
seinen anderen Schwiegersohn beistehen sollen (12,9), schwerlich ernst
genommen werden, da Willehalm nur als Entführer und Ehebrecher
zu einem ›Verwandten‹ Terramers geworden ist. In den gravierenden
Fragen tritt der ›Willehalm‹-Erzähler seinem Publikum jedoch in
einer Weise entgegen, die keine Zweifel an seiner Autorität zuläßt.
Das zeigen gleich die ersten Worte, die er spricht.

Das Prolog-Gebet hat zwei Adressaten: Gott, zu dem der Pro-
log-Sprecher betet, und das literarische Publikum, dem der Erzähler
seine Dichtung vorträgt. Der Erzähler betet seinen Zuhörern vor.
Mit der Verherrlichung der Trinität und der Rühmung von Gottes
Schöpferkraft erzwingt er geradezu die Zustimmung der Hörer, da
die Orthodoxie der Glaubenswahrheiten keine Diskussion erlaubt.
So wird eine Autorität des religiösen Sprechens begründet, die der
Erzähler für sich in Anspruch nimmt.

Vergleicht man diesen ›Willehalm‹-Anfang mit dem ›Parzival‹-An-
fang, wo der Erzähler in dunklen Bildern zu seinem Publikum spricht
und darauf gefaßt zu sein scheint, daß seine Bildersprache sich wie

ein hakenschlagender Hase dem verstehenden Zugriff der Zuhörer entzieht (vgl. S. 42f.), so erkennt man, wie sehr sich die beiden Werke, was die Erzähler-Autorität betrifft, unterscheiden. Während die ›Parzival‹-Hörer in wichtigen Fragen des Verständnisses alleine gelassen werden und versuchen müssen, selber zu einer Urteilsbildung über den ›Sinn‹ des Erzählten zu gelangen, sollen die ›Willehalm‹-Zuhörer sich offenbar der Autorität des Erzählers anvertrauen, um das Erzählte ›richtig‹ zu verstehen.

Was sich am Prolog beobachten läßt, gilt für die ganze Dichtung. Ob der Erzähler seine Freude über den Tod von Vivianz äußert (*und vreu mich doch wie er restarp* 48,29), weil Vivianz die Märtyrer-Krone erlangt hat; ob er die Zuhörer auffordert, Willehalms Leiden zu »preisen« (*sînen jâmer sult ir prîsen* 52,1), weil Willehalm um Gottes willen leidet; oder ob er das Abschlachten der besiegten Feide als »große Sünde« geißelt (*grôzer sünde ich drumbe gihe* 450,18), immer kann er sich auf eine höhere Autorität berufen, dessen Überlegenheit außer Zweifel steht. Die durchgehende religiöse Wertung des Geschehens dokumentiert offenbar die »ernste, weise Einsicht« (*unlôsen sin sô wîse* 2,25), um die der Erzähler im Prolog Gott gebeten hat. Sein von Gott gestärkter *sin* gibt ihm die Kraft, die Heiligkeit seines Helden »anzuschreien« (*mîn sündehaften mundes galm dîn heilikeit anschrîet* 4,14-15) und, gegen Ende der Dichtung, Gyburg als *heilic vrouwe* (403,1) zu feiern. Auch Vivianz wird vom Erzähler als Heiliger angerufen (49,12ff.). Als Rennewart am Petit Punt ein Blutbad unter den abtrünnigen Fürsten anrichtet, kommentiert der Erzähler, sie glaubten, »die Hand Gottes würde sie totschlagen« (*si slüege aldâ diu gotes hant* 325,3). Das alles ist ohne Vorbild in der französischen Vorlage. Neu bei Wolfram ist auch das Eingreifen Gottes in das irdische Kriegsgeschehen: er schickt dem sterbenden Vivianz seinen Engel Cherubin; und er erschafft die großen Steinsärge, in denen auf wunderbare Weise die Gebeine der in der ersten Schlacht gefallenen Märtyrer gesammelt sind. Dann verstreut Gott die Särge so über das Schlachtfeld, daß der Angriff der heidnischen Reiterei behindert wird (vgl. 357,16ff.). Dies Eingreifen Gottes ist die deutlichste Bestätigung für die Richtigkeit der religiösen Erzählerperspektive.

4.5 Perspektivisches Erzählen

Der Gyburg-Exkurs. Mitten in der Schilderung der ersten Schlacht hat der Erzähler einen Exkurs eingefügt, in dem es um die Bewertung der Gyburg-Gestalt geht. Der Erzähler spricht zu »der Frau mit den

zwei Namen« (*ein wîp zwir genant* 30,21-22) und erhebt schwere
Vorwürfe: »Deine Liebe vernichtet das Christentum« (*dîn minne den
touf versnîdet* 30,25). (Zur Bedeutung von *versnîden* vgl. *Elisabeth
Schmid*, Schneidende Wörter in Ws Willehalm, in: Blütezeit. FS für
L. Peter Johnson, 2000, S. 347-362, bes. S. 360).

»Mein Herz traut Dir Böses zu« (*mîn herze dir ungünste giht* 30,30).
Aber dann vollzieht der Erzähler vor den Ohren seiner Zuhörer einen
radikalen Wechsel seines Standpunkts: »Wo habe ich meinen Verstand
gelassen? Unschuldig war die Königin« (*war tuon ich mînen sîn? un-
schuldic was diu künegîn* 31,3-4).

Der Gyburg-Exkurs ist eine Demonstration des perspektivischen
Erzählens. Die Bewertung und damit das Verständnis der Figur hängt
davon ab, aus welchem Blickwinkel man sie betrachtet. Geht man
von den Verlusten aus, die der Krieg um Gyburg den Christen zufügt,
kann man zu einem negativen Urteil über sie gelangen; betrachtet man
jedoch ihre religiösen Motive, erscheint sie in einem anderen Licht.
Bereits im ›Parzival‹ hat Wolfram die Technik des perspektivischen
Erzählens exemplarisch an einer Figur vorgeführt. Im Keie-Exkurs des
6. Buchs (296,13-297,23) wurden ebenfalls eine negative und eine
positive Sichtweise gegenübergestellt. Dort war jedoch die positive
Sicht des Erzählers so schwach begründet, daß die Zuhörer kaum
anders konnten, als der negativen Wertung zuzustimmen. So wurde
die Urteilsfähigkeit des Erzählers in Frage gestellt, und die Zuhörer
wurden ermuntert, sich ein eigenes Urteil zu bilden.

Im Gyburg-Exkurs dagegen werden die beiden konträren Sicht-
weisen nicht dem Urteil der Zuhörer vorgelegt, und es wird kein
Zweifel gelassen, daß die positive Sicht auf Gyburg die richtige ist.
Die Überlegenheit der positiven Perspektive ist darin begründet, daß
Gyburg aus Liebe zu Gott Christin geworden ist: »Wer sich um sei-
netwillen in Gefahr begibt, der wird ewigen Lohn empfangen« (*swer
sich vinden lât durh in in nôt, der enpfâhet endelôsen solt* 31,12-13).
Auch hier erweist sich die Autorität des religiösen Sprechens.

ze bêder sît. Schon Bodo Mergell hat auf eine Eigenheit des Erzähl-
stils im ›Willehalm‹ aufmerksam gemacht, die er »Zweischau« nannte
und als »objektiv-überschauende Sicht beider Parteien« beschrieben
hat (*Bodo Mergell*, WvE und seine französischen Quellen. Teil 1. Ws
Willehalm, 1936, S. 10).

In Wolframs Text weist die Formel *ze bêder sît* auf diese Darstel-
lungsform hin; sie begegnet im ›Willehalm‹ 29 mal, vor allem an
Stellen, an denen von Christen und Heiden gesprochen wird, die
sich in der Schlacht gegenüberstehen (*John Margetts*, ze bêder sît:

Mengenbezeichnung oder visio mundi?, ABäG 23, 1985, S. 153-173).
Daß der Erzähler beachtet, was *ze bêder sît* geschieht, unterscheidet die
deutsche Dichtung vom Erzählstil der französischen Vorlage, wo das
ganze Geschehen nur von der christlichen Seite geschildert wird.

Vertraut man sich der Doppelperspektive des ›Willehalm‹-Erzählers
an, so treten widersprüchliche Phänomene in den Blick. Einerseits
wird der Riß betont, der durch die Schöpfung geht. Daß die Welt
in Christen und Heiden geteilt ist, die sich bekriegen und gegensei-
tig töten, ist die Ursache des Leids, das als schwere Bürde auf der
Menschheit lastet. Andererseits treten jedoch viele Ähnlichkeiten
und Übereinstimmungen zwischen Christen und Heiden zutage (vgl.
S. 336f.). Auf beiden Seiten stehen dieselben herrlich geschmückten
Ritter, die auf beiden Seiten aus denselben Motiven kämpfen. Im
Verlauf der Erzählung stellt sich heraus, daß Christen und Heiden
dieselben Verwandtschaftsstrukturen aufweisen und daß auch die
politische Ordnung sich völlig entspricht. Die Frage, ob ein Krieg, der
ze bêder sît als Glaubenskrieg geführt wird, noch zu rechtfertigen ist,
hat der Erzähler nicht explizit gestellt; er hat die Geschichte jedoch so
erzählt, daß die Zuhörer oder Leser sich diese Frage stellen konnten
und leicht zu einer negativen Antwort gekommen sind.

Blicklenkung. Zum perspektivischen Erzählen gehört auch die Tech-
nik der Fokussierung: der Erzähler lenkt den Blick und damit auch
die Aufmerksamkeit auf Einzelheiten, die ihm wichtig sind; oder er
sorgt dafür, daß die Zuhörer den Blicken der handelnden Figuren
folgen. Nach der ersten Schlacht reitet Willehalm, auf dem Weg nach
Oransche, auf einen Hügel. »Er hielt das Pferd an und blickte zurück.
Landauf, landab waren Berg und Tal und Alischanz vollkommen von
unzähligen Heiden bedeckt« (58,1-5). Es ist ein apokalyptischer An-
blick der sich ihm bietet: das ganze Land ist von dem Riesenheer der
Heiden überflutet. Dieselbe Situation wird vor der zweiten Schlacht
noch einmal geschildert. Willehalm reitet mit den französischen Für-
sten *ûf einen berc* (319,6), »um Ausschau zu halten« (*durh schouwen*
319,7); wieder ist die ganze Ebene von heidnischen Rittern bedeckt.
Der Anblick ist so furchterregend, daß die französischen Fürsten
beschließen umzukehren, obwohl sie noch am Vortag gelobt hatten,
den Kampf gegen die Heiden als Kreuzzug fortzusetzen.

Bei seiner Ankunft in Munleun wird Willehalm von der Hofge-
sellschaft wortlos angestarrt, und die Blicke, die der waffenstarrende,
schmutzige Mann auf sich zieht, werden von ihm mit wilden ›Wolfs-
blicken‹ erwidert (129,14ff.), die die Hofgesellschaft in Angst und
Schrecken versetzen (vgl. S. 341f.).

Mehrfach werden Blicke aus dem Fenster geschildert. Solche Blicke, die von oben nach unten geworfen werden, können den, dem sie gelten, bloßstellen oder ihn zum Fremden machen. So ergeht es Willehalm in Munleun. »Da sprachen der König und seine Frau: ›Gehen wir zu den Fenstern und schauen wir und beobachten, was er will und was er vorhat‹« (129,8-11). Es ist der eigene Bruder und Schwager, den sie da sehen, ungewaschen und mit wirrem Haar und in voller Rüstung; statt ihn zu begrüßen, lassen sie die Tore zusperren und grenzen so den kriegsmüden Helden aus der Hofgesellschaft aus.

»Eines Abends war der König an die Fenster im Palas getreten, zusammen mit der Königin und seiner Tochter« (187,1-3); Willehalm ist auch dabei. Wortlos betrachten sie die sportlichen Vergnügungen der jungen Adligen. Dann tritt Rennewart in ihren Blick. Es ist sein Eintritt in die Dichtung, und er bietet ein Bild der Schande, vom König verschuldet: der Sohn des heidnischen Großkönigs lebt am französischen Hof als Küchenknecht und ist dem Gespött der adligen Jugend ausgesetzt. Vier Augenpaare sind auf ihn gerichtet; und die Zuhörer können bald begreifen, daß es vier ganz verschiedene Blicke sind: der König mit dem Blick des schlechten Gewissens (›ich hân unvuoge an im getân‹ 191,7); die Königin ohne erkennbare Beteiligung; Alyze mit dem ersten Blick der Liebe auf ihren zukünftigen Ehemann; und Willehalm mit dem Blick der Erkenntnis, der Rennewart ein neues Leben verheißt: »Was, Herr, wenn ich ihm sein Leben auf eine bessere Bahn bringe?« (waz, ob ich, herre, im sîn leben baz berihte 191,22-23). Dieser ›Augen-Blick‹ ist der Wendepunkt der Dichtung: Rennewart wird für die Christen in der zweiten Schlacht den Sieg erkämpfen (285,13).

Daß es beim Blick aus dem Fenster auf die Blick-Erwartung ankommt, zeigt auch die Fensterszene im fünften Buch, als Willehalm und Gyburg aus dem Fenster ihres Palas in Oransche über das Land schauen und die Ankunft der Truppenverbände beobachten, die Willehalms Vater und seine Brüder ihm zuführen (234,30ff.): si wolten vriunt schouwen (235,2).

Erzählerperspektive und Figurenperspektiven. Es ist nicht zuletzt das kunstvolle Zusammenspiel von Erzählerperspektive und Figurenperspektiven, was Wolframs Erzählstil die besondere Färbung verleiht. Joachim Heinzle hat von der »Darstellungsfigur der zwei Stimmen« im ›Willehalm‹ gesprochen, als Kennzeichen eines »suchenden Erzählens« (Joachim Heinzle, Die Heiden als Kinder Gottes (vgl. S. 304), S. 306f.).

Es sind vor allem die beiden Hauptgestalten, Willehalm und Gyburg, die durch ihre konträren Deutungen des Geschehens bewirken, daß sich ein Widerspruch durch die ganze Dichtung zieht. Diesen Widerspruch hat zuletzt Ursula Liebertz-Grün herausgearbeitet (*Ursula Liebertz-Grün*, Das trauernde Geschlecht. Kriegerische Männlichkeit und Weiblichkeit im Willehalm WsvE (vgl. S. 404), S. 384ff).

In Willehalm Reden steht der Gedanke im Mittelpunkt, daß der Kampf auf Alischanz ein Glaubenskampf ist, daß die Heiden den christlichen Glauben bedrohen, daß die Christen sich mit einem Kreuzzug dagegen wehren müssen, und daß die, die im Kampf fallen. als Märtyrer sterben. Gyburg dagegen betont in ihren Reden, daß es keinen unüberwindbaren Gegensatz zwischen Christen und Heiden gibt, daß auch den Ungetauften ein Weg zum Heil offensteht und daß auch die Heiden Geschöpfe Gottes sind und Schonung verdienen. Ob Willehalms Handlungsweise am Schluß, in der Matribleiz-Szene, wo er dem heidnischen Totenkult seine Achtung erweist (vgl. S. 315f.), als eine Annäherung an Gyburgs Position aufgefaßt werden darf, läßt der fragmentarische Text nicht sicher erkennen.

Die beiden gegensätzlichen Positionen erhalten ihr besonderes Gewicht dadurch, daß der Erzähler sich nicht auf eine der beiden Seiten stellt und die andere ablehnt, sondern ihnen beiden zustimmt. In seinen Kommentaren zum Schlachtgeschehen übernimmt er Willehalms Sichtweise und baut sie weiter aus, indem er den Kreuzzugsgedanken genauer begründet und indem er Gott mit seinen Engeln in den Kampf eingreifen läßt. Diese Perspektive wird durch die ganze Dichtung durchgehalten; sie ist am Ende so gültig wie am Anfang.

Genauso werden aber auch Gyburgs Gedanken vom Erzähler übernommen. Bereits im Prolog hat der Erzähler den Gedanken der Gotteskindschaft erläutert und hat von der Geschöpflichkeit aller Menschen gesprochen und davon, daß Gott nicht wollen kann, daß die Menschen auf ewig verloren sind. Damit hat der Erzähler den Argumenten vorgearbeitet, die Gyburg im Religionsgespräch mit ihrem Vater und in ihrer Rede im Fürstenrat vorträgt. Gleich zu Beginn der ersten Schlacht wird die Unmenschlichkeit des gegenseitigen Tötens vom Erzähler angeprangert (10,18ff.). In verschärfter Form taucht dieser Gedanke am Schluß wieder auf, wenn der Erzähler es für »große Sünde« erklärt, daß die Heiden »wie Vieh« totgeschlagen werden (450,15ff.).

Auf die Frage, wie die beiden Standpunkte sich aus seiner Sicht zueinander verhalten, gibt der Erzähler keine Antwort. Eine Abgleichung der beiden Sichtweisen gibt es weder auf der Handlungsebene noch auf der Erzählerebene. Andererseits ist deutlich, daß die Unterschiede so gravierend sind, daß sie sich nicht leicht in ein harmonisches Ergänzungsverhältnis bringen lassen. Im Kern stehen die beiden Perspektiven im Widerspruch zueinander: die eine rechtfertigt den Krieg als religiös verdienstvoll; die andere appelliert an die gemeinsame Geschöpflichkeit und schließt den Gedanken ein, daß es dem Willen Gottes widerspricht, wenn die Menschen sich gegenseitig totschlagen.

Da der Erzähler die religiösen Positionen beider Hauptgestalten durch seine Autorität bekräftigt und keinen Versuch macht, sie zu harmonisieren, muß man wohl damit rechnen, daß die Wahrnehmung dieses Widerspruchs durch die Hörer und Leser in der Absicht des Erzählers lag. Was sich erzähltechnisch als Unaufgelöstheit darstellt, erscheint auf der Handlungsebene als Unerlöstheit der Menschen. Ein Ausweg aus der Widersprüchlichkeit des Heidenkriegs wird im ›Willehalm‹ bis zu der Stelle, an der der Text abbricht, nicht gezeigt.

4.6 Der Ton der Klage

Während in der französischen Vorlage der Heldenmut und die Siegesgewißheit des berühmten Heidenkämpfers Guillaume verherrlicht werden, geben bei Wolfram Trauer und Verzweiflung den Ton an. Der Sieg der Christen in der zweiten Schlacht sollte Anlaß geben – so möchte man denken – zu Jubel und Freude. Die tödliche Bedrohung durch die Heiden ist mit Gottes Hilfe gebannt; ein neues Leben kann beginnen. Doch davon ist bei Wolfram nicht die Rede. Für Willehalm gibt es zuletzt nur noch ein Thema: die Klage um Rennewart.

Bereits im Prolog zum ›Willehalm‹ hat der Sprecher angekündigt, daß Klage das bestimmende Thema der Dichtung sein wird: »Vergönnt mir Gott so viel Zeit, so werde ich von Liebesklage und anderer Klage erzählen« (*gan mir got sô vil der tage, sô sag ich minne und ander klage* 4,25-26).

In den anschließenden Versen wird genauer erläutert, es gehe um die Klage, »die Mann und Frau in Treue litten, weil Jesus in den Jordan getaucht wurde zur Taufe« (*der mit triuwen pflac wîp und man, sît Jêsus in den Jordân durh toufe wart gestôzen* 4,27-29). Diese merkwürdige Formulierung ist offenbar eine Umschreibung für das Leid, das die Menschen (»Mann und Frau«, speziell Willehalm und Gyburg) um ihres christlichen Glaubens willen erlitten haben.

Werner Schröder, minne und ander klage, ZfdA 93, 1964, S. 300-313. – *Ingrid Ochs*, Ws Willehalm-Eingang im Lichte der frühmhd. geistlichen

Dichtung (vgl. S. 277), S. 94ff. – *Joachim Heinzle*, Willehalm-Kommentar (vgl. S. 402), S. 826f.

Mit der »Liebesklage«, von der erzählt werden soll, ist sicherlich gemeint, daß Liebes- und Glaubensmotive für Willehalm und Gyburg aufs engste miteinander verbunden sind. Vielleicht ist außerdem daran gedacht, daß die Liebe im Kampf zwischen Christen und Heiden durch den Tod so vieler Minneritter schwere Verluste erlitt (»ein schwarzer Tag war da gekommen für die Liebe«, *dâ erschein der minne ein vlüstic tac* 81,20).

Die Klage wird sowohl auf der Handlungsebene als auch auf der Erzählerebene zum Thema gemacht. Wortführer der Klage auf der Handlungsebene ist Willehalm, der als *der trûrige man* (130,4), *der siufzebaere man* (136,16) dargestellt wird. Seine großen Klage-Reden um Vivianz (60,21-64,30) und um Rennewart (452,29-456,24) prägen den Ton der Dichtung. In Munleun spricht Willehalm von seiner Unerlöstheit aus den Banden der Trauer: *ich bin trûrens unrelôst* (166,29). Nach Willehalm hat Gyburg den größten Anteil am Klage-Geschehen. Ihre Klagereden im 2. Buch (100,26-102,20) und im 5. Buch (252,29-259,12) betonen die Ausweglosigkeit der Situation, in die sie sich durch ihren Übertritt zum Christentum gebracht zu haben glaubt.

In die Klagen der beiden Hauptgestalten stimmen alle anderen ein. Willehalms ganze Verwandtschaft klagt über den Tod von Vivianz und über die schrecklichen Verluste der ersten Schlacht. Auf der anderen Seite beklagen die Heiden nicht weniger intensiv den Tod so vieler ausgezeichneter Kämpfer.

Die Klagethematik steht in literarischen Zusammenhängen. Am nächsten verwandt sind die Klagen Kaiser Karls im ›Rolandslied‹ und die Klagen Dietrichs und Etzels in der ›Nibelungenklage‹. Auf beide Texte hat Wolfram wörtlich Bezug genommen.

Urban Küsters, Klagefiguren. Vom höfischen Umgang mit der Trauer, in: An den Grenzen höfischer Kultur, hrsg. von G. Kaiser, 1991 , S. 9-75. – *Christian Kiening*, Aspekte einer Geschichte der Trauer in Mittelalter und früher Neuzeit, in: Mittelalter und Moderne. Entdeckung und Rekonstruktion der mittelalterlichen Welt, hrsg. von P. Segl, 1997, S. 31-53. – *Werner Röcke*, Die Faszination der Traurigkeit. Inszenierung und Reglementierung von Trauer und Melancholie in der Literatur des Spätmittelalters, in: Emotionalität. Zur Geschichte der Gefühle, hrsg. von C. Benthien (u.a.), 2000, S. 100-118.

Der Erzähler hat die Geschichte mit zahlreichen Klage-Rufen und Klage-Kommentaren begleitet: *ouwê, daz man den* [= Willehalm] *niht liez bî sîns vater erbe!* (7,16-17); *ouwê, daz sîniu* [= Vivianz'] *jungiu jâr ... mit tôde nâmen ende!* (13,25.27); *ouwê, daz er* [= Terramer] *nû komen sol!* (399,7); *ôwê kristen liute!* (400,1); *ôwê nû des mordes, der dâ geschach ze bêder sît!* (401,30). Im Verlauf der Erzählung weitet sich die Klage des Erzählers immer mehr zur Menschheitsklage aus. Das Leben sei vom Anfang bis zum Ende bejammernswert: »wehklagend kommen wir zur Welt, wehklagend fahren wir ins Grab« (*jâmer ist unser urhap, mit jâmer kom wir in das grap* 280,17-18). Freude und Leid seien so verteilt, »daß das Leid immer den Boden und das Dach und – seitlich, hinten, vorne – die Wand der Freude bildet« (*daz man vreude ie trûrens jach z'einem esterîche und z'einem dach, neben, hinden, vür zen wenden* (281,11-13). Es sind solche resignierenden Kommentare, die den düsteren Grundton der Dichtung bestimmen.

5. Der Stoff und seine Bearbeitung.
Geschichte – Legende – Sage – Dichtung

Der Willehalm-Stoff hat eine geschichtliche Grundlage. Der historische Wilhelm war ein Graf von Toulouse. Er lebte als Legendengestalt weiter und wurde später als Heiliger verehrt. Die Erinnerung an seine Kämpfe gegen die Sarazenen wurde zur Heldensage ausgestaltet. Die Sage ist spätestens im 12. Jahrhundert zur Dichtung geworden, in der Form altfranzösischer Heldenepik um Guillaume d'Orange (Chansons de geste). Eins der französischen Wilhelm-Epen hat Wolfram als Vorlage für den ›Willehalm‹ benutzt.

> Den besten Überblick über die Stoffgeschichte und den französischen Epen-Zyklus um Guillaume d'Orange bietet Jean Frappier; daneben ist immer noch die grundlegende Darstellung von Joseph Bédier heranzuziehen; den Stand der Forschung repräsentiert die neue zusammenfassende Darstellung von Madeleine Tyssens und Jeanne Wathelet-Willem.
>
> *Joseph Bédier*, Les légendes épiques. Recherches sur la formation des chansons de geste, Bd. 1, Le cycle de Guillaume d'Orange, Paris [2]1914. – *Jean Frappier*, Les chansons de geste du cycle de Guillaume d'Orange, 2 Bde., Paris 1955-1965. – *Madeleine Tyssens, Jeanne Wathelet-Willem*, La geste des Narbonnais (cycle de Guillaume d'Orange), 2001 (Grundriß der romanischen Literaturen des Mittelalters, Bd. 3, tome 1/2, fasc. 3).

5.1 Historische Grundlagen

Graf Wilhelm von Toulouse, das historische Vorbild der Willehalm-Gestalt, hat zur Zeit Karls des Großen gelebt und ist 812 gestorben.

Er stammte aus fränkischem Hochadel und war offenbar weitläufig mit den Karolingern verwandt.

> *Joachim Wollasch*, Eine adlige Familie des frühen Mittelalters, AKG 39, 1957, S. 150-188. – *Eduard Hlawitschka*, Die Vorfahren Karls des Großen, in: Karl der Große. Lebenswerk und Nachleben, hrsg. von W. Braunfels, Bd. 1, Düsseldorf 1965, S. 51-82, bes. S. 76f. und S. 82; vgl. die Stammtafel nach S. 72. – *Matthias Werner*, Adelsfamilien im Umkreis der frühen Karolinger, 1982, S. 237.

Wilhelm wurde 789 von Karl dem Großen zum Grafen von Toulouse ernannt und war einer der wichtigsten Helfer Ludwigs des Frommen, der seit 781 als König von Aquitanien in Südfrankreich regierte. Zum Jahr 793 berichtet das ›Chronicon Moissiacense‹, daß Graf Wilhelm zusammen mit anderen fränkischen Grafen einem Sarazenenheer unter der Führung von Abd al-Malik entgegengetreten sei, das von Spanien aus in Südfrankreich eingedrungen war. Bei Narbonne, am Fluß Orbieu (*super fluvium Oliveio*) sei es zur Schlacht gekommen, die mit einer schweren Niederlage der Christen geendet habe. »Der größte Teil des christlichen Heeres kam an jenem Tage um«, (... *ceciditque maxima pars in illa die ex populo Christiano*); »Wilhelm aber kämpfte tapfer an diesem Tag« (*Willelmus autem pugnavit fortiter in die illa*) (Chronicon Moissiacense, hrsg. von *Georg H. Pertz*, in: Monumenta Germaniae historica, Scriptores, Bd. 1, Hannover 1826, S. 300). Die Sarazenen hätten ihren Sieg jedoch nicht ausgenutzt, sondern seien mit der Beute, die sie gemacht hätten, nach Spanien zurückgekehrt.

In den folgenden Jahren hat sich Graf Wilhelm in den Kämpfen gegen die Sarazenen in Spanien ausgezeichnet. Er war auch an der Eroberung Barcelonas im Jahr 803 beteiligt. Davon berichtet Ermoldus Nigellus in seinem Epos ›Carmen in honorem Hludowici Caesaris Augusti‹, das 824/26 entstanden ist. 804 trat Graf Wilhelm in das Kloster Aniane (nordwestlich von Montpellier) ein und übersiedelte 806 in das nahe gelegene, von ihm gestiftete Kloster Gellone; 812 ist er dort gestorben. Gellone wurde ihm zu Ehren im 12. Jahrhundert in St. Guilhem-le-Désert umbenannt. So heißt der Ort noch heute.

5.2 Die liturgisch-hagiographische Tradition

In Gellone wurde das Andenken an den fürstlichen Stifter bewahrt. Seit wann er als Heiliger verehrt wurde, ist unsicher. Die frühesten Belege für seine Heiligkeit sind Zeugnisse, die in den Jahren 925 und 926 in Gellone ausgestellt wurden und in denen von *sanctus Wilelmus* die Rede ist.

> *Ulrich Mölk*, La liturgie de saint Guillaume et la geste de Guillaume aux 11e et 12e siècles, in: VIII congreso de la Société Rencesvals, Pamplona 1981, S. 353-357, bes. S. 355. – *Victor Saxer*, Le culte et la légende hagiographique de saint Guillaume de Gellone, in: La chanson de geste et le mythe carolingien. Mélanges René Louis, Saint-Père-sous-Vézelay 1982, Bd. 2, S. 565-589, bes. S. 586, Anm. 11.

Die bis in die neuesten Handbücher (Lexikon des Mittelalters, Bd. 9, München 1998, Sp. 152) wiederholte Behauptung, Graf Wilhelm sei im Jahr 1066 von Papst Alexander II. heiliggesprochen worden, beruht auf einem Mißverständnis. Alexander II. hat in einem Schreiben vom 9. März 1066, in dem er die Unabhängigkeit des Klosters Gellone bestätigte (vgl. *V. Saxer*, S. 586, Anm. 18), die Gebeine des lokalen Heiligen erwähnt (*corpus S. Wilelmi*); dabei hat er das Heiligenprädikat (*sanctus*) aus dem Wortgebrauch von Gellone übernommen. Das Schreiben ist gedruckt in: Patrologia Latina, hrsg. von J.-P. Migne, Bd. 146, Paris 1884, Sp. 1311-1312.

In der ersten Hälfte des 11. Jahrhunderts wurde in Gellone ein ›Libellus de miraculis sancti Willelmi‹ zusammengestellt. Deutlicher greifbar wird die liturgisch-hagiographische Tradition erst im 12. Jahrhundert. Der wichtigste Text ist die ›Vita sancti Wilhelmi‹, die in der ersten Hälfte des 12. Jahrhunderts in Gellone entstanden ist.

> Vita sancti Wilhelmi, in: Acta Sanctorum Bollandiana 17, Maii, Bd. 6, Antwerpen 1688, Neudruck Brüssel 1969, S. 809-828 [Text: S. 811-820]; außerdem in: Acta Sanctorum ordinis sancti Benedicti, Saeculum IV, Bd. 1, hrsg. von *L. D'Achery* und *J. Mabillon*, 2. Ausgabe, Venedig 1735, S. 67-867.

Wilhelms Heiligkeit bezeugt sich nach der Darstellung der ›Vita‹ in seinem frommen Klosterleben und in den Wundern, die er im Kloster vollbracht habe und die an seinem Grab geschehen seien.

Im Jahr 1139 fand in Gellone eine feierliche Translatio der Gebeine des heiligen Wilhelm statt. Seit dieser Zeit verbreitete sich die liturgische Verehrung des Heiligen in Aquitanien und in der Provence, weiter im Rhône-Tal, nach Flandern, im Rheinland bis nach Westfalen. Der normannische Mönch und Historiker Ordericus Vitalis († 1142) bezeugt in seiner ›Historia ecclesiastica‹, daß die ›Vita sancti Wilhelmni‹ bereits vor der Mitte des 12. Jahrhunderts in Nordfrankreich bekannt war: ein Mönch aus Winchester, der auf der Durchreise war, habe ihm den lateinischen Text gezeigt (*Ordericus Vitalis*, Historica ecclesiastica, Buch VI, Kap. 3, hrsg. von *Marjory Chibnall*, Bd. 3, Oxford 1972, S. 218f.).

5.3 Die Sage von Guillaume d'Orange

Wann Graf Wilhelm von Toulouse zu einer Sagengestalt geworden ist
und wie die Sage bis zur Entstehung der französischen Wilhelm-Epik
tradiert worden ist, gehört zu den schwierigen Fragen der französischen
Chanson de geste-Forschung.

Dabei geht es hauptsächlich um die Frage, wie weit die erhaltenen Texte durch
mündliche Überlieferungen geprägt worden sind. Jean Rychner hat für eine
mündliche Konzeption der Chansons de geste plädiert; die Gegenposition
ist am schärfsten von Maurice Delbouille vertreten worden.

> *Jean Rychner*, La chanson de geste. Essai sur l'art épique des jongleurs,
> Genf, Lille 1955. – *Maurice Delbouille*, La chanson de geste et le livre,
> in: La technique littéraire des chansons de geste, Paris 1959, S. 295-407.
> Die Frage ist nicht ausdiskutiert worden.

> Zum Forschungsstand vgl. *Friedrich Wolfzettel*, Traditionalismus innovativ:
> Zu neueren Tendenzen der romanistischen Chanson de geste-Forschung,
> W-St. 11, 1989, S. 9-31. – *François Suard*, La chanson de geste, Paris 1993
> (Que sais-je? 2808). – *Dominique Boutet*, La chanson de geste. Forme et
> signification d'une écriture épique du moyen âge, Paris 1993.

Wenn die Sagenbildung von der verlustreichen Schlacht am Orbieu
ihren Ausgang genommen hat, von der im ›Chronicon Moissiacense‹
zum Jahr 793 berichtet wird, dann bildete das Epos über die Schlacht
von Aliscans den Mittelpunkt der Sagen um Guillaume d'Orange. Es
ist jedoch auch möglich, daß nicht diese eine Schlacht, sondern daß
der unermüdliche Kampf Graf Wilhelms gegen die Sarazenen der
Punkt war, von wo die Sagenbildung angegangen ist.

Historisch ist außer dem Namen des Helden, Guillaume, auch der seiner
Ehefrau Guiborc: der historische Graf Wilhelm war in zweiter Ehe mit Guit-
burgis (oder Vuithburgis) verheiratet. Außerdem verbindet der Eintritt ins
Kloster und das fromme Leben dort den Sagenhelden mit dem historischen
Wilhelm. Historisch ist ferner der Name des französischen Königs (Loois).
Die Rolle Guillaumes als Helfer des Königs ist vielleicht ein Reflex der hi-
storischen Situation, als Graf Wilhelm von Toulouse zum engsten Kreis um
König Ludwig den Fromme von Aquitanien gehörte. Der Name des heidni-
schen Großkönigs, Desramé (Wolframs Terramer), könnte auf den Namen
des Sarazenen-Herrschers Abd er-Râhman (gest. 788) zurückgehen.

Unsicher ist, ob die Vivien-Vivianz-Gestalt eine historische Grundlage
hat. Die These von Hermann Suchier, daß Vivien der Held einer
selbständigen Sage gewesen sei, die auf den geschichtlichen Grafen
Vivianus, der im Jahr 851 im Kampf gegen die Bretonen gefallen ist,

zurückging, galt nach der Kritik von Ferdinand Lot als erledigt, wird aber gelegentlich bis heute vertreten.

> *Hermann Suchier*, Vivien, ZfrPh. 29, 1905, S. 641-682. – *Ferdinand Lot*, Vivien et Larchamp, Romania 35, 1906, S. 258-277. – *André Moisan*, Réflexions sur la genèse de la légende de Vivien, in: VIII Congresso de la Société Rencesvals, Pamplona 1981, S. 345-352. – *John Greenfield*, Vivianz. An Analysis of the Martyr Figure in WvE's Willehalm and in His Old French Source Material, 1991, S. 26ff.

Den frühesten Anhaltspunkt für eine Wilhelm-Sage bietet die ›Nota Emilianense‹, ein kurzer lateinischer Prosabericht über den Überfall auf die fränkische Nachhut bei Roncevaux im Jahr 778, in einer Madrider Handschrift aus der zweiten Hälfte des 11. Jahrhunderts. Darin werden sechs der zwölf Paladine Karls des Großen namentlich genannt, und einer von ihnen ist Wilhelm, der hier (im Dativ) *ghigelmo alcorbitanas* genannt wird (Nota Emilianense, hrsg. von *Dámaso Alonso*, La primitiva épica francesa a la luz de una nota emilianense, Madrid 1954, S. 19ff.).

Der Beiname *alcorbitanas* muß eine latinisierte Form von *al corb nes* (»mit der krummen Nase«) sein. Für diesen Beinamen läßt sich keine historische Grundlage nachweisen; er ist jedoch in der französischen Wilhelm-Epik bezeugt. Insofern bietet die ›Notitia Emilianense‹ ein Indiz dafür, daß Wilhelm bereits in der zweiten Hälfte des 11. Jahrhunderts eine bekannte Sagen-Figur war. In der ›Chanson de Guillaume‹ (vgl. S. 384) führt Guillaume d'Orange den Beinamen *al corb nes*; in anderen französischen Wilhelm-Epen wird er »mit der kurzen Nase« (*al cort nes*) genannt.

Erst die Zeugnisse aus der ersten Hälfte des 12. Jahrhunderts machen sicher, daß zu dieser Zeit Lieder über die kriegerischen Taten Guillaumes verbreitet waren. Ordericus Vitalis erwähnt im Zusammenhang mit dem heiligen Wilhelm, daß »von fahrenden Sängern ein Lied über ihn überall gesungen wird« (*Vulgo canitur a ioculatoribus de illo cantilena*, Historia ecclastica, Buch VI, Kap. 3, vgl. S. 377).

Auch im Prolog zur ›Vita sancti Wilhelmi‹ wird erwähnt, daß Lieder, die von den Heidenkriegen Wilhelms erzählen, auf der ganzen Welt bekannt seien.

Im 5. Kapitel der ›Vita‹ wird ferner berichtet, daß die Sarazenen mit einem großen Heer von Spanien aus in die Provence eingefallen seien. Kaiser Karl habe ihnen ein Heer unter der Führung des Grafen Wilhelm entgegengeschickt. Vor den Mauern der Stadt Orange, die schon lange in der Gewalt des Sarazenen Theobald gewesen sei, sei es zur Schlacht gekommen. In langen schweren Kämpfen habe Wilhelm schließlich gesiegt, habe die Stadt erobert und habe dort seinen Sitz genommen.

Hier ist zum ersten Mal der heilige Wilhelm eindeutig mit dem Epenhelden Guillaume d'Orange identifiziert; denn von den Kämpfen um Orange weiß die Geschichtsschreibung nichts, wohl aber die französische Wilhelm-Epik, vor allem das Epos ›La prise d'Orange‹.

5.4 Der Epenzyklus um Guillaume d'Orange

Die französische Chanson de geste-Epik behandelt historische Stoffe aus der merowingischen und karolingischen Zeit. Der älteste erhaltene Text ist die ›Chanson de Roland‹ (in einer Oxforder Handschrift aus der Mitte des 12. Jahrhunderts); die Hauptüberlieferung der Chansons de geste beginnt erst im 13. Jahrhundert. Man kann jedoch davon ausgehen, daß eine ganze Anzahl von Epen bereits im 12. Jahrhundert entstanden ist; die genaueren Datierungen sind allerdings alle unsicher.

Zum ältesten Überlieferungsbestand gehören mehrere Epen, die von Guillaume d'Orange erzählen: wie er nach dem Tod Karls des Großen dessen Sohn Louis die Nachfolge sicherte (›Le couronnement Loois‹); wie er Nîmes eroberte (›Le charroi de Nîmes‹); wie er in Orange die Liebe der heidnischen Königin Orable gewann, die auf den Namen Guiborc getauft wurde (›La prise d'Orange‹); wie er in den beiden Schlachten auf Aliscans die Heiden unter Desramé besiegte (›La bataille d'Aliscans‹); wie er zuletzt ins Kloster eintrat und von dort aus den Kampf gegen die Heiden fortsetzte (›Le moniage Guillaume‹). Guillaume d'Orange gehörte in Frankreich im 12. Jahrhundert zu den beliebtesten Heldengestalten. Im Verlauf der Zeit entstanden immer neue Epen, die von seinen Taten und von den Taten seiner zahlreichen Verwandten erzählten. Insgesamt gab es schließlich 24 Epen um Guillaume d'Orange. Spätestens um 1200 wurde daraus ein Epen-Zyklus gemacht, der als eine poetische Biographie des Helden angelegt war. Überliefert sind die Epen um Guillaume d'Orange in Sammelhandschriften des 13. und 14. Jahrhunderts, die in den meisten Fällen Teile des Zyklus oder den gesamten Zyklus enthalten. Außerhalb des Zyklus steht nur die ›Chanson de Guillaume‹, die einzeln in einer Handschrift des 13. Jahrhunderts überliefert ist. Die Zuordnung dieser Dichtung zu den übrigen Epen um Guillaume d'Orange ist unsicher (vgl. S. 384).

Kennzeichnend für die Chanson de geste-Überlieferung im allgemeinen und die Überlieferung der Wilhelm-Epik im Besonderen ist die ungewöhnliche Variationsbreite der Texte, von der die kritischen Editionen der einzelnen Epen kein zureichendes Bild geben. Die

Handschriften gehen im Textbestand und in den Formulierungen so weit auseinander, daß man von selbständigen Redaktionen oder Fassungen sprechen kann, die neben einander bestanden haben und sich teilweise gegenseitig beeinflußt haben können. Die Bemühungen der älteren Forschung, die Überlieferung der Epen mit den Methoden der traditionellen Textkritik in einem Handschriftenstemma auszudrükken und die abweichenden Fassungen auf einen allen Textzeugnissen zugrunde liegenden Originaltext zurückzuführen, sind durchweg gescheitert. Die Überlegungen der neueren Textphilologie haben in der Chanson de geste-Forschung noch kaum ein Echo gefunden.

> Zur Überlieferung des Wilhelm-Zyklus vgl. *Madeleine Tyssens*, La geste de Guillaume d'Orange dans les manuscrits cycliques, Paris 1967.

5.5 ›Aliscans‹

Das Epos von der Schlacht auf Aliscans bildet den Mittelpunkt des Epen-Zyklus um Guillaume d'Orange. Schwerpunkte der Handlung sind Viviens Tod in der ersten Schlacht, der Konflikt mit dem König in Montlaon [Wolframs Munleun] und die Heldentaten Rainouarts in der zweiten Schlacht. Durch die Zuordnung der beiden so gegensätzlichen Figuren Vivien und Rainouart gewinnt die Guillaume-Handlung in ›Aliscans‹ ihr besonderes Kolorit: auf der einen Seite die Aura der Heiligkeit, die das Martyrium des jungen Vivien umgibt; auf der anderen Seite die laute Komik des ungeschlachten Riesen Rainouart, der mit seinem *tinel* auf alles einschlägt. In der Mitte, in Montlaon, geht es um Guillaumes Position gegenüber dem König und um die Überlegenheit der Familien-Solidarität gegenüber den feudalen Bindungen. Guillaume ist in ›Aliscans‹ ein kampferprobter Held, stark und ungestüm in der Schlacht, angetrieben von Adelsstolz und Gottvertrauen, rücksichtslos und grausam gegen seine Feinde, voll fürsorglicher Liebe zu seinen Nichten und Neffen, von ungebrochener Selbstsicherheit in seinem Handeln. Dieses Heldenbild, das der Erzähler in rühmenden Kommentaren verherrlicht und ausmalt, war sicherlich mitentscheidend für die große Beliebtheit, der sich die Geschichten um Guillaume d'Orange im 12. und 13. Jahrhundert in Frankreich erfreuten.

Die übliche Datierung von ›Aliscans‹ auf die Zeit »um 1185«, die vielfach als Tatsache hingestellt wird, ist ganz ungesichert. Sie stützt sich darauf, daß in ›Aliscans‹ gesagt wird, der französische König habe die Absicht, die Grafschaft Vermandois seiner Gemahlin zu übertragen (2549ff.). Der König von

Frankreich habe – so wurde argumentiert – erst seit 1185 über das Vermandois verfügen können, als der Streit zwischen König Philipp II. August und dem Grafen Philipp von Flandern um die Grafschaft Vermandois zugunsten des Königs ausgegangen sei. Wenn sich der Text tatsächlich darauf bezöge, würde sich für die Datierung nur ergeben, daß die Dichtung irgendwann »nach 1185« entstanden sein müsste. Die historische Ausdeutung ist jedoch sehr fraglich, weil der Graf von Flandern auch nach 1185 den Titel eines Grafen von Vermandois führte und das Vermandois erst 1213 zur Krondomäne geworden ist. Es ist durchaus möglich, daß ›Aliscans‹ bereits um die Mitte des 12. Jahrhunderts entstanden ist.

> Zur Datierung von ›Aliscans‹ vgl. *Jean Frappier*, Les chansons de geste du cycle de Guillaume d'Orange (vgl. S. 375), Bd. 1, S. 240f. Zur Geschichte des Vermandois vgl. *Olivier Guyotjeannin*, Vermandois, in: Lexikon des Mittelalters, Bd. 8, München 1997, Sp. 1549-1552 (mit Literatur).

›Aliscans‹ ist in 13 (mehr oder weniger vollständigen) Handschriften sowie in 2 Fragmenten aus dem 13. und 14. Jahrhundert überliefert; von keinem anderen Epos des Zyklus um Guillaume d'Orange besitzen wir so viele Handschriften.

Über die Gruppierung der Handschriften und über die vergeblichen Bemühungen der älteren Forschung um eine Klärung der Handschriftenverhältnisse vgl. den kritischen Bericht von *Madeile Tyssens*, La geste de Guillaume d'Orange dans les manuscrits cycliques, 1967, S. 247ff. Vgl. außerdem von *Madeleine Tyssens*, Aliscans, Fragment B. N. fr. n. a. 934, in: Mélanges Pierre le Gentil, Paris 1973, S. 851-867. – *Dieselbe*, Encore Aliscans: Les enseignements du manuscrit Savile, in: La chanson de geste et le mythe carolingien. Mélanges René Louis, Saint-Père-sous-Vézelay 1982, Bd. 2, S. 623-635.

Eine Ausgabe von ›Aliscans‹, die ein zuverlässiges Bild vom Auseinandergehen der verschiedenen Fassungen bietet, gibt es nicht. Für die kritische Textarbeit sind folgende Ausgaben wichtig:
– von *François Guessard* und *Anatole de Montaiglon*, Paris 1870.
  Der ›Aliscans‹-Text (8435 Verse in 199 Laissen) beruht auf der Handschrift Ars (Paris, Bibl. de l'Arsenal, 6562), der ältesten ›Aliscans‹-Handschrift aus der ersten Hälfte des 13. Jahrhunderts.
– von *Erich Wienbeck, Wilhelm Hartnacke* und *Paul Rasch*, Halle 1903.
  Der ›Aliscans‹-Text (8510 Verse in 199 Laissen) beruht ebenfalls auf Ars beziehungsweise auf dem Text von Guessard und de Montaiglon, deren Vers- und Laissenzählung die Hallenser Herausgeber übernommen haben. Hinzugefügt sind (mit gesonderter Vers- und Laissenzählung) die Plusverse aller anderen Handschriften (mit Ausnahme der Londoner Handschrift B[1]); dadurch ist der ›Aliscans‹-Text der Hallenser Ausgabe tatsächlich viel umfangreicher als es die Verszählung von Guessard und de Montaiglon erkennen läßt. Im kritischen Apparat sind die Lesarten aller Handschriften verzeichnet. Es ist die einzige Ausgabe, die eine Vorstellung von der Variationsbreite der Dichtung vermittelt. Die Brauchbarkeit der Ausgabe

wird jedoch stark eingeschränkt durch die Unzuverlässigkeit zahlreicher Angaben; vgl. die kritische Besprechung von *Raymond Weeks*, Romania 35, 1906, S. 309-316. Ergänzend zur Ausgabe von Wienbeck-Hartnacke-Rasch ist ein ›Verzeichnis der Namen der altfranzösischen Chanson de Geste: Aliscans‹ von *Paul Rasch* (Progr. Magdeburg 1909) erschienen.
- von *Claude Régnier*, 2 Bde., Paris 1990.
Der ›Aliscans‹-Text beruht auf der Handschrift A^2 (Paris, Bibl. Nationale, fr. 1449); der kritische Apparat verzeichnet nur die Abweichungen der übrigen Handschriften der Gruppe A (A^1, A^3, A^4). Die Gruppe A stellt nach Madeleine Tyssens (La geste de Guillaume d'Orange [vgl. S. 382], S. 327ff.) eine Art Vulgata dar, der gegenüber alle anderen Handschriften stärkere Veränderungen aufweisen. Daher wird ›Aliscans‹ heute in der Regel nach der Ausgabe von Régnier zitiert (auch in diesem Band).

Eine Übersetzung von ›Aliscans‹ ins Englische (auf Grund der Ausgabe von Guessard und de Montaiglon) stammt von *Michael A. News* (The Song of Aliscans, New York, London 1992). Eine Übersetzung ins Neufranzösische (auf Grund der Ausgabe von Régnier) von *Bernard Guidot* und *Jean Subrenat*, Paris 1993. Eine Übersetzung ins Deutsche gibt es nicht.

In 12 von 13 vollständigen Handschriften ist ›Aliscans‹ zusammen mit anderen Epen des Zyklus um Guillaume d'Orange überliefert; nur M ist eine Einzelhandschrift. In den meisten Handschriften steht ›Aliscans‹ zwischen der ›Chevalerie Vivien‹ und der ›Bataille Loquifer‹. Da es Anhaltspunkte dafür gibt, daß diese beiden Epen jünger sind als ›Aliscans‹, muß man mit einer älteren, vor-zyklische Fassung von ›Aliscans‹ rechnen, die nicht erhalten ist.

Die Einbindung in den Zyklus war nicht einfach ein Akt der Addition mehrerer selbständiger Epen, sondern war mit erheblichen Textveränderungen verbunden, die am Anfang und am Ende von ›Aliscans‹ deutlich erkennbar sind. Mit den ersten Versen (»An jenem Tag, als der Schmerz groß wurde und die Schlacht gewaltig auf Aliscans« (*A icel jor, ke la dolor fu grans Et la bataille orible en Aliscans* 1-2) nimmt der ›Aliscans‹-Text auf den Anfang der Schlacht Bezug, die in der (im Zyklus vorausgehenden) ›Chevalerie Vivien‹ erzählt wird. Die epische Verknüpfung ist so eng, daß man die Grenze zwischen dem einen Epos und dem anderen nicht bemerken würde, wenn sie nicht besonders markiert wäre.

Am Schluß von ›Aliscans‹ wird kurz von der Hochzeit Rainouarts mit der Königstochter Aélis berichtet und von Aélis' Tod im Kindbett. Dann wendet sich der Erzähler seinen Hörern zu und kündigt eine neue Chanson an (»Jetzt folgt der Anfang einer sehr schönen Chanson«, *Huimés commence chancon de grant bontez* 8177), die von Rainouarts Kampf gegen Loquifer und von den Taten von Rainouarts Sohn Meillefer erzählen soll, wie es die im Zyklus auf ›Aliscans‹ folgende ›Bataille Loquifer‹ tut. Spuren der Bearbeitung für den Zyklus findet man auch an anderen Stellen. In der 71. Laisse, kurz vor dem ersten Auftritt von Rainouart, kündigt der Erzähler an, er werde noch von Rainouarts Sieg über Loquifer erzählen und von der Gründung eines Klosters durch Rainouart und von seinem seligen Ende (3404ff.).

Die literarhistorische Einordnung von ›Aliscans‹ hängt weitgehend davon ab, wie das Verhältnis zur ›Chanson de Guillaume‹ beurteilt wird. In der ›Chanson de Guillaume‹ wird von drei verlustreichen Schlachten erzählt, in denen Vivien gegen die Heiden kämpft (das Schlachtfeld liegt in Spanien). Mit dem Eingreifen Guillaumes in die dritte Schlacht beginnt ein neuer Teil, der in der Handlungsführung weitgehend mit ›Aliscans‹ übereinstimmt. Die ›Chanson de Guillaume‹ endet mit Rainouarts Taufe nach dem Sieg über die Heiden.

> Es gibt eine zweisprachige Ausgabe der ›Chanson de Guillaume‹ von *Beate Schmolke-Hasselmann* (München 1983), mit einer Übersetzung ins Neuhochdeutsche. Der altfranzösische Text ist ein Nachdruck der Ausgabe von *Jeanne Wathelet-Willem* (Paris 1975).

Die ›Chanson de Guillaume‹ ist das einzige Epos um Guillaume d'Orange, das in keiner zyklischen Handschrift überliefert ist und das auch keine Spuren einer Bearbeitung für den Zyklus aufweist. In der einzigen Handschrift (London, British Library, 38663) aus dem 13. Jahrhundert ist das Werk alleine überliefert

Man hat der ›Chanson de Guillaume‹ eine zentrale Bedeutung für die Ausbildung des Epen-Zyklus um Guillaume d'Orange zugeschrieben und hat die Übereinstimmungen mit ›Aliscans‹ durch die Annahme erklärt, daß der ›Aliscans‹-Dichter die ›Chanson de Guillaume‹ (oder einen verwandten Text) als Vorlage benutzt habe. Wie ungesichert das alles ist, zeigt die nüchterne und besonnene Beurteilung durch Jeanne Wathelet-Willem.

> *Madeleine Tyssens* und *Jeanne Wathelet-Willem*, La geste des Narbonnais (vgl. S. 375), S. 21ff. Vgl. auch *Philip E. Bennett*, La Chanson de Guillaume and La Prise d'Orange, London 2000.

5.6 Wolframs Vorlage

Die Frage, wie die französische Vorlage aussah, nach der Wolfram gearbeitet hat, hat besonders die ältere Forschung beschäftigt.

> *Susan A. Bacon*, The Source of W's Willehalm, 1910. – *Johanna N. Nassau-Noordewier*, Bijdrage tot de beoordeeling van den Willehalm, Proefschrift Groningen 1901. Eine gute Zusammenfassung der älteren Forschung bei *Carl Lofmark*, Rennewart in W's Willehalm. A Study of WvE and His Sources (vgl. S. 405), S. 50ff.

Seit der Untersuchung von Susan A. Bacon gilt es als ausgemacht, daß Wolfram eine Vorlage benutzt hat, die der ›Aliscans‹-Handschrift M (Venedig, Bibl. Marciana, fr. XIII [= 252]) aus dem 14. Jahrhundert, die eine franko-italienische Fassung von ›Aliscans‹ überliefert, besonders nahe stand.

> Die ›Aliscans‹-Fassung der Handschrift M ist herausgegeben von *Günter Holtus*, La versione franko-italiana della Bataille d'Aliscans, 1985. Vgl. *Günter Holtus*, Zur Edition der franko-italienischen Fassung von Aliscans, ZfrPh. 94, 1978, S. 14-26. Außerdem *Madeleine Tyssens*, Aliscans dans le manuscrit francais VIII de la Marciana, Cultura Neolatina 21, 1961, S. 148-154.

> Ein Vergleich von Wolframs Text mit dem ›Aliscans‹-Text in M bei *Gillian M. Humphreys*, WvE's Willehalm. Kinship and Terramer. A Comparison with the M Version of Aliscans, 1999, S. 13ff.; ein Vergleich von Wolframs Rennewart-Szenen mit M bei *Carl Lofmark*, Rennewart in W's Willehalm (vgl. S. 405), S. 60ff.; ein Vergleich von Wolframs Vivianz-Szenen mit M bei *John Greenfield*, Vivianz (vgl. S. 405), S. 118ff. Von Humphreys und Greenfield wird jedoch nicht im einzelnen angegeben, worin sich M von den übrigen ›Aliscans‹-Handschriften unterscheidet. Darunter leidet die Evidenz.

Das Hauptargument für eine Abhängigkeit von M ist, daß in M die Laissen 122-165 fehlen, in denen von Rainouarts Kämpfen gegen Agrapart, Crudiados, Valegrape, Grishart und Flohart in der zweiten Schlacht erzählt wird. Von diesen Kämpfen gibt es im ›Willehalm‹ keine Spur (vgl. S. 316). Es ist jedoch zu bedenken, daß erstens diese Partie nicht nur in M, sondern auch in den beiden B-Handschriften (B^1, B^2) fehlt, zum Teil auch in D und F; und daß zweitens der deutsche Text sich in dieser Partie (sie fällt in das achte Buch des ›Willehalm‹) so weit von der französischen Vorlage entfernt, daß gar nicht mehr vom Übergehen bestimmter Laissen gesprochen werden kann.

In M ist der Text auch am Schluß stark gekürzt, wo in den übrigen ›Aliscans‹-Handschriften ausführlich von den Vorbereitungen der Hochzeit von Rainoart und Aélis erzählt wird. Nach Laisse 147 in der Ausgabe von Holtus (= Laisse 185 in der Ausgabe von Régnier) folgt in M nur noch die abschließende Laisse 148, die von der Taufe Rainoarts und Baudus' erzählt. Die Laissen 186-192 in der Ausgabe von Régnier fehlen in M. Für die Frage, wie Wolframs Vorlage aussah, ist daraus jedoch nichts zu gewinnen, weil die gesamte Rainoart-Handlung nach dem Ende der zweiten Schlacht bei Wolfram fehlt.

Das zweite Hauptargument zugunsten einer M-Vorlage ist die Behauptung, daß M die einzige ›Aliscans‹-Handschrift sei, die nicht zyklisch angelegt sei. Das ist jedoch falsch. M enthält zwar keine anderen Guillaume-Epen; der ›Aliscans‹-Text zeigt am Anfang und am Schluß jedoch dieselben Spuren der Einarbeitung in den Zyklus wie alle anderen ›Aliscans‹-Handschriften. M beginnt mit demselben Vers wie die übrigen Handschriften (*A cel jorn qe la dolor fu granc* 1), der auf die im Zyklus vorausgehende ›Chevalerie Vivien‹ zurückweist; und auch in M wird auf Rainoarts Kämpfe gegen Loquifer vorausgewiesen (3221ff. in der Ausgabe von Holtus), von denen in der ›Bataille Loquifer‹ erzählt wird.

Zugunsten einer M-nahen Vorlage sind außerdem eine Reihe von Übereinstimmungen in der Lautgestalt der Eigennamen angeführt worden. Angesichts der großen Varianz in der Wiedergabe heidnischer Personen- und Ortsnamen besitzt dieses Argument allerdings nur geringes Gewicht. Die Behauptung, daß nur die Handschrift M die beiden Heidenkönige Baudus und Baudins namentlich unterscheide und daß Wolfram die Unterscheidung von Poidjus und Poidwiz aus der Handschrift M übernommen habe, ist unzutreffend, wie schon ein Blick in die Namensverzeichnisse von Rasch (vgl. S. 383), Régnier (vgl. S. 383), Schröder und Heinzle (vgl. S. 401f.) lehrt.

Wie unsicher das Argumentieren mit Eigennamen ist, zeigt der Name von Synaguns Pferd, den Wolfram an einer Stelle nennt (*Passilivrier* 368,22). Der Name fehlt in den meisten ›Aliscans‹-Handschriften. Er steht in der Laisse 121a (in der Ausgabe von Wienbeck-Hartnacke-Rasch), die nur in den Handschriften B^1B^2DF und M überliefert ist (*Passelevriere*); ausgerechnet in M fehlt jedoch der Vers mit dem Namen des Pferdes. Ebenso fehlt in M der Name von Rennewarts Pferd, *Li Margaris* (Wienbeck-Hartnacke-Rasch 8034), den Wolfram seiner Vorlage verdankt (*ein ors, hiez Lignmaredî* 420,23) sowie der Name des Heidenlandes *Botentrot* (Régnier 5995 = *Boitendroit* Willeh. 356,19). Der französische Ritter *Girart de Bordel* (Régnier 6208 = *ûz Purdel Gîrant* Willeh. 428,26) kommt in M ebenso wenig vor wie der Heidenkönig *Morindes* (Régnier 5724 = *Morende* Willeh. 414,1) und Willehalms Verwandter *Jocerant* (Régnier 2243 = *Josseranz* Willeh. 45,2).

Auch in anderen Punkten, in denen M in der ›Aliscans‹-Überlieferung ganz alleine steht, stimmt Wolframs Text mit den anderen Handschriften gegen M überein. Im ›Willehalm‹ lautet Willehalms Schlachtruf *Monschoie* und nicht *Orange* wie in M; nur in M soll Rainoart Ermentrut heiraten (Holtus 3880ff.) und nicht die Königstochter Aélis wie in allen anderen Handschriften. Der ›Willehalm‹ bricht ab, bevor es zur Eheschließung kommt; aber es kann kein Zweifel sein, daß nach Wolframs Darstellung nur Alyze Rennewarts Ehefrau werden kann.

Fazit: Es ist nicht zu erkennen, daß der ›Aliscans‹-Text, den Wolfram als Vorlage benutzt hat, einer der erhaltenen ›Aliscans‹-Handschriften in spezifischer Weise nahegestanden hat. Es ist nicht unwahrscheinlich, daß in Wolframs Vorlage die Laissen 122-165 fehlten, wie in B^1B^2M; eine besondere Beziehung zur Venezianischen Handschrift M läßt sich daraus jedoch nicht ableiten. Aller Wahrscheinlichkeit nach war bereits Wolframs ›Aliscans‹-Vorlage zyklisch angelegt; die expliziten Hinweise auf die vorausgehenden und die im Zyklus folgenden Epen des Guillaume-Zyklus sind jedoch bei Wolfram getilgt. Da wir die vor-zyklische Gestalt von ›Aliscans‹ nicht kennen, sind alle Aussagen über Wolframs Vorlage mit Unsicherheiten belastet.

In Wolframs Dichtung gibt es eine Reihe von Anspielungen auf Ereignisse in Willehalms Leben, von denen nicht in ›Aliscans‹, aber in anderen Epen des französischen Wilhelm-Zyklus erzählt wird.

Am Anfang des ›Willehalm‹ wird berichtet, daß Willehalms Vater Heimrich seine Söhne zu Gunsten eines Patensohns enterbt habe (5,16ff.). Das Motiv fehlt in ›Aliscans‹; es begegnet in ›Les Narbonnais‹ (hrsg. von *H. Suchier*, Paris 1898, Vers 266ff.), wo Aimeri sein Erbe seinem jüngsten Sohn Guibert vermacht; und in ›Guibert d'Andrenas‹ (hrsg. von *J. Melander*, Paris 1922, Vers 144ff.), wo ebenfalls erzählt wird, daß Aimeri seinen jüngsten Sohn Guibert als Erben vorgesehen habe; später aber, im Alter von 150 Jahren, habe er seinen Entschluß geändert zu Gunsten seines Patenkinds Aimeriet. Beide Epen werden in die erste Hälfte des 13. Jahrhunderts datiert. Diese Datierungen sind jedoch, wie alle Chanson-Datierungen, unsicher.

Madeleine Tyssens, Jeanne Wathelet-Willem, La geste des Narbonnais (vgl. S. 375), S. 131 und S. 140. Vgl. *Jean-Marc Pastré*, Le thème des Aymerides dans le Willehalm de WvE, in: Littérature épique au moyen âge. Hommage à Jean Fourquet, 1999, S. 355-364.

Wie Wolfram zur Kenntnis des Enterbungsmotivs gelangt ist, ist unklar.

Willehalm spricht einmal davon, daß er, als Kaufmann verkleidet, auf einem Wagen in die Stadt Nîmes eingefahren sei und so die Stadt erobert habe (298,14ff.). Davon erzählt das Epos ›Le charroi de Nîmes‹.

An anderer Stelle erinnert Willehalm den König daran, daß er, Willehalm, es gewesen sei, der ihm gegen den Widerstand der Fürsten die Herrschaft gesichert habe (159,6ff.). Davon erzählt ›Le couronnement Loois‹.

Mehrfach wird erwähnt, daß Willehalm bei den Heiden im Gefängnis gewesen sei und daß die Königin Arabel ihn befreit habe (192,6f. 220,14ff. 294,1ff. 298,16ff.). Von Guillaumes Gefangenschaft bei den Heiden erzählt ›La prise d'Orange‹; in der Angabe der näheren Umstände weicht Wolfram allerdings stark von dieser Dichtung ab.

Einmal wird erwähnt, daß Willehalm im Dienst Karls des Großen in Rom für Papst Leo gekämpft habe (91,27ff.); dafür findet sich keine direkte Parallele im französischen Wilhelm-Zyklus, so daß damit gerechnet werden muß, daß die Angabe aus einer anderen Quelle stammt.

Dazu kommen Übereinstimmungen des ›Willehalm‹ mit späteren Bearbeitungen des ›Aliscans‹-Stoffes. In der ›Storie Nerbonesi‹, einer italienischen Prosa-Kompilation des französischen Wilhelm-Zyklus aus der Zeit um 1400, wird berichtet, daß die Christen nach der Schlacht die toten Heiden, die mit Rainouart verwandt waren, nach deren eigenem Brauch (*secondo il modo barbero*, hrsg. von *I. Isola*, Bologna 1887, Bd. 2, S. 526) einsargen ließen. Von einer Darstellung dieses Typs könnten Anregungen zu Willehalms Botschaft an Terramer, daß man die gefallenen Heidenkönige *schône nâch ir ê bestate* (465,19-20) gekommen sein.

In der französischen ›Aliscans‹-Prosaauflösung aus dem 15. Jahrhundert wird von einem Gespräch zwischen Guiborg und ihrem Vater Desramé berichtet, das vor den Toren der belagerten Stadt Orange stattgefunden habe und in dem es auch um religiöse Fragen gegangen sei. Das Religionsgespräch in Wolframs Dichtung könnte von einem solchen Bericht angeregt sein.

Ob Wolfram andere Epen des französischen Wilhelm-Zyklus kannte oder ob seine ›Aliscans‹-Vorlage mehr Anspielungen enthielt als die erhaltenen Handschriften, läßt sich nicht entscheiden. Es muß auch mit der Möglichkeit mündlicher Stoffvermittlung gerechnet werden.

> *Danielle Buschinger*, La réception du cycle des Narbonnais dans la littérature allemande du moyen âge, in: La chanson de geste et il ciclo di Guglielmo d'Orange, a cura di A. Fassò, Medioevo Romanzo 21, 1997, S. 404-420.

5.7 Wolframs Bearbeitung

Die Unsicherheit über das Aussehen von Wolframs ›Aliscans‹-Vorlage hat zur Folge, daß alle Aussagen über Wolframs Bearbeitung seiner Vorlage mit Unwägbarkeiten belastet sind. Soweit wir sehen können, ist Wolfram der französischen Dichtung, was die Handlungsfolge angeht, bis zum siebenten Buch ziemlich genau gefolgt. Abweichungen von der Vorlage sind oben im Kapitel »Handlungsanalyse« in den Abschnitten »Vergleich mit ›Aliscans‹« verzeichnet (vgl. S. 282f., 287f., 292f., 295ff., 300, 305f., 309f., 312, 316f.

> Knapp gehaltene fortlaufende Vergleiche des deutschen Texts mit der französischen Vorlage auch in der englischen ›Willehalm‹-Übersetzung von *Charles E. Passage* (vgl. S. 402), S. 294f., sowie bei *John Greenfield* und *Lydia Miklautsch*, Der Willehalm WsvE (vgl. S. 403), S. 70ff.

Die Umgestaltung der Chanson de geste zum höfischen Epos betraf in erster Linie die Metrik und die Vortragsform. Die heldenepischen Langverse wurden durch höfische Vierheber ersetzt; an die Stelle der einreimigen Laissen sind vierhebige Reimpaare getreten; aus der gesungenen Heldenepik wurde gesprochene Hofdichtung. Stilistisch unterscheidet sich der ›Willehalm‹ am deutlichsten durch den höfischen Beschreibungsstil, der vor allem den Einzelheiten der höfischen Sachkultur zugute kommt. Beschreibungen der ritterlichen Bewaffnung und des orientalischen Reichtums sind besonders zahlreich. Im Zusammenhang damit steht der Ausbau der Gesellschaftsdarstellung, besonders in den Hofszenen in Munleun und in Oransche. Zum höfischen Gesellschaftsstil gehört auch das Motiv des Minnedienstes, das Wolfram den Christen wie den Heiden zugeordnet hat. Die Schlacht auf Alischanz wird im ›Willehalm‹ als Liebeskrieg dargestellt: »Fast alle waren Minneritter« (*daz was almeistic der minnen her* 26,9).

Am Anfang und am Schluß (das heißt an den Stellen, an denen ›Aliscans‹ besonders deutlich auf die im Zyklus vorangehenden beziehungsweise nachfolgenden Epen Bezug genommen hat) hat Wolfram am stärksten in seine Vorlage eingegriffen. Er hat die Vivianz-Handlung verkürzt und er hat die Rennewart-Handlung beschnitten. Wolfram hat die Entführung Gyburgs an den Anfang gestellt und hat damit der Handlung einen neuen Bezugspunkt gegeben. In ›Aliscans‹ spielt dieses Motiv eine eher beiläufige Rolle; der Feldzug der Heiden und die erste Schlacht (deren Anfang in der ›Chevalerie Vivien‹ erzählt wird) sind dort durch eine grausame Tat Viviens provoziert worden.

Sicherlich war es Wolframs Absicht, die Handlung bis zu einem bestimmten Schlußpunkt zu führen. Am Schluß waren jedoch die Schwierigkeiten noch größer. Denn nach dem Sieg in der zweiten Schlacht wird in ›Alischanz‹ nicht mehr von Guillaume erzählt, sondern nur noch von Rainouart; die Rainouart-Handlung setzt sich in der ›Bataille Loquifer‹ fort. Daß es nicht in Wolframs Absicht lag, diesem Weg zu folgen, läßt sich daran ablesen, daß sich der deutsche Text gegen Ende der Dichtung immer weiter von seiner französischen Vorlage entfernt. Was Wolfram zuletzt erzählt, als die Schlacht zu Ende ist, ist alles unabhängig von der Vorlage: Willehalms große Klage um Rennewart ebenso wie die Matribleiz-Szene. Dann bricht der Text ab.

Bernd Bastert hat mit Recht darauf hingewiesen, daß Wolfram die Willehalm-Handlung zwar aus dem französischen Zyklus gelöst hat, daß er jedoch seine Dichtung durch den engen Anschluß an das ›Rolandlied‹ einem anderen Zyklus der Chanson de geste-Epik, den Heldenliedern um Karl den Großen, angenähert hat. Später hat Wolframs fragmentarische Dichtung den Anstoß zu einer neuen Zyklusbildung gegeben: durch die späteren Zudichtungen von Ulrich von Türheim und Ulrich von dem Türlin ist Wolframs ›Willehalm‹ zum Mittelstück eines dreiteiligen Epen-Zyklus geworden (vgl. S. 397f.).

Bernd Bastert, Sequentielle und organische Zyklizität. Überlegungen zur deutschen Karlepik des 12. bis 15. Jhs., in: Chanson de Roland und Rolandslied, 1997, S. 1-13. – *Ders.*, Helden als Heilige. Chanson de geste in Deutschland, Habil.schrift (masch.) Köln 2002, S. 189ff.

In Wolframs Dichtung ist Willehalm von Anfang an die dominierende Gestalt. Neben ihm gewinnt vor allem Gyburg eigenes Gewicht. Die wichtigsten (ohne Anregung durch die französische Vorlage) neu geschaffenen Szenen sind Gyburg-Szenen: ihre Klagereden in Buch II und Buch V, das Religionsgespräch mit Terramer, die beiden

Liebesszenen in Oransche, ihre große Rede im Fürstenrat und die Kemenaten-Szene mit Rennewart.

Die bedeutendsten Veränderungen gegenüber der französischen Vorlage betreffen nicht die Handlung, sondern ergeben sich aus der Neugestaltung der Erzählerrolle in Wolframs Dichtung. Das Gespräch, das der Erzähler durch die ganze Dichtung hindurch mit den Zuhörern führt, ist so angelegt, daß alles, was scheinbar fraglos geschieht, im Verlauf der Handlung immer fragwürdiger wird. Das gilt nicht nur für das Kriegsgeschehen, das die Handlung bestimmt, sondern auch für das höfische Gesellschaftsleben und die zwischenmenschlichen Bindungen. Die großen Klagereden von Willehalm und Gyburg und die resignierenden Kommentare des Erzählers über die Leid-Bestimmtheit des menschlichen Lebens (vgl. S. 373ff.) prägen den Ton der deutschen Dichtung, der sich grundlegend von dem positiven, auf die Verherrlichung von Heldengestalten und Heldentugenden angelegten Erzählstil der französischen Chanson de geste unterscheidet.

6. Überlieferungs- und Wirkungsgeschichte

6.1 Überlieferung

Handschriften und Fragmente. Die Anzahl der erhaltenen Handschriften, Fragmente und Exzerpte hat die Hundert überschritten; damit ist der ›Willehalm‹ das am reichsten überlieferte höfische Epos, noch vor dem ›Parzival‹, der lange Anspruch auf diesen Titel hatte. Erhalten sind 12 mehr oder weniger vollständige Handschriften und über 90 Fragmente und Exzerpte.

Die letzte Auflistung der Fragmente (von Joachim Heinzle in der Einleitung zu seiner ›Willehalm‹-Ausgabe von 1994 [vgl. S. 402], S. Xff.) nennt 87 Textzeugen; mitgezählt sind dabei die ›Willehalm‹-Exzerpte in der ›Weltchronik‹ von Heinrich von München (Fr 65-67 und Fr 70) und in einer ›Arabel‹-Handschrift (Fr 69). Neu aufgefunden und publiziert wurden seitdem zwei Fragmente:

Fr 88 Berlin, Staatsbibl., Fragm. 252, vgl. *Kurt Gärtner* und *Klaus Klein*, Ein neues Berliner Willehalm-Fragment aus Magdeburg, W-St. 14, 1996, S. 430-440.

Fr 89 Moskau, Bibl. der Lemonossow-Universität, Dokumentensammlung Gustav Schmidt, Fond 40, Verzeichnis I, Nr. 41, vgl. *Natalija Ganina* und *Jürgen Wolf*, Ein neues Moskauer Willehalm-Fragment (Fr 89), W-St. 16, 2000, S. 319-335.

Außerdem sind seitdem neue Teile von Fr 25 (*Karin Schneider*, W-St. 15, 1998, S. 411-416) und von Fr 83 (*Kurt Gärtner*, W-St. 16, 2000, S. 336-340) bekannt geworden.

Eine aktualisierte Liste der ›Willehalm‹-Fragmente findet man im Marburger Handschriftencensus, im Internet zugänglich unter www.marburger-repertorien.de.

Eine ausführliche Beschreibung der Handschriften und Fragmente hat Werner Schröder in der Einleitung zu seiner ›Willehalm‹-Ausgabe (vgl. S. 401), S. XXIff., gegeben. Ergänzungen dazu von Betty C. Bushey:

> *Betty C. Bushey*, Nachträge zur Willehalm-Überlieferung, in: Studien zu WvE (vgl. S. 33), S. 359-380. Vgl. auch *Peter J. Becker*, Handschriften und Frühdrucke mhd.er Epen, 1977 (›Willehalm‹: S. 99-120).

Die ›Willehalm‹-Überlieferung ist insofern schlechter als die des ›Parzival‹, als nur eine der 12 vollständigen Handschriften aus dem 13. Jahrhundert stammt: die St. Galler Handschrift G (Stiftsbibl. 857), in der auch der ›Parzival‹ überliefert ist (zu dieser Hs. vgl. oben S. 272).

Der ›Willehalm‹-Teil der St. Galler Handschrift ist als Faksimile publiziert:

> WvE, Willehalm. Abbildung des Willehalm-Teils von Codex St. Gallen 857, hrsg. von *Bernd Schirok*, 2000. Vgl. die Beschreibung des ›Willehalm‹-Teils der St. Galler Handschrift von Joachim Heinzle in der Einleitung zu seiner Ausgabe von 1994 (vgl. S. 402), S. XVIIff.

Alle anderen vollständigen Handschriften sind jünger. Allerdings datieren etwa 20 Fragmente aus dem 13. Jahrhundert. Das Münchener Fragment Fr 13 (Bayer. Staatsbibl., Cgm 193,I) aus der ersten Hälfte des 13. Jahrhunderts, bestehend aus fünf Doppelblättern, scheint die älteste ›Willehalm‹-Handschrift zu sein.

Das Handschriftenverhältnis ist von Karl Lachmann in der Vorrede zu seiner kritischen Wolfram-Ausgabe von 1833 (vgl. S. 258) dahingehend bestimmt worden, daß die gesamte Überlieferung sich in zwei Klassen teilt: eine kleine, die durch G und die beiden mit G verwandten Handschriften Ka und V repräsentiert wird; und eine große, zu der die übrigen Handschriften gehören. Lachmanns Auffassung ist von der späteren Forschung bestätigt worden. Die beiden Klassen unterscheiden sich jedoch nicht so stark voneinander wie die Fassungen *D und *G des ›Parzival‹.

> *Heinz Schanze*, Die Überlieferung von Ws Willehalm, 1966. – *Christoph Gerhardt*, Zur Überlieferungsgeschichte des Willehalm WsvE, St. med., 3ª ser. 11, 1970, S. 369-380.

Lachmann Entscheidung für die Handschrift G als Grundlage des kritischen Textes ist ebenfalls von der späteren Forschung gutgeheißen worden.

Die Kasseler Handschrift Ka und die Wiener Handschrift V, die über mehr als zwei Drittel des Textes mit G zusammen eine Gruppe bilden, stimmen merkwürdigerweise in der Anfangspartie (1,1-120,30) und in einem kurzen Mittelstück (327,1-343,30) (Ka außerdem in der Schlußpartie, 403-1-467,8) mit den übrigen Handschriften gegen G überein, vielleicht aufgrund eines mehrfachen Wechsels der Vorlagen. In den Partien, in denen G alleine allen anderen Handschriften gegenübersteht, hat Lachmann in seiner Textgestaltung dem Konsens der übrigen Handschriften gegen G den Vorzug gegeben; heute neigt man in dem Bewußtsein, daß der originale Wortlaut von Wolframs Dichtung mit philologischen Mitteln nicht sicher zu erschließen ist, eher dazu, auch in diesen Partien der Handschrift G zu folgen.

Ausgaben. Anders als die ›Parzival‹-Philologie, die vor der Aufgabe einer neuen kritischen Ausgabe zu resignieren scheint (vgl. S. 253f.), hat die ›Willehalm‹-Philologie in den letzten Jahrzehnten reiche Ergebnisse erbracht. Das ist in erster Linie Werner Schröder und Joachim Heinzle zu danken, die beide ihre Textarbeit mit einer kritischen Ausgabe gekrönt haben (vgl. S. 401f.). Der ›Willehalm‹ wird heute meistens nach der Ausgabe von Joachim Heinzle in der Altdeutschen Textbibliothek zitiert (auch in diesem Band).

Die beiden neuen kritischen Ausgaben unterscheiden sich von Lachmanns Text hauptsächlich dadurch, daß sie der Leithandschrift G konsequenter gefolgt sind als Lachmann, vor allem in den Partien, in denen G alleine gegen alle anderen Handschriften steht. Der Anschluß an G ist bei Heinzle noch enger als bei Schröder.

Über die Prinzipien der Textgestaltung hat es eine lebhafte Diskussion gegeben.

Joachim Bumke, Brauchen wir eine neue Willehalm-Ausgabe? Anmerkungen zur kritischen Edition von W. Schröder, Euph. 73, 1979, S. 321-333. – *Joachim Heinzle,* Editionsprobleme um den Willehalm, Beitr. 111, 1989, S. 226-239. – *Werner Schröder,* Rez. Heinzle, Willehalm-Ausgabe, ZfdA 121, 1992, S. 114-130. – *Joachim Heinzle,* Möglichkeiten und Grenzen der Textkritik. Abschied von W. Schröders Willehalm-Ausgabe, ZfdA 121, 1992, S. 405-421.

Sehr gefördert wird das Textverständnis durch die neuen Übersetzungen und Kommentare von Dieter Kartschoke (1968) und von Joachim Heinzle (1991) (vgl. S. 402).

Bilderhandschriften. Unter den ›Willehalm‹-Handschriften gibt es eine größere Anzahl von Bilderhandschriften. Kein anderes höfisches Epos ist so häufig illustriert worden. Das erklärt sich wohl daraus, daß der ›Willehalm‹ als eine historische Dichtung angesehen und im

Rezeptionsprozeß in die Nähe gereimter Chroniken gerückt wurde, die häufiger als die Epen mit Bildern geschmückt wurden.

Ronald M. Schmidt, Die Handschriftenillustrationen des Willehalm WsvE, 1985. – *Alain Kerdelhue*, Willehalm hubsch gemolt – la reception du Willehalm de WvE à travers des manuscrits enluminés du XIIIème et du XIVème siècles, in: Guillaume et Willehalm (vgl. S. 405), S. 239-268. Vgl. auch *Werner Schröder*, Verlorene Bilderhandschriften von Ws Willehalm, in: Philologische Studien. Gedenkschrift für Richard Kienast, 1978, S. 9-40. [Die Aufsätze von Werner Schröder zu den Bilderhandschriften des ›Willehalm‹ sind gesammelt in: *Werner Schröder*, WvE. Spuren und Werke (vgl. S. 33), Bd. 2, S. 648-802]. – *Hartmut Beckers, Norbert H. Ott*, Ein neugefundenes Blatt einer zerschnittenen Willehalm-Bilderhandschrift des 13. Jhs. (F 87), W-St. 13, 1994, S. 262-290.

Die älteste Bilderhandschrift des ›Willehalm‹ ist auch die interessanteste. Die München-Nürnberger Fragmente (Fr 17) vom Ende des 13. Jahrhunderts bezeugen einen Illustrationstyp, der aus den bebilderten ›Sachsenspiegel‹-Handschriften bekannt ist: jede Seite ist in eine schmalere Textleiste und eine breitere Bildleiste geteilt. Die Bildleisten, die fast zwei Drittel der Seiten in Anspruch nehmen, enthalten in der Regel drei, manchmal zwei vertikal geordnete Bilder, die sich auf den daneben stehenden Text beziehen und diesen Abschnitt für Abschnitt illustrieren: ein ungemein aufwendiges Verfahren, das einen wohlhabenden Handschriften-Besteller voraussetzt. Erhalten sind 11 Blätter (zum Teil fragmentarisch) aus verschiedenen Teilen der Dichtung. Danach war die ganze Handschrift, aus der die erhaltenen Blätter stammen, so illustriert. Diese Handschrift dürfte sie nach der Schätzung von Karl von Amira mehr als 1300 Bilder auf mehr als 500 Seiten enthalten haben; das wäre ein einmaliger Fall in der Überlieferungsgeschichte der höfischen Epik.

Es gibt zwei Faksimile-Ausgabe der von Fr 17:
– Die Bruchstücke der Großen Bilderhandschrift von Ws Willehalm. Farbiges Faksimile, hrsg. von *Karl von Amira*, 1921.
– WvE, Willehalm. Die Bruchstücke der ›Großen Bilderhandschrift‹. Im Faksimile hrsg. von *Ulrich Montag*, 1985.

Zu den Bildern der München-Nürnberger Fragmente vgl. *Karl von Amira*, Die große Bilderhandschrift von Ws Willehalm, München 1903. 1917 (Bayer. Akad. der Wissenschaften, phil.-hist. Klasse, Sitzungsberichte, Jg. 1903, Nr. 3; Jg. 1917, Nr. 6). – *Werner Schröder*, Text und Bild in der ›Großen Bilderhandschrift‹ von Ws Willehalm, ZfdA 116, 1987, S. 239-268. – *Liselotte Saurma-Jeltsch*, Compassio als Heldentugend am Beispiel des Willehalm-Fragments: Zur Darstellbarkeit von Gefühlen in der Epenillustration, Wiener Jahrbuch für Kunstgeschichte 46/47,

1993/94, S. 629-640. – *Dagmar Hüpper,* WvE, Willehalm. Zu Text und Bild der Großen Bilderhandschrift, in: Alles was Recht war. FS für Ruth Schmidt-Wiegand, 1996, S. 77-96. – *Kathryn Starkey,* Bilder erzählen. Die Visualisierung von Erzählstimme und Perspektive in den Illustrationen eines Willehalm-Fragments, in: Mediale Performanzen, hrsg. von J. Eming, 2002, S. 21-48. – *Henrike Manuwald,* Der Autor als Erzähler? Das Bild der Ich-Figur in der ›Großen Bilderhandschrift‹ des Willehalm WsvE (im Druck).

In den Handschriften V und Ka (14. Jh.) gibt es gerahmte, in den Schriftspiegel eingefügte Bilder, die in der Breite eine oder zwei Spalten füllen und häufig typische Hof- und Ritterszenen zum Gegenstand haben. Die Wiener Handschrift V enthält 117 solche Miniaturen. Für die Kasseler Handschrift Ka waren mehr als 400 Bilder vorgesehen, von denen allerdings nur 62 zur Ausführung gelangt sind.

Die Wiener ›Willehalm‹-Handschrift V (Cod. Vindob. 2670) aus dem 14. Jahrhundert liegt in einer Faksimile-Ausgabe vor:

WvE, Willehalm. Vollst. Faksimile-Ausgabe im Originalformat des Codex Vindobonensis 2670 der Österreichischen Nationalbibl., Kommentar von *Hedwig Heger,* 1974. Vgl. *Werner Schröder,* W-Rezeption und W-Verständnis im 14. Jahrhundert. Zur Faksimile-Ausgabe der älteren Wiener Willehalm-Handschrift (Cod. Vicob. 2670), Euph. 70, 1976, S. 258-286. – *Hedwig Heger,* Willehalm, der gewaltige Kämpfer gegen die Heiden. Cod. Vind. 2670, eine Willehalm-Hs. des 14.Jhs. in Luxusausführung, Imagination 9, Heft 2, 1994, S. 7-11. – *Christopher J. Young,* Der Doppelkonflikt in der Willehalm-Überlieferung des Codex Vidobonensis 2670. Mensch gegen Mensch, Text gegen Bild, in: Spannungen und Konflikte menschlichen Zusammenlebens in der deutschen Literatur des Mittelalters, hrsg. von K. Gärtner (u.a.), 1996, S. 348-358.

Die Bilder der Kasseler Handschrift Ka sind in Schwarz-Weiß-Wiedergabe gedruckt in:

Joan A. Holladay, Illuminating the Epic. The Kassel Willehalm Codex and the Landgraves of Hesse in the Early Fourteenth Century, Seattle, London 1996, S. 161ff. Vgl. *Werner Schröder,* Zum Miniaturen-Programm der Kasseler Willehalm-Handschrift (2° ms. poet. et roman. 1), ZfdA 106, 1977, S. 210-236.

Ein drittes Bebilderungsverfahren, das aus den bebilderten Epenhandschriften des 13. Jahrhunderts bekannt ist, begegnet in der Wolfenbütteler Handschrift: ganzseitig bemalte Bildblätter, die nachträglich in den Kodex eingefügt worden sind. In der Handschrift Wo gibt es 41 solche Bildblätter, die einseitig bemalt sind: auf jeder Bildseite befinden sich zwei Bilder, vertikal getrennt. 15 Bildblätter gehören zu Ulrichs von dem Türlin ›Arabel‹, die in der Handschrift Wo dem ›Willehalm‹ vorausgeht; 26 Blätter mit 52 Bildern gehören zum Wolfram-Text. Die Bebilderung reicht nur bis zum Ende des vierten Buchs; wieviele Bildblätter danach noch vorgesehen waren, läßt sich nur grob schätzen.

Die 26 Bildseiten der Wolfenbütteler Handschrift, die zum ›Willehalm‹-Teil des Text-Corpus gehören, sind (kleinformatig, 15 in Farbe, 12 in Schwarz-Weiß) veröffentlicht von:

> *Dorothea* und *Peter Diemer*, Miniaturen zum Willehalm, in: Joachim Heinzles ›Willehalm‹-Ausgabe von 1991 (vgl. S. 401f.), S. 1093-1115; dort auch Erläuterungen zu den einzelnen Bildern der Wolfenbütteler Handschrift. In größerem Format, aber nur in Schwarz-Weiß findet man die Wolfenbütteler Bilder auch bei *Ronald M. Schmidt*, Die Hss. illustrationen des Willehalm WsvE (vgl. S. 393), Bildband, Abb. 29-77. Vgl. *Werner Schröder*, Die Illustrationen zu Ws Willehalm im Cod. Guelf. 30.12 Aug. fol., in: FS der Wiss. Gesellschaft an der J. W. Goethe Univ. Frankfurt a.M., 1981, S. 375-398.

6.2 Wirkungsgeschichte

Die Wirkung des ›Willehalm‹ war, was Breite und Dauer angeht, kaum geringer als die des ›Parzival‹; sie bezeugt sich nicht nur in der großen Zahl der erhaltenen Handschriften, sondern ebenso in den zahlreichen Bezugnahmen späterer Texte auf Wolframs Dichtung.

> *Erich Kleinschmidt*, Literarische Rezeption und Geschichte. Zur Wirkungsgeschichte von Ws Willehalm im Spätmittelalter, DVjs 48, 1974, S. 585-649. – *Jürgen Wolf*, Ws Willehalm zwischen höfischer Literatur und Memorialkultur, in: Kunst und Erinnerung. Memoriale Konzepte in der Erzählliteratur des Mittelalters, hrsg. von U. Ernst, K. Ridder, 2003, S. 223-256.

Die Geschichte des heiligen Fürsten Willehalm fand an den großen Fürstenhöfen besonderes Interesse. Die Kasseler Handschrift Ka (Landesbibl., 2° Ms. poet. et roman. 1) ist 1334 im Auftrag des Landgrafen Heinrich II. von Hessen geschrieben worden. Die 1387 vollendete Wiener Handschrift W (Cod. Vindob. 2643) wurde von König Wenzel in Auftrag gegeben. Ähnliche Auftragsverhältnisse sind für die Wiener Handschrift V und für die Wolfenbütteler Handschrift Wo zu vermuten.

Kenntnis des ›Willehalm‹ bezeugen die meisten höfischen Epiker, die nach Wolfram gedichtet haben. Die Wirkung des ›Willehalm‹ reichte jedoch weit über die höfische Epik hinaus in die Legendendichtung, die lehrhafte Dichtung und in die Geschichtsdichtung. Anspielungen auf Wolframs Werk finden sich in der zweiten Fortsetzung der ›Kaiserchronik‹, in ›Landgraf Ludwigs Kreuzfahrt‹, in Hirzelins ›Schlacht bei Göllheim‹, in der ›Österreichischen Reimchronik‹ Ottokars von der Steiermark und in anderen Werken.

Besondere Aufmerksamkeit fand im 13. Jahrhundert Wolframs Anknüpfung der ›Willehalm‹-Handlung an das ›Rolandslied‹. Nicht lange nach dem Abbruch der Arbeit am ›Willehalm‹ wurde das ›Rolandlied‹ von dem Stricker neubearbeitet (›Karl‹, 12206 Verse). Am Schluß verweist der Stricker darauf, daß die Kämpfe zwischen Kaiser Karl und Baligan in der nächsten Generation, in den Kämpfen zwischen Ludwig und Terramer, eine Fortsetzung finden werden und daß am Ende wiederum eine Niederlage der Heiden stehen wird (12192ff.). Der Stricker hat damit Wolframs Deutung übernommen und seine eigene Dichtung zu einer Art Vorgeschichte des ›Willehalm‹ gemacht. Man kann vermuten, daß der große literarische Erfolg von Strickers ›Karl‹ (abzulesen an der großen Zahl der erhaltenen Textzeugen: 47 Handschriften und Fragmente) mit der Anbindung an den ›Willehalm‹ zusammenhängt.

In weiterem Sinne gehört der ›Karl‹ zum Umkreis der Wolfram-Rezeption. Das bestätigt die Zuordnung der beiden Werke in der ältesten und wichtigsten Handschrift, der St. Galler Handschrift 857 (›Willehalm‹-Handschrift G, ›Karl‹-Handschrift A), in der Strickers ›Karl‹ dem ›Willehalm‹ vorausgeht. Dieselbe Anordnung bezeugt die Hamburger Handschrift Ha (Staats- und Univ.-Bibl., Cod. ms. Germ. 19) aus dem 15. Jahrhundert. Auch die sekundäre Textüberlieferung des ›Willehalm‹, in der ›Weltchronik‹ Heinrichs von München und in der Züricher Prosa (siehe unten) bezeugt, daß Wolframs Dichtung bis ins 15. Jahrhundert im Zusammenhang mit Strickers ›Karl‹ rezipiert worden ist.

Strickers ›Karl‹ ist herausgegeben von *Karl Bartsch*, 1857. Zum Verhältnis zu Wolframs ›Willehalm‹ vgl. *Jean-Marc Delagneau*, Rapports entre le Willehalm de WvE et le Karl der Große du Stricker, in: Guillaume et Willehalm (vgl. S. 405), S. 15-29. – *Dorothea Klein*, Strickers Karl der Große oder die Rückkehr zur geistlichen Verbindlichkeit, W-St. 15, 1998, S. 299-323, bes. S. 309ff. (»Ws Willehalm im Karl«). – *Annette Gerok-Reiter*, Figur und Figuration Kaiser Karls. Geschichtsbewußtsein in Rolandslied und Willehalm, in: Ars und Scientia im Mittelalter und in der Frühen Neuzeit. FS für Georg Wieland, 2002, S. 173-191. – *Bernd Bastert*, Helden als Heilige. Chanson de geste in Deutschland (vgl. S. 389), S. 190ff. – *Ders.*, Konrads Rolandslied und Strickers Karl der Große. Unterschiede in Konzeption und Überlieferung, in: Eine Epoche im Umbruch. Volkssprachliche Literarität von 1200-1300, hrsg. von C. Bertelsmeier-Kierst und C. Young, 2003, S. 91-110.

Zur Sankt Galler Handschrift 857 vgl. S. 272; zur (lange verschollenen) Hamburger ›Willehalm‹-Handschrift vgl. *Eva Horváth*, Die Rückkehr des Willehalm-Codex Ha der Staats- und Univ.bibl. Hamburg, W-St. 14, 1996, S. 409-422.

Das geschichtliche Interesse am ›Willehalm‹ bezeugt sich am deutlichsten in der Einarbeitung des dreiteiligen ›Willehalm‹-Zyklus in die gereimte ›Weltchronik‹ Heinrichs von München (1. Hälfte des 14. Jahrhunderts). Drei Handschriften dieser Weltchronik (Wo 1, B 2, M 5) überliefern am Schluß Auszüge aus Wolframs Dichtung und den beiden Fortsetzungen: von den 14000 Versen des ›Willehalm‹ finden sich hier etwa 2700, zusammen mit ca. 300 neu dazugedichteten Versen. Voraus geht ein Abschnitt über Karl den Großen, der auf verschiedenen Quellen beruht, hauptsächlich auf Strickers ›Karl‹, so daß auch die Heinrich von München-Überlieferung eine Verbindung zwischen dem ›Karl‹ und dem ›Willehalm‹ bezeugt.

Die ›Willehalm‹-Auszüge in der ›Weltchronik‹ Heinrichs von München sind herausgegeben worden von *Werner Schröder*, Die Exerpte aus Ws Willehalm in der Weltchronik Heinrichs von München, 1981. Zur Überlieferung der ›Weltchronik‹ vgl. *Andrea Spielberger*, Die Überlieferung der Weltchronik Heinrichs von München, in: Studien zur Weltchronik Heinrichs von München, hrsg. von H. Brunner, Bd. 1, Wiesbaden 1998, S. 113-198. Vgl. außerdem *Christian Kiening*, Der Willehalm WsvE in karolingischem Kontext. Formen narrativ-historischer Aneignung eines ›Klassikers‹, ebenda, S. 522-568. – *Frank Shaw*, Willehalm as History in Heinrich von München's Weltchronik, in: W's Willehalm. Fifteen Essays (vgl. S. 405), S. 291-306.

Die Tatsache, daß der ›Willehalm‹ Fragment geblieben war, lud zu Fortsetzungen ein. Auf die Fragen des Publikums, wie es zu dem Krieg zwischen Christen und Heiden gekommen sei und wie die Geschichte von Willehalm am Schluß weiterginge, haben zwei Dichter geantwortet, die sich zwar in vielen Einzelheiten an die Vorgaben Wolframs gehalten haben, seiner Werk-Konzeption aber offenbar mit Unverständnis gegenüberstanden. Vermutlich um die Mitte des 13. Jahrhunderts (nach 1243) hat Ulrich von Türheim, vielleicht im Auftrag des staufischen Hofes, seinen ›Rennewart‹ gedichtet, der mit mehr als 36.000 Versen den Umfang von Wolframs Torso um mehr als das Doppelte übertrifft. Türheims Vorlage war vermutlich eine Sammelhandschrift, die mehrere Epen aus dem französischen Wilhelm-Zyklus enthielt. Türheim ist mit diesem Material sehr frei umgegangen. Er hat die Handlung von dem Punkt an, an dem der ›Willehalm‹ abbricht, bis zum frommen Tod von Willehalm und Gyburg im Kloster weitergeführt. Im Prolog hat Türheim die Stelle, an der *der wise Wolfram* sein *getihte* vorzeitig beendet habe (156-57), durch ein wörtliches Zitat des letzten Verses seiner ›Willehalm‹-Vorlage genau markiert: *sus rumte er Provenzalen lant* (168 = Willeh. 467,8). Türheim hat sich zur Aufgabe gestellt, Wolframs Dichtung zu »vollenden« (*es enwerde volle tihet* 165). Die große Zahl der ›Rennewart‹-Handschriften und -Fragmente bezeugt, daß der ›Willehalm‹ im späten Mittelalter fast immer zusammen mit Türheims Fortsetzung gelesen worden ist.

> Der ›Rennewart‹ von Ulrich von Türheim ist herausgegeben worden von *Alfred Hübner*, 1938. Zur Überlieferung vgl. *Klaus Klein*, Neues Gesamtverzeichnis der Hss. des Rennewart Ulrichs von Türheim, W-St. 15, 1998, S. 451-493; Klein verzeichnet 10 vollständige Handschriften und 29 Fragmente. Zur Interpretation des ›Rennewart‹ vgl. *Bernt Bastert*, Helden als Heilige. Chanson de geste in Deutschland (vgl. S. 389), S. 310ff.

Ein bis zwei Jahrzehnte später hat Ulrich von dem Türlin, wahrscheinlich im Auftrag König Ottokars II. von Böhmen (gest. 1278), eine Vorgeschichte zu Wolframs Epos gedichtet (›Arabel‹, 9641 Verse), die von der Jugend Willehalms, seinen ersten Heidenkämpfen, seiner Gefangenschaft bei den Heiden, seiner Flucht mit der Königin Arabel und ihrer Taufe auf den Namen Gyburg erzählt. Türlin will das, was Wolfram erzählt hat, »besser bekannt machen« (*baz beliuten* 4,8), indem er erzählt, was der ersten Schlacht auf Alischanz vorausgegangen ist. Dabei hat er sich ganz an Wolframs Andeutungen gehalten; französische Quellen scheint er nicht benutzt zu haben.

> *Werner Schröder* hat die ›Arabel‹ herausgegeben, 1999; vorbereitet wurde seine Ausgabe in sechs Bänden ›Arabel-Studien‹, 1982-1993. Der ›Arabel‹-Teil in der Leipziger ›Willehalm‹-Hs. wurde herausgegeben von *Werner Schröder*, Eine alemannische Bearbeitung der Arabel Ulrichs von dem Türlin, 1981. Zu Schröders ›Arabel‹-Ausgabe vgl. *Bernd Schirok*, Autortext – Fassung – Bearbeitung. Zu Werner Schröders Ausgabe der Arabel Ulrichs von dem Türlin, ZfdA 130, 2001, S. 166-196. Zur Übelieferung vgl. *Betty C. Bushey*, Neues Gesamtverzeichnis der Handschriften der Arabel Ulrichs von dem Türlin, W-St. 7, 1982, S. 228-286. Hier sind 27 Handschriften und Fragmente verzeichnet. Vgl. außerdem *Werner Schröder*, Der W-Epigone Ulrich von dem Türlin und seine Arabel, 1985. – *Timothy McFarland*, Minne-translatio und Chanson de geste-Tradition. Drei Thesen zum Willehalm-Roman Ulrichs von dem Türlin, in: Geistliche und weltliche Epik des Mittelalters in Österreich, hrsg. von D. McLintock (u.a.), 1987, S. 57-73. – *Holger Höcke*, Willehalm-Rezeption in der Arabel Ulrichs von dem Türlin, 1996.

In 8 der 12 vollständigen ›Willehalm‹-Handschriften steht Wolframs Werk zwischen der ›Arabel‹ von Ulrich von dem Türlin und dem ›Rennewart‹ von Ulrich von Türheim. Die Fragmente sind für diese Frage grundsätzlich indifferent; aber es ist bemerkenswert, daß zu neun ›Willehalm‹-Fragmente auch ›Arabel‹- oder ›Rennewart‹-Fragmente (oder Textstücke von beiden) erhalten sind, die aus denselben Handschriften stammen. Seit der zweiten Hälfte des 13. Jahrhunderts sind die drei Epen zusammen als eine große ›Geschichte von Willehalm‹ (mehr als 60000 Verse) gelesen worden; in dieser zyklischen Einbindung hat Wolframs Dichtung ihre weiteste Verbreitung gefunden.

Die Unterschiede im künstlerischen Niveau zwischen Wolframs Dichtung und den Fortsetzungen durch die beiden Ulriche waren der Grund dafür, daß die Forschung sich kaum mit dem dreiteiligen Zyklus beschäftigt hat. Diese Lücke schließt jetzt Bernd Bastert (*Bernd Bastert*, Helden als Heilige. Chanson de geste in Deutschland (vgl. S. 389), S. 191ff.).

Der große Umfang dieser Kompilation erklärt auch, warum es nur wenige Handschriften gibt, in denen Wolframs ›Willehalm‹ zusammen mit anderen Werken überliefert ist: es sind die beiden Handschriften, in denen Strickers ›Karl‹ dem ›Willehalm‹ vorausgeht (siehe oben). In zwei Handschriften steht Wolframs Dichtung alleine: die Kölner Handschrift K und die Leipziger Handschrift L, in der der ›Willehalm‹ nachträglich mit einer ›Arabel‹-Bearbeitung zusammengebunden worden ist.

Die größte Wirkung ging vom Prolog zum ›Willehalm‹ aus, der vielfach paraphrasiert, ausgeschrieben und nachgeahmt wurde und der, losgelöst von dem Werk, eine eigene Textgeschichte begründete. Er wurde »zum Paradigma des geistlichen Prologs schlechthin« (Christian Kiening) und ist bereits um die Mitte des 13. Jahrhunderts ins Lateinische übersetzt worden. Wie intensiv die späteren Dichter sich mit diesem Textstück auseinandergesetzt haben, bezeugen am eindrucksvollsten die Prologe Rudolfs von Ems und des Dichters des ›Jüngeren Titurel‹.

Walter Haug, Ws Willehalm-Prolog im Lichte seiner Bearbeitung durch Rudolf von Ems, in: Kritische Bewahrung. FS für Werner Schröder, 1974, S. 298-323. – *Werner Schröder*, Demontage und Montage von Ws Prologen im Prolog zum Jüngeren Titurel, 1983 (Abhandlungen der Marburger Gelehrten Gesellschaft 19). – *Eckart C. Lutz*, Rhetorica divina. Mhd. Prologgebete und die rhetorische Kultur des Mittelalters, 1984, S. 311ff. – *Christian Thelen*, Das Dichtergebet in der dt. Literatur des Mittelalters, 1989, S. 259ff. – *Walter Haug*, Ws Willehalm-Prolog als Paradigma für das Selbstverständnis der Legendenautoren im 13. Jh.: Rudolfs Barlaam und Josaphat als Musterbeispiel, in: *W. Haug*, Literaturtheorie im dt. Mittelalter, [2]1992, S. 316-328.

Eine Paraphrase des Prologs mit interessanten Lesarten veröffentlichte *Hartmut Jacobi*, Ein Kasseler Bruchstück der Erlösung und einer mhd.en Gebetssammlung (mit einer Paraphrase zu Ws Willehalm-Prolog, ZfdA 117, 1988, S. 146-155.

Die lateinische Übersetzung des ›Willehalm‹-Prologs hat bereits *Karl Lachmann* in der Vorrede zu seiner Wolfram-Ausgabe von 1833, S. XLIIIf., veröffentlicht. Neuausgabe mit Übersetzung und Kommentar von *Erich Kleinschmidt*, Die lateinische Fassung von Ws Willehalm-Prolog und ihr Überlieferungswert, ZfdA 103, 1974, S. 95-114.

Unabhängig von Wolfram ist das französische ›Aliscans‹-Epos im 13. Jahrhundert noch einmal ins Deutsche übertragen worden (›Alischanz‹). Erhalten sind davon nur Fragmente (4 Blätter mit ca 700 Versen) einer Handschrift des 13./14. Jahrhunderts, mit interessanten Federzeichnungen. Ein Autor-Name ist nicht überliefert. Die Dichtung ist wahrscheinlich am Niederrhein entstanden und hat offenbar keine weite Verbreitung gefunden.

Die ›Alischanz‹-Fragmente sind herausgegeben worden von *Karl Roth*, Die Schlacht von Alischanz (la bataille d'Aliscans). Kitzinger Bruchstükke, niederdeutsches Heldengedicht vom Anfang des 14. Jhs., 1874. Vgl. *Willy Schulz*, Die Kitzinger Bruchstücke der Schlacht von Alischanz und ihre französische Vorlage, Arch. 142, 1921, S. 230-247. – *Heinz Schanze*, Alischanz, in: ²VL, Bd. 1, 1978, Sp. 240.

Im 15. Jahrhundert ist der dreiteilige ›Willehalm‹-Zyklus in Prosa umgeschrieben worden. Drei Handschriften vom Ende des 15. Jahrhunderts überliefern eine stark kürzende Prosafassung, der, wie in der ›Weltchronik‹ Heinrichs von München, ein Teil über Karl den Großen vorausgeht, der in der Hauptsache auf Strickers ›Karl‹ beruht. Druckfassungen dieses ›Prosa-Willehalm‹ sind nicht bekannt.

Die Prosa-Auflösung des ›Willehalm‹ ist gedruckt in: Deutsche Volksbücher. Aus einer Zürcher Hs. des 15. Jh.s. hrsg. von *Albert Bachmann*, *Samuel Singer*, Tübingen 1889. Eine neue Ausgabe von Holger Deifuß ist in Vorbereitung, vgl. *Holger Deifuß*, Hystoria von dem wirdigen ritter sant Wilhelm. Kritische Edition und Untersuchung einer frühneuhochdeutschen Prosaauflösung, Diss. (masch.) Münster 1999. Vgl. *Mathilde Rauscher*, Der hl. Wilhelm. Untersuchungen über die Zürcher Prosaversion, Diss. Erlangen 1952. – *Christian Kiening*, Der Willehalm WsvE in karolingischem Kontext (vgl. S. 397), S. 550ff. (»Das Zürcher Buch vom Heiligen Willehalm«). – *Bernt Bastert*, Helden als Heilige. Chanson de geste in Deutschland (vgl. S. 389), S. 229ff. (»Das Buch vom heiligen Wilhelm«).

Am Ende des 15. Jahrhunderts bricht die ›Willehalm‹-Überlieferung ab. Erst in der zweiten Hälfte des 18. Jahrhunderts ist Wolframs

Dichtung wieder bekannt geworden, zuerst durch eine epische Neu-
dichtung von Johann Jacob Bodmer.

> *Johann J. Bodmer,* Wilhelm von Oranse in zwey Gesängen, 1774. Vgl.
> *Marion E. Gibbs,* Bodmers Wilhelm von Oranse: Hommage à WvE?, in:
> Studien zu WvE (vgl. S. 33), S. 443-451.

Bodmer kannte den ›Willehalm‹ aus der St. Galler Handschrift 857,
die auch den ›Parzival‹ und das ›Nibelungenlied‹ und den ›Parzival‹
überliefert. Die erste Ausgabe von Wolframs Text, ein Abdruck der
Kasseler Handschrift Ka, erschien 1784:

> Wilhelm der Heilige von Oranse. Zweyter Theil von Wolfram von Eschil-
> bach, einem Dichter des schwäbischen Zeitpuncts. Aus einer Handschrift
> hrsg. durch *W. I. C. G. Casparson,* Cassel 1784.

Fünfzig Jahre später hat Karl Lachmann mit seiner Wolfram-Ausgabe
von 1833 die Grundlage für eine wissenschaftliche Beschäftigung mit
dem ›Willehalm‹ geschaffen.

Literatur

Ausgaben und Übersetzungen
Die grundlegende kritische Ausgabe des ›Willehalm‹ von *Karl Lachmann* ist
im Jahr 1833 erschienen (6. Ausgabe 1926, vgl. S. 258). Zwei neue kritische
Ausgaben stammen von Werner Schröder und Joachim Heinzle:

- WVE, Willehalm. Nach der gesamten Überlieferung kritisch hrsg. von
  Werner Schröder, 1978. Der kritische Text basiert im wesentlichen auf
  der St. Galler Handschrift G (die bereits Lachmann als Leithandschrift
  diente). Der kritische Apparat verzeichnet, außer den Abweichungen
  von G, hauptsächlich die Lesarten, in denen mehrere Handschriften
  und Handschriftengruppen gegen G zusammentreffen; Sonderlesungen
  einzelner Handschriften werden dagegen nur in Ausnahmefällen mitgeteilt;
  in diesem Punkt bietet Lachmanns Ausgabe mehr Informationen. In der
  Einleitung findet man eine ausführliche Beschreibung sämtlicher Hand-
  schriften und Fragmente. Am Schluß ein ausführliches Namenverzeichnis
  sowie ein Register der Fremdwörter im ›Willehalm‹.

- WvE, Willehalm. Nach der Hs.857 der Stiftsbibl. St.Gallen. Mhd. Text,
  Übersetzung, Kommentar. Hrsg. von *Joachim Heinze,* 1991 (Bibliothek
  deutscher Klassiker 69). Der kritische Text folgt der St. Galler Handschrift
  G noch konsequenter als Schröders Text. Das Varianten-Verzeichnis gibt die
  Abweichungen von der Handschrift G an und verzeichnet die Lesarten der
  übrigen Handschriften, soweit sie für die kritische Beurteilung des Textes

wichtig erscheinen. Der Band enthält außerdem einen Stellenkommentar, ein Namensverzeichnis sowie eine Abhandlung von Dorothea und Peter Diemer über die bebilderten ›Willehalm‹-Handschriften (S. 1093-1115). Der kritische Text mit dem Variantenverzeichnis und dem Namenverzeichnis (ohne die Übersetzung, den Stellenkommentar und die Abhandlung von D. und P. Diemer) wurde 1994 in der ›Altdeutschen Textbibliothek‹ wiedergedruckt: WvE, Willehalm. Nach der Hs. 857 der Stiftsbibl. St. Gallen, Hrsg. von *Joachim Heinzle*, Studienausgabe, 1994. Nach der Ausgabe von 1994 wird in diesem Band zitiert.

Der ›Willehalm‹-Teil der St. Galler Handschrift G liegt in einer Faksimile-Ausgabe vor:

WvE, Willehalm. Abbildungen des Willehalm-Teils von Codex St. Gallen 857, hrsg. von *Bernd Schirok*, 2000 (Litterae 119).

Es gibt zwei neuere Prosa-Übersetzungen ins Neuhochdeutsche:
- von *Dieter Kartschoke*, [2]1989, zweisprachige Ausgabe mit W. Schröders kritischem Text. Gegenüber der ersten Auflage von 1968 ist die Übersetzung grundlegend revidiert.
- von *Joachim Heinzle*, 1991, zweisprachige Ausgabe in der Bibliothek deutscher Klassiker.
- Prosaübersetzungen ins Englische stammen von *Charles E. Passage*, 1977, und von *Marion E. Gibbs* und *Sidney M. Johnson*, 1984.

Kommentare

Es gibt zwei neuere Stellenkommentare zum ›Willehalm‹:
- einen kürzeren von *Dieter Kartschoke* in der 1. Aufl. seiner zweisprachigen ›Willehalm‹-Ausgabe von 1968, S. 266-312; in der 2. Auflage (s. oben) ist der Kommentar weggefallen.
- einen ausführlichen Kommentar von *Joachim Heinzle* in seiner ›Willehalm‹-Ausgabe in der Bibliothek deutscher Klassiker von 1991, S. 813-1092. Dieser Kommentar ist heute grundlegend für die Arbeit am ›Willehalm‹.

Kommentare zu einzelnen ›Willehalm‹-Büchern:
Erich Happ, Kommentar zum zweiten Buch von Ws Willehalm, Diss. München 1966. – *Renate Decke-Cornill*, Stellenkommentar zum III. Buch des Willehalm WsvE, 1985. – *Ernst-Joachim Schmidt*, Stellenkommentar zum IX. Buch des Willehalm WsvE, 1979 (dazu *Joachim Heinzle*, Beiträge zur Erklärung des neunten Buches von Ws Willehalm. Aus Anlaß des Kommentars von Ernst-Joachim Schmidt, Beitr. 103, 1981, S. 425-436).

Einführungen und zusammenfassende Darstellungen

Werner Schröder, Das epische Alterswerk WsvE, W-St. 1, 1970, S. 199-218. – *Wolfgang Mohr*, Willehalm, in: *W. Mohr*, WvE (vgl. S. 33), S. 266-331. – *Werner Schröder*, Der tragische Roman von Willehalm und Gyburg. Zur Gattungsbestimmung des Spätwerks WsvE, 1979 (Abhgg. der Akad. der Wiss.

u. der Lit. Mainz, Geistes- u. sozialwiss. Klasse, Jg. 1979, Nr. 5). – *Helmut Brackert*, WsvE Willehalm. Annäherung an einen mittelalterlichen Text, in: Literaturwissenschaft. Ein Grundkurs, hrsg. von H. Brackert, J. Stückrath, 1992, S. 160-173. – *Christian Kiening*, WvE, Willehalm, in: Mhd.e Romane und Heldenepen, hrsg. von H. Brunner, 1993, S. 212-232. – *John Greenfield, Lydia Miklautsch*, Der Willehalm WsvE. Eine Einführung, 1998.

Untersuchungen und Interpretationen
Joachim Bumke, Ws Willehalm. Studien zur Epenstruktur und zum Heiligkeitsbegriff der ausgehenden Blütezeit, 1959. – Mehrere Aufsätze zum ›Willehalm‹ von Werner Schröder, hauptsächlich aus den Jahren 1960-1980, sind gesammelt in: *Werner Schröder:* WvE. Spuren und Werke (vgl. S. 33), Bd. 1, S. 251-499. – *Walter Haug*, Parzivals *zwivel* und Willehalms *zorn*. Zu Ws Wende vom höfischen Roman zur Chanson de geste, W-St. 3, 1975, S. 217-231. – *Jörn Reichel*, Willehalm und die höfische Welt, Euph. 69, 1975, S. 388-409. – *Elisabeth Schmid*, Enterbung, Ritterethos, Unrecht: Zu Ws Willehalm, ZfdA 107, 1978, S. 259-275. – *Fritz P. Knapp*, Heilsgewißheit oder Resignation? Rennewarts Schicksal und der Schluß des Willehalm, DVjs 57, 1983, S. 593-612. – *Petra Kellermann-Haaf,* Frau und Politik im Mittelalter. Untersuchungen zur politischen Rolle der Frau in den höfischen Romanen des 12., 13. und 14. Jh.s, 1986 (›Willehalm‹: S. 88-103). – *Peter Czerwinski*, Heroen haben kein Unterbewußtes, in: Die Geschichtlichkeit des Seelischen, hrsg. von G. Jüttemann, 1986, S. 239-273 (›Willehalm‹: S. 239-244). – *Ders.*, Der Glanz der Abstraktion. Frühe Formen von Reflexivität im Mittelalter, 1989 (›Willehalm‹: S. 17-79). – *Barbara Haupt*, Das Fest in der Dichtung, 1989 (›Willehalm‹: S. 218-248). – *Marion E. Gibbs*, Visual Moments in W's Willehalm, MA 59, 1990, S. 120-128. – *Christian Kiening*, Reflexion – Narration. Wege zum Willehalm, 1991. – *Walter Haug*, Ws Wende zur Geschichte: Das Wagnis des Willehalm, in: *W. Haug*, Literaturtheorie im deutschen Mittelalter, ²1992, S. 179-196. – *Christoph Cormeau*, ist mich von Kareln uf erborn / daz ich sus vil han verlorn? Sinnkonstitution aus dem innerliterarischen Dialog im Willehalm WsvE, in: Grundlagen des Verstehens mittelalterlicher Literatur, hrsg. von G. Hahn, H. Ragotzky, 1992, S.72-85. – *Peter Strohschneider*, Kreuzzugslegitimität – Schonungsgebot – Selbstreflektivität. Über die Begegnung mit dem fremden Heiden im Willehalm WsvE, in: Die Begegnung mit dem islamischen Kulturraum in Geschichte und Gegenwart, hrsg. von S. Krimm, D. Zerlin, 1992, S. 23-42. – *Franziska Wessel-Fleinghaus*, Gotes hantgetât. Zur Deutung von Ws Willehalm unter dem Aspekt der Gattungsfrage, Lit. Jb. 33, 1992, S. 29-100. – *Jutta A. Kleber*, Sölh süeze an dîme lîbe lac. Der Weg vom Körper zur Seele und der Willehalm WsvE, in: Fremdkörper – Fremde Körper – Körperfremde, hrsg. von B. Krause, 1992, S. 148-166. – *Jan-Dirk Müller*, Woran erkennt man einander im Heldenepos? Beobachtungen zu Ws Willehalm, dem Nibelungenlied, dem Wormser Rosengarten A und dem Eckenlied, in: Symbole des Alltags, Alltag der Symbole. FS für Harry Kühnel, Graz 1992, S. 87-111. – *Christa Ortmann*, Der utopische Gehalt der Minne. Strukturelle Bedingungen der

Gattungsreflexion in Ws Willehalm, Beitr. 115, 1993, S. 86-117. – *Heribert R. Brennig*, Der Kaufmann im Mittelalter. Literatur – Wirtschaft – Gesellschaft, 1993 (›Willehalm‹: S. 367-408). – *Elke Ukena-Best*, Die Klugheit der Frauen in WsvE Willehalm. Ein Beitrag zur Erforschung des Frauenbildes in der höfischen Epik des dt. Mittelalters, in: Zwischen Schrift und Bild. Entwürfe des Weiblichen in literarischer Verfahrensweise, hrsg. von C. Krause (u.a.), 1994, S. 5-40. – *Klaus Kirchert*, Heidenkrieg und christliche Schonung des Feindes. Widersprüchliches im Willehalm WsvE, Arch. 231, 1994, S. 258-270. – *Rudolf Fahrner*, Minneheere in Ost und West: Ws Willehalm und seine Gestalt der Gyburg, in: West-östliches Rittertum, hrsg. von S. Bianca, Graz 1994, S. 117-132. – *René Pérennec*, Histoire, géographie et écriture dans le Willehalm de WvE, in: La chanson de geste. Écriture, intertextualité, translations, éd. F. Suard, Paris 1994, S. 173-199. – *Michaela Diers*, Vom Nutzen der Tränen. Über den Umgang mit Leben und Tod im Mittelalter und heute, 1994 (›Willehalm‹: S. 122-141). – *Lydia Miklautsch*, Minne-flust. Zur Rolle des Minnerittertums in Ws Willehalm, Beitr. 117, 1995, S. 218-234. – *Sonja Kerth*, Den armen Judas er gebildot – Feindbilder im Rolandslied des Pfaffen Konrad und im Willehalm WsvE, Mitteilgg. des Dt. Germanistenverbandes 42, 1995, S. 32-37. – *Alois Haas*, Der geistliche Heldentod, in: Tod im Mittelalter, hrsg. von A. Borst (u.a.), 1995, S. 169-190 (›Willehalm‹: S. 177-182). – *Burghart Wachinger*, Schichten der Ethik in Ws Willehalm, in: Alte Welten – neue Welten, hrsg. von M. S. Batts, Bd. 1, 1996, S. 49-59. – *Ursula Liebertz-Grün*, Das trauernde Geschlecht. Kriegerische Männlichkeit und Weiblichkeit im Willehalm WsvE, GRM 46, 1996, S. 383-405. – *John Greenfield*, Ws Willehalm als Transgression? in: Norm und Transgression in dt. Sprache und Literatur, hrsg. von V. Millet, 1996, S. 18-29. – *Stephan Fuchs*, Hybride Helden: Gwigalois und Willehalm. Beiträge zum Heldenbild und zur Poetik des Romans im frühen 13. Jh., 1997. – *Volker Mertens*, Religiöse Identität in der mhd. Kreuzzugsepik (Pfaffe Konrad, Rolandslied, WvE, Willehalm), in: Chanson de Roland und Rolandslied, 1997, S. 77-96. – *Christoph Fasbender*, Willehalm als Programmschrift gegen die ›Kreuzzugsideologie‹ und ›Dokument der Menschlichkeit‹?, ZfdPh. 116, 1997, S. 16-31. – *Susanne Aderhold*, Mins hertzen wünne. Aspekte der Liebe im Willehalm WsvE, in der Arabel Ulrichs von dem Türlin und im Rennewart Ulrichs von Türheim, Diss. Osnabrück 1997. – *Barbara Sabel*, Anfänge des Toleranzdenkens in mhd.er Literatur, Triangulum. Germanist. Jb. für Estland, Lettland und Litauen 4, 1997, S. 138-165 (›Willehalm‹: S. 147-163). – *Alfred Raucheisen*, Orient und Abendland. Ethisch-moralische Aspekte in Ws Epen Parzival und Willehalm, 1997. – *Anette Gerok-Reiter*, Die Hölle auf Erden. Überlegungen zum Verhältnis von Weltlichem und Geistlichem in Ws Willehalm, in: Geistliches in weltlicher und Weltliches in geistlicher Literatur des Mittelalters, hrsg. von C. Huber (u.a.), 1999, S. 171-193. – *W. Günther Rohr*, Willehalms maßlose Trauer, Lili 29, 1999, Heft 114, S. 42-65. – *Lydia Miklautsch*, Waz touc helden sölh geschrei? Tränen als Gesten der Trauer in Ws Willehalm, Zs. f. Germanistik N. F. 10, 2000, S. 245-257. – *Dieselbe*, Glänzende Rüstung – rostige Haut. Körper- und Kleiderkontraste in den

Dichtungen WsvE, in: Kontraste im Alltag des Mittelalters, Wien 2000, S. 61-74. – *Christopher Young*, Narrativische Perspektiven in Ws Willehalm. Figuren, Erzähler, Sinngebungsprozeß, 2000. – *Gerd Althoff*, WvE und die Spielregeln der mittelalterlichen Gesellschaft, W-St. 16, 2000, S. 102-120. – *Silke Philipowski*, Geste und Inszenierung. Wahrheit und Lesbarkeit von Körpern im höfischen Epos, Beir. 122, 2000, S. 455-477. – W's Willehalm. Fifteen Essays, Ed. *Martin H. Jones* and *Timothy McFarland*, Rochester, N.Y., Woodbridge 2002. – *Will Hasty*, Art of Arms. Studies of Aggression and Dominance in Medieval German Courtly Poetry, Heidelberg 2002 («Holy War: WvE's Willeham«: S. 123-145). – *Kathryn Starkey*, Die Androhung der Unordnung. Macht und Verhandlung in Ws Willehalm, ZfdPh. 121, 2002, S. 302-341. – *Joachim Bumke*, Emotion und Körperzeichen. Beobachtungen zum Willehalm Wolframs von Eschenbach, in: Körperkonzepte, hrsg. von K. Kellermann, 2004 (im Druck).

Einzelne Gestalten
Fritz P. Knapp, Rennewart. Studien zu Gehalt und Gestalt des Willehalm WsvE, 1970. – *Carl Lofmark*, Rennewart in W's Willehalm. A Study of WvE and His Sources, 1972. – *John Greenfield*, Vivianz. An Analysis of the Martyr-Figure in WvE's Willehalm and in His Old French Source Material, 1991. – *Jean-Marc Pastré*, Rainouart et Rennewart: un guerrier aux cuisines, in: Burlesque et dérision dans les epopées de l'occident médiéval, éd. B. Guidot, Besancon 1995, S. 123-131. – *Claudia Brinker-von der Heyde*, Gyburg medietas, in: Homo Medietas. FS für Alois M. Haas, 1999, S. 337-351. – *Mireille Schnyder*, manlîch sprach daz wîp. Die Einsamkeit Gyburgs in Ws Willehalm, ebenda, S. 507-520. – *Hubertus Fischer*, Gyburc und Alize oder Krieg und Frieden, in: Böse Frauen – Gute Frauen, hrsg. von U. Gaebel und E. Kartschoke, 2001, S. 35-43. – *Martin Przybilski*, Die Selbstvergessenheit des Kriegers. Rennewart in Ws Willehalm, in: Kunst und Erinnerung, hrsg. von U. Ernst, K. Ridder, 2003, S. 201-222.

Der ›Willehalm‹ und seine französische Vorlage
Bodo Mergell, WvE und seine französischen Quellen, Bd. 1, Ws Willehalm, 1936. – *Friederike Wiesmann-Wiedemann*, Le roman du Willehalm de WvE et l'épopée d'Aliscans. Étude de la transformation de l'épopée en roman, 1976. – *Marie-Noel Marly*, Traduction et paraphrase dans Willehalm de Wd'E, 2 Bde., 1982. – *Marie-Noel Huby-Marly*, Willehalm de Wd'E et la Chanson des Aliscans, Et. germ. 39, 1984, S. 388-411. – Guillaume et Willehalm. Les époées francaises et l'œuvre de WvE, éd. *Danielle Buschinger*, 1985. – *Daniel Rocher*, WvE, adaptateur de la Chanson d'Aliscans, in: 10e Congrès international de la Société Rencesvals, 1987, Bd. 2, S. 957-973.
     Vgl. auch die S. 338 angeführte Literatur.

Literatur zur Schlachtschilderung im ›Willehalm‹ vgl. S. 322; zum Thema Gewalt und Fremdheit S. 335f.; zur Verwandtschaftsdarstellung S. 344; zum Heidenbild S. 338, zum Religionsgespräch S. 298., zur Gotteskindschaft

S. 304, zur Bucheinteilung und zur Gliederung des Textes S. 353; zum Erzählstil S. 358f.; zum Verhältnis zum ›Parzival‹ S. 360; zum Verhältnis zum ›Rolandslied‹ S. 362f.; zu den Namen im ›Willehalm‹ S. 355; zur Bildlichkeit S. 365f.; zur Komik S. 366f.; zum perspektivischen Erzählen S. 371f.; zur Stoffgeschichte S. 375; zur französischen Chanson de geste-Epik S. 378; zur Überlieferung des ›Willehalm‹ S. 390ff.; zu den bebilderten Handschriften S. 392ff.; zur Wirkungsgeschichte S. 395.

V. Titurel

1. Handlungsanalyse

Wolframs ›Titurel‹-Fragmente bestehen aus zwei inhaltlich nicht zusammenhängenden Stücken, einem längeren (125 Strophen) und einem kürzeren (39 Strophen).

1.1 Das erste Fragment

Der altgewordene Gralkönig Titurel übergibt die Herrschaft an seinen Sohn Frimutel, der zu diesem Zeitpunkt bereits fünf Kinder hat, drei Töchter und zwei Söhne. Titurel erinnert seinen Sohn daran, daß »der Herr des Grals rein und ohne Fehl sein muß« (*Des grâles herre muoz sîn kiusche und reine* 7,1). Er verpflichtet seine ganze Nachkommenschaft dazu, »wahre, aufrichtige Liebe« (*wâre minne mit triuwen* 4,4) als hohen Wert zu achten.

Als Frimutels Tochter Schoysiane, die als erste den Gral trug, herangewachsen ist, werben viele Könige um sie. Sie schenkt jedoch ihre Liebe einem Fürsten, dem Herzog Kyot von Katelangen. Schoysiane stirbt bei der Geburt ihrer Tochter Sigune. Herzog Kyot läßt daraufhin sein Land, das er von seinem Bruder, König Tampunteire, zu Lehen trug, auf Sigune übertragen und entsagt der Welt. Er lebt fortan als Einsiedler. Sigune wird von ihrem Onkel, König Tampunteire, aufgenommen und wächst zusammen mit dessen Tochter Condwiramurs auf.

Zu derselben Zeit wird Frimutels zweite Tochter, Herzeloyde, mit König Kastis verheiratet. Kastis stirbt jedoch, bevor die Ehe vollzogen ist. Herzeloyde bleibt als Witwe Herrscherin über die beiden Länder Waleis und Norgals.

Nach Tampunteires Tod wird Sigune von ihrer Tante Herzeloyde nach Kanvoleiz geholt und wächst dort zu einer schönen jungen Frau heran. Als Herzeloyde Gahmuret heiratet, ist in seinem Gefolge der Knappe Schionatulander. Er stammt aus fürstlichem Geschlecht und ist ein Enkelsohn von Gurnemanz von Graharz, Parzivals Lehrer. Die Königin Ampflise von Frankreich hatte ihn bei Gahmurets Schwertleite diesem übergeben.

Zwischen Sigune und Schionatulander entsteht eine Kinderliebe von großer Intensität. In einem vertrauten Gespräch gestehen die beiden sich gegenseitig ihre Zuneigung und sprechen über den rätselhaften Charakter der Liebe. Sigune will sich ihrem Freund erst dann, wenn er sich ritterlich bewährt hat, ganz hingeben.

Schionatulander begleitet Gahmuret auf dessen letzter Orientfahrt. Unterwegs bemerkt Gahmuret an seinem Vetter (Gahmurets Mutter Schoette und Schionatulanders Mutter Mahaute waren Schwestern) die Zeichen der Liebe und fragt ihn nach der Ursache. Schionatulander antwortet mit einem Bekenntnis seiner Liebe zu Sigune und erbittet von Gahmuret Werbungshilfe, die dieser ihm zusagt.

Sigune leidet ebenso sehr unter der Trennung von dem Geliebten und offenbart sich ihrer Tante Herzeloyde, die Sigunes Liebe billigt und ihr Trost zuspricht. So ist die heimliche Liebe der Kinder zu einer erlaubten Liebe geworden, die sich öffentlich zeigen darf.

Titurels Vermächtnis. Die Erzählung beginnt mit der Abdankungsrede Titurels. Auf diese Weise wird die Lebens- und Liebesgeschichte Sigunes und Schionatulanders in den größeren Bedeutungszusammenhang einer Geschichte der Gralkönige gestellt. Dieser Anfang läßt vermuten, daß die Genealogie der Gralfamilie auch im weiteren Verlauf der Dichtung eine wichtige Rolle spielen sollte. Wenn die Abschiedsworte Titurels so konzipiert sind, daß sie auf Themen und Aspekte vorausweisen, die später zur Entfaltung gelangen sollten, so wird das besonders für den Begriff die »reine, unauflösliche Liebe« (*wâre minne mit triuwen* 4,4) gelten, die Titurel allen seinen Nachkommen als Familienerbe hinterläßt. Den Begriff der *wâren minne mit triuwen* kannten die Zuhörer aus dem ›Parzival‹, wo er bereits zentrale Bedeutung besaß und für eine Liebe stand, die imstande war, alle Gefährdungen, denen die Liebenden ausgesetzt sind, zu bestehen (vgl. S. 164). Aus dem ›Parzival‹ war auch Sigunes Fähigkeit zu reiner Liebe bekannt. Deswegen ist zu erwarten, daß diese Liebe in Sigunes Leben in Erscheinung treten sollte. Was in den beiden erhaltenen Fragmenten über die Liebe Sigunes und Schionatulanders gesagt wird, trägt jedoch eher problematische Züge und läßt sich nur in Teilaspekten mit dem Ideal der »reinen, unverbrüchlichen Liebe« in Einklang bringen. Ob und wie sich dieser Widerspruch auflösen sollte, ist nicht klar. Vorausweisende Bedeutung hat jedenfalls Titurels Aussage, daß die reine Liebe niemals aus dem Herzen weichen soll, »außer alleine mit dem Tod« (*wan mit dem tôde aleine* 5,4). Liebe bis zum Tod ist das eigentliche Sigune-Thema.

Sigunes Jugend. Die Jugendgeschichte Sigunes, die in wenigen Strophen skizziert wird, wird beherrscht vom Motiv des Todes. Erst stirbt Schoysiane bei Sigune Geburt. Durch die Weltentsagung ihres Vaters wird sie zur Vollwaise. Dann stirbt Kastis, Herzeloydes erster Mann. Danach stirbt Sigunes Ziehvater Tampunteire (und dessen Sohn Kardeiz). Verbunden mit dem Tod ist das Motiv der Trennung. Vater und Tochter trennen sich unter dem Eindruck von Schoysianes Tod. Als kleines Kind wird Sigune von ihrer Cousine Condwiramurs getrennt. Wenn die Handlung einsetzt, trennen sich Gahmuret und Herzeloyde, und auch diese Trennung endet mit dem Tod. Die Trennung Schionatulanders von Sigune wird zu einer von beiden schmerzlich erlebten Prüfung. Aus Tod und Trennung erwächst eine Liebe, die selbst wieder zu Trennung und Tod führt.

Kinderliebe. »Früh entstand dort Liebe zwischen zwei Kindern. Die erwuchs so rein, daß nichts von der Unreinheit der Welt darin zu finden war« (*minne huop sich vruo dâ von zwein kinden. diu ergie sô lûterlîche, al diu werlt möht ir truopheit dar under niht vinden* 41,3-4). So bewundernd und preisend spricht der Erzähler von der Kinderminne, einer Spielart der Liebe, die als spezifisch höfisch angesehen wurde und die damals in der rührenden Geschichte von Flore und Blanschefleur ihre bekannteste Darstellung gefunden hat.

Wolfram hat die Kinderliebe zum zentralen Thema des ersten Fragments gemacht und hat ihrer Beschreibung breiten Raum gegeben. Dabei wird die Diskrepanz zwischen der Stärke der kindlichen Gefühle und der Unfähigkeit der Kinder zu begreifen, was mit ihnen geschieht, besonders herausgearbeitet. Die Liebe erscheint ihnen als eine rätselhafte Kraft von großer Gewalt. Diese Thematik wird durch eingeschobene Reflexionen weiter vertieft. Der Erzähler erhebt einerseits Vorwürfe gegen die Liebe, weil sie selbst unschuldige Kinder in ihren Bann schlage: »O weh, Liebe, was taugt deine Macht unter Kindern?« (*Ôwê, minne, waz touc dîn kraft under kinder?* 44,1). »O weh, sie sind noch zu jung für solche Not!« (*Ôwê des, si sint noch ze tump ze solcher angest* 43,1). Andererseits aber feiert der Erzähler die Liebe – und besonders eine so früh entstandene Liebe – als eine alldurchdringende, allbeseligende Kraft: »Die Liebe hat alles umgriffen, das Kleine wie das Große. Liebe hat auf der Erde und im Himmel das Recht, vor Gott zu geleiten. Liebe ist überall, nur nicht in der Hölle« (*Diu minne hât begriffen daz smal und daz breite. minne hât ûf erde und ûf himele vür got geleite. minne ist allenthalben wan ze helle* 46,1-3). Die Einsicht, daß die Liebe zugleich beglükend und gefährdend ist, wirft einen dunklen Schatten auf die Schilderung der Kinderliebe. Düstere Vorausdeutungen bereiten die Zuhörer darauf vor, daß die Liebesgeschichte schmerzvoll enden wird.

Sigune. Während Schionatulander in seinem Liebeswerben und seiner jugendlichen Dienstbereitschaft ganz unproblematisch bleibt, zeigt Sigune Eigenheiten, die zwar dem hohen Lob, das der Erzähler ihr zollt, nicht entgegenstehen, die aber doch eine gewisse Überzogenheit ihrer Rede- und Verhaltensweise erkennen lassen. »Als ihre Brüste rund wurden und ihr hell gelocktes Haar sich braun färbte, da erhob sich in ihrem Herzen ein Hochgefühl. Sie wurde stolz und selbstbewußt, doch auf eine fraulich-liebevolle Weise« (*dô sich ir brüstel draeten und ir reitval hâr begunde brûnen, dâ huop sich in ir herzen hôchgemüete. si begunde stolzen und lôsen und tet daz doch mit wîplîcher güete* 31a,2-4). Die Worte *stolzen unde lôsen* (31a,4; in der Handschrift M heißt es: *lôslîch [stolz]en*) sind so gewählt, daß ihre Bedeutung zwischen »stolz und fröhlich sein« und »überheblich und mutwillig sein« schillert. Der unüberhörbar kritische Akzent dieser Formulierung wird noch unterstrichen durch die Versicherung, daß Sigune »dennoch« mit fraulicher Güte handelte. Auch in dem großen Gespräch mit Schionatulander gerät Sigune in ein gebrochenes Licht: einerseits wird ihre Unerfahrenheit in der Liebe bis ins Komische gesteigert (»Liebe – ist das etwas Rühmliches? Kannst du mir Liebe erklären? Ist es eine Sitte?«) Wenn mir Liebe begegnet, wie soll ich sie liebhaben? Soll ich sie bei den Puppen aufbewahren? Oder ist Liebe ein ungezähmter Vogel, der nicht gerne auf die Hand fliegt?« (*Minne – ist daz ein êre? maht dû minne mir tiuten? ist daz ein site? kumet mir minne, wie sol ich minne getriuten? muoz ich si behalten bî den tocken? oder vliuget minne ungerne ûf hant?* 58,1-4; die Handschrift H liest an dieser Stelle: *Ist minne ein si oder ein er?* H 65,1); andererseits beantwortet Sigune den Liebesantrag Schionatulanders wie eine erfahrene Minnedame: »Du bist noch zu jung, um mich schon wirklich verdient zu haben. Du mußt erst als Ritter um mich dienen: darauf sei vorbereitet!« (*mich hât dîn jugent noch niht reht erarnet. dû muost mich under schilteclîchem dache ê gedienen. des wis vor gewarnet!* 65,3-4). Daß Sigunes Reden nicht nur auf uns altklug wirken, wird bestätigt, wenn Sigunes Beschreibung ihres Liebeszustands von Herzeloyde mit den Worten kommentiert wird: »Du redest wie die Weisen« (*dû redest nâch den wîsen* 116,1). Nirgends gibt es auch nur den Anflug einer persönlichen Schuld; aber der Erzähler schildert Sigune als eine problematische Gestalt.

Liebe. Die beiden großen Gesprächsszenen, in denen Schionatulander Gahmuret und Sigune Herzeloyde ihr Herz öffnen, bieten eine detaillierte Analyse ihrer Liebe. Liebe wird von den Liebenden aus der Trennungssituation heraus als süßer Schmerz und als Krankheit beschrieben und erlitten. Das Bild der Liebe, das dabei entsteht, erinnert an die Liebesbeschreibungen der höfischen Lyrik: Schionatulander verfällt in dumpfe Traurigkeit, und seine Schönheit verliert ihren strahlenden Glanz. Sigune quält sich mit Liebesgedanken und steht – wie die liebenden Frauen in den Frauenliedern des Minnesangs – abends weinend am Fenster oder an der Zinne und hält nach dem fernen Geliebten Ausschau. An der Aufrichtigkeit ihrer Liebesleiden ist nicht der geringste Zweifel. Doch die literarischen Anspielungen unterstreichen den konventionellen Charakter der hier beschriebenen Minnekonstellation. Die Liebenden sind dem höfischen Zeremoniell unterworfen und spielen ihre durch die Gebote der höfischen Liebe festgelegten Rollen in vorbildlicher Weise. Das erste Fragment kann als eine Verherrlichung dieser normierten Liebe gelesen werden. Nirgends hat der Erzähler Warnungen formuliert. Aber der feierlich-traurige Ton der Erzählung, der das künftige Unheil schon ahnen läßt, paßt nicht zu einer Verherrlichung der Liebe.

1.2 Das zweite Fragment

Sigune und Schionatulander haben ihr Zelt auf einer Waldlichtung aufge-schlagen. Schionatulander hört einen Jagdhund im Wald bellen, fängt ihn ein und bringt ihn Sigune. Der Hund hatte sich losgerissen. Er trägt ein kostbares Halsband und eine zwölf Klafter lange kostbare Leine aus Bortenseide, auf der eine Inschrift steht (die Buchstaben sind aus Edelsteinen gearbeitet).

Die Schrift nennt den Namen des Hundes, Gardevias, und erzählt seine Geschichte: die junge Königin Clauditte (sie ist auch die Verfasserin des Textes auf der Leine) war dem Herzog Ehkunaht von Kind an in Liebe verbunden. Als die Herrschaft über Kanadic, nach dem Tod ihrer Schwester Florie, an sie fiel und die Fürsten ihres Reiches sie drängten, einen Mann zu nehmen, wählte sie den Herzog Ehkunaht und schickte ihm als Liebes-pfand den Hund Gardevias mit der kostbaren Leine als Brief. Am Morgen des Tages, an dem Schionatulander ihn einfängt, ist Gardevias dem Fürsten Ehkunaht entsprungen.

Sigune liest die Schrift auf der Leine. Als sie den Knoten löst, mit dem die Leine an die Zeltstange gebunden ist, um auch den Schluß zu lesen, reißt Gardevias sich los und läuft in den Wald. Es gelingt Schionatulander nicht, ihn wieder einzufangen. Sigune ist so begierig, das Ende der Geschichte auf der Hundeleine zu erfahren, daß sie dem Freund die Erfüllung seiner Liebes-wünsche verspricht, wenn er ihr die Leine zurückbringe. Schionatulander versucht, Sigune den Wunsch auszureden, erklärt sich aber, als sie darauf beharrt, bereit, die Suche nach dem Hund und der Leine aufzunehmen.

Die Situation. Nach der Billigung ihrer Liebe durch die Gesellschaft brauchen Sigune und Schionatulander ihre Zuneigung nicht mehr zu verheimlichen. Sie reisen zusammen. Eine Erfüllung hat ihre Liebe noch nicht gefunden. Die ersten Worte des zweiten Fragments: »So lagen sie nicht lange« (*Sus lâgen si unlange* 126,1) scheinen ironisch auf das »Liegen« der Liebenden anzuspielen. Die Situation ist jedoch ganz unverfänglich: Schionatulander fängt Fische; Sigune sitzt mit ihren Hofdamen im Zelt, als der Hund Gardevias in ihr Leben einbricht.

Der Hund Gardevias. »Gardevias hieß der Hund. Das heißt auf deutsch: ›Achte auf die Wege!‹« (*Gardevîa hiez der hunt. daz kiut tiuschen ›hüete der verte!‹* 137,4; *verte* kann Singular oder Plural sein). Den Hund und seine kostbare Leine kannten die Zuhörer bereits aus dem ›Parzival‹, wo es von Schionatulander hieß: »Ein Brakenseil brachte ihm den Tod« (*ein bracken seil gap im den pîn* 141,16). Wie das gemeint war, erfährt man im ›Titurel‹. Der Erzähler hat überdeutlich gemacht, daß der Hund ein Bedeutungsträger ist. Der Hund ist ein »Brief« (147,2), er bringt eine Botschaft, im wörtlichen Sinn durch die Schrift auf dem Halsband und auf der Führleine; im übertragenen Sinn durch seinen Namen. Auf einer dritten Ebene ist der Hund Gardevias für Sigune und Schionatulander ein Todesbote. Gardevias steht für den Anfang einer Kette von Kämpfen, die mit Schionatulanders Tod endet. »Was er mit dem Hund einfing, ich will es euch sagen: Leid mit Mühsal verwoben, das mußte er auf sich nehmen, ohne zu verzagen, und immer größere Bereitschaft zum Kampf« (*Waz er mit dem bracken begreif, lât ez iu nennen! gefurrierten kumber mit arbeit er muose unverzagetlîche erkennen und imer mêre grôz kriegen et nâch strîte* 132,1-3). Daß der Name Gardevias ein Appell ist, der sich an die Menschen richtet, sagt die Schrift auf der Leine: »Wenn dies auch ein Hundename ist, so paßt er doch auf edle Menschen. Männer und Frauen sollen auf die rechten Wege achten; dann erfreuen sie sich im Diesseits der Gunst der Welt, und im Jenseits wird ihnen Seligkeit zum Lohn« (*swie ditze sî ein bracken name, daz wort ist den werden gebaere. man und wîp die hüeten verte schône! die varent hie in der werlde gunst unt wirt in dort saelde ze lône* 138,2-4). Die Anerkennung der Welt zu gewinnen, ohne die Gnade Gottes zu verlieren, wurde am Schluß des ›Parzival‹ als höchstes Ziel menschlichen Strebens hingestellt (vgl. S. 123). Die Symbolik des Namens Gardevias ist also darauf ausgerichtet, den richtigen Weg zu diesem hohen Ziel zu finden. Diese Bedeutung nimmt die Königin Clauditte, nach dem Wortlaut der Schrift auf der Leine, für sich selbst in Anspruch: »Auch verkündete die Schrift auf der Leine, daß sie selber als Frau auf den richtigen Weg achten wollte« (*ouch jach des seiles schrift, daz si selbe wîplîcher verte hüeten wolte* 147,4). Auch für den Herzog Ehkunaht, dem Clauditte den Hund als Brief übersandte, gilt dieses Programm: »Ehkunaht strebte nach dem höchsten Ziel, das ein Fürst erreichen kann, denn er achtete sehr wohl auf die richtigen Wege« (*Ehkunat gerete aller vürsten zil, wan er pflac sîner verte vil schône* 145,4). Sicherlich ist der Bedeutungsanspruch des Hundenamens auch an Sigune und Schionatulander gerichtet. Für Schionatulander scheint er sich in der bedingungslosen Dienstbereitschaft gegenüber der geliebten Frau und in seinem ritterlichen Kampfeinsatz bis zum Tod zu erfüllen. Wie dagegen Sigune dem Appell des Hundenamen genügen sollte, bleibt unklar. Das zweite ›Titurel‹-Fragment gibt darauf keine Antwort. Was im ›Parzival‹ von Sigunes Leben, nach Schionatulanders Tod, erzählt wird, läßt sich nicht ohne weiteres dem Programm des rechten Weges, wie es auf dem Brackenseil formuliert ist, zuordnen: es ist ein Weg der Weltabkehr, der zu Gott führt und ganz bewußt auf die Gunst der Welt verzichtet.

Sigunes Verlangen. Sigunes Forderung an den Geliebten, ihr um jeden Preis das Brackenseil wiederzubringen, scheint der Laune einer verwöhnten jungen Dame zu entspringen, die für eine französische Liebesgeschichte das Leben ihres Freundes aufs Spiel setzt. Auf Schionatulanders gutgemeinten Rat: »Geliebte Sigune, denke doch nicht mehr an die Schrift auf der Leine« (*Sigûne, süeziu maget, lâ dir sîn die schrift an dem seile gar unmaere!* 158,4) antwortet Sigune: »Eine Geschichte stand da auf dem Seil geschrieben: wenn ich die nicht zu Ende lesen kann, ist mir meine Herrschaft in Katelangen nichts mehr wert. Alle Kostbarkeiten, die es gibt: könnte ich die bekommen, so würde ich doch lieber die Inschrift haben« (*dâ stuont âventiure an der strangen. sol ich die niht z'ende ûzlesen, mir ist unmaere mîn lant ze Katelangen. swaz mir iemen rîcheit möhte gebieten und obe ich wirdec waere ze nemene, dâ vür wolt ich mich der schrifte nieten* 159,1-4). Das ist eine überzogene Haltung, die Kritik herausfordert, um so mehr, als der Erzähler deutlich macht, daß Sigunes Verlangen der Handlung eine Wende zum Schlimmen gibt: »Jetzt wird diese Geschichte bitter, da die Herzogin nach der Schrift auf der Leine verlangte« (*nû wil sich diz maere geunsüezen, dô diu herzogîn begunde sprechen hin ze im nâch der schrift an dem seile* 157,2-4). Daß Sigune an dem bösen Ausgang die Schuld trägt, scheint evident zu sein. Dennoch möchte man sie gegen einen solchen Vorwurf (den auch der Erzähler nicht erhebt) in Schutz nehmen. Im ›Parzival‹ spricht Sigune später ihr Bedauern darüber aus, daß sie dem Geliebten nicht ihre volle Liebe geschenkt hat: »Ich war nicht recht bei Verstand, daß ich ihm meine Liebe vorenthielt« (*ich hete kranke sinne, daz ich im miht minne gap* 141,20-21). Man sollte jedoch vermeiden, das Verständnis des ›Titurel‹ auf Aussagen aus dem ›Parzival‹ zu gründen.

Der Hund Gardevias mit seiner Liebesgeschichte steht für die zentrale höfische Lebenslehre, die an Clauditte und Ehkunaht exemplifiziert wird. Wenn die Geschichte von Clauditte und Ehkunaht – was kaum zu bezweifeln ist – ein Sinnbild für die Geschichte von Sigune und Schionatulander darstellt, dann wird verständlich, daß der Text auf der Hundeleine für Sigune mehr bedeuten muß als alle Reichtümer der Welt. Aus dem Text konnte Sigune ihr eigenes Schicksal erfahren. Das Verlangen nach dem Brackenseil wird zu einer Chiffre für die Suche nach der eigenen Identität. Sigune wird selber die Erfahrung machen müssen, daß der Geliebte um ihretwillen umkommt, bevor sie begreifen kann, daß es ihr Schicksal ist, dem Toten nachzutrauern bis zum eigenen Tod. Ob sie damit gegen die Botschaft des Hundenamens verstoßen hat, läßt der Erzähler im 2. Fragment offen.

2. Bauform

2.1 Aufbau

Die beiden Fragmente des ›Titurel‹ müssen als Teile eines größer geplanten Werks verstanden werden. Wie dieses Werk aussehen sollte: darüber gehen die Ansichten weit auseinander. Das erste Fragment mit Titurels Abdankungsrede und der Genealogie der Gralfamilie könnte den Anfang gebildet haben. Zwischen den beiden Fragmenten ist mindestens Schionatulanders Rückkehr aus dem Orient zu ergänzen. Das eigentliche Problem liegt in der Frage, was im Anschluß an das zweite Fragment geplant war. Sollte nun von Schionatulanders Abenteuern erzählt werden bis zu dem Kampf mit Orilus, in dem Schionatulander den Tod findet? Die wiederholten Andeutungen, daß Schionatulander sich ritterlich bewähren müsse, können so verstanden werden. Außerdem weist die Ankündigung, Schionatulander werde »der Herr dieser Geschichte« (*dirre âventiure hêrre* 34,4) sein, auf eine größere Rolle hin. Wollte Wolfram im Anschluß daran auch von Sigunes Trauer erzählen? Die Fragmente geben keine Antwort.

Die ausgearbeiteten Textstücke sind auffallend handlungsarm. Die Familiengeschichte am Anfang ist zu einem knappen genealogischen Abriß verkürzt. Von der Kinderminne Sigunes und Schionatulanders wird so erzählt, daß der szenische Hintergrund gänzlich ausgespart bleibt. Selbst Gahmurets Orientfahrt, die Gelegenheit zu breiterer epischer Entfaltung geboten hätte, wird nur mit wenigen Strichen angedeutet. Mehr als die Hälfte des ersten Fragments füllen direkte Reden. Das zweite Fragment bietet mehr Details. Aber auch hier geschieht nichts weiter, als daß ein Hund zum Zeltlager der Liebenden kommt und wieder entläuft. An dem Punkt, an dem eine Abenteuerhandlung beginnen müßte, bricht der Text ab. Eine ähnliche Gestaltungstendenz zeigen bereits die Sigune-Szenen im ›Parzival‹. Auch dort gibt es nur bewegungslose Momentbilder mit symbolträchtiger Gestik. Die Handlung dazwischen ist ausgespart. Solche Beobachtungen haben den Gedanken genährt, daß es vielleicht gar nicht Wolframs Absicht gewesen sei, eine zusammenhängende Geschichte von Sigune und Schionatulander zu erzählen. Die Handlungsarmut und der dunkle, bilderreiche, manchmal bis zur Unverständlichkeit verrätselnde Stil bestimmen den Charakter der Dichtung. Max Wehrli hat davon gesprochen, daß hier das Erzählerbewußtsein »krisenhaft geworden« sei, daß »das dichterische Reden selbst« im ›Titurel‹ »problematisiert« werde (Wolframs Titurel [vgl. S. 424], S. 22). Der ›Titurel‹ stellt einen Sonderfall in der mittelhochdeutschen Epik dar. Es gibt jedoch keinen Grund, daran zu zweifeln, daß sich die Geschichte von Sigune und Schionatulander in irgendeiner Form runden solle und daß nicht von vorneherein nur Fragmente geplant waren.

2.2 Metrik und Aufführungsform

Der ›Titurel‹ ist in Deutschland das erste höfische Epos in Strophen. Strophisches Erzählen war ein Kennzeichen der Heldenepik. Von dort, speziell vom ›Nibelungenlied‹, sind offenbar die wichtigsten Anregungen gekommen. Mit der Nibelungenstrophe hat die Titurelstrophe die Verszahl gemein: beide bestehen aus vier Versen; und auch den Verstyp: zäsurierte Langzeilen, die sich aus Anversen und Abversen zusammensetzen. Auf dieser Grundlage hat Wolfram für den ›Titurel‹ eine eigene Strophenform geschaffen, die sich von der Nibelungenstrophe dadurch unterscheidet, daß 1. die ›Titurel‹-Verse unterschiedlich viele Hebungen haben; 2. die Abverse durchweg zweihebig enden; 3. der dritte Vers keine Zäsur aufweist.

Karl Lachmann war der Ansicht, daß die Titurelstrophe aus vierhebigen und sechshebigen Einheiten besteht:

Vers 1: acht Hebungen: 4 Hebungen plus 4 Hebungen
Vers 2: zehn Hebungen: 4 Hebungen plus 6 Hebungen
Vers 3: sechs Hebungen ohne Zäsur
Vers 4: zehn Hebungen: 4 Hebungen plus 6 Hebungen

Gegen ein solches starres Schema sperrt sich jedoch die Überlieferung an zahlreichen Stellen. Daher hat sich mehr und mehr die Auffassung durchgesetzt, daß der Bau der Titurelstrophe viel variabler ist. »Die Länge beziehungsweise die Füllung der Verse, die Anverskadenzen, der Sitz der Zäsur schwanken und sind nicht selten unklar … Man muß damit rechnen, daß Wolfram den Text im unfertigen Zustand hinterlassen hat oder daß er die Metrik von vornherein offen und variabel konzipierte« (Joachim Heinzle in der Einleitung zu der neuen Ausgabe [vgl. S. 422]. Viele Verse lassen sich besser lesen, wenn man mit freien Zäsuren oder wechselnden Zäsuren rechnet.

> Zur Metrik der ›Titurel‹-Strophe vgl. zuletzt *Brackert / Fuchs-Jolie* in der Einleitung zu ihrer ›Titurel‹-Ausgabe (vgl. S. 422), S. 25ff. – *Joachim Heinzle* in der neuen ›Titurel‹-Ausgabe (vgl. S. 422).

Strophische Dichtung wurde gesungen. Es gibt aber nur sehr wenige (und schwer deutbare) Aufzeichnungen von Epenmelodien aus dem hohen Mittelalter. Die Wiener Handschrift A des ›Jüngeren Titurel‹ (Cod. Vindob. 2675) überliefert auf dem Vorsatzblatt eine sonst unbekannte ›Titurel‹-Strophe mit Noten.

> *Volker Mertens*, Zu Text und Melodie der Titurelstrophe: Iamer ist mir entsprungen, W-St. 1, 1970, S. 219-239. Zuletzt *Brackert / Fuchs-Jolie* (siehe oben), S. 29ff. – *Joachim Heinzle* (siehe oben).

Woher der Text dieser Strophe stammt, ist ebenso unbekannt wie die Herkunft der Noten. Für die Vermutung, daß nach dieser Melodie bereits Wolframs Fragmente gesungen wurden, gibt es keine sichere Grundlage.

3. Der Stoff und seine Bearbeitung

3.1 Das Quellenproblem

Eine Quelle für die Geschichte von Sigune und Schionatulander ist nicht bekannt. Man nimmt an, daß Wolfram sie im wesentlichen erfunden hat. Der Handlungszusammenhang und das Personal waren aus dem ›Parzival‹ bekannt. Von den 32 im ›Titurel‹ namentlich genannten Personen kommen 29 bereits im ›Parzival‹ vor; der 30. Name, der *bâruc Ahkarîn*, kommt auch im ›Willehalm‹ vor. Neu ist im ›Titurel‹ nur das Liebespaar Clauditte und Ehkunaht, von dem die Schrift auf der Hundeleine erzählt.

Die Verknüpfung Schionatulanders mit Gahmurets Orientfahrt eröffnet die Möglichkeit, daß die unbekannte (und unsichere) französische Gahmuret-Quelle (vgl. S. 241) auch die stofflichen Grundlagen für die Schionatulander-Handlung enthielt. Daß Einzelheiten des ›Titurel‹ aus französischer Überlieferung stammen, ist unbezweifelbar. Schionatulander wird *der junge talfîn ûz Grâsivalden* genannt (86,2).

Den Titel *talfin* (»Dauphin«) trugen damals die Grafen von Vienne und von Albon, die über das Grasivaudan, östlich von Grenoble, herrschten.

> Graf Guigo IV. von Albon (gest. 1142) und sein Sohn, Guigo V. (gest. 1162), waren die ersten, die den Titel *Dalfinus* führten.
>
> *Charles E. Passage*, Titurel. Wolfram von Eschenbach (vgl. S. 424), S. 100ff. – *Brackert / Fuchs-Jolie*, ›Titurel‹-Ausgabe (vgl. S. 422), Kommentar zu Str. 88,2 (S. 323f.) und zu Str. 97,2 (S. 338).

Die Annahme, daß sich in der Geschichte Schionatulanders die Geschicke Guigos V. spiegeln, ist allerdings ganz ungesichert.

Wie Wolfram zur Kenntnis der Lokalüberlieferung in der Gegend um Grenoble gelangt ist und welche Bedeutung diese Verknüpfung für die Geschichte von Schionatulander haben sollte, muß offen bleiben.

3.2 Das Verhältnis zum ›Parzival‹

Der Erzähler des ›Titurel‹ setzt voraus, daß die Zuhörer den ›Parzival‹ kennen. Auf das, was dort erzählt wurde, wird oft Bezug genommen, ohne daß die Zusammenhänge noch einmal erklärt werden. Den besonderen Akzent erhalten die Bezugnahmen auf den ›Parzival‹ dadurch, daß im ›Titurel‹ nicht erzählt wird, was weiter geschieht, sondern was vorher geschehen ist. Der ganze ›Titurel‹ kann als eine nachträgliche Vorgeschichte zu den vier Sigune-Szenen im ›Parzival‹ gelesen werden. Das besondere Interesse an der in vieler Beziehung rätselhaften Sigune-Gestalt kann den Anstoß zur Abfassung des ›Titurel‹ gegeben haben.

Der ›Titurel‹ ist auf den ›Parzival‹ hin erzählt. Das Ende der Geschichte war bekannt: man wußte, daß Schionatulander von Orilus erschlagen wird (Parz. 141,8f.), und daß Sigune dann bis zu ihrem Tod trauern wird. Der Eindruck des Vorbestimmten und Schicksalhaften wird durch zahlreiche Vorausdeutungen auf das traurige Ende unterstrichen.

Die ›Titurel‹-Interpretation steht vor der Schwierigkeit, daß die Geschichte Sigunes für uns nur faßbar ist, wenn man die Erzählung von ihrer höfischen Jugend im ›Titurel‹ und die Szenen ihrer Trauer im ›Parzival‹ zu einer poetischen Biographie verbindet. Methodisch ist es jedoch mißlich, das spätere Werk aus der Sicht des früheren zu interpretieren.

Karl Müllenhoff hat den ›Titurel‹ »das höchste in mittelhochdeutscher poesie« genannt. Ähnlich hat Jacob Grimm geurteilt: »Oranse [= ›Willehalm‹] und selbst der Parcifal können sich dem Titurel auf keine weise messen« (*Karl Müllenhoff*, Zur Geschichte der Nibelunge Not, 1855, S. 15. – *Jacob Grimm*, Rez. J. B. Dozen, Sendschreiben, in: *J. Grimm*, Kleine Schriften, Bd. VI, 1882, S. 118).

Seit Gervinus begegnen auch kritische Stimmen. Man hat ein »Dilemma zwischen Form und Inhalt« beobachtet (Julius Schwietering), hat die Schwierigkeiten der Form für »nicht restlos bewältigt« erklärt (Friedrich Vogt) und hat in der Dichtung ein »Experiment« gesehen, das sich als »undurchführbar« erwiesen habe (Helmut de Boor).

> *Friedrich Vogt*, Geschichte der mhd. Literatur, Teil I, [3]1922, S. 306. – *Julius Schwietering*, Die deutsche Dichtung des Mittelalters, 1936, S. 181. – *Helmut de Boor*, Die höfische Literatur (vgl. S. 32), S. 125.

Diese Urteile belegen die Schwierigkeit, einer Dichtung gerecht zu werden, die in ihrer Zeit alleine stand und die in ihrer Erzählstruktur neuen und eigenen Gesetzen zu folgen scheint.

4. Überlieferung und Wirkungsgeschichte

4.1 Überlieferung

Die ›Titurel‹-Fragmente sind in drei Handschriften überliefert, von denen zwei unvollständig sind:
– G: Die Münchener ›Parzival‹-Handschrift (Cgm 19) aus dem 13. Jahrhundert (vgl. S. 272); die einzige Handschrift, die beide Fragmente überliefert (zusammen 164 Strophen). Die Fragmente stehen, im Anschluß an den ›Parzival‹, auf fol. 71[r]-74[r].
– H: Das berühmte ›Ambraser Heldenbuch‹, das zu Beginn des 16. Jahrhunderts im Auftrag von Kaiser Maximilian I. geschrieben worden ist (Wien, Cod. Vindob. 2663). Diese große Sammelhandschrift überliefert die erste Hälfte des ersten Fragments (68 Str.) als 24. Text (fol. 234[r]-235[r]), zwischen Strickers ›Pfaffen Amis‹ und einer Übersetzung des lateinischen Briefs des Presbyters Johannes.
– M: Drei Pergamentblätter, zum Teil stark beschädigt, einer Handschrift (München, Universitätsbibl., 8° Cod. Ms. 154), die um 1300 geschrieben worden ist. Erhalten sind 46 Strophen aus dem ersten Fragment, zum Teil fast ganz verstümmelt. Die Münchener Fragmente sind veröffentlicht worden von Wolfgang Golther (*Wolfgang Golther*, Altdeutsche Funde aus der Münchener Universitätsbibl., ZfdA 37, 1893, S. 283-288).

Die Handschriften weichen zum Teil beträchtlich voneinander ab, wobei meistens H und M zusammen G gegenüberstehen. Am auffälligsten ist, daß HM elf Strophen mehr überliefern als G. Über die Echtheit dieser Strophen ist viel diskutiert worden. Karl Lachmann, der M noch nicht kannte, hat die sechs Plusstrophen in H in seinen kritischen Text aufgenommen (der daher 170 Strophen zählt, gegenüber 164 Strophen in G). Er hielt sie offenbar für ›echt‹. G und H vertreten zwei Fassungen der Dichtung, die sich im Textbestand und in den Lesarten deutlich unterscheiden. M steht dazwischen, näher bei H als bei G.

> Über die ›Titurel‹-Handschriften und ihr Verhältnis zueinander vgl. zuletzt *Brackert / Fuchs-Jolie* in der Einleitung zu ihrer ›Titurel‹-Ausgabe (vgl. S. 422), S. 6ff.). – *Bumke / Heinzle* in der Einleitung zu ihrer ›Titurel‹-Ausgabe (vgl. S. 422).

4.2 Wirkungsgeschichte

Die geringe Zahl erhaltener ›Titurel‹-Handschriften ist kein Indiz dafür, daß diese Dichtung nur wenig Verbreitung gefunden hat. Die Fragment-Überlieferung bezeugt, daß der ›Titurel‹ bereits in der unvollendeten Form, in der Wolfram sie hinterlassen hat, abgeschrieben und verbreitet worden ist. Das Verlangen nach Ergänzung und Vollendung des Werks wird von Anfang an vorhanden gewesen sein. Es wurde in der zweiten Hälfte des 13. Jahrhunderts von einem Dichter erfüllt, von dem nur der Vorname Albrecht bekannt ist. Albrechts ›Jüngerer Titurel‹ ist ein Riesen-Werk von mehr als 6000 Strophen (6327 in der kritischen Ausgabe von *Werner Wolf* und *Kurt Nyholm,* vgl. S. 425), was einem Umfang von etwa 50.000 Reimpaarversen entspricht (zum Vergleich: der ›Parzival‹ zählt 24.810 Verse). Das Werk wird um 1260-1270 datiert (vgl. *Dietrich Huschenbett,* Albrecht, Dichter des Jüngeren Titurel [vgl. S. 425], Sp. 161); die Anhaltspunkte für die Datierung sind allerdings sehr unsicher.

Die Handlung beginnt mit der Genealogie der Gralkönige und reicht bis zur Überführung des Grals nach Indien und dem Übergang des Gralkönigtums an den Priester Johannes, Feirefiz' Sohn. Die Einarbeitung von Wolframs Fragmenten beginnt bei Str. 500 und reicht bis Strophe 1221. Die Handlungslücke zwischen den beiden Fragmenten ist im ›Jüngeren Titurel‹ durch 358 Strophen gefüllt (Str. 815-1172). Im Anschluß an das zweite Wolfram-Fragment hat Albrecht mehr als 5000 Strophen dazugedichtet, in denen von den Abenteuern Schionatulanders, auf der Suche nach dem Brackenseil, bis zu seinem Tod durch Orilus, erzählt wird. Daran schließt sich eine Art Fortsetzung des ›Parzival‹ an, bis zur Apotheose des Grals in Indien.

Wolframs Strophen sind im Prinzip wörtlich übernommen; da Albrecht jedoch die Strophenform verändert hat – die wichtigste Änderung war die Einführung von Zäsurreimen im ersten und zweiten Anvers jeder Strophe –, wurden zahlreiche Umformulierungen und Neuformulierungen notwendig.

Wörtliche Übereinstimmungen mit Wolframs Fragmenten finden sich öfter nur in einzelnen Handschriften oder Handschriftengruppen des ›Jüngeren Titurel‹. Es kommt auch vor, daß einige Handschriften des ›Jüngeren Titurel‹ genauer mit der Wolfram-Handschrift G übereinstimmen, wo andere Handschriften der Wolfram-Handschrift H (oder M) genauer gefolgt zu sein scheinen. Das läßt sich am besten mit der Annahme erklären, daß die Redaktoren und Schreiber der Handschriften des ›Jüngeren Titurel‹ mehrfach auf den Wolfram-Text zurückgegriffen haben und daß ihnen dabei verschiedene Wolfram-Handschriften als Vorlagen dienten. Soweit es sich feststellen läßt, war keine der Vorlage-Handschriften eine G-nahe Handschrift; vielmehr scheinen alle H und M nähergestanden zu haben als G. Die 11 Mehrstrophen in HM stehen alle auch im ›Jüngeren Titurel‹. Darüber hinaus hat Albrecht in den von Wolfram übernommenen Partien zahlreiche Zusatzstrophen neu hinzugedichtet.

Der ›Jüngere Titurel‹ war ein großer literarischer Erfolg. Davon zeugt die große Zahl erhaltener Handschriften und Fragmente.

Erhalten sind 11 (mehr oder weniger) vollständige Handschriften und ein Druck aus dem Jahr 1477 sowie mindestens 48 Fragmente. Eine ausführliche Beschreibung der gesamten Überlieferung hat Werner Wolf in der Einleitung zum ersten Band seiner kritischen Ausgabe gegeben (vgl. S. 425), S. XLIVff.; Ergänzungen von Kurt Nyholm in der Einleitung zum dritten Band der kritischen Ausgabe, S. XVIIIff. Die Wolfram-Fragmente sind (ganz oder teilweise) in 9 (mehr oder weniger) vollständigen Handschriften (ABDEHKXYZ), dem Druck von 1477 (J) sowie in 8 Fragmenten (Nr. 13. 14. 15. 18. 26. 39. 41a. 54; Zählung nach Wolf-Nyholm) überliefert.

Die Handschriften des ›Jüngeren Titurel‹ lassen sich zwei Fassungen oder Redaktionen zuordnen (JT I und JT II). Der Versuch von Werner Wolf und Kurt Nyholm, den ›originalen‹ Wortlaut des ›Jüngeren Titurel‹ auf der Grundlage von JT I wiederherzustellen, muß als gescheitert angesehen werden. Offenbar waren von Anfang an verschiedene Fassungen der Dichtung im Umlauf; es ist möglich, daß der Dichter selber seinen Text mehrfach bearbeitet hat. Dabei wurde offenbar mehrfach auf Wolframs Fragmente zurückgegriffen. Die alten Fragmente waren zu Albrechts Zeit offenbar hauptsächlich in der Fassung H oder HM (vielleicht auch in nicht durch Wolfram-Handschriften bezeugten Zwischenfassungen zwischen G und HM) bekannt. Die Textgeschichte des ›Jüngeren Titurel‹ bedarf, gerade im Hinblick auf die Einarbeitung der alten Fragmente, noch genauerer Untersuchung. Auf jeden Fall ist mit einer komplizierten Entstehungsgeschichte der ungewöhnlich umfangreichen Dichtung zu rechnen.

Zum Erfolg des ›Jüngeren Titurel‹ hat sicher nicht unwesentlich beigetragen, daß Albrecht sein Werk als ein Werk Wolframs ausgegeben und unter dem Namen Wolframs gedichtet hat (*Ich, Wolfram* 2867,1). Diese Autor-Fiktion (die früher als Zeichen der Epigonalität interpretiert worden ist, während man sie heute eher als Ausdruck der Wolfram-Verehrung des Dichters Albrecht versteht) war so erfolgreich, daß offenbar schon bald niemand mehr daran zweifelte, daß der ›Jüngere Titurel‹ ein Werk Wolframs war. Im 15. Jahrhundert galt der ›Jüngere Titurel‹ als das »Hauptwerk« der ganzen deutschen Literatur (*das haubt ab teutschen puechen*, Str. 100): das bezeugt der bayerische Edelmann und Wolfram-Verehrer Püterich von Reichertshausen in seinem (in Titurelstrophen abgefaßten) ›Ehrenbrief‹ an die Pfalzgräfin Mechthild vom Jahr 1462 (vgl. S. 274). Püterich, der selber eine umfangreiche Büchersammlung besaß und der an den alten Texten auch philologisch interessiert war, berichtet weiter, daß er vergeblich nach dem ›richtigen‹ Text des ›Jüngeren Titurel‹ gesucht habe: »Gut 30 ›Titurele‹ habe ich gesehen, von denen keiner der richtige war« (*woll dreißig Titurelen hab ich gesehn, der kheiner nit was rechte*, Str. 142).

Der ›Titurel‹ gehörte im Spätmittelalter zu den bekanntesten deutschen Texten. Die größte Wirkung ging von der Strophenform aus, und zwar in der von Albrecht geschaffenen Form mit Zäsurreimen: 23 Werke des späteren Mittelalters haben sich dieser Form bedient, weit über die Grenzen des höfischen Romans hinaus. Welche Hochschätzung der ›Jüngere Titurel‹ genoß, ist auch daran abzulesen, daß Albrechts Werk, als einziges Epos des 13. Jahrhunderts, zusammen mit dem ›Parzival‹, zum Druck gelangte (1477 in Straßburg).

Über Albrecht, den Dichter des ›Jüngeren Titurel‹, ist so gut wie nichts bekannt. Er nennt seinen Namen erst gegen Ende der Dichtung (*ich, Albreht* 5961,1), als anscheinend die materiellen Voraussetzungen für sein Weiterdichten gefährdet waren und der Dichter sich um neue Gönner bemüht zu haben scheint. Der ziemlich abrupte Schluß deutet darauf hin, daß er dabei keinen Erfolg hatte.

An welchem Hof Albrecht gedichtet hat und wer sein Auftraggeber war, ist unsicher. Den einzigen konkreten Anhaltspunkt bietet ein Widmungsgedicht an Herzog Ludwig II. von Bayern (gest. 1294) in Titurelstrophen, das auf einem von den ›Titurel‹-Handschriften getrennten Blatt vom Ende des 13. Jahrhunderts in der Heidelberger Bibliothek (Cpg 1332) erhalten ist.

Erich Petzet, Über das Heidelberger Bruchstück des Jüngeren Titurel, in: SB der philos.-philol. und der hist. Klasse der kgl. Bayerischen Akad. der Wiss. zu München, 1903, Heft 1, S. 287-320.

Gegen eine Zuordnung zum bayerischen Herzogshof scheint die Sprache des ›Jüngeren Titurel‹ zu sprechen, die als ostmitteldeutsch bestimmt worden ist.

Walter Röll, Studien zu Text und Überlieferung des sog. Jüngeren Titurel, 1964, S. 40ff.

Helmut de Boor hat die Vermutung ausgesprochen, Albrecht habe im Auftrag von Markgraf Heinrich III. von Meißen (gest. 1288) und seiner beiden Söhne gedichtet.

Helmut de Boor, Drei Fürsten im mittleren Deutschland, Beitr. 95, 1973, Sonderband, S. 238-257.

Diese Vermutung, die sich auf die rühmende Erwähnung von »drei Fürsten«
(*fursten drin* 64,1) im Prolog des ›Jüngeren Titurel‹ berief, hat ein breites Echo
gefunden, obwohl konkrete Anhaltspunkte dafür fehlen.

Erst zu Anfang des 19. Jahrhunderts haben August Wilhelm Schlegel und
fast gleichzeitig Jacob Grimm erkannt, daß nur die beiden alten Fragmente
von Wolfram stammen. Sie haben diese Erkenntnis in ihren Besprechungen
von B. J. Docens Erstausgabe der beiden alten Wolframschen Frgmente (die
Docen selbst für eine vor-Wolframsche Fassung hielt) dokumentiert:

> *Bernhard J. Docen*, Erstes Sendschreiben über den Titurel, enthaltend: die
> Fragmente einer vor-Eschenbachischen Bearbeitung des Titurel, 1810.
> – *August W. Schlegel*, Sämmtliche Werke, hrsg. von Eduard Böcking, Bd. 12,
> 1847, S. 288ff. [zuerst in: Heidelbergische Jbb. 1811, S. 1073ff.]. – *Jacob
> Grimm*, Kleinere Schriften, Bd. 6, 1882, S. 116ff. [zuerst in: Leipziger
> Literatur-Zeitung 1812, S. 2401ff. 2409ff.]. – Vgl. *Edith Höltenschmidt*,
> Die Mittelalter-Rezeption der Brüder Schlegel, 2000, S. 97ff.

Karl Lachmanns Verdikt über den »langweiligen und albernen ›Titurel‹« (in
der Vorrede zur Wolfram-Ausgabe von 1833 [vgl. S. 258], S. XXIX) hat
die Beschäftigung mit Albrechts Werk lange Zeit behindert. Heute gilt der
›Jüngere Titurel‹ als eins der bedeutendsten und wichtigsten epischen Werke
des 13. Jahrhunderts.

Literatur

Ausgaben und Übersetzungen

Es gibt zwei neue kritische Ausgaben von Wolframs ›Titurel‹-Fragmenten:

– WvE, Titurel, hrsg., übersetzt und mit einem Kommentar und Materialen
  versehen von *Helmut Brackert* und *Stephan Fuchs-Joli* [im Folgenden: B-
  FJ], 2002.
– WvE, Titurel, hrsg. von *Joachim Bumke* und *Joachim Heinzle* [im Folgen-
  den: B-H], 2004.

Beide Ausgaben bieten den Text der ›Titurel‹-Fragmente in kritisch bereinigter
und normalisierter Gestalt auf der Grundlage der Münchener Handschrift G
sowie die nicht in G überlieferten Strophen aus den Fragmenten H und M,
zusammen mit einer synoptisch gedruckten neuhochdeutschen Übersetzung,
die um Wörtlichkeit bemüht ist und in erster Linie zum Verständnis des mhd.
Textes beitragen soll. In beiden Ausgaben sind die Lesarten des ›Jüngeren Titurel‹
verzeichnet. Beide Ausgaben bieten außerdem einen Vers-für-Vers-Kommentar
und ein Namenverzeichnis sowie Erläuterungen zum Strophenbestand, zur
Strophenfolge und zur metrischen Form der Titurel-Strophe.

Die neuen Ausgaben unterscheiden sich in folgenden Punkten:

– In der Ausgabe von B-FJ sind die nur in den Fragmenten H und M über-
  lieferten Strophen in den G-Text integriert und fortlaufend mitgezählt.

Bei B-H dagegen sind alle drei Handschriften (G,H und M) vollständig abgedruckt, auch H und M in kritischer Bearbeitung und normalisiert, jeweils mit Übersetzung. Der ›Titurel‹-Text zählt in der Ausgabe von B-FJ 175 Strophen; bei B-H zählt der G-Text 164 Strophen, der H-Text 68 Strophen und der M-Text 46 Strophen.

- In der Ausgabe von B-FJ wird nur das Fragment M in vollständiger Transkription gedruckt; bei B-H gibt es vollständige Transkriptionen aller drei ›Titurel‹-Handschriften.

- In der Ausgabe von B-FJ stehen unter dem kritischen Text zwei kritische Apparate. Der erste Apparat verzeichnet die Abweichungen des kritischen Texts von der Handschrift G sowie die vom G-Text abweichenden Lesarten der Handschriften H und M und außerdem Lesarten verschiedener Handschriften des ›Jüngeren Titurel‹. Der zweite Apparat ist ein forschungskritischer Apparat, der die Textgestaltung in den älteren ›Titurel‹-Ausgaben dokumentiert. Bei B-H sind unter den G-, H- und M-Texten nur die Abweichungen von der jeweiligen Leithandschrift verzeichnet.

- Der Ausgabe von B-FJ sind auf vier Tafeln Faksimile-Proben aus allen drei ›Tiuturel‹-Handschriften beigegeben. Bei B-H ist die gesamte handschriftliche Überlieferung der Alten Fragmente in Faksimile dokumentiert, außerdem Faksimile-Proben aller an der Überlieferung der Alten Fragmente beteiligten Handschriften des ›Jüngeren Titurel‹.

- Der Stellenkommentar hat in der Ausgabe von B-FJ einen Umfang von 267 Seiten; er geht nicht nur auf Textfragen ein, sondern behandelt auch alle einschlägigen Interpretationsprobleme. Bei B-H gibt es nur einen Kurzkommentar, der sich im wesentlichen auf Fragen des grammatischen Verständnisses und der Überlieferung beschränkt.

- Am auffälligsten unterscheiden sich die beiden Ausgaben in der Berücksichtigung des ›Jüngeren Titurel‹. Bei B-FJ sind die von G abweichenden Lesarten der Handschriften des ›Jüngeren Titurel‹ im ersten kritischen Apparat verzeichnet. Bei B-H gibt es eine Dokumentation zur Überlieferung des ›Jüngeren Titurel‹, bestehend aus einem Textabdruck aller Strophen, in denen die Alten Fragmente verarbeitet sind, auf der Grundlage der Wiener Handschrift A, sowie einem vollständigen Variantenverzeichnis, das die gesamte Überlieferung des ›Jüngeren Titurel‹ zu diesen Strophen dokumentiert.

Den ersten Textabdruck von Wolframs ›Titurel‹-Fragmenten (auf der Grundlage der Handschrift G) hat Bernhard J. Docen im Jahr 1810 vorgelegt (vgl. S. 422). Grundlegend für die wissenschaftliche Arbeit wurde dann Karl Lachmanns ›Titurel‹-Text in seiner Wolfram-Ausgabe von 1833 (vgl. S. 258). Von den späteren ›Titurel‹-Ausgaben ist nur die zweisprachige Ausgabe von Wolfgang Mohr (WvE, Titurel, Lieder, 1978) hervorzuheben, die sich genauer an der Handschrift G orientiert hat, allerdings ohne kritischen Apparat.

Unentbehrlich ist weiterhin der Kommentar von Joachim Heinzle.

Joachim Heinzle, Stellenkommentar zu Wolframs Titurel, 1972. Vgl. auch *Joachim Heinzle,* Nachlese zum Titurel-Kommentar, in: Studien zu WvE, 1989, S. 485-500.

Joachim Heinzle hat auch eine Faksimile-Ausgabe des gesamten handschrift-
lichen Materials vorgelegt:

> WvE, Titurel, Abbildungen sämtlicher Handschriften mit einem Anhang zur
> Überlieferung des Textes im Jüngeren Titurel, hrsg. von *Joachim Heinzle*, 1973.

Die älteren ›Titurel‹-Übersetzungen haben nur noch historischen Wert. Es
gibt zwei neuere englische Übersetzngen: von *Charles E. Passage* (1984) und
von *Marion E. Gibbs* und *Sidney M. Johnson* (1988). Die Übersetzung von
Passage ist vor allem wegen ihrer Kommentare von Bedeutung.

Untersuchungen und Interpretationen
Ulrich Wyss, Selbstkritik des Erzählers. Ein Versuch über Ws Titurel-Fragment,
ZfdA 103, 1974, S. 249-289. – *Max Wehrli*, Ws Titurel, 1974. – *Walter Haug*,
Erzählen vom Tod her. Sprachkrise, gebrochene Handlung und zerfallende
Welt in Ws Titurel, W-St. 6, 1980, S. 8-24. – *Elisabeth Schmid*, Dâ stuont
âventiur geschriben an der strangen. Zum Verhältnis von Erzählung und
Allegorie in der Brakenseilepisode von Ws und Albrechts Titurel, ZfdA 117,
1988, S. 79-97. – *Ernst S. Dick*, Minne im Widerspruch. Modellrevision und
Fiktionalisierung in Ws Titurel, in: Der Buchstab tödt – der Geist macht
lebendig, FS für Hans-Gert Roloff, 1992, Bd. 1, S. 399-420. – *Karin Hauer*,
Über den sin. Begehren und Gesetz in Ws Titurel, 1992. – *Volker Mertens*,
WvE: Titurel, in: Mhd. Romane und Heldenepen, hrsg. von H. Brunner,
1993, S. 196-211. – *Michael Dallapiazza*, Männlich – Weiblich: Bilder des
Scheiterns in Gottfrieds Tristan und Ws Titurel, in: Arthurian Romance and
Gender, Ed. F. Wolfzettel, 1995, S. 176-182. – *Helmut Brackert*, Sinnspuren.
Die Brackenseilinschrift in WsvE Titurel, in: Erzählungen in Erzählungen.
Phänomene der Narration in Mittelalter und Früher Neuzeit, 1996, S. 155-175.
– *Christian Kiening, Susanne Köbele*, Wilde Minne. Metapher und Erzählwelt
in Ws Titurel, Beitr. 120, 1998, S. 234-265. – *Robert Braunagel*, Ws Sigune.
Eine vergleichende Betrachtung der Sigune-Figur und ihrer Ausarbeitung im
Parzival und Titurel des WvE, 1999. – *Elke Krotz*, Der Leser an der Leine.
Zu Ws Titurel, in: Helle döne schöne. FS für Wolfgang Walliczek, 1999, S.
167-200. – *Siegfried Christoph*, Authority and Text in W's Titurel and Parzival,
DVjs 73, 1999, S. 211-227. – *Marion Gibbs*, Fragment and Expansion: WvE,
Titurel, and Albrecht, Jüngerer Titurel, in: The Arthur of the Germans. The
Arthurian Legend in Medieval German and Dutch Literature, Cardiff 2000,
S. 69-80. – *Uta Drecoll*, Tod in der Liebe – Liebe im Tod. Untersuchungen zu
Ws Titurel und Gottfrieds Tristan in Wort und Bild, 2000. – *Alexander Sager*,
Geheimnis und Subjekt in Ws Titurel, Beitr. 125, 2003, S. 267-291.

Überlieferung
Joachim Bumke, Zur Überlieferung von Ws Titurel. Ws Dichtung und der
Jüngere Titurel, ZfdA 100, 1971, S. 390-431. – *Ders.*, Titurelüberlieferung
und Titurelforschung, Vorüberlegungen zu einer neuen Ausgabe von Ws
Titurelfragmenten, ZfdA 102, 1973, S. 147-188. – *Wolfgang Mohr*, Zur
Textgeschichte von Ws Titurel, W-St. 4, 1977, S. 123-151.

Wirkungsgeschichte
Der ›Jüngere Titurel‹ ist herausgegeben worden von Werner Wolf und Kurt
Nyholm

> Albrechts von Scharfenberg Jüngerer Titurel [Bd. 3: Albrechts Jüngerer
> Titurel], hrsg. von *Werner Wolf* [Bd. 3: hrsg. von *Kurt Nyholm*], 3 Bde.,
> 1968-1992.

Dem kritischen Text liegt die Wiener Handschrift A zu Grunde. Der kritische
Apparat verzeichnet die Lesarten der vollständigen Handschriften, die die
Fassung I überliefern. Die Fassung II ist durch einen wortgetreuen Abdruck
der Berliner Handschrift X vertreten.

Die wichtige Heidelberger Handschrift H ist von Kurt Nyholm in
wortgetreuem Abdruck ediert worden (1995). Gleichzeitig ist eine kritische
Bearbeitung dieser Handschrift von Werner Schröder erschienen, Teil I-III,
1994-1995.

Kritisch zu den Prinzipien, nach denen Wolf-Nyholm den Text bearbeitet
haben: *Walter Röll,* Studien zu Text und Überlieferung des sog. Jüngeren
Titurel, 1964; dazu die Besprechungen von *Kurt Nyholm,* Beitr. 87, 1965, S.
442-469, und von *Werner Schröder,* AfdA 76, 1965, S. 27-39.

Zum ›Jüngeren Titurel‹ vgl. *Dietrich Huschenbett,* Albrecht, Dichter des
Jüngeren Titurel, in: [2]VL, Bd. I, 1978, Sp. 158-173. – *Hans Fromm,* Der
Jüngere Titurel. Das Werk und sein Dichter, W-St. 8, 1984, S. 11-33. – *Walter
Haug,* Albrechts Jüngerer Titurel. Ethos und Magie der Brackenseilinschrift,
in: *W. Haug,* Literaturtheorie im dt. Mittelalter, [2]1992, S. 364-375. – *Herbert
Guggenberger,* Albrechts Jüngerer Titurel. Studien zur Minnethematik und zur
Werkkonzeption, 1992. – *Alfred Ebenbauer,* Albrecht: Jüngerer Titurel, in:
Mhd. Romane und Heldenepen, hrsg. von H. Brunner, 1993, S. 353-372.
– *Wolfgang Wegner,* Lesen und poetische Visualisierung als Medien moralischer
lêre im Jüngeren Titurel, Euphorion 94, 2000, S. 271-292.

Zum Verhältnis des ›Jüngeren Titurel‹ zu Wolframs Fragmenten vgl.
Werner Schröder, W-Nachfolge im Jüngeren Titurel. Devotion und Arroganz,
1982. – *Ders.,* Demontage und Montage von Ws Prologen im Prolog zum
Jüngeren Titurel, 1983. – *Kurt Nyholm,* Zum Problem der W-Rezeption im
Jüngeren Titurel, in: Alte und neue Kontroversen. Akten des VII. Internat.
Germanisten-Kongresses, hrsg. von A. Schöne, 1986, Bd. 8, S. 194-203.
– *Andrea Lorenz,* Der Jüngere Titurel als W-Fortsetzung. Eine Reise zum
Mittelpunkt des Werks, Bern (u.a.) 2002.

Zur Wirkungsgeschichte des ›Jüngeren Titurel‹ vgl. *Rüdiger Krüger,* Studien
zur Rezeption des sog. Jüngeren Titurel, 1986.

Zu Püterich von Reichertshausen vgl. S. 274.

Forschungsregister

Die Seitenzahlen geben die Stellen an, an denen die Forschungsbeiträge nachgewiesen sind. Nicht erfaßt sind die Namen der Herausgeber von Sammelwerken, die nicht speziell der Wolframforschung gewidmet sind. Die Namen der Herausgeber von Primärtexten sind nur insoweit erfaßt, als es sich um Werke Wolframs und seiner französischen Vorlagen handelt.

Namen- und Sachregister